한국고대사 자료집

고조선·부여 편 Ⅵ - 지리지·교과서류

• 이 책은 동북아역사재단 기획연구 수행 결과물임(NAHF-2022-기획연구-19).

책머리에

이 책은 고조선과 부여 관련 사료를 번역해서 수록한『한국고대사 자료집: 고조선·부여 편』시리즈 가운데 여섯 번째 자료집이다. 조선과 대한제국이 편찬한 지리지 및 교과서류에 기록된 고조선과 부여 관련 기록을 채록했다. 시기적으로는 일제에 강점되기 전인 1910년까지 발행된 문헌을 조사하고 번역했다. 사료의 원문은 고구려재단이 2005년에 간행한『고조선·단군·부여 자료집(상·중·하)』을 바탕으로 했으며 몇 가지는 추가로 조사해서 번역하고 수록했다.

지리지는 전국지나 지방지 또는 읍지 등 조선의 자연지리에 관한 내용을 수록한 문헌이다. 조선 정부에서 편찬한 것이 있는가 하면 개인이 편찬한 것도 있고 교육용으로 제작한 것이 있다. 이 책에 수록한 지리지로는『동국여지승람』(성종 12, 1481),『신증동국여지승람(新增東國輿地勝覽)』(중종 15, 1530),『평양지(平壤志)』(선조 23, 1590),『평양속지(平壤續志)』(Ⅰ)(영조 3, 1727),『금마지(金馬誌)』(영조32, 1756),『여지도서(輿地圖書)』(영조 33~41, 1757~1765),『강화부지(江華府志)』(정조 6, 1783),『영변지(寧邊誌)』(순조 12 이후 1812년경),『동국여지지(東國輿地志)』(효종 7, 1656)를 포함한 19책이다.『삼국사기』의 지리지나『세종실록지리지』, 정약용의「강역고」와 같이 정사(正史)나 문집 등의 일부로 수록된 경우는 자료집 시리즈의 문집 편이나 관찬사서 편 등에 해당 항목을 수록했다. 학교 교재로 출판된 지리교과서는 이 책의 교과서류에 분류해서 실었다.

교과서는 학교의 교과 과정에 따라 교육용으로 편찬한 책이다.『삼국사기』등의 문헌기록에 따르면 고구려, 백제, 신라 등 고대국가에도 교육 담당 기관이 있어 교재용 서적을 편찬했을 것으로 추측되지만 안타깝게도 현전하지는 않는다. 중앙정부에서 편찬한 교과서가 남아 있는 것은 조선시대부터로 처음에는 한자, 나중에는 한글로 된 교과서를 간행했다. 물론 조선시대 전기의 교과서류는 대학, 논어, 맹자 등이 위주였으나 조금 뒤늦게 우리 역사를 다룬 역사교과서와 지리교과서를 제작하였다.

이번 자료집에 수록한 교과서는 고종 연간인 1863~1907년에 간행한 것으로 추정되는 『조선약사십과(朝鮮略史十課)』, 1895년(고종 32)에 간행한 『조선역대사략(朝鮮歷代史略)』과 『조선역사(朝鮮歷史)』, 1905년에 간행한 『대동역사(大東歷史)』 등 교육용 역사교과서류와 1899년(광무 3)에 편찬한 『대한지지(大韓地誌)』라는 한국지리 교과서 등 모두 22권이다. 이들 교과서에 수록한 고조선·부여 관련 내용을 찾아 번역하고 현대 우리말로 편집해 수록했다.

먼저 지리지의 기록을 살펴보기에 앞서 여기에 언급된 각각의 지리지가 갖는 서지학적 의미는 이 자료집의 본문에 상세히 소개해 두었으니 지리지에 언급한 고조선·부여 관련 기록을 중심으로 살펴본다.

『신증동국여지승람』은 지리뿐만 아니라 각 지역의 정치·경제·역사 등 거의 모든 방면에 대한 정보를 수록하고 있다. 고조선 관련 내용은 비교적 많은 편이다. 단군의 출생과 단군묘에 대한 전승을 소개하는 부분이 있고, 단군이 하늘에 제사를 지냈다고 전하는 참성단과 그의 세 아들이 쌓았다는 삼랑성에 대한 전승 기록이 있다. 기자묘와 범금(犯禁) 8조 등 기자와 관련한 전승도 여럿 나온다. 이 외에도 「권33 전라도 익산부」에 준왕(準王)의 남래(南來)를 비롯하여 그가 세웠다는 기준성(箕準城)에 관한 전승을 기록하였다. 각 도의 연혁을 통해 고조선의 영역 인식을 엿볼 수 있는데, 예를 들면 「권1 경도 상」 편에는 고조선을 마한지역에 있었던 것으로 기록하고 있다.

부여와 관련한 내용도 나온다. 「권54, 평안도4, 영변대도호부」에 단군의 탄생을 서술한 부분에서 단군이 하백의 딸에게 장가를 들어 부루(夫婁)를 낳았다고 되어 있다. 부루는 북부여의 왕이 되었고 금와를 얻어 길렀다고 하여 단군-부루-금와(金蛙)-대소(帶素)로 이어지는 계승 관계를 언급하고 있다.

『평양지』, 『평양속지』(Ⅰ), 『평양속지』(Ⅱ), 『평양속지』(Ⅲ) 등 평양지류의 기록도 눈여겨볼 만하다. 조선시대에 평양은 단군과 기자의 유풍이 남아 있는 곳으로 믿어졌기 때문에 고조선 관련 내용이 풍부하다.

『평양지』는 1589년(선조 22)에 평안도 관찰사 겸 평양부윤으로 부임한 윤두수(尹斗

壽, 1533~1601)가 그 이듬해인 1590년에 펴낸 평양의 읍지이다. 윤두수는 1580년(선조 13)에 『기자지(箕子志)』를 저술한 바 있는데, 『평양지』에서도 기자(箕子)와 고조선에 대한 방대한 지식을 담아내고 있다. 특히 그는 평양을 삼조선(전조선·후조선·위만조선)의 도읍지이자 기자가 도읍한 땅으로 소개하고 유구한 역사를 지닌 고장이라고 강조하고 있다. 『평양지』는 기자와 고조선에 대한 조선 중기 지식인의 역사 인식을 확인할 수 있는 자료이다.

『평양속지』(Ⅰ)은 1727년(영조 3)에 평양감사 윤유가 편찬한 읍지이다. 윤유는 윤두수의 후손으로 『평양지』를 저본으로 하여 편찬하였는데 기자 관련 내용을 가장 많이 추가하였다. 단군 및 고구려 동명왕의 사당인 숭령전, 기자 관련 사적인 숭인전, 기자 정각, 인현서원, 기자 무덤, 기자 우물, 기자궁, 기자 정전, 기자 관련 고사, 기자의 후손인 선우협과 숭인전 관리인 숭인전감에 대한 내용이 실려 있다.

단군과 기자 관련 고려·조선 시대 문인들의 시문도 있다. 이정구(1564~1635)의 숭인전 비문, 변계량(1369~1430)의 기자묘비, 명나라 사신 왕경민의 기자묘부(箕子廟賦)와 여기에 차운(次韻)한 서거정(1420~1488)과 이이(1536~1584)의 글, 남용익(1628~1692)의 기자묘비명, 이정제(1670~1737)의 기자궁비, 서명응(1716~1787)의 기자정전 기적비, 김조순(1765~1832)의 인현서원 사당 비문, 심상규(1766~1838)의 인현서원 문루 중수기, 정원용(1783~1873)의 인현서원 장수기 등이 실려 있다. 이 글들은 조선 후기 기자 관련 사적의 확대와 중수 과정을 파악하는 데 도움을 준다. 찬찬히 읽어 보기를 권한다.

『평양속지』(Ⅱ)는 1855년(철종 6) 평양 감영에서 간행된 것으로, 앞의 평양지류에 빠진 내용을 증보한 것이다. 『평양속지』(Ⅲ)은 1906년경 이승재(李承載)가 평안군수로 있을 무렵에 편찬한 읍지이다. 이승재가 쓴 서문에 앞의 평양지류에 대한 언급이 있어서 후속지(後續誌)를 보완한 읍지로 추정된다. 『평양속지』 편찬 과정에서 빠진 영조 이후의 일을 많이 수록하였는데, 조선 후기 단군·기자 사적에 대한 변화 상황을 기록하였다. 숭령전과 숭인전에 사액한 일, 숙종 이후 기자 정전을 새롭게 정비한 일, 영조 때 기궁(箕宮), 즉 기자 궁궐의 옛 터에 단을 쌓고 담을 두른 일, 흥선대원군의 서원 철폐 이후 인현서원에 있던 기자 영정과 효종대왕 친필을 다른 곳으로 옮긴 일 등을 상세히 묘사하였다. 『평양속지』(Ⅲ) 사묘 편에는 고종 때 기자 무덤을 능으로 승격하고 관련 제도를 정비한 일 등이 실려 있다.

이와 같이 평양속지류의 고조선 기록은 기자 관련 내용이 많이 나온다. 조선 후기 기자 숭배 확대 과정에서의 사적 정비와 시설 확대, 기자릉 승격 이후 이에 맞게 조성하고 의례를 정비한 일 등에 대한 새로운 자료를 제공하고 있다. 이것은 단순히 조선이 기자를 숭배했다고만 볼 수 없고, 실리적 외교를 위한 기자 활용 측면에서 이해할 수 있는 부분이 있다. 이에 대해서는 재단이 앞서 펴낸 『한국고대사 자료집: 고조선·부여 편 Ⅳ-문집』을 참고하기 바란다.

한백겸(韓百謙)이 1615년 작성한 『동국지리지』는 조선 이전 역대 국가의 강역, 위치 등을 다룬 최초의 역사지리지이다. 삼국 이전은 『한서』「조선전」, 『후한서』「동이전」의 내용을 싣고, 고조선과 부여의 역사는 『한서』, 『후한서』, 『삼국사기』를 참조해 기술했다. 따라서 내용은 이들 사서와 대동소이하나 항목의 마지막 부분에 자신의 견해를 밝히고 있다. 예를 들면 『동국지리지』, 『전한서』 조선전조는 『전한서』의 내용을 소개한 뒤 '내가 살펴보니'로 시작되는 부분이 나온다. 기록을 그대로 옮겨보면 "고구려, 옥저, 예맥은 비록 조선이라고 통칭하지만, 그 구역은 각각 같지 않았다. 조선의 본래 영역은 『후한서』의 여러 나라의 열전을 서로 참고해 보니, 그 북쪽은 고구려와 접하고 남쪽은 마한과 접하며, 동쪽으로는 예맥과 접하였으며, 서쪽은 큰 바다에 임하였음을 가히 알 수 있다"이다. 이 부분은 한백겸의 고대사 인식을 살필 수 있는 부분으로, 지리적인 비정은 검토가 필요하지만 고구려, 옥저, 예맥을 모두 고조선과 연결시키고 있다는 점이 주목된다.

『후한서』「부여국전」 부분에서도 부여의 종족에 관한 독특한 인식이 엿보인다. 그는 부여의 종족을 통칭하여 말갈로 보고, 부여가 멸망한 후 그 주민들이 고구려, 발해, 동단국-동쪽에 있는 거란국이라는 뜻-, 숙여진-발해 멸망 후 여진족에 복종한 흑수말갈인-, 동진국-고려시대 두만강 유역에 있던 나라-의 주민이 된 것으로 보고 있다. 이에 대한 사료적 근거를 제시하고 있지는 않지만 국가 멸망 후 그 주민의 향방을 이

후에 전개된 역사 속에서 추적하고 있다는 점에서 의미가 있다.

이외 위만과의 전쟁에서 패하고 도주한 준왕이 금마(오늘날 전북 익산)에 도착해 도읍을 삼고 한왕이 되었다고 보고 있다. 그는 "예부터 동방이 남과 북으로 나뉘어 남쪽은 삼한이, 북쪽은 고조선이 일어났다"고 하여 고대의 역사가 한강을 기준으로 북쪽의 조선과 남쪽의 삼한이 별개로 전개된 것으로 서술하였다[『동국지리지』, 『후한서』「삼한전」]. 이러한 주장은 후대 학자들에게 큰 영향을 끼쳤다.

고조선의 준(準)왕을 기자와 연결시키고 금마에 도읍했다는 인식은 남태보(南泰普)가 편찬한 익산 지역의 읍지 『금마지(金馬誌)』(영조 32, 1756)에도 나온다. 『금마지』는 익산 지역 고금의 역사를 총괄하고 있는데, 「마한폐흥(馬韓廢興)」조에 삼한과 기자 및 익산의 관련성을 부각하고 있다. 준이 익산 지역에 이르게 된 경위와 그 당시의 건축물로 여겨지던 기준성(箕準城)에 대해서도 서술하였다.

조선시대에도 "준왕이 위만의 난리를 피해 이주한 지역이 어디인가"라는 문제는 흥미로운 논쟁 주제였다. 예를 들어 김정호(金正浩)는 『대동지지(大東地志)』에서 준왕이 바다를 건너 3,000리 거리를 이동하여 익산 지역의 원주민을 물리치고 나라를 설립했다는 설이 허무맹랑한 이야기라고 주장했다. 대신 그는 평안도나 황해도 지역으로 이주하였을 것이라고 기록했다.

그러나 『제왕운기(帝王韻紀)』, 『고려사(高麗史)』, 『세종실록(世宗實錄)』「지리지(地理志)」, 『신증동국여지승람(新增東國輿地勝覽)』 등은 익산을 준왕의 도읍지로 지목하였으며, 이에 대해 조선의 지식인들 대부분은 정설로 받아들인 듯하다.

유형원(柳馨遠)의 『동국여지지(東國輿地志)』(효종 7, 1656)는 전국을 대상으로 한 지리지로서의 의미가 크다. 이보다 먼저 한백겸이 『동국지리지』를 저술하였는데, 유형원의 저작은 더욱 광범위하면서도 고증에 힘을 쏟았다고 평가되고 있다. 특히 조선 전기의 경우 『응제시주』 정도를 제외한 대부분의 저술에서 우리 민족의 활동 영역을 압록강과 두만강 이북까지 확대하지 못했는데, 유형원은 요동 일대까지 고조선과 고구려의 강역을 비정하여 후대의 역사지리 인식에 큰 영향을 주었다.

『동국여지지』에 나타난 고조선 인식을 본다면 단군의 신이한 면모를 맹목적으로 신봉하는 것을 비판하면서도 사람들이 모여 왕으로 옹립하는 과정을 합리적으로 해석하려고 하였다. 기자에 대해서도 지리 강역의 차원에서 접근하였는데, 전국시대 연나라와의 경계인 만번한(滿潘汗)을 압록강 근처로 보고, 한나라와의 경계인 패수(浿水)의 위치도 압록강으로 본 것이 특징이다. 진번(眞番)의 위치를 요동으로 파악하여 오늘날 고대사학계의 진번재북설(眞番在北說)의 토대가 됐다. 또한 기자전(箕子田)에 대해서도 상세히 다루었는데, 이는 『반계수록』에서 알 수 있듯이 평소 토지제도의 개혁을 중요하게 여긴 저자의 관심이 반영된 것으로 본다.

18세기 승정원 승지를 지낸 홍양한(洪良漢)은 8도의 읍지를 수집하고 수정하여 영조에게 『여지도서(輿地圖書)』를 지어 올렸다. 전체 55책으로 구성된 이 책에서 고조선·부여 관련 기록은 평양부, 영변부, 성천부, 문화현, 익산군 편에 주로 실려 있다. 평양부의 건치연혁(建置沿革) 조에 고조선의 역사를 간략히 언급하였는데, 고조선을 전조선, 후조선, 위만조선으로 구분하였다. 또한 기자의 교화 이야기, 숭인전, 숭령전, 인현서원, 기자궁, 기자정, 정전 등 단군·기자 관련 사적 등 내용이 풍부한데, 다른 지리지나 문집 등에 보이는 견해와 큰 차이는 없다. 익산군 편에 고조선의 준왕과 관련된 사적을 다루었다.

이외 지금의 강화도에 참성단(塹城壇)과 삼랑성(三郎城)이 있게 된 경위는 1783년(정조 6) 김노진(金魯鎭)이 강화 유수로 있을 때 작성한 『강화부지(江華府志)』에 잘 나온다. 같은 내용이 『강도지(江都誌)』(1931)에도 나오는데 『강도지』는 일제강점기에 박헌용(朴憲用)이 경기도와 강화도의 역사와 지리를 편술한 지지(地誌)이다. 이 책은 민족사관 입장에서 서술된 것으로 평가받고 있는데, 고조선 관련 종교와 문화 사상사적 측면에서 중요한 자료이다. 단군과 기자를 구월산과 연결시킨 내용을 구체적으로 수록한 『해서읍지』(고종 8, 1871), 준왕을 기자의 41대손으로 기록한 『호남읍지』(고종 8, 1871) 등도 주목해 읽을 만하다. 『관서읍지(關西邑誌)』(고종 8~9, 1871~1872)도 평양을 단군·기자·위만 삼조선과 부여·고구려의 옛 강역으로 기록하고 있어 살펴 읽어볼 만하다.

조선 후기에는 사찬(私撰) 읍지 제작이 활발했는데, 대부분 광무(光武) 연간에 이루어졌다. 대한제국 정부는 1899년 각 지방에서 올려보낸 읍지를 모아 정리하였고, 황해도에서도 각 지역 전체를 하나로 묶어 『황해도각군읍지』를 제작하였다. 그런데 당시 읍지 편찬 작업은 30일 이내에 지도와 함께 올리라는 명령에 따라 이루어졌기 때문에 대체로 앞선 시기의 것을 그대로 베꼈다고 한다. 필사본으로 총 6쪽이다. 방리(坊里), 건치연혁(建置沿革), 군명(郡名), 형승(形勝), 공해(公廨), 교량(橋梁), 사찰(寺刹), 고적(古蹟), 인물(人物)로 구성되어 있다. 읍지에는 단군을 언급하며 구월산(九月山), 삼성사(三聖祠), 장장평(莊莊坪) 등과 관련하여 전승되는 내용을 수록하였다. 구월산은 단군이 신선이 되었다는 산이며, 삼성사는 환인, 단웅(檀雄), 단군을 모시는 사당이며, 장장평은 단군이 도읍한 곳이라는 기록을 수록하였다.

교과서류의 경우 앞에서도 언급했다시피 고대국가와 조선시대에도 역사교육을 위한 기관이 있었으나 현전하지는 않고 고종 연간에 간행된 것이 확인될 뿐이다. 개항 이후 많은 학교가 설립되고 구국의 방편으로 역사교육이 중시되었다. 이에 따라 정부 주도의 학부와 민간 연구자들은 여러 역사교과서를 간행하였다. 당시는 검인정 제도가 확립되지 않았기 때문에 학부뿐만 아니라 개인이 교과서를 펴낼 수 있었으며, 개인이 저술한 교과서도 학부의 교재로 채택할 수 있었다. 교과서는 초등교과용, 중등교과용, 고등교과용 세 가지를 간행했다. 고대사 서술 경향을 살펴보면 1910년 간행된 『신찬초등역사(新撰 初等歷史)』 외에 1910년 이전에 간행된 교과서에 수록된 고조선·부여 관련 내용에서는 단군을 강조하고 있음을 확인할 수 있다.

정규 교육과정의 역사교재인 『조선약사십과(朝鮮略史十課)』는 고종 연간(1863~1907)에 학부 편집국에서 펴낸 초등 국사교과서이다. 제목의 '약사(略史)'라는 용어에서 알 수 있는 것처럼 『조선역사(朝鮮歷史)』(고종 32, 1895), 『대동역사(大東歷史)』(1905) 등의 다른 교과서보다 간략하고 쉽게 풀어썼다고 평가받고 있다.

책은 제1과 단군조선, 제2과 기자조선, 제3과 삼한, 제4과 위만조선, 제5과 4군2부, 제6과 신라, 제7과 고구려, 제8과 백제, 제9과 고려, 제10과 본조조선(本朝朝鮮)으로 구성되어 있다. 목차에서 보는 것처럼 이 책의 체제는 조금 특이한 면이 있다. 역사적 사건을 연대에 맞추어 편년체로 서술한 교과서와는 달리 각국의 역사를 독립적으로 기술하고 있다. 기년의 경우 조선 태종 원년을 기준으로 하여 단군 1년을 연결시켜 조선 개국 기원을 크게 강조하였다.

고대사의 경우는 단군조선-기자조선-삼한-위만조선-신라-고구려-백제로 이어진다. '삼한정통론'에 따라 위만조선보다 삼한을 먼저 배치한 것이다. 단군조선에서는 단군의 치적과 관련 지명이 언급되며, 기자조선은 기자의 구체적인 동래 과정과 치적을 서술하였다. 부여의 경우 독립적인 장으로 다루지 않고 고구려와 백제를 다룬 장에서 해부루와 졸본부여의 존재를 언급하였다.

1895년(고종 32)에는 『조선역대사략(朝鮮歷代史略)』과 『조선역사(朝鮮歷史)』 두 권의 역사교과서를 펴냈다. 전자는 순한문으로 쓴 고등교육기관을 위한 것이고, 후자는 국한문 혼용으로 쓴 초등학생용이다. 모두 단군조선부터 조선왕조까지의 역사를 서술하였다. 1권에는 단군, 기자, 삼한, 위만조선 등의 고대사 부분을 수록하고 있다. 내용은 사서에 기록된 것을 쉽게 풀어쓴 것으로 특이점은 없다. 다만 이 책들은 단군이 아사달에 들어가 신이 된 시기, 기자가 조선에 온 시기, 기자묘의 위치, 기자의 후손 등에 대해 여러 자료를 활용하여 논증하고 있다는 점이 주목된다. 특히 단군의 이름과 치적, 가족 등을 구체적으로 언급하여 역사성을 강조하고 있다.

현채(1856~1925)가 집필한 『보통교과 동국역사(普通敎科 東國歷史)』(1899)는 초등학교용 교과서이다. 이 책은 김택영이 저술한 중등용 교과서 『동국역대사략(東國歷代史略)』(1899)을 초등용에 맞게 국한문으로 풀어 쓴 것으로, 현채가 자신의 사관에 의해 내용을 삭제하거나 보완하였다. 참고로 현채는 1899년 학부 편집국 위원에 임명되어 학부에 재직하면서 서양과 일본의 서적을 번역하여 역사서를 편집하는 일을 하였다. 그는 이외에도 『만국사기(萬國史記)』, 『보통교과 동국역사(普通敎科 東國歷史)』, 『중등교과동국사략(中等敎科東國史略)』 등을 집필하였으나 대부분 애국 의식을 고취시킨다는 이유로 일제가 금서(禁書) 조치를 내렸다. 하지만 그는 1915년 『매일신보』에 임나일본부설, 신공황후(神功皇后) 신라 침공설 등에 기초하여 한일관계를 연재하면서 식민 지배를 합리화하는 글을 쓰기도 했다. 1923~1924년에는 조선사편수회의 전신인 조선사편찬위원회에서 위원으로 활동하였다.

『보통교과 동국역사』의 구성은 5권 2책으로, 단군조선부터 조선시대까지 다루었다. 대체로 편년체를 따르고 있지만, 일부 내용은 연대를 뛰어넘어 기사본말체식으로 서술하였다. 단군조선은 근거로 삼을 문헌이 없어 상고할 수 없다고 하였다. 그러나 한편으로는 학부 편찬의 역대 교과서가 모두 하(夏)나라가 도산(塗山)에서 제후들의 회의를 소집했을 때 단군이 아들을 보내 조알(朝謁)한 사실을 실었던 데 반해 이 책은 그 기사를 삭제하여 중국에 대한 자주적 역사인식을 드러내고 있다. 또 신라의 삼국통일 과정을 다루면서 신라군의 활약과 나당전쟁을 비교적 자세하게 서술하였다. 신라정통론의 입장에서 삼국시대와 통일신라시대를 서술하였지만, 발해의 성립과 발전 과정, 거란과 소손녕의 담판에서 드러난 서희의 고구려 계승의식, 발해를 멸망시킨 거란에 대한 고려 태조의 강경책 등을 상세히 다루어 한민족을 아우르는 역사의식을 표출하였다.

『동사집략(東史輯略)』은 1902년 김택영(1850~1927)이 단군조선에서 고려까지의 역사를 편년체로 엮은 교과서이다. 1905년 『역사집략(歷史輯略)』으로 제목을 바꾸어 증보, 출간하였다. 김택영은 1894년 편사국(編史局)에서 일했으며 『동국역대사략(東國歷代史略)』, 『대한역대사략(大韓歷代史略)』 편찬에도 관여하였다. 『동사집략』의 고조선 서술은 역사적 사실에 대한 고증을 시도하고 있다는 특징이 있다. 그러나 일본의 사서를 인용하면서 임나일본부설, 신공왕후 삼한 정벌설 등 식민사관의 내용을 무비판적으로 수용하였다는 한계를 지닌다는 평가를 받고 있다. 증보된 『역사집략』은 기존 교과서보다 체계적이고 상세하여 당시 지식인에게 널리 읽혔다. 『동사집략』보다 근대역사학의 방법론인 고증과 객관적 서술에도 호응해 권두에 그가 참조한 『강역고(疆域考)』, 『동국통감(東國通鑑)』, 『여사제강(麗史提綱)』, 『고려사(高麗史)』 등의 문헌을 밝히기도 했다. 그러나 이 책에서도 단군 기록의 신빙성에 대한 의문, 개국 시기를 기자조선부터 서술하는 등 한계가 드러나 있다.

독립협회 회원이 중심이 되어 편찬한 교과서도 있다. 『대동역사(大東歷史)』(1905)가 그것인데, 이 교과서는 독립협회가 지향했던 자주 독립 국가로의 발전을 모색하고자 편찬되었다. 서문에 "우리나라가 4천 년에 걸친 독립 국가였음을 알리려 한다"라는 내용이 들어 있다. 또한 민족의 독립성을 위한 역사적 전통 수립에 이 교과서 편찬의 주된 목적이 있음도 밝히고 있다. 따라서 내용은 단군조선-기자조선-마한으로 이어지는 정통론에 입각하여 기술하고 있다. 그러나 이 책은 통감부에 의해 1909년 이후 학교에서 교과서로 사용할 수 없게 되었다.

이외에도 이 자료집에 수록된 교과서 『보통교과 대동역사략(普通校科 大東歷史略)』(1906), 『신정동국역사(新訂 東國歷史)』(1906), 『중등교과 동국사략(中等敎科 東國史略)』(1907) 등의 고조선·부여 관련 내용은 대동소이하다. 『초등 대한력ᄉ』(1908)는 단군조선이 북부여를 거쳐 고구려로 이어진 것으로 서술하고 있으며, 고구려의 주몽을 단군의 후손으로 기록하고 있는 점이 주목된다.

오성근과 미국인 선교사 호머 헐버트(Homer Bezaleel Hulbert)가 간행한 『대한력ᄉ』(1908)는 순한글로 된 교과서이다. 국문 발달을 속히 이루고 남녀노소가 쉽게 배우기를 바라는 뜻에서 한글로 썼다고 전한다. 참고로 호머 헐버트(1863~1949)는 1886년 정부에서 세운 육영공원(育英公院)에 초빙된 외국어 담당 교사이다. 1897년에 한성사범학교 책임자가 되면서 대한제국 교육 고문을 맡았다. 1890년에 우리나라 최초의 순한글 지리교과서인 『사민필지(士民必知)』를 출간한 바 있으며, 1896년에는 구전으로 전해 오던 노래 아리랑을 서양식으로 채보하여 논문으로 발표하기도 했다.

『대한신지지(大韓新地志)』는 장지연(1864~1921)이 1907년에 저술한 지리교과서이다. 지문지리(地文地理)·인문지리(人文地理)·각 도(各道)로 구분하여 서술했는데, 고조선의 영역이 서북으로는 만주 지방에 미쳤고 동으로는 지금의 강원도에 이르렀다고 기술하고 있다. 단군의 후손이 옮겨간 북부여는 지금의 성경성(盛京省) 개원현(開原縣)에 있었다고 서술하고, 고조선 관련 유적으로 삼랑성, 기준고성, 삼성사, 당장경, 단군묘, 구월산, 숭인전 등을 소개하고 있다. 우리나라의 민족 구성을 토착 민족인 조선본족, 중국에서 이주한 한족(漢族), 옛 예족으로 단군이 남긴 후예인 부여족 등 세 종족으로 서술한 점이 주목된다.

또 다른 지리교과서로는 독립운동가 정인호(1869~1945)가 발행한 『최신고등 대한지지(最新高等 大韓地誌)』(1909)가 있다. 국한문 혼용으로 되어 있는데 단군조선, 기자조선, 위만조선에 대한 간략한 지리 정보를 수록하였다. 또한 지도 23개, 삽화 44개가 실려 있는 점도 주목되는데, 제1편 총론에 수록된 대한전도(大韓全圖)에는 동해를 조선해(朝鮮海)로 표기하였다. 경상북도 42개 군을 소개하면서 울릉도를 42번째 군으로 기록하였다. 『최신고등 대한지지』는 조선해, 동해 명칭 사용 등으로 인해 학부 불인가 및 검정 불허가 됐다.

이상으로 조선시대와 대한제국기에 간행된 지리지와 교과서류에 실린 고조선·부여 관련 내용을 살펴보았다. 고조선의 위치를 한반도 너머로 보는 견해가 역사교과서에 나타나 있기도 하고 기자가 평양에 정착했다고 서술한 내용도 나온다. 고종 연간부터 간행된 교과서에는 주권을 잃은 슬픔이 고조선 내용에 고스란히 수록되어 있기도 하다. 이러한 모든 자료는 당대 우리 조상들의 고조선·부여에 대한 인식뿐만 아니라 역사 지리 인식을 엿볼 수 있는 사료이며, 나아가서는 당대의 사회상을 이해할 수 있는 귀중한 자료이기도 하다. 고조선·부여사를 연구하는 데 참고가 되길 바란다.

자료집을 간행하면서 늘 빠지지 않고 첨언하는 구절이 있다. 여기에 수록된 기록을 온전히 사실로 받아들이지는 못하는 한계가 있다는 점이다. 고조선·부여사 당대의 기록이 없이 후대의 인식들이 녹아 있기 때문이다. 이들 자료는 어디까지나 고조선과 부여에 대한 당대인의 인식임을 염두에 둘 필요가 있다. 이 기록 자체가 고조선사를 대변하지는 못한다는 의미다.

재단은 고조선과 부여에 관한 자료의 부족을 해소하고 연구자와 일반인들이 보다 쉽게 활용할 수 있도록 여기저기 흩어져 있는 방대한 자료를 모으고 번역했다. 이 자료집이 고조선과 부여에 관한 전통시대의 인식을 이해하는 데 도움이 되기를 기대한다.

2023년 9월
편찬책임자 박선미

일러두기

1. 이 책은 2005년에 펴낸 『고조선·단군·부여 자료집(상·중·하)』에 수록된 사료를 번역하여 저술 및 편찬·간행 순으로 나누어 편집한 것이다. 단군, 기자 등이 단순히 언급된 부분은 번역에서 제외하였다.
2. 부여와 관련된 사료는 주몽이 부여를 탈출하여 고구려를 건국하는 부분까지 선별하여 편집하였다.
   서지 해제 및 번역의 연도는 서기년을 기준으로 작성하고 필요한 경우 괄호 안에 왕과 재위년을 기재하였으며 문헌에 '을미년' 등과 같은 표현이 나올 경우 '을미년(고종 32, 1895)'으로 기재하였다.
3. 인명, 서명 등 고유명사는 처음 나올 때 한자를 병기하였으며 지명의 경우는 현대에 널리 알려진 것을 제외한 경우에만 한자를 병기하였다.
4. 보충역 및 간주는 부연할 내용이 적을 경우에는 -○○○○○○- 의 형태로 표기하고 설명할 내용이 많을 경우에는 각주를 사용하였다.
5. 사료 원문의 고유명사는 파악이 가능한 경우에는 모두 완칭(完稱)으로 표기하였다.
6. 사료 원문의 일부를 번역하지 않고 중략할 경우는 …로 표기하였다.
7. 원문의 세주 부분은 작은 글씨로 본문보다 위쪽에 배치하여 표기하였다.
8. 기존에 번역된 자료는 관련 기관의 협조를 받아 맨 뒤에 출처를 달아놓았다. 출처를 명시하지 않은 경우는 재단에서 새로 번역한 것이다.
9. 맞춤법, 띄어쓰기, 두음법칙, 문장부호(중간점 등) 등은 국립국어원의 표준국어대사전을 기준으로 삼았다.

차 례

책머리에 ·· 3

일러두기 ·· 14

지리지류

신증동국여지승람(이행·윤은보) : 1530년 ································· 18

평양지(윤두수) : 1590년 ·· 48

동국지리지(한백겸) : 1615년 ·· 87

동국여지지(유형원) : 1656년 ·· 94

평양속지(Ⅰ)(윤유) : 1727년 ··· 113

금마지(남태보) : 1756년 ·· 190

여지도서(저자 미상) : 1757~1765년 무렵 ································ 192

강화부지(김노진) : 1783년 무렵 ·· 200

영변지(저자 미상) : 1812년 이후 ··· 203

성천지(저자 미상) : 1842년 ·· 209

평양속지(Ⅱ)(저자 미상) : 1855년 ·· 215

대동지지(김정호) : 1861~1866년 무렵 추정 ···························· 218

해서읍지(저자 미상) : 1871년 ··· 239

호남읍지(Ⅰ)(저자 미상) : 1871년 ·· 241

관서읍지(저자 미상) : 1871~1872년 ······································ 243

호남읍지(Ⅱ)(저자 미상) : 1895년 ·· 260

문화군읍지(저자 미상) : 1899년 무렵 ····································· 262

평양속지(Ⅲ)(이승재) : 1906년 무렵 ······································· 264

강도지(박헌용) : 1931년 ·· 269

교과서류

조선약사십과(학부 편집국) : 1863~1907년 ·············· 278

조선역대사략(학부 편집국) : 1895년 ·············· 282

조선역사(학부 편집국) : 1895년 ·············· 291

대한지지(현채) : 1899년 ·············· 294

동국역대사략(학부 편집국) : 1899년 ·············· 297

보통교과 동국역사(현채) : 1899년 ·············· 310

동사집략(김택영) : 1902년 ·············· 316

대동역사(최경환·정교) : 1905년 ·············· 334

역사집략(김택영) : 1905년 ·············· 432

보통교과 대동역사략(국민교육회) : 1906년 ·············· 478

신정 동국역사(원영의·유근) : 1906년 ·············· 496

대한신지지(장지연) : 1907년 ·············· 505

중등교과 동국사략(현채) : 1907년 ·············· 510

대한력ᄉ(호머 헐버트·오성근) : 1908년 ·············· 517

초등 대한력ᄉ(조종만) : 1908년 ·············· 552

초등 대한역사(정인호) : 1908년 ·············· 555

초등 본국역사(유근) : 1908년 ·············· 561

초등 대동역사(박정동) : 1909년 ·············· 564

초등 본국약사(흥사단 편집부) : 1909년 ·············· 568

초등 본국역사(안종화) : 1909년 ·············· 571

최신고등 대한지지(정인호) : 1909년 ·············· 575

신찬 초등역사(유근) : 1910년 ·············· 577

지리지류

『신증동국여지승람(新增東國輿地勝覽)』

李荇(1478~1534)

尹殷輔(1468~1544) 외

『신증동국여지승람』은 1530년(중종 25) 이행(李荇)·윤은보(尹殷輔)·신공제(申公濟)·홍언필(洪彦弼)·이사균(李思鈞) 등이 『동국여지승람(東國輿地勝覽)』을 증보한 관찬 지리지이다.

『동국여지승람』은 기존 『팔도지리지(八道地理)』에 시문을 더하라는 성종의 명에 따라 편찬되었다. 1481년(성종 12) 『동국여지승람』은 『팔도지리지』를 기반으로 지리지가 구성되었고, 여기에 『동문선(東文選)』에 수록된 시문이 첨가되어 총 50권으로 갖추어졌다. 이후 『동국여지승람』은 3차례에 걸쳐 수교(受敎)가 이루어졌다. 1차 수교는 1485년(성종 16) 왕의 명으로 김종직(金宗直)과 채수(蔡壽)가 담당하였다. 이때 『대명일통지(大明一統志)』의 체제에 따라 개편이 이루어져 55권으로 증보되었다. 2차 수교는 1499년(연산군 5) 임사홍(任士洪)과 성현(成俔) 등에 의해 이루어졌는데, 내용상 큰 변동은 없었다. 이후 중종 때 3차 수교가 이루어졌는데, 이때 증보된 것이 『신증동국여지승람』이다. 1530년(중종 25)에 속편 5권을 합쳐 전 55권으로 완성하였고, '신증(新增)'이라는 두 글자를 표기하였다.

『신증동국여지승람』의 구성은 권수(卷首), 본문 55권, 권말(卷末)로 이루어져 있다. 권수에는 이행(李荇) 등이 작성한 진전문(進箋文)과 서문(序文) 그리고 수찬 관원의 직명과 성명이 기록되어 있다. 더불어 『동국여지승람』 편찬에 최초로 참여하였던 노사신(盧思愼)의 진전문과 서거정(徐居正)의 서문을 담았다. 권말에는 중간 수교를 담당하였던 임사홍, 김종직 등의 발문을 수록하였다.

본문에는 경도·한성부·개성부를 비롯하여 경기도·충청도·경상도·전라도·황해도·강원도·함경도·평안도 순서로 8도가 기재되어 있다. 각 도의 앞에는 전도(全圖)를 삽입하였다. 내용에는 각 도의 연혁과 총론·관원을 적은 후, 부·목·군·현의 연혁과 관원·군명·성씨·풍속·산천·성곽·관방·봉수·누정·학교·역원·교량 위치·불우·사묘·능묘·고적·명환(名宦)·인물·시인의 제영(題詠) 등을 순서대로 담았다.

『신증동국여지승람』은 지리뿐만 아니라 정치·경제·역사 등 각 지역 모든 분야의 정보를 담은 종합적 성격을 지니고 있어 당시 조선의 실태를 파악하는 데 큰 가치를 지닌 자료로 평가되고 있다.

고조선과 관련해서는 단군의 출생과 단군묘에 대한 전승을 소개하고 있다. 특히 단군이 하늘에 제사를 지냈다고 전하는 참성단(塹星壇)과 그의 세 아들이 쌓았다는 삼랑성(三郞城)에 대한 전승이 전한다. 기자묘와 범금(犯禁) 8조 등 기자와 관련한 여러 전승도 기록하고 있다. 이 외에도 준왕(準王)의 남래(南來)를 비롯하여 그가 세웠다는 기준성(箕準城)에 관한 전승이 전하며, 각 도의 연혁을 통해 고조선의 영역 인식을 엿볼 수 있다. 한편 부여와 관련해서는 부루(夫婁)의 출생과 더불어 금와(金蛙)에서 대소(帶素)로 이어지는 계승 관계를 언급하고 있다.

『신증동국여지승람』

대광보국숭록대부 의정부우의정 겸 영경연사 감춘추관사 홍문관대제학 예문관대제학 지성균관사(大匡輔國崇祿大夫議政府右議政兼領經筵事監春秋館事弘文館大提學藝文館大提學知成均館事) 신(臣) 이행(李荇), 자헌대부 이조판서 겸 동지경연춘추관사 예문관제학 세자우부빈객(資憲大夫吏曹判書兼同知經筵春秋館事藝文館提學世子右副賓客) 신 홍언필(洪彦弼) 등은 명령을 받자와 『신증동국여지승람』 편찬을 마쳤기에 삼가 정서(淨書)하여 바칩니다. 신 이행 등은 진실로 황송하고 두려워 머리를 조아리고 말씀을 올리나이다. 삼가 아룁니다. 성스럽고 신령스러운 자손이 계승하여 강토의 둘레는 사방의 넓이를 다하였고, 풍습과 시속이 변하였으니 도적(圖籍)은 한 시대의 마땅함에 따라야 하나이다. 이미 이전에 창작함이 있었으니 어찌 뒤에 기술함이 없사오리까? 이런 것은 이제 시작된 것이 아니오라 예로부터 그러하옵나이다. 우공(禹貢) 편(篇)이 이루어졌음은 당우(唐虞)의 전(典)을 이은 것이며, 주관(周官)에서 직(職)을 나눔은 실로 문왕(文王)과 무왕(武王)의 규모를 이은 것이니, 전 시대를 빛나게 한 것으로 진실로 뒷사람이 본받아야 할 바입니다. 비록 물려받기도 하고 개혁하기도 해서 각기 다르지만 덜 것은 덜고 보탤 것은 보탰다는 것을 알 수 있습니다. 생각하옵건대, 우리 조선이란 나라는 기자(箕子)가 교화를 일으킨 데서부터 비롯되었습니다. 산천은 아름답게도 울울총총(鬱鬱葱葱)[1]하고 예악 문장은 빛나게도 빈빈욱욱(彬彬郁郁)[2]하였는데, 그 뒤에 분열(分裂)과 통합이 한결같지 못하여 변경이 무상(無常)하였나이다.

『신증동국여지승람』 신동국여지승람전

바다 모퉁이에 있는 우리 땅은 실로 하늘이 낸 나라이옵니다. 앞서 단군이 나라를 열었고, 뒤에 기자가 봉함을 받았나이다. 한 나라가 사군(四郡)을 설치했을 때에는 범처럼 다투어 영토가 찢어지고, 삼국 시대에는 사소한 일로 쓸데없이 싸워서 국가가 무너졌습니다. 왕씨가 통합한 이후로 강토를 대략 보유(保有)하였사오나, 여진이 공험(公險)에 웅거해서 땅을 점점 많이 베어가고, 원 나라가 멀리 탐라를 통치해서 국토가 줄어든 지 오래되었나이다.

『신증동국여지승람』 동국여지승람서(東國輿地勝覽序)

우리 동방은 단군이 나라를 처음 세우고, 기자(箕子)가 봉함을 받았는데 모두 평양에 도읍하였고, 한나라 때에는 사군(四郡)과 이부(二府)를 두었습니다. 이로부터 삼한이 오이처럼 나뉘어져 마한은 54국을 통솔하고, 진한과 변한은 각각 12국을 통솔하

---

1 한 나라 광무제(光武帝)가 처음 용릉(舂陵)에서 일어났는데, 하늘의 운기(雲氣)를 바라보고 길흉(吉凶)을 점치는 자가 "용릉에는 기운이 성대하니 상서로운 징조다"라고 하였다.
2 공자가 "형식인 문(文)과 본바탕인 질(質)이 고르게 갖추어진 뒤에라야 군자(君子)이다" 하였으니 빈빈은 문과 질이 고르게 균형을 이루었다는 뜻이다. 또 "주 나라는 성하게 문채롭다[郁郁乎文哉]"라고 하였으니 욱욱은 문채가 성한 모양이다.

였습니다. 그러나 상고할 만한 도적(圖籍)이 없고, 그 뒤로는 신라·고구려·백제 세 나라가 솥발처럼 나뉘어졌습니다.

『신증동국여지승람』 권1, 경도 상(京都 上)

고조선(古朝鮮)은 마한(馬韓)의 지역이다. 서울은 북으로 화산(華山)을 진산(鎭山)으로 삼아, 동과 서는 용이 서리고 범이 쭈그리고 앉은 형세이고, 남쪽은 한강(漢江)으로써 요해처(要害處)를 삼았으며, 멀리 동쪽에는 대관령이 있고 서쪽에는 발해가 둘러싸고 있어서 그 형세의 훌륭함이 동방의 으뜸으로서, 진실로 산하(山河) 중에, 백이(百二)의 땅이다 …

『신증동국여지승람』 권1, 경도 상, 국도(國都)

『신증』 국도 … 제사에 있어서는 모두 가묘(家廟)를 세우는데, 대부(大夫)는 삼대까지 제사를 지내고, 선비와 서민들은 할아버지와 아버지의 제사만을 지낸다. 이것은 모두 기자로부터 그 풍습을 전한 것이고, 또 중국에서 하는 것을 보고 본받은 것이다. … 오직 저 서경-지금의 평양-만은 지대가 가장 평탄하고 넓기 때문에, 그 지세에 따라 이름을 평양이라 하였다. 여기에 나라가 생길 때부터 이미 물을 임해서 성을 높이 쌓았는데, 얼마를 지내다가 또 가까운 북쪽 산의 험한 곳으로 옮겼다. 평양성은 가장 오래된 것으로 기자가 처음 봉해질 때에 이미 있었던 것이다. 고구려에 이르러서는 또 그것이 험한 곳에 의거하지 않은 것을 흠으로 여겨서, 다시 그 성 북쪽에 한 성을 쌓았는데, 동으로는 대동강이 내려다보이고, 북으로는 금수산(錦繡山)이 닿아 있다. 기자 이후로 전승하여 동한(東漢)에 이르러, 준(準)이란 사람이 연(燕)나라 위만에게 쫓기어 마한 땅에 도읍을 옮겼으나, 지금은 자취조차 없어졌다. 이 밖의 여러 고을은 토질이 대부분 마르고 붉으며, 간간이 누런 흙이 있으나 또한 모래와 돌이 섞여 있다. 오직 이 성 가까이에 있는 흙만이 차져서 밭도랑이나 봇도랑의 형상이 남아 있다. 옛 성 안에 기자가 구획한 정전제의 형상이 아직 남아 있으니, 곧은 길 같은 따위가 바로 이것이다. … 동쪽에는 기자의 사당이 있어 나무 신주를 예설(禮設)하고, 거기에 쓰기를, "조선 후대 시조"라 하였다. 이는 단군을 높이어 그 나라를 개창

(開倉)한 이라 하였으니, 기자가 그 대를 잇고 왕통(王統)을 전했다고 하는 것이 당연하다. 단군은 요(堯)임금 갑진년에 여기에 나라를 세웠다가, 뒤에 구월산으로 들어갔는데, 그 후의 일은 알 수 없다. 나라 사람들이 대대로 사당을 세우고 제사 지내는 것은 그가 처음으로 나라를 세웠기 때문이다. 지금 그의 사당은 기자 사당의 동쪽에 있는데, 나무 신주를 세우고 쓰기를, "조선 시조 단군 신위"라 하였다. 기자묘는 토산(兎山)에 있으니, 유성(維城)의 서북방이다. 기자묘는 성의 서북쪽 토산에 있는데, 성에서 반 리도 되지 않으며 산세는 매우 높다. 두 개의 석상(石像)이 있어서, 마치 당나라의 건거(巾裾)와 같은데, 알록달록한 이끼가 끼어 있어, 마치 무늬가 있는 비단옷을 입은 것과 같다. 좌우에는 젖을 먹이면서 꿇어앉은 석양(石羊)이 벌여 있고, 비갈(碑碣)은 머리를 든 귀부(龜趺)에 실려 있다. 둥근 정자를 지어 절하는 자리를 만들었고, 어지럽게 돌을 포개 놓아 뜰의 한계를 정하였다. 이것은 그 근본에 보답하려는 뜻은 융성하지만, 물건을 갖추는 예의로서는 소홀한 것이다.

『신증동국여지승람』 권1, 경도 상, 문묘(文廟)

문묘 성균관 명륜당의 남쪽에 있다. 대성전(大成殿)은 북에서 남을 향해 앉았는데, 모두 다섯 칸이다. 앞에는 두 계단이 있으며, 동서에는 각각 무(廡)가 있다. 신주(神廚)는 서무(西廡)의 서북에 있고, 전사청(典祀廳)은 또 그 서쪽에 있다. … ○ 변계량(卞季良)의 비명(碑銘)에, "영락 7년 … 신이 가만히 생각건대, 성인의 도는 크기 때문에 칭찬할 수가 없으니, 비록 억지로 무어라 말하더라도 그것은 천지와 일월을 그리는 것과 거의 다를 것이 없다. 우리 부자(夫子)께서 주나라 말기에 태어나서 여러 성인들을 집대성하고 절충하여 모든 왕의 큰 법을 만들어 교훈을 펴시니, 그 공은 천지의 처음 생긴 조화(造化)보다도 지극하고, 그 은택은 무궁토록 흐르니, 인류가 생긴 뒤로 그처럼 훌륭한 이가 없었다. 재여(宰予)의 이른바 요순(堯舜)보다도 훌륭하다 한 것이 까닭이 있는 것이다. 당나라로부터 이후로 하늘에까지 닿고 땅에 두루하여 사당이 곳곳에 세워져 높여 제사함이 변하지 않았는데, 하물며 우리 동방은 옛날부터 그 풍속이 예의를 숭상하여 기자(箕子)의 8조의 교훈과 떳떳한 윤리의 질서를 받들어 법도와 문물의 갖추어짐이 중국과 짝하였다. 우리 부자께서 일찍이 와서 살고자 하신 뜻이 있었으니, 묘학을 경영해 세우고 문교를 일으켜 숭상한 것은 원래 다른 나라에 견줄 바가 아니다." … 그 명에, "아, 선성(宣聖)이 때맞추어 태어나서 포희(包羲)부터 주공(周公)까지를 집대성하였도다. 인류가 생긴 이후로 누가 그 거룩함을 견주랴. 크게 빛나도다. 높여 제사 지냄이 온 천하에 두루 하였네. 하물며 기자가 봉함을 받은 우리나라는 예의를 먼저 하였음에랴? 제사 지내고 읍양(揖讓)하는 것은 옛날의 법칙을 따라 그러하였네. 하늘이 태조를 내려 주시니 신(神)하고 성(聖)하고 무(武)하고 문(文)하셨네. 황제의 명을 밝게 받들어 능히 큰 공을 이루었네. 거룩한 신도(神都)는 한강의 언덕이라네. …" 하였다.

『신증동국여지승람』 권2, 경도 하(下), 문적공서(文職公署), 성균관(成均館)

성균관 … ○ 명나라 예겸(倪謙)이 지은 시에, "새벽에 성균관에 가서 성묘(聖廟)에 배알하니, 푸른 산 양지에 있는 행단(杏壇)이 넓고 통창하도다. 8조의 교전(敎典)에서는 기자를 생각하고, 만세의 유종(儒宗)으로는 소왕(素王)을 사모하네. 재주 있는 많은 관원들은 즐겁게 좌우에 있고, 푸른 옷 입은 선비들은 기쁘게 줄지어섰네. 문풍(文風)이 어찌 동해 나라에만 퍼졌으랴? 천자의 덕화가 지금 팔방 먼 곳까지도 두루 미치었네" 하였다. …

○ 명나라 기순(祁順)이 문묘(文廟)에 배알한 시서(詩序)에, "나는 중국에서 벼슬하면서 듣기를, '외국에서 문헌이 있는 나라로는 조선이 제일이니, 그 사람들은 유학(儒學)을 업으로 하여 경서에 통달하며 공자의 도를 높이고 숭상하니, 기자의 유교(遺敎)만을 지키고 있을 뿐만이 아니다'라고 하였다. …"

『신증동국여지승람』 권4, 개성부 상(開城府 上), 풍속(風俗), 기자유풍(箕子遺風)

기자유풍 『송사』에, "고려는 기자의 유풍을 익혀서 주몽의 옛 풍속을 어루만진다" 하였다.

『신증동국여지승람』 권4, 개성부 상, 궁실(宮室), 대평관(태평관)[大平館(太平館)]

태평관 …『신증』당고(唐皐)의 시에, "평양·개성이 바다와 하늘을 같이 했는데, 성루에 올라 멀리 보니 거친 연기 일어나네. 옛 궁터는 기자의 나라가 가장 오래니 은나라에서 염유(炎劉, 한 고조 유방)에 이르기까지 9백 년이네" 하였다.

『신증동국여지승람』 권5, 개성부 하(下), 제영(題詠), 천융정읍시황량(遷遺井邑市荒涼)

천유정읍시황량 명나라 태조 고황제(高皇帝)가 지은 시에, "도읍은 옮겨지고 샘은 남아 있어 저자는 황량한데, 푸른 들판이 눈에 가득하니 지나가는 손의 마음이 아프다. 동산에 꽃이 있으매 벌은 꿀을 만들고, 궁전과 누대는 주인 없으매 토끼 고장이 되었다. 행상들은 길을 돌아 새 성곽으로 가고, 앉은 장사는 점포를 옮겼으나 옛 방(坊)을 그리워한다. 이것이 지난날 왕씨(王氏)의 기업이니, 단군이 가신 뒤로 몇 번이나 바뀌었을까" 하였다.

『신증동국여지승람』 권11, 경기(京畿)5 양주목(楊州牧), 능묘(陵墓) 건원릉(健元陵)

건원릉 … 한 광무(漢光武)의 호타하(滹沱河) 얼음과 원 세조(元世祖)의 전당(錢塘) 조수가, 모두 그 미담(美談)을 독차지하지 못할 것이다. 구변도(九變圖)라는 국판[局]과 십팔자(十八子)라는 설이 단군 때부터 벌써 있었던 것인데, 수천 년을 지난 지금에 징험된다. 또 이상한 중이 지리산 바위 속에서 이상한 글을 얻어 바쳤는데, 그 말이 위에 말한 단군 때에 나왔다는 것과 서로 합치하였다. 이것은 또한 광무(光武)의 적복부(赤伏符)라는 것과 유사하다. 비기(祕記)가 비록 떳떳하지 못하다 하나, 또한 이치가 혹 있는 것이다. 예로부터 여러 번 징험되었으니, 하늘이 덕 있는 이를 돌봄이 참으로 증거 있는 것이다.

『신증동국여지승람』 권12, 경기7 강화도도호부(江華都護府), 사단(祠壇), 참성단(塹城壇)

참성단 마니산 꼭대기에 있다. 돌을 모아 쌓았는데, 단의 높이는 10척이며, 위는 모가 나고 아래는 둥근데, 위는 사면이 각각 6척 6촌이요, 아래 둥근 것은 각각 15척이다. 세상에서 전하기를, "단군이 하늘에 제사 지내던 곳이다" 하였다. 본조에서 전조(前朝)의 예전 방식대로 이 사단에서 별에 제사 지냈는데, 아래에 재궁(齋宮)이 있다. 우리 태종이 잠저 때 대언(代言)이 되어 여기서 재숙(齋宿)했다.

○ 이색의 시에, "향 피우고 맑게 앉아 시 읊으며 머리를 갸우뚱하니, 한 방이 비고 밝은데, 작기가 배[舟] 같네. 가을빛을 가장 사랑하여 지게문 열어 들이고, 다시 산 그림자 맞아들여 온 뜰에 머물게 하네. 몸은 가뿐하여 때[垢]가 없으니 봉황을 탈 생각하고 마음은 고요하여 기심(機心)을 잊었으니, 갈매기를 가까이하려 하네. 단(丹)을 만들어 신선 되기 구할 필요 없다. 육착(六鑿)만 제거하면 바로 14천유(天遊)일세."

○ "무릉(茂陵)은 무슨 일로 신선 찾기에 그다지 애썼는가. 다만 봉래(蓬萊)만은 또한 혹 그럴 듯도 하나, 산은 구름과 같이 떴으니 자연 끝이 없고, 바람은 배를 불어 가니 앞설 이 없네. 금인(金人)의 한 방울 이슬은 소반 가운데에 떨어지고, 청조(靑鳥)는 바다 위 하늘로 외로이 날아가네. 참호[塹城]에서 제사하여, 그대로 사람들로 하여금 태평스러운 해를 누리게 하면 어떠하랴."

○ "산하는 험하기 이와 같으니, 장한 우리나라일세. 절정에 구름 기운 흐르고, 높은 벼랑에 고목나무를 굽어보네. 바람을 향해 휘파람 길게 부니, 울리는 소리 암곡(巖谷)에 진동하네. 소문(蘇門) 놀이 계속하려 하니, 석수(石髓)는 지금 한창 푸르렀으리. 해와 달은 쌍 수레바퀴가 되고, 우주는 한 칸 집이 되었네. 이 단이 천연적으로 된 것이 아니라면, 모르겠네, 정녕 누가 쌓은 것이냐. 향 냄새 올라가니 별은 낮아지고 축문[綠文]이 들어가니, 기운이 비로소 엄숙해지네. 다만 신(神)이 내린 은혜에 보답할 뿐이지. 무엇 때문에 스스로 복을 구하겠는가."

○ "긴 바람 나에게 불어 요대[瑤臺, 신선이 사는 곳]에 오르니, 넓은 바다 먼 하늘이 만 리나 터졌네. 옷을 털고 이어 발 씻을 것 없다. 신선의 피리와 학이 공중에서 내려오는 듯하네."

○ "만 장(丈)이나 되는 현단[玄壇, 도관(道觀)]에 밤 기운이 맑은데, 녹장(綠章)을 아뢰자마자 담담히 티끌 생각 잊었네. 돌아가는 말안장에 장생(長生)할 복을 가득 실어다, 우리 님께 바쳐 태평성대 이룩하려네." ○ 고려 이강(李岡)의 시에, "마음은 고요하고 몸

은 한가하여 뼈가 신선이 되려 하니, 멀리 인간 일 생각하며 정히 망연하구나. 제사 지내는 신비한 자리는 중흥(中興)한 뒤이요, 돌로 쌓은 영단(靈壇)은 태고 전의 일일세. 이미 눈은 천리 밖 땅을 보게 되었고, 황홀히 몸은 구중(九重) 하늘에 있는 듯해라. 이번 걸음엔 짝도 없이 서로 속이는 것 같으나, 환도(還都)한 첫해를 누가 만났는가" 하였다.

『신증동국여지승람』 권12, 경기7 강화도도호부, 고적(古跡), 삼랑성(三郞城)

삼랑성 전등산에 있는데, 세상에서 전하기를, "단군이 세 아들을 시켜 쌓았다" 한다.

『신증동국여지승람』 권27, 경산도(慶尙道)7 영산현(靈山縣), 고적, 길곡부곡(吉谷部曲)

길곡부곡 지금은 기곡(箕谷)이라고 부르는데 현의 동남쪽 20리에 있다.

○ 이첨(李詹)의 기곡계당기(箕谷谿堂記)에 쓰기를, "취성(鷲城) 동쪽에 골짜기가 있으니 깎은 듯이 삼면이 높다랗고, 그 남쪽으로 조금 내려가면 마치 키[箕]와 같이 생겼기 때문에 기곡(箕谷)이라고 이름 지었다. 우리 동방은 본래 기자가 봉한 나라요, 또 기성(箕星)[3]의 분야(分野)이므로 이 골짜기를 기곡이라고 한 것은 처음에는 비록 그 모양이 키와 같다고 해서 지은 이름이겠지만 그 이름의 뜻을 상고해 본다면 아주 근거가 없는 것도 아니다. 대체 키라는 것은 곡식을 까부르는 도구인 까닭에 군자를 안으로 하고 소인을 밖으로 하는 뜻이 있다 한 것은 태괘(泰卦)의 형상이다. 그래서 어진 사람이라야 이 골짜기에 살 수 있고 못난 자는 제 몸을 용납하지 못하는 것이므로 군자다운 이 부감(李府監)이 여기에서 늙은 것이다. 무술년에 집 동쪽에 당(堂)을 짓고 못을 파서 물고기를 기르고 시냇물을 끌어 오리를 기르며, 대나무 천 주를 심어 음악 소리를 대신하고 소나무 백 그루를 심어 절조를 가다듬는다. 이는 모두 계당(谿堂)의 구경거리로 군자가 즐겨하는 바이다. 마침내 언덕에 올라 경치를 바라보면 취봉(鷲峯)이 우뚝 서 있는 것은 키[箕]의 발뒤꿈치가 아닌가! 낙수 물이 가로놓인 것은 키

---

3 기성은 하늘에 있는 별 이름인데 우리나라는 기성 밑에 있다 한다.

의 혓바닥이 아닌가! 그 밖에 쇠잔한 산과 끊어진 항구, 별 같은 것이 또한 많다. 하늘에는 기성(箕星)이 있고 땅에는 기곡(箕谷)이 있어 빛나는 멧부리의 기상이 서로 사랑하는 덕에 감응하여 덕을 나게 하여 계당의 주인에게 주는 것인가! 그렇지 않으면 어찌 이 부감(李府監)이 그렇게 수(壽)하고 또 강녕하며 그 자손이 잘 되고 또 많단 말인가. 내가 가서 그를 찾으니 공(公)은 나를 계당 위에서 대접하여 술을 마시고 나서 그 당(堂)의 기(記)를 청하기를, "내 당(堂)이 이루어진 지 이제 15년이나 되었건만 글 하는 선비라고는 그대가 처음 왔으니, 나를 위해서 기(記)를 지어 달라" 했다. 나는 강경하게 사양했으나 그 뒤 며칠 만에 또 편지를 보내어 권하는 뜻이 더욱 두터웠으므로 끝내 사양치 못했다" 하였다.

『신증동국여지승람』 권30, 경상도10 합천군(陝川郡), 누정(樓亭), 매월루(梅月樓)

매월루 객관 동쪽에 있다. 군수 김영추(金永錘)가 세웠다. 『신증』 김일손(金馹孫)의 기문에 … 상공이 이 누를 굳이 매월이라 이름한 것은 의미가 있을 것이다. 소금과 매실은 국을 조미하는 것이므로 고종(高宗)이 부열(傅說)에게 명한 바이고, 달은 경사(卿士)와 비유한 것이므로 기자가 무왕에게 고한 것이다. 공이 여기에 보는 바에 감촉되어 생각을 일으킴이 없었을까. 공은 매월의 흉금이다. 맑고 깨끗한 명망이 평소부터 나타났음은 진실로 공의 집안의 한 가지 일이거니와, 지금 묘당의 그릇으로써 방백의 직책을 맡아서 장차 정승으로 조정에 들어갈 것이니, 국을 조미시키는 솜씨를 발휘하여 달고 신맛을 솥에서 조미하고, 상서와 재앙이 몸과 집에 응함을 삼가 조정에 이를 것이니, 이것은 달이 징험하는 것이다. 진실로 여기에 생각을 두어서 잊지 않아야 할 것이다. …

『신증동국여지승람』 권33, 전라도(全羅道)1 익산부(益山郡), 건치연혁(建置沿革)

건치연혁 본래 마한국(馬韓國)이다. 후조선(後朝鮮)의 임금 기준(箕準)은 기자의 41대 손인데, 위만(衛滿)의 난을 피하여 바다에 떠서 남으로 내려가, 한지(韓地)에 가서 나라를 세우고 마한(馬韓)이라 하였다. 백제의 시조 온조왕(溫祚王)이 이곳을 병합하고, 이후부터 금마저(金馬

渚)라 불렀다. …

『신증동국여지승람』 권33, 전라도1 익산부, 고적, 쌍릉(雙陵)

쌍릉 오금사(五金寺) 봉우리의 서쪽 수백 보 되는 곳에 있다. 『고려사』에는 후조선 무강왕 및 비의 능이라 하였다. 속칭 말통대왕릉(末通大王陵)이라 한다. 일설에 백제 무왕의 어릴 때 이름이 서동인데, 말통(末通)은 즉 서동이 변한 것이라고 한다.

『신증동국여지승람』 권33, 전라도1 익산부, 고적, 기준성(箕準城)

기준성 용화산(龍華山) 위에 있다. 세상에 전하기를 기준(箕準)이 쌓은 것이기 때문에 그 이름을 땄다고 한다. 석축 둘레는 3천 9백 자이고 높이는 8자이다. 시내와 우물이 있다.

『신증동국여지승람』 권34, 전라도2 태인현(泰仁縣), 인물(人物), 열녀본기(烈女本朝) 임씨(林氏)

임씨 밤에 그 집에 불이 났는데, 시어머니가 병으로 일어나지 못하니, 임씨가 업고 나와 화를 면하였다. 일이 나라에 보고되어 정문을 세웠다. ○ 윤회(尹淮)의 서(序)에, "우리나라의 건국은 도당씨[陶唐氏, 요(堯)임금을 말함]와 나란하고, 주(周)나라에 미쳐서는 기자께서 봉강(封疆)을 받았으니, 인현(仁賢)의 덕화는 오래면 오랠수록 더욱 깊었다. 삼가 생각건대, 우리 조정에서는 열성(列聖)이 서로 이으시어 교화를 밝히시고 풍속을 후하게 하셨으니, 가정에서는 절개와 의리를 숭상하고, 사람들은 사랑과 공경을 돈독히 하여 아무리 못난 남자와 어리석은 여자일지라도 향할 곳을 알지 못하는 자가 없었다."

『신증동국여지승람』 권41, 황해도(黃海道)1 봉산군(鳳山郡), 군명(郡名), 봉양(鳳陽)

봉양 『신증』 김수온(金守溫)이 기순(祁順)의 부를 차운(次韻)한 서문에 … 글에 이르기를 … 옛날 무왕(武王)이 은(殷) 나라를 혁명할 때에, 기자(箕子)가 대의(大義)로 주

(周) 나라 조정에 신하될 수 없었으나 무왕이 구주(九疇) 홍범(洪範)을 물으니, 2대(代)의 문헌을 상고할 수 있었도다. 이에 수레는 노(輅)를 쓰고 풍악은 소(韶)를 따랐네. 조선에 봉하여 해뜨는 곳을 다스리니, 왕도[皇極]의 가르침이 펴지고 8조의 정사가 융성하였네. 봉이 이에 한 번 내려오니 사람들이 그 화한 울음소리를 들었네. 드디어 그 땅에 고을을 설치하여 그 이름이 없어지지 않았네.

『신증동국여지승람』 권41, 황해도1 봉산군, 누정 환취루(環翠樓)

환취루 … ○ 김식(金湜)의 시에, "동으로 천리를 온 기자의 봉역이라 하는데, 한 번 높은 다락에 오르니 흥이 배나 더하구나. 부(賦)를 짓는 사신(詞臣)들 말에 기대는[倚馬] 재주 많고, 노래 부르는 호걸은 전일에 용을 따르는 이들. 땅은 창해에 이어 있으니 조수 소리가 가깝고. 발은 푸른 산에 드리웠으니 나무 그림자 겹겹이네. 오늘 올라와 구경하며 취하도록 마실 것이, 내일 아침 돌아보면 뭇 봉우리 막혔으리" 하였다.

『신증동국여지승람』 권42, 황해도2 문화현(文化縣), 산천(山川), 구월산(九月山)

구월산 고을 서쪽 10리에 있으니 바로 아사달산이다. 다른 이름은 궁홀(弓忽)이요, 또 다른 이름은 증산(甑山), 삼위(三危)이다. 세상에서 전하기를, '단군이 처음 평양에 도읍하였다가 후에 또 백악으로 옮겼다' 하는데 곧 이 산이다. 주무왕이 기자를 조선에 봉하니, 단군이 이내 당장경(唐藏京)으로 옮겼으며, 후에 다시 이 산으로 와서 숨어, 화하여 신이 되었다 한다. 또 장련현 및 은율현 편에 보인다.

『신증동국여지승람』 권42, 황해도2 문화현, 사묘(祠廟), 삼성사(三聖祠)

삼성사 구월산 성당리(聖堂里)에 있으니 바로 환인·환웅·단군의 사당이다. 나라에서 봄가을로 향축(香祝)을 내려 보내 제사드리며, 또 비가 심한 때와 가물 때 기도하면 문득 감응한다.

『신증동국여지승람』 권42, 황해도2 문화현, 고적, 장장평(莊莊坪)

장장평 고을 동쪽 15리에 있는데, 세상에서 전하기를, 단군이 도읍했던 곳이라 하며, 그 터가 아직도 남아 있다. 『고려사』에 장장평이라 하였는데 이것은 당장경(唐藏京)의 와전이다.

『신증동국여지승람』 권47, 강원도(江原道)4 회양도호부(淮陽都護府), 산천, 금강산(金剛山)

금강산 장양현(長楊縣)의 동쪽 30리에 있다. 부(府)와의 거리는 1백 67리이다. 산의 이름이 다섯 가지이니, 금강(金剛), 개골(皆骨), 열반(涅槃), 풍악(楓嶽), 지달(怾怛)로, 백두산의 남쪽 줄기이다. … 하륜(河崙)의 중을 전송하는 시의 발문에 … 석가모니가 서방에서 나서 등정각(等正覺)과 열반을 이룬 것은 중국의 주나라와 시대가 같다. 주나라 이전부터 반고씨 이후로 하나라·상나라 시대에 이르기까지 성현의 많음과 교화의 아름다움을 칭송할 만한 것이 한두 가지가 아니었다. 하우씨가 도산(塗山)에 모이자, 옥과 비단을 가지고 온 나라가 만국(萬國)이나 되었으며, 무왕이 상나라를 치자 기약하지도 않고 모인 자가 8백 나라나 되었다. 무왕이 이미 상나라를 쳐서 이기고는 기자를 조선에 봉하였는데, 조선은 동해 가에 있으면서 국토가 크고 사물(事物)의 번성함을 칭송할 만한 것이 또한 한두 가지가 아니었다. 석가모니가 말한 바는 만축(萬軸)이나 되는데, 어찌 한마디도 중국의 일에는 언급한 것이 없고, 유독 동해 가운데에 있는 금강산의 거리와 담무갈(曇無竭)의 숫자에 대해서는 이렇게도 자세히 언급하였단 말인가. …

『신증동국여지승람』 권51, 평안도(平安道)1

본래 조선의 옛 땅이니, 천문(天文)으론 미성(尾星)과 기성(箕星)의 분야(分野), 곧 석목(析木)의 성좌(星座)이다. 『전한서』를 살펴보건대, "연(燕) 땅은 미성과 기성의 분야이다" 하였으니, 낙랑과 현도도 마땅히 그에 속할 것이요, 또 말하기를, "현도와 낙랑은 무제 때에 두었는데 다 조선·예맥·구려의 만이이다" 하였으니, 본국을 통틀어 미성과 기성의 분야라 하는 것이 옳을 것이다. …

『신증동국여지승람』 권51, 평안도1 평양부(平壤府), 건치연혁(建置沿革)

건치연혁 본래 삼조선과 고구려의 옛 도읍으로 당요(唐堯) 무진년에 신인(神人)이 태백산 박달나무 아래에 내려왔으므로 나라 사람들이 그를 세워 임금을 삼아 평양에 도읍하고 단군이라 일컬었으니, 이것이 전조선이요, 주 무왕이 상을 이기고 기자를 여기에 봉하니, 이것이 후조선이요, 전하여 41대 손 준(準)에 이르러 연인(燕人) 위만이 그 땅을 빼앗아 왕험성(王險城)험(險)은 검(儉)이라고도 쓰니, 바로 평양이다에 도읍하니, 이것이 위만조선이다. 그 손자 우거가 한나라의 조명(詔命)을 받들려 하지 않으니 무제가 원봉 2년(기원전 109)에 장수를 보내어 토벌하여 사군으로 만들고 왕험성으로 낙랑군을 삼았다. …

『신증동국여지승람』 권51, 평안도1 평양부, 군명

조선(朝鮮) 동쪽 해 뜨는 땅에 있기 때문에 조선이라 이름하였다. ○『사기(史記)』주(注) 색은(索隱)에 이르기를, "조(朝)는 음이 조(潮)요, 선(鮮)은 음이 선(仙)이니 선수(汕水)가 있으므로 이름하였다" 하였다. 왕검성(王儉城) 옛 기록에, 단군은 이름이 왕검이라고 하였다. 기성(箕城)·낙랑(樂浪)·장안(長安)『당서(唐書)』에, "평양을 또한 장안이라 이른다" 했다. 서경(西京)·서도(西都)·호경(鎬京)·유경(柳京) 최자(崔滋)의 삼도부(三都賦)에 있다.

『신증동국여지승람』 권51, 평안도1 평양부, 풍속, 팔조지교(八條之敎)

팔조(八條)의 가르침 반고의『후한서』에 이르기를, "기자가 그 백성들에게 예의와 농사짓기·누에치기·베짜기를 가르치고 백성을 위하여 금법 8조를 만들었다. 사람을 죽인 자는 사형으로 갚고, 사람을 상한 자는 곡식으로 갚고, 도적질한 자는 그 집의 노비로 몰입(沒入)시키고, 제 죄를 속량코자 하면 1인당 50만 전을 내되, 비록 면죄되어 평민이 되나 풍속이 오히려 부끄럽게 여겨 혼인할 데가 없게 된다" 하였다.

『신증동국여지승람』 권51, 평안도1 평양부, 풍속, 호상경술(好尙經術)

경술(經術)을 좋아하고 숭상한다.『수서(隋書)』에, "경술을 좋아하고 숭상하며 문사(文史)를 사랑하고 즐겨 중국의 서울로 유학(遊學)하는 자들이 왕래하며 길을 잇고 혹 죽도록 돌아가지 않으니, 선철(先哲, 기자)의 유풍이 아니면 누가 이렇게 만들 수 있겠는가" 하였다.

『신증동국여지승람』 권51, 평안도1 평양부, 풍속, 효용웅강(驍勇雄强)

날래고 굳세다. 권근의 기문 서(序)에, "평양은 기자의 옛날 봉지(封地)이다. 8조의 가르침으로 백성들이 예의를 알았으나 주몽씨 이래로 말타기와 활쏘기를 익혀 그 풍속이 마침내 변하여 비록 수·당의 성대한 병력으로도 굴복시킬 수 없었으니, 그 날래고 굳셈을 상상할 수 있다" 하였다.

『신증동국여지승람』 권51, 평안도1 평양부, 산천, 대동강(大洞江)

대동강 부의 동쪽 1리에 있다. 일명 패강(浿江), 또는 왕성강(王城江)이라 한다. … ○ 지금 사마천의『열전』을 살펴보건대, "한이 흥하자 요동의 옛 변방을 닦아 패수(浿水)에 이르러 경계를 삼았다" 하였고, "위만이 망명하여 동쪽으로 달려 변방을 나가 패수를 건너 왕험에 도읍하였다" 하였으니, 압록강을 패수라 한 것이다. 또『당서』에, "평양성은 한의 낙랑군이다. 산을 따라 구불구불 성곽을 쌓았고 남쪽은 패수를 면하였다" 하였으니, 지금의 대동강을 가리킨다. … ○『고려사』악지에, "주 무왕이 기자를 조선에 봉하고 8조의 가르침을 베풀어 예속을 일으켰으므로 조야(朝野)가 무사하고 백성들이 기뻐하여 대동강을 황하에 비하여 노래를 지어 그 임금을 송축하였다" 하였다. …

○ 권근(權近)의 응제시(應制詩)에, "기자의 유허(遺墟)에 땅이 평평한데, 큰 강이 서쪽으로 꺾여 외로운 성(城)을 안았구나. 뽀얀 물결은 아득히 하늘까지 이어졌고, 모래의 물은 깨끗이 밑바닥까지 해맑아라. 온갖 냇물을 받아들여 항상 곤곤히 흐르고, 온갖 형상을 비쳐 다시 아름답구나. 넘실넘실 바다에 흘러 들어가는 뜻은, 바로 우리 왕

의 사대(事大)하는 정성인 듯하네" 하였다.

『신증동국여지승람』 권51, 평안도1 평양부, 성곽(城郭), 외성(外城)

외성 당포(唐浦) 위에 있는데, 돌로 쌓은 것은 둘레가 8천 2백척이고, 흙으로 쌓은 것은 1만 2백 5척이요, 모두 높이가 32척이다. 두 문이 있는데, 남을 차피(車避), 서를 다경(多景)이라 한다. 지금은 다 무너졌다. 세상에서 전하기를, "이 성은 곧 기자 때에 쌓은 것이다"라고 하나 연대가 하도 멀어서 사실 여부를 알 수 없다. 고려 태조 5년(922)에 "비로소 서도(西都)의 재성(在城)을 쌓아 무릇 6년 만에 끝냈다"라고 한 것이 아마 바로 이 성인 듯하다. 주관 육익(周官六翼)에 이르되, "재(在)는 우리말에 견(畎, 이랑)이다" 하였다.

『신증동국여지승람』 권51, 평안도1 평양부, 궁실, 대동관(大同館)

대동관 즉 객관이다. 『신증』 당고(唐皐)의 시에, "내가 압록강을 건너, 열흘 만에 평양에 이르니, 이곳이 조선의 서경, 기자의 유향(遺響)이 있네. 성 남쪽은 패수를 임하여 구경할 만한 정대(亭臺)가 많은데, 쾌재정(快哉亭)에 한 번 올라가면, 남은 것이 한눈에 보이네. 새벽에 얼음을 밟고 지나가, 20일 만에 왕경(王京)을 다녀왔네. …

『신증동국여지승람』 권51, 평안도1 평양부, 누정, 을밀대(乙密臺)

을밀대 금수산 꼭대기에 있는데 평탄하고 앞이 탁 틔었다. 을밀대라고 부르며, 또 사허정(四虛亭)이라 일컫는다. … ○ 신숙주의 기(記)에, … 이에 또 누대에 등람하사면 생각을 하며 높이 천고를 어루만지고 경물(景物)을 보고 회포를 일으켜 시로써 드러내 넓은 덕화로 세상을 어루만지니, 전성(前聖)을 따르는 뜻이 시의 자구 밖에 은연히 나타나는지라, 어제(御製)가 찬란히 빛나 강산을 두루 비추고 빛을 만세에 드리워 바로 기자의 홍범구주와 아름다움을 나란히 한다. 이것이 진실로 서토(西土) 사람들에게 천 년에 한 번 있을 행운이 아니겠는가" 하였다. …

○ 명나라 주탁(周倬)의 시에, "높은 다락 백 자가 몇 해를 묵었는고, 난간 밖에 긴 강

이 밤낮으로 흐르누나. 벽려(薜荔)는 해가 깊어 돌 뿌리에 뻗었고, 바다가마우지는 고요한 낮에 여울머리로 올라오네. 부여의 옛 땅은 지금도 그대로 있고, 기자의 유풍은 오래도록 전해 오네. 이날에 등림하여 함께 유상(遊賞)하노라니, 눈앞에 가득한 고상한 흥치가 온갖 시름을 풀어주네" 하였다. …

『신증동국여지승람』 권51, 평안도1 평양부, 누정, 풍월루(風月樓)

풍월루 부 안에 있다. ○ 이색의 기에 … 우리 국가가 한가한 때를 타 정사와 형벌을 닦아 백성과 만물이 풍족하고 편안하며 강산이 맑고 고와 가는 곳마다 음풍농월할 만한 곳이 아닌 데가 없다. 하물며 서경은 이 나라의 근원이 되어 서북을 공제(控制)하고 인사(人士)들이 생업을 즐겨 기자의 유풍이 있다. …

○ 동월의 기에, … 그때에 관반(館伴)인 이조의 허군(許君)이 다시 국왕의 교지(敎旨)를 받들어 나를 국경까지 배웅하다가 미리 서경 관찰사 성현(成俔)과 약속하고 배를 갖추어 나를 대동강 가에서 기다리고, 또 남쪽으로 배를 띄워 옛성에 들어가 기자(箕子)의 유적을 찾자고 청하였다. 드디어 닻을 풀어 이암(貍巖)으로부터 패수를 건너 차문루(車門樓)에 올라가 기자가 그었다는 정전의 구도(溝塗)인 직로(直路)로 불리는 것을 따라서 남문으로부터 들어가 몇 리를 가서 이 다락에 이르니, 국왕이 벌써 미리 병조의 어 판서(魚判書)를 보내 이곳에서 잔치를 베풀었다.

『신증동국여지승람』 권51, 평안도1 평양부, 누정, 대동문루(大同門樓)

대동문루 권근의 기(記)에, "평양은 나라에서 가장 큰 진(鎭)이다 …. 내가 말하기를, '평양은 곧 고조선과 기자가 도읍한 곳이다. 구주와 천인의 학과 팔조와 풍속의 아름다움이 우리 동방 몇천 년 예의의 덕화에 기초가 되었으니, 아아, 아름답다. 그러나 위만으로부터 고씨를 지나는 동안 오로지 무강(武强)만을 숭상한 결과 그 풍속이 크게 변하였고, 왕씨의 세대에 미쳐서는 요(遼)와 금(金)과 원(元)이 국경을 접하였기 때문에 되놈들의 풍속에 물들어 더욱 교만하고 사나워졌으니, 이는 마치 중국의 기산(岐山)과 풍(豊)의 땅과 같은지라, 주나라에서는 그곳을 사용하여 인후한 교화를 일으켰고, 진(秦)나라에서는 그것을 사용하여 용맹스럽고 사나운 기운을 가지게 하였다. 대개 그 백성들의 성질이 온후하고 진중하며 고지식하고 정직하므로 선으로써 인도하면 좇아 감화되기 쉽고, 용맹으로 몰면 또한 족히 부강한 업을 이룰 수 있는 것이다. … 훗날 혹시 이 다락에 올라 경치를 구경하게 된다면 마땅히 먼저 백성들을 위하여 황극에서 편 말씀을 강론하여 백성들로 하여금 기자의 은택이 우리 동방에 점차 배어 듦이 심하여 만세에 이르도록 없어지지 않음을 알게 하고, 지금 천자께서 국호를 내려주신 은혜와 우리 전하께서 옛것을 회복한 덕이 실로 무왕이 기자를 봉하고 기자가 조선을 다스렸던 것과 똑같은 계책임을 알게 하겠다. …

『신증동국여지승람』 권51, 평안도1 평양부, 누정, 연광정(練光亭)

연광정 덕암(德巖) 위에 있다. 감사 허굉(許硡)이 지었다.
○ 당고의 기에, "평양성은 조선에 있으니, 기자의 옛 도읍이다. 이번에 내가 병과급사중(兵科給事中) 녹봉(鹿峯) 사(史) 선생과 함께 반삭(頒朔)의 명을 받들고 오는 길에 이곳을 지나다가 유적을 찾아 소회를 풀려고 했으나 사신의 일이 한창 많아 그럴 틈이 없었다. … 또 금수산에서 일어난 한 지맥(支脈)이 꿈틀꿈틀 서쪽으로 뻗어 엎드렸다 다시 일어나는 곳에 무덤이 있으니, 기자가 관패(冠佩)를 감춘 곳이다. 이상이 모두 이 정자가 차지한 경치인데, 유독 '연광(練光)'이라 이름한 것은 대개 패수(浿水)에서 취한 것이다."

『신증동국여지승람』 권51, 평안도1 평양부, 사묘, 단군사(檀君祠)

단군사 『신증』 당고의 시에, "아득한 옛날에 나라를 열었으니, 조선에 이 분이 비조(鼻祖)라네. 가시덩굴을 베지 않았던들, 뉘라서 동국을 낙토(樂土)로 만들었으리" 하였다.
○ 사도의 시에, "단군이 언제 비롯했던고, 말 들으니 요(堯) 때에 비롯했다고. 지금부터 4천년 전이나, 유묘(遺廟)가 산마루에 있네" 하였다.

『신증동국여지승람』 권51, 평안도1 평양부, 사묘, 동명왕사(東明王祠)

동명왕사 기자사(箕子祠) 곁에 있다. 두 사(祠)가 같은 집에 있는데 단군이 서쪽에 있고 동명이 동쪽에 있으며 모두 남향(南向)이다. 해마다 봄·가을에 향과 축문을 내려 중사(中祀)로 제사 지낸다. 본조 세종 11년(1429)에 처음 설치했다.

○ 권근의 응제시에, "말 들으니 옛날 태고 적에, 단군이 나무 가에 내려왔다고. 동국 땅에 군림하니, 때는 제요(帝堯)의 시절. 세대를 전함이 몇인지 모르고, 세월을 지남이 천 년을 넘었네. 그 뒤에 기자의 대에도, 마찬가지로 조선이라 이름했네" 하였다.

『신증동국여지승람』 권51, 평안도1 평양부, 사묘, 기자사(箕子祠)

기자사 성안에 있다. ○ 고려 숙종 10년(1105)에 왕이 서경에 행행하였을 때 정당문학(政堂文學) 정문(鄭文)이 사(祠)를 세우기를 건의하여 중사로 제사 지내 왔고, 본조 세종 12년 경술에 비를 세웠다. 변계량이 그 비문을 지었는데, 이르기를, "선덕(宣德) 3년 무신년(1428) 여름 4월 갑자일에, 국왕 전하께서 전지(傳旨)하기를, '옛날에 주무왕이 은나라를 이긴 뒤 은 나라의 태사를 우리나라에 봉하여 그의 신하되지 않으려는 뜻을 이루게 하였다. 우리 동방의 문물과 예악이 중국을 본떠서 지금까지 2천여 년 동안인 것은 오직 기자의 가르침을 힘입어서이다. 돌아보건대, 그 사우(祠宇)가 좁고 누추하여 경배하기에 걸맞지 않으므로 우리 부왕(父王)께서 일찍이 중수하라 명하셨고, 내가 그 뜻을 이어받아 중수를 감독하여 이제 준공되었으니, 마땅히 비석에 새겨 영원히 후대에 보여야 하니, 사신(史臣)이 그 글을 지어라' 하니, 신 계량이 명을 받들고 삼가 떨면서 감히 사양치 못하였다.

신이 가만히 생각하건대, 공자께서 문왕과 기자를 아울러 『주역』의 상(象)에 나열하였고 또 삼인(三仁)으로 일컬었으니, 기자의 덕을 이루 다 찬양할 수 없었다. 생각하건대, 옛날 우(禹) 임금이 수토(水土)를 평정할 때 하늘이 홍범을 주어 이륜(彝倫)이 펴졌으나, 그 학설이 일찍이 한 번도 우하(虞夏)의 서(書)에 보이지 않더니, 천여 년을 지나 기자에 이르러서야 비로소 그 설이 나왔으니, 그때에 기자가 무왕을 위하여 홍범을 진술하지 않았다면 낙서(洛書)의 천인(天人)의 학을 후세 사람들이 무엇으로부터 알았겠는가. 기자가 사도(斯道)에 공이 있음이 어찌 우연이겠는가. 기자는 무왕의 스승이다. 무왕이 그를 다른 나라에 봉하지 않고 우리 조선에 봉하여 조선 사람이 아침저녁으로 친자(親炙)하여 군자는 대도(大道)의 요지(要旨)를 얻어 듣고 소인은 지극한 정치의 은택을 입게 되어, 그 감화가 길에서 떨어진 물건을 줍지 않기에 이르렀으니, 이야말로 하늘이 동방을 후대하여 인현한 분을 주어 이 백성들에게 은혜를 입히심이요 사람의 힘으로 미칠 바가 아님이 아니겠는가. 정전의 제도와 팔조의 법이 해와 별처럼 빛나서 우리나라 사람들이 대대로 그 가르침에 복종하여 천 년이 지난 뒤에도 마치 그와 한 시대에 태어나서 초연(愀然)히 직접 대한 듯함이 스스로 그만둘 수 없는 것이 있다.

    삼가 생각하건대, 우리 공정대왕(恭定大王)께서 총명으로 옛날 것을 상고하실새 즐거이 경사(經史)를 보셨고, 우리 전하께서 하늘이 주신 예지(睿智)의 자질로써 성학(聖學)을 계속해서 밝히셨으니, 그 홍범 구주의 도(道)도 대개 정신으로 합하고 마음으로 융합하신지라, 이 때문에 친히 짓고 계술(繼述)하여 그 덕을 높이고 공을 갚는 전례(典禮)를 이룩함이 지성에서 나왔으니, 이는 진실로 전대(前代)의 군왕이 짝할 수 있는 바가 아니다. 그리하여 경사(卿士)와 백성들이 서로 이끌고 일어나 이를 교훈으로 삼고 이를 실행하여 천자의 성덕(盛德)을 가까이하여 베풀어주시는 복을 얻어 받게 됨이 의심 없으니, 아아, 성대하도다. 무릇 사옥(祠屋)을 짓고 약간의 밭을 두어 제수(祭需)에 공급하게 하고 부역을 면제시켜 쇄소(灑掃)를 맡게 하며 부윤(府尹)에게 명하여 제사를 삼가게 하니, 묘궁(廟宮)의 일은 대개 부족함이 없다. 신 계량이 감격을 이기지 못하여 삼가 절하고 머리를 숙여 명(銘)을 바칩니다. 명에 이르기를, '아아, 기자는 문왕과 짝이 되어, 진실한 홍범의 제훈(帝訓)을 펴시었네. 은나라의 스승만이 아니요 실로 무왕의 스승이니, 은나라는 그분을 버려 망하였고, 주(周) 나라는 그분에게 물어 흥했도다. 크나큰 천하에 안위를 맡은 몸이, 거두어 동으로 오니 하늘의 은혜로세. 가르치고 다스려 팔조가 빛나니, 어느 어리석은 자 맑아지지 않으며 유약(柔弱)한 자 강해지지 않으리.『한서』에 칭찬하여 길에 떨어진 물건을 줍지 않는다고 했고, 오랑캐를 중국으로 만들었다고 당대(唐代)에 비를 세웠네. 부지런한 우리 임금, 끊어진 학문을 환히 이어 그 이치를 깊이 아시고 그 법을 몸소 행하여, 짓고 계술(繼述)하니 사우(祠宇)가 날씬하네. 우뚝 솟은 그 당(堂)에 편안히 계신 신께, 세시(歲時)로 제사드려 정성껏 공경하네. 아아, 소신(小臣)이 유경(遺經)에 잠심(潛心)하다가, 이제 왕명을 받들어 머리 숙여 명을 지으니, 성덕의 환한 빛이 억만년에 미치소서' 하였다"라 하였다.

○ 장녕(張寧)의 기(記)에, "당(唐) 나라 유종원(柳宗元)이 정도(正道)를 행하다가 난을 무릅쓴 것과 법을 성인에게 전수해 준 것과 교화가 백성에게 미친 것 세 가지로 기자 묘비를 풀이하였으니, 대인의 능사(能事)가 끝났다. 그러나 다만 그 이른바 '주(紂)의 악행이 영글기 전에 스스로 죽고 무경(武庚)이 혼란함을 염려하여 나라를 보존할 것을 도모하였던들 나라에 지도할 만한 사람이 없으면 누구와 더불어 다스림을 일으키겠는가' 하는 논은 내가 주제넘지만 의심이 없을 수 없다. 대저 비간(比干)이 아직 죽지 않았고 천하가 아직도 상(商)나라인데, 선생이 왕실의 부사(父師)로써 미연(未然)에 바로잡아 구하려 하지 않고 예측할 수 없는 일에 대해 요행을 바람은 이야말로 또한 말하기 어려운 일이다. 설령 과연 이런 마음이 있다 해도 마침내 난망이 뒤를 이어 사기(事機)에 이룸이 없을지니, 이는 더욱이 중지(中智)도 하지 않을 일인데 대현(大賢) 군자가 한다고 할 것인가. 하물며 삼인(三仁)이 서로 고하고 말할 즈음에 속속들이 속마음을 환하게 서로 펴놓았으되 선생이 기미조차 일찍이 여기에서 조금도 보이지 않았으니, 이로써 보건대, 거짓 미친 체하여 간하지 않은 마음에는 확실히 이미 정견(定見)이 있었던 것이다. 주 나라가 흥하자 무왕이 물으러 가매 곧 말씀을 올렸고 봉하매 또한 나아갔다. 고도(故都)의 백성들이 은 나라를 잊지 않고 무경의 마음이 은 나라의 유업을 이으려고 하였음에도 불구하고 또한 일찍이 한 번도 그 사이에 뜻을 두지 않았고, 오직 팔조의 법으로 백성들을 가르쳐 비로소 예양(禮讓)을 일으키면서 여유 있게 이 동토(東土)에 처하기를 마치 본래부터 있었던 것처럼 하였다. 게다가 그가 처음 봉해졌을 때에 조선이 비로소 중국과 통하여 성왕(成王)의 시대에 미쳐서는 '서쪽은 정벌하고 동쪽은 귀복(歸服)한다'는 말이 전해졌으며, 동노(東魯)에 이르러서는 성인(聖人, 공자)이 또한 '군자가 사는 데에 어찌 누추함이 있겠는가'라는 말이 있었으니, 진실로 선생이 이 땅을 편안히 여겨 백성을 인도한 힘이 아니었다면 그 교화가 어찌 이

와 같았겠는가. 그 마지막 일에 나아가도 그 처음의 마음을 알 수 있다. 그렇다면 선생이 어찌 장차 과감히 은 나라를 잊어버리고 주 나라를 따르는 것을 즐거워했겠는가. 이는 결코 그렇지 않다. 대저 상나라가 망한 것은 하늘의 뜻이요, 주 나라가 흥한 것도 하늘의 뜻이다. 홍범의 도가 거의 끊어질 뻔하다가 다시 전하고 이미 막혔다가 다시 통한 것도 하늘이요, 모든 것이 하늘에 달려 있음을 알면서도 또 몸을 숨겨 스스로 욕되게 하면서 주 나라의 신하가 되지 않은 것, 이 또한 하늘의 뜻이다. 대개 하늘이란 것은 이치[理]일 뿐이니, 성현의 언어와 동정(動靜)이 다 이를 어기지 않거늘 하물며 큰 것에 있어서랴. 이 이치를 온전히 다하여 처(處)하매 반드시 마땅하고 씀에 사사로움이 없고 베풂에 곧 준칙에 맞음, 이것이 성인이 이른 인(仁)이다. 비록 그렇지만 완악한 백성들이 반란을 일으키는 것은 무경의 전감(前鑑)이 멀지 않거늘, 하물며 재주가 족히 일을 이룰 만하고 덕이 족히 사람을 움직일 만하고 도(道)가 족히 세상에 설 만한 선생과 같은 분께서 그 사이에 뜻을 두지 않았을 뿐만 아니라 게다가 처음부터 끝까지 신하가 되지 않으려는 뜻을 이루어 큰 은혜를 거두어 한 나라에 베풀어 오랑캐를 변하여 중화를 만들어 이륜(彝倫)과 예악의 은택이 지금까지 쇠하지 않아 대대로 봉함을 받고 나라를 누림이 장구하며, 선생도 또한 길이 묘사를 두게 된 것은 다 중국의 주 나라가 하사한 것이니, 아아, 주 나라가 또한 어질도다" 하였다.

○ 기순(祁順)의 부(賦)에, "상나라가 쇠하여 큰 도가 몰락하니, 요부[妖婦, 달기(妲己)]가 화를 부채질하여 쌓인 곡식이 먼지가 되었네. 주색에 빠져 법도를 무너뜨리니 포학한 불길이 마구 올라, 하늘의 위엄을 하찮게 여기고 경계하지 않아 충성된 말을 멀리하고 듣지 않았네. 아아, 선생은 이 궂은 때를 만나니 의로서는 대신이요 친족으로서는 숙부이네. 막중한 조상의 공렬(功烈)을 보니 감히 근심 없이 편안하랴. 상아(象牙) 젓가락을 처음 만들 때에, 뒷일을 지탱하지 못할까 근심했고, 약석(藥石) 같은 직언을 올려 중병을 고치려 했건만, 그 못난 아이 주(紂)가 깨닫지 못하여 쓴 독한 풀을 단 엿처럼 즐겼네. 아아, 격절(激切)한 나의 충심, 홀로 헤매며 어디로 가리. 미자는 멀리 갔지만 내 어찌 차마 다시 임금을 등지리. 탄식하건대 비간은 이미 죽었으니 내 어찌 부질없이 목숨을 끊으리. 꾹 참고 자취를 감추어서 거짓 미친 체하여 종이 되었네.

종묘사직이 뒤집힘을 서러워하여 거문고를 안고 탄식했네. 소와 말이 들에 가득하고 옛 도읍엔 보리가 팼네. 당신이 힘쓰지 않은 것이 아니라 진실로 천운이 이미 가버렸네. 궁벽한 동토에 있는 이 조선은 실로 당신의 봉국. 사우가 오래되었으되 더욱 새로우니, 맑은 기풍이 어제인 듯. 백성들이 팔조의 교령을 지켜 편안히 베짜고 농사 짓고 우물 파 마시네. 성대한 덕이 빛을 흘리니 백성들 감화된 줄 알리로다. 내가 몇 천 년 뒤에 태어나서 우연히 사절(使節)로 이곳을 지나다가, 의형(儀刑)을 상상하고 공경을 일으키니 그지없는 먼 생각을 품네. 『서경』에 구주가 있고 『주역』엔 명이괘(明夷卦)가 있으니, 중니[仲尼, 공자]가 찬(贊)을 쓰고 유종원이 비문을 썼도다. 아아, 선생의 큰 도를 다시 군말을 덧붙여 무엇하리" 하였다.

○ 김식(金湜)의 시에, "몸이 도망쳐 나라를 떠나서도 종친(宗親)을 생각했거니, 거짓 미침이 바로 은 나라를 욕되게 한 것이라고 누가 말하랴. 주 무왕(周武王)이 봉(封)했으니 버릴 임금이 없고, 노유(魯儒)가 논한 뒤에 어진 신하가 있었구나. 평양에 이어진 산에 무덤이 길가에 있고, 대동강 감돈 길에 사당이 여러 번 중수됐네. 조서(詔書)를 받들고 지나가노라니 봄이 바다와 같은데, 천 년의 문물에서 동국 사람을 보네" 하였다. ○ 장성(張珹)의 시에, "하루 아침 거짓 미친 체, 어찌 종친을 등지리. 천명이 벌써 은나라를 떠난 줄 알았네. 홍범의 도를 전하여 숨김이 없었고, 조선에 나라 받아 마침내 신하로 섬기지 않았네. 전에 없는 가르침을 세워 몸소 본보기 되었고, 뒷사람들 공을 갚아 예가 새로웠네. 당시의 종친들 얼마였는가. 오늘에 공 같은 이 몇 분이나 있는고" 하였다.

○ 진가유(陳嘉猷)의 시에, "포락(炮烙)의 시뻘건 연기 나자 왕기(王氣)가 쇠퇴하니, 거짓 미친 심사(心事)를 뉘라서 알랴. 말씀은 천 년에 드리워져 홍범에 남아 있고, 사람이 삼한에 와서 옛 사당에 참배하누나. 땅이 늙고 하늘이 거칠도록 이름은 안 없어지고, 바람이 맑고 달이 밝은데 학(鶴)은 더디 돌아오네. 동번(東藩)이 본래 중국의 분봉지(分封地)라, 풍화가 전과 같이 옛날과 비슷하네" 하였다.

○ 예겸(倪謙)의 시에, "홍범을 진술하여 구주를 드러내니, 만년의 성학이 종주(宗周)를 열었도다. 나라가 멸망한들 신복(臣僕)이야 차마 되리. 기꺼이 거짓 미친 체 참

아 죄수가 되었네. 새 사당(祠堂)의 송라(松蘿)는 항상 울창하건만, 고궁(故宮)의 벼와 기장은 절로 우거졌구나. 내가 와 배알하며 느낌을 더하노니, 끼친 교화(敎化)가 젖어 바다 모퉁이에 가득하네" 하였다.

○ 명(明)나라 사마순(司馬恂)의 시에, "서주에서 일찍이 제왕의 스승이 되었다가, 봉함을 받아 멀리 해동에 와 살았네. 충성과 의리는 어찌 미자와 같이 가리. 인(仁)한 마음은 오직 중니만이 알았을 뿐, 홍범 한 편에 경훈(經訓)을 드리웠네. 조선 천 년에 옛 사당에 제향(祭享) 받네. 문장(門墻)에 추배(趨拜)하니 엄연히 계시온 듯, 배회하며 우두커니 서니 먼 생각이 일어나네" 하였다.

○ 동월의 시에, "옥마(玉馬)로 서주에 조회하지 않더니, 관상(冠裳)으로 동국에 밝은 모습 엄연하네. 고풍(高風)은 삼대를 능가한다 말하고, 유교(遺敎)는 아직도 팔조를 지킨다네. 옛 사당 솔가지엔 학(鶴)이 있을 뿐, 깊은 수풀 오디에는 올빼미가 이미 없네. 사절(使節)로 지나는 길에 봄이 저물었는데, 바람을 임하여 대초편(大招篇)을 지으려 하네" 하였다.

○ 이숭인(李崇仁)의 시에, "대산(臺山) 산 아래 푸른 소나무 그늘 속에, 기자의 사당이 고요하고 깊숙하네. 홍범구주는 임금의 가르침을 폈고, 유풍(遺風)이 만고의 백성의 마음을 감화하네. 귀신의 호위가 삼엄하게 있는 듯한, 파초·여지(荔支) 향기로우니 아마 꼭 흠향하시리. 얼마나 중화(中華) 사람들이 자주 물었나, 초연히 동쪽을 바라보며 매양 노래 부르네" 하였다. 『신증』당고(唐皐)의 시에, "숭배하는 사당이 단군사(祠)에 가까워, 봄·가을에 소와 돼지를 잡는구나. 팔조가 지금 몇이나 남았는고. 동국 사람들이 교화의 정치를 존숭하네" 하였다.

○ 사도(史道)의 시에, "학(鶴)이 되신 지 몇 천 년이언만, 해마다 철마다 제사를 드리네. 백성들은 반이나 되는지, 성곽은 아직도 예와 같네" 하였다.

『신증동국여지승람』 권51, 평안도1 평양부, 능묘(陵墓), 기자묘(箕子墓)

기자묘 부성(府城) 북쪽 토산(兎山) 위에 있다. ○ 원나라 곽영석(郭永錫)의 시에, "무슨 일로 거짓 미친 체 머리 풀어헤쳤나, 은나라의 국운을 혼자 붙들려 하였네. 버리고 가면 오직 제 몸만 길이 깨끗해질 뿐, 간하다가 죽으면 누가 위태로워진 나라를 슬퍼 하리. 노나라 땅 한 언덕에 송백이 있고, 충혼을 만고에 귀신이 아는구나. 저물녘에 조선의 길가에 말[馬]을 세우니, 지금도 아직 맥수시(麥秀詩)가 들리는 듯하네" 하였다.

○ 예겸(倪謙)의 시에, "태사께서 이 깊은 산에 유골을 묻었다기로, 초장(椒漿)을 전(奠)드려 한 잔을 부으려 하네. 제사를 보존하려 함은 응당 미자의 뜻과 같고, 인(仁)함은 곧 비간과 한마음. 묘대(墓臺)에 구름이 따스한데 푸른 솔이 어울렸고, 옹중(翁仲)에 봄이 깊어 파란 이끼 돋았네. 말 들으니 동국 사람이 보본(報本)하여, 세시(歲時)에 제사 드리며 와서 흠향하기 바란다네" 하였다.

○ 기순(祁順)의 시에, "머리 풀고 미친 체함이 어찌 자기의 몸 때문이랴, 나라가 문득 망함을 차마 어찌 보랴. 평생의 속마음을 뉘라서 알리, 공씨의 삼인(三仁)이란 말이 가장 참되네" 하였다. ○ "직간(直諫)해도 독부(獨夫)를 깨우칠 길이 없었으니, 명이(明夷)의 심사(心事)를 뉘라서 견주랴. 구주를 주왕(周王)에게 전수하지 않았던들, 후세에 무엇으로 말미암아 낙서(洛書)를 알았을꼬" 하였다. ○ "동번(東藩)의 제도 옛날 봉군(封君) 천 년의 유풍에 예문을 숭상하네. 영령(英靈)을 조상하려니 어느 곳에 찾을꼬. 얇은 연기, 우거진 풀이 외로운 무덤을 덮었네" 하였다.

○ 최숙정(崔淑精)의 시에, "포락(炮烙)에 불이 빨겋자 만방의 인심이 흩어지니, 뜻이 있어 종이 된 심사를 세상에 알 이 없었네. 천성(千聖)이 마음을 전한 구주가 남아 있고, 삼한에 교화를 끼쳐 팔조를 드리웠구나. 외로운 이 성이 워낙 분봉(分封)의 땅이요, 옛 무덤엔 한갓 기적비(紀績碑)만 남았구나. 아름드리 나무는 그늘을 짓고 해묵은 풀이 우거졌으니, 봄 바람에 지나는 손[客]이 슬픔을 못 이기네" 하였다.

○ 동월의 사(辭)의 서(序)에, "무덤은 평양성 서북 모퉁이에 있다. 내가 동국에 왔다가 돌아가는 길에 전배(展拜)하니, 때마침 비바람이 휘몰아쳐 저도 모르게 사람으로 하여금 처량한 심사를 자아내게 한다. 대개 천성으로 덕을 좋아하여 일어난 것이니 억지로 한 것이 아니다. 인하여 사(辭) 3장을 지어서 조상한다. 사에 이르기를, '구름이 컴컴하고, 나무는 그늘진데 비는 부슬부슬 산이 깊네. 중로(中路)에 말[馬]을 쉬고, 먼 뫼에 무덤을 바라보네. 돌이 삐죽삐죽 이끼가 끼었는데, 한 번 절하니 눈물이 옷깃

을 적시네. 감개로운 이 정이 무엇 때문에, 고금에 조금도 차별이 없는가. 아아, 영원히 죽지 않음은 오직 사람의 마음이네" 하였다. ○ "높디 높은 무덤이, 어찌하여 동토에 있는가. 비로소 봉한 것은, 주무왕이요, 나를 안 좋아한 것은 저 못난 아이인가. 유허(遺墟)를 둘러보니 벼와 기장만 더북더북, 딴 나라에 와 구차히 살았으나, 덕(德)을 한결같이 하고 풍속을 같게 하여, 천백세에 유전(流傳)했으니, 이것이 누구의 공인가. 아아, 저 석 자의 무덤에 봉분을 높이라" 하였다. ○ "북소리 둥둥, 저[笛] 소리 유유하며, 술이 넘실넘실, 다시 제수(祭需)를 나누어, 동국 사람들이 제사를 봄·가을에 꼭 행하네. 바라건대 신은 오셔서 나의 이 정성을 위로해 주소서. 우리 동국 사람에게 경계하노니, 소나무·가래나무를 베지 말아, 이 아름다운 그늘을 머물려 두어 길이 언덕을 덮게 하라. 아아, 이것 밖에 또 무엇을 구하랴" 하였다.

○ 왕창(王敞)의 사에, "그늘진 여름 나무가 겹겹이 그늘인데, 가시 덤불을 베어내니 풀이 우거졌네. 외로운 무덤을 바라보니 어디쯤인가. 목란(木蘭)이 덮인 높은 뫼로구나. 서리와 눈에 비석이 벗겨졌고, 바람이 쓸쓸하니 번뇌를 씻어 주는구나. 주나라의 도읍은 오래 전에 윤몰(淪沒)했건만, 팔조의 가르침은 지금까지 내려오네. 아아, 도맥(道脈)이 서로 이어져, 백세를 초월하여 변하지 않네" 하였다. ○ "경대(瓊臺)와 요궁(瑤宮)에 주(紂)의 악이 가득 차 황월(黃鉞)이 동으로 갔네. 노성(老成)한 신하를 버리고 간신을 쓰며, 여색에 빠지고 완동(頑童)을 친하였으니, 옛 도읍이 황폐하여 보리만 더북더북. 새 봉국을 이룩하여 유풍(儒風)을 진작하니, 해우(海隅)가 감화되어 신공(神功)을 우러렀네. 날씬한 사당 지어 제사 드려 높이누나" 하였다. ○ "비가 어둑어둑 내리고 강은 유유히 흐르는데, 초장(椒漿) 전(奠) 드려 진수(珍羞)를 벌려 놓고 제사하네. 현당(玄堂)이 깊숙하여 천 년을 지내었고, 구주를 서술하여 먼 후손에게 드리웠구나. 백양산(白楊山), 가래나무, 묘목(墓木)이 하늘에 솟았는데, 이 산을 지나노라니 눈물을 금할 수 없네. 아아, 저 교동이 어두워 알지 못함이여, 나에게 무엇을 구하는가 하였네" 하였다. 『신증』당고의 사(詞)에, "높디높은 산에 흰구름이 자욱하고, 꽉 들어찬 나무에 기운이 스산한데, 무덤이 당(堂)과 같아 성 아래 자리잡아, 석수(石獸)가 우뚝우뚝 예나 지금이나 같구나. 아아, 나의 집은 저 대강(大江) 남쪽, 이 삼한과는 아득한 먼 곳.

사신의 수레를 타고 문득 동국에 오게 되어, 압록강 넓은 물을 훨훨 건너서, 첩첩한 산, 겹겹이 고개를 넘어왔지만, 사명을 띤 몸이 수고롭다 말하리. 오다가 평양을 몇 리에 두고, 통역이 내게 무덤 숲을 가리키며 하는 말, '저기가 기자가 돌아가신 뒤, 그분의 관잠(冠簪)을 모신 곳'이라고. 내가 수레를 돌려 그리로 가서 초주(椒酒)를 손수 따라 전(奠) 드리려 하니, 길이 가파라 구불구불하고, 눈물이 가로 세로 줄줄 흐르네. 아아, 상(商) 나라의 말년에, 어찌 그리 독부(獨夫)가 황음하였던고. 안고 갈 제기(祭器)가 왜 없으며, 쪼개어 볼 만한 마음이 왜 없었을쏘냐. 상아 젓가락을 간할 수가 없었으니, 선왕의 잠언도 소용이 없었네. 불이 땅 밑에 엎드림에 명이괘(明夷卦)였고 도(道)가 비로소 주왕(周王)의 허심에서 나타났네. 조선을 떼어서 맨처음 봉하였으니, 거기도 똑같이 일월이 비치는 곳. 대개 당신을 손님으로 삼고 신하로 삼지 않은 것이라, 모혁(毛革)과 주옥(珠玉)이 없었을쏜가. 동토에 와서 베푼 은혜가 초목을 장마비처럼 적셨으니, 동국 사람들이 송화가루와 인삼 떡으로 제사를 받듦이 마땅하도다. 창규(蒼虯)를 타고 내려오셔서 신이 양양히 흠향하시니, 원하건대, 이 동방 사람들에게 복을 내려 나쁜 기운과 요사스러운 기운을 깨끗이 씻어 주소서. 동인(東人)이 대대로 이 무덤의 제사를 지켜서, 소와 양이 와서 침범하지 말게 하라. 이 나라와 황명(皇明)과 함께 서로 종시(終始)하여, 위에선 푸짐한 사물(賜物)을 내리고 아래선 보배를 바치게 하소" 하였다. ○ 당고의 시에, "오솔길로 소나무 수풀에 들어, 말을 쉬고 묘대(墓臺)에 절하네. 고풍(高風)을 일찍부터 우러렀더니, 사절(使節)로 이제야 처음 왔구나" 하였다.

『신증동국여지승람』 권51, 평안도1 평양부, 고적, 기자궁(箕子宮)

기자궁 유기(遺基)가 정양문(正陽門) 밖에 있다.

『신증동국여지승람』 권51, 평안도1 평양부, 고적, 정전(井田)

정전 외성 안에 있다. 기자 때 구획한 정전인데, 유적이 지금도 완연하다. 『신증』 당고의 시에, "새벽에 성 남문을 나가니, 구일(九一)의 형제(形制)가 보이는구나. 진(秦)나라의 법령이 소털과 같았어도, 천맥(阡陌)은 그대로 폐(廢)해지지 않았네" 하였다.

○ 사도(史道)의 시에, "제도는 폐했으나 정 자 구획은 남았으니, 내가 보매 감회가 생기네. 우물 위에 있는 인가(人家)는, 정(井)의 안인가 바깥인가 모르겠네" 하였다.

『신증동국여지승람』 권52, 평안도2 중화군(中和郡), 약원(驛院), 생양역(生陽驛)

생양역 군의 서쪽 2리에 있다. …

○ 기순(祈順)의 시에, "낙랑의 밭들 모두 물에 가깝고, 부여의 산 다한 곳 구름에 이어 있네. 초목이 가득하여 어떤 정취 일어나리니, 누가 동군(東君)에게 동풍(東風) 불기 분부하랴" 하였다.

『신증동국여지승람』 권53, 평안도3 의주목(義州牧), 제영(題詠), 천설웅관문기춘(天設雄關問幾春)

하늘이 웅장한 국경을 베풀매, 묻노라, 몇 봄이 지났느뇨(天設雄關問幾春) 강희맹의 시에, "하늘이 웅관(雄關)을 베풀어서 몇 해이더냐. 땅은 문호(門戶) 맞춤이니 늘 손님을 맞네. 용맹스러운 백대(百隊)에는 구름같이 주둔한 군사요, 연기 나는 천가(千家)엔 모여 먹고 사는 백성일세. 강세(江勢)는 성 북쪽 기슭에 사랑스레 들어왔고, 산형(山形)은 바다 동쪽 물가에 치우쳐 모였네. 등림하니 화이의 경계를 가리지 못하겠고, 만고의 기주[箕疇, 기자의 홍범구주]에는 스스로 신(神)이 있네" 하였다.

『신증동국여지승람』 권54, 평안도4 영변대도호부(寧邊大都護府), 고적, 태백산(太伯山)

태백산 옛 기록에, "옛날 천신의 환인이 있었는데, 서자(庶子) 웅에게 명하여 천부인 세 개를 가지고 무리 3천 명을 거느리고 태백산 꼭대기 신단수 밑으로 내려가게 하였는데, 그곳을 신시라고 하였으며, 인간의 3백 60여 가지의 일들을 맡아 보게 하였다. 그때에 한 곰이 있어 늘 사람의 몸이 되기를 신에게 축원하거늘, 신이 영약을 주어 먹게 하였더니, 곰이 그것을 먹고 여자로 변하였다. 신이 임시 사람으로 변하여 혼인하여 아들을 낳았으니, 이것이 단군이다. 나라를 세워 조선이라 불렀으며, 단군은 비서갑 하백의 딸에게 장가들어 아들을 낳았는데, 부루하고 한다. 우임금이 도산(塗山)에서 제후를 모을 제 단군이 부루를 보내어 조공을 드리게 하였다. 뒤에 부루가 북부여 왕이 되었으나, 늙도록 아들이 없어 곤연에 가서 아들을 빌어, 어린아이를 얻어서 기르니 이것이 금와다. 금와의 후손이 전해 오다가 대소에 이르러 고구려의 대신무왕에게 멸망되었다" 하였다.

『신증동국여지승람』 권54, 평안도4, 영변대도호부, 고적, 우발수(優渤水)

우발수 못의 이름인데, 태백산 남쪽에 있다. ○『삼국사』에, "북부여의 왕 해부루가 가엽원(迦葉原)으로 도읍을 옮기었는데, 그 옛 도읍에 천제(天帝)의 아들 해모수라고 자칭하는 사람이 와서 도읍을 하였다. 부루가 죽고 금와가 뒤를 이었는데, 우발수에서 여자를 만나 물었더니, '나는 하백의 딸 유화하고 하는데, 해모수라고 자칭하는 사나이가 나를 꾀어 웅심산 밑 압록강가 어떤 집 안에서 나를 욕보이고 가서 돌아오지 아니하였다. 부모는 중매도 없이 남자를 따랐다고 나를 꾸짖어 마침내 여기에 귀양 와서 살게 되었다' 하였다. 금와가 이상히 여겨 방 안에 가두어 두었더니 햇빛이 그를 비추는데, 몸을 옮기어 햇빛을 피하니 햇빛이 따라가서 비추었다. 그로 말미암아 임신을 하여 큰 알을 하나 낳았다. 금와가 그것을 내다 버렸으나 개와 돼지도 먹지 않았다. 길에 버렸더니 소와 말이 피하고, 들에 버렸더니 새가 날개로 그것을 품었다. 이에 그 어미에게 돌려 주어 따뜻한 곳에 싸 두었더니 한 사내아이가 껍질을 깨뜨리고 나왔는데. 골격과 얼굴이 영특하게 생겼었다. 나이가 일곱 살이 되니, 제 손으로 활과 살을 만들어 쏘아 백발백중하였는데, 부여 사람들이 활을 잘 쏘는 사람을 주몽(朱蒙)이라고 하였으므로 이름을 그렇게 지었다" 하였다.

『신증동국여지승람』 권54, 평안도4, 성천도호부(成川都護府), 고적, 졸본천(卒本川)

졸본천『삼국사』에, "동부여의 왕 금와가 아들 7형제가 있어 주몽과 함께 놀았는데, 재주가 모두 주몽에게 미치지 못하였다. 맏아들 대소가 왕에게 말하기를, '주몽은 그 태어날 때부터 예사롭지 않으면서, 또한 용기가 있으니 제거하소서' 하였으나 왕은 듣지 않고 말 먹이는 일을 맡아보게 하니, 주몽은 말 먹이는 꼴과 콩을 더하고 덜하여 좋은 말은 여위게 하고 나쁜 말은 살찌게 하였더니, 왕은 늘 자기는 살찐 말을 타고 주몽에게는 여윈 놈을 주었다. 뒤에 들에서 사냥할 때에 주몽은 활을 잘 쏜다 하여 화살을 적게 주었으나 잡은 것은 언제나 많았으므로 여러 왕자들이 그를 꺼리어 죽이려 하였다. 주몽의 어머니가 그 낌새를 알고 타이르기를, '나라 사람들이 너를 해치려고 하니, 너의 재주로 어디에 간들 안 되겠느냐' 하였다. 이에 주몽이 오이·마리·협보 등과 함께 집을 떠났다. 엄호수에 이르러 강을 건너려 하나 다리가 없는데, 뒤쫓아 오는 군사가 다가옴을 염려하여 빌기를, '나는 천제의 아들이요 하백의 외손자인데, 오늘 난을 피하여 여기에 왔으나 뒤쫓는 자가 따라 잡으려 하오니 어찌하오리까' 하였더니 고기와 자라들이 다리를 놓아주어 주몽이 건너갈 수가 있었다. 모둔곡에 이르러 재사·무골·묵거 등을 만나서 말하기를, '내가 지금 큰 명령을 받고 나라를 세우려 하는데, 이 3현을 만났으니 어찌 하늘의 뜻이 아니겠소' 하고, 함께 졸본천에 이르러 보니, 그 땅이 기름지고 산과 강이 험하고 견고하므로 거기에 도읍을 정하려 하였다. 그러나 미처 궁실을 지을 겨를이 없어 다만 비류수 위에 조그마한 집을 짓고 살면서 국호를 고구려라고 하였는데, 또 졸본부여라고도 일컫는다.

『신증동국여지승람』 권55, 평안도5 강동현(江東縣), 고적, 대총(大塚)

대총 하나는 현의 서쪽으로 3리에 있으며 둘레 4백 10척으로 속담에 단군묘라 전한다. 하나는 현의 북쪽으로 30리에 있으며 도마산(刀亇山)에 있는데 속담에 옛 황제의 무덤이라 전한다.

<출처: 한국고전번역원>

『평양지(平壤志)』

尹斗壽(1533~1601)

　『평양지』는 1589년(선조 22)에 평안도 관찰사 겸 평양부윤으로 부임하였던 윤두수가 그 이듬해인 1590년(선조 23)에 펴낸 평양의 읍지이다. 윤두수는 조선 중기 서인 관료로, 본관은 해평(海平)이며, 자는 자앙(子仰), 호는 오음(梧陰)이다. 1558년(명종 13) 식년 문과에 급제하여 출사한 뒤로 이조정랑·우승지·대사간·도승지·형조참판 등의 요직을 두루 거쳤다. 1592년(선조 25)에 임진왜란 발발 이후 어영대장·우의정을 거쳐 좌의정에 오르는 등 조정의 핵심 관료로서 선조를 보좌하였다. 이후 1599년(선조 32) 영의정에 이르렀으나 동인(東人)의 반발을 받아 사직하였고, 1601년(선조 34) 병사하였다.

　『평양지』는 총 8권으로 구성되어 있다. 제1권에는 강역(疆域)·분야(分野)·연혁(沿革) 등, 제2권에는 학교(學校)·고적(古蹟)·토산(土産) 등, 제3권에는 공부(貢賦)·호구(戶口)·인물(人物) 등, 제4권에는 고사(古事), 제5권에는 문담(文談)·신이(神異)·잡지(雜志) 등, 제6권~제8권까지는 시(詩), 제9권에는 문(文)으로 되어 있다. 16세기 읍지 중 『평양지』만이 유일하게 원본이 전하고 있어 읍지의 초기 형태를 보여주는 귀중한 자료로 평가된다.

　윤두수는 1580년(선조 13)에 『기자지(箕子志)』를 저술한 바 있는데, 『평양지』에서도 기자(箕子)와 고조선에 대한 방대한 지식을 담아냈다. 특히 그는 평양이 삼조선(전조선·후조선·위만조선)의 도읍지이자 기자가 도읍한 땅으로 유구한 역사를 지닌 고장임을 강조하고 있다. 『평양지』는 기자와 고조선에 대한 조선 중기 지식인의 역사 인식을 자세히 확인할 수 있는 자료라 평할 수 있다.

어제(御製) 세조[光陵][4]

蕩蕩江流何窮盡	넘실거리는 강물은 언제나 다하랴.
有其源者皆如是	수원이 있는 것은 모두 이와 같으리.
堂堂洪業云何肇	당당한 대업은 어느 때에 비롯됐나?
渺寞冥冥無天地	아득하게 태곳적 천지가 없었을 때.
叨握瑤圖平禍亂	천하의 판도를 잡아 난을 평정했으니
豈予全賴用衆智	어찌 나의 공이랴. 모두 여러 사람의 지혜인 것을.
騁目千山成一界	천산을 바라보니 한 세계 이루었고
古今英豪無二致	고금의 영웅들은 하나같이 대단하네.
治戎省方求民瘼	군사를 훈련하고 순방하여 백성의 어려움 알려하니
八敎焉能獨前美	팔조목의 가르침이 어찌 전대에만 아름다우랴.

『평양지』 서(序)

 강물을 바라보며 우임금의 공적을 생각하고 당(唐) 땅을 밟으면서 요임금의 기풍을 떠올리는 것은 덕에 깊이 감화되고 땅이 멀리까지 품어주기 때문이다. 평양은 기자(箕子)의 옛 도읍이다. 성의 남쪽에는 정전(井田)이 있는데 구획한 바가 분명하고 도랑이 네모반듯하여 천년이 지난 뒤에도 당시 삼대(三代)의 제도를 그려볼 수 있다. 성의 북쪽에는 토산(兎山)이 있다. 기자의 의관이 묻힌 곳으로 소나무가 하늘을 뒤덮을 정도로 빽빽하여 마을 사람들이 신성시 여겼고 지금까지도 믿고 공경하는 곳이 되었다. 그 밖에는 이른바 기자궁(箕子宮), 기자정(箕子井), 기자장(箕子杖)이 있는데 모두 옛 도읍의 숭상할 만한 유물이니, 『주역』의 '명이(明夷)', 『서경』의 '홍범(洪範)'으로 세상에 알려졌기 때문만은 아니다.

 추강(秋江) 남효온(南孝溫)이 말한 "백성들이 많고 인정도 순박하여, 지금까지 예악의 고장이 되었네(人庶物情孚, 至今禮樂區)"와 위시량(魏時亮)이 말한 "옛일을 생각하니

---

[4] 세조의 묘호

마치 보이는 듯, 백마가 하늘에서 내려왔네(弔懷如有見, 白馬下天空)"는 실로 빈말이 아니다. 『서전(書傳)』에는 "기자가 주나라가 석방시켜 주는 것을 견딜 수 없어서 조선으로 도망쳤다. 무왕이 그 소식을 듣고는 조선후에 봉하였다(箕子不忍周之釋, 去之朝鮮. 武王聞之, 因以朝鮮封之)"고 했고 함허자(涵虛子)는 "기자가 중국인 5천 명을 데리고 조선에 들어갔는데 시서, 예악, 의술, 음양술, 점술을 익힌 무리와 온갖 장인들이 모두 따라서 갔다(箕子率中國五千人入朝鮮, 其詩書禮樂醫巫陰陽卜筮之流百工技藝, 皆往焉)"고 하였다. 그렇다면 그 옛날의 백성들은 모두 은나라의 신하들과 주나라의 순종하지 않는 백성들이 이곳으로 피해 와 정착한 것이니, 수양산(首陽山)에서 절개를 지킨 백이숙제나 동해 섬에 들어간 의인들과 흡사하다고 할 수 있다. 오늘날의 유민이 비록 누구의 자손인지는 알 수 없으나 분명히 당시 아름답고 민첩한 은나라 선비들의 후예들일 것이니, 한번 보게 되면 틀림없이 공경하는 마음이 들 것이다. 반고(班固)는 "삼방(三方)과는 달라서 온유하고 근실함이 풍속을 이루었다"고 했고, 『수서(隋書)』에서는 "경술(經術)을 숭상한다", "유학하러 경도(京都)로 왕래하는 자가 길에 이어졌다"고 하였으니 어찌 근거가 없이 그런 것이겠는가. 나는 예전에 『기자지(箕子志)』를 편찬하면서 이미 감당 못할 잘못을 저질렀다. 지금 이 땅의 관찰사로 와서 또 3년을 지나는 동안 풍토와 백성들의 사정에서부터 지난 일들에 이르기까지 또한 대략 듣고 본 바가 있어 "이 땅은 기자의 고장인데 『기자지』를 이을 책 한 권이 없어서야 되겠느냐"는 생각을 하게 되었다. 그래서 분에 넘친다는 것을 잊고서 9개의 편으로 나누고 36개 항목으로 분류하였다. 원래는 훗날 와유(臥遊)하는 자료로 삼고자 한 것이지 안목을 갖춘 지금 사람들의 완상을 의도했던 것은 아니었다. 아아, 이곳을 지나는 사람들은 그저 높은 산과 깊은 강, 많은 인구와 풍부한 물산만을 보고는 조물주가 풍부하게 베풀고 인간사가 어쩌다 그렇게 된 정도로만 치부하며 찬란한 문물과 끊임없는 변화함이 어디에서 비롯되었는지는 알지 못하니 그래서야 되겠는가. 공자가 말하기를 "은나라의 예(禮)를 내가 말할 수 있으나 송나라에서 이를 충분히 증명하지 못한 것은 문헌이 부족하기 때문이다"라고 하였으니, 만약 바다에 뗏목을 띄워 구이(九夷)에서 살겠다는 뜻을 이루었다면 분명히 평양 지역이 충분히 이를 증명할 곳이 되었을 것이다. 더구나 앞으로는 수나라 군대 100만과 당나라 군대 4만이 공격해 들어와 짓밟았고 뒤로는 몽고(蒙古)와 홍건적(紅巾賊), 묘청(妙淸)과 최탄(崔坦)이 분란을 일으켜 온 성의 백성들이 어육 신세가 되고 수많은 전란 또한 오랫동안 겪었다. 조선왕조에 이르러 바다와 같은 덕으로 포용하고 봄과 같은 화기(和氣)로 길러준 지가 거의 200여 년이 되는 동안 전란을 겪지 않아서 닭과 개조차도 편안해한다. 모두 타고난 수명을 온전히 누리고 덕이 있고 장수하는 지역에 오랫동안 살고 있다. 이 지방 백성들이 혜택받은 것 또한 어떻겠는가? 이는 특별히 기록하지 않을 수 없다.

『평양지』 권1, 분야(分野)

『한서(漢書)』에 따르면 "연(燕) 땅은 미수(尾宿)와 기수(箕宿)에 해당하고", "낙랑(樂浪)과 현도(玄菟) 역시 여기에 속할 것이다"라고 하였다. 또 "현도(玄菟)와 낙랑(樂浪)은 한 무제(漢武帝) 때 설치했는데 모두 조선(朝鮮), 예맥(濊貊), 고구려(高句麗), 만이(蠻夷)이다"라고 하였다. 그러므로 우리나라는 미수(尾宿)와 기수(箕宿) 자리라고 통칭된다. 12궁으로는 석목(析木)에 해당한다.

『평양지』 권1, 연혁(沿革)

평양부는 원래 삼조선(三朝鮮)의 옛 도읍지이다. 당요(唐堯) 무진년(戊辰年)에 신인(神人)이 박달나무 아래로 내려와서 나라 백성들이 그를 임금으로 세웠고 평양에 도읍하여 이름을 단군(檀君)이라고 하였으니 이것이 전조선(前朝鮮)이다. 주 무왕(周武王)이 상(商)나라를 멸망시킨 뒤 기자(箕子)를 조선(朝鮮)에 봉하였는데 이것이 후조선(後朝鮮)이다. 41대 후손 기준(箕準) 때에 이르러 연(燕)나라 사람 위만(衛滿)이 망명할 때 천여 명의 무리를 모아 와서 기준의 땅을 뺏고 왕검성(王儉城)에 도읍하니 이것이 위만조선(衛滿朝鮮)이다. 그의 손자 위우거(衛右渠)가 한(漢)나라의 조명(詔命)을 받으려 들지 않자 한 무제가 기원전 109년에 장수를 보내어 토벌하여 사군(四郡)을 정하고 왕검성을 낙랑군(樂浪郡)으로 삼았다.

조선에서는 이를 계승하면서 관찰사(觀察使)로 부윤(府尹)을 겸하게 하였고 서윤(庶

尹, 4품), 판관(判官, 5품), 교수(敎授, 6품), 찰방[察訪, 대동로(大同路) 각 역 관원을 겸직]을 두었다. 참봉(參奉) 2명이 영숭전(永崇殿)에 입직하고 1명[지역민 또는 타처인이 기자전(箕子殿)에 입직한다]임명으로 정한다.

『평양지』 권1, 성지(城池), 외성(外城)

외성 당포(唐浦)가에 있다. 돌로 쌓은 것은 둘레는 8,200자, 흙으로 쌓은 것은 10,205자, 둘 다 높이는 32자이다. 두 개의 문이 있는데 남문은 '차피문(車避門)', 서문은 '다경문(多景門)'이다. 지금은 둘 다 무너져 버렸지만 세상에 전하는 바로는 이 성이 기자 때에 만들어졌고, 922년(고려 태조 5)에 서도(西都)에 도성을 짓기 시작하여 6년 만에 완공되었다고 하는데 아마도 이 성인 것 같다.

『평양지』 권1, 군명(郡名), 조선·왕검성·낙랑 (朝鮮·王儉城·樂浪)

조선 동쪽 가장자리에 있다. 해가 뜨는 곳이라 '조선'이라는 이름이 붙었다. ○『사기(史記)』에 주석을 달아놓은 『사기색은(史記索隱)』에는 "조(朝)의 발음은 조(潮)이고, 선(鮮)의 발음은 선(仙)이다"라고 하였는데, 산수(汕水)가 있어서 이렇게 이름을 지었다.

왕검성 옛 기록에는 단군의 이름이 왕검(王儉)이라고 한다.

낙랑

『평양지』 권1, 풍속(風俗)

서로 불면 바람이 되고 서로 물들이면 풍속이 되니, 이는 같은 지역이기 때문이다. 기자는 이 때문에 문을 닫는 풍속이 없게 하였고 동천왕(東川王)이 이를 계승하여 …

『한서』에 따르면 기자가 백성들에게 예의와 농사, 누에치는 법, 베 짜는 법을 가르쳤으며 백성을 위해 팔조금법(八條禁法)을 만들었다. 사람을 죽이면 즉시 사형에 처한다, 남에게 상해를 입힌 자는 곡식으로 배상한다, 남의 물건을 훔친 자는 데려다 노비로 삼으며 속죄하고자 하는 자는 1인당 50만 전(錢)을 내야 한다는 것이다. 죄를 면한다고 해도 풍속에서 이를 수치스럽게 여기기 때문에 시집가거나 장가들 배우자가 없었다. 천성이 유순하여 삼방(三方)의 풍속과는 다르며 기풍이 유순하고 근실하다.
…

『수서(隋書)』에 따르면 경술을 숭상하고 문학과 역사를 좋아하여 중국의 경도(京都)에 유학 가는 사람들이 끊이지 않는다. 개중에는 죽을 때까지 돌아가지 않는 자들도 있었으니, 이것이 선대(기자)의 유풍이 아니면 누가 이렇게 만들 수 있었겠는가라고 하였다.
…

조선 권근(權近)의 기문에 "고구려 때부터 무강(武强)을 숭상하였고, 고려 때에 요(遼)·금(金)과 국경을 접하여 점차 오랑캐 풍속에 물들게 되어 풍속이 사납고 교만해졌다. 대저 백성들의 성품이 중후하고 솔직하여 선(善)으로 인도하면 쉽게 감화되고 맹렬하게 몰아치면 충분히 부강한 업적을 이룰 수 있다"와 "평양은 기자가 예전에 봉해진 곳으로 8조목의 가르침으로 백성들이 예의를 알았고, 주몽(朱蒙) 이후로는 말타기와 활쏘기를 익혀 그 풍속이 결국 변하였다. 수(隋)·당(唐)의 막강한 병력으로도 굴복시키지 못했으니 그 용맹하고 강성함을 알 수 있다"라는 구절이 있다.

『평양지』 권1, 산천(山川), 대동강(大洞江)

대동강 부(府)의 동쪽 1리에 있다. '패강(浿江)' 또는 '왕성강(王城江)'이라고도 한다 …
사마천의 『사기』「열전」에 따르면 "한나라가 흥하자 요동의 옛 변방을 수리하였으며 패수에 이르러 경계로 삼았다. 위만(衛滿)이 망명하여 동쪽으로 와서 변경을 넘고 패수를 건너 왕검에 도읍을 세웠다"고 하였으니 압록강을 패수로 여긴 것이다. 그리고 『당서』에서는 "평양성은 한(漢)의 낙랑군(樂浪郡)이며 남쪽으로 패수 물가에 닿았다"고 하였으니, 지금의 대동강을 가리키는 것이다 …

『평양지』 권1, 사묘(祠墓), 단군사(檀君祠)

단군사·동명왕사(東明王祠) 하나의 사당으로 같은 건물이다. 매년 봄·가을에 향(香)과 축문(祝文)을 하사받아 중사(中祀)로 제사를 지낸다. 1429년(세종 11)에 처음 설치했다.

정전(正殿) 3가(架) 4칸(間), 동쪽 행랑 3칸, 서쪽 행랑 2칸, 전직(殿直)의 거처 2칸, 대문 3칸, 동서 협문 각 1

[양위놋쇠제기(兩位鍮祭器)] 형(鉶) 6, 작(爵) 6, 향합(香榼) 2, 용작(龍勺) 2, 희준(犧尊) 2, 상준(象尊) 2, 보(簠) 4, 궤(簋) 4, 뇌준(罍尊) 2, 향로(香爐) 2, 놋쇠 숟가락(鍮香匙) 1

○『고려사』에 따르면 인리방(仁里坊)에 사우(祠宇)가 있는데 때때로 어압(御押)을 하사받아 제사를 지냈다. 초하루와 보름 때 역시 관에서 제사를 지냈다. 읍의 사람들은 지금도 일이 생길 때마다 기도한다. 세상에서 전하기를 '동명왕성제사(東明王聖帝祠)'라고 하며 본조에 들어와 처음 두었다고 하는데 상고할 수 없다.

『평양지』 권1, 사묘, 기자사(箕子祠)

기자사 기자사당이 단군사당의 옆에 있다.

『평양지』 권1, 사묘, 기자묘(箕子墓)

기자묘 부 북쪽 토산(兎山) 위에 있다. 내용은 『기자지』에 상세하게 나와 있다.

『평양지』 권2, 학교(學校)

교화는 풍속과 기강의 근원이고, 인재는 국가의 쓰임새이다. 삼대(三代) 때는 인륜을 밝혔고, 동한(東漢) 때는 목동의 무리들을 모았으니, 그 시대가 다스려지고 어지러운 것이 어떠했겠는가? 하나는 잘 다스려졌고 하나는 어지러워서 후세의 귀감이 되기에 충분하니, 단지 원주(袁州) 이구(李覯)가 「원주주학기(袁州州學記)」에서 언급했기 때문만은 아니다. 평양은 기자의 '홍범구주(洪範九疇)' 학문을 열었고 조선의 교화를 선도하여 인재 배출이 무성하였으니 볼 만하였다. 이 모든 것은 학교가 이루어 낸 것이었다. 안침(安琛)공이 앞에서 만들고 김계휘(金繼輝)공이 뒤에서 확대하였으니 사문(斯文)은 이 책에서 중요하게 여기는 바이다.

『평양지』권2, 서원(書院), 1577년(선조 10) 감사 김계휘(金繼輝)가 세웠다.

[인현당(仁賢堂)] 2가 3칸, 신문(神門) 1칸, 동서 협문 각 1, 대문 2칸

[서륜당(敍倫堂)] 대청 3칸, 전영(前楹) 3칸, 동서 옥(屋) 2칸, 서별실(西別室) 3칸, 동서재(東西齋) 각 7칸, 전영(前楹) 각 7칸, 남루각(南樓閣) 7칸, 누각 아래에 대문이 달려 있다.

원장거처(院長居處) 옥청(屋廳) 2칸, 전영 2칸, 서행랑 13칸, 소문 1칸

- 서원을 세워 선비를 육성하는 것은 국가를 받들고 문학을 흥기시켜 인재를 만들려는 뜻이니 누가 마음을 다하지 않겠는가? 이후 감사와 부의 관원이 반드시 서원의 일에 있어 그 규모를 확충하고 규약을 어기는 일이 없게 한다면 사문(斯文)에 있어 어찌 다행이 아니겠는가?
- 상시로 20명의 인원을 양성한다. 생원진사시를 준비하는 연소자 5%와 학문에 독실한 초시합격자 15%는 모두 입학을 허락한다.
- 서신이 밖으로 나가면 안 된다. 여자가 들어오는 것도 안 된다. 술을 빚어서는 안 된다. 형벌을 내려서는 안 된다. 유학과 다른 부류 및 시정잡배 역시 들어올 수 없다.
- 수령의 자제 및 본부 관원을 보러 온 자 역시 출입을 금지한다.
- 유생이 서원에 입학할 때에는 가문을 잘 선별하여야 할 뿐만 아니라 처신이 남다른 자 역시 입학을 불허한다. 만약 당장(堂長)과 유사(有司)가 사사롭게 추천하면 함께 영구히 타지로 쫓아낸다. 합격자 또한 추천할 때 잘 알지 못하는 한두 사람을 경솔하게 들이게 해서는 안 된다.
- 몸은 이쪽에 있으면서 마음은 딴 곳에 있어 처음부터 끝까지 배움에 전념하지 않으면서 다만 요점 정리한 초집(抄集)만을 들고 다른 사람을 의식하여 입으로 외우며 출입이 일정하지 않는 자는 영구히 쫓아낸다.
- 유생은 오로지 강론에 힘쓸 뿐 고을 정치의 득실 및 향당의 시비에 대해 말해서는 안 된다. 먼 지방 출신 선비는 작은 실수를 하더라도 용서하는 것이 마땅하며, 큰 잘못을 저지르면 쫓아낸다.

- 서원의 책을 더럽히고 훼손한 자와 기둥과 벽에 낙서한 자는 영구히 쫓아낸다.
- 거접생(居接生)은 매달 세 차례 제술을 하며 3, 6, 9, 12월에 우등 3인을 뽑아 상을 주거나 조세나 부역을 면제한다. 제술하지 않은 자는 벌을 준다.
- 매 식년(式年) 5월 그믐에서 6월 말까지 대동접(大同接)을 만들어서 10명을 더 충원하여 1달 동안 격일로 제술을 한다.
- 3월 보름 후부터 8월 보름 전까지 삼시 세끼 급료로 주는 쌀은 조석 7홉(合), 점심 6홉(合)이다.
- 생원·진사 중에서 청렴하고 명석하며 여러 사람들의 추대를 받은 2인을 선발하여 원장(院長)으로 삼는다. 사마시(司馬試) 출신이 아니어도 재주와 덕행이 있으면 후보에 올릴 수 있다. 모두 오랫동안 맡게 하며 과실이 없으면 자주 교체하지 않는다. 교체할 때는 서원에서 합의하여 할 만한 사람을 관에 고해 차출한다.
- 서원에 있는 서책과 온갖 물건은 연말에 모두 점검한다.
- 원장의 업무는 매우 중요하고 수고로우니 상응하는 보수를 주지 않으면 안 된다. 전결(田結)의 세금과 집에 부과된 역을 모두 감해 주고 온전히 보장하여 선비를 양성하는 데 전력하도록 한다.
- 양현감고(養賢監考) 2인은 경력을 기준으로 감영의 아전에서 선정한다. 감영의 관리명부에 등재된 이복(里卜) 잡역(雜役)은 토관(土官)의 예에 따라 모두 조세 등의 일부를 면제한다.
- 서원에 속해 있는 하인은 적어도 70명을 밑돌지 않도록 한다. 만약 이 인원수에 미달하면 사환이 부족해지므로 원장과 여러 생도들이 관에 고해 충원한다. 부목(負木), 수소(修掃)가 모든 일 중에서도 가장 고되고 중요하므로, 잡역을 하는 사람들의 조세 등의 일부를 면제해 준다. 만약 죄를 저지르면 원장이 태형 50대로 직접 다스린다.
- 하인은 모두 아끼고 불쌍히 여겨야 하니 공무가 아니라면 사사롭게 부려서는 안 된다. 사환이 사사롭게 노해 태형을 가할 때 만일 너무 지나치면 원장에게 알려 징계하여 다스린다.

- 식당의 도기(到記)에 날마다 서명하는 것은 모두 관학(館學)에서 매월 말에 유사, 원장과 접견하여 3, 6, 9, 12월 세 달간의 합계를 가지고 성적을 매긴다.
- 서원의 여러 일에서 여러 생도가 잘못을 했을 때에는 원장과 여러 생도가 협의해서 처리하고 만약 결정하기 어려울 때에는 관에 아뢰어 벌준다.
- 송사를 해서 다투기를 좋아하고 자신의 이익을 위해 다른 사람에게 해를 끼치면서 유생으로서의 행실에 아랑곳하지 않는 자는 재주가 뛰어나더라도 내치고 들이지 않는다.
- 일상용품은 원장이 관장한다. 3, 6, 9, 12월에 유사와 함께 조사하고 원래의 수에서 계산하여 빼고 남은 것을 장부에 기재하여 관에 고하고 관인을 찍어 후일의 증빙자료로 삼는다.
- 연탄(硯炭)은 위전(位田)에서 소출한 것으로 바꾼다.
- 서원에 바친 보장미(補長米)와 보장목(補長木) 및 위전을 병작(竝作)한 소출은 사류(士類)에게 나누어 주지 않는다.
- 화로에 쓸 땔나무, 능라도의 당죽(唐竹) 및 각처 둔전(屯田)의 율무초(薏苡草)는 정해진 방식에 따라 영구히 공급한다. 정양문(正陽門)에서 성황당(城隍堂)까지는 풀 베는 사람의 출입을 엄금하고 부목(負木)이 수송하여 납부하도록 한다.
- 학고당(學古堂)과 동서 협실(俠室), 남루(南樓)의 지의(地衣)는 영숭전(永崇殿)에서 제사를 지내고 걷는다. 식년(式年)마다 전체 수량을 제급(題給)한다.
- 동서재(東西齋)의 삿자리(簟席)는 영작서(營作署)에서 차리도록 하며 지의(地衣)는 단군전과 기자전에서 제사를 지내고 걷는다. 식년(式年)마다 전체 수량을 제급(題給)한다.
- 도배지는 관에서 필요할 때마다 조치한다.
- 한 해의 등유에 쓸 들깨의 씨 8섬은 보장목(補長木)을 분급하여 얻은 이자 면포로 시가에 따라 바꾸되, 1필 가격이 7말(斗)이면 면포 17필이 되고, 1필 가격이 5말이면 면포 24필이 된다.
- 장을 담그는 콩(醬太)은 위전에서 소출한 것으로 한다.

- 절인 채소[鹽菜]는 관의 마늘밭[蒜田]과 무[菁根]의 관례에 따라 공급한다.
- 어선 4척은 영유(永柔), 용강(龍岡), 함종(咸從), 증산(甑山)에서 각각 1척을 울매도(鬱每島)의 부(府) 토지세를 계산해서 빼고 해마다 수송하여 납부한다.
- 감영의 소금 10섬은 함종(咸從)에서 봄·가을에 각 5섬을 매년 납부한다.
- 수저와 놋쇠로 만든 부(釜)와 정(鼎)은 관에서 공물(公物)로 갖추어 놓고 각 장인(匠人)에게 망가질 때마다 만들라고 한다.
- 붉은칠쟁반[朱漆盤] 2죽(竹)은 양덕(陽德), 덕천(德川), 성천(成川), 맹산(孟山)에서 각각 5엽(葉)씩 격년마다 수송하여 납부한다.
- 사발[沙鉢] 4죽, 대접(大貼) 4죽, 반자(反子) 4죽, 종지(種子) 4죽, 보시기(甫兒) 4죽은 평양, 자산(慈山), 개천(价川), 숙천(肅川)에서 각 기물을 1죽씩 해마다 수송하여 납부한다.
- 옹기[瓮] 10개는 강서(江西), 평양에서 각각 5개를 격년으로 수송하여 납부한다.
- 길이 3발, 너비 1발 1자인 긴 깔개(長茵) 30엽은 강서(江西), 용강(龍岡), 삼화(三和), 함종(咸從), 증산(甑山), 영유(永柔)에서 각각 5엽씩 해마다 수송하여 납부한다.
- 서원의 깔개[鋪陳]와 그릇은 외부로 반출해서는 안 된다.
- 서원의 강신(講信)을 제외한 여러 모임의 술자리를 이곳에 마련해서는 안 된다. 서책과 둔전(屯田)은 별도의 책에 기록한다.

『평양지』 권2, 고적(古蹟), 기자궁(箕子宮)

기자궁 터가 정양문(正陽門) 밖에 있다. 『기자지(箕子志)』에 상세하게 나와 있다.

『평양지』 권2, 고적, 기자정(箕子井)

기자정 정전(井田) 안에 있다.

『평양지』 권2, 고적, 정전(井田)

정전 외성(外城) 안에 있다. 기자(箕子)가 구획한 정전의 흔적이 완연하다. 『기자지』에 상세하게 나와 있다.

『평양지』 권4, 교량(橋梁)

외성 우물(外城井泉) 107개, 그 가운데 기자정이 있다.

『평양지』 권4, 고사(古事)

소송(蘇頌)은 남이 옛일을 인용하는 것을 들으면 반드시 출처를 조사하게 했고, 사마광(司馬光)은 새로운 일을 들으면 즉시 기록하고 말한 사람의 성명을 적었다. 그래서 당시에 민간에서는 "옛일에 대해서는 자용[子容, 소송의 자]과 말하지 말고 요즘 일에 대해서는 군실[君實, 사마광의 자]에게 말하지 말라"고 했으니, 옛 사람들의 주도면밀한 마음 씀씀이와 박학다식함이 이와 같았다. 평양은 본디 삼조선(三朝鮮)의 옛 도읍지이다. 지나간 일은 구름이 흩어지는 것 같고 영웅은 새가 지나가는 듯 덧없으며 남아 있는 자들은 잘 모르고 지나가는 자들은 훌쩍 떠나가니 옛일을 상고함에 있어 어찌 빠진 부분이 없겠는가? 이에 옛 역사를 살펴보고 그중 한두 가지 일을 뽑아 호사가들과 공유하고자 한다. 지금 일 중에서 기록할 만한 것은 같은 뜻을 가진 사람이 이어 써도 무방할 것이다.

『평양지』 권4, 고사, 고구려

247년(동천왕 21) 봄 2월 동천왕은 환도성(丸都城)이 전란을 겪어 다시 도읍지로 삼을 수 없다고 여겨 평양에 성을 쌓고 백성 및 종묘와 사직을 옮겼다. 평양은 원래 선인(仙人) 왕검(王儉)이 있던 곳이다. 어떤 사람들은 왕의 도읍이 '왕검(王儉)'이라고 한다.

『평양지』 권5, 문담(文談)

중국 사신 장근(張瑾)이 기자묘(箕子廟) 시를 지어 "당시의 충신들 상왕의 마음 거슬려, 참던 이들은 노예 되고 사직은 망했네. 늙은 나이에 주 무왕을 만나 봉해졌으니 황천에서 탕왕을 뵐 면목이 없겠네(當時忠義忤商王, 隱忍爲奴社稷亡. 白首有封逢聖武, 黃泉無面見成湯)"라 하자 추강(秋江) 남효온(南孝溫)이 이를 이 시를 비난하며 다음의 시를 지었다. "무왕이 수(受)를 미워하지 않았는데, 성탕(成湯)이 어찌 주나라에게 노했으랴. 두 나라의 천명 바뀔 때, 성인은 원망도 탓함도 없으셨네. 교활한 아이 교만하고 음란하여 나의 좋은 계책 듣지 않았지. 나라는 망해도 도는 망하지 않아, 주나라 위해 홍범 구주 진언했네. 낙서의 도가 전해져서, 떳떳한 인륜이 천하를 밝혔네. 이제야 알겠노라, 도는 공공의 기물이라, 전수함에 친함도 원수도 없음을. 장근이라는 소인배가, 이유도 없이 의심하는 마음을 품었네. 무왕의 스승이 된 것을 두고, 황천에서 부끄러우리라 하네. 개미가 큰 나무를 뒤흔들고, 매미가 봄가을을 모르는 것처럼. 옛 도읍에는 보리 이삭 패었지만, 패강의 물결은 유유히 흐르네. 밭에는 정전 구획 남아 있고, 들판에는 삼과 뽕나무 무성하구나. 백성들도 많고 인심도 순박하여, 지금껏 예악의 고장이 되었네. 관서지방 유람하다 사당을 배알하니, 신령이 엄연히 머무르는 듯(武王不憎受, 成湯豈怒周. 二家革命間, 聖人無怨尤. 狡童逞驕淫, 不我聽嘉猷, 家亡道不亡, 爲周陳九疇. 洛書道有傳, 彛倫明九州. 乃知道公器, 傳授無親讎. 小人張瑾者, 平地生疑謀. 以師武王事, 指爲黃泉羞. 蚍蜉撼大樹, 蟪蛄昧春秋. 古都麥漸漸, 浿江流悠悠. 田間遺井畫, 大野桑麻稠. 人厖物情孚, 至今禮樂區. 西遊謁祠宇, 神靈儼若留)" 사람의 소견이란 이리도 차이가 나는 법이다. 남효온의 시 같은 경우는 기자의 마음을 남김없이 다 말한 것이다.

…

해악(海嶽) 허국(許國)이 돌아가는 길에 평양에 도착하여 "기자(箕子)가 주 무왕(周武王)에게 언제 봉해져서 여기로 왔는가?"라고 물었다. 원접사가 갑작스러운 질문에 당황하여 대답을 하지 못했다. 종사관 응교(應敎) 기대승(奇大升)이 옛일을 상고하는 일에 능했으므로 자신만만하게 『사기(史記)』와 양한서(兩漢書), 『여지승람(輿地勝覽)』, 『동국통감(東國通鑑)』 등의 책을 참고했지만 해가 저물도록 봉해진 연도를 알 수 없었다. 나중에 『필원잡기(筆苑雜記)』에 "기자가 조선에 봉해진 것은 주 무왕 기묘년(己卯年)이다"라고 한 기록을 보게 되었지만 이른바 기묘년이 주 무왕의 몇 년을 가리키는지 알 수 없었다. 이제 『통감(通鑑)』 「외기(外紀)」의 「주기(周紀)」에 "서백(西伯)이 붕어하고 그 아들 발(發)이 즉위하였으니 그가 무왕이다. 원년(元年) 기묘년에 기자를 조선에 봉하였으나 신하로 삼은 것이 아니었다"라는 기록을 보고 비로소 사가(四佳) 서거정(徐居正)이 이 책에 근거하여 『필원잡기』를 썼다는 것을 알게 되었다. 다만 해악 허국이 당시의 대유(大儒)이므로 『통감』 「외기」를 보지 않았을 리가 없다. 이는 틀림없이 그 날짜를 잊어버린 데다 기자의 옛 행적이 틀림없이 우리나라의 책에 실려 있으리라고 생각했기 때문에 물었던 것일 뿐이다. 비록 사소한 일이더라도 우리나라에서는 알지 않으면 안 되기에 기록하여 후대 사람들이 보도록 갖추어 놓고자 한다.

『평양지』 권5, 신이(神異)

1546년(명종 1) 4월 22일에 우박이 크게 내려 토산(兔山)의 소나무가 모두 꺾여 버렸다. 그러나 기자묘를 둘러싼 소나무는 조금도 다치지 않아서 사람들이 모두 기이하게 여기면서 신명(神明)이 수호한 것이라고 하였다.

연광정이 기울어지자 마을 사람들이 수리하려고 하였다. 하루는 덕암(德巖) 아래로서까래 하나가 무너져 들어갔는데 물 위로 떠오르지 않았다. 이를 보고 사람들이 신룡(神龍)이 가져간 것이라고 여겼다.

『평양지』 권5, 잡지(雜志)

외성(外城)의 지형은 평탄하고 확 트여 있으며, 곳곳마다 우물을 팠는데 그 깊이가 한결같다. 물이 차고 빠지는 것은 강의 조수에 따른 것으로, 여름에는 물이 더욱 맑고 차니, 패강과 수원이 통해 있기 때문이다. 오직 기자정의 물맛이 다른 우물과 달랐다. 오상(吳祥)이 감사가 되었을 때 평소 소갈증이 있어서 이 물을 즐겨 마셨다. 물 긷는 자가 그곳이 멀다고 다른 우물의 물로 바쳤는데 공이 맛을 보고 그 사실을 알아차려서 물 긷는 자에게 물었더니 물 긷는 자가 결국 사실대로 아뢰었다.

…

정전(井田)은 외성에 있다. 기자(箕子)가 구획한 경계가 아직도 남아 있다. 더러는 병합되고 더러는 길을 내는 바람에 옛 터가 거의 사라졌다. 1585년(선조 18)에 서윤 김민선(金敏善)이 수리하여 바르게 하였다.

…

기자의 지팡이가 전해진 지 오래되어 그 마디가 거의 썩고 부러진 상태였다. 유홍(兪泓)이 감사가 되었을 때 구리를 덧대서 나무 상자에 넣어놓고 가지고 다니면서 어루만졌고, 생각할 때에도 옛 뜻이 많았다.

『평양지』 권6, 시문(詩文), 부벽루(浮碧樓)

주탁(周倬)

高樓百尺幾春秋	백 척 높은 누각 몇 해가 되었던가.
檻外長江日夜流	난간 밖 긴 강은 밤낮으로 흐르네.
薜荔年深緣石角	벽려는 오래되어 돌부리에 감겨있고
鸕鶿晝靜上灘頭	가마우지는 고요한 낮에 여울 어귀로 올라오네.
扶餘有土今猶在	부여의 옛 땅은 지금도 그대로 있고
箕子遺風久不休	기자의 유풍은 오랫동안 전해 오네.
此際登臨共遊賞	이때 올라와서 함께 바라보노라니
滿前淸興解多愁	가득한 맑은 흥취 온갖 시름 풀어주네.

『평양지』 권6, 시문, 동명왕사(東明王祠)

권근(權近)

기자의 옛터는 땅이 절로 평탄한데
대동강은 서쪽으로 꺾여 성을 감쌌네.
물결은 아득히 한르까지 이어졌고
모래 위 물은 맑아서 바닥까지 보이네.

온갖 냇물 받아들여 언제나 콸콸 흐르고
삼라만상을 담아 내어 다시 넘실넘실.
세차게 바다로 흘러들어가는 마음은
마치 대국을 섬기는 임금님의 정성 같네.

『평양지』 권6, 시문, 동명왕사

권근

聞說鴻荒日	들자하니 아득한 옛날
檀君降樹邊	단군이 나무 아래 내려오셨네.
位臨東國土	동쪽 땅에서 임금이 되었는데
時在帝堯天	때는 중국에 요임금 있을 무렵.
傳世不知幾	몇 세대를 전했는지 알 수 없으나
歷年曾過千	천 년의 세월을 지나왔다네.
後來箕子代	그 뒤에 기자의 대에 와서도
同是號朝鮮	똑같이 '조선'이라 이름 하였네.

『평양지』 권6, 시문, 영숭전(永崇殿)

이첨(李詹)

朝暮齋官謁柘黃	아침저녁으로 재관이 임금께 배알하여
閟宮淸靜水沈香	고요한 사당에서 수침향을 사르네.
箕封千載朝鮮國	기자가 봉한 천 년의 조선국에
統合三韓祖聖王	삼한을 통일한 성왕이시여.
入彩祥雲橫華岳	상서로운 채색구름이 화악산에 비껴있고
重瞳瑞日照扶桑	겹눈동자 같은 해가 부상을 비추네.

| 鴻圖永固垂來裔 | 원대한 왕업이 길이 후손에게 드리우니
| 玉葉金枝福祿昌 | 임금의 자손들은 복록이 창대하리라.

『평양지』 권6, 시문, 부벽정(浮碧亭)

김시습(金時習)

| 中秋月色正嬋娟 | 한가위 달빛은 정녕 곱기만 한데
| 一望孤城一恨然 | 옛 성을 바라보니 온통 서글퍼라.
| 箕子廟庭喬木老 | 기자묘 뜰에는 교목이 늙어있고
| 檀君祠壁女蘿緣 | 단군사 벽에는 담쟁이가 얽혀있네.
| 英豪寂寞今何在 | 영웅은 적막하니 지금 어디에 있는가.
| 草樹依俙問幾年 | 풀과 나무만 희미하니 몇 년이나 되었나.
| 唯有昔時端正月 | 오직 그 옛날 둥근달이 있어
| 清光流彩照衣邊 | 맑은 빛이 흘러 나와 옷깃을 비추네.

『평양지』 권6, 시문, 대동루에 올라[등대동루(登大同樓)]

김시습

| 大同波上大同樓 | 대동강 물결 위의 대동루에
| 無限雲山散不收 | 끝없이 구름산이 흩어져 거둘 수 없네.
| 楓落浿江秋水冷 | 단풍 떨어진 패강은 가을물이라 싸늘하고
| 霜清箕堞暮煙浮 | 서리 맑은 기자의 성엔 저녁연기 떠도네.
| 白鷗洲畔月千里 | 흰 갈매기 있는 모래섬엔 달빛이 천 리
| 黃葦渡頭風滿舟 | 누런 갈대 있는 나루엔 바람이 배에 가득.
| 因憶昔年興廢事 | 옛날의 흥망사를 생각하느라
| 登高一望思悠悠 | 누각에 올라 바라보니 생각이 아득하네.

『평양지』 권6, 시문, 평양회고(平壤懷古)

장근(張瑾)

朝鮮有國臨東海	조선이라는 나라가 동해에 있는데
箕子封來幾千載	기자를 봉한 지 몇 천 년이 흘렀네.
就中平壤是雄都	평양에 나아가 웅도를 세웠으니
昔時形勝今猶在	옛날의 형승이 지금도 남아 있네.
岡巒迂鬱田野平	산세는 구불구불 들판은 평평하고
樓臺雄堞空中橫	누대와 성곽은 공중에 비껴있네.
秦初遠作遼東徼	진나라 초에 멀리 요동외요를 두었고
漢末新傳王儉城	한나라 말에 새로 왕검성에 전하였네.
何年倂入夫餘裔	어느 해에 부여의 후예에게 합병되었다가
復自丸都遷此地	다시 환도성에서 이 땅으로 천도했네.
沃沮濊貊紛來歸	옥저와 예맥이 다투어 귀순해 오니
渺渺東西六千里	아득히 동서로 6천 리나 되었네.
隋兵三擧空擾攘	수나라가 세 번 거병하였지만 공연한 소란,
可堪秘記符唐皇	해낼 수 있는 비기는 당나라에게 있었네.
全山得捷薛仁貴	온 산에서는 설인귀가 이겼고
浿水成功蘇定方	패수에서는 소정방이 공을 세웠지.
振衰繼絶不旋踵	흥망성쇠가 끊임없이 이어지다가
五代之餘遭有宋	오대가 지난 뒤에 송나라를 만났네.
玄菟樂浪息紛爭	현도와 낙양에 분쟁이 종식되어
使介聯翩奉朝貢	사신이 끊임없이 조공을 바쳤네.
嵩岳遷都久已成	숭악에 천도한지 이미 오래 되었으니
長安舊治名西京	평양의 옛 수도를 서경이라고 하였네.
魯陽城古人非昔	노양성은 유구해도 사람은 옛 사람 아니고

馬邑峯高地有靈	마읍봉은 높아서 그곳엔 신령이 있다네.
胡元不道圖吞併	원나라는 무도하여 병탄하려 했으니
分疆直抵慈悲嶺	국경이 곧바로 자비령까지 내려왔네.
西京內囑將百年	서경이 복속된지 백년이 되는 동안
贏得腥風汗邊境	오랑캐 기운이 변경을 더럽혔네.
聖明德化罩八區	성명의 덕화가 세상에 미치니
樂天字小古所無	즐거워하며 소국을 보살핌은 예전에는 없던 일.
鴨江東畔長安道	압록강 동쪽 평안도는
還入朝鮮舊版圖	다시 조선의 옛 판도에 들어갔네.
居民熙熙事耕鑿	백성은 평화롭게 밭 갈고 우물 파며
女解蠶桑士知學	아녀자는 누에 치고 선비들은 학문하네.
中華氣習漸染漾	중화의 풍습에 점차 물들어
文物衣冠宛相若	문물과 의관이 완연히 비슷해졌네.
使臣奉詔天上來	사신들 조서 받들어 중국에서 오면
登高覽勝襟懷開	높이 올라 승경 바라보며 회포를 푸네.
不須弔古重惆悵	옛일을 생각하며 슬퍼할 필요 없으니
寫景新詩聊爾裁	경물 보고 새로 시를 그저 지을 뿐.

『평양지』 권6, 시문, 단군묘정에 배알하다[알단군묘정(謁檀君廟廷)]

남효온(南孝溫)

檀君生我靑丘衆	단군께서 우리 백성을 낳으시고
教我彜倫浿水邊	대동강 가에서 인륜을 가르치셨네.
採藥阿斯今萬世	아사달서 산신이 된 지 만세가 되었으나
至今人記戊辰年	지금도 사람들은 무진년을 기억하네.

『평양지』 권7, 시(詩), 평양을 조망하다[평양등조(平壤登眺)]

당고(唐皐)

我過鴨綠江	내가 압록강 건너
十日到平壤	열흘 만에 평양에 이르니
朝鮮此西京	이것이 조선의 서경
箕子有遺響	기자의 유풍이 있네.
城南臨浿水	성 남쪽엔 패수 가여서
亭臺足幽賞	구경할 만한 누대가 있네.
快哉時一登	쾌재정에 한 번 올라가면
餘者歸指掌	나머지가 한눈에 들어오네.
詰朝踏氷過	새벽에 얼음을 밟고 가서
兼旬迄來往	20일 만에 서울을 다녀왔네.
館伴政府僚	관반은 정부의 관료로
襟度本開爽	도량이 본디 드넓었네.
爲我十遊期	나를 위해 열흘간 유람을 정하고
預戒勿誼攘	떠들지 말라 미리 경계했네.
察使勞將迎	관찰사가 수고로이 나를 맞아
小酌同畵舫	화방에 술자리를 차렸네.
須臾就彼岸	이윽고 강 너머 기슭에 가서
入城駕復柱	성안에 올라 다시 수레 타네.
始登練光亭	비로소 연광정에 올라
撫榻坐弘敞	의자에 앉으니 자리가 널찍하네.
德岩在其下	덕암이 그 아래에 있는데
綠崖多灌莽	푸른 벼랑엔 잡목이 우거졌네.
斯亭據高巓	이 정자가 꼭대기에 있어

跬步俯深廣	몇 걸음만 가도 강물이 보이네.
飄飄曳飛練	마치 비단이 펄럭거리는 듯
詎可計十丈	십여 길을 어찌 헤아리리.
寒氷全未融	찬 얼음은 다 녹지 않아
耀日增炫晃	해에 비쳐 더욱 번쩍이네.
漁舟鞋底小	고깃배가 발 밑에 자그마하여
三三復兩兩	둘씩 셋씩 강물에 떠 있네.
遊鱗出深潛	물고기들은 깊은 물속에서 나와
巨細或罹網	큰 놈 작은 놈 그물에 걸리네.
登臨興方濃	올라가 보니 흥이 더욱 높아져
浮碧動遐想	부벽루에서 먼 생각에 잠기네.
驅車出東門	수레를 몰아 동문을 나서서
銳意極搜訪	열심히 경치를 탐방했네.
朝天有巨石	조천석이라는 큰 돌이 있어
昕夕水蕩漾	아침저녁으로 물이 출렁거리네.
行行梯乙密	가고 또 가 을밀대에 올라가니
高樓見標榜	높은 누대에 현판이 보이네.
北枕錦繡山	금수산을 북쪽으로 두니
玆山獨雄長	이 산이 홀로 우뚝하네.
一洲界雙溪	모래섬이 강물을 두 갈래로 나누어
燕尾頗相倣	제비꼬리와 자못 흡사하네.
茅屋依沙汀	초가는 물가 모래 옆에 있고
漁歌聲慨慷	어부의 노랫소리 강개하여라.
主人戒匏樽	주인이 술잔치를 벌여서
我因留半餉	이 때문에 반나절 머물렀네.
薄暮山下去	저물녘에 산에서 내려오니

心目俱融朗	마음과 눈이 모두 즐겁구나.
玆遊得奇觀	이번 유람에서 본 기이한 장관을
歸以詑吾黨	돌아가서 친구들에게 자랑하리라.

『평양지』 권7, 시, 정전유제(井田遺制)

曉出城南門	새벽에 성 남문을 나서니
九一見形制	정전에 형태가 드러나 있네.
秦令如牛毛	진나라 법령이 번잡했어도
阡陌猶不廢	밭둑길은 아직도 남아 있구나.

『평양지』 권7, 시, 기자묘(箕子墓)

一逕入松林	오솔길로 소나무숲에 들어가서
歇馬拜墓臺	말을 멈추고 묘대에 절하네.
高山夙仰止	높은 풍모로 일찍부터 우러렀는데
使節今初來	사절로 이제야 처음 왔구나.

『평양지』 권7, 시, 단군사(檀君祠)

당고

開國何茫然	아득한 옛날에 나라를 열었으니
朝鮮此鼻祖	조선에 이 분이 비조이네.
荊棘非剪除	가시덩굴을 베지 않았다면
伊誰樂東土	누가 동국을 낙토로 만들 수 있었겠는가.

『평양지』 권7, 시, 기자사(箕子祠)

당고

崇祀近檀君	단군사 옆에 사당 세워 숭배하니
春秋擊牛豕	봄가을에 소와 돼지를 잡는구나.
八條今幾存	팔조목 중 지금 몇이나 남았는가.
東國尊化理	동국 사람들이 교화의 정치를 존숭하네.

『평양지』 권7, 시, 단군사(檀君祠)

사도(史道)

檀君何所始	단군이 언제 비롯했던가.
聞說始於堯	말 들으니 요 때 비롯되었네.
去今四千載	지금부터 4천 년 전이나
遺廟在山椒	사당이 산마루에 남아 있네.

『평양지』 권7, 시, 기자사(箕子祠)

사도

化鶴幾千秋	학이 되신 지 몇천 년이건만
歲時享籩豆	해마다 때가 되면 제사 드리네.
人民半是非	백성들은 모두다 달라졌지만
城郭尙依舊	성곽은 여전히 그대로구나.

『평양지』 권7, 시, 정전(井田)

사도

制廢井畫存	제도는 없어졌으나 정전 구획은 남아 있어
我見生感慨	내가 보니 감회가 생겨나네.
井上有人家	정전 구획 위에 인가가 있는데
不知井內外	정전의 안인지 밖인지 알 수가 없네.

『평양지』 권7, 시, 정전유제(井田遺制)

공용경(龔用卿)

南郭分阡陌	남쪽 성곽으로 길이 나뉘었는데
田區畫井中	논밭이 우물 정자로 구획되었네.
至今平壤民	지금도 평양의 백성들은
猶識商家風	여전히 상나라 풍속으로 알고 있네.

『평양지』 권7, 시, 단군(檀君)

공용경

檀君開國土	단군이 이 나라를 열어
誅茅樹區宇	띠집을 만들고 구역을 만들었네.
至今邦之人	지금도 이 나라 사람들은
稱爲朝鮮祖	조선의 시조라고 한다네.

『평양지』 권7, 시, 기자묘(箕子墓)

공용경

青山芳綠苔	청산에 푸른 이끼 무성한 곳에
封壤築高臺	터를 잡아 높은 대 지었네.
使車一瞻拜	사신들이 한 차례 우러러 절하는데
蕭瑟悲風來	우수수 쓸쓸한 바람이 불어오네.

『평양지』 권7, 시, 기자사(箕子祠)

공용경

古廟蔓藤蘿	덩굴이 뒤덮인 옛 사당이
屹立檀君右	단군사 옆에 우뚝 서 있네.
丹青儼如故	단청은 예전 그대로인데
春秋薦椒酒	봄가을에 제삿술을 올리네.

『평양지』 권7, 시, 정전(井田)

오희맹(吳希孟)

生平慕周官	평생 주나라를 흠모하더니
此地如周制	이 땅이 주나라 제도 같구나.
幽幽城南間	그윽한 성의 남쪽 땅에
規畫猶不廢	정전의 흔적이 아직 남아 있네.

『평양지』 권7, 시, 기자묘(箕子墓)

오희맹

道骨埋荒塚	선인은 무덤에 묻혀 있고
寒泉繞石臺	찬 샘물이 석대를 감싸 흐르네.
松風淸夜響	맑은 밤 소나무에 바람 불면
應識度魂來	분명히 혼이 지나간 것이리라.

『평양지』 권7, 시, 단군사(檀君祠)

오희맹

神宇覆松蘿	소나무와 덩굴에 덮인 사당을
修誠祀藩祖	수리하여 국조로 제사 드리네.
肇彼唐堯時	그 옛날 당 요임금 때에
此君始封土	단군이 처음으로 나라 세웠네.

『평양지』 권7, 시, 기자사(箕子祠)

오희맹

東國仰封澤	동쪽 나라에선 봉해준 은덕 감사하여
春秋享牢豕	봄가을로 제물 올려 제사지내네.
外王八條治	밖으로는 왕이 팔조의 법으로 다스렸고
內聖九疇理	안으로는 성인이 홍범구주로 다스렸네.

『평양지』 권8, 시, 영귀루 - 중국사신 공용경(龔用卿)의 시에 차운하다[영귀로차공천사운(詠歸樓次龔天使韻)]

정사룡(鄭士龍)

柳陰江路撲綿時	버들 그늘이 강가 길에 가득 드리울 때
乘興登樓俯碧漪	흥에 겨워 누각에 올라 강을 바라보네.
潮近海來沈別浦	밀물이 바다에서 밀려와 포구가 잠기고
雨拖虹過洒餘絲	비가 무지개를 끌어와 버들잎을 씻어주네.
風尖透幔消殘醉	바람이 장막으로 스며들어 취기가 사라지고
水氣欺人引滿巵	물 기운은 어느 틈에 술잔을 가득 채우게 하네.
好古儒仙尋九一	옛 것을 좋아하는 선비가 정전을 찾아가서
却參形制得歸遲	정전의 자취를 본 뒤에 천천히 돌아가네.

이날 정전 유지(井田遺址)를 보았다.

『평양지』 권8, 시, 정전유제(井田遺制)

화찰(華察)

我聞千載上	내 듣기론 천 년 전에
仁政九區中	어진 정치가 천하에 있었다 하네.
東土存遺制	동쪽 나라에 남은 자취가 있는데
依然三代風	여전히 삼대의 기풍 남아 있네.

『평양지』 권8, 시, 단군사(檀君祠)

화찰

檀君昔分土	단군이 예전에 땅을 나눠
東方聿胥宇	동방에 터를 잡으셨네.
永垂開國勳	영원히 개국의 공업을 열었기에
百世稱宗祖	백세 이후에도 조종이라 일컬어지네.

『평양지』 권8, 시, 기자묘(箕子墓)

화찰

春筠封春苔	봄 대나무는 이끼난 곳에 심어졌고
短碣倚荒臺	작은 비석은 황량한 대에 기댔네.
九原如可作	구천이 만약 있다면
淸風百世來	맑은 바람이 백세토록 불어왔으리.

『평양지』 권8, 시, 기자사(箕子祠)

화찰

敬瞻百世師	백세의 사표를 우러러보니
如在吾左右	마치 내 옆에 계신 듯하네.
忽憶殷三仁	홀연히 은나라 세 현인이 떠오르니
臨風再釃酒	바람 맞으며 다시 술을 올리네.

『평양지』 권8, 시, 정전유제(井田遺制)

설정용(薛庭龍)

朝鮮元是商周國　조선은 본래 상과 주나라
晝野分明井地中　들에 분명히 구획된 정전 땅.
我亦過滕兼適魯　나도 등나라, 노나라를 가보았지만
荒區無處問遺風　황량해져서 유풍을 물을 곳 없었네.

『평양지』 권8, 시, 단군사(檀君祠)

설정용

檀君血食綿東土　단군 제사가 동쪽나라에서 이어져
松木森森蔭祠宇　소나무 울창하게 사당에 드리웠네.
三韓五都何紛紛　삼한의 다섯 도읍은 어찌 이리 분분한가,
此是朝鮮第一祖　이 사람이 조선의 첫 번째 조상이네.

『평양지』 권8, 기, 기자묘(箕子墓)

설정용

一種靑山翳綠苔　이끼로 덮인 푸른 산을 두고
路人指點最高臺　행인들은 가장 높은 대를 가리키면서
云是商家箕子墓　상나라 기자의 묘라고 말하기에
使車迢遞上山來　사신의 수레가 끊임없이 산으로 올라가네.

『평양지』 권8, 시, 기자사(箕子祠)

설정용

江城弔古訪箕祠	옛일을 추모하러 기자사를 찾았는데
下馬踟躕循階右	말에서 내려 서성이다가 계단을 올랐네.
松風忽忽作琴聲	문득 소나무 바람 불어 거문고 소리 내니
怨恨分明語池酒	주지육림을 말하며 원망하는 것이 분명하리.

『평양지』 권8, 시, 정전유제(井田遺制)

장승헌(張承憲)

私田環其外	사전은 바깥에 둘러있고
公田在其中	공전이 가운데에 있네.
公私各有界	공사가 각각 경계가 있으니
何事有貪風	어찌 탐하는 풍속이 있으리.

『평양지』 권8, 서경도(西京圖)

정유길(鄭惟吉)

西京素稱佳麗地	서경은 본디 아름다운 곳이라 하였으니
檀下眞人始都此	박달나무 아래 진인이 처음 여기에 도읍했네.
中間千載太師來	그 사이 천 년 전에는 태사가 와서
八條遺風井田址	팔조목의 유풍과 정전 터가 남아 있네.
平生夢想今見之	평생 꿈꾸다가 지금에야 보게 되니
十幅金屛開逶迤	열 폭 금병풍에 연이어 펼쳐 있네.
緬思割據互吐呑	돌이켜보니 군웅이 할거하여 서로 병탄하다가

樂浪始平安東始　낙랑이 비로소 평정하여 안동에서 시작했네.

經營未免壑藏舟　나라 경영도 결국 변화하는 법,

統三屬一歸麗氏　세 나라를 하나로 통일하더니 고려로 귀결됐네.

『평양지』 권9, 문(文), 대동문기(大同門記)

권근(權近)

　평양은 나라의 큰 진(鎭)이니 사신들이 경유하는 곳이요, 군사들이 모이는 곳이다. 그런데 그 성이 무너져 없어졌는데도 오랜 세월이 흐르도록 보수하지 못하였다. 그 문은 동쪽을 대동문(大同門), 남쪽을 함구문(含毬門)이라고 하는데 또한 모두 신축년(1361)의 난리에 불타 버려서 방비가 튼튼하지 못하니 진실로 염려할 만하였다. 1392년(태조 1) 가을에 전하께서 처음 즉위하시자 이에 중추부(中樞府) 신하 조온(趙溫)을 평양윤(平壤尹)으로 임명하시니 이듬해에 정사가 잘 다스려지고 송사도 공평하여 백성들이 생업을 편안히 하게 되었다. 그해 가을에 왕명을 받들어 비로소 옛 성을 수축하고 그 이듬해 봄에 새로 두 문을 만들었다.

　가을에 공사를 마치고 글을 보내 나에게 기문을 청하며 말하기를, "평양은 군사와 백성의 일이 고되고 풍속이 사납고 교만하여 옛날부터 다스리기 어렵다고 하였소. 재주 없는 내가 요행히 개국 초기에 외람되이 중한 직책을 맡게 되었는데 이곳에 부임한 뒤 밤낮으로 마음을 쏟아 방비를 굳건히 하려고 농한기에 성을 쌓고 성문은 중들을 시키니 모두들 나와서 부역하여 세 계절 만에 이룩하였소. 문루가 장대하고 성벽이 완전해서 이제야 나라의 울타리가 되는 곳이라고 할 만하나, 이는 내가 잘 한 것이 아니라 임금의 덕이니, 그대는 그 사실을 적어 성문의 대들보에 걸어서 후대 사람들로 하여금 없어진 것을 다시 만든 경위를 알게 하여 주시오"라고 하였다.

　나는 말한다. "평양은 곧 고조선과 기자가 도읍한 곳이다. 구주(九疇)는 천인(天人)의 학설이고 팔조(八條)는 아름다운 풍속으로, 진실로 우리 동방 수천 년 예의의 교화를 이루게 한 것이니 아아, 아름답구나. 위만(衛滿) 때부터 고구려에 이르는 동안 오로지 무력만을 숭상하여 그 풍속이 크게 변하였고, 고려 때에 와서는 요(遼)·금(金)·원(元)나라와 국경을 접하게 되니 오랑캐 풍속에 물들어서 더욱 교만하고 사납게 되었다. 이는 중국의 기산(岐山)과 풍(豐)의 땅을 가지고 주(周)나라는 어질고 후덕한 교화를 일으켰고, 진(秦)나라는 용맹하고 사나운 기풍을 생기게 한 것과 같은 것이다. 대개 그 백성들의 성품이 온후하고 질박하여 선한 일로 인도하면 좇아 감화되기 쉽고, 사나운 것으로 몰고 나가면 부강한 사업을 이룰 수 있다. 삼가 생각건대 명(明)나라에서는 황제로 천하를 차지하여 지극한 정치를 천명하는데, 우리 전하께서는 대국을 정성껏 섬기고 아래로는 너그럽게 하셨으며 황제의 명을 받아서 '조선'이라는 국호를 회복하게 되었다. 그런데 이제 공이 어질고 화락한 자질로 가장 먼저 막중한 소임을 지고 이 도읍지에 부임하였으니 분명히 덕화를 선양하여 백성을 선한 일로 인도하며 이전의 교만하고 사나운 풍습을 변화시켜 예의의 교화를 일으키고 그 풍속을 다시 순박하게 할 수 있을 것이다. 태평성세의 유신(維新)의 정치에 참여함이 실로 여기서 시작되는 것이니 어찌 성곽의 견고함과 문루의 웅장함만 옛날보다 나을 뿐이겠는가. 내가 생각하니 이 문루에 올라 긴 강을 굽어보면 넓은 들판이 멀리까지 있어서 아침 햇살과 저녁 달빛의 온갖 경치가 모두 난간 아래에 가깝게 모여드니 수고롭게 멀리 수레나 말을 타고 가서 부벽루에 오르지 않고서도 한 지역의 뛰어난 경치를 모두 얻게 될 것이다. 훗날 내가 문루에 올라 구경할 수 있게 된다면 마땅히 먼저 백성들을 위해 황극(皇極)에서 펴신 말씀을 강론하여 백성들에게 기자의 은택이 점차 우리나라에 깊게 젖어들어 만대에 이르더라도 없어지지 않을 것이라는 점과 이번에 천자께서 국호를 내려주신 은혜와 전하께서 옛 터전을 회복하신 덕이 실로 무왕(武王)이 기자를 봉하고 기자가 조선을 다스렸던 것과 똑같은 일이라는 것을 알게 할 것이다. 또 백성들에게 타고난 천성은 중국과 오랑캐, 옛날과 오늘이 다름이 없다는 것을 알게 하여 진실로 노력하여 황극(皇極)의 가르침을 따른다면 신(神)과 인간이 조화되고 자손이 길하게 되어 대동(大同)의 뜻에 맞게 되리라는 것을 알게 할 것이다. 그런 뒤에 몇몇 친구들과 함께 술을 마시고 바람을 쐬며 강산의 아름다운 풍경을 둘러보고 가슴 속 흥취를 풀어 노닐면서 또한 공을 위해 시 한편을 지어 칭송하겠다."

『평양지』 권9, 문, 풍월루 중신기(重新記)

서거정(徐居正)

　평양은 삼조선(三朝鮮)과 고구려의 옛 도읍으로, 고려가 서경을 두었다가 다시 호경(鎬京)이라고 하였으며 뒤에 만호부(萬戶府)를 설치했다가 평양부로 이름을 바꾸었고 본조(本朝)에 들어와서는 이름을 그대로 썼다. 부(府)는 서북 한 도(道)의 도회지로, 땅은 넓고 해야 할 역할이 많으며 풍속은 순박하다. 번화하고 아름답기가 우리나라에서 으뜸이고 이따금 신령스러운 자취와 기이한 형승이 있어 전 시대 인물의 풍류를 충분히 상상할 수 있다. 이 때문에 사대부로 벼슬하는 이들이 모두 이곳을 좋아한다. 부의 북동쪽 6, 7리에 '부벽루(浮碧樓)'라는 누각이 있는데 가파른 벼랑 위에 걸려 있고 아래로는 땅이 보이지 않을 정도로 높이 있어 모든 승경을 모아서 가지고 있다. 그래서 사신들이 사명을 수행하는 여가에 몇 걸음으로 갈 수 있는 곳이 아니었다.

　1371년(공민왕 20)에 순문사(巡問使) 임후(林侯)가 처음으로 넓은 도회지 가운데 풍월루 5칸을 세웠다. 여러 산들이 둘러 있고 긴 강이 구불구불하며 아래로 연못을 굽어보면 위아래가 하늘빛이니 누각의 빼어난 경치가 부벽루와 막상막하이다. 손님들의 수레가 오면 그때마다 누각에 올라 경치를 바라보면서 주인과 손님이 술잔을 주고받으며 조용히 스스로 흡족해하였고 누각의 승경도 부벽루보다 나아 그 이름을 한 부에 홀로 드날렸다. 다만 지은 지가 여러 해가 되어 이지러진 부분이 있었다. 1463년(세조 9)에 광산(光山) 김겸광(金謙光) 공이 이 부의 감사 겸 부윤이 되자 개연히 이를 중신할 마음을 갖게 되었고 재목을 모으고 대목을 시켜 공사를 시작하였다. 1465년(세조 11)에 현 감사 오백창(吳伯昌)이 후임으로 왔는데, 오백창 공은 일찍이 문무를 겸한 재목으로 서북의 행정에 종사하여 그 요해처를 관장하다가 얼마 안 되어 들어와 승정원 승지가 되었고 그 도의 감사까지 된 것이다. 아전과 백성들이 그를 두려워하면서도 아꼈고 정사가 통하고 교화가 행해지니 종래의 온갖 폐단이 모두 쇄신되었다. 이에 누각의 옛 터에 나아가 그 규모를 확장하여 가운데에 대청을 두니 넓고 탁 트여 상쾌하며 높고 환했다. 좌우에 협실(夾室)을 두고 협실 옆에 또 별실을 날개처럼 붙이니 그 큼직하고 깨끗함이 예전에 비해 더욱 웅장해서 보는 자가 좋게 여겼다. 누각이 완성되고 나서 내가 마침 사명을 받들고 오는 길에 들렀는데 때는 바야흐로 7월 16일이라 밝은 달이 중천에 뜨고 연꽃이 활짝 피어 붉은 향내가 은은하고 푸른 그림자가 한들한들하는데 난간에 기대 고금을 생각하니 산천의 경치의 정채가 그전보다 백배나 나왔다. 오백창 공이 나에게 술잔을 주며 기문을 청하였는데 대저 이 누각의 아름다운 경치와 누각에 이 이름을 붙인 뜻은 목은 선생의 기문에 자세하니 내가 다시 무슨 군말을 덧붙이랴.

생각하건대, 산림이나 평지나 무릇 명승지는 바로 천지의 조물주가 숨겨둔 곳이다. 가끔 천지의 조물주가 숨겨둔 곳을 드러내어 풍류 있는 인물이 완상하는 곳으로 삼는 경우가 있는데 이는 세상에서 흔히 만날 수 없는 것이다. 악양루는 파릉(巴陵)의 유명한 누각이요, 등왕각(滕王閣)은 남창(南昌)의 사치스러운 누각이며, 황강(黃岡)의 죽루(竹樓)와 남주(南州)의 황학루(黃鶴樓)가 천하의 걸출한 누각이다. 그러나 당초에 창건한 자가 앞서 짓기 시작하고 호사자가 뒤에 다시 중신(重新)하지 않았더라면 천지의 조물주가 그 천기(天機)의 오묘함을 드러낼 길이 없어서 천지 사이에 풍류 있는 인물들이 거의 없어지고 말았을 지도 모른다. 이제 수천 년 전 왕자의 옛 도읍인 평양에 '풍월루'라는 한 누각의 산천 승경이 앞에서 말했던 여러 걸출한 누각에 조금도 손색이 없으니 오백창 공이 중수한 일이 또한 수고롭고 아름답다고 할 만하다. 옛날에 등왕각이 중수되자 한유(韓愈)가 기문을 지었는데, 비록 재주 있고 현명한 한유조차도 자기의 문장이 삼왕(三王)과 이름을 나란히 하여 승경지에 남게 된 것을 영광으로 여겼다. 돌아보면 재주 없는 내가 이런 누각, 이런 승경지에서 목은의 뒤를 이어 이름이 놓이게 되었으니 이 어찌 다행이 아니겠는가. 그러므로 서툰 글솜씨라고 사양하지 않고 기뻐하며 쓴다.

『평양지』 권9, 문, 서경제명기(西京題名記) 선생안제명기(先生案題名記)

송처검(宋處儉)

무릇 우리나라에서 오래된 도읍지로 평양만한 것이 없다. 단군, 기자에서 위만, 동명왕에 이르기까지 그 전해진 세대가 2,750여 년인데도 그 유풍과 풍속이 아직도 남아 있다. 특히 기자의 정전제와 팔조목의 가르침은 만세에 걸쳐 숭상하는 바이니 이곳에 온 사람 중에 누군들 보고 싶지 않겠는가? 그때의 백성들에게 친히 가르친 덕이 깊었던 것이다.

『평양지』 권9, 문, 연광정기(鍊光亭記)

당고

평양성은 조선에 있으니 기자의 옛 도읍이다. 이번에 내가 병과 급사중(兵科給事中) 녹봉(鹿峯) 사도(史道) 선생과 함께 책력을 나누어 주라는 명을 받들고 오는 길에 이곳을 지나다가 유적을 찾아 소회를 풀려고 했으나 사신의 임무로 한창 바쁠 때라 그럴 틈이 없었다. 새벽에 얼음을 밟고 대동강을 건너 한양에 도착하여 일을 끝내고 돌아오는 길에 다시 평양에 이르니, 이때에 강의 얼음이 이미 녹아 배를 타고 건넜다. 마침 의정부좌참찬 이행(李荇)이 관반(館伴)으로 함께 오고 평안 관찰사 유담년(柳聃年)이 나를 생양관(生陽館)에서 맞아 함께 배 안에서 조그만 술자리를 벌였다. 술이 한두 순배 돌자 참찬이 역관을 시켜 성 위에 있는 정자를 가리키며 나에게 "이 연광정이 성문에서 그리 멀지 않으니 한 번 올라갔다가 기종(騎從)들이 다 강을 건넌 뒤에 객관으로 나가면 어떻겠습니까?"라고 말하였다.

내가 허락하여 이에 녹봉과 함께 견여를 타고 성에 올라 한 바퀴 도는 사이에 바로 정자에 이르렀는데 정자는 사방이 탁 트여 있었다. 그 앞이 덕암(德巖)인데 바위가 강가에 있어 밀려오는 물살을 막아내어 성안의 주민들이 모두 그 은덕을 고맙게 여겼기 때문에 이렇게 이름을 붙인 것이었다. 정자에서 왼편으로 3, 4리쯤이 금수산(錦繡山)이고 산꼭대기에 을밀대(乙密臺)가 있는데 매우 평탄하고 트여 있으며 위에 사허정(四虛亭)이 있고 산에 다시 우뚝 솟은 봉우리가 있는데 모란봉(牧丹峯)이라고 부른다. 산 밑에 부벽루(浮碧樓)가 또 강가에 있고 아래에 기린굴(麒麟窟)이 있는데 동명왕(東明王)이 말이 기르던 곳이다. 또 조천석(朝天石)이 있는데 세상에서 전하기를 왕이 여기서 말을 타고 하늘에 조회하였다고 한다. 그 앞에 능라도(綾羅島)가 있고 이 섬이 백은탄(白銀灘)과 이어져 있다. 동북쪽으로 또 10여 리에 주암(酒岩)이 있으니 일찍이 술이 바위 속에서 나왔다고 하는데 이들 모두가 정자의 왼편에 모여 있다. 정자의 오른편이 읍호루(挹灝樓)인데 성의 동문 위에 있으며 또 남쪽으로 5리쯤에 정전(井田)의 제도가 남아 있으니 정자의 오른쪽이다. 그 뒤에 풍월루(風月樓)가 있고, 누 앞에 연못이 있고 연못 안에 작은 섬이 있는데 규봉(圭峯) 동월(董越) 공이 동국에 사신으로 왔을 때 그 누각을 위해 기문을 지었다. 또 그 뒤는 쾌재정(快哉亭)으로, 이 정자는 대동관(大同館) 안에 있다. 또 금수산에서 일어난 지맥 하나가 꿈틀꿈틀 서쪽으로 뻗어 엎드렸다가 다시 일어나는 곳에 무덤이 있으니, 기자의 관패(冠佩)를 묻은 곳이다. 이상이 모두 이 정자가 차지한 경치인데, 유독 '연광'이라고 이름붙인 것은 대개 대동강에서 취한 것이다.

　정자에 올라가 조금 앉아 있으니 참찬 이행이 다시 나를 불러 녹봉과 함께 부벽루를 유람하고 작은 술자리를 벌여 흥취를 다하였다. 그 사이 명을 받은 역관이 꿇어앉아 내게 "풍월루는 동월 공이 기문을 지었으나 이 정자는 이전부터 감식안을 가진 사람들 중에서는 본 사람이 없습니다. 두 공께서 처음으로 본 것입니다"라고 말하며 나에게 기문을 청하였는데 글이 서툴다는 이유로 사양했다. 이틀이 지나 정주(定州) 납청정(納淸亭)을 지나가는데, 이 정자는 내가 처음 지나갈 때 이름을 붙인 것이었다. 참찬이 다시 청하기를, "그러면 납청정의 기문을 지어주시겠습니까?" 하였다. 내가 웃으며 말하기를, "이미 이름을 지었는데 또다시 글까지 짓는다면 저 정자는 사양하고 이 정자는 허락하는 것이 되는 셈이니 너무 치우친 것이 아니겠는가. 사양할 수 없다면 차라리 연광정의 기문을 짓겠다"라고 하니 참찬이 매우 기뻐하였다.

　대저 천하의 물건 중에 도(道)에 견줄 만한 것으로는 물만한 것이 없다. 물이야말로 진실로 도의 상징이다. 그러므로 움직이는 것은 물의 본성이요, 허(虛)한 것은 물의 체(體)요, 비단 같은(練) 것은 물의 형상이요, 빛나는(光) 것은 물의 용(用)이다. 형상은 본성과 결합해 있어서 서로 떨어질 수 없고, 용은 체에 근본을 두어 갈라질 수 없는 것이다. 물이 항상 움직여 쉬지 않는 속성을 가지고 있지 않다면 비단 같은 빛깔 또한 때가 되면 사라질 것이고, 물이 텅 비어 받아들이는 속성을 가지고 있지 않다면 빛(光)의 작용도 때가 되면 없어질 것이니 그렇다면 어찌 물이 귀하겠는가. 군자가 도에 뜻을 둠에 있어 또한 물에서가 아니라면 어디에서 구하겠는가. 그러므로 모습에 걸맞는 몸가짐을 하려면 본성을 다해야 하고, 용을 통달하려면 반드시 체(體)로 돌아가야 한다. 만일 본성은 놔두고 형상만 말하고 용(用)을 말하면서 체(體)를 도외시한다면 이목구비의 욕망이 때로는 사욕에 구속되어 삶을 두텁게 하는 부귀과 영달이 나의 삶을 해치게 될 것이다. 공자가 "물이여, 물이여"라고 말한 것은 물의 이러한 뜻을 취한 것이다. 이 나라에는 학문하는 선비가 많은데 이 정자의 이름을 '연광정'이라고 한 것은 우리 공자께서 남긴 뜻을 보아서 그런 것이 아니겠는가. 그렇지 않고 물이 더러워도 혼탁한 줄을 모르고 넘실넘실 흘러도 그 맑은 줄을 모르며 나갈 때나 들어갈 때나 골몰하면서 스스로 산수 간에서 즐긴다고 말하며 맑은 물결과 굽이치는 여울을 바라보고 술을 마시고 시를 짓는 일들은 진실로 이 정자를 지은 애초의 뜻이 아니다. 이 또한 어찌 우리가 오늘 기이한 풍경을 보는 유쾌한 뜻이겠는가. 정자의 이름은 그 처음의 유래를 아직 물어보지 못했고 그저 여기 와서 유람한 시절과 참찬이 부탁한 뜻을 적었을 뿐이다.

『평양지』 권9, 문, 학당보장(學堂補長) 소서(小序)

안윤덕(安潤德)

평양은 기자(箕子)의 옛 도읍으로 백성들은 팔조(八條)의 가르침에 따랐으니 진실로 군자의 땅이다. 위만(衛滿)이 땅을 차지한 뒤에 풍속이 사나워졌고 이전 왕조(고려) 말에는 묘청(妙淸)과 왕탄(王坦)의 무리가 난을 일으켜 죄악을 쌓으면서 태사(太師)가 남긴 풍속과 가르침은 다시는 없게 되었고 사나운 기풍만 남게 되었다. 그러나 이 사나운 지역에도 좋은 성품이 사라지지 않아 지극한 도리가 미처 없어지기 전에 우리 조선이 개국하여 성령(聖靈)으로 이어 그 도리를 붙잡아 이전 성인의 가르침을 회복하고 사나운 풍속을 일소하여 예악(禮樂)과 문물(文物)이 성대하게 되어 볼 만하였고, 나라의 서쪽 관문이 되는 승경지로 변모할 수 있었으니 이 어찌 우연한 일이겠는가?

다만 땅이 산과 이어지고 오랑캐를 방어해야 하기 때문에 성인들은 활쏘기를 숭상할 뿐 시서(詩書)에 매진하지 않았다. 상국(相國) 안침(安琛)이 이 도의 관찰사가 되자 이를 안타깝게 여겨 문을 숭상하려는 의도로 작성고(作成庫)를 만들고 문리(文理)가 있고 남들을 가르칠 만한 선비를 뽑아 장도회(長都會)를 설립하였다. 이들을 지원하여 가르치고 양성하는 방안이 모두 완전하게 갖추어졌으나 이 일이 추진되기 전에 병으로 사직하였다. 상국(相國) 김봉(金崶)이 뒤를 이어 이곳으로 와서 그 아름다운 뜻을 따라 후학을 권면하였다. 내가 외람되이 부족한 재주로 벼슬에 올라 1515년(중종 10) 여름에 막중한 책임을 맡게 되었으니 비록 재주와 학문이 앞서 두 상군(相君)에 미치지 못하지만 학교를 흥기시키려는 마음만큼은 나도 이들보다 못하지 않았다. 이곳으로 부임한 이래 관사의 무너진 부분을 수리하고 전각 중 비가 새는 부분을 고치려고 서윤 윤형(尹衡), 통판(通判) 민유(閔瑠)와 상의하여 단군, 기자, 문묘 세 전각을 개수하는 것을 필두로 동·서의 회랑과 재사(齋舍), 전사청(典祀廳), 제기고(祭器庫), 비각(碑閣) 등의 건물 일체를 수리하고 규모를 늘려 신축하였으며 담을 두르고 배설한 여러 제기와 제복(祭服) 또한 바꾸라고 명하였다. 이 작업은 백성들을 번거롭게 하지 않았으니 대공사는 비록 작은 뜻에서 시작되었으나 두 공이 마음을 써서 잘 계획하고 진행하는 능력이 없었다면 어찌 가능했겠는가. 얼마 지나지 않아 주상께서 여러 도의 제사지내는 곳에 관리를 보내 부정(不正)이 있는지를 조사하고 엄하게 처벌하였는데 우리 도는 처벌을 면했으니 어찌 다행이 아니겠는가. 좁고 퇴락한 학교 건물과 규정대로 하지 않은 제기와 제복은 비단 평양 한 부만 새롭게 바꾼 것이 아니라 한 도(道) 전체를 모두 새롭게 하도록 명하였으니 책에 뜻을 둔 선비가 찬란하게 배출되었다.

1516년(중종 11)에 향위(鄕圍)에서는 도회(都會)에 있는 사람들이 모두 상위의 석차를 점하였고 5, 6명이 연이어 복시(覆試)에 합격하였으니 근래에 없었던 경사였다. 옛 사람이 말한바 "어딘들 재목이 나지 않겠는가?(何地不生材)"가 헛되지 않다는 것을 더욱 믿게 되었다. 올 봄에 내가 임기가 다 되어 체직하게 되었을 때 감영에 비축한 목면 100매를 내어서 발전을 돕는다는 명목으로 재생(齋生)들에게 봄·가을에 상을 주거나 좋은 절기 때 쓸 비품으로 충당하도록 하고 회계에 올리되 원금은 남겨두고 이자를 가지고 매년 삼짓날과 중구날에 교관이 여러 생도들을 이끌고 답청(踏靑)을 하거나 높은 곳에 올라가 증점(曾點)이 노래하며 돌아오고 싶다는 흥취를 따르고 두목(杜牧)의 "명정(酩酊)" 구절에 화답하여 함께 옛일을 떠올리고 유학에 대한 무한한 뜻을 가진다면 어찌 대단하지 않겠는가. 부적절한 곳에 함부로 써서 원금을 모두 소진하는 것은 내가 후임자에게 기대하는 바가 아니니 조심하고 조심할 일이다.

<출처: 『평양을 담다』 소명출판사>

『동국지리지(東國地理誌)』

韓百謙(1552~1615)

『동국지리지』는 한백겸이 조선 이전 역대 국가의 강역, 위치 등을 다룬 역사지리지이다.

한백겸은 조선 중기의 문신이다. 1589년(선조 22) 정여립(鄭汝立) 모반 사건에 연루되어 옥사를 치렀으며, 주로 동인 계열 인사들과 학문적으로 교류하였다. 『동국지리지』는 1614년(광해군 6)에 저술하기 시작해서 1615년(광해군 5)에 완성하였다. 현재 전하는 판본은 1640년(인조 18)에 경상감영에서 간행한 것이다. 한백겸은 역학(易學)에 해박해『주역전의(周易傳義)』교정을 보았고, 실증적인 방법으로 조선의 역사·지리를 연구하였다. 후대인 1790년(정조 14)에 이가환(李家煥)과 이의준(李義遵)이 선현의 기전(箕田) 관련 글을 모아『기전고(箕田考)』를 편찬했는데, 여기에 한백겸의 기전도(箕田圖)와 기전설(箕田說)도 포함되어 있다.

『동국지리지』는 1책 60장으로 구성되어 있다. 삼국 이전은『한서』의 조선전, 『후한서』의 동이전의 내용을 싣고 자신의 견해를 덧붙이는 형태로 서술하였으며, 삼국은 고구려, 백제, 신라 순으로 국도(國都), 봉강(封疆), 형세(形勢), 관방(關防)에 비중을 두어 서술하였다.

고조선과 부여의 역사는『한서』,『후한서』,『삼국사기』를 중심으로 다루었으며, 이로 인해 단군조선은 단군이 요(堯)임금과 나란히 일어났다는 내용 정도만 있다.『한서』조선전을 이용하였기 때문에 위만조선의 성립과 멸망을 자세히 서술하였으며, 예군(濊君) 남려(南閭)의 반란 사건도 다루었다. 기자조선은『후한서』예전에 실린 기자의 교화와 준왕의 패망 등에 관련된 내용을 다루었다. 부여는『후한서』의 동명 탄생 설화가 실려 있고, 고구려 주몽 설화에 포함된 유화(柳花), 금와(金蛙) 이야기도 포함되어 있다. 고구려에 복속된 이후의 부여 기사도

> 언급되어 있다. 한편, 삼한의 위치와 관련하여 기존 최치원과 권근의 학설을 모두 비판하고, 고대의 역사는 한강을 기준으로 북쪽의 조선과 남쪽의 삼한이 별개로 전개된 것으로 서술하였다. 이러한 주장은 후대 학자들에게 큰 영향을 끼쳤다.

『동국지리지』, 『전한서』 조선전

처음 연(燕)나라 시기에 일찍이 진번(眞番)·조선(朝鮮)이 복속되어 있어 관리를 두고 장새(障塞)를 쌓았다. 진나라는 연나라를 멸하고 요동외요(遼東外徼)에 소속시켰다. 한(漢)나라가 일어나 멀고 지키기 어렵다고 하여 다시 요동의 옛 요새를 수리하고 패수(浿水)에 이르러 경계로 삼고 연(燕)에 소속시켰다. 연왕 노관(盧綰)이 반란을 일으켜 흉노로 들어가니 연 지역 사람 위만(衛滿)이 망명하여 무리 천여 명을 모아 상투를 틀고 오랑캐 복장을 하고 동쪽으로 저수(浿水)를 건넜다. 진의 옛 공지(空地) 상하장(上下障)에 거하였으며 점차 진번·조선의 오랑캐 및 연(燕)·제(齊) 지역 망명자들을 모아 왕이 되어 왕검(王儉)에 도읍하였다. 효혜제(孝惠帝)·고황후(高皇后) 시기에 이르러 천하가 처음으로 안정되었다. 요동태수(遼東太守)가 곧 위만과 맹약을 맺어 외신으로 삼았는데, 새외(塞外)의 만이(蠻夷)를 보호하여 변방을 도적질하지 못하게 하고 만이의 군장이 천자를 알현하려고 하는 것을 금지하지 말라고 하였다. 이러한 내용으로 보고하니 황제가 허락하였다. 이런 까닭으로 위만이 병기의 위세와 재물을 얻어 그 주변의 작은 읍락을 항복시키니, 진번·임둔(臨屯)이 와서 복속하였고 사방 수천 리가 되었다. 아들에게 전하고 손자 우거(右渠)에 이르러 한나라 망명자를 유인하여 많이 불어났다. 또 일찍이 알현하지 않았으며 진번·진국이 글을 올려 천자를 알현하려고 해도 또 막아서서 통하지 못하도록 했다. 원봉(元封) 3년(기원전 108)에 황제가 누선장군(樓船將軍) 양복(楊僕)에게 발해로 배를 띄우고 좌장군(左將軍) 순체(荀彘)에게 요동으로 출격하여 토벌하게 하였다. 우거가 저항하여 병사의 일이 오랫동안 해결되지 않았다. 황제가 제남태수(濟南太守) 공손수(公孫遂)를 보내어 가서 정벌하게 하였는데 상황에 따라 임의로 일을 처리하게 하였다. 조선상로인(朝鮮相路人) 등이 모의하여 우거를 죽이고 한나라에 항복하였다. 드디어 조선을 평정하고 4군을 두었다.

내가 살펴보니, 고구려, 옥저, 예맥은 비록 조선이라고 통칭하지만, 그 구역은 각각 같지 않았다. 조선의 본래 영역은 『후한서』의 여러 나라의 열전을 서로 참고해 보니, 그 북쪽은 고구려와 접하고 남쪽은 마한과 접하며, 동쪽으로는 예맥과 접하였으며, 서쪽은 큰 바다에 임하였음을 가히 알 수 있다.

『동국지리지』, 『후한서』 예전

예는 북쪽으로 고구려·옥저와 접하며 남쪽으로 진한과 접하고 동쪽으로 큰 바다에 미치며 서쪽으로 낙랑에 이른다. 예와 옥저는 본래 모두 조선의 땅이었다. 옛날 [주나라] 무왕이 기자를 조선에 봉하였다. 기자가 예악과 밭농사와 양잠을 가르치고 또 여덟 조목의 가르침을 제정하였다. 그 사람들이 마침내 서로 도적질하지 않아 문을 닫지 않았으며, 부인은 정절과 신의가 있었다. 마시고 먹을 때 변두(籩豆)를 사용하였다. 그 후 40여 세대가 지나 조선후 준에 이르러 스스로 왕을 칭하였다. 한나라 초에 큰 난리가 있어 연·제·조 지역 사람들로 피하여 오는 자가 수만 명이었다. 연 지역 사람 위만이 준을 격파하고 스스로 조선의 왕이 되었다. 나라를 전하여 손자 우거에 이르렀다. 원삭 원년(기원전 128)에 예군 남려 등이 우거를 배반하고 무리 28만 명을 이끌고 요동에 나아와 내속하였다. 한 무제가 그 땅을 창해군으로 삼았다가 수년 만에 파하였다. 원봉 3년(기원전 108)에 조선을 멸하고 나누어 낙랑·임둔·현도·진번 4군을 두었다. 소제 시원 5년(기원전 82)에 이르러 임둔·진번을 파하여 낙랑·현도에 합치고, 현도는 후에 구려로 옮겼다.

『동국지리지』, 『후한서』 부여국전

부여국은 현도 북쪽 천 리에 있다. 남쪽으로 고구려, 동쪽으로 읍루, 서쪽으로 선비와 접하고 있으며, 북쪽에 약수가 있다. 땅이 사방 2천 리이다. 본래 예족의 땅이었다. 처음에 북이의 삭리국 왕이 밖에 나왔는데 그 시녀가 후에 임신을 하였다. 왕이 돌아와 죽이려 하였다. 시녀가 이르기를, "이전에 하늘에서 기운이 있는 것을 보았는데 크기가 계란과 같은 것이 나에게 내려와 임신을 하게 되었습니다"라고 하였다. 왕이 가두었는데 뒤에 드디어 남자를 낳았다. 왕이 돼지우리에 놓아 두게 하였더니 돼지가 입김을 불어주어 죽지 않았다. 다시 마구간으로 옮기니 말들도 역시 그렇게 하였다. 왕이 신이라 여기고 이에 어미에게 거두어 기르게 하였다. 이름을 동명이라고 하였다. 동명이 장성함에 활을 잘 쏘았다. 왕이 그 용맹함을 시기하여 다시 죽이고자 하니, 동명이 도망하였다. 남쪽으로 엄표수에 이르러 활로 물을 치니 물고기와 자라가 물 위로 떠올랐다. 동명이 그것을 타고 건널 수 있었다. 이에 부여에 이르러 왕이 되었다. 동이의 지역에서 가장 평평한 곳이 되었다.

내가 살펴보니, 부여의 종족은 통칭하여 말갈이 되었다. 제·양나라 이후에 고구려에 편입되었으며, 당나라가 있던 시기에 발해국이 되었다. 5대 10국 시기에 요나라의 동단국이 되었으며, 송나라가 있던 시기에 숙여진이 되었고, 원나라가 있던 시기에는 동진국이 되었다. 지금의 노호 종족의 땅이다.

『동국지리지』, 『후한서』 읍루전

읍루는 옛 숙신의 나라이다. 부여의 동쪽 천여 리에 있다. … 한나라가 일어난 이후에 부여에 신속하였다.

『동국지리지』, 『후한서』 삼한전

처음에 조선왕 준이 위만에게 패한 바 되어, 이내 그 남은 무리 수천 명을 거느리고 도망하여 바다로 들어갔다. 마한을 공격하여 깨뜨리고는 스스로 즉위하여 한왕이 되었다. 준 이후에 멸망하여 끊어졌으며, 마한 사람이 다시 스스로 즉위하여 진왕이 되었다. …

내가 살펴보니 우리 동방은 옛날에 스스로 남과 북이 나뉘어 있었다. 그 북쪽은 본래 세 조선의 땅이다. 단군이 요임금과 같은 때에 일어났으며 기자를 지나 위만에 이르러 나뉘어서 4군이 되었다가 합쳐져 2부가 되었다. 고주몽과 더불어서 번갈아 번성과 쇠퇴를 되풀이하였는데 동진 이후로는 고씨가 마침내 그 땅을 모두 차지하였으니 이것이 고구려이다. 그 남쪽은 삼한의 땅으로, 한나라 초기에 기준이 위만에게 쫓겨 서는 배를 타고 남으로 내려왔는데, 한 지역 금마군에 도착해서 도읍으로 삼고 한왕이라고 칭하였다. 이것이 마한이 되었다.

『동국지리지』, 4군

한나라 무제 원봉 3년(기원전 108)에 우거를 토벌하였다. 드디어 조선의 땅을 평정하고 낙랑·임둔·현도·진번으로 삼았다.

『동국지리지』, 2부

한나라 소제 시원 5년(기원전 82)에 평나·현도 등의 군을 평주도독부로 삼고 임둔·낙랑 등의 군을 동부도독부로 삼았다.

『동국지리지』, 2군

한소제 원봉 6년(기원전 75)에 현도성을 다시 쌓았다. 낙양에서 동북으로 4천 리로, 도독부를 파하고 2군으로 삼았다.

『동국지리지』, 삼국, 고구려

졸본부여. 이에 앞서 부여 왕 금와가 태백산 우발수혹은 지금의 영변부에 있다고 한다.에서 여인을 얻었다. 물으니 대답하기를, "나는 하백의 딸 유화입니다. 여러 아우들과 함께 밖에 나와 노닐었는데, 해모수가 압록수의 방 가운데로 유인하여 사사로이 정을 통하고는 이내 떠나가 돌아오지 않았습니다. 부모님이 중매도 없이 남을 따랐다고 하여 드디어 이곳으로 유배를 보냈습니다"라고 하였다. 금와가 이상하게 여겨 방가운데 유폐하였다. 햇빛의 쬐임을 입어 이내 임신을 하였다. 알 하나를 낳으니 금와가 버렸으나 개와 돼지가 먹지 않았고 소와 말이 피하였으며 새들이 날개로 덮어 주었다. 베고자 하였으나 할 수 없었다. 그 어미유화가 후에 동부여에서 죽자 금와가 예로 장사지내고 신묘를 세웠다.에게 돌려주자 싸서 따뜻한 곳에 두었다. 어느 남자 아이가 껍질을 깨고 나왔는데 기골이 장대하고 영특하고 호걸다웠다. 일곱 살이 되어 스스로 활과 화살을 만들어 쐈는데, 쏘는 것마다 맞추지 못하는 것이 없었다. 부여의 풍속에 활을 잘 쏘는 것을 주몽이라 하였으므로 그것을 이름으로 하였다. 금와에게는 일곱 아들이 있었는데 그 기예와 능력이 주몽에게 미치지 못하여 시기하여 죽이고자 하였다. 주몽이 이에 오이·마리·협보 등 세 사람과 함께 길을 나서 엄표수에 이르렀다. 건너고자 하였으나 다리가 없었다. 축원하여 이르기를, "나는 천제의 아들이요 하백의 외손이다. 오늘 도망하는 어려움 속에 추격하는 자가 곧 미칠 것이니 어찌하리오"라고 하였다. 이에 물고기와 자라가 다리를 만들어 주어 건널 수 있었다. 다리를 풀자 추격하던 기병들이 미치지 못하였다. 모둔곡에 이르러 삼베옷, 장삼옷, 수풀로 만든 옷을 입은 세 사람을 만나 함께 졸본부여에 이르러 비류수 위를 도읍으로 삼았다. 나라 이름을 고구려라고 하여 이에 고를 성씨로 삼았다.

○ 내가 생각하건대, 동명의 탄생의 그 신이함은 우리나라와 중국 사서가 대략 같다. 다만 중국 사서에서는 동명을 부여의 시조라고 하였고 우리나라 사서에서는 동명을 고구려의 시조로 삼았다. 이렇게 그 대요가 같지 않다. 고구려는 이때 문자가 없었으니, 그 떠도는 이야기가 모두 속된 말에서 나와 진실로 그릇된 것이 많았다. 그러나 그 나온 바가 어찌 알지 못하던 이치에 있었겠는가. 혹은 고구려가 본래 부여에서 나왔으므로 신령에 대한 일을 인용하여 들인 것인데, 어리석은 백성이 속은 것이라고 한다. 감히 억지로 해석할 수 없다.

또 살펴보니, 고구려는 본래 서안평에서 일어났다. 그런즉 우리나라에서 졸본부여를 평안도 성천이라고 한 것은 옳지 못하다. 서안평은 지금 요동외요에 속하며 마자수가 바다로 들어가는 곳이다. 비류수 역시 그 땅에 있다. 지금 추강-남효온-의 설이 옳은 듯하다.

『동국지리지』, 삼국, 부여국

부여국 문자왕 때 부여국이 와서 항복하였다. 영류왕이 천개소문에게 명하여 장성을 쌓게 하였는데, 동북쪽의 부여성에서 시작하여 동남쪽으로 바다가 있는 곳까지 천여 리를 전하였다. 무릇 17년 만에 마쳤다고 한다. 대개 동쪽 변방의 읍루를 대비하기 위한 것이었다. 이로 보건대 부여는 이때 이미 고구려에 복속되어 있었음을 알 수 있다.

『동국지리지』 부, 기준성

기준성은 전라도 익산에 있다. 조선왕 준이 위만에게 패하여 그 남은 무리 수천 명을 거느리고 바다로 들어갔다. 금마를 공격하여 깨뜨리고 스스로 즉위하여 한왕이 되었다.

<출처: 고려대학교 한국사연구소>

『동국여지지(東國輿地志)』

柳馨遠(1622~1673)

『동국여지지』는 1656년(효종 7) 유형원이 지은 전국지리지이다. 유형원은 본관이 문화(文化), 자는 덕부(德夫), 호는 반계(磻溪)이다. 서울 정릉에서 태어나 33세에 진사시에 합격하였으나 문과에는 응시하지 않고 전라북도 변산반도의 우반동(愚磻洞)으로 들어가 학문에 정진하였다. 국가 재정과 민생 안정 관련 개혁안을 18년에 걸쳐 집필하였고, 49세에 『반계수록』 26권을 완성하였다. 그는 경학, 역사학, 지리학 등 여러 분야에서 방대한 저술을 지었으나, 현재 『반계수록』과 『동국여지지』 13권만 전하고 있다.

『동국여지지』는 9권 10책으로 구성되어 있다. 『동국여지지』가 나오기 이전에 한백겸(韓百謙)이 최초의 역사지리 전문 저작인 『동국지리지(東國地理誌)』를 저술했는데, 유형원의 저작은 더욱 광범위하면서도 고증에 힘을 쏟았다고 평가된다. 특히 조선 전기의 경우 『응제시주』를 제외한 대부분의 저술에서 우리 민족의 활동 영역을 압록강과 두만강 이북까지 확대하지 못했는데, 유형원은 요동 일대까지 고조선과 고구려의 강역을 비정하여 후대의 인식에 큰 영향을 주었다.

『동국여지지』에 나타난 고조선 인식을 본다면 단군의 신이한 면모를 맹목적으로 신봉하는 것을 비판하면서도 사람들이 모여 왕으로 옹립하는 과정을 밟은 것을 나름대로 합리적으로 해석하려고 하였다. 기자에 대해서도 지리 강역의 차원에서 접근하였는데, 만번한(滿潘汗)을 압록강 근처로 보고 패수(浿水)의 위치도 압록강으로 본 것이 특징이다. 종래 확실히 밝혀지지 않았던 진번(眞番)의 위치를 요동 경내로 파악하여 진번재북설(眞番在北說)을 주장한 것도 주목할 만하다. 또한 기자전(箕子田)에 대해 상세히 다루었는데, 이는 평소 토지제도의 개혁을 중요하게 여긴 저자의 관심이 반영된 것으로 본다.

『동국여지지』 총서

　동국(東國)의 한 모퉁이는 육지와 이어져 있고 삼면은 바다로 막혀 있다. 동서로는 1,000리, 남북으로는 2,300리이다. 중국에서 오른쪽, 청주(靑州)와 서주(徐州)의 동쪽에 단군이 처음으로 나라를 세웠다. 동방에 처음에는 군장이 없었다. 중국 요의 무진(戊辰) 때에 신인이 태백산 단목 아래로 내려오니 나라 사람들이 그를 인군(人君)으로 삼았다. 평양에 도읍하고 단군이라 하였는데, 이것이 전조선(前朝鮮)이다. 기자(箕子)를 봉하니, 평양(平壤)에 도읍하여 조선이라 불렀다. 주(周) 무왕(武王)이 상(商)을 이기고 기자를 조선에 봉하니 평양(平壤)에 도읍하였다. 이것이 후조선(後朝鮮)이다. 41세손 조선후(朝鮮侯) 부(否)에 전해져 진(秦)이 천하를 병합하자 부는 진(秦)에 복속하였다. 그 아들 준(準)이 이어받아 연인(燕人) 위만(衛滿)의 습격으로 나라를 잃었다. ○ 오운(吳澐) 『동사지지(東史地志)』에 요하의 동쪽 한수(漢水)의 북쪽은 모두 기씨(箕氏)의 땅이라 했다. 지금 생각하면 함허자(涵虛子)는 『주사(周史)』에서 옛날 기자가 중국인 5천 명을 거느리고 조선에 들어갔다고 말했다. 그 시서(詩書)·예악(禮樂)·의무(醫巫)·음양(陰陽)·복서(卜筮)가 전해졌고, 백공기예(百工技藝)가 모두 따라갔다고 전한다. 옛말에 이르기를, 5천 은인(殷人)이 요수(遼水)를 건넜다고 하였다. 또한 『위략(魏略)』에 이르기를, 기자의 후손 조선후(朝鮮侯)는 주(周)가 쇠하고 연(燕)이 스스로 왕을 칭하며 동쪽을 치려 하자 조선후도 주를 받들어 군사를 일으켜 연을 치려 했다. 그 대부(大夫) 예(禮)가 간하자 그치고 예를 서쪽으로 사신을 보내어 연에 설명하자 연 역시 중지하고 공격하지 않았다. 후에 자손이 점점 교만하고 사나워지자 연은 장수 진개(秦開)를 보내어 그 서방(西方) 2천여 리를 취하고 만번한(滿潘汗)에 이르러 경계로 하니 조선이 비로소 약해졌다. 진(秦)이 천하를 병합하고 장성(長城)을 쌓아 요동에 이르니 조선왕 부(否)는 진을 두려워하다 진에 속하게 되었다. 부가 죽고 준이 왕위에 오른 지 십여 년이 지나 진이 멸망하고 한초(漢初)에 노관(盧綰)이 연왕(燕王)이 되어 조선과 연(燕)은 패수(浿水, 지금의 압록강)를 경계로 하였다. 연나라 사람 위만이 망명하여 패수(浿水)를 건너 서계에 머물다 준을 습격하여 그 땅을 의지했다. 『한서(漢書)』에서 반고(班固)가 현도(玄免)·낙랑(樂浪)은 본래 기자가 봉해진 곳이라고 하였고, 『당서(唐書)』 배구온언전(裴矩溫彦傳)에서는 요동이 본래 기자국이라고 하였으며, 『요사(遼史)』 지리지(地理志)에는 요동은 본래 조선의 땅이며 주 무왕이 갇힌 기자를 석방하니 조선에 가고 이에 봉하였다고 하였다. 또한 『요동지(遼東志)』에서는 요동이 기자가 봉해진 땅이라고 하였다. 즉 요하의 동쪽은 기씨(箕氏)

의 땅이 분명하다. 위씨(衛氏)가 빼앗아 근거로 했다. 한(漢)이 건국되어 그 땅에 4군을 설치했다가 2군으로 합쳐 잇게 했다. 위만은 처음 쫓아낸 기준(箕準)의 근거지인 그 땅에서 왕을 칭했다. 이것이 위만조선이다. 한나라 혜제고후(惠帝高后) 때에 중국이 처음으로 안정되자 위만은 병사와 재물을 얻어 주위 읍(邑)을 습격하여 항복을 받으니 사방 수천 리가 되었다. 손자 우거(右渠)에 이르러 유인해낸 한(漢) 망명인의 숫자가 많았을 뿐만 아니라 진국(辰國)이 상서(上書)를 올리고 천자를 뵙는 것과 통하는 것을 막았다. 무제는 사신을 보냈으나 우거는 받들지 않았다. 원봉(元封) 3년에 양복(楊僕)과 순체(荀彘) 등을 보내어 우거를 멸했다. 드디어 조선 땅을 평정하여 낙랑·임둔·현도·진번 4군을 설치했다. … 그 남쪽은 삼한(三韓)의 땅이다. 마한에는 54국이 있고, 진한·변한은 각각 12국이 있다. 모두 옛 진국 땅이다. 기준이 위만의 습격으로 처소를 잃고 이에 좌우를 거느리고 남쪽을 향해 가서 한지(韓地) 금마군(金馬郡)에 이르러 마한왕이 되었다.

『동국여지지』 권2, 경기 강화도호부 사단(祠壇), 참성단(塹城壇)

참성단 마니산(摩尼山) 정상에 있다. 돌로 쌓았는데 단(壇)의 높이는 10척(尺)이다. 위는 네모지고 아래는 원형인데, 위의 네면은 각 6척(尺) 6촌(寸)이다. 아래는 각 15척(尺)이다. 전하기로 단군(檀君)이 하늘에 제사 지낸 곳이라고 한다. 본조(本朝)는 이전 왕조를 이어 예전처럼 여기서 별에 제사를 지냈다. 사당 아래에는 재궁(齋宮)이 있다.

○ 고려 이색(李穡)의 시(詩)

무슨 일로 무릉(茂陵)은 어찌하여 애써 신선을 구했나

그저 봉래산(蓬萊山) 때문에 그런 것인가

산이 구름에 떠 있으니 저절로 끝이 없고

바람이 배도 몰아가니 앞설 것이 없구나

금인(金人) 한 방울 소반에 떨어지고

청조(靑鳥)는 바다 위 하늘을 외롭게 날았네

어찌 첨성(塹城)에 제사를 지내고

앉아서 제사 지내며 태평세월을 누릴까

○산하(山河)가 험하니 이와 같네

굉장하도다 우리나라여

산꼭대기의 운기(雲氣)가 흐르고

절벽에서는 교목(喬木)이 굽어보네

바람을 맞으며 긴 휘파람을 불으니

울리는 소리 바위 골짜기를 진동하네

석수(石髓)는 지금 한창 푸르고

일월(日月)은 두 수레바퀴(轂輪)와 같으며

우주(宇宙)는 한 칸이 집이로구나

이 단(壇)이 하늘에서 이룬 것이 아니니

누가 쌓았는지 알 수 없고

향 연기가 오르니 별은 낮게 뜨고

녹장(綠章)이 들자 기운이 엄숙해지네

신명이 베풀어 주심에 응답할 뿐

어찌 스스로 복을 구하나

○ 본조(本朝) 강희맹(姜希孟)의 시(詩)

바다 위에 외로운 성(城) 옥계(玉界)가 차고

바람이 항해를 불어 이슬이 많이 내렸구나

허공을 걷는 사람은 푸른 하늘 밖에 있고

읊는 걸 마치니 단(壇)에 달빛이 가득하네

『동국여지』 권2, 경기 강화도호부, 고적(古蹟), 삼랑성(三郞城)

삼랑성 전등산(傳燈山)에 있다. 전하기를, 단군(檀君)이 세 아들에게 쌓게 했다고 한다.

『동국여지』 권5상, 전라도 익산군, 건치연혁

본래 마한국(馬韓國)이다. 기자(箕子)의 41대손인 조선왕(朝鮮王) 기준(箕準)이 위만(衛滿)의 난을 피해서 평양(平壤)을 떠나 바다를 건너 남쪽의 한(韓) 땅에 이르렀다. 국호를 마한(馬韓)이라 하니, 모두 50여 국으로 2백 년을 전했다. 백제(百濟) 시조 온조왕(溫祚王) 27년에 이르러 병합되었고, 이후 금마저(金馬渚)라 불렸다.

『동국여지』 권5상, 전라도 익산군, 고적, 기준성(箕準城)

기준성 용화산(龍華山)에 있다. 기준(箕準)이 쌓아 이름 지었다고 전한다. 돌을 쌓은 주위는 3,900척(尺)이며, 그 안에는 시내가 있고 샘과 우물이 있다.

『동국여지』 권6, 황해도

고조선(古朝鮮)의 땅이었다. 천문(天文)으로는 미기(尾箕)의 분야(分野)이다. 한(漢)대에 낙랑군(樂浪郡) 땅이었다. 경기우도(京畿右道)의 한강(漢江) 북쪽 역시 모두 낙랑군(樂浪郡) 땅이었다. 후에 고구려(高句麗)가 차지한 지역이 되었다.

『동국여지』 권6, 황해도 문화현, 산천(山川), 구월산(九月山)

구월산 현(縣, 문화현) 서쪽 10리에 있다. 아사달산(阿斯達山)으로서 일명 증산(甑山)이라고도 한다. 높고 크고 웅장한 모양이며 한쪽에는 석봉(石峯)이 있어 하늘을 찌를 듯이 우뚝 솟아 있다. 전하기로는 단군(檀君)이 처음 평양(平壤)에 도읍하였고 후에 백악(白岳)의 산으로 옮겼다고 하는데, 그 산이 바로 이곳이다. 본 현의 동쪽에는 장당경(唐藏京)의 유적이 있다. 후에 단군(檀君)이 이 산에 은거하여 신(神)이 되었다. 장연(長連)과 은율현(殷栗縣)에도 보인다.

『동국여지』 권6, 황해도 문화현, 사묘(祠廟), 삼성사(三聖祠)

삼성사 구월산(九月山)에 있다. 곧 환인(桓因)·환웅(桓雄)·단군(檀君)의 사당(祠)이다. 민간에 전하기를 환인은 단군 이전의 신인(神人)이고, 환웅은 환인의 아들이라고 한다. 봄과 가을에 향축(香祝)을 내려 제사를 지낸다. 또한 장마와 가뭄에도 기도를 드린다.

『동국여지』 권6, 황해도 문화현, 고적, 당장경(唐藏京)

당장경 현(縣, 문화현) 동쪽 15리에 있다. 단군(檀君)이 도읍한 곳이라 전해진다. 단군은 처음에는 평양(平壤)에 도읍하였는데, 주(周) 무왕(武王)이 기자(箕子)를 조선(朝鮮)에 봉하여 단군이 이곳으로 옮겨왔다. 그 유적이 아직 남아 있다. 『고려사(高麗史)』에 기록된 장장평(莊莊坪)은 당장경의 잘못이다.

『동국여지』 권9, 평안도

고조선(古朝鮮)의 땅이다. 천문(天文)으로는 미기(尾箕)의 분야(分野)이다. 위만조선[衛朝鮮] 때에 한(漢) 무제(武帝)가 조선을 멸하고 4군(郡)을 설치했다. 이에 낙랑군(樂浪郡)이 되었다. 기자(箕子) 41세손인 조선왕 준(準)이 연(燕) 사람 위만[衛所]에게 쫓겨 남쪽 한(韓) 땅으로 도망쳤다. 만(滿)은 스스로 왕이 되었는데, 조선은 위만의 손자 우거(右渠)에 이르렀을 때 한 무제가 원봉(元封) 3년 장수를 보내어 멸망시키고 조선 땅을 나누어 4군을 설치했다. 낙랑군(樂浪郡) 치소는 조선현(朝鮮縣)이다. 곧 조선의 옛 도읍은 지금의 평양(平壤)이다. 총서(總叙)를 보면 상세하다. 후에 고구려(高句麗)가 차지한 지역이 되었다. 낙랑군(樂浪郡)이 물러나고 고구려 땅이 되었다. 어느 때였는지는 미상이다.

『동국여지』 권9, 평안도 평양부, 건치연혁

본래 단군조선(檀君朝鮮)의 옛 수도였다. 주(周) 무왕(武王) 때에 기자(箕子)를 조선(朝鮮)에 봉하여 이에 도읍하니 41세손 준(準)까지이다. 모두 928년이다. 연(燕)나라 사람 위만(衛滿)이 왕검성(王儉城)에 의지하여 손자 우거(右渠)에 이르렀다. 한(漢) 무제(武帝)가 조선을 멸망시키고 조선현(朝鮮縣)에 낙랑군(樂浪郡) 치소를 설치했다.

『동국여지』 권9, 평안도 평양부, 군명(郡名)

조선성(朝鮮城) 한(漢)나라 때는 조선현(朝鮮縣)이라 했다. 왕검성(王儉城) 낙랑(樂浪) 장안(長安) 『당서』에는 평양(平壤) 역시 장안성(長安城)이라 이른다고 한다. 서경(西京) 호경(鎬京) 별호(別號)는 기성(箕城)인데 또한 유경(柳京)이라 부른다.

『동국여지』 권9, 평안도 평양부, 풍속

그 백성들은 서로 도둑질하지 않았고 대문을 닫지 않았다. 『한서』에는 기자(箕子)가 조선(朝鮮)에 가서 그 백성에게 예의, 농사, 누에치기와 베 짜는 법을 가르치고 8조(八條)의 법을 베풀었다. 이에 그 백성은 서로 도둑질하지 않게 되었고 집의 문을 닫지 않았으며, 부녀들은 정조와 신의를 지켜 음란하지 않게 되었다. 천성(天性)이 유순(柔順)하여 위와 같다. 동이(東夷)는 천성이 유순(柔順)하여 3방(三方)과 다르다 부드럽고 공손한 풍속이 있다. 『후한서(後漢書)』에는 기자(箕子)가 조선(朝鮮)으로 피하여 8조(八條)의 가르침을 베푸니 사람들이 삼가는 법을 알아 마침내 마을마다 음란하고 도둑질하지 않게 되어 밤에 집의 문의 빗장을 잠그지 않았다. 수백 수천 년이 지나 순하고 삼가는 것이 삼방(三方)과 다르다고 알려졌다.

『동국여지』 권9, 평안도 평양부, 산천, 대동강(大同江)

대동강… 사마천(司馬遷)의 『사기(史記)』를 살피건대 한(漢)나라가 건국되어 요동고새(遼東古塞)를 수리하여 패수(浿水)를 경계로 하였다고 한다. 위만(衛滿)이 망명하여 동으로 새(塞)를 나와 패수(浿水)를 건너 왕검(王儉)에 도읍하였다. 곧 압록강(鴨綠江)이 패수이다. 또한 『당서(唐書)』에는 평양성(平壤城)은 한(漢) 낙랑군(樂浪郡)이다 … 『악지(樂志)』에는 기자(箕子)를 조선(朝鮮)에 봉하니 8조(八條)의 가르침을 베풀어 세속에 예의가 일어나고 조야(朝野)가 무사했으므로, 인민(人民)이 기뻐했다. 대동강(大同江)을 황하(黃河)에 견주니 노래를 지어 그 덕을 칭송했다.

본조(本朝) 권근(權近) 응제시(應製詩)

기자(箕子)의 유적이라 땅이 절로 평평하고

큰 강물 서쪽으로 돌아 외로운 성을 휘감았네

안개 낀 물결은 아득히 하늘에 닿았고

모래와 물은 맑고 밝아 바닥까지 보이는구나

백천(百川)을 넓게 받아들여 항상 넘실거리고

빈 곳에 젖어 만상(萬象)이 잠기는도다

비가 쏟아져 바다로 들어가는 것은 조종(朝宗)의 뜻이니

우리 임금께서 대국을 섬기는 정성과 비슷하네

『동국여지지』권9, 평안도 평양부, 학교, 인현서원(仁賢書院)

인현서원 선조(宣祖) 때에 본래 도사(道士)의 아들이 기자(箕子)의 유택(遺澤)을 흠모하여 창광산(蒼光山) 아래에 서원(書院)을 세웠는데 왕이 인현(仁賢)이라 이름을 지어주었다. 그것은 강당(講堂)을 홍범당(洪範堂)이라 했는데 서원이 곧 신호사(神護寺)의 옛터이기 때문이다.

『동국여지지』권9, 평안도 평양부, 묘사(廟祠), 숭인전(崇仁殿)

숭인전 성 안에 있다. 고려 숙종(肅宗) 10년(1105) 서경(西京)에 행차했다. 정당문학(正堂文學) 정문(鄭文)이 건의하여 기자의 사당을 세워 중사(中祀)의 제사를 지냈다. 본조(本朝) 장헌왕(莊憲王, 세종) 12년(1430)에 비석을 세우고 수리했다. 광해 4년(1612)에는 이름을 숭인전(崇仁殿)이라 고치고 선우씨(鮮于氏)를 기자(箕子)의 후손으로 정해 숭인전을 지키게 하고 자손 대대로 잇게 했다.

변계량(卞季良)은 기자사(箕子祠) 비석에서 다음과 같이 기술하였다.

선덕(宣德) 3년 무신(戊申, 1428) 여름 4월 갑자년에 국왕전하께서 전지하여 이르시길, "옛날 주(周) 무왕(武王)이 은(殷)나라를 이기고 은태사(殷太師, 기자)를 우리나라에 봉하여 신하가 되지 않으려는 뜻을 이루었다. 우리 동방(東方)의 문물과 예악이 중국과 같게 된 것이 지금 2천여 년에 이른 것을 생각하면 기자(箕子)의 가르침에 힘입은 것이다. 생각해 보면 그 사당은 좁고 누추하여 예법에 맞다고 하기 어렵다. 나의 부왕(父王)께서 일찍이 중수를 명하셨고 나는 그 뜻을 이어 감독하여 이제 완성하였음을

고한다. 마땅히 비석에 새겨 오랫동안 보이게 하겠다. 사신(史臣)은 그 비문을 지으라"고 하셨다. 신 계량은 명을 받아 떨리고 두려워 감히 사양하지 못했다.

　신이 가만히 생각하건대 공자(孔子)는 문왕(文王)과 기자(箕子)를 『역경(易經)』 명이괘(明夷卦)의 상사(象辭)에서 나란히 거론하였고 또한 삼인(三仁)이라고 칭했다. 기자의 덕은 본보기로 삼았으니 칭찬하지 않을 수 없다. 옛날 우(禹) 임금이 물과 토지를 다스렸는데 하늘이 홍범(洪範)을 내려주어 이륜(彛倫)이 시행되었다. 그러나 그 설(說)은 우(虞)나라나 하(夏)나라의 글에는 보이지 않다가 천여 년이 지나 기자에 이르러 비로소 발설되었다. 그때 기자가 무왕(武王)에게 베풀지 않았다면 낙서(洛書)의 천인(天人)의 학문을 후대의 사람이 어찌 알 수 있었겠는가. 기자의 사도(斯道)에 공로가 있는 것이 어찌 우연이겠는가. 기자는 무왕(武王)의 스승이다. 무왕이 다른 곳에 봉하지 않고 우리 조선(朝鮮)에 봉하였기 때문에 조선의 사람은 아침과 저녁으로 친히 군자는 큰 도(道)의 요지를 듣고 소인(小人)은 과분한 다스림을 받았다. 그 교화는 길에 떨어진 것을 줍지 않는데 이르렀다. 이는 어찌 하늘이 동방에 두터운 후의를 주어 인현(仁賢)을 보내어 이 백성에게 은혜를 베푼 것이니 사람의 힘으로 능히 미칠 수 있는 것이 아니다. 정전(井田)의 제도와 8조(八條)의 법(法)이 해와 별처럼 빛나 우리나라 사람은 대대로 그 가르침에 복종하여 천년 후에도 그때를 사는 것 같아서 공손히 우러러볼 때 저절로 감회를 누를 수 없다. 생각해 보면 우리 공정대왕(恭靖大王, 정종)께서는 총명하고 옛것을 상고하여 경서(經書)와 『사기』를 즐겨 읽었고 우리 전하(殿下, 태종)는 하늘이 내린 지혜와 자질로 성인의 학문에 밝으니 홍범구주(洪範九疇)의 도를 모두 잘 알고 마음이 창성하다. 그런 까닭에 부왕은 시작하고 우리 전하는 이어받아 기자의 덕을 높이고 그 공을 보답하는 데까지 이르렀다. 지성(至誠)에서 나온 것으로 전대의 군왕(君王)들과 비할 수 없다. 경·대부와 선비들과 백성들이 서로 좇아 일어나 이를 본받고 행한다면 천자의 밝은 빛이 가까워져 그 베푸신 부석(敷錫)의 복(福)은 의심이 없다. 아! 장하시도다.

　약간의 집을 짓고 전지를 두어 자성(粢盛)을 제공하게 하고, 복호(復戶)하여 청소하게 하였으며, 부윤(府尹)에게 향사(享祀)를 명하니 묘궁(廟宮)의 일은 대체로 유감이 없을 것이다. 신 계량이 감격함을 이기지 못하여 삼가 손을 들어 읍하고 머리를 조아려 명(銘)을 바친다.

명에 이르길,

아! 기자(箕子)는
문왕(文王)의 무리로다
진실하도다 홍범(洪範)이여
상제의 가르침을 펴니
은(殷)나라의 스승일 뿐 아니라
무왕(武王)의 스승이었네
은나라는 그를 버려 망하고
주(周)나라는 그를 찾아 창성하였다
크도다 천하여
편안함과 위태함이 그에게 달렸는데
거두어 동쪽으로 오셨음은
하늘이 우리를 편애함일세
가르치고 다스림에
팔조(八條)의 조목을 법으로 삼았으니
어리석은 자가 누가 아니 밝아지며
유약한 자가 누가 아니 강해졌으랴
『한서』에 칭찬하기를
길에 떨어진 것을 줍지 않는다고 하였고
이(夷)가 화(華)와 같게 하였다고
당(唐)나라에 비가 있도다
부지런한 우리 왕께서

끊긴 학문을 빛나게 이으셨으니

마음이 그 이치에 들어맞고

몸으로는 그 법을 행하셨도다

지으신 것을 이어받으시니

사당집이 질서정연하여 우뚝 솟아 있네

기자 신을 모시고

세시(歲時)에 향사(享祀)를 올려

공경하고 정성을 다하네

아! 소신(小臣)은

전해진 법에 마음을 가라앉히고

지금 왕명을 받아

머리를 조아리며 명(銘)을 쓰니

성덕(盛德)의 광채가

억만년에 널리 빛날 것이다.

『동국여지지』 권9, 평안도 평양부 묘사(廟祠), 단군사(檀君祠)

단군사 · 동명왕사 숭인전(崇仁殿)에 두 사당이 가까이 한곳에 있다. 단군이 서쪽에 있고 동명왕이 동쪽에 있다. 모두 남향이다. 매년 봄가을에 향축(香祝)을 내려 중사(中祀)로 제사 지낸다. 본조(本朝) 장헌왕[莊憲王, 세종] 11년(1429)에 처음 설치했다.

권근(權近) 응제시(應制詩)

전설을 듣자 하니 먼 옛날

단군(檀君)이 단목(檀木)에 내려와

왕위에 오르셔서 동국(東國)을 다스리니

요임금(帝堯)과 같은 때였네

몇 대를 전해 온 건지 알지는 못하나

햇수는 천년이 넘었다고 하오

후에 기자(箕子)의 대에 와서도

나라 이름은 똑같이 조선(朝鮮)이었다오

『동국여지』 권9, 평안도 평양부, 능묘(陵墓), 기자묘(箕子墓)

기자묘 부성(府城) 북쪽 토산(兎山) 위에 있다. 본부[本府, 평양부]에서 정리한 묘(墓)이다. 도(道)에서 제전(祭田)을 세우고 수호(守戶)를 두었다.

명나라 예겸(倪謙)의 시(詩)

태사(太師, 기자)가 이 깊은 산에 묻히니

초장(椒漿)으로 제사드려 한 잔을 부으려 하네

응동(應同) 미자지(微子志)에는 제 터가 있다고 했으니

안인(安仁)은 즉시 이 마음을 구하네

묘대(墓臺)는 높고 부드러운 푸른 소나무가 모여 있고

동상(翁仲)의 춘심(春深)이 벽선(碧鮮)을 엄습하네

듣기로 동인(東人) 숭보본(崇報本)에 세시(歲時)에

사당에 제사드리며 와서 흠향하기를 바란다네

본조(本朝) 이이(李珥)의 시(詩)

옥마(玉馬)에 동래(東來)하여 나에 앞서 일깨우니

탄식하며 아주 미세하니 우임금(禹)의 인현(仁賢)에 가깝네

배척받아도 절개를 굳게 지켜

하늘에 부끄럽지 않았네

고묘(古墓) 쓸쓸한(凄涼) 마음 찬 연기가 있네

명궁(明宮) 새벽 햇살에 구름이 곁에 끼었으니

유풍(遺風)과 옛 습속이 오히려 지금 남아 있네

근심하는 원인이 없어 구천(九泉)을 떠도네

『동국여지』 권9, 평안도 평양부, 고적, 기자궁(箕子宮)

기자궁 유적은 정양문(正陽門) 밖에 있다.

『동국여지』 권9, 평안도 평양부, 고적, 기자전(箕子田)

기자전 외성(外城) 안에 있다. 기자(箕子)가 정전(井田)을 구획한 유적임이 분명하다. 세상에서 흔히 '정전(井田)'이라 한다. 본조(本朝) 한백겸(韓百謙)의 기전설(箕田說)에 의하면, 정전의 제도는 앞선 유생들이 자세히 논했다고 한다. 그 설은 모두 맹자(孟子)를 조종(祖宗)으로 하는 것이 분명하다. 이런 까닭에 주(周) 황실의 제도가 특별히 자세했지만, 하은(夏殷)의 제도는 상세하지 않았다. 그리고 주자(朱子)가 조법(助法)을 논하였으나 또한 억측이 많아 믿기 어려운데 서로 비교하여 살펴 고친 설(說)이 없으니 그 과실(果實)을 합쳐 당시 제도를 만들었다는 의미이다. 옳지 않은 이득을 얻는 지자(知者)가 있으나 옛것을 즐기는 선비이다. 도둑질하는 병을 덮고 만력(萬曆) 정미년(선조 40, 1607) 가을에 아우 유천공(柳川公)이 관서(關西)를 관찰하여 여봉신(余奉晨)이 어두울 때 평양(平壤)에 이르러 비로소 기전(箕田) 유제(遺制)를 보았다.

천맥(阡陌)이 모두 있고 가지런하여 어지럽지 않았다. 옛 성인이 경리(經理)한 밭의 구획은 이(夷)가 변한 중국의 뜻이다. 오히려 상견(想見)하여 천세가 지나갔다. 말씀하기를 중국이 예(禮)를 잃으면 사이(四夷)에서 구하는데 이는 믿기 어려우나 틀림없이 그 땅을 살피니 그 정전제를 보았음이다. 더불어 지금 맹자(孟子)가 말한 바로는 정(井) 자의 제도와 같지 않다. 그중 함구(含毬)와 정양(正陽) 양 문의 사이 구획이 가장 분명한데 그 제도는 전(田)자 모양이고 전(田)에는 네 구획이 있는데 구(區)는 모두 70무(畝)이다. 대로(大路) 안에는 횡(橫)으로 보면 역시 전(田) 4개에 8구(區)가 있다.

4상(象)의 상(象)은 8구(區)이다. 8괘(卦)의 상(象)은 8×8 = 64로 정정방방(正正方方)하다. 그 법상(法象)은 정류(正類)로 선천방도(先天方圖) 같다. 옛사람이 만든 어찌 소취법(所取法)이 아니겠는가. 말미암아 생각해 보면 은(殷)의 제도를 숭상했다.

 맹자가 말하길, 은나라 사람 70명이 70전을 완성했다. 은나라 사람이 밭을 나누어 만들었다. 은나라 사람이 그 구획을 나누는 것을 종국(宗國)의 것을 본떴다. 그것은 주(周)의 제도와 같지 않았으니 의심할 것이 없다. 생각하면 천맥(阡陌)은 수천 년 이래 무릇 몇 기가 지나 변화하고 몇 기는 개정(改正)되었다. 보존되기 어렵고 자와 치가 같지 않다. 그리고 그 대략은 일정 지역이 1무(畝)의 길로 일정 지역이 3무의 길, 그 3방(旁) 9무의 큰길이다. 성문(城門)은 영귀정(咏歸亭) 나루와 통하여 왕래하여 통행하는 길이 있다. 그리고 북으로 오직 밭 사이의 길이 설치되어 있는데 틀림없이 16전(田) 64구(區)로 획(畫)은 1전(甸)일 것이다. 또한 땅의 경계가 없지는 않다는 것을 의미한다. 자연히 이의 바깥인 전계(田界)의 길은 혹은 침결(侵耕)로 잃은 고처(古處)가 있어 후인이 본뜻을 알지 못하고 만들더라도 반드시 3무(畝)로 바르게 만들었다. 복구하지 못하더라도 대중(大中)으로 8괘(卦)의 법상(法象)을 비록 옳지 않아도 만들었다. 그리고 70무(畝)를 1구(區)로, 4구(區)를 1전(田)으로 하여 둘씩 서로 나란히 이어 거두었는데 곧 1야(野)를 모두 균일하게 했다. 『한서』 형법지(刑法志)에 이르길 4정(井)이 읍(邑)이 되고 4읍이 구(丘)가 되고 4구가 전(甸)이 된다. 전(甸)에는 64정이 있다고 했다. 그 정읍구전(井邑丘甸)의 이름은 비록 주(周)의 셈을 썼으나 4로 수(數)를 시작하여 4×4의 방(方)을 이루니 이와 문합(脗合)한다. 반고는 학문이 두텁고 넓으니 내력을 본받아 따른다. 그 전적(典籍)은 불완전하여 그 제도를 모두 얻을 수 없어 아쉽다. 그 경사가 지고 뾰족하여 방(方)을 이루지 못한 곳은 혹은 1~2전(田)과 2~3구(區), 그 지세(地勢)를 바르게 했는데 이를 고을 사람들은 여전(餘田)이라 전한다. 비록 주(周) 정전(井田)의 제도라도 그 땅을 승직(繩直) 같이 똑바르고 수준기(水準器)처럼 평평하게 하기 어렵다. 그리고 정전을 이루지 못하는 곳과 쓰지 못하고 버릴 수 없으므로 이렇게 할 수밖에 없다. 그 공전(公田) 여사(廬舍)의 제도는 생각하기 어렵지만 그 제전(制田)은 이미 정(井) 자의 형(形)이 아닌 것이 틀림없다. 맹자(孟子)가 말한 가운데 공전(公田)이 있고 8집이 모두 개인 100무(畝)의 제도라는 것은 이미 좁은 틀이다. 은(殷) 대에 비록 전(田)이 들에 있어도 그 여사가 반드시 전(田) 곁에 있지는 않을 것이다. 혹은 모두 마을에 모여 살거나 성 가운데 있지 않고 그 공전(公田) 역시 도성 구석에 있을 수 있고 반드시 사전(私田) 가운데 있는 것은 아니다. 거름을 주고 밭을 갈고 김매고 파는 것은 멀고 가까운 것이 서로 같지 않고 백성 가운데 병자(病者)도 있다. 또한 인문(人文)이 점점 갖춰지면서 길흉(吉凶)의 예(禮)가 번거로워져 70무(畝)로 양생(養生)하고 송사(送死)할 재물이 부족해졌다. 희주(姬周)가 천하를 차지하고 하늘의 뜻에 따라 100무를 더하였다. 또한 정전의 법을 만들어 8집이 정(井)을 함께 하며 가운데 공전(公田)을 설치했다. 춘령(春令)이 나오며 들에 여사(廬舍)가 있게 되었다. 동령(冬令)이 들어오면서 성택(城宅)을 갖추어 그 제도는 일찍부터 완벽하게 갖추어졌다. 질(質)에서 문(文)으로 이로 인하여 손익(損益)이 중해져 부용(不容)이 있는 형세가 되었고 전(田)을 정(井)으로 나누어 예전과 같게 되었다. 주(周)나라 사람에게서 비롯되었으나 사이에 주자(朱子)가 구혈(溝洫)은 인력이 많이 소비된다고 하여 맹자의 말은 의심스러운데 아직 미연(未然)인 것으로 두렵다.

맹자가 말하길, 일도(佚道)로 백성을 부리면 힘들어도 원망이 없다. 주자 역시 혁명(革命)과 역대(易代)를 논하기를, 큰 것을 정당한 셈으로 세운다면 작은 것으로도 천하가 통일되면 모두 개작(改作)된다. 이렇게 새로운 일대의 이목으로 말한다면 백성을 위해 상산(常産)을 받도록 어진 법을 베푸는 대자(大者)는 그 소비(少費)를 옳게 계산한다. 불편한 폐단을 아교로 고정하고 함께 변화하지 않는다. 오호라 관련된 민(閩)의 제현(諸賢)은 왕을 도울만한 자질을 갖추었다. 숙계(叔季)가 태어난 시간에 소임을 다하여 삼대로 돌아가도록 하니 개연(慨然)하다. 남아 있는 경서(殘經)를 수습하여 유계(遺計)를 토론하기까지 쓰지 않는 일은 거의 없으니 오히려 현공(懸空)이 되어 탄식이 나온다. 아직 귀일(歸一)의 논(論)을 얻지 못했으나 만일 당시 이 지목(地目)이 비판을 받았다면 그 설(說)은 선왕(先王)이 정하여 만들었다는 것을 의미한다. 생각하면 반드시 모두 바로잡지 못한 것을 가리키니 그렇게 하지 못한 것을 아쉬워할 것이다.

유근(柳根)이 말하길, 생각해 보면 한백겸의 기전설(箕田說)은 기전(箕田)이 함구(含

毬)와 정양(正陽) 두 문 바깥에 있고 구획이 가장 분명하다. 그 규정은 모두 '전(田)' 자 형이고 4구(區)로 나누어 모두 70무이다. 구(區)의 길은 경계가 1무(畝)만큼 넓고 전(田)의 경계는 3무만큼 넓다. 모두 16전이며 총 64구이다. 64구의 3방(旁)은 또한 9무의 길이 있다. 성문(城門)을 통해 강 위로 간다. 그 경사가 지고 뾰족하여 방(方)을 이루지 못한 곳은 혹은 1~2전(田) 혹은 2~3구(區)는 그 땅을 잇게 한다. 향인(鄕人)은 지금 전하길 여전(餘田)이라 한다고 한다. 역시 모두 70무(畝)이다. 아! 고금의 인력(人歷)이 이 땅을 보고 이 전(田)을 어찌 원망하겠는가. 단지 고적(古跡)을 숭상하고 완연히 홀로 공생(公生) 끝의 옛것을 즐길 뿐이다. 옛 성인의 분전제(分田制)가 생긴 의미를 백년 천년 이후라도 도설(圖說)로 지어 사인(使人)이 분명하게 기전(箕田) 1구(區)가 70무(畝)라는 걸 알도록 하고 싶은 마음이 있다. 곧 맹자가 이야기했던 은나라 사람 70무(畝)의 설(說)과 꼭 들어맞아 조금도 틀리지 않으니 어찌 다행스럽지 않은가.

  맹자가 말하길, 사방 1리가 정(井)이고 정(井)은 900무(畝)이다. 그 가운데가 공전(公田)이니 '정(井)'자의 형(形)으로 9구(區)를 이룬다. 8집이 모두 100무(畝)를 사전으로 받고 공전(公田) 100무(畝)를 나누어 이에 20무(畝)를 여사(廬舍)로 하여 8부(夫)가 거주한다. 그곳의 밭을 가는 공전(公田)은 모두 10무(畝)이다. 이는 주(周)의 제도인 것이 틀림없다.

  맹자가 말하길, 은인(殷人) 70인이 도와서 주인(周人) 100무(畝)를 가꾸었다. 그 성과는 모두 십 분의 일이다. 철(徹)은 거두는 것이며 조(助)는 기록된다. 맹자가 주(周)나라 사람의 100무에 대해 논하길 무(畝)의 제도는 완고하여 세세한 곳에도 두루 미쳐 은나라 사람에 이르렀는데 70의 조(助)라 칭한다. 당시 제후(諸侯)는 모두 주시(周時)에 등록되었다. 은(殷)의 제도 상황은 오히려 안전히 보전되어 존재했다. 주자가 태어났을 때 맹자의 시대는 다시 멀어져 주(周)의 제도를 할 수 없게 되니, 헤아려 밝히게 되었다.

  석지(釋之)가 말하길, 상인(商人)이 정전(井田)의 제도를 시작했고 630무(畝)의 땅을 9구(區)로 나누어 70무(畝)로 구분했다. 가운데는 공전(公田)으로 했다. 그 외에 8집에 각각 1구(區)를 주어 다만 공전(公田)을 도와 농사짓도록 그 인력을 빌린다. 그리고 그 사전(私田)은 세금을 돌려주지 않았다.

또 말하길, 상(商)의 제도를 생각하면 역시 마땅히 이와 비슷하다. 그리고 14무(畝)의 여사(廬舍)를 가지고 한 부(夫)가 공전(公田) 7무(畝)의 밭을 간다. 이 역시 10분의 일이 되지 않는다. 주자는 생각해 보면 원래 은(殷)의 제도를 얻지 못했다. 이 법도는 스스로 짚어진 것이 아니다. 옛날 한(韓)이 물러나고 석고(石鼓)에 세를 물릴 때 공자(孔子)가 진(秦)에 이르지 못함을 탄식했는데 그 글을 얻어 보지 못했다. 주자가 이 도(圖)를 보게 된다면 마땅히 회복하는 게 어떠한가. 그 공전(公田) 여사의 제도는 감히 억측하지 못한다. 이 전(田)의 형상을 보면 4구(區) 4부(夫)를 수용하는 전(田)이며 8구(區) 8부(夫)를 수용하는 전(田)이다. 70무(畝) 가운데 7무(畝)는 공전(公田)이다. 주자의 설을 따르면 역시 여사에 이르기까지 10분의 일을 잃지 않는다. 주(周)대에 제도는 완벽히 갖추어졌다. 다만 공전(公田) 20무(畝)는 8부(夫)의 여사이며 1부(夫)가 머문다. 불과 2무(畝) 반은 1부(夫) 처소를 나눈 것으로 이와 같다. 이 7무(畝)는 공전(公田)이 된다. 그리고 남의 땅을 경작(借耕)하기 위해 힘을 쓰지만 세금을 돌려주지 않는다. 그 63무(畝)는 비록 1~2무(畝)는 여사에 거하는데 역시 10분의 일의 제도를 스스로 꺼리지 않는다. 1부(夫)는 그 70무(畝) 안에 거주하면서 물러나거나 혹은 거주하거나 마을이나 산에 산다. 밭을 받아 밖에서 내왕하며 밭을 갈며 관리하니 모두 만족할 수는 없다고 생각된다.

허성(許筬)이 말하길, 서경(西京)의 남쪽에 전(田)이 있다. 서로 전하기를 기전정전(箕田井田)이 이루어진 것은 학사대부(學士大夫)가 동서(東西)의 마을을 다니며 길을 멀리 돌아가면서 이룬 것이 아닐까. 다만 그 전제(田制)의 옛 사적이 일정하게 다른 것을 볼 수 있다. 그러나 아직 처음에는 주전(周井)이 아닌데 은(殷)의 제도를 알지 못했다. 정미년(선조 40, 1607) 가을 한백겸[久菴]을 모시고 관서(關西)를 갔다. 두루 돌아다니며 고국(故國)의 풍경이 뛰어남을 보았고 마침내 정전(井田)이라 일컫는 곳에 이르렀다. 두루 다니는 것을 멈추지 않으니 흥을 돋우기에는 부족했다. 천맥(阡陌)으로 한계(限界)를 찾아 면적을 측량했다. 이 무법(畝法)은 70무(畝)의 전(田)이며 부(夫) 70이 돕는데 은(殷)나라 사람들의 통법(通法)이다. 이때는 아직 주(周)의 법이 천하에 미치지 못하였다. 그리고 기자(箕子)로 은(殷) 황실의 옛 신하를 거두어 해동(海東)에 봉하였는데 은나라 사람은 은(殷)의 법(法)을 가지고 이에 거기에 갔다. 그러면 70무(畝)의 전(田)은 어찌 기자(箕子)가 직접 전한 법이 우리 동쪽에 전해진 것이 아니겠는가. 은나라(殷)의 전제(田制)는 연대가 아득히 멀어 전적(典籍)이 전하지 않는다. 주자의 슬기로움을 가지고도 참고하여 증거로 삼을 만한 것이 없었다. 이로 인해 주(周)의 제도는 미루어 생각하고 얻어낼 수밖에 없다. 옛것을 즐기고 널리 상고하는 선비는 지금까지 유한(遺限)으로 생각한다. 하루아침에 직접 천년 아래를 보면 어찌 시원하지 않은가. 다만 그곳은 공사전(公私田)을 가리키니 반드시 그 제도가 있다. 그리고 아직 문자(文字)로 고증할 수 없으니 이는 1한(恨)이다. 이 도(圖)를 따르고 헤아리면 9무(畝)의 대로(大路)의 안에 70무(畝) 60에 4구(區)와 방열(方列)이 있는 것이니 방도(方圖)로 고치는 것과 같다. 8구(區)는 한결같이 행자(行者) 8명이다. 그 1행(行) 8구(區)의 가운데는 1구(區)의 공전(公田)이 있다. 그 남은 7구(區)에는 7가(家)가 각각 1구(區)를 개인적으로 거둔다. 그 공전(公田) 가운데에는 7가(家)가 여사(廬舍)에 속하여 각각 3무(畝)를 거둔다. 계제(計除)하면 3×7=21이다. 남은 곳은 공전(公田)으로 49무(畝)로 7가(家)가 나눈다. 도와서 밭을 가는 곳 역시 각각 7무(畝)이다. 사전(私田) 70무(畝)는 10분의 일로 한다. 비록 명백한 문서가 없어도 그 제도가 어찌 분명하지 않겠는가. 그 4구(區)는 1방(方)으로 구분된다. 그 2칙(則)을 합치면 8이다. 비록 차례대로 행하지 않더라도 역시 8구(區) 1행(行)을 뜻한다. 어찌 의미(意義)가 없다면 8의 4는 이렇게 정전(井田)에서 필요가 없으며 오히려 조법(助法)이 옳다. 아! 지금의 법은 무릇 기대(箕代)에서 거의 천년이다. 대대로 전하는 제도가 이르게 되어 망하지는 않았으니 다행히 그 발명(發明)은 은(殷)의 제도를 스스로 공평하게 시작하였으니 역시 다행이다.

『동국여지지』 권9, 평안도, 강동현, 총묘(塚墓), 대총(大塚)

  대총 하나는 현[縣, 강동현]의 서쪽 3리에 있는데, 둘레가 410척(尺)으로 민간에서는 단군묘(檀君墓)라고 일컫는다. 다른 하나는 현 북쪽으로 310리 떨어진 도마산(刀亇山)에 있는데, 민간에서는 고황제묘(古皇帝墓)라고 한다.

『동국여지지』 권9, 평안도 영변대도호부, 고적, 태백산(太白山)

태백산 『고기(古記)』에 천신(天神) 환인(桓因)이 그 아들 웅(雄)과 함께 무리를 거느리고 태백산(太白山) 정상에 내려왔다. 또한 신인(神人)이 있어 태백산(太伯山) 단목(檀木) 아래로 내려오니 이가 단군(檀君)으로 나라를 세워 국호를 조선(朝鮮)이라 했다고 한다.

『동국여지지』 권9, 평안도 영변대도호부, 고적, 우발수(優渤水)

우발수 『삼국사(三國史)』에 부여왕(扶餘王)이 태백산(太伯山) 남쪽 우발수(優渤水)에서 여자를 얻었는데 태양이 비춰 임신하여 알을 낳아 부화하여 아이가 나왔다고 한다. 체격이 뛰어났고 7세가 되어 스스로 활을 만들어 쏘았는데 백발백중이었다. 부여(扶餘)의 풍속에 활을 잘 쏘는 이를 주몽(朱蒙)이라 했는데 이리하여 이름을 '주몽'이라 했다. 그가 고구려(高句麗)의 시조 동명왕(東明王)이다. 우발수는 그 지역이 어디인지 알 수 없는데, 일찍부터 태백산(太伯山) 남쪽이라는 설이 있어 이에 따른다.

『평양속지(平壤續志)』(Ⅰ)

尹游(1674~1737)

『평양속지』는 1727년(영조 3)에 평양감사 윤유가 편찬한 읍지이다. 자신의 선조인 윤두수(尹斗壽, 1533~1601)가 1590년(선조 23)에 편찬한『평양지』를 저본으로 하였다.

윤유의 본관은 해평이며, 자는 백수(伯修), 호는 만하(晚霞)이다. 1718년 문과에 급제하여 이조좌랑, 대사간, 대사헌, 한성부판윤, 지의금부사 등을 역임하였으며, 시호는 익헌(翼憲)이다.

『평양속지』는 5권 4책의 목판본이다. 본래 4권이었으나 1837년(헌종 3) 중간하면서 권5가 추가되었다. 권1은 평양속지 서(序), 강역, 분야(分野), 연혁, 성지(城池), 군명(郡名), 풍속, 형승, 산천, 누정, 사묘(祠墓), 공서(公署), 창저(倉儲), 학교, 고적(古蹟), 직역, 병제(兵制), 역체(驛遞), 교량, 토산, 토전(土田), 공부(貢賦), 교방(敎坊), 원정(院亭), 불사(佛寺), 호부(戶口)로 구성되어 있다. 권2는 인물, 효열(孝烈), 보유(補遺), 문과, 무직(武職), 신임군공질(辛壬軍功秩), 음사(蔭仕), 숭인전감(崇仁殿監), 무남(武南), 무열사참봉(武烈祠參奉), 연방(蓮榜), 환적(宦蹟), 서윤(庶尹), 고사(古事)로 구성되어 있다. 권3은 문담(文談), 신이(神異), 잡지(雜志), 시문(詩文), 권4는 기문류(記文類)로 구성되어 있다. 권5는 각종 비문과 중수기(重修記), 상량문(上樑文) 등이 수록되어 있다. 윤두서의『평양지』편찬 이후의 변화에 따라 추가하거나 생략하였는데, 기자 관련 기사가 많이 보충되었다.

단군 및 고구려 동명왕의 사당인 숭령전, 기자 관련 사적인 숭인전, 기자정각, 인현서원, 기자 무덤, 기자 우물, 기자궁, 기자 정전, 기자 관련 고사, 기자의 후손인 선우협과 숭인전 관리인 숭인전감에 대한 내용이 실려 있고, 단군·기자와 관련하여 고려·조선 시대의 문인들의 시문도 보인다. 이정구(1564~1635)의 숭인전 비문, 변계량(1369~1430)의 기자묘비, 명나라 사신 왕경민의 기자묘부(箕子廟賦)와 여기에 차운(次韻)한 서거정(1420~1488)과 이이(1536~1584)의 글, 남용익(1628~1692)의 기자묘비명, 이정제(1670~1737)의 기자궁비, 서명응(1716~1787)의 기자 정전 기적비, 김조순(1765~1832)의 인현서원 사당 비문, 심상규(1766~1838)의 인현서원 문루 중수기, 정원용(1783~1873)의 인현서원 장수기 등이 실려 있다. 이러한 글들은 조선 후기 기자 관련 사적의 확대와 중수 과정을 파악하는 데 도움을 준다.

『평양속지』(Ⅰ) 권1, 연혁(沿革)

기자전 참봉(箕子殿參奉) … 숭인전감(崇仁殿監) 1612년(광해군 4) 이후 기자전 참봉을 숭인전감으로 바꾸고 선우(鮮于)씨가 세습하였다. 1721년(경종 1) 감사 권업(權)이 장계를 올려 전감으로 15년을 근무하면 관력이 쌓여 법전에 따라 전령(殿令)으로 승진하는데, 지금은 처음이니 관례에 따라 모두 전감으로 삼아달라고 주청하였다.

…

숭령전 참봉(崇靈殿參奉) 2인 1725년(영조 1)에 감사 이정제(李廷濟)가 장계를 올려 예조에서 임명해 달라고 요청하였다. 1729년(영조 5)에 감사 윤유(尹游)가 장계를 올려 사류(士類)의 신망이 있는 이 지역 출신자 중 세 후보자를 선정하여 보내면 이조(吏曹)에서 계문을 올려 임명해 달라고 청하였다.

『평양속지』(Ⅰ) 권1, 성지(城池), 북성(北城)

『문헌통고(文獻通考)』에는 "평양에는 세 개의 성이 있는데, 첫째가 왕검성(王儉城), 둘째가 중도성(中都城), 셋째가 노양성(魯陽城)이다. 노양성은 이 성과의 거리가 30리이다"라고 했는데, 이곳이 바로 대성산(大聖山)이다. 왕검성이 바로 이 성이고 이른바 중도성은 정확하게 어떤 성을 가리키는지 모르겠다. 지금 모란봉을 보면 뒤에 옛 성터가 있고 서쪽으로 병현(並峴)에서부터 동쪽으로 주암(酒巖)을 둘러서 형세가 매우 좋으니, 이곳이 분명히 중도성일 것이다. 이 성의 삼면은 강으로 막혀 있고 오직 뒤쪽으로만 적이 들어올 수 있다. 모란봉이 성 안을 내려다보고 있는데 여기에 중도성을 쌓은 것은 적을 방어하는 길이어서일까? 옛 사람이 험준한 곳에 성을 쌓아 나라를 지키려는 계책이 심오하다.

『평양속지』(Ⅰ) 권1, 성지, 외성(外城)

외성 지세가 평평하고 낮아서 강물에 동남쪽이 얕게 잠긴다. 세상에서 전하기를 기자가 도읍을 세운 초창기에 성을 아홉 겹으로 쌓아 수해를 방비하였다고 한다. 기자는 은(殷)나라 사람으로, 경(耿)과 박(亳)의 이하(圯河)를 보고 여기에 아홉 겹으로 만들었는데 수천 년 동안 크게 강물이 범람한 것이 몇 번인지 알 수 없으나 백성들이 수해를 입어 뿔뿔이 흩어지는 일이 없었던 것은 이 덕분이었던 것이니 실로 평양 백성들의 울타리로, 성왕이 후세를 염려한 것이 지극하다.

『평양속지』(Ⅰ) 권1, 누정(樓亭), 기자정각(箕子井閣)

기자정각 1606년(선조 39)에 감사 박동량(朴東亮)이 창건하였고 1691년(숙종 17) 서윤 이규징(李奎徵)이 중수하였다.

『평양속지』(Ⅰ) 권1, 사묘(祠廟), 숭령전(崇靈殿)

숭령전 예전에는 단군과 동명왕의 사당이었다. 1725년(영조 1)에 감사 이정제(李廷濟)가 장계를 올려 사액해 달라고 청하였다.

『평양속지』(Ⅰ) 권1, 사묘, 숭인전(崇仁殿)

숭인전 예전에는 기자의 사당이었다. 『고려사』에 이르기를, "은나라 태사가 천인(天人)의 학문을 얻었는데, 명이(明夷)의 시기를 맞이하여 주나라 무왕에게 홍범을 베풀었다. 조선에 봉해지자 여덟 조목으로 다스려 오랑캐로 하여금 중화가 되게 하여 군자와 예의의 나라를 이루게 하였다. 동방의 역대 왕조의 임금과 신하들이 아직 사전

(祀典)을 세운 자가 없었는데, 예부에서 건의하자 명효왕숙종이 따랐다"라고 하였다. 무덤은 비록 오래되었으나 사당의 모습은 새로웠다. 타래붓꽃과 파초로 빚어 올린 술 향기가 진동하여 영원토록 신령이 흠향하였다. 수천백 년이 지나 법식이 하루아침에 갖추어졌으니 가히 경사스러운 일이었다. 본조의 세종대왕께서 다시 사우(祠宇)를 세우시고 사신(史臣) 변계량으로 하여금 글을 짓게 하고 비석을 세웠다. 1612년(광해군 4)에 조삼성(曹三省), 양덕록(楊德祿), 정민(鄭旻) 등의 상소에 따라 '숭인(崇仁)'으로 이름을 바꾸고 선우식(鮮于寔)을 전감(殿監)으로 삼아 세습하게 하였다. 정축년에 옛 비석이 망실되어 다시 비석을 세웠다. 융경 5년(1571)에 수호하는 백성 10명을 두었으며 또 하마비를 세웠다. 1679년(숙종 5)에 「홍범(洪範)」을 보고 감흥이 있어 근신(近臣)들에게 단군사(檀君祠)와 함께 제사를 지내라고 하였다.

『평양속지』(Ⅰ) 권1, 사묘, 기자묘(箕子墓)

인현서원(仁賢書院) 창광산(蒼光山) 서쪽 기슭 신호사(神護寺) 옛 터에 있으며 은태사(殷太師)의 화상을 봉안하고 있다. 1564년(명종 19)에 진사 양덕희(楊德禧) 등이 감사 정종영(鄭宗榮)에게 청하여 정사(精舍)를 창립하고 '학고당(學古堂)'이라고 이름하였다. 1576년(선조 9)에 감사 김계휘(金繼輝)가 규모를 확대하여 '홍범서원(洪範書院)'으로 이름을 붙이고 기자(箕子)를 받들고자 하였으나 실행되지 못했다. 임진왜란으로 서원의 건물이 불타서 1594년(선조 27)에 감사 이원익(李元翼)이 중건하고 '서검재(書劍齋)'라고 하였다. 1600년(선조 33)에 감사 서성(徐渻)이 기자(箕子)가 중국에서 무왕(武王)에게 홍범도(洪範圖)를 아뢰는 모습을 그린 조맹부(趙孟頫)의 그림을 얻어 서원에 보관하였다. 1604년(선조 37)에 감사 김신원(金信元)이 서륜당(叙倫堂)과 동·서 재(齋)를 건립하였고 1608년(선조 41) 가을에 참봉 김내성(金乃聲)과 생원 양덕록(楊德祿) 등이 사액해 달라는 상소문을 올려 '인현서원(仁賢書院)'이라는 이름을 하사받았다. 1613년(광해군 5) 봄에 원장 김태좌(金台佐)와 유사 조삼성(曹三省), 양덕록(楊德祿) 등이 감사 정사호(鄭賜湖)에게 인현전(仁賢殿)을 중건해 달라고 요청하였다. 1623년(광해군 15)에 양덕록이 소를 올려 기자 화상을 봉안하게 해달라고 요청하였다. 1626년(인조 4) 여름에 화가 이신흠(李臣欽)을 보내어 서원에 보관한 홍범도(洪範圖)의 초상화를 모사하게 했으나 기자의 화상이 봉안되지는 못하였다. 정묘호란 때 진본을 잃어버리고 초본(草本)만이 남았는데 1632년(인조 10)에 감사 민성휘(閔聖徽)가 다시 모사하게 하였다. 1633년(인조 11)에 향축을 하사받아 인현전에 봉안하였다. 서륜당은 이름을 '홍범'으로 바꾸었다.

1627년(인조 5)에 잃어버린 영정의 진본은 한씨(韓氏) 성의 중이 얻어서 장연(長淵)에 있는 학접사(鶴接寺)에 보관하였다. 중은 또 떠돌아다니며 간수하지 못할 것을 염려하여 한연희(韓連希)에게 맡겨두었는데, 한연희는 자신을 기자의 후손이라고 여기고 소중하게 보관하여 그 4세손 진태(晉泰)에게 전하였다. 1719년(숙종 45) 11월 20일에 한진태가 상자를 가지고 와서 본 서원에 돌려주었는데 본 서원의 초상화와 조금의 차이도 없었다. 상자는 서원에 안치하였다. 1721년(경종 1) 10월 21일에 한명후(韓命厚) 등이 황룡산성(黃龍山城)으로 옮겨 봉안해줄 것을 요청하는 소장을 올렸다.

1582년(선조 15)에 중국 사신 왕경민(王敬民)이 기자묘(箕子廟)를 참배하고 다음과 같은 서문을 지었다. "나는 하남(河南)의 서화(西華) 사람이다. 서화는 옛날에는 기(箕) 땅으로, 성사(聖師)가 기(箕) 땅에 봉해졌으므로 기자(箕子)라고 하였다. 지금 읍에는 기자대(箕子臺)가 있는데 대의 끝에 홍범당(洪範堂)이 있고 위패가 세워져 있다. 봄·가을에 제사를 지내니 그 연원이 오래되었다. 내가 약관의 나이에 책을 읽었을 때 그 안에는 홍범의 의미에 대한 설명과 어진 성인으로부터 교화받은 은택이 바탕을 이루고 있었다. 지금 만 리 밖에서 기자의 지역에 도착하여 사당의 모습을 우러러 보니 마치 직접 뵙는 것 같다"고 하였다.

1640년(인조 18)에 효종이 동궁시절 심양(瀋陽)으로 떠날 때 본 서원에 와서 직접 '봉림대군(鳳林大君)' 네 글자를 『심원록(尋院錄)』에 썼다. 동궁의 방문 뒤에 따로 표구하여 홍범당에 보관하였다.

전각 건물 3칸, 내·외 신문(神門) 각 3칸, 전사청(典祀廳)과 문 4칸, 홍범당 5칸, 동·서 재(齋) 각 10칸, 남루(南樓) 3칸, 좌·우 익랑(翼廊) 각 2칸, 식당 3칸, 창고 2칸, 익랑(翼廊) 4칸.

서원에 딸려 있는 지전(地田) 3일경, 청룡록(靑龍麓) 밭 반일경, 외천(外川) 밭 조일경(朝日耕), 홍토부(興土部) 밭 1일반경 조일경과 논 2섬지기, 대물금(大勿金) 밭 7일경 조일경(朝日耕), 광법동(廣法洞) 밭 3일경과 논 6섬지기, 합지(蛤池)·구두(龜豆) 등 논·밭을 합해서 7결, 반포(反浦) 논·밭을 합하여 7결, 여석우(礪石隅)의 논·밭을 합하여 6결, 중화(中和)·검암(檢巖)의 논 2섬지기, 서눌니(西訥尼) 니생처(泥生處) 논 3섬지기, 청수리(靑水里) 누곡도(螻蟈島) 밭 3일경, 용강(龍岡) 적아통(赤牙筒) 논 7결 7부(負) 4속(束)은 서원을 만든 후에 획급한 것이다. 감봉통(甘伏筒) 논 9마지기, 신리통(新里筒) 논 1섬 10마지기와 밭 조일경은 신유년에 소호통(蘇湖筒) 논과 바꾸어 준 것이다. 서교(西郊) 논 7섬 7마지기는 1666년(현종 7)에 감사 이정영(李正英)이 획급하였다. 함종(咸從) 소정(小井) 논 10섬지기는 1670년(현종 11)에 감사 민유중(閔維重)이 계문을 올려 획급하였다. 무자년(1768)에 감사 정실(1701~1776)이 경의(經義)를 익힌 학생 10명을 두었다. 낙서루(洛書樓)는 곧 원남루(院南樓)이다. 기묘년(1819)에 감사 심상규(1766~1838)가 중수하였다.

『평양속지』(Ⅰ) 권1, 고적(古蹟)

1620년(광해군 12)에 참봉 조흡(趙洽)이 기자정(箕子井) 동쪽에서 땅을 파다가 오래된 거울을 주웠다. 뒤에는 양각에 20자가 처음부터 끝까지 둥글게 쓰여 있었는데 '동왕공(東王公)' 구절이 있었다. 세상에서 전하기를 정양문(正陽門) 밖 기자정 북쪽에 기자궁(箕子宮) 터가 있는데 늘 '동왕방(東王坊)'이라고 불려졌다고 해서 일시에 모두들 동왕(東王)을 기자(箕子)로 여기고 그 거울을 보물로 여기면서 그 글을 읽어보니 "東王公西周會年益壽民宜子孫吾陽陰眞自有道"였다. '서주회년(西周會年)'을 '맹진회년(孟津會年)'이라고 보았으나 월사(月沙) 이정구(李廷龜)만은 "吾陽陰竟自有道東王公西国曾年益壽民宜子孫"이라고 읽으면서 "'오(吾)'자 위에 표점이 있는 것 같으니 마땅히 '오(吾)'자를 필두로 삼고, '진(眞)'자를 '경(鏡)'의 옛 글자인 '경(竟)'으로 보아야 한다. '주(周)'자는 흙속에서 부식되었지만 '국(國)'의 옛 글자인 '국(国)'으로 읽어야 하며, '회(會)'자는 '증(增)'자의 옛 글자인 '증(曾)'으로 보아야 하니 모두 『한서』에 실려 있는 옛 통용자이며 또 그 글씨가 예서(隸書)인데 예서는 이사(李斯)가 만든 것이니 이는 기자 때의 글씨가 아니다. '동왕(東王)'은 동명왕(東明王)을 가리킨다"고 하여 글을 써서 기록하였다. 여러 사람들은 거울이 기자궁의 옛 터에 나왔기 때문에 '동왕(東王)'을 기자(箕子)라고 생각했지만 월사 이정구는 이것이 예서이기 때문에 기자 시대에 제작된 것이 아니라고 하였다. 이 말을 봐도 거울은 오래된 것이다.

정전제(井田制)는 3무(畝)의 길과 9무의 길을 기준으로 삼으니 예부터 나무를 세워 표지로 삼고 '법수(法壽)'라고 불렀다. 변란을 거치면서 나무표지가 사라져서 1691년(숙종 17)에 다시 구획을 정리하고 네 모퉁이에 돌을 세워 경계를 표시했다. 『기자지(箕子志)』에 기록된 바로는 기자정(箕子井)의 남쪽 9무의 길은 동쪽으로 함구문 밖의 9무의 길까지만 있다고 하였는데 지금은 곧장 동성(東城)까지 이르는 십자대로를 만들고 있으니 여기에서 고적의 자취가 사라졌다고 할 수 있다.

『평양속지』(Ⅰ) 권1, 고적, 기자궁(箕子宮)

기자궁 터는 『평양지』에 자세하다. 수천 년 동안 봉표(封表)가 없어서 유민(遺民)들이 탄식한지 오래되었다. 1725년(영조 1)에 감사 이정제(李廷濟)가 조정에 장계를 올려 주원(周垣)을 두르고 그 터 가운데 단 하나를 쌓아 표시하여 '구주(九疇)'로 이름 붙이고 남쪽으로는 '팔교단(八敎壇)'이라는 문 하나를 설치하였고 서쪽에는 사적을 기록한 비를 세웠다고 아뢰었다. 비는 각문(閣門) 밖에 있다. 밭 70무(畝)를 사서 9구(區)의 제도로 구획하고 유사를 두어 지키게 하였다.

『평양속지』(Ⅰ) 권2, 인물(人物), 선우협(鮮于浹)

선우협 호가 돈암(遯菴)으로 은태사(殷太師)의 후예이다. 어려서는 향선생(鄕先生) 수박자(守朴子) 김태좌(金台佐)에게서 『시경』, 『서경』, 『역경』, 『춘추』를 수학하였고 성장해서는 사서(四書)와 송나라 염락관민(濂洛關閩)의 여러 책을 열심히 읽으며 심성이기(心性理氣)의 설을 추구하였다. 용악산(龍岳山)에 들어가 수십 년간 강독을 하여 홍범(洪範)의 유업을 계승하고 이학(理學)의 연원을 계발하였으니, 관서지방의 선비들이 유학을 알 수 있게 된 것은 실로 그의 덕분이다. 조정에서는 여러 차례 관직을 주려고 하였으나 나오지 않았다. 효종대에 이르러 조정에서 다시 사업(司業)에 임명한다고 부르자 상소를 올려 사양하면서 치심궁리(治心窮理)의 요체를 진술하였다. 주상께서 가상히 여겨 받아들이시고 하교하여 특별히 부르셨는데 그는 대궐에 이르러 사은한 뒤 곧바로 돌아갔다. 주상께서는 그가 떠난 것을 아뢰지 않았다고 후사(喉司)를 문책하셨다. 당시에 신독재(愼獨齋) 김집(金集), 여헌(旅軒) 장현광(張顯光), 시남(市南) 유계(兪棨), 백헌(白軒) 이경석(李景奭)과 같은 명망 있는 공들이 모두 그를 존경하고 중히 여기면서 '관서(關西)의 부자(夫子)'라고 불렀다. 저술은 『태극변해(太極辨解)』, 『태극문답(太極問答)』, 『성리서(性理書)』 등 여러 책이 세상에 전한다. 마을 사람들이 사당을 세워 제향하는데 용곡서원(龍谷書院)이 이곳이다.

『평양속지』(Ⅰ) 권2, 과공(科貢), 음사(蔭仕), 숭인전감(崇仁殿監)

선우식(鮮于寔)
선우흡(鮮于洽)
선우진(鮮于震)
선우즙(鮮于檝)
선우익(鮮于翼)
선우위(鮮于瑋)
선우임(鮮于任)

『평양속지』(Ⅰ) 권2, 고사(古事)

1627년(인조 5)

… 숭인감 선우흡은 사업(司業) 선우협(鮮于浹)의 형으로, 그 또한 품행과 도의가 있었는데, 성이 함락되던 날 기자의 후손이라고 세습된 전감(殿監)의 직분으로 위판과 제기를 가지고 나오려다가 힘이 약해 등에 질 수가 없었다. 버리고 가려고 하려다가

마음으로 차마 할 수 없어서 결국 의관을 정돈하고 묘정(廟庭)에 엎드려 있었다. 결국 후금에게 붙잡혔으나 의리가 있다고 하여 풀려났다. 감사가 장계를 올려 "선우흡은 당초에는 죽음을 무릅쓰고 떠나지 않으려고 했고, 붙잡히고 나서는 자결하지 못하여 이렇게 시비의 의론을 초래했으니 조정에서 처분해 주시기 바랍니다"라고 하였다. 선우흡은 이 일로 실직하여 마을 사람들이 이를 원통하게 여겼다. 진사 김여욱(金汝旭)이 이때 태학(太學)에 있다가 적군이 국경을 쳐들어왔다는 소식을 듣고 문묘의 위판을 들고 강화도로 들어갔다. 그 공으로 강릉참봉(康陵參奉)에 제수되었다.

『평양속지』(Ⅰ) 권3, 문담(文談)

매월당(梅月堂) 김시습(金時習)이 자취를 감추고 승려가 되어 호를 '동봉대사(東峯大師)'라고 하였다. 서쪽을 유람하다가 대성산(大聖山)에 이르렀는데 그 골짜기의 산수를 너무 좋아하여 광법사(廣法寺)에 오래 머물렀다. 이때 그의 친구인 소윤(少尹) 김영유(金永濡)와 판관 박철손(朴哲孫)이 술을 가지고 가서 동봉 김시습에게 주었다. 김시습이 시를 지어 고마워하면서 "듣자니 옛날의 산승은, 술을 사와 도연명을 맞았다지. 또 어떤 전운사는, 산사에서 맘껏 마시고 노래했다네. 이 모두 호기로운 무리로, 세속에 거리낌이 없었네. 하물며 지금은 태평시절이라, 온 고을엔 밥 짓는 연기 피어오르네. 백성은 풍요롭고 농사를 즐기며, 정치는 청렴하여 소란이 없네. 절간에 올라 이 소나무 소리 들어보게. 소나무 소리는 여운이 길어, 세속에 찌든 귀를 씻어줄 수 있네. 태수께선 수레를 재촉 마시고, 산수에서 다시 한 밤 묵어가시게. 달 밝고 서리 가득한데, 새벽 종소리 들으면 또한 즐거우리라"라고 하였다. 그의 맑은 풍모와 고아한 절개가 고사리를 캐는 자들과 마찬가지이니 다른 사람을 놀라게 하는 시어가 어찌 다만 낙빈왕(駱賓王)처럼 음풍농월을 수식하는 정도에 그치겠는가? 그는 초사(楚辭)의 방식으로 〈단군(檀君)〉, 〈기자(箕子)〉, 〈후토(后土)〉, 〈분연(墳衍)〉 네 노래를 지었는데 질탕하고도 서글퍼서 굴원의 음조가 있었다. 또 〈패강곡(浿江曲)〉의 결구 "세상의 환락과 비탄은, 모두 한바탕 일장춘몽이네" 역시 무한한 감개가 있다. 대동강에서 장사하는 아낙의 말을 기록하다(大同江記商婦語)는 사물에 가탁한 비흥(比興)의 수법을 썼는데, 예컨대 "당신 마음은 두렁길 쑥대마냥, 나부끼며 정처 없이 떠다니네요. 제 마음은 실버들처럼, 뒤엉켜 항상 연모하고 있어요", "여린 아녀자의 마음은, 당신뿐 딴 마음이 없어요" 등의 시어는 자신의 본심을 온전히 드러내고 있다.

…

1620년(광해군 12)에 기자정(箕子井) 동쪽에서 오래된 거울을 얻었는데 거울 뒤에는 '동왕(東王)'자가 있어서 당시 사람들이 모두 기자의 거울이라고 생각했다. 참봉 양덕록(楊德祿)이 명(銘)을 썼는데 "밖은 둥글고 안은 밝으며, 하늘과 해의 형상이네. 서주 시대에 만들어지니 동방에선 덕을 칭송했네. 밝음이 땅속으로 들어가서 그 밝음을 덮어버려도, 밝은 것은 없어지지 않았으니 기자의 곧은 마음이네. 삼천년간 숨겨져 있다가 하루아침에 나왔는데, 글과 필획이 닳지 않았네. 용이 서린 다섯 상서에 사람들이 만세를 축원했네. 어찌 인수(仁壽)만이 전란이 사라짐을 징험했으랴. 사람들이 이것 덕분에 동왕(東王)을 알게 되었으니 숨겨졌던 것을 밝히려고 그 빛을 밖으로 드러내지 않았네"라고 하였다. 사람들이 지금까지 전송하고 있다.

…

청음(淸陰) 김상헌(金尙憲)이 청나라와의 화친을 배척했던 일 때문에 심양관(瀋陽館)에 억류되었는데, 돈암(遯菴) 선우협(鮮于浹)이 형 선우흡(鮮于洽)과 함께 편지를 보내 안부를 묻고 시를 동봉하였다. 청음 김상헌이 답하여 "태사의 유풍이 오랫동안 전해져서, 태사의 자손 중엔 재주 있고 어진 이 많네. 선우자준(鮮于子骏)은 복성(福星)되어 하전 지방을 비추었고, 선우백기(鮮于伯機)의 군건한 필력은 구름을 뛰어넘었네. 공후들의 후손은 분명히 처음으로 돌아가리니, 천도는 신명하여 끝내 어긋나지 않으리. 그대 집안 형제들은 쌍벽(雙璧)으로 알려졌는데, 경학과 문장을 겸비했다지. 평양성 남쪽에 옛 집 있는데, 정전 제도 변함이 없고 샘물도 그대로겠지. 강가의 정자를 '순수정(順受亭)'이라 하고, 평생의 궁달은 하늘을 따랐네. 이역 땅에 시 보내어 생사를 물어주니, 어찌 이 늙은이에게 정성을 다해 주나. 손잡으며 회포를 토로할 길 없으니, 풍진이 막막하고 산천에 막혀있네. 바라건대 그대 절개를 지켜주어, 대대손손 선조의 명성 실추하지 마시게"로 답하였다. 돈암 형제가 이역만리에 시를 보내 은근한 마음을 전한 것은 고결한 절조를 숭상했기 때문이었고, 청음의 시 또한 돈암이 태사(太史)의 유풍을 계승할 수 있도록 격려한 것이었다. 시 한 구절에도 근심스럽거나 원망하는 말로 자신의 신세에 대해 언급하지 않았으니 화를 입은 때에 그의 침착한 모습을 여기에서 볼 수 있다.

『평양속지』(Ⅰ) 권3, 신이(神異)

1592년(선조 25)에 왜구가 기자묘 왼쪽을 한 길 깊이로 팠는데 땅이 단단하여 파낼 수가 없었다. 잠시 뒤에 구덩이에서 음악 소리가 나자 왜적들이 두려워하면서 파는 일을 그만두었다.

…

돈암 선우협이 12세 때 기자전 재실에서 책을 읽다가 낮잠을 들었는데 꿈에 어떤 사람이 우뚝 치솟은 높은 대(臺)로 데리고 갔다. 위에는 흰 옷을 입은 노인이 있었는데 위엄 있는 모습이 매우 엄숙하였다. 뜰에 무릎을 꿇게 하고는 5언시를 주며 "너의 감사가 지금 현폭현(玄輻峴)에 있을 것이니 이것을 가지고 가서 주어라"라고 하였다. 하품을 하고 기지개를 켜면서 깨어나 곧바로 그 시를 썼는데 붓 필치가 마치 신이 돕는 것 같았다. 감사가 있는 곳을 물어보니 과연 현폭현 활쏘기 시험장에 있었다. 마침내 시를 바쳤는데 시는 "옛날 제비의 후손, 태어남에 때를 만나지 못했네. 금(金)을 녹여 주나라의 화기(火氣)가 일어나니, 훌륭한 자취 날로 새로워졌네. 여기에 와서 여우 무리를 가르쳤으니, 누가 진인이 되었던가? 옛날에 신농씨가 없었다면, 소와 양을 어찌 길들였으리. 세상이 황폐해져 아는 사람 없으니, 은혜는 잊혀지고 덕은 저버려졌네. 무덤은 무너진 성 밖에 있고, 사당은 차가운 창을 마주했네. 지금 그대 형제를 보노라니, 공자의 후예는 얼마나 되려나"였다. 감사가 이를 보고 기이하다고 여겨 장계를 올려 조정에 아뢰었다. 월사 이정구가 시를 두서너 번 읊은 뒤에 "'무덤은 무너진 성 밖에 있고, 사당은 차가운 창을 마주했네' 구는 실로 신이한 시어이다"라고 하였다.

『평양속지』(Ⅰ) 권3, 잡지(雜志)

1624년(인조 2)에 내성(內城)을 쌓을 때 단군묘와 기자묘 두 사당 앞에서 고하고 제사를 지냈다. 하루는 비바람이 서북쪽에서 불어와 단군전의 취두(鷲頭), 기자전 남문, 문묘 남쪽 모서리, 대동관 대문, 대동문 남쪽 기둥, 칠성문과 장경문 등에 벼락이 쳤고 장관(將官) 한 사람이 벼락에 맞아 죽었다.

…

기자장(箕子杖)은 등나무 재질이다. 세상에 전해진 지 이미 오래되어 거의 썩어 부러질 지경이었다. 장식해서 주석 상자에 넣어 보관해 두었는데 임진왜란 때 잃어버렸으니 안타깝다.

『평양속지』(Ⅰ) 권3, 시문(詩文), 태조대왕어제 제서경영전(太祖大王御製 題西京影殿)

薄相胡爲在此中	박복한 관상이 어찌 이 안에 있는가.
深思此理古人風	이 이치 숙고하면 고인의 풍모 있는 듯.
朝鮮始祖雖稱號	조선의 시조라고 부르고 있지만
德乏前賢愧不窮	덕이 선현보다 부족하니 부끄럽기 짝이 없네.

『평양속지』(Ⅰ) 권3, 시문, 숙종대왕 어제 단군사(肅宗大王御製檀君祠)

東海聖人作	동해에 성인이 나셨으니
曾聞並放勳	요임금과 같은 때였다지.
山椒遺廟在	산마루에 사당에 있으니
檀木擁祥雲	박달나무에 상서로운 구름이 둘러 있네.

『평양속지』(Ⅰ) 권3, 시문, 숙종대왕어제기자묘(肅宗大王御製箕子墓)

千載孤墳何處尋	천 년 전 무덤을 어디서 찾을까.
柳京城北樹森森	평양성 북쪽에 나무가 빽빽한데.
世人豈識伴狂意	사람들이 어찌 거짓으로 미친 뜻을 알까만
夫子猶知惻怛心	부자께서는 오히려 슬퍼하는 마음 아셨네.
曾向周王傳道顯	옛날 주왕에게 도를 밝게 전하고
自封東土設敎深	동쪽나라에 스스로 봉하여 깊이 교화하였네.
平生壯志如終遂	평생의 장대한 뜻 끝까지 이루었으니
歷奠椒漿願一斟	제사 지내면서 산초주 한잔 드리고 싶네.

『평양속지』(Ⅰ) 권3, 시문, 단군사(檀君祠)

최명길(崔命吉)

甲子開基遠	먼 옛날 갑자년에 터가 열렸고
神人異迹存	신인의 신이한 행적 있었지.
餘風看舊俗	유풍을 옛 풍속에서 볼 수 있으니
祠屋匝重垣	사당은 겹담으로 둘러싸여 있네.
亦有東明配	또한 동명왕 사당이 나란히 있어
遙瞻象設尊	멀리 우러러보니 석물이 높이 있네.
興亡千古恨	천고의 흥망성쇠에 대해 한탄하며
一酌奠芳蓀	창포주 한 잔을 올리네.

김육(金堉)

神聖爲民主	신인이 임금을 세우시어
天人降紫霄	천인이 하늘에서 내려왔네.
東方始君長	동방에 처음 임금 생겼고
中國幷唐堯	중국의 요임금의 시대와 같았네.
太白龍飛遠	태백산의 용은 멀리 날아가고
阿斯鶴去遙	아사달의 학 아득히 떠나갔네.
荒凉遺殿在	황량한 전각만이 남아서
俎豆奠黃蕉	제수 갖추어 제사 드리네.

정두경(鄭斗卿)

有聖生東海	성인이 동해에 태어나니
于時竝放勳	이때는 요임금과 같은 시대.
扶桑賓白日	부상에서 해를 맞고
檀木上靑雲	박달나무는 하늘 위로 솟았네.
天地侯初建	이 땅에 제후를 처음 세웠으나
山河氣未分	산하는 아직 혼돈상태였네.
戊辰千歲壽	무진년부터 천 년을 살았으니
吾欲獻吾君	우리 임금 위해 축수하려네.

『평양속지』(Ⅰ) 권3, 시문, 기자묘(箕子廟)

동월(董越)

玉馬西周不共朝	옥마 타고 서주에 조회가지 않았으니
冠裳東國儼淸標	의복은 이 나라가 점잖고 단정하네.
高風謾說凌三代	좋은 풍속은 삼대보다 낫다고 하는데
遺敎猶聞守八條	교화가 남아 여전히 팔조목을 지킨다 하네.
廟古松枝惟有鶴	옛 사당 소나무엔 학이 있는데
林深桑椹已無鴞	깊은 숲 오디에는 올빼미 없네.
驛程旌節三春暮	사행길에 봄이 저무려는데
幾欲臨風賦大招	바람 맞으며 〈대초〉편을 지으려 하네.

진감(陳鑑)

炮烙煙飛王氣衰	포락 연기 날면서 왕기는 쇠했고
佯狂心事有琴知	미친 척하는 심사는 거문고가 알아줬네.
言垂千載存洪範	말씀은 천년 동안 홍범에 남아 있기에
人到三韓謁舊祠	삼한에 와서 옛 사당에 참배하네.
地老天荒名不泯	세월이 흘러도 명성은 사라지지 않고
風淸月白鶴歸遲	맑은 바람 밝은 달에 학도 천천히 돌아가네.
東藩自是分封國	동국이 이때부터 봉해진 나라 되었으니
民俗依然似昔時	백성들 풍속은 여전히 옛날과 같네.

김안국(金安國)

傷痛殷宗覆暴昏	은나라 왕실을 걱정하며 폭정을 아뢰다가
東來猶爲化蛙喧	동쪽으로 와서는 오히려 백성들 교화했네.
千年故國無徵迹	천년 옛 도읍지엔 증거할 유적이 없고
只有當時畫井痕	그저 당시에 그린 정전의 흔적만 있네.

유홍(兪泓)

事隔千年只一朝	천 년 전 사적으로 왕조 하나 있는데
依然廟貌想高標	사당은 그대로라 고상한 풍모 떠오르네.
春苔雨長侵碑色	봄 이끼가 장마로 비석에 스며들고
雲木風低入戶條	높은 나무는 낮게 분 바람에 집으로 들어오네.
中土未回浮海轍	배 타고 본국에 돌아가지 못했지만
好音曾變食桑鴞	오디 먹은 올빼미처럼 교화를 펼쳤네.
楚些題罷增怊悵	초혼의 싯구 짓고 나자 더욱 서글퍼지니
萬古英魂不敢招	만고 영웅의 혼을 감히 부르지 못하네.

이수광(李睟光)

海外分封示不賓	바다 밖에서 봉하여 벼슬 않는 뜻 보이니
八條餘化未全湮	팔조목의 교화가 완전히 사라진 건 아니네.
故都禾黍空成穗	옛 도읍의 기장은 부질없이 영글고
遺廟松杉老作鱗	사당의 소나무는 늙어서 비늘 모양.
義炳君臣天地大	군신간의 밝은 의리는 천지처럼 크고
心傳疇範日星新	홍범을 마음으로 전하니 나날이 새롭네.

千年俎豆應無替	영원히 이대로 제사 지내야 할 것이니
山有春薇澗有蘋	산에는 봄 고사리, 개울엔 마름 있네.

정경세(鄭經世)

吾衽能令右	우리 옷깃 오른쪽으로 매게 하였나니
公車孰使東	수레는 어느 누가 동쪽으로 가게 했나.
道行夷不陋	도가 행해져 오랑캐라도 누추하지 않았으니
仁遠國還空	인을 멀리하면 나라가 도리어 비게 되리라.
何者非天意	무엇인들 하늘의 뜻이 아니랴.
無然怨牧宮	목궁을 그리 원망하지 말지니.
千秋禮遺廟	천 년 사당에 예를 갖춰 올리니
髣髴聽陳洪	홍범의 말씀 들리는 듯하네.

최명길

道啓陳疇日	계도하여 홍범구주 진언했는데
心驚建丑辰	건축월에 마음이 놀랐네.
殷墟空灑涕	은나라 터 보고 괜히 눈물 흐르니
鰈域竟歸仁	우리나라가 결국 인에 귀의했네.
香火祠堂舊	향불 올린 사당은 오래 됐건만
丹青畵像新	단청 칠한 화상은 새로 했구나.
明夷看苦意	명이 괘의 괴로운 뜻을 보면서
千載重沾巾	천년 뒤에 다시 눈물 흘리네.

정두경

毫社歸玄鳥	상나라 서울로 제비는 돌아가고
河舟見白魚	황해 배 안에 흰 물고기가 나타났네.
還將八條敎	다시 팔조목의 가르침을 가지고
來作九夷居	동쪽 나라로 와서 살았네.
海外無周粟	바다 밖이라 주의 곡식 먹지 않았고
天中有洛書	하늘에서 낙서가 생겨났네.
故宮今已沒	옛 궁궐 지금은 사라졌지만
禾黍似殷墟	벼와 기장 보니 마치 은나라 터 같네.

『평양속지』(Ⅰ) 권3, 시문, 기자묘(箕子墓)

송응창(宋應昌)

夫子懷明德	부자께서는 밝은 덕 지니셨으나
生而遇不辰	태어남에 제 때를 만나지 못했네.
爲奴非避禍	화를 피하러 노비된 것이 아니니
諱過乃全仁	잘못을 숨겨주고 인을 이뤘네.
疇範三才備	홍범에는 삼재가 갖추어졌으니
身名百代新	명성은 백대가 흘러도 새로우리라.
卽今恢復國	이제 원래로 회복되었으니
猶自顯經綸	여전히 경륜이 환히 드러나 있네.
自廢非常調	스스로 그만뒀으니 평범한 관리 아니요,
從權身中淸	권세를 따랐으나 그 한 몸은 청렴했네.
伴狂暫時事	미친 척한 것도 잠시의 일,
忠謇百年名	충성으로 오랫동안 이름났네.

帶礪承周祐	오랫동안 주나라를 받들어서
封茅守世盟	봉해진 땅을 대대로 지키리라 맹세했네.
殷勤酹杯酒	정성스레 잔에 술을 따르며
灑泣見吾情	눈물을 흘리며 내 심정을 보이네.

정용(程龍)

皇華過此筆如峯	사신들 이곳 지나며 산처럼 시 남겼으니
下拜抒誠詩句窮	절하며 정성껏 시구를 살펴보네.
賢聖心同明月皎	성현의 마음은 밝은 달과 같고
松丘古墓大文宗	솔 언덕 옛 무덤은 문화의 종주이네.

양경우(梁慶遇)

箕聖西來日	기자가 서쪽에서 오던 날
君臨析木墟	임금이 석목진에서 맞았네.
殷猶存禮樂	은나라에는 예악이 있었고
周已混車書	주나라도 제도를 통일했네.
舊國千年後	옛 도읍지는 천년 뒤에
荒墳四尺餘	네 자쯤 되는 황량한 무덤 되었네.
忠臣與孝子	충신과 효자를 보면
遺化此何如	끼친 교화가 얼마인가.

차천로(車天輅)

百世師先聖	백세동안 옛 성인 사표였으나
千年國故墟	천년 후에 도읍은 옛 터 되었네.
明夷傳易繇	명이는 주역의 괘로 전하고
洪範入周書	홍범은 주서에 들어가게 되었네.
古墓殘碑在	옛 무덤엔 낡은 비가 남아 있고
荒山古木餘	황량한 산엔 고목이 남아 있네.
浿水流不盡	대동강은 끝없이 흐르는데
遺化共何如	남겨진 교화는 모두 어떠한지.

조경(趙絅)

罔僕于周志乃伸	주의 신하 되지 않으려는 뜻을 펴서
佯狂還合齒三仁	미친 척하니 오히려 어진 세 사람이 되었네.
公陳洪範心無我	홍범을 아뢴 마음엔 사사로움 없었으니
何陋東夷德有隣	덕 있는 곳에 이웃 있는 동쪽 나라가 어찌 보잘 것 없으랴.
六七王風吹海日	6, 7명의 어진 왕풍이 바다 너머 불어오고
五千殷士作鮮民	오천 명의 은나라 사람 조선백성 되었네.
至今報祀修丘壟	지금껏 제사 지내고 무덤 잘 보수했으니
白馬威儀若隔晨	백마의 위의가 마치 어제 일 같네.

이경석(李景奭)

不敢私疇範	감히 홍범을 사사로이 하지 못해
東來啓我民	동쪽으로 와서 우리 백성 계도했네.

佯狂終見義	미친 척하며 결국 의리를 보였으니
先聖竝稱仁	옛 성현과 나란히 어질다고 일컬어졌네.
周自三千士	주나라엔 삼천 명의 군사 있었고
殷猶半萬人	은나라에서도 오히려 오천 명이 왔네.
西行想白馬	서쪽으로 가면서 백마를 생각하니
弔古倍傷神	옛일 생각에 갑절이나 마음이 아프네.

이민구(李敏求)

箕子墓門秋日鮮	기자의 무덤은 가을이라 선명한데
行人灑淚石羊前	행인들은 석물 앞에서 눈물을 흘리네.
周邦運啓仁賢去	주나라 건국되자 현인들은 떠나갔고
孔壁書開大法傳	공자의 벽에서 책 나와 큰 법도 전해졌네.
江上閭閻通御井	강가 민가에도 어정이 통해 있고
城邊經界辨公田	성 주변 경계에서도 공전을 알 수 있네.
殷墟麥秀休深恨	은허에 무성한 보리이삭을 한탄 말지니
此地蓬蒿又幾年	이 땅이 쑥대밭 된 지 또 얼마였던가.

『평양속지』(Ⅰ) 권3, 시문, 정전(井田)

주지축(朱之蕃)

箕封舊俗惟耕稼	기자가 봉해진 옛 시절의 풍속은 농사짓는 일,
有事西疇正及春	밭갈이 할 서쪽 밭엔 마침 봄이 이르렀네.
阡陌未開遺制在	밭둑길 개간하지 않았지만 제도는 남아 있어
民需潤澤國當新	백성의 삶이 윤택하니 나라도 새로워지리라.

양유년(梁有年)

千載箕封幾變遷　천 년 전 기자가 봉해진 뒤 얼마나 바뀌었나.
宜民古法至今傳　백성에게 알맞은 법이 지금도 전하지네.
淳風猶自存耕鑿　순박한 풍속은 농사일에 남아 있기에
不問河源問井田　황하의 수원을 묻지 않고 정전을 물어보네.

차천로

晚出含毬覓井田　저녁에 함구문을 나와 정전을 찾아가니
至今遺迹仰仁賢　지금 남아 있는 유적에서 성현을 우러르네.
立圭軒帝分州制　헌원황제 토규를 세워 땅을 나눴고
畵壤朝鮮建國年　땅을 구획한 건 조선이 건국했을 때.
已用九疇遵禹貢　구주를 써 우공의 뜻 따랐으니
詎知三變決秦阡　어찌 세 번 변해 진나라의 천맥법 될 줄 알았나.
東韓禮樂衣冠俗　동쪽 나라의 예악과 의관 풍속엔
聖化千秋萬古傳　성인의 교화가 영원히 전해지리라.

『평양속지』(Ⅰ) 권3, 시문, 기자정(箕子井)

양도인(楊道寅)

洌泉深處水晶寒　찬 샘 깊은 곳에 수정이 찬데
氷雪凝來一樣看　얼음이 얼어 한 가지로 보이네.
夜靜甃涵千古月　고요한 밤 벽돌담은 천고의 달을 품어
至今流澤猶堪飱　지금까지 은택으로 마실 만하네.

『평양속지』(Ⅰ) 권3, 시문, 기자정(箕子井)

차천로

百尺寒泉澈地淸	백 척 찬 샘이 바닥까지 맑은데
汲深分碧轆轤聲	푸른 물 퍼 올리는 도르래 소리.
一杯頓解相如渴	물 한 잔에 상여의 소갈증도 해갈되니
却想衢樽酌萬生	도리어 물동이 두어 온 백성에게 주고 싶네.

『평양속지』(Ⅰ) 권3, 시문, 평양에서 옛일을 생각하다[기성조고(箕城弔古)]

강왈광(姜曰廣)

烟老濕山山積憂	안개는 산을 적시고, 산엔 근심 쌓였는데
日瘦淡淡慘欲收	해도 여위어 담담하게 참혹한 풍경 거두려는 듯.
苔草陰圻延古意	응달의 이끼와 풀에서 옛 뜻을 보건만
虫響吟根寒不浮	나무의 벌레 소리는 차갑게 가라앉았네.
井田梗莽紛狐兎	정전은 황량해져 토끼 굴만 분분하고
頹垣鳥雀聲啾啾	무너진 담엔 새들이 짹짹 울어대네.
天荒地懶春無主	황폐한 천지엔 봄이 와도 주인이 없고
城下浿江空自流	성 아래 대동강은 그저 절로 흘러가네.
麒麟一去何時返	기린마는 떠나가서 언제나 돌아오나,
練光望斷飛龍秋	연광정에서 바라보니 비룡이 뛰노네.
四顧江山思寂寥	사방의 강산을 돌아보니 적막한 생각 뿐,
黑松深處忽樵唱	검은 소나무 깊은 곳에 홀연 나무꾼 노랫소리.
靑繩斷絕晝沈沈	임금이 없어져서 낮인데도 어둑하고
昔時宮殿今塵堁	그 옛날 궁전은 이제 먼지가 되었네.
可憐歌舞竝成塵	가련히도 춤추며 노래하던 곳도 먼지 되어

歎息未了風吹斷	탄식이 이어지니 바람도 불지 않네.
樵夫指點譯模糊	나무꾼이 가리키는데 역관의 말 모호하니
蛇龍得失抛公案	임진, 계사년의 득실은 따질 수 없구나.
日落鵑啼噴血忙	해질녘 두견새 울음은 피를 토하는 듯,
幽壙啀喍相凌亂	무덤에선 어지러이 울부짖네.
老狸號起地中人	살쾡이가 땅 속 사람들을 불러일으켜
夜半白骨出相語	한밤중 백골이 나와 말하네.
烟裏聞聲細濛濛	안개 속에 들리는 소리 가늘어 흐릿한데
陰風莫吹舊塵去	바람아 불지마라 옛 먼지 사라지니.
怨結重泉淚不滅	원한 맺은 중천에선 눈물이 가실 날 없겠고
滴盡斷碑殘礎泐	눈물방울 비석에 떨어져 주춧돌만 닳는구나.
陰房露冷鬼燈昏	응달 방엔 이슬 차고 푸른 등불 켜 있는데
空山雲閉月影黑	빈산엔 구름에 가려 달그림자 어둡구나.
天鷄千峯叫不白	새벽닭 온 산에 울어도 말 전할 수 없고
愁雲塡迷招不得	시름겨운 구름이 어둑해져 부를 수 없네.

『평양속지』(Ⅰ) 권3, 시문, 평양에서 옛일을 생각하다[기성조고(箕城弔古)]

이식(李植)

夸娥力弊愚公憂	과아씨 힘 쇠해지자 우공이 근심하니
海底三山抛不收	바다 아래 삼신산도 거두지 못했네.
析木東躔照樂浪	석목 동쪽 별자리는 낙랑을 비추어
支祈掣鎖高城浮	지기가 쇠줄 끌자 성곽이 떠올라 흔들렸네.
蒼麟夜去蹴扶桑	푸른 기린마는 밤길 가다 부상을 걷어차고
側耳醢瓮蚊吟啾	술 단지에 귀 기울이니 모기떼들 소리.
錦繡爲山綻不縫	금수산 찢어져 꿰매지지 못했으니

能令浿水西南流	대동강인들 서남쪽으로 잘 흘렀으랴.
南湖女兒歌玉樹	남호의 아가씨들 옥수가를 부르고
松栢作薪芙蓉秋	소나무는 땔감 되고 부용도 시들었네.
麻姑兩鬢蘆花色	마고선녀 귀밑머리 갈대꽃처럼 희고
翁仲笑答銅仙唱	옹중은 웃으며 동선의 노래에 화답하네.
丹靑繡出李摠戎	단청 갑옷 입고 나선 이총융,
虎睛炯炯射坌坱	범 같은 눈으로 왜적들을 쏘아봤지.
蠻兒三窟眞瓦礫	왜적들 세 굴을 자갈로 채워놨으나
龍泉斫江江未斷	용천검으로 강을 찍어도 강을 끊지 못했네.
精靈黯黯叫不醒	정령들은 캄캄하여 불러도 깨지 않고
白日鼯鼠嚙香案	한낮엔 쥐들이 제단을 갉아대네.
黃昏簷鐸弔啼鬼	저물녘 풍경소리 우는 넋 위로하고
雨濕坑壕燐墮亂	비가 오면 참호엔 도깨비불 어지럽네.
城中春酒數百斛	성안에 봄 술 수백 섬과
明月人家管弦語	밝은 달밤 인가의 풍악 소리.
不須擧盃澆荒壟	술잔 들어 황량한 무덤에 뿌릴 필요 없으리,
英雄陳迹泥鴻去	영웅의 자취는 눈 위의 기러기 발자국 같은 것.
北山斲槨槨已毁	북산에 묻은 관, 관은 이미 깨어지고
漢水沈碑碑亦泐	한수에 빠뜨린 비석, 비석 역시 닳았으리.
八條歌誦變荒嗃	팔조목 노래는 조잡하게 변했건만
東方之月開昏黑	동쪽 달이 어둔 하늘 열어젖혔네.
鐵犁耕破井字訛	쟁기로 정전 밭두둑 갈아엎을 때
往往血鏃田中得	이따금 피 묻은 화살촉 밭에서 나온다네.

『평양속지』(Ⅰ) 권3, 시문, 평양에서 옛일을 생각하다 [기성조고(箕城弔古)]

정홍명(鄭弘溟)

有手不須挹翠勻	손 있어도 푸른 빛깔 떠 담지 못하고
有耳不須聆絃索	귀 있어도 거문고 소리 감상 못하네.
使華新詞動哀玉	사신의 새로 쓴 시 슬피 옥이 울리는 듯
讀來頓覺醒六鑿	읽어보니 감각과 의식을 일깨우네.
浿江悲風生夕瀾	대동강 슬픈 바람 저녁 물결에 불어와
滿眼凄迷雲物寒	눈에 가득 처량하니 풍경이 차갑네.
箕封井落存舊俗	기자 나라의 퇴락한 정전에 옛 풍속 남아 있고
百年禮樂稱東韓	백년의 예악으로 동쪽나라 일컬어졌네.
憶昨島夷干天怒	지난날 왜적이 천자를 노엽게 하여
王師濯征擁貔虎	군대가 출정하여 비호같이 포위하였지.
雷霆震疊勢壓卵	천둥벼락 치듯이 쉽게 제압하여
進迫鹿島嚴旗鼓	녹도로 진격하여 깃발과 북을 울렸네.
豺牙無計逞噬呑	승냥이 이빨로도 집어삼킬 방도 없어
中宵鳥竄仍波奔	한밤중에 새처럼 서둘러 도망쳤지.
三京舊物次第收	삼경의 영토를 차례로 수복하고
疆場靜掃煙塵昏	강역의 전란의 기운 모두 쓸어냈네.
天上分明懸漢月	하늘엔 환하게 고국의 달이 걸렸고
陣前森索妖星沒	진영은 삼엄하여 재앙의 별이 사라졌네.
藩邦再造是帝力	이 나라 재건한 건 황제의 덕분이니
臣民稽首拱北闕	신민들 북궐 향해 두 손 모아 절하네.
況今遼薊虜馬驚	하물며 지금은 요계에 오랑캐 요란하여
諸將扼腕思蕩平	여러 장군들 분개하며 소탕하려 하는 때.
我王敵愾圖報效	우리 임금 적개심으로 보은하려 하나니
白日定照丹衷明	태양이 필시 충정단심 비춰 주리라.

『평양속지』(Ⅰ) 권3, 시문, 서도 잡영(西都雜詠)

서거정

浿水吾今幾度過	지금 내가 대동강을 몇 번이나 건넜나,
故都興廢淚雙沱	옛 도읍의 흥망성쇠에 두 눈엔 눈물만.
天荒地破江山變	세상이 생겨나면서부터 강산이 변해 왔고
物換星移歲月多	풍경과 별자리 달라지면서 세월도 많이 흘렀네.
過客每瞻箕子廟	나그네는 매번 기자묘를 올라다 보고
行人遙指發盧河	행인들은 멀리 발로하를 가리키네.
隋唐渺渺俱陳迹	수나라 당나라 일은 아득한 자취 되었으니
不用登臨慷慨歌	누각에 올라 강개한 노래 부를 필요 없다네.

『평양속지』(Ⅰ) 권3, 시문, 서도 잡영(西都雜詠)

김인후(金麟厚)

檀君生有異	단군은 출생이 남달랐고
箕子敎無窮	기자의 가르침은 끝이 없네.
井畵存遺制	정전은 자취가 남아 있고
科條革舊風	팔조목은 옛 풍습을 혁신했네.
流亡聞衛滿	망명 온 위만 이야기를 들었고
崛起說朱蒙	대단한 인물로 주몽을 말한다네.
俎豆初循禮	제사는 처음부터 예를 따랐고
弓矛後尙戎	활과 창으로 후에 무를 숭상했네.
漢皇開樂浪	한 황제가 낙랑을 열었고
唐室置安東	당 왕실이 안동을 두었네.
錦繡峯巒麗	금수산은 봉우리가 아리땁고
綾羅島嶼雄	능라도는 섬이 웅대하네.

兔山荒草樹	토산은 풀과 나무가 황량하고
麟窟暗蒿蓬	기린굴은 덤불 속에 숨겨있네.
石沒朝天迹	바위엔 조천의 자취 패어 있고
巖專捍水功	바위는 물 막아준 공이 있네.
浿江誰作鎭	대동강에 누가 진을 만들었나.
龍堰謾成宮	용언엔 부질없이 궁 만들었네.
不復臨長樂	다시는 장락궁에 가지 않으려는데
山河繞永崇	산하는 영숭전을 둘렀네.

『평양속지』(Ⅰ) 권3, 시문, 서도 잡영(西都雜詠)

유홍

箕封千里舊寰區	기자는 천리 밖 옛 도읍에 봉해졌는데
遺俗家家聽讀書	풍속은 집집마다 소리 내어 책 읽는 것.
潮滿渡頭通海舶	나루터에 밀물 밀려와 배가 통하고
市依沙步賣江魚	모래사장에 시장 열려 생선을 파네.
酒回小雨催詩後	가랑비에 술잔 돌려 시 쓰라 독촉하고
興發高樓縱目初	누각에서 흥이 올라 맘껏 바라보네.
薄暮烟村信馬去	저물녘 연기 나는 마을로 말에 몸을 실으니
東風花落鳥啼餘	동풍에 꽃 떨어지고 새가 우는구나.

『평양속지』(Ⅰ) 권3, 시문, 서도 잡영(西都雜詠)

박미(朴瀰)

檀下神人始此都	박달나무 아래 신인이 처음 이곳에 도읍을 세워
至今遺廟古城隅	지금껏 사당이 옛 성 모퉁이에 있네.

不知當日阿斯達	알 수 없어라. 그때 아사달에서도
亦有攀髯墮者無	임금의 죽음을 애통해한 이 있었을지. [제1수]
周家井制出鄒賢	주나라 정전제도 맹자가 말했지만
猶是其詳不得傳	그래도 상세한 내용은 전하지 않았네.
試向含毬門外望	함구문 밖을 향해 바라보게나,
平郊十里卽商田	십리 평야가 바로 상나라 정전이네. [제3수]

『평양속지』(Ⅰ) 권3, 시문, 서도 잡영(西都雜詠)

이상질(李尙質)

君不見平壤城	그대 보지 못하였나, 평양성은
靑山粉堞周遭在	푸른 산이 성을 두르고 있네.
朱樓畫閣紛綺羅	붉고 아름다운 누각엔 기생들 많아
歌舞千年長不廢	춤과 노래는 영원히 사라지지 않네.
黃金結客少年場	황금으로 맺어진 소년들 모임에
寶瑟娼家紅錦香	비파 타는 기생의 붉은 비단 향기롭네.
關西使者日相望	관서의 사신들 날마다 바라보니
銀鞍玉勒生輝光	은 안장 옥 굴레 빛이 찬란하네.
寂寞前朝不須悲	적막한 옛 왕조 슬퍼하지 말지니
東風芳草燕子飛	봄바람에 풀 나고 제비도 날아오네.
太白神人何處去	태백산 신인은 어디로 떠나갔나.
朝天麟馬更不歸	조천하러 간 기린마 돌아오지 않네.
楊柳靑靑浿江碧	버드나무 파릇파릇 대동강 푸른데
人去人來豈終極	사람은 가고 오고 어찌 끝이 있으랴.
臺傾空有鳳凰名	기운 누대엔 부질없이 봉황 이름이 붙고
山舊猶存錦繡色	유구한 산에는 여전히 비단 빛깔 남아 있네.

故人方爲點馬行	친구는 이제 말을 점검하러 떠나니
萬里關河空復情	만리 변방에서 공연히 다시 착잡해지네.
請君關外莫留連	그대 변방 밖에서 오래 머물지 말게,
須計行程早還京	가는 길 헤아리며 빨리 돌아오게나.

『평양속지』(Ⅰ) 권3, 시문, 인현서원

신실하고 아름다우니 푸른 빛깔의 산기슭이여,
우뚝 솟아 있노니 여러 평의 대궐이라.
부사(父師)께서는 나라로 삼지 않으셨다면,
나는 거의 오랑캐가 될 뻔하였다.
세월에 밭이랑이 어그러져 희미해졌고,
산과 강은 변하였으나 세상은 같구나.
힘썼노라! 기자가 다스리던 땅의 선비들이여.
덕을 좋아하여 기자가 남긴 풍속이 오히려 있구나.

『평양속지』(Ⅰ) 권4, 숙종대왕 어제(肅宗大王御製), 기자찬(箕子贊)

痛紂淫虐	슬프게도 주왕 음학하여
殷祚將傾	은나라 왕조가 무너질 지경.
是用大諫	이에 크게 간하였으니
曰惟至誠	오직 정성을 다했을 뿐.
道傳洪範	도를 홍범으로 전하며
九類以成	아홉 항목을 이루었네.
化被東土	교화가 동쪽 땅에 펼쳐지니
八條乃明	팔조목이 이에 분명해졌네.

『평양속지』(Ⅰ) 권4, 유평양기(遊平壤記)

설정총(薛廷寵)

평양은 원래 기자의 옛 도읍지다. 당(唐) 이전에는 고구려 사람들이 살았다. 한 무제(漢武帝)가 낙랑군(樂浪郡)을 설치하고 당 고종(唐高宗)이 도호부(都護府)를 세운 것은 모두 이 지역의 승경과 고적이 다른 군에 비해 유독 많기 때문이다.

내가 홍산태사(鴻山太史) 화찰(華察)과 함께 동쪽으로 강을 건너 평양에 머물면서 역관에게 "이곳에 문묘와 기자묘, 단군묘, 동명왕묘 등 여러 사당이 있다는데 어디에 있으며, 어째서 먼저 가지 않는가?"라고 묻자 "객관의 서쪽에서 약간 북쪽에 높은 산 넓은 언덕이 있는데 소나무가 울창한 곳이 문묘이고 그 오른쪽 사당이 기자묘, 왼쪽 사당이 단군묘와 동명왕묘입니다. 빨리 가시지요"라고 하여 나무가 우거져 있는 길에 도착하였더니 제자원(弟子員)들이 길 오른쪽에 늘어서 있는데 준수한 선비들이었다. 사당에 들어가서 엎드려 절하고 당에 올라가서 사방을 둘러보았다. 비록 사당의 규모가 대단하지는 않지만 필수적인 것은 모두 갖추었고 비품은 제 위치에 있지만 새 건물 같지는 않았다. 나와서 강당에 앉으니 학관(學官)이 제자원들을 데리고 와서 인사를 하였다. 이를 끝낸 뒤에 기자묘를 참배했는데 새 편액에 예전의 글들이 걸려 있었다. 모두 조정의 걸출한 공들의 제영이었고 앞에는 비정(碑亭)이 있었는데 이 나라의 대부가 쓴 것이었다.

다시 단군묘와 동명왕묘를 참배했는데 저녁이 되려는 참이었다.

『평양속지』(Ⅰ) 권4, 의구가(擬九歌)

김시습

帝子降兮香崟	천제의 아들이 묘향산에 내려오셨을 때
熊虎嘷兮毛鬆茸	곰과 호랑이는 울부짖으며 털이 무성했네.
錫靈劑兮化人	영약을 내려주어 사람으로 만드시니

賽轉續兮相嬗	왕위를 계승하고 선양하셨네.
檀君來兮阿丘	단군이 아사달로 내려가시니
臣妾走兮挾輄	부인들이 달려가서 수레 옆에 있었네.
靈繽紛兮來遊	혼령이 분분히 나와서 노니시니
賽揖讓兮悾悾	절하고 사례하며 정성을 다했네.
明酒兮犧尊	맑은 술을 제사상에 올리고
燔黍兮捭豚	기장쌀을 익히고 돼지고기도 올렸네.
擊缶鼓兮吹卷蘆	술통과 북을 치고 갈댓잎을 부니
奠羞菲兮心愉愉	제수는 소박하지만 마음이 흐뭇하네.
公尸喜兮顔酡	제후와 시동은 기뻐 얼굴이 불그레하고
羌屢舞兮傞傞	그칠 줄 모르고 춤을 추네.
靈降福兮穰穰	신령의 복 내려 넘치고 넘치니
賽歡樂兮無疆	기쁨과 즐거움은 끝이 없구나.

이상은 단군사(檀君祠)이다.

天命兮玄鳥	하늘이 제비에게 명하여
錫勇智兮載肇	지혜와 용기를 주어 나라를 열게 하셨네.
終淵藪兮潰且焚	결국 못과 숲은 무너져 불탔으니
賽不撝兮姬垣	떨치지 못하고 주나라가 에워쌌네.
訪陳範兮助風猷	찾아가 홍범을 아뢰고 찬란하게 도와서
分茅我土兮天塹	우리 땅에 봉해지니 천연의 요새이네.
長江兮如帶	긴 강은 띠 두른 것 같고
原隰兮茂茂	언덕과 습지는 무성하네.
聿來兮浚澮	드디어 와서 도랑을 파니
荏菽兮旆旆	깨와 콩도 무성하였네.

牖頑兮八條	어리석은 백성을 팔조목으로 일깨우시니
靈胡不來以消遙	신령은 어찌 와서 소요하지 않는가.
鼓瑟兮吹簫	거문고를 타고 퉁소를 불며
以濩兮以韶	탕왕의 호(濩), 순임금의 소(韶)로 하셨네.
靈之來兮孔昭	신령이 오시어 매우 밝으니
酌鬯兮奠斝	울창주를 따라 술잔을 제사상에 올리네.
禮貌兮藉藉	예의 갖춘 모습이 훌륭하니
騫靈修兮來歡	진실로 어진 임금 오셔서 기뻐하소서.
歌盛德兮未闌	성대한 덕을 노래함이 끝이 없어라.

이상은 기자사(箕子祠)이다.

戴九曲兮嶷嶷	아홉 구비에 산이 우뚝우뚝
養黔蒼兮萬國	만국의 백성들을 기르셨네.
被髮兮鬖鬆	머리는 풀어헤쳐 더부룩하셨고
靈躞蹀兮涌空	신령으로 오셨다가 하늘로 가시네.
吹塤兮擊缶	나팔을 불고 장구를 치니
疏緩節兮矯手	느린 박자 따라 손을 들어 올리시네.
雨我畝兮公私	우리 공전과 사전에 비를 내려주시니
露溥溥兮禾纍纍	이슬이 널리 내려 벼이삭이 영글었네.
庶民豐殷兮酒醴馨	백성의 풍년이 균등하여 감주가 향기로우니
神永依兮爀靈	신이여, 길이 빛나는 신령에게 의지하소서.

이상은 후토(后土)이다.

儼宮殿兮人物	근엄한 궁전 속의 인물
靈之棲兮洞穴	신령이 깃든 듯한 동굴.
波瀚瀚兮相撞	물결이 출렁출렁 서로 부딪히니
謇壯猛兮磨瀧	거센 물결 서로 갈고 닦였네.
民嘲噱兮亂哤	백성들은 비웃고 어지럽게 떠들어서
神祇怒兮洪滂	천신(天神)과 지기(地祇)가 노하여 큰 비를 내리니
激硈兮潰堤	격랑이 바위를 치고 둑을 무너뜨려
欻忽兮端倪	순식간에 태초의 혼돈 상태.
奠桂酒兮激羽	제사상의 계주는 찰랑거리고
吹龍笛兮擊鼉鼓	젓대를 불고 북을 치네.
令溪壑兮安流	계곡물을 편안히 흐르게 하고
使浿水兮悠悠	대동강 물을 유유히 흐르게 하신다면
民安堵兮環居	백성들은 안도해 둘러 살면서
賴神力兮煦嘘	신의 힘 덕분에 숨을 쉬게 되리라.

이상은 물가(墳衍)이다.

『평양속지』(Ⅰ) 권4, 숭인전비문(崇仁殿碑文)

이정귀(李廷龜)

  은(殷)나라가 망했을 때 세 사람의 처신은 같지 않았지만 공자는 이들을 함께 '삼인(三仁)'이라고 하였고 주자는 이 세 사람이 처지가 바뀌었더라도 모두 그러하였을 것이라고 여겼습니다. 신은 생각건대 기자(箕子)가 주(紂)왕에게 충간한 것이 비간(比干)보다 먼저였는데 주왕이 죽이지 않고 가둔 것은 하늘이 그렇게 한 것입니다. 무왕(武王)이 다른 곳에 봉하지 않고 조선에 봉한 것도 또한 하늘이 그렇게 한 것입니다. 왜 그렇겠습니까? 하늘이 하도(河圖)를 복희씨(伏羲氏)에게 주었으나 팔괘(八卦)의 변화가 여전히 드러나지 않았는데 문왕(文王)이 갇히고 나서야 비로소 『역』의 단(彖, 괘사)을 자세히 설명하였습니다. 하늘이 낙서(洛書)를 우(禹)임금에게 주었으나 그래도 구주(九疇)의 수는 밝혀지지 않았는데 기자가 곤경에 처하고서야 비로소 홍범(洪範)을 서술하였습니다. 천인(天人)의 묘한 이치가 이에 크게 밝혀지고 제왕 정치의 큰 줄기와 법도가 천하 후세에 전해질 수 있게 되었습니다. 만약 문왕이 『역』을 자세히 설명하지 않고 기자가 구주를 서술하지 않았더라면 하도와 낙서는 그저 하나도 규명되지 못하여 혼돈 상태였을 것입니다. 하늘이 복희씨와 우임금에게 준 것이 어찌 진실로 그렇게 하려던 것이겠습니까? 이것이 하늘의 뜻이 아니라면 누구의 뜻이겠습니까?

또 하늘이 백성을 냄에 반드시 성현을 내려주어 임금과 스승으로 만들어 백성들이 삶을 영위할 수 있게 하고 가르침을 세워주시니 복희씨, 헌원씨(軒轅氏), 요임금, 순임금이 중국을 교화한 것이 이러한 예입니다. 우리나라는 비록 외진 곳이지만 또한 하늘의 백성입니다. 그러나 단군 때부터 인문이 드러나지 못하여 무지몽매한 상태였으니 만약 기자의 팔조목의 가르침이 없었더라면 끝내 오랑캐의 습속을 면하지 못했을 것입니다. 기자가 우리나라를 교화한 것은 복희씨, 헌원씨, 요임금, 순임금이 중국을 교화한 것과 마찬가지로 그렇게 하지 않을 수 없는 이유가 있었을 따름이니 이 또한 하늘이 뜻이 아니라면 누구의 뜻이겠습니까? 하늘이 기자를 죽이지 않은 것은 도를 전하기 위해서였고 백성을 교화하기 위해서였으니 기자가 죽고 싶어 한들 할 수 있었겠습니까? 무왕이 조선에 봉하고 싶지 않다고 그렇게 할 수 있었겠습니까? 그러니 기자가 우리 도학에 끼친 공로는 실로 천하의 온 나라가 함께 덕을 본 것인데 직접 가르침을 받은 은혜는 우리나라가 가장 많았습니다. 삼한(三韓)이 영원토록 사람이 사람 노릇을 할 수 있게 한 공덕이 얼마나 대단합니까?

공자의 도는 비록 크지만 오랑캐의 나라에는 교화가 미치지 못한 바가 있습니다. 기자가 우리나라를 교화한 것은 공자가 태어나기 전의 일이었습니다. 그래서 공자는 배를 타고 가서 살고 싶다는 뜻까지 가지게 된 것이니 예의와 문명의 교화가 여기에서 시작된 지 오래되었습니다. 만약 기자의 교화가 먼저 있지 않았더라면 후대에 공자의 도가 있다고 해도 그 교화가 어찌 쉽게 들어올 수 있었겠습니까? 그러니 우리나라가 기자를 숭배하고 그 은덕에 보답하는 예는 공자와 같은 수준으로 높여야 할 것입니다. 그러나 아직도 제사지내는 곳이 많지 않고 그 후손을 세우지 못하였으니 참으로 유감스러운 일입니다만 또한 아마도 기다린 바가 있었을 것입니다.

우리 전하께서 즉위하신 지 3년째 되는 해인 1611년(광해군 3)에 본도의 선비 조삼성(曹三省)·양덕록(楊德祿)·정민(鄭旻) 등이 연달아 항소하여 말하기를 "사서(史書)에 의하면 기자 이후 41세(世)인 준(準)에 이르러 위만(衛滿)에게 축출되었으며 마한(馬韓) 말엽에 후손 세 사람이 있었는데 친(親)은 후대에 한씨(韓氏)가 되었고 평(平)은 기씨(奇氏)가 되었고 양(諒)은 용강(龍岡) 오석산(烏石山)에 들어가 선우(鮮于)에게 계통을 전했다고 합니다. 그 세계(世系)는 운서(韻書)에서 '선우는 자성(子姓)인데 주(周)나라가 기자를 조선에 봉하였고 둘째 아들 중(仲)이 우(于)땅을 식읍으로 받았기 때문에 씨(氏)가 선우가 된 것이다' 하였고 『강목(綱目)』에서는 '기자가 조선에 봉해졌고 그 아들이 우 땅을 식읍으로 받았기에 선우를 성(姓)으로 삼게 되었다' 하였습니다. 조맹부(趙孟頫)가 선우추(鮮于樞)에게 준 시에 '기자의 후손에 수염 많은 사람이 많다(箕子之後多髥翁)'라고 하였으니 선우가 기자의 후손임은 이미 명백하게 드러나지 않겠습니까. 홍무(洪武) 연간에 선우경(鮮于景)이라는 사람이 중령별장(中領別將)이 되었고 그 7대손 식(寔)이 태천(泰川)에서 와서 기자묘(箕子廟) 곁에 산 지가 어언 10년이 되었습니다. 청컨대 선우식에게 기자의 제사를 맡게 하소서" 하였습니다. 전하께서 그 일을 중히 여겨 예관(禮官)에게 명하여 대신에게 자문하게 하는 한편 본도(本道)에 명하여 선우식을 찾아가서 물어보고 복계(覆啓)하게 하였는데 일이 모두 근거가 있었습니다. 조정 의론이 모두 찬성하여 드디어 선우씨를 기자의 후손으로 정하였습니다. 이듬해인 1612년(광해군 4) 봄에 어명으로 사당에 '숭인(崇仁)'이라는 전호(殿號)를 걸고 선우식에게 전감(殿監) 벼슬을 내리고 자손 대대로 이어받게 하였습니다.

옛날 주 무왕(周武王)이 황제와 요·순의 후손을 찾아서 삼각(三恪)으로 삼고 그 선조의 제사를 모시게 하였으니 성인이 덕을 숭상하고 끊어진 세대를 이어 제사를 지내게 해 주는 뜻은 천고에 걸쳐 똑같다고 하겠습니다. 그리고 부윤에게 명하여 묘도(墓道)를 만들고 사우를 수리하게 하였으며 제전(祭田)과 수호(守戶)를 증설하여 제수를 공급하고 청소를 하게 하였습니다. 또 무릇 성(姓)이 선우인 사람은 세금과 부역을 면제하고 군적에 넣지도 않음으로써 그들로 하여금 기자의 사당 아래 모여 살게 하는 한편 근신(近臣)을 보내 향을 가지고 가서 사당에 축제(祝祭)하여 고유(告由)하게 하였으니 기자를 존숭하는 예전(禮典)이 이에 이르러 더할 나위 없게 되었습니다. 이는 실로 올바른 도리를 기르게 하고 세도(世道)를 만회하는 일대 기회인 것입니다. 아아, 성대합니다.

당초 1576년(선조 9)에 본도의 선비들이 성사(聖師)의 유택을 존모하여 부 서남쪽 창광산(蒼光山) 아래 서원을 세우고 강당을 설치, 이름을 홍범서원(洪範書院)이라 하여 유생들이 기자를 존숭하고 도학을 강학하는 장소로 삼았습니다. 그리고 1608년(선조 41) 겨울에 인현서원(仁賢書院)이라는 사액을 받았습니다.

이에 이르러 관찰사 정사호(鄭賜湖)가 조정에 보고하기를 "지금 기자전(箕子殿)에 명호를 걸고 후손을 세워 제사를 지내게 한 것은 수천 년 이래 없었던 성대한 일입니다. 이 지역의 백성들이 모두 부사(父師)에게 문명의 교화를 다시 입은 것처럼 기뻐서 뛰면서 모두 이 사실을 비석에 새겨 크나큰 경사를 기리기를 바라고 있습니다. 바라건대 유신(儒臣)을 시켜 전후의 사적을 기술하여 사람들이 우러러 쳐다보고 영원히 후세에 전해질 수 있게 하소서" 하였습니다. 전하께서 승낙하시고 신에게 서술하라고 명하셨습니다. 신이 마침 예관(禮官)이라 이 일을 의논하는 자리에 참석하여 세상에 드문 예전(禮典)을 목도하였으므로 명을 받고 황공하여 감히 문사가 천하고 누추하여 글을 지을 수 없다고 사양할 수 없었습니다. 삼가 머리를 조아려 절하고 명을 바칩니다. 명은 다음과 같습니다.

天錫大範	하늘이 법도를 내려 주시니
神禹則之	우임금께서 법칙으로 삼으시고
以傳殷師	기자에게 전하셨네.
殷師嗣興	기자가 계승하여 흥기시키니
蒙難乃闡	감춰진 뜻이 드러나서

人文始顯	인문이 비로소 밝아졌네.
爰敍彝倫	이에 윤리를 펼쳐내어
以承聖問	성인의 물음에 대답하시니
是維帝訓	이는 상제의 가르침이네.
旣師武王	이미 무왕의 스승이 되시어
錫民之極	백성들의 표준을 내려 주시고
義罔臣僕	의리상 신하로 섬기지 않으셨네.
天地變化	하늘과 땅의 변화에서
我得其正	그 바른 이치를 얻어서
明夷自靖	명이괘로 도모하셨네.
乃睠東土	이에 동쪽나라를 돌아보시고
乃推斯道	이에 도를 미루어 폈으니
實天所造	실로 하늘이 그렇게 만들었네.
無遠無陋	먼 곳도 없고 누추한 곳도 없이
八條以化	팔조의 법으로 교화를 펴시어
變夷爲夏	오랑캐를 중화로 바꾸셨네.
仁涵于膚	어진 덕이 피부에 스며들어
道不拾遺	길에 떨어진 물건을 줍지 않으니
禮義之治	예의가 구현된 치세였었네.
巍乎盛德	높구나. 성대한 덕이여
百世以欽	백세토록 길이 우러르리니
受賜到今	그 은덕이 지금까지 이어지네.
浿水西涯	패수의 서쪽 기슭에는
不沫井洫	정전의 옛터가 남아 있으니
神跡如昨	신성한 자취가 엊그제 일 같네.
肇祠于麗	고려 때 사당을 지었으나

禮式不備	예식이 갖추어지지 못했고
寢遠以弛	세월이 갈수록 해이해졌네.
遙遙聖緖	아득한 성인의 계통은
不絶來雲	후손이 끊이지 않고 이어졌으나
派散支分	지파가 흩어지고 나뉘었었지.
惟明我后	밝으신 우리 임금께서는
遵範建極	홍범을 따라 법도를 세우시고
遠紹絶學	멀리 전승이 끊어진 학문을 이으셨네.
殿有美號	사당에는 아름다운 명호가 있고
院有華額	서원에는 빛나는 사액이 걸렸으니
益光且碩	더욱 빛나고 또 성대하여라.
立後繼絶	후손을 세워 끊어진 계통을 잇고
永襲世爵	영원히 벼슬을 세습하게 하셨으니
式是三恪	삼각을 본받은 것이네.
特祀于廟	사당에 특별한 향사를 모시니
黍稷馨香	기장은 향기롭고
禮意洋洋	예의가 넘쳐흐르네.
猗歟我王	훌륭하여라, 우리 왕이시여
聖謨其承	성인의 가르침을 이으셔서
賁我中興	이 나라의 중흥을 이루시네.
墜典畢擧	실추된 예전을 모두 정비하니
縟儀彬彬	그 의식의 법도가 찬란하여
千古一新	천고에 면모를 일신하였네.
於乎不顯	아아, 드러나지 않겠는가.
文在於玆	문이 바로 여기에 있으니
沒世之思	영원토록 사람들 사모하리라.

『평양속지』(Ⅰ) 권4, 용곡서원 비문(龍谷書院 碑文)

송시열(宋時烈)

은(殷)이 멸망하고 주(周)가 일어나자 기자(箕子)가 동쪽으로 와서 문치(文治)와 교화(敎化)를 크게 펴서 이(夷)가 변화시켜 화(華)가 되었다. 그러나 세대가 멀어지면서 도읍지가 황량해졌고 자손들도 쇠락해져 고증할 수가 없음은 하(夏)의 후예인 기(杞)보다 더 심하다.

본조(本朝)가 개국한 뒤 문교(文敎)가 서쪽 지방까지 미쳐서 선우(鮮于)공이라는 사람이 있었으니 이름이 협(浹), 자가 중윤(仲潤)으로, 기자의 후예이다. 옛 도읍지에서 우뚝 솟아나서 아득한 원류(源流)를 찾고 이미 없어진 단서를 탐색하였다. 그러나 팔조(八條)의 문서는 사라졌고 홍범(洪範)의 뜻은 깊어서 결국 송대 성리학의 서적을 통해 심성이기(心性理氣)에 관한 모든 학설을 탐구하였는데, 기자의 심법(心法)이 송(宋)나라 유학자들을 통해 크게 밝아졌기 때문에 차례로 원류를 따라 거슬러 올라가려는 것이었다.

그리하여 공은 훌륭하게도 서쪽 지역의 유가의 종가가 되었고 그를 따라 배우려고 하는 문도도 매우 많았다. 공은 마침내 자리에 올라 강설하면서 한결같이 성현(聖賢)의 글로써 그들을 일깨웠고 이때부터 서쪽 지역 선비들이 성리(性理)의 학설을 알 수 있게 되었다. 공은 자기가 독학(獨學)으로 고루(孤陋)한 폐단이 있을까봐 동남쪽을 유람하기도 하고 각처의 산천을 두루 보았으며 결국 도산서원(陶山書院)에 이르러 이황(李滉) 선생의 유서(遺書)와 서원에 소장된 책들을 열람하고, 그런 뒤에 인동(仁同)으로 가서 여헌(旅軒) 장현광(張顯光) 선생에게 인사를 드린 뒤에 며칠 있다가 돌아왔다. 마침내 사서(四書) 등에 주력하면서, "우리 도(道)가 여기 있는데 어찌 딴 데에서 찾겠는가"라고 하고 여러 생도들과 함께 용악산(龍岳山)으로 들어가 강독하고 가르친 지가 거의 몇십 년이 되었다.

조정에서 여러 차례 직책을 제수하였지만 나아가지 않다가 인조(仁祖) 말엽에 성균사업(成均司業)이 되었다. 인조가 승하하자 대궐 아래로 가서 곡하였다. 그때 신독재

(愼獨齋) 김집(金集)선생이 부름을 받고 서울에 와 있었는데 공이 다시 예물을 들고 찾아가 뵈었다. 김 선생은 조용하고 성의 있게 그를 대하면서 매우 정민(精敏)하다는 칭찬을 하였고 공은 곧바로 서쪽 지방으로 되돌아갔다.

효종대왕(孝宗大王)이 사방의 어진 선비들을 불러 모으면서 공을 다시 사업(司業)으로 부르셨다. 이어 평안도에 명을 내려 빨리 보내도록 하였으나 공은 사양하고 "『대학(大學)』한 편은 규모가 크고 절목(節目)이 갖추어져 있어 도(道)에 들어가는 문이고 모든 경전의 강령(綱領)이오니, 제왕(帝王)으로서 하루에 1, 2단(段)씩 숙독하고 정밀하게 생각하여 지극한 이치와 자신의 마음이 하나가 된 뒤에야 쓰임이 있게 할 수 있을 것입니다"라고 상소문을 올렸다. 또 "덕성(德性)을 높여 이 마음을 함양(涵養)해야만 큰 근본이 서는 것입니다. 참으로 장중하고 겸허하고 엄숙하고 두려워하는 태도로 이 마음을 간직하여 물욕(物欲)이 엄습하여 어지럽게 하지 않는 경지가 되면 사리를 관찰할 때 어디를 가거나 통하지 않음이 없을 것이고 이것으로 정사를 행하면 어떤 일을 처리하더라도 합당하지 않음이 없을 것입니다"라고 아뢰었다.

또 "마음이란 일신(一身)의 주인으로서 인(仁)·의(義)·예(禮)·지(智)의 성(性)을 갖추고 있다가 그것이 발동하여 측은(惻隱)·수오(羞惡)·사양(辭讓)·시비(是非)의 감정이 되는 것입니다. 그것이 이른바 '마음이 성품과 감정을 통솔하고 있다(心統性情)'는 것입니다. 마음은 하나뿐이지만 그것이 성명(性命)의 바른 데서 기원했을 때는 도심(道心)이 되는 것이고, 형기(形氣)의 사사로움에서 싹트면 인심(人心)이 되는 것입니다. 임금께서는 반드시 경(敬)을 주로 삼고 독공(篤恭)하며 정밀하게 살피고 전일하게 지켜서 언제나 도심이 일신의 주(主)가 되게 하고 인심이 그의 명령만을 듣게 한다면, 위태로운 인심이 안정이 될 것이고 은미한 도심이 드러나 무슨 일을 하거라도 틀림없이 중도를 얻을 것입니다. 대개 마음이란 허령(虛靈)하고 신묘(神妙)하며 그 체(體)가 한 치 마음속에 다 들어 있어 크기가 천지(天地)와 같고 그 용(用)은 매우 작은 데에서 나와 천지와 흐름을 함께하고 있습니다. 그러므로 그 크기로 말하면 무외(無外)의 끝까지 가서 포괄되지 않은 것이 없고 또 작기로 말하면 아무런 형체가 없는 데까지 이르지만 만물이 거기에 관련되지 않은 것이 없습니다. 처음 외물에 감응되기 이전에는 맑고도 깨어있어 마치 비어 있는 거울 같고 평형을 유지하는 저울 같습니다. 일단 외물에 감응하게 되면 호오(好惡)와 고하(高下)로 그대로 나타나게 되니 인심이 천심과 합치되어 하늘과 똑같이 되는 것입니다"라고 하였다.

또 "하늘의 도는 만물을 생육하는 것을 마음으로 삼고 심원하여 그침이 없고, 땅의 도는 만물을 형성하는 것을 마음으로 삼아 그 일을 그치지 않으며, 왕이 된 자의 도는 하늘과 땅이 하는 일을 마음으로 삼아 그를 본받아 그치지 않고 하는 것이니, 이 세 가지의 그치지 않음은 본분은 비록 다르지만 이치는 하나입니다. 하늘과 땅의 도는 항상 보여 주는 것이고[貞觀], 해와 달의 도는 항상 밝혀 주는 것이며[貞明], 왕이 된 자의 도는 항상 큰 본보기가 되는 것이니[貞夫大觀] 이 세 개의 정(貞)도 이치는 마찬가지입니다. 그러므로 하늘과 땅이 변함이 없이 생육하고 형성할 수 있고, 해와 달이 변함없이 만물을 비출 수 있으며, 성인(聖人)이 도(道)의 변함이 없이 천하(天下)를 교화하여 이루게 하는 것입니다. 왕이 된 자가 하늘의 도를 본받아 덕(德)을 닦고 도(道)를 융화되게 하지 않아서야 되겠습니까"라고 하였다.

또 "요순(堯舜)은 천지에 중화(中和)의 도를 지극하게 하여 수많은 성왕(聖王)의 조종(祖宗)이 되는 분입니다. 그의 도에는 밝고 은미함의 구별도 없고 안팎의 구분도 없으며 선후(先後)와 본말(本末)이 하나로 관통합니다. 그러나 그 절목은 군신(君臣)·부자(父子)·형제(兄弟)·부부(婦夫)·붕우(朋友)의 범위를 벗어나지 않습니다. 요순의 마음가짐으로 요순의 정치를 실행한다면 요순이 되기에 무슨 어려움이 있겠습니까"라고 하였다.

임금이 답하기를, "마음을 다스리고 이치를 궁구하는 요체로 이보다 큰 것이 없다. 내 마땅히 가슴에 새겨 잊지 않으리라"라고 하셨다. 그해 9월에 다시 대장(大葬)의 장례에 달려갔다가 돌아왔는데 1653년(효종 4)에 임금이 교서를 내려 특소(特召)하자 대궐에 이르러 사은하고 며칠을 머물렀으나 인대(引對)하지 못하였다.

공은 처음에는 포의(布衣)로 부름을 받는 것이 고사(故事)가 있는 일이라고 생각했으므로 한 차례 가서 임금을 뵙고 평소 닦았던 학문을 개진하려 했는데 여의치 않았으므로 결국 돌아가고 말았다. 그 후 상이 그것을 알고는 그가 떠나는 것을 아뢰지 않았다고 승지(承旨)를 꾸짖었다. 이해 12월 22일 세상을 떴다. 임종할 때 치상(治喪) 범절을 모두 예문(禮文)에 따라 할 것을 유언하고 또 부인들을 모두 나가게 하였다. 서쪽 지방 노소(老小)·귀천(貴賤)할 것 없이 달려와 곡하는 사람들이 길에 이어졌다. 공이 살던 평양부(平壤府) 서쪽 합지(蛤池) 연대동(煙臺洞)에 장례를 치르고, 문인(門人)들이 묘 앞에다 '돈암 선생(遯菴先生)'이라고 썼다. 왕은 부의(賻儀)를 내리도록 명하였다. 그후 경연(經筵)에서 신하가 아뢰기를, "선우협(鮮于浹)은 학업이 매우 독실하였고 식견도 높았으며 관서지방 사람들이 다소나마 나아갈 방향을 알게 된 것이 모두 그 사람의 덕분이었습니다"라고 하였다. 임금이 사헌부 집의(司憲府執義)를 추증하도록 명하였고, 평양과 태천(泰川) 사람들은 각각 제사를 지낼 사당을 세웠다. 아들 즙(檝)이 뒤를 이어 숭인전 감(崇仁殿監)이 되었다.

선우씨의 족보에 의하면, 은(殷)의 태사(太師)가 조선(朝鮮)에 와서 임금이 된 뒤에 아들 중(仲)을 두었는데 그의 식읍(食邑)이 우(于)였기 때문에 이렇게 해서 복성(複姓)이 되었다. 고려 시대에 정(靖)이라는 이름의 사람이 중서 주서(中書注書)를 하였고, 석(碩)은 죽주 부윤(竹州府尹)이었으며, 적(迪)은 소윤(少尹)이었다. 조선(朝鮮)에 접어들어 경(景)은 중령별장(中領別將)이었고, 그의 아들 선(渷)은 부정(副正)이었으며 강(江)은 건공장군(建功將軍)이었는데 강(江)이 공의 5대조(祖)이다. 고조(高祖)는 침(琛)이고 증조는 난(鸞)인데 다 교수(敎授)였고, 조부 춘(春)은 주부(主簿)이고 아버지 식(寔)은 숭인전감이다. 대대로 태천에 살다가 숭인전감 때 공이 비로소 평양으로 왔다. 숭인전은 평양에 있는데 태사(太師)의 사당이며 선우씨가 대대로 감(監)이 되었다. 어머니는 경주 이씨(慶州李氏)로 어모장군(禦侮將軍) 억수(億壽)의 딸인데, 1588년(선조 21)에 공을 낳았다.

공은 어려서부터 영리하고 단정했으며 언행에 늘 삼감이 있었다. 겨우 여덟 살 때 도보로 몇 백 리를 걸을 만큼 굳세고 힘도 있었다. 항상 친족들에게 말하기를 "우리들은 성인(聖人)의 후손이니 반드시 효(孝)·제(悌)·충(忠)·신(信)을 힘써 행함으로써 선조를 욕되게 하지 말아야 합니다" 하니 족성들이 모두 "아이가 무엇을 알기에 이런 말을 하는가. 우리들이 노력하지 않아서야 되겠는가" 하였다. 한번은 낮잠을 자다가 꿈에 태사인 듯한 사람이 시를 주기에 그것을 관부(官府)에 바쳤다. 관부에서는 곧 나라에 태사의 사당과 분묘를 개수(改修)하게 해달라고 청하였다. 태사의 무덤이 평양부 북쪽에서 오랫동안 황폐해져 있었기 때문이다.

 22세 때 처음으로 향선생(鄕先生) 김태좌(金台佐)에게 나아가 사서(四書)를 배웠는데 3년 동안 그것을 숙독하고 반복한 뒤에 비로소 『시경(詩經)』·『서경(書經)』·『춘추(春秋)』를 배웠다. 공이 『서경』을 배울 때 '기삼백(朞三百)'에 이르러 김공이 알 수 없다고 하여 그냥 넘기려 하자, 공은 그 길로 문을 닫고 앉아 수십 일을 두고 연구 끝에 결국 알아내었다. 김공은 기뻐하면서 "이 사람은 후일에 반드시 대성(大成)할 것이다"라고 하였다. 28세에서 32세까지 4년 동안에 연이어 부모(父母)의 상을 당했는데 장사를 치르고 제사를 올리는 것을 한결같이 『가례(家禮)』대로 하였고, 또 김공의 상에도 아버지 상을 당했을 때와 같이 하니 그의 아내 김씨가 "공께서 심상(心喪)을 치르는데 내가 그냥 지낼 수 있는가"라고 하고는 3년 동안 고기를 먹지 않았다. 사는 곳은 비바람을 가리지 못했고, 아내와 자식들은 굶주림과 추위를 면하지 못했지만 처신하는 모습에 여유가 있었으며, 혹 인물을 논평하거나 정치에 대해 시비를 따지는 사람이 있으면 입을 다물고 대답하지 않았다. 그러므로 고을 사람들이 어리석든 지식이 많든 간에 모두 아끼고 경모했으며 교화를 받아 감복하지 않은 자가 없었다.

 공의 학문하는 방법은 마음을 쏟고 힘을 다하여 조금도 게으른 모습이 없었으며, 알 때까지 그만두지 않았고 배고프고 목마른 것도 잊었으며, 깨달은 바가 있으면 곧 그것을 책에다 적어 놓았다. 밤에는 베개에 기댄 채 눈을 붙이는 듯 마는 듯했고 잠을 깨고 나서는 이불을 끼고 앉아 혹 아침까지도 그대로 앉아 있기도 하였다. "학문을 함에 요령을 얻지 못하여 30년 공부를 헛되이 소비하고 늘그막에야 조금 얻은 것이 있었다"라고 했고, 또 마음을 간직하기가 매우 어렵다는 말을 한 적이 있었다.

 저서로는 『태극변해』·『태극문답』과 성리(性理)에 관한 책들이 집에 소장되어 있는데 그 대의(大義)는 모두 정주(程朱)의 맥락에 바탕을 둔 것이었다. 그중에는 아직 정리되지 못한 학설들이 있는데, 하늘이 만약 그에게 수명을 더 주었더라면 반드시 정밀하게 가다듬어서 후학들에게 도움이 되는 바가 끝이 없었을 것이다.

아아, 지금 태사(太師) 때부터 2천 7백년이나 되었으니 그 계통을 분명하게 엮기란 어렵다. 더욱이 전해지지 못했다면 더욱 찾기 어려울 것이나 자나 깨나 옛일을 더듬으며 분발하고 흥기함으로써 학설을 수립하여 교훈을 남겼고, 『주역』과 홍범(洪範)까지 논술하였다. 1649년(인조 27)에 효종대왕(孝宗大王)에게 진언(進言)했던 것으로 말하면 모두 민락(閩洛)의 학설에서 벗어남이 없이 황극(皇極)의 부언(敷言)까지 거슬러 올라갔으므로 우리 성조(聖祖)는 그를 겸허한 자세로 받아들이고 또 가상히 여겨 '내 마땅히 가슴에 새겨 잊지 않으리라' 하였으니 대왕께서 치우침 없이 받아들이신 규모와 도량도 여기에서 함께 엿볼 수 있다 하겠다.

서쪽 지방 사람들이 공의 법도 있는 행동을 보고 처음에는 비웃다가 중간에는 믿었고 끝에 가서는 존경하게 되어 모두들 성현(聖賢)을 사모할 줄 알고 성리학도 밝혀야 한다는 것을 알게 하였으니 그의 공로 또한 크다고 할 수 있다. 이는 우리 왕조에서 점차 교화되었기 때문이며 아마도 태사의 영령이 말없이 도와서 된 것이리라. 서쪽 지방 사람들이 그의 사당에 사액(賜額)을 청하는 상소를 하였는데, 조정 논의가 쉽게 결정되지 않았다. 내가 동춘당(同春堂) 송준길(宋浚吉)과 함께 홍명하(洪命夏)에게 "그가 서쪽 지방의 우뚝한 인물로 뜻을 돈독히 하고 애써 실천하여 성리의 학설로 그 지방 사람들을 일깨웠으니 참으로 호걸스러운 선비이다. 국가에서 표장(表章)할 데가 그보다 더한 데가 어디 있겠는가?"라고 하였더니 홍공이 "그들이 만약 다시 청해 온다면 내가 힘써 주장하겠다"라고 하였다. 이번에 공의 문하 사람들이 공의 묘 앞에 비석을 세우려고 하면서 이담(李橝)이 쓴 행장을 들고 와 나에게 이 글을 청하였다. 다음과 같이 명(銘)을 쓴다.

箕子明夷	기자가 고난을 당해
東來敍疇	동으로 와 홍범을 폈으니
遙遙厥緒	멀고 먼 그 전통은
厥有源流	그 원류 있었네.
惟公寔承	오직 공이 이어받았으니

如禹之歐	우임금의 구양(歐陽)씨 같네.
曷不愛敬	어찌 경모하지 않으랴.
矧惟其侯	더구나 그 분인 것을.
恒奮曰余	항상 분연하게 말씀하시네. 내가
玄緖雖悠	비록 먼 후예지만
一氣攸傳	하나의 기운이 전하는바
性亦相猶	성품도 서로 같다.
敢棄其道	어찌 감히 그 길을 버리고
不耽不由	즐겨하지 않고 가지 않을 것인가.
況有程朱	더구나 정자와 주자가 있어
闡發眇幽	오묘한 이치 밝혔으니
觀法甚近	본받을 법이 매우 가까워
由此可求	이 길로 구하면 되니
覃思苦索	성의 다하여 사색하며
罔敢或休	잠시도 쉬려 하지 않았네.
其奧其微	깊고도 은미한 이치를
式探式鉤	찾고 또 찾아내어
學旣有得	학문에서 깨우친 바가 있어
爲師則優	좋은 스승 될 수 있었네.
禮順孝弟	예의와 순종, 효와 우애는
由公而修	공으로 인해 닦여졌고
暴傲誕逸	횡포하고 방종한 무리는
由公而羞	공으로 인해 부끄러워했네.
皐音旣亮	높은 이름 멀리 퍼져
爰徹冕旒	임금께 알려지니
旌招鼎至	여러 차례 벼슬로 불러

盍告嘉猷	좋은 계책 아뢰라 하셨네.
上陳堯舜	위로는 요순에 대해 아뢰었고
下曁孔周	아래로는 주공과 공자에 이르렀네.
以及閩洛	정자와 주자를 언급하여
以啓以抽	임금의 뜻 일깨우니
上曰兪哉	임금이 옳다 하고
實如毛輶	실로 털을 드는 것처럼 여기셨네.
睿眷斯隆	임금에서 깊이 아껴주셨는데
公魂忽遊	공이 홀연 세상을 떠났으니
百夫緦麻	수많은 사람들이 상복을 입고
慟纏西陬	서쪽 고을이 모두 슬픔에 잠겼네.
侔高狀明	훌륭한 자취 밝히려 하여
有碣斯丘	무덤 앞에 비를 세우고
我作銘文	내가 이 명을 지어
以詔千秋	천추에 알리려 하네.

『평양속지』(Ⅰ) 권4, 효종대왕 어필 발문(孝宗大王御筆跋)

최석정(崔錫鼎)

1697년(숙종 23)에 신 최석정은 사명을 받들고 연경에 가던 중에 평양에 들러 인현서원(仁賢書院)의 기자 초상화를 참배하였습니다. 심원록(尋院錄)을 찾아보았더니 우리 성조 효종께서 동궁이셨을 때 남기신 어필이 있었는데 성이 함락되어 화친을 맺던 즈음이라 청나라 사람들이 우리 세자대군과 고관의 자식들을 인질로 요구하던 때였습니다. 효종이 봉림대군(鳳林大君)으로서 심양(瀋陽)에 들어가 있으면서 1637년(인조 15)에서 1645년(인조 23)까지 그 사이에 여러 차례 오갔는데 이것은 1640년(인조 18)에 이곳을 지날 때 지은 것이었습니다. 신 최석정이 손을 씻고 두 손으로 떠받들어 자세히 살펴보니 마치 직접 용안을 뵙는 듯했고 먼지를 치운 거둥 행차 길을 따라 걷는 것 같았으니 후세 보잘 것 없는 신하의 지극한 행운이 아니겠습니까.

성이 함락되고 화친의 맹약을 한 지 60년이 흘렀는데 그 사이 인간사의 변천과 세운(世運)의 변화 또한 많았습니다. 효종께서 동쪽으로 돌아오신 뒤 왕세자로서 하늘에 고한 뒤 천명을 받아 종묘의 제사를 받들어 올리게 되었습니다. 인조께서 세상을 떠나신 뒤에 왕위에 올라 여러 신하들 앞에 군림하신 지가 10년이 되었으며 을병(乙丙) 연간의 재해 때는 오직 한결같이 재앙을 씻어내는 것에 힘쓰셨습니다. 때를 기다려 비축하고 노역을 줄이려는 계획은 하루도 해이해지거나 잊은 적이 없었으나 염두에 두신 대업을 이루기도 전에 중간에 세상을 떠나셨으니 충신과 지사들의 통한이 지금도 끊이지 않습니다. 하물며 대대로 녹을 받는 관리로서 세상을 떠나신 지 십년 뒤에 유묵을 보게 되었으니 농사짓는 백성들이 슬퍼한 나머지 활을 붙잡고 자취를 따르기를 기다릴 것도 없이 스스로 깨닫지 못하는 사이에 탄식하면서 눈물을 흘렸습니다. 생각해 보니 이『심원록』책자의 장황이 오래되어 닳았으므로 마땅히 개수해야 했습니다.

『평양속지』(Ⅰ) 권4, 학규증수발문(學規增修跋)

박세채(朴世采)

평양은 기자(箕子)가 다스린 곳이다. 고려에서는 서경(西京)이라고 했고 조선에 들어와서도 문교(文敎)는 바뀌지 않아서 학당과 서원을 두어 선비 양성을 전담한다. 다만 그 이른바 규제(規制)라는 것이 없어서 많은 사람들이 병폐로 여겼다.

1681년(숙종 7)에 문화(文化) 유상운(柳尙運) 공이 관서 관찰사로 나갈 때 이를 탄식하면서 곰곰이 생각한 끝에 처음으로 태학(太學)의 제도를 본떠 절목(節目)을 만들었는데 이 하나로 모두 해결되지 않았다. 고령(高靈) 신익상(申翼相)이 이를 이어 합쳐서 학규(學規) 수십 조항을 만들었다.

1685년(숙종 11) 여름에 유공이 마침 다시 관찰사로 왔는데 유생 홍시만(洪時萬)이 와서 나에게 보여주며 가르침을 청하였다. 내가 조언으로 "이 책은 규제에 있어서 금지하는 부분에 대해서는 또한 정밀하면서도 요약적이고 해박하면서도 상세하다고 할 수 있다. 그렇지만 오히려 성현이 사람들을 가르친 것으로 학문을 삼은 뜻이 적은데 어디에 있는가?"라고 하였다. 대답하기를 "일찍이 신익성 공에게 명을 들은 바는 우리들이 할 수 있는 것의 시비만 가리는 것입니다. 훗날을 기다려 끝까지 가르침을 듣고자 합니다"라고 하였다.

내가 진실로 그 말에 흥미를 느껴 삼가 정자와 주자 두 선생의 여러 잠언과 백록동규(白鹿洞規)를 가지고 홍군에게 말해 주었다. 또 두 공은 모두 평생의 친구이자 옛 도읍지에 임명된 뒤 선비들의 행동거지에 대한 규약을 만들어 전후에 매우 힘을 쏟았으므로 반드시 이를 알아야만 한다. 이에 감히 권말에 대략 쓴다. 무릇 '동규(洞規)'에서 이른바 '규(規)'라는 것은 반드시 취할 만한 말을 반복하고 상세하게 하여 통절함을 느끼도록 해야 하는 것이니 정문일침(頂門一鍼)을 위한 것만이 아니다. 유학을 공부하는 무리라면 어찌 서로 열심히 노력하지 않겠는가.

<출처: 『평양을 담다』 소명출판사>

『평양속지』(Ⅰ) 권5, 기자, 사당의 비

변계량(卞季良)

선덕 3년 무신년(1428) 여름 4월 갑자일에 국왕 전하께서 전지를 내려 대략 이르셨다. "옛날 주나라 무왕이 은나라를 이기고 은나라 태사를 우리나라에 봉하였으나, 드디어 그 신하의 노릇은 하지 않겠다는 뜻을 이루셨다. 우리 동방의 문물과 예악이 중국에 비슷해지게 되어 지금까지 2,000여 년에 이르렀으니 오직 기자의 가르침으로 힘입은 것이다. 돌아보면 그의 사당이 좁고 누추하여 우러러 공경을 표하기에는 맞지 않으니 우리 부왕께서 일찍이 중수를 명하셨고 내가 그 뜻을 받들어 독려했다. 이제 낙성을 고하니 마땅히 돌에 새기도록 하여 오래도록 후세에 보여야 할 것이니 사신은 글을 짓도록 하여라"

신 변계량이 명을 받으니 조심스럽고 두려워 감히 사양하지 못하였다. 신은 삼가 생각건대, 공자는 문왕과 기자를 『주역』의 역상(易象)에서 함께 열거했고 또 『논어』 미자 편에서 미자·기자·비간을 은나라의 '세 어진 이'라 일컬었으니 기자의 덕은 가히 충분히 기릴 수 없다. 생각건대, 우임금이 물에 잠긴 땅을 다스릴 때, 하늘이 홍범을 내려 사람이 지켜야 할 떳떳한 인륜을 베풀었다. 그러나 그 이야기는 일찍이 우·하나라의 글에 보이지 않다가 천여 년을 거쳐 기자에 이르러 처음으로 나왔다. 그때에 기자가 무왕을 위하여 진술하지 않았다면 낙서에 담긴 천인(天人)의 학문을 후대의 사람들이 어디를 통해 알 수 있었겠는가. 기자가 이 도에 공이 있었으니, 어찌 우연한 일이겠는가. 기자는 무왕의 스승으로, 무왕이 그를 다른 곳에 봉하지 않고 우리 조선에 봉했으므로, 조선 사람들이 아침저녁으로 친히 그 가르침을 받아, 군자는 큰 도의 요체를 얻어듣고 백성은 지극한 다스림의 은택을 입었다. 그 교화로 길에 떨어진 물건을 줍지 않는 데까지 이르렀다. 이것은 어찌 하늘이 우리 동방을 후하게 하려 어질고 착한 사람을 내려주어 이 백성들에게 은혜를 베풀어 준 것이 아니겠는가. 사람의 힘으로 미칠 수 있는 바가 아니다. 정전의 제도와 8조의 범금이 해와 별처럼 밝아 우리나라 사람들이 대대로 그 가르침을 따랐고, 1천 년 뒤에도 그 당시에 사는 것과 같아서 엄숙한 모습으로 우러러 대하니, 스스로 그치게 할 수 없을 지경이다. 우리 상왕 전하께서는 총명하여 옛일을 살피고 경서와 사서를 즐겨 보았으며, 우리 전하께서는 하늘이 낸 지혜롭고 현철한 자질로 성인의 학문에 밝아 홍범구주의 도에 대해 모두 정통하고 마음으로 융합함이 있었다. 그런 까닭에 상왕께서 지으신 것을 전하께서 계승하였다. 그 덕을 높이고 공을 보답하는 전례를 이룬 것이 지극한 정성에서 나왔으니, 실로 전대의 군왕들이 짝할 수 없는 바이다. 경(卿)과 선비와 서민들이 서로 거느리고 일어나 이것을 본받고 이것을 행하니, 천자의 밝은 덕에 가까워져 베풀어 주시는 복을 받게 되리라는 것은 의심할 것도 없다. 아, 성대하다. 무릇 몇 칸의 전각을 짓고 거기에 전지를 두어 제사를 받들게 하였고, 다시 사당을 지키는 호를 두어 이곳을 청소하도록 하였으며, 부윤에게 명하여 제사를 삼가 받들게 하니, 사당과 전각의 일이 대체로 유감스러울 일이 없었다. 신 변계량은 감격을 이기지 못하여, 삼가 머리를 조아려 배알하며 비명을 바친다.

비명은 다음과 같다.

아, 기자는 『주역』의 역상에 올라간 문왕과 같은 부류였네.
참되도다! 홍범이여. 상제의 가르침이 펼쳐졌네.
은나라의 스승만이 아니라 진실로 무왕의 스승이었네.
은나라는 그를 버려 멸망하고, 주나라는 그를 방문하여 창성했네.
크나큰 천하여! 평안함과 위태함이 그 몸에 달렸네.
거두어 동쪽으로 오심은 하늘이 우리를 편애함 일세.
가르치고 다스림에 8조가 밝았도다.
우매한들 뉘 아니 밝아지며, 유약한들 뉘 아니 강해지랴.
『한서』에서 아름다움을 칭찬하였으니, 길에 흘린 물건을 줍지도 않았다네.
오랑캐를 중화로 변화시켰다는 것은 당나라 비석에 쓰여 있네.
부지런히 힘쓰시는 우리 임금, 끊어진 학문을 밝게 이었네.
마음은 그 이치에 합하였고, 몸은 그 법을 실천하였네.
선왕께서 지으신 것을 이내 이었으니, 사당은 의젓하여 날아갈 듯 솟아 있네.
높다란 그 사당에 신이 이르시어 편안히 있도다.
계절에 따라 제사를 드림에, 능히 공경과 정성을 다하리라.
아, 소신은 성인께서 남기신 글에 마음이 잠기었네.
이제 왕명을 받들어 머리를 조아리며 명을 짓노라.
성대한 덕의 광채여, 억만년 동안 길이 빛나리로다.

『평양속지』(Ⅰ) 권5, 기자, 사당을 배알하고 지은 부(賦)와 서문

왕경민(王敬民)

대개 나는 하남의 서화 사람이다. 이르기를, 서화는 옛 기(箕)의 땅이다. 처음 성사(聖師)가 기를 식읍으로 삼았으므로 기자라고 일컬어졌다. 지금 읍 가운데에 기자대가 우뚝하니 있다. 학궁의 뒤, 대의 끝에 홍범당이 있는데, 나무로 된 신주가 있다. 봄 가을에 이를 제사지내는데 그 유래한 바가 매우 오래 되었다. 내가 약관의 나이에 책을 읽는 도중에 매번 홍범의 뜻을 풀어보았는데, 문득 머리를 숙이고 왔다 갔다 하니 1,100년 전의 감흥이 일어났도다. 남겨진 생각이 있어 말하노라. 이곳은 성사가 처음 봉해진 나라이다. 그런즉 그 뒤에 조선에 봉해졌으니 만 리나 떨어져 있다. 그러므로 후손은 고향을 향하여 언덕에 머리를 누이고 신령은 그 사이를 왕래하여 그 뜻이 비슷해졌다. 내가 공손히 생각한 것으로 앎에 이를 수는 없었다. 진실로 임금의 명을 받들었다고 일컬을 수는 없으나 지금처럼 몸소 동쪽 변방에 이르러 조칙을 베풀고 기회를 얻어 우두커니 그 사당의 모습을 바라보니 친히 보는 듯이 하였다. 기가 서로 감응하였다고 일컬을 만하였으니, 자주 짝하지 않은 것이 아니었던 것일까. 또 남긴 가르침이 오히려 존재하니 그 나라의 임금과 신하는 능히 예의를 붙잡고 신의를 도탑게 할 수 있어 세상의 동쪽 변방이 되었다. 또 나는 도를 즐기는 자라, 기자 사당의 부를 짓노라.

공손히 천자의 아름다운 명을 받들어 조선에 조서를 베풀었네.
위엄과 부호로 열고 은혜를 풀어 흘러가게 하니, 동쪽 변방에 넘치게 하고 궁구하여 밝혀 왕성케 하였도다.
남겨진 풍속은 중국과 다르지 않았고, 울창하게 중화가 되어 끊임없이 이어졌도다.
곧 다스려 크게 이루고 사방을 평정하여 복속하였으며, 남겨진 가르침을 진실로 따랐도다.
인현이 이를 사용하여 대인의 원대한 규범을 쫓았으나, 홀연히 감응하여 어려움을 입어 도망하여 떠돌았도다.

마땅히 사나운 아이가 이 천도를 어그러뜨려 어지럽혔으니, 사는 것은 명령에 있지 않고 하늘에 달렸다고 한다.

이미 어지럽게 헤쳐서 성인의 말을 쓰지 않고, 색다른 것을 보배로 여기고 사방의 것을 좋아하는 것을 더욱 굳게 하였도다.

애태우며 죽음으로 나아가 운명을 같이 하여 제사를 더하지 못하였으니, 또 어찌 잔인하게 밟아 내 나라를 망하게 하는 허물과 함께 하리오.

두렵건대 상서롭지 못하여 내게 폐를 만드니, 매백이 젓갈에 담겨지는 형벌을 맞이하여 불쌍히 여김이 되었도다.

명철함을 보호하여 더불어 굽어보고 쳐다보았으니, 머리를 풀어헤치고 미친 척 하여 노예가 되었도다.

간사하지 않은 자를 혼미케 하고 쉬지 않는 자를 무너뜨리니, 『주역』의 명이(明夷)를 크고 바르게 하여 변하지 않았도다.

마침내 나의 가슴속에 맺힌 감정을 헤아릴 수 없었으니, 때에 거문고에 의탁하여 스스로 탄식하였도다.

천명이 이미 바뀜에 이르러 주나라 무왕의 방문을 받으니, 장차 윤리를 서술하고 법을 세워 바르게 도모하게 하였도다.

홍범을 베풀어 황극이 세워지니, 우왕이 서술한 바와 똑같이 부합하였도다.

어둡고 미약한 것을 밝히는 크고 심오한 규범이 되는 말이니, 진실로 성인에게 받아 꾀하였도다.

조선에 봉하였으나 신하로 보지 않았으니, 동쪽 사람으로 하여금 다 깨어나게 하였도다.

평양을 어루만져 밝게 다스리니, 먼 바다 밖에까지 이르러 법식이 있게 되었도다.

오직 종묘와 사직을 영원히 이었으니, 엄연하게 강역을 열어 제후를 칭하였도다.

덕을 행함에는 누추한 곳이 따로 없고 사람에게는 먼 곳이 없으니, 다른 풍속을 이끌어 고쳐서 따르게 하였도다.

풍속이 떨쳐 통하게 하고 예의를 따르게 하니, 대저 성사(聖師)에 의해서였도다.

공적이 이에 이르렀으니 빛나고 또 아름다웠도다. 계승하였으니 능히 버릴 수 없도다.

해가 뒤를 이어 오랫동안 미쳤으니, 오랜 세월동안 오직 이 법도로 교화하였도다.

전할 만한 법을 어찌 해마다 밝혔으리. 멀리까지 바퀴가 돌 듯 순리에 따라 하므로 들어와서 붙는 나라가 더하였도다.

황제가 총애하고 기뻐하여 덕과 은혜가 널리 미쳤으며, 또 조서와 조칙으로 베풀었도다.

동쪽에 있는 나라로 하여금 황조의 도량이 넓음을 알게 하였으니, 비록 하루 사이에라도 은혜를 베풀어 돌봐주는 것을 잊지 않게 하였도다.

내 날을 가려 기자의 사당을 찾아가 제사 드리니, 고향을 떠올리며 문득 오동나무와 같음을 깨달았도다.

그 주상은 높고 크게 정위에 세워져 있으니, 이 집은 실로 두드러지게 시원하나 거만함이 적도다.

들보와 용마루를 메고 있는 것이 무지개가 솟아 있는 듯하니, 아! 기둥이 자리를 잡고 있고 아름다운 옥이 새겨져 있구나.

왼쪽은 계단으로 하고 오른쪽은 평평하게 하여 엄격하고 바르게 하였고, 흙과 나무는 붉은 비단으로 수놓아 입혀 빛깔이 마룻대에 흐르도다.

눈은 멀리 날리어 흰 산에 달라붙으며, 감아 둘러싸 맑은 강의 아득함을 잡아당기도다.

터는 실로 현도의 깊숙한 지역에 자리 잡았으니, 섬돌의 푸른 측백나무는 오랫동안 공덕을 남겼도다.

천년의 제사와 의식으로 높이어 보답함이 지금에 이르렀고, 유익함이 두루 미쳐 내 이곳을 지나게 되었도다.

오랫동안 머뭇거리며 떠날 수 없으니, 산초로 빚은 술로 제사지내고 진기한 음식을 베푸는 도다.

그윽한 정을 모아 사를 지어 베푸니, 화목하여 즐거워지려 하도다.
영혼은 다만 나를 원하니 이곳에 오게 하여 반짝반짝 빛나게 하도다.
어찌 존재하는 것으로 대저 누가 마음에 감응할 수 있는 것이 없겠는가.
누가 내 공경해 함을 살피지 않아 거짓으로 나를 넘쳐 잠기는 데 나아가게 했겠는가.
거의 옛 가르침으로 옷 입으니, 더욱 규범이 되는 말을 깨달음이 있도다.
어지러이 "다행이도다"라고 말하였도다.
삼가 기성(箕城)-평양-을 사모하나 오히려 만 리나 멀어져 있구나.
사당에 배알하고 내려왔으나 몸과 마음이 어렴풋하도다.
내 기성의 뒷사람이 되어 흠향하는 바를 거의 알았도다.

『평양속지』(Ⅰ) 권5

서거정

주나라가 바야흐로 일어나니, 은나라는 멸망하였도다.
이 요염한 아내에 홀려 정신을 못 차렸으니, 거교 창고의 곡식은 티끌이 되었구나.
아! 스승이 때를 얻지 못함이여, 은나라 왕 주의 악함이 그 재앙이로다.
대저 무엇 때문에 괴로워하며 충성하였는가. 향초는 아득하여 내 듣지 못하였네.
비간은 간하다가 죽었으니, 어찌 그때의 운세를 탓하리오.
미자는 떠나갔으니, 홀로 깨우쳐 훈계하며 스승이니 아버지니 하였도다.
아! 자취를 감추어 스스로 보존하였네. 그대는 어찌 이러한 좋은 방도를 택하지 않았는가.
아! 커다란 집은 이미 기울었구나. 어찌 약한 나무로 지탱할 수 있겠는가.
불치병이라 일컬음이 이미 심하였으니, 또 어찌 좋은 의사를 쓸 수 있으리오.
나라에 도와 세울 수 있기를 기다리나, 달콤한 짐새의 독은 좀먹은 것과 같도다.
종묘사직을 위해 피 홀리지 못한 것을 민망히 여기노니, 내 다시 이를 버리고 어찌하리오.

이에 주나라에 있으면서 신하가 되지 않았으니, 오직 내 임금은 그 임금뿐이로다.
홍범을 펼쳐 임금과 백성에게 내렸도. 다시 어찌 홀로 그 몸만 아끼리오.
의로움으로 그 제사가 끊어지지 않게 도모할 수 있다면, 어찌 노예가 되는 것을 견디지 않으리오.
비록 토지를 분봉 받았다고 하지만 차라리 종국(宗國)으로 삼지 않고 탄식하리라.
평양을 다스리고 있으면서 그 도읍을 빈틈없게 하였도.
내가 받고 내가 봉하였으니 우리 동방에 미쳤다고 말할 만하도.
여덟 조목으로 가르침을 삼았으니, 역시 나라를 위함에 무엇이 있겠는가.
백성이 지금 이르러 그 내린 바를 받았으니, 완연히 남아 있는 풍속은 어제 일 같도.
집에서는 예의를 지켜 사양함이 있고 세속에서는 화목하고 기뻐함이 있도. 밭을 갈고 샘을 파도.
이 세 명의 어진 이의 물러나고 나아감이여, 어느 것이 중하고 가벼우며 두텁고 박하랴.
사람이 자정(自靖)하여 스스로를 드리니, 어찌 이와 같은 것을 만나리오.
스승의 남겨진 사당을 바라보니, 천년의 끝없는 사색이 일어나도.
만일 스승이 우리 동방에 있지 않았다면 공자께서 어찌 오랑캐 지역에 거하겠다고 말하였겠는가.
그 뜻에 순응하여 함께 인에 돌아가니, 내 태백의 비를 믿노라.
아! 선생을 위한 시가가 있으니, 내 장차 절묘하게 좋은 문장을 구하노라.

『평양속지』(Ⅰ) 권5

이이(李珥)

평양은 기자의 옛 도읍이다. 사당을 세워 신주를 봉안하고 봄가을에 향을 피워 제사지낸다. 서화는 기자가 처음 봉해진 땅이다. 역시 사당이 있어 추앙하여 공경하니 중원 안과 밖에 아무 차이가 없다. 명나라 만력 10년(1582) 겨울에 급사중 경오 왕선생이 명을 받들어 우리나라에 조서를 베풀었다. 선생은 서화 사람이다. 어렸을 적에 홍범당에서 공부하여 홍범구주의 요지를 세밀하게 풀었으며 어진 성현의 은혜로 목욕하였으니 질박하도다. 지금 만 리의 밖에 있는 기자의 나라에 마침 이르러 사당의 모습을 우러러 보고 배회하다가 감흥이 일어나서 드디어 그 일을 부(賦)로 지어서 진술하였다. 붓을 한 번 휘두르니 이어붙일 것이 없도다. 문장은 풍부하고 뜻은 요원하니 선현을 높이고 옛것을 사모하는 뜻이 글 표면에 넘치도다. 하물며 우리 동쪽 사람들은 스승으로부터 끝없는 은혜를 받았다. 남겨진 풍속과 옛 습속은 오히려 만들어졌을 때와 같다. 시가를 통하지 않고 아름다운 공덕을 떨칠 수 있으랴. 이에 감히 졸렬함을 살피지 않고 차운(次韻)하여 바치나이다.

대체 어째서 명궁(明宮)이 높고 험한가. 아침 햇빛에 휘황찬란하고 빛깔은 선명하네. 엄숙히 예의를 갖추어 나아가 옷깃을 여미네. 인문을 거슬러 올라가보니 처음으로 베풀었네.
옛날 검은 새가 상나라를 열었으니, 제을에 이르기까지 왕위가 이어졌도다.
밝은 덕을 함양하고 신중하게 벌을 주니, 임금 6·7은 성현이로다.
어찌 인심을 잃은 왕이 의지하는 운수를 기약하리. 군자를 고생시키니 머뭇거리게 하도다.
원망에 찬 독기와 엉기었으니 상하지 않았다고 이르겠는가. 이미 하늘로부터 어그러짐을 얻을 것을 생각 안할 수 없도다.
아! 태사가 이 밝음을 잃은 시기를 만났도다. 어려움을 참고 정절을 지키어 더욱 굳건하였도다.
어찌 반복해야 숙련될 수 있음을 모르리오. 두렵건대 내가 편벽되어 허물이 드러날까 하노라.
어찌 높은 곳으로 가야 피할 수 있음을 모르리오. 신령을 마르도록 근심하니 누구를 불쌍히 여기리오.

드디어 안은 밝고 밖은 희미하니 달갑게 드러내지 않고 참아 노예가 되었도다.

정성스런 마음을 드러내어 선왕께 바치니, 힘써 다스려 자정(自靖)하여 죽음에 이르러서도 변하지 않았도다.

수풀의 무리가 한순간 가축을 치는 들로 흩어짐과 같으니, 아! 스스로 끊으니 어떻게 말하리오.

탕왕의 용맹스러운 공덕을 바라보매 광채가 있도다. 법을 받지 않고 어찌 도모하였겠는가.

정성스럽게 홍범을 이미 진술하였으니, 앞뒤의 성인이 하나같이 부합하였도다.

대저 누가 8백 년 희씨-주나라-의 공적을 알았으리요. 참으로 훌륭한 계책에 의해 터전을 공고히 하였도다.

주나라의 덕을 생각하니 이는 하늘이 보필한 바로다. 백성이 서로 훌륭한 임금이 고달픈 백성을 소생한 일을 경하하도다.

내 뜻을 돌아보아 신하로 삼지 않았으니, 가장 높은 하늘을 가리키며 미쁘게 하였도다.

조각배를 물 위에 띄워 바다를 건너니, 감히 사양하고 대저 거친 곳에 몸을 던져 외로운 자취를 남겼도다.

왕이 이에 어진 이를 공경하고 충성스러운 자를 드러내어, 스승이 추구한 바를 거스르지 않았도다.

조선을 설계하고 나라를 세웠으니, 대저 신하로 삼지 않은 까닭이도다.

군자가 거하는 곳이니 어찌 누추하리오. 다른 지역에 이르렀으니 참지 않고 베풀었도다.

하나의 비늘 있는 동물도 옷을 입혀 바꾸었으며 무지하더라도 법도로써 바로잡았도다.

덕으로 다스리니 먼 곳까지 교화가 되었고 바다 모퉁이까지 죄다 귀부하였도다.

단군의 넓은 땅을 어루만지고 여덟 조목을 가르쳐 부지런히 깨우쳤도다.

예악을 선명하게 하여 중화보다 뛰어났으니 백성은 지금에 이르기까지 그 은혜를 받는구나.

심히 등불을 지닌 용이 어두운 곳을 비추었으니, 깊은 잠에서 깨어남과 같도다.

세상은 해를 이어감이 천 년이로다. 덕은 두터이 흘러 광채가 나니 그 누가 더불어 짝을 하리.

중국 사신이라 이르고 사당에 공경하는 마음을 표하노니, 차고 있는 것에서 소리가 울리니 아름다운 옥이 부딪치는 소리로다.

이는 기자의 터전의 뛰어난 선비라 일컬어지니, 바람이 물에 잠겨 헤엄치며 은혜를 흘러 보내는 도다.

서화와 평양은 몇 천 리 떨어져 있는지 알 수 없으나 피차를 생각하니 아득하도다.

신의 격식이여, 물과 같이 이 땅에 있구나. 어찌 반드시 이 도가 홀로 머물렀겠는가.

남아 있는 백성이 옥으로 만든 부신을 바라보니 측은함이 더하도. 서로 밀치고 막으니 길이 구부러졌구나.

좋은 음료와 산초로 만든 술을 따르며, 풀을 채취하여 음식을 만들어 드리노라.

신령한 바람이 이르니 시원한 바람소리로다. 나를 영접하는 신성한 혼과 같도다.

오르내리는 향기가 올라와 신령한 기운이 오싹하게 하도다. 어찌 잊지 않음이 없겠으나 오히려 존재하도다.

아! 중국 사신이 정성을 높이 드리니, 도가 있는 나라 사람이 공경함을 더하도다.

영원토록 서로 전하여 잊지 않았으니, 오히려 임금께 자신의 의견을 진술하고 직언을 함에 감응함이 있도다.

다시 추스르거니와, 아! 군자가 자신의 몸을 지키는 법이여, 즐겨 행하며 어긋나지 않을까를 근심하노라.

아! 스승이 그때그때 형편에 맞게 잘 처리한 것이여, 누가 감히 바라보랴.

어렴풋이 덕을 우러러 숭상하고자 하니 무엇으로 말미암으리. 지극히 깊은 곳에 있는 은미한 것까지도 연구하노라.

『평양속지』(Ⅰ) 권5, 사당의 비명(碑銘)과 나란히 쓴 서문

남용익(南龍翼)

대개 들자하니, 아름다운 가지와 빼어난 골짜기는 사나운 폭풍의 굳센 기운을 알며, 보배로운 칼이 샘에 묻혀 있으면 썩은 토양에서 신비로운 빛을 낸다고 한다. 이는 곧은 지조가 숨겨져 있어도 절개가 드러난다는 것으로, 바야흐로 나라가 어지러운 시기에 볼 수 있다. 군자는 오랑캐 지역에 거주해도 순박하고 거친 풍속에 더러워지지 않으니, 얼음과 서리로 단련하고 쇠와 돌로 의로움을 지켜, 성인의 위엄을 주관하니 신하로 삼을 수 없다. 독실하고 예의 바르게 행동하고 충성스럽고 믿을만하게 말하니, 오랑캐의 지역도 역시 교화를 할 수 있다. 그러므로 덕은 썩지 않음을 알고, 비단으로 장식한 서적은 만고에 명예를 남기니, 공을 어찌 갚지 않으리. 많은 왕들에게 향을 드려 공손히 제사를 드리나이다. 우리 은나라 태사는 시원한 바람으로 깨끗하게 하여 완고하고 나약함을 일으키며 빛나는 태양을 밝아지게 하고 어두침침하게 눈 내리는 날을 열어 젖혔으니, 이는 우연이 아니며, 반드시 훌륭함이 있는 것이다. 만약 날짐승이었다면 상서로운 알을 남겼을 것이다. 사도(司徒)는 상나라 읍의 봉토를 열었던 남자로 밝은 신과 열조에게 고하고 은나라 집안의 업을 열었다. 어진 임금과 현명한 군주가 이어졌으며 넓은 터와 보배로운 책력이 길이 연장되어 그 다스림이 우하(虞夏)-순·우임금 시대-의 태평성대를 회복했다고 논해지며 그 교화가 바닷가의 모래에 까지 점점 베풀어지게 되었다고 말해졌다. 탕왕이 상림에서 재앙의 위급함을 알리고 여섯 가지로 자책한 것을 따르며 몸을 돌이키니, 솥과 구관조가 상서로움을 보이며 돌아왔으며, 사방을 불러 손바닥을 뒤집어 하늘에서 이른 명령이 스며들게 하였다. 제수(帝受)-은나라 주 임금-는 방자하고 흉악하여 검버섯이 난 늙은이를 흩뜨렸으며 예부터 내려오던 법전을 숨기니, 간사함을 믿는 것이 돌아오고 연못에 모였으며, 술이 떠다니고 육포가 벌어져 있게 되었다. 은나라의 창고인 거교에 만 백성의 기름을 가득 채우고, 백성의 정강이를 베고 임산부의 배를 갈랐으며, 구리 기둥에서 천 명의 사람이 발이 미끄러지게 하였다. 요사스러운 자태와 공교한 재주로 집안의 도가 다하고, 겹쳐져 있는 정자와 여러 층의 건물에서 암컷이 울게 되니, 동산과 연못이 많아지고 진기한 짐승들이 이르게 되었다. 적과 원수를 부르는 것에 게으르지 않았다. 신전에서 제사하는 것을 도적질해도 응징하지 않았다. 음란하고 사나움은 날로 늘어나게 할 수 없으며, 나라가 엎드러지는 것은 앉아서 볼 수만은 없다. 이로 말미암아 하늘이 보좌하는 신하를 내어 편안하고 위급함에 따라 나아가고 물러나게 하였다. 나라의 지극히 가까운 지친으로 임금과 신하가 함께 편안해 하기도 하고 근심하기도 하였다. 중한 바가 이와 같으니 그러한 사람이 누구인가.

 은나라 태사 기자의 성씨는 자이고 이름은 서여이다. 주 임금의 제부(諸父)이다. 태정후의 손자이며 제을(帝乙) 왕의 아름다운 자손이다. 은하수와 같은 귀한 왕손으로 풍도가 흘렀으니 일곱 성인이 남긴 것을 계승하였다. 큰 산처럼 두드러지고 별처럼 훌륭하였으니 빼어난 자질은 고신씨의 뛰어난 제자보다 더욱 뛰어났다. 신령의 마음은 헤아릴 수 있으니, 저 교활한 이가 국가를 망하게 할 것을 일찍이 알았다. 보위는 가벼이 하기 어려우므로 일찍이 어진 이로 계승하게 할 것을 청했으니 태사의 슬기로움이었다. 하늘에서 몰래 복을 열었으니, 이상한 조짐으로 거북이 등의 글귀를 내려 우임금이 사람이 지켜야할 떳떳한 윤리를 베풀었으며 홍범의 미묘한 말을 밝혔다. 그런 이후에 앞은 남쪽, 뒤는 북쪽, 왼쪽은 동쪽, 오른쪽은 서쪽으로 배열하였고, 머무르게 하고 베풀지는 않았으니, 1행, 2사, 3정, 8기로 구분하였다. 아는 자가 많지 않으나 얼음같이 맑은 마음이 옥항아리에 있어 멀리까지 비치었으니, 황극이 모이고 돌아오는 것을 살펴서 알았고, 물과 같은 거울로 그윽한 데까지 통하여 여러 징조의 아름다움과 비난함을 밝혔다. 의심하여 헤아리는 것과 덕을 사용하는 것에 나란히 사람을 단련케 하는 화로와 망치를 들으니, 복이 지극한 위엄에 들어갔고, 탁한 경수와 깨끗한 위수가 모두 거두어졌으니, 태사의 신령이었다. 이에 이름이 후와 백 작위에 잇닿았으며 천자가 나누어준 봉읍이 5등급으로 나눈 작위의 존귀함에 베풀어졌다. 업적은 고경(孤卿) 중에서 뛰어나 친척이면서 3공의 높은 지위에 올랐다. 아침 일찍부터 밤까지 부지런히 일하여 임금을 뒤따름을 다하여 아름다움에 짝할 것을 생각하였으며, 음양을 잘 다스려 저 스승의 정연하고 아름다움을 바라보았다. 그 옥 술잔의 사치스러움이 싹트자 명아주와 콩으로 국을 끊이지 않게 된 것을 슬퍼하였으며, 사치스러움이 점점 심해져 금으로 치장한 궁에 이르러 짚으로 만든 집에 살지 않게 됨을 한탄하였다. 물러가거나 나아가는 것을 도모하면서 소사(少師)에게 슬픈 마음을 토로하였다. 나라가 망하게 된 것을 애통해 하며 원자-미자-에게 간절한 말로 대답하였으니, 수-주 임금-가 패해도 남의 신하가 되지 않겠다는 진심이 장차 일어나 자정(自靖)하여 왕에게 드리고 달아나겠다는 본래의 계획을 돌아보지 않았다. 세상이 어두워져 명이(明夷)의 날이라고 할 만함에 이르러 하나라 자손의 마음과 같이 답답하고 근심스러워 하게 되었으니, 태사가 시국의 어지러움을 근심하였다. 물을 건너게 된 때에 이르러 한 없이 멀어 하늘에 까지 닿아 고칠 수 없게 되었다. [비간은] 군주의 화를 건드려 칼날을 무릅썼다가 충성스러운 간이 참혹하게 찢겨 섬돌을 더럽히게 되었으며, [미자는] 제기를 품에 안고 비탄해하며 교외로 달아나 자취를 숨겼다. 뒤따라 죽음으로 [군주의] 악함을 드러내는 것을 싫어하였으며, 연이어 달아나는 것 또한 백성이 좋아하는 것에 가까웠기에 오랫동안 정성을 쌓아 태양이 먹히는 것이 다시 일어나기를 기도하였다. 노여움을 사지 않게 온건하게 간하며 온종일 부는 바람이 그치기를 바라였다. 비록 다시 승냥이가 찢어지듯 소리 내어 울부짖더라도 솥과 가마솥을 벌려 놓고 사람을 쓰러뜨렸으며, 호랑이가 입을 크게 벌려 탄식하더라도 우레와 천둥을 겹쳐서 사물을 떨게 하였으니, 천지신명이 서로 호응하여 오히려 불타버리는 재앙을 막았다. 충과 의는 서로 돕나니 다만 구속되어 죄수가 되는 치욕만 입었다. 이에 흉악한 꼴로 머리를 풀어헤치고 선량한 성품을 미치광이로 바꾸었으며, 수고로이 온 몸을 힘써 고상한 행동거지에 노예의 모습을 섞었다. 검은 밧줄에 묶여 근심하였으며, 감옥에 갇혀 형틀을 뒤집어쓰고 있으면서 애달파하는 정성으로 원망하는 마음을 끊어질 듯한 곡조에 맡겼다.

  막힌 것에 은혜가 베풀어지는 기운이 미묘하게 돌더니 태사의 처지가 변하였다. 대저 8백 명의 제후가 모이고 3천의 덕이 함께 함에 이르러, 황금 부월을 휘두르니 수풀처럼 흩어졌고, 은나라 주 임금의 보배로운 옷이 불타고 그 뿔이 붕괴되었으니, 망라해서 없애고 형틀을 벗겼다. 이제 막 정치를 돌이킨 초창기에 도를 묻고 구주를 물었으니, 다시 뒤쫓아 가서 알리기를 마친 후에 나에게 있는 것을 다스렸으니, 이미 무릎을 굽히는 것은 부끄러운 것임을 알았다. 법을 전하는 것은 모름지기 사람이니, 그 어찌 입을 봉하는 것이 불가하겠는가. 겨우 남의 요구에 응하여 뜻을 정하였을 때에 그대들 사이에 말씀을 퍼뜨렸으니, 태사가 그때의 형편에 맞게 잘 처리하였다. 그 오래전부터 가지고 있던 소망을 두루 높이고 순수한 충심으로 매질하여 고쳐서 임금이 아니면 섬기지 않았으니, 깨끗한 기품이 나란히 서쪽 산에 솟게 하였다. 돌아가기 어렵다는 뜻을 두니 멀리 동쪽 바다의 지역을 채읍으로 나누어 주었다. 몸과 함께 제사를 계승하였으나, 오히려 폐백을 올리는 자리를 사양하였다. 일이 우빈(虞賓)-요(堯)임금 아들 단주(丹朱)-과는 달랐으니, 소(韶) 풍류를 듣는 자리에 나아가는 것을 긍정하였다. 새롭게 평양을 도읍으로 정하고 옛 명칭을 조선에 베풀었으니, 태사가 곧 봉해졌다. 이에 즐거운 땅의 문명이 알려지게 되었고 기나긴 길의 아득한 곳이 알려져 구체적인 길이 가리켜졌다. 옛 나라를 지나가면서 맥수가로 남겨진 고국의 터를 노래하였다.

다른 지방에 와서 위무하였으니, 단군의 먼 자취를 계승하면서 하나의 곡으로 공손히 맞이하였다. "해가 떠오르는 아득히 먼 곳이여, 천지가 열린 지 얼마나 되었는가. 백성들은 어리석고 서투르나 성인이 있는 곳마다 신과 같은 교화가 이루어지네" 어찌 한 번에 변화하는 곳이 없겠는가. 귀를 잡아당겨 얼굴을 맞대고 타일렀다. 이에 여덟 조목의 가르침을 보이니 남자는 밭을 경작하고 여자는 길쌈을 하였다. 예의를 따르게 하는 책이 펼쳐졌다. 도적으로 적몰 및 죽임과 배상 등에 형벌을 대속하는 법령을 더하였으며, 정전의 법을 따라 땅의 경계를 다스려 공평하게 하였다. 질박한 풍속을 숭상하여 간악함이 저절로 그쳤다. 혼인에 금하고 막는 것을 엄하게 하고 주인과 노비의 명분을 바르게 하였으니, 태사가 베푼 가르침이었다.

그런 이후에 갑자기 올라가셨으니 나풀거리며 길이 떠나갔다. 산처럼 흙을 북돋우니 몸과 혼백이 청구-우리나라-에 남았다. 달을 타고 구름에 올라 타 은나라 조종의 현사(玄社)에 배알하였다. 마침내 『노어(魯語)』에 칭해지게 되었으니, '곧음이 이롭다'는 것으로 선성-공자-의 수효에 들어갔고, 현명하다는 것이 추서-『맹자』-에 드러났으니, 부족한 것을 메우어 도와주었으므로 자여(子輿)의 찬양이 있었다. 그 밝음이 식을 수 없었고, 그 은택이 다할 수 없었다. 태사가 남긴 이름을 그 자손이 계승하였으니, 근원이 깊었고 흘러감이 멀리까지 이어졌다. 온화하고 그른 쇠북의 틀이 패수의 궁전에 오랫동안 매달렸고, 시장과 마을이 왕검의 성곽에 영원히 보존되었다.

희씨의 조정-주나라-은 그침을 당하였으나 기자 후손의 왕위는 오히려 길었으며, 영씨(嬴氏)-진나라-가 강역을 개척함에 이르러 봉토가 점차 찌그러들었다. 망명해 온 사람이 북쪽에서 달려와 급히 쳐들어와 싸우니 약한 후예가 남쪽으로 달아났다. 마침내 몸을 숨겼다가 제사를 지내는 그릇을 잃었다. 과업을 기울여 따로 마한으로 이어 나갔고, 별도의 갈래를 나누어 오석에 거하였으니, 태사의 역년(歷年)이다.

이와 같이 그 밝은 공덕이 앞 세대를 뛰어넘었고 큰 복이 후손에게 열렸다. 문신하는 사람들의 땅을 처음 맡은 태백의 교화는 미미하였고, 왼쪽으로 옷깃을 여미는 오랑캐의 풍속을 물리쳐 없앤 이오-관중-의 공은 작았다. 한나라 신하의 서책에서는 곧은 믿음을 기리어 드러내었고, 당나라 황제가 내린 윤음에서는 늘 공손·근면을 장려하는 내용을 꾸며주었다. 스스로 오게 하는 것이 있었으니, 누가 힘쓴 것인가. 태사가 남긴 교화였도다. 그러나 비루한 풍속에 글이 없었고 유교의 풍습이 떨치지 못하여 고구려의 읍에서는 기자에게 보답하는 제사의 의식을 알지 못하였다. 고려 시대에 사당을 수리하였으나 오히려 흠모하고 공경하는 예식의 법전이 빠졌으니, 지나다니는 사람에게 탄식을 일으켰고, 식견 있는 자에게 아쉬움을 일으켰다.

대저 국가-조선-가 열렸을 때 해와 달이 크게 빛나고 천지의 큰 운수가 갖추어졌으니, 태조 강헌대왕께서 의로운 소리로 군대를 돌려 대업을 이루시고 터를 정하여 국경을 튼튼하게 하시고, 세종 장헌대왕께서 어질다는 명성으로 기틀을 이어받아 태평성대를 이루었고 기후가 고르도록 조절하였으며, 전 왕조의 황폐하고 더러움을 쓸어내고 한 세대의 아름답고 밝음을 여셨다. 우리 선조 소경대왕에 이르러 성스러운 덕이 하늘에서 나오고 문사(文思)가 해를 밝혀 관상감에서 경사가 있음을 알렸으니, 다섯 개의 별이 규벽(奎壁)의 궤도에 모여 상서로움이 분명하게 보였다. 많은 선비들이 바람과 구름처럼 만나 모였으니 높은 관과 넓은 띠를 한 선비들이 교문(橋門), 도원, 서재를 둘러싸고 서당에 빽빽하게 늘어섰으니, 엄숙하고 성하게 사문-유학-이 모두 질서 있게 되었고, 아름답게 다스림의 도구가 마침내 널리 베풀어졌다.

본 부-평양부- 창광산 아래의 인현서원은 만력 4년 병자년(1576)에 고을 사람들에 의해 건립되었다. 이 땅은 무덤에서 가까우며 사당은 전우(殿宇)에 인접해 있다. 관장, 장보-예복-, 제도는 은나라 시기의 후관을 모방하였으며, 장대하고 아름다운 집과 창문의 형태는 서학(序學)을 본떴다. 여러 산들이 읍을 하며 비단을 수놓은 듯한 봉우리가 비스듬히 잇닿아 있고, 하나의 강이 얽히어 돌아가며, 비단처럼 벌려 있는 섬들이 멀리까지 둘러싸고 있는데, 바라볼만한 것이 비로소 솟아올랐고 계절에 따라 달라지던 경치도 처음으로 새로워졌다. 그 편액을 청한 때는 임금께서 죽으신 해에 있었다. 또 신해년에 고을의 유학자 등이 선우씨를 후사로 삼아 세울 것을 청하자 교서에서 "가하다"라고 하였다. 이에 편액을 내려 숭인이라고 하였다. 이에 후사를 찾아 미천한 사람을 벼슬자리에 올려 쓰고, 관직에 낭(郞)·직(直)의 이름을 더하였으며, 녹봉을 내리고 부역을 덜어주었다. 당시의 임금께서 봄가을로 제사를 지냈으며, 선대 왕을 공경하는 뜻에서 그 후손에게 조상의 제사를 잇게 한 3각과 같이 하여 봉분을 높였으니 은혜가 미치지 않는 곳이 없었다. 무덤을 지키는 자는 다섯 집이 넘었으며, 예의는 갖추어지지 않음이 없었다. 익주(益州)의 사당 아래에서는 왕자의 명문을 보기 어렵고 하현(河縣)의 사당 앞에서는 어지럽게 날려 쓴 비석이 세워져 있지 않아 저절로 유림에게 흠이 되는 일이었다. 어찌 땅 주인의 커다란 광채가 없었겠는가.

관찰사 정사호(1553~?)의 자는 몽여이며 광주 사람이다. 중책을 맡아 백성들에게 임금께서 맡기신 교화를 펼쳤으며, 정성을 다해 옛 것을 깊게 사모하였고, 노래와 시가를 물어 채취하였으니, 문옹(文翁, 漢, 기원전 187~110)의 교화를 이룬 정치를 실현하였다. 역마를 달리게 하여 임금께 글을 올려 조변(趙抃)의 뛰어난 충성을 추모하여 조정에서 논의하여 기적(紀績)을 실제에 부합하게 할 것을 청하였다. 이에 유학에 능통한 신하에게 명하여 글을 짓게 하였다.

월사 이정구(1564~1635)의 자는 성징이며, 연안 사람이다. 문예에 뛰어났으며 의조-예조-의 장이었다. 지난 자취와 지나간 일을 모두 모사를 하는 기술자에게 보냈으며 밝은 규범과 아름다운 말씀을 모두 매우 찬양하는 서문에 넣어 누런 비단에 신묘한 글을 넣어 임금께 뛰어난 글을 올렸다.

남창 김현성(1542~1621)의 자는 여경이며 경주 사람이다. 어려서 연못에 이르러 연못을 까맣게 물들일 정도로 붓글씨 기예를 익혔으며 일찍이 칼춤을 추는 신기를 전하였다. 뛰어난 은제 고리와 철사 줄로 붓에 완력을 전하여 훌륭한 글씨를 진주처럼 채워 비단 같은 종이에 쓴 화려함의 정수를 뺏어냈으니, 문장은 이미 아름다웠고 글씨는 면밀하였다.

드디어 이에 정전 아래에 동서 양쪽에 붙여 지은 건물인 낭무의 주변에 터를 열고 서교의 곁에서 돌을 채취하여 거북 머리와 교룡 발등의 푸른 옥돌에 쇠망치로 다듬은 흔적을 두르고 봉황과 난새가 날아오르는 형상에 푸른 나무를 산호의 경치와 어우러지게 하였으니, 세밀한 그림이 이끼가 입혀진 곳에 분명하게 보였다. 사방으로 통하는 길에 우뚝 솟아 있는 것을 바라보니, 처마와 기둥이 근근이 비를 가리었다. 천자의 나라에서 온 나그네가 머물러서 숭상하여 소리 높여 읊조리도록 하였다. 조서를 받은, 왕명을 지닌 사람이 신선이 타는 수레를 머무르게 한 다음에 장엄하게 암송하였다. 위나라 문후의 단간목(段干木, 기원전 475~396)은 다만 수레 앞에 가로로 댄 나무에 몸을 구부리어 기대어 존경함을 표시하는 식려(式閭)만 말하였고, 양숙자(羊叔子)-양호(羊祜, 西晉, 221~278)-의 현산은 눈물을 흘린 것만 공연히 들렸으니, 어찌 앞선 시대 왕의 머리에 관을 씌우고 존경함을 표한 것이겠는가. 온 나라가 마음을 기울여 공경하고 사모하니 그 도를 이룸은 지극히 넓으며 그 전한 것은 지극히 오래되었도다. 장차 계림의 외진 곳으로 하여금 오랫동안 많은 선비들의 모범이 되게 하였으며, 우리나라의 치우쳐 있는 변방을 영원히 소중화의 영예가 있게 하였으니, 중화를 이용하여 오랑캐를 변화시킨 것이 여기에 있으며, 그윽함에서 나와 나무를 옮긴 것이 여기에서 비롯되었으니, 아! 성대하도다. 용의 날개는 자랐으나 흔들리지 않았고, 어려서 학문을 알았으며, 윤음이 궁궐에 이어지도록 하였다.

헛되이 8월의 뗏목을 따라 서관을 지나 천 년의 무덤에 공경을 표하며 배알하였다. 풀과 나무는 바람과 서리와 함께 늙어가고, 산과 강은 함께 명예와 절조를 오래 보존하였으니, 아! 옛 지팡이는 전과 다름이 없었고, 남겨진 샘은 완연하였다. 몸소 오묘한 뜻을 받들지 못함을 한탄하며 공손히 물동이로 빼어난 모습을 보노라. 친히 맑은 향의 가르침을 받아 어둡고 희미한 뜻을 시원하게 씻었다. 외씨 향기를 불사르니 사모함이 멀리까지 이르고, 한 조각의 돌을 어루만지니 품은 바가 길이 이어지네. 한 이부-한유(韓愈, 唐, 768~824)가 일찍이 '석고'를 지었고, 소식(蘇軾, 宋, 1037~1101)이 노래를 불렀으며, 반 맹견-반고(班固, 漢, 32~92)가 이미 '한도'를 서술하였고, 장형(張衡, 漢, 78~139)이 부를 지어 이어 나갔다. 이에 변변치 못하다는 부끄러움을 무릅쓰고 글을 지어 곁에다가 이어 맺는다.

명(銘)하여 이른다.

검은 말과 그림은 세상에서 멀어졌고, 봉황의 규율과 다스림은 미약해졌네.
거북이가 이어서 나왔고 우임금이 이내 발휘하였네.
숨어 있어 드러나지 않았고 지식 있는 자도 드물었네.
성인의 헤아림을 엿볼 수 없었고, 하늘의 기교가 흘러나오지 못하였네.
아! 태사여, 이 신령한 지식을 알려주었네.
하나의 이치를 확충한 바로, 홍범구주를 이처럼 밝혔네.
거울처럼 맑고 연못처럼 맑게, 아주 잘게 나누었네.
가까이 있는 광채를 사용하여 극을 세울 것을 생각하였네.
친척이자 공경이었던 이는 바야흐로 귀하여 졌으며, 주색에 빠진 임금은 서민일 따름이네.
사나움이 넘쳐나니 덕이 죽었으며, 죄가 지나쳐서 엎드려져 형벌을 받았네.
술 취함에 잠기고 정욕에 미혹되었으며, 원망함이 관통하여 추악함이 들렸네.
망하게 되었으니 누가 구원하리요, 돌이키고 회복시키고자 하나 듣지를 않았네.
일깨우면 족하기에 재주를 뛰어넘었으나, 비간의 심장은 이미 쪼개어졌네.
자기를 굽혀 노예가 되었으니 밝음이 안에 있으면서 어두움에 처했네.
자씨-은나라-가 다하고 희씨-주나라-가 높아졌으며, 몸은 살았으나 나라는 망하였네.

도를 전하지 않을 수 있겠는가. 물으니 이내 대답하였네.
굳셈은 극에 다다랐고 절조는 준엄하였으니, 이미 멀리 있는 봉읍에 나아갔네.
멀고 아득한 살수-청천강-여, 아득한 붉은 봉우리여.
오랑캐 땅에 거하였으나 어찌 누추하였겠는가. 도가 있으니 반드시 따랐으리라.
조목을 나누어 금법을 만들었으니, 예를 숭상하고 농사에 힘썼네.
좋은 풍속이 점차 흥하여 풍속이 크게 변하였네.
아득하고 어두침침함을 다스려 교화하였으니, 지나간 해가 멀고도 멀었네.
위만의 갑작스러운 습격에 준왕이 도망하였네. 불행히 나뉘어 조선이 바뀌었네.
이름은 커서 황하와 같았으나 후예는 미약하여 실과 같았네.
어진 임금이 다스리는 조정에서 책 상자를 열어, 글로 가르쳐서 전쟁이 그쳤네.
남긴 은택을 깊게 생각하니 멀리까지 심하게 흘렀으며 거세게 아래로 흘러내렸네.
자손이 작위를 세습하여 계승하였고, 전각은 우뚝 솟아 있고 비석은 위엄 있게 서 있네.
현악기에 주저하다가 감옥에서 끌어당겨, 빈 터를 생각하며 노래하였네.
정전의 구획은 옮겨지지 않았으며, 언덕의 밭은 어제에 있었던 듯하네.
영원히 변방의 나라를 도우시고, 길이 제사를 흠향하소서.
상에는 상나라의 글이 있고, 잔에는 주나라의 곡식이 없네.
혼은 서쪽으로 돌아갈 수 없으나, 동방에 의탁할 수 있네.

『평양속지』(Ⅰ) 권5, 기자궁의 비문

이정제(李廷濟)

삼가 살펴보니, 『기자지』에서 "기자 궁궐의 남은 터가 평양 정양문 밖에 있다"라고 하였다. 또 "정전이 평양 외성 안에 있다. 기자가 구획한 유적이 완연하다"라고 하였다. 이정제에게는 오직 그 집과 마을의 경계가 시작된 바가 있었다는 것만이 드러나 있었다. 우리 태사의 옛 궁의 남겨진 터는 오래도록 경작지와 목초지가 되어 있었으니, 심히 슬펐다. 또 진·한 이래로 겸병하여 집을 만들어 천하에는 정지(井地)의 제도가 남아 있지 않게 되었는데, 오직 기양-평양-에 있으니 다만 귀할 따름이었다. 드디어 국고의 동전을 내어 기자 궁궐의 터를 사서 흙을 쌓고 북돋우며 주위에 담을 둘렀다. 또 공전 한 구역을 사서 그 이전 강역의 무너지고 더러운 곳을 다시 찾아서 자로 재고 다스렸다. 뒤에 볼만하도록 갖추었으니, 아! 소공이 쉬다 간 팥배나무로다. 그러나 뒷사람들은 오히려 나무를 벤 장횡거(張橫渠, 宋, 1020~1077)를 경계하였다. 일찍이 사논 땅 한 구역이 있었는데, 여러 정(井)으로 만들겠다고 뜻하였다. 하물며 기자 성인이 임금의 자리에 올라 다스릴 때 구획하고 경계를 정한 땅은 가히 묻히고 가라앉고 흐트러져 분간하지 못하게 되었으니, 뒷사람으로 하여금 사모하는 마음을 기탁할 수 없게 하였고, 뒤의 왕이 취할 수 있는 법이 없게 하였다. 이에 일을 하게 되었다. 성 안팎의 나이 많은 어른들과 명망 있는 사람들이 선비들이 바쁘게 움직였으니, 앞다투어 아전과 관노비와 기술자 무리가 즐거이 일을 하러 달려 왔고 백성은 자식들까지 왔으니, 이에 평양의 사람들이 성인의 교화를 사모함이 더욱 오래되었고 더욱 정성스러웠음을 알았다. 이로 인하여 그 일을 돌에 기록하기를 청하였고, 드디어 우매하고 주제넘음을 헤아리지 않고 이와 같이 썼도다.

『평양속지』(Ⅰ) 권5, 기자, 정전 기적비

서명응(徐命膺)

평양은 은나라 태사 기자의 옛 도읍이다. 지금은 기자가 동쪽으로 왔던 기묘년으로부터 3,000년 가까이 되었다. 그 정지(井地)의 제도가 오히려 외천과 홍토 두 지역에 남아 있다. 일 만들기 좋아하는 자가 대저 모퉁이에 돌을 심어, 멀리서도 팔진도의 돌 흔적을 볼 수 있다. 오! 기이하다. 그러나 그 제도는 어긋나고 그릇된 것이 이미 심하다. 누가 만들었는지 알지 못한다. 이론(異論)으로 말하면 "전(田)자 형태는 은나라의 제도이고 정(井) 자 형태는 주나라의 제도이다"라고 한다. 대저 견·회·구·혁(畎澮溝洫)은 물이 있는 땅으로 처음부터 평평했던 것은 아니었다. 천하의 구역은 항아리의 물을 씻어내듯이 간략한 것이었다. 그런즉 바꾸지 않고 다시 둘 수 있었다. 다시 둘 수 있었던 바는 오직 장부가 안에 있는 1무의 밭을 해마다 개간하며 쉽게 고칠 수 있었기 때문이다. 어찌 그 전(田)과 정(井)이 다르겠는가. 일찍이 시험 삼아 정지(井地)의 주위를 돌아보며, 옛날과 지금의 변화를 따라가며 고찰하였다. 그런즉 밝은 빛이 한 쪽 면을 비추자 구불구불하게 이루어진 언덕이 16리를 가로질러 서쪽은 하밀대가 되었고 동쪽은 고리문이 되었고 중성(中城)이 그 위를 둘러쌓았다. 언덕의 8각은 겹겹이 아래에 차례대로 쌓여 있었다. 고리문에서 서남쪽으로 비스듬히 이어져 양각도, 대도문을 지난다. 또 북으로 하밀대에 이르는데 외성이 그 위를 둘러싸고 있다. 외성과 중성 사이로 가로세로 바둑판처럼 모두 12정(井)이 펼쳐져 있다. 그 부(夫)가 남아 정(井)을 이루지 못한 것이 또 30구(區)요, 전(田)이 남아 부(夫)를 이루지 못한 것이 또한 21구이다. 이것은 『주례』의 정·목(井牧)으로, 그 들판이 넓고 기름지면 정(井)으로 만들었고, 낮은 습지이면 목(牧)으로 만들었다. 뒤섞고 조정하여 그 법이 이내 행해졌다. 매 1부(夫)의 4방은 2척의 지름길이 두르고 있고, 10부(夫)의 좌우에는 9보(步)의 길이 끼어 있다. 그것은 2척에서부터 3·4척에 이르고, 9보에서부터 6·7보를 이룬다. 그런즉 부(夫) 사이의 수(遂)는 구(溝)에 방문하는 것을 잃어 가로막혀서 변하여 그 경계를 이루지 못하였다. 이런즉 『주례』 소사도 편에서 "9부(夫)가 정(井)이 되었고, 4정이 읍(邑)이 되었다"고 하였고, 수인 편에서 "부(夫) 사이에 수(遂)가 있고, 수 위에는 경(徑)이 있다. 10부(夫)에 구(溝)가 있고, 구 위에는 진(畛)이 있다"라고 하였다. 그러므로 정(井)을 9부(夫)로 하고, 무(畝)를 10부로 하였다는 두 직(職)의 글은 양쪽이 서로 위배되지 않는다. 이러한 이유로 지금 있는 것으로 옛 제도를 회복하고자 하려면 반드시 그 정·목(井牧)을 분별하고 그 수·구(遂溝)를 바르게 해야 한다. 그런즉 기자의 정지(井地)는 다른 데에서 구할 것을 기다리지 말지니, 이는 여기에 있기 때문이다. 어찌 반드시 혼란해 하는가. 2각의 남쪽에 기자정 우물이 있고 우물의 동쪽에 작은 전각 하나가 세워져 있는데, 어느 해에 만든 것인지 알 수 없다. 대개 무·택(畝宅)과 부·가(夫家)의 제도이다. 우리 영조 경신년(1740)에 선대부 문민공이 이 땅, 즉 작은 전각의 북쪽을 돌아보고, 삼익재를 세우고 청남(淸南)의 선비를 선택하여 그 곳에서 학문을 익히게 하였다. 또한 가숙·당서의 제도였다. 둘 모두 분명히 정지(井地)의 속내를 밝힌 것이나 특별히 부합하지는 않는다. 올해 병신년(1776)에 서명응은 외람되이 앞선 발자취를 계승하여 삼익재를 다시 새롭게 하고, 전각에 이르러 구주(九疇)라고 편액하고 주위에 담을 둘렀다. 이름을 구삼(九三)이라 하였다. 원(院)이 이미 이루어지자 주위 사람들과 의논하여 이르기를, "재(齋)와 각(閣)이 세워졌으니 정지(井地)가 되었다. 만약 정지가 날로 잡초에 우거져 덮인다면 장차 어찌 재와 각이라고 하겠는가"라고 하였다. 이에 그 도랑을 깊게 하여 통하게 하고 그 무(畝)를 다스려 구획하였다. 하나같이 기자의 정지이니, 바라건대 지금부터 이 정에 거하고 이 정을 경작하는 자는 [도적을] 지키며 망을 보고, 서로 벗을 하며, 병이 나면 서로 도와 기자의 풍속을 두텁게 한 정지였음을 알게 하라. 봄과 가을에는 예·악, 겨울과 여름에는 시·서를 통해 기자가 인재를 기르던 정지였음을 알게 하라. 그리고 은과 주나라의 두 제도가 같지 않다고 이르는 자의 논의가 이르지 못하게 하라. 다만 자세하고 간략한 구분은 있도다. 대저 팔진도는 특별히 영루를 쌓은 돌로 만든 것이다. 그런즉 서촉(西蜀)의 문인과 학사들은 대쪽에 글을 쓰고 책에 기록하고 단단하고 아름다운 돌에 새겼는데, 지금 그 빈터를 지나가는 자는 울며 감격해한다. 삼가 돌 하나도 혹 마음을 상하게 하는데, 하물며 정지는 3대의 인정(人政)이 비롯된 곳이다. 이에 돌에 기적(紀蹟)을 새긴다. 사(詞)를 지었다.

사에 이르렀다.
저 가운데 언덕을 바라보니, 그 전(田)이 가로세로로 나 있도다.
기자 성인이 황무한 곳을 바로잡아, 우임금의 제도를 전한 바로다.
전한 것이 무엇인가, 구문(龜文)-낙서-이 하늘에서 내려왔도다.
3×3하여 9가 되니, 중심을 비운즉 넓어지도다.
조법(助法)과 철법(徹法)이 이어져 있으니, 그 연원이 하나이도다.
기자 성인이 동쪽으로 왔으니, 신하가 되지 않으려는 뜻을 굳건히 하였네.
거룩한 이 도여, 엎드러지고 쓰러졌다고 어찌 상하겠는가.

이에 깎으니 쟁기요, 이에 모으니 품 팔고 밭을 가는 자로다.

같이 동쪽으로 서쪽으로 다니면서, 맥(陌)을 만들고 천(阡)을 만들었도다.

흙 날라 담 쌓는 소리와 언덕의 북소리가 나니, 백성은 함께 하며 성내지 아니하도다.

선한 풍속이 이루어져 가고, 어짊이 일어나도다.

인(仁)의 교화가 흡족히 시행되니, 이것이 수레요 이것이 권세로다.

수풀의 그 바람소리가, 천만년에 이르는구나.

백성은 예의를 차려 미적미적 하며, 선비는 암송하며 현악기를 타는 것을 업으로 삼도다.

어렴풋한 우리 기자 성인이, 나를 꿈틀거리게 하도다.

제기를 올리느냐 분주한데, 오히려 술은 깊고 고요하도다.

하물며 이 옛 제도는, 이제 그 집의 정표니라.

이에 수(遂) 도랑이고 이에 구(溝) 도랑이니, 논두렁길과 두둑이 연이어 이루어져 있구나.

아아! 전(田)이여, 해내(海內)에 선명하도다.

산은 길고 물은 아득하나, 전(田)은 변하지 않았네.

『평양속지』(Ⅰ) 권5, 인현서원 사당 비문

김조순(金祖淳)

도의 근원은 하늘에 있고 행하는 것은 사람에게 있다. 그러므로 "사람이 능히 도를 넓힐 수 있다"라고 일컫는다. 사람은 도를 넓히는 것을 할 수 있다. 그러나 총명하고 슬기로움을 뽑아 모으지 않는 것은 가르치는 것으로 부족하기 때문이다. 그러므로 "도는 여러 물건에서 나온다"라고 하였다. 만국이 모두 평안한 것은, 복희·신농·황제·요·순·우·탕이 천하의 군주이자 만 세상의 스승이었기 때문이다. 우리 조선은 치우친 곳 바다 왼쪽에 있어 인물이 열리고 나라가 세워진 것에 대해 스스로 온 바를 알지 못함이 있다. 단군은 요임금과 나란히 즉위하였고 폐백으로 아들을 보내어 우임금에게 조회하였다고 서로 전한다. 대개 중국을 사모하여 동쪽으로 점차 교화가 이루어졌고 그 예를 공경함이 이르게 되었으니, 월상국이 흰 꿩을 바친 것과 같았을 따름이다. 그 다스림에는 신령한 도가 베풀어지고 사람의 지극함에 세워짐이 복희·신농·황제·요·순·우·탕의 성인과 같음이 없었다. 그러므로 비록 지내온 햇수가 천 년이 넘었어도 그 백성의 하나하나 모두 사슴과 돼지와 같은 자만이 있을 따름이었고, 말과 행동이 서투르고 무식하여 나무처럼 강할 따름이었다. 그러나 지금 그를 '소중화'라고 하는 것은 곧 우리 은나라 부사(父師)-기자-에게 비롯되었다. 부사가 만들지 않았다면 거의 지금 오랑캐가 되어 이르렀을 것이다.

  부사는 홍범구주를 배웠다. 구주란 낙서(洛書)로, 우임금이 큰 명령으로 받아 얻은 것이자 부사께서 주나라 무왕에게 전하여 펼친 것이다. 복희가 괘를 그리고 문왕이 펼친 것을 주공에게 주었던 것과 같다. 부사는 은나라 제사가 장차 무너질 것을 애통해하며 미자에게 남의 신하가 되지 않을 것을 말하였다. 그런즉 거짓 미친 척하며 죄수가 되었다. 차마 달아나거나 죽지 않은 것은 만에 하나라도 하늘이 화를 내리는 것을 후회하기를 바라였기 때문이다. 사나운 아이-은나라 주 임금-가 스스로 그 목숨을 끊음에 이르러 천하가 한 마음으로 주나라를 받들었다. 이로 인하여 방문하여 물으니, 사람이 지켜야할 떳떳한 윤리를 서술하여 고하였다. 그리고 흰 말을 타고 동쪽으로 와서 스스로 오랑캐의 땅에 숨었다. 밝은 땅에서 은혜를 베풀고 사람들을 일깨워주었다는 말에 주나라 사람이 봉하였다. 이로 인해 주나라의 손님이 되었으나, 부사는 주나라에 은혜를 구하지 않았다. 그러므로 공자가 『주역』을 찬양하며 이르기를, "안으로 어려웠으면서도 능히 그 뜻을 바르게 하였다"라고 하였고, 인(仁)에 대해 논하면서 "은나라에 세 어진 이가 있다"라고 하였다. 대저 올바름은 도의 큰 본체이며 인은 하늘의 으뜸가는 덕이다. 올바름과 인은 성인이 아니고서 누가 능히 함께할 수 있겠는가.

  부사는 오랑캐와 우리나라 사람을 비루하게 하지 않고 여덟 조목으로 가르쳤으니, 인과 의가 점점 늘어나게 하였고, 예의와 겸양을 하도록 이끌었으며, 궁실에서 거하게 하였고, 갓과 치마로 차려 입게 하였으며, 변두(籩豆)로 마시고 먹게 하였다. 그 땅을 정(井) 글자처럼 구획하여 그 밭의 제도로 하였고, 사슴과 돼지와 같은 자를 부려 사람이 되게 하였으며, 나무처럼 강한 자를 부드럽게 하여 선하게 만들었다. 몇 천 년 동안 오랑캐의 땅이었던 곳에 중화를 이용하여 도리가 있게 바꾸어 빛나게 하였으니 중화와 같이 되었다. 그러므로 중국의 사람들이 소중화라고 일컬었으니 그 풍속이 중화가 되었으나 그 땅은 작았음을 말한 것이지, 그 풍속이 중화보다 작은 것은 말한 것이 아니었다.

일찍이 시험 삼아 논하였다. 하늘이 비록 사람을 내도 역시 능히 사람을 가르칠 수 없다. 그러므로 오랑캐가 중국으로 가도 그 부류가 비록 비슷하져도 그 습성은 서로 멀어 달라지지 않았으니, 오랑캐는 마침내 그 타고난 바를 맡을 따름이었다. 중국에 처음으로 성인의 가르침이 있어 중국으로 하여금 나아가게 하였다. 복희·신농·황제·요·순·우·탕이 없었으면 중국 역시 오랑캐였다. 조선 역시 부사를 얻었으므로 오랑캐였으나 역시 중국이 되었다. 부사는 스승이 되었으니, 하늘을 계승하여 지극한 도를 세웠다. 부사는 임금이 되었으니, 복희·신농·황제·요·순·우·탕과 같은 재주가 있었다. 아! 성인이 사람에게 끼친 그 공적과 은택은 오히려 하늘보다 많도다. 비유하면, 사람은 하늘의 뜻에 의해 태어나고 아버지와 어머니가 사랑을 더하였다. 부사는 우리나라 사람에게 만세의 부모이다. 비록 그러나 부사가 태어나게 한 것은 하늘이요 부사로 하여금 동쪽으로 오게 한 것도 하늘이다. 하늘이 우리나라 사람을 돌보고 보살피지 않았다면 이르렀겠는가. 그렇지 않다. 여덟 조목의 가르침과 홍범구주의 학문은 장차 남쪽으로 갈 수도, 북쪽으로 갈 수도, 서쪽으로 갈 수도 있었다. 그러나 어느 곳에서도 가르칠 수 없었다.

평양부는 옛 왕검성으로 부사는 이곳에 도읍을 하였으며 이곳에 장사되었다. 그러므로 정전이 있는 것이며, 궁궐터가 있는 것이고, 깨끗한 우물이 있는 것이다. 모두 옛 자취이다. 숭인전이 있는 것은 임금의 도를 제사하기 위한 것이며, 인현서원이 있는 것은 스승의 도를 제사하기 위한 것이다. 모두 후대에 높이어 받들기 위함이다. 서원이 창설된 것은 2백여 년이나 비석이 없는 상태로 이르러, 평양부 인사들이 모두 돈을 내어 청하니 감히 몸을 깨끗이 씻은 뒤에 글을 쓴다.

『평양속지』(Ⅰ) 권5, 인현서원 문루 중수기

심상규(沈象奎)

인현서원의 강당은 홍범이라 하며 강당의 정문은 개래(開來)라고 하고 위에 있는 누각은 낙서(洛書)라고 한다. 누각은 오래 되었고 높이 솟아 있으며 또 문은 허물어져 있어 출입할 수 없었다. 내가 기성-평양-에 온 다음 달에 곧 고쳐 세웠는데 옛 제도에 의거하여 새로운 재료로 바꾸었으니 곧 숨은 기예였다. 여러 유생들이 내게 청하여 글을 써 달라고 부탁하였다. 내가 이르기를, "서원을 만들어 기자의 초상화를 봉안하고 강당을 만들고 재실을 만들고 문을 만들고 누각을 만들어 그 인사 중에 빼어난 자들이 서로 더불어 이곳을 드나들며 교제하는 곳으로 만들었다. 의관을 바르게 하고 신중하게 행동하며 익혀 몸가짐이 자연스럽게 되었으니 어찌 평양이 기자가 도읍한 곳이 아니겠는가. 이곳에서 태어난 자라면 존경하며 의지할 곳을 만들어 숭상하고 사모하는 마음을 의탁할만도다. 즉 기자가 이미 무왕에게 홍범을 진술하여 도를 전하고 이내 조선으로 피하여 와서 그 백성을 예의로 가르치고 여덟 조목의 맹약을 베풀었으며, 의관은 모두 중국과 같게 하였다. 이로부터 조선의 풍속은 신의와 겸양을 높이고 음란하게 도적질함이 없게 하여 음란함이 엷어지게 하였다. 오랑캐처럼 머리를 묶던 데에서 변하여 해외에 있는 추·노(鄒魯)-맹자와 공자의 출생지-의 땅이 되었으니, 공자께서 바다를 건너와 거하고자 하였다. 그토록 인현의 교화가 있었기에 도를 행할 수 있었다. 지금은 기자가 평양에 도읍한지로부터 3천 년이나 떨어져 있다. 그 궁실과 성곽, 밭과 길이 어찌 다시금 있을 수 있겠는가. 그러나 유독 그 가르침은 여전히 떨어지지 않았으니, 나라 안에서 평양이 가장 먼저 은혜를 입은 땅이었기 때문이다. 그 숭상하고 사모함이 역시 이채로웠다. 시 당풍(唐風)의 서문에서 이르기를 '그 백성이 근면하고 검소하며 수수하며 사치스럽지 않은 것은 요임금의 풍습이 남아 있기 때문이다'고 하였다. 그 시에서는 진(晉)을 일컫지 않고 당을 일컬었다. 그런즉 평양을 일컬어 기성이라고 하니 그 풍속 역시 볼만한 것이 있는 것이다. 진실로 그 도를 배우고 그 가르침을 따를 수는 없으니, 비록 그때의 궁실과 성곽, 밭과 길의 아름다움을 다하더라도 그 예의의 풍속을 보텔 수 없도다. 하물며 서원은 강당을 만들고 재실을 만들고 문을 만들고 누각을 만들어 지극히 뚜렷하고 시원스러우나 또 어찌 힘입을 바가 있겠는가. 이 해의 초겨울에 여러 유생들이 서원에서 향음주례를 행할 때 내가 가서 그 누각을 보게 되었는데, 높이고 겸손하며 깨끗하고 공경함이 군자와 가까웠도다. 이미 나아가 더불어 이야기하니, 귀함과 천함이 밝혀지고 높이고 낮임이 판별되었다. 화평하며 즐기나 절도를 잃지 않고 어른을 공경함에 남김이 없으며 평온하나 흐트러지지 않는 의가 저녁에 폐해지지 않도록 서로 깨우쳐 주었다. 향음주례 하는 여러 유생이 더욱 그것을 사모하여 옛 예의가 이루어져 행해졌다. 하물며 이곳에 서로 더불어 드나들며 머물면 인현의 교화를 입게 되니, 그 도를 배우고 그 가르침을 따르는 것에 스스로 힘쓰지 않는 자가 있겠는가. 역시 기다릴 것도 없으나 나도 힘쓰리라"라고 하였다. 여러 유생들이 "예"하고 말하였다. 드디어 누각의 벽에 글을 썼다.

『평양속지』(Ⅰ) 권5, 인현서원 장수기(藏修記)

정원용(鄭元容)

평양 외성에서 평양부 치소로 10리를 가면 서원이 있는데 기자의 초상화가 봉안되어 있다. 서원의 이름은 인현이라고 한다. 제단, 궁실, 정전의 터가 또한 뚜렷하다. 앞선 유생들이 "우리나라 사람들이 기자를 받드는 것은 공자처럼 하는 것이 마땅하다"라고 말하였다. 외성은 곧 동로(東魯)의 사대부가 서로 모여 사는 곳으로 뽕나무와 삼이 들판에 길게 자라 있다. 문장을 짓는 소리가 집에서 들리며, 남자들은 모두 위엄 있는 관과 넓은 허리띠를 하였다. 현악기와 문장 암송, 변두(籩豆) 등을 익히고, 바깥일을 옮기는 바가 없었다. 경전에 밝고 의를 행하는 선비를 뽑아 여러 서원에 두어 학문에 힘쓰게 하였다. 나는 일찍이 어려 학생들과 향음주례와 향약을 서원에서 행하였는데, 그 오르고 내려가며 읍양하는 모습이 볼만 하였는데, 문득 동로의 선비와 같았다. 그 천성이 예를 좋아해서인가? 나는 중요한 직책을 맡기에 재주가 부족하여 지금 장차 사양하고 돌아가려 한다. 다시 한탄하노니, 나는 문장이 얕고 분주하기만 하여, 이 서원에 이르러 여러 학생들을 따라 거닐면서 현악기와 암송, 변두의 일을 익힐 시간을 얻지 못하였다. 4만 전을 사용하여 서원 문밖의 밭 두 구역과 바꾸어 삼가 서원을 수리하는 비용으로 주고, 또 경서, 통사(通史), 의례, 소학, 당·송 팔대가의 글을 소장케 하였다. 무릇 사람의 삶에서 하루의 쓰임에 예(禮)를 위한 비용이 크다. 수신의 도는 소학에서 시작하며, 경전과 사서를 거쳐 문장을 발휘하게 되니, 배우는 자의 일이 갖추어지게 되는 것이다. 여러 학생들이 거닐면서 구하는 것으로, 또한 아직 끝까지 알지 못한 것이 있지 않겠는가. 나는 문득 여러 학생들의 끝없는 쓰임을 보았다.

『금마지(金馬誌)』

南泰普(1694~1773)

　『금마지』는 1756년(영조 32) 남태보가 편찬한 익산 지역의 읍지이다. 남태보는 조선 영조대 문신으로 본관은 의령(宜寧), 자는 숙도(淑燾), 호는 서산(西山)이다. 군위현감(軍威縣監), 익산군수(益山郡守), 울산부사(蔚山府使) 등을 역임했다. 지방관으로서 선정을 베풀어 석북(石北) 신광수(申光洙)가 『금마별가(金馬別歌)』를 지어 남태보를 칭송하기도 했다. 익산군수로 재직하면서 해당 지역의 자료를 수집해 읍지를 편찬하였다. 권말(卷末) 지문(識文)에서 익산 지역은 기자조선(箕子朝鮮)의 도읍지로 그 유풍(遺風)과 유속(流俗)을 천년 뒤에도 살펴볼 수 있음에도 사적(事蹟)을 살펴볼 수 없는 것이 안타깝다는 소회를 밝히고 있다.

　현재 규장각한국학연구원에 소장된 『금마지』는 일제강점기 때 펜으로 필사한 책으로, 총 상하(上·下) 2권, 77개 항목으로 이루어져 있다. 익산 지역 고금의 역사를 총괄하고 있는데, 특히 「마한폐흥(馬韓廢興)」 조에서는 여러 자료를 인용하여 삼한(三韓)의 위치를 비정하고 기자와 익산 지역의 관련성을 부각하고 있다는 점에서 주목할 만하다.

　기자 후손인 기준(箕準)이 익산 지역에 이르게 된 경위와 당시의 건축물로 여겨지던 기준성(箕準城)도 서술하였다. 당시 기준이 위만의 난리를 피해 이주한 지역은 흥미로운 논쟁의 주제였다. 예를 들어 김정호(金正浩)는 공격을 받아 도주했던 기자가 바다 건너 3,000리 거리를 이동해 익산 지역의 원주민을 물리치고 국가를 설립하였다는 설을 허무맹랑하다며 아마도 평안도나 황해도 지역으로 이주했을 것이라 주장하였다. 하지만 『제왕운기(帝王韻紀)』, 『고려사(高麗史)』, 『세종실록(世宗實錄)』 지리지(地理志), 『신증동국여지승람(新增東國輿地勝覽)』 등에서는 익산을 기준의 도읍지로 지목했고, 조선 지식인 대부분이 정설로 이해했다.

『금마지』(상) 건치연혁

본래 마한국(馬韓國)이었다. 후조선(後朝鮮) 세상에서 단군(檀君)을 전조선(前朝鮮)이라 칭하고 기자(箕子)를 후조선이라 한다.의 왕 기준(箕準)은 기자의 41대손으로 위만(衛滿)의 난리를 피해 바다를 건너 남쪽으로 한(韓) 땅에 이르러 나라를 개창하고 국호를 마한(馬韓)이라 하였다. 백제(百濟) 온조왕(溫祚王) 대에 이르러 병합하였으니 이때부터 금마저(金馬渚)라 불렀다.

『금마지』(상) 고적(古蹟), 기준성(箕準城)

기준성 용화산(龍華山) 꼭대기 북쪽에 있다. 세간에 전하기를, 기준(箕準)이 건축하였기 때문에 기준성이라 이름하였다고 한다. 옛 건축물이 지금까지도 완연하게 남아 있다. 둘레는 3,900척이고, 높이는 8척이다. 성 안에는 우물과 시냇물이 있으며 수문(水門)은 철전(鐵箭)이 배치되어 있었는데 지금은 목재가 모두 썩었다. 사람들이 성안으로 땔감을 구하러 들어가면 이따금 옛 유물들을 습득하곤 한다.

『여지도서(輿地圖書)』

저자 미상

『여지도서』는 조선 영조 때 각 도의 읍지를 수집하여 성책한 전국 지방지이다. 홍양한(洪良漢)이 홍문관에 있을 때 영조에게 8도의 읍지를 수정하여 올린 것에서 비롯되었는데, 이후 몇 차례 수정 작업이 1757년(영조 33)에서 1765년(영조 41) 사이에 이루어진 것으로 여겨진다. 현재 전하는 것은 한국교회사연구회에서 소장하고 있는 것인데, 19세기 후반에 뮈텔(Gustave Charles Marie Mutel) 주교가 가지고 있던 수집품으로 본다.

전체 55책이다. 경기도는 5책, 충청도는 8책, 강원도는 4책, 황해도는 4책, 평안도는 9책, 함경도는 5책, 경상도는 14책, 전라도는 6책으로 구성되어 있다. 각 도와 군·읍의 지도가 실려 있다. 강원·황해·함경·평안도의 읍지는 모든 읍이 포함되어 있으며, 경기도는 9개 읍, 충청도는 3개 읍, 경상도는 11개 읍, 전라도는 16개 읍의 읍지가 없다. 몇몇 읍지가 빠진 이유는 알 수 없다.

평양부, 영변부, 성천부, 문화현, 익산군 편에서 고조선과 부여 관련 내용이 실려 있다. 평양부의 건치연혁(建置沿革) 조에서는 고조선의 역사를 간략히 언급하였는데, 고조선을 전조선, 후조선, 위만조선으로 구분하였다. 또한 기자의 교화 이야기, 숭인전, 숭령전, 인현서원, 기자궁, 기자정, 정전 등 단군·기자 관련 사적을 언급하였다. 영변부 편에서는 단군과 관련 있는 태백산과 고구려 주몽의 어머니 유화와 관련 있는 우발수 관련 내용, 성천부 편에서는 주몽이 고구려를 세웠던 졸본천 관련 내용이 있다. 문화현 편에서는 구월산에 단군이 들어가 산신이 되었다는 이야기가 전한다는 내용을 서술하였다. 익산군 편에는 고조선의 준왕과 관련된 사적을 다루었다.

『여지도서』 평안도 평양, 건치연혁

본 부(府)는 본래 3조선(三朝鮮)의 옛 도읍이다. 도당씨(陶唐氏) 요(堯)임금 무진년에 신인(神人)이 박달나무 아래로 내려오니 나라 사람들이 세워 임금으로 삼았다. 평양(平壤)에 도읍하고 단군(檀君)이라 불렀다. 이것이 전조선(前朝鮮)이다. 주(周)나라 무왕(武王)이 상(商)나라를 이기고 기자(箕子)를 조선에 봉하였는데 이것이 후조선(後朝鮮)이다. 41대손 준(準) 때에 이르러 연(燕) 사람 위만(衛滿)이 망명해 왔다가 준의 땅을 빼앗고 왕검성(王儉城)에 도읍하였다. 이것이 위만조선(衛滿朝鮮)이다. 그 손자 우거(右渠)가 조서를 받들기를 거부하자 한나라 무제(武帝)가 원봉(元封) 2년(기원전 109)에 장수를 보내어 토벌하였다. 평정하여 4군(四郡)으로 만들고 왕검성은 낙랑군(樂浪郡)으로 삼았다.

『여지도서』 평안도 평양, 팔조지교(八條之敎)

8조(八條)의 가르침 기자가 백성을 가르쳐 금지하도록 하였으니, 살인한 자는 사형으로 배상하도록 하고, 상처를 입힌 자는 곡식으로 배상하게 하며, 도적질한 자는 적몰해서 그 집의 노비로 삼았다. 스스로 대속하고자 하는 사람은 50만 전을 내야 했는데, 비록 면하더라도 민간의 풍속이 그를 수치스러워해서 결혼하려 해도 결혼하려는 자가 없었다. 으로 부인은 정조가 있고 음란하지 않게 되었다. 천성이 유순하여 3방(三方)과는 달랐으니 유순하고 몸가짐을 삼가는 것이 풍속이 되었다 모두『한서(漢書)』에 있다. 도로 다스리기 쉬우며 그릇은 조두(俎豆)를 사용한다. 음식을 절제하고 궁실을 꾸미기를 좋아한다. 모두『후한서(後漢書)』에 있다.

『여지도서』 평안도 평양 능침, 기자묘(箕子墓)

기자묘 칠성문(七星門) 외성 북쪽 1리에 있는 토산(兎山)에 있다. 만력 임진년(선조 25, 1592)에 왜노(倭奴)들이 묘를 팠는데, 왼쪽 부분을 1장쯤 팠으나 단단하여 팔 수 없었다. 문득 음악 소리가 무덤 안에서 나와 왜적들이 두려워하여 멈췄다.

『여지도서』 평안도 평양 능침, 숭인전(崇仁殿)

숭인전 성 안의 문묘 동쪽에 있다. 기자의 위판을 받들어 안치하였다. 옛 이름은 기자사(箕子祠)이다. 만력 임자년(광해군 4, 1612)에 사액(賜額)하고 제사를 지냈다. 정축년에 묘정비를 세웠다. 천계 임술년(광해군 14, 1622)에 병조정랑 박언룡(朴彦龍)을 보내 제사 지냈다. 계해년(1623) 인조 대왕 원년에 예조참의 김덕함(金德諴)을 보내 제사 지냈다. 숙종 대왕 5년 기미년(1679)에 도승지 정유악(鄭維岳)을 보내 제사 지냈다. 23년 정축년(1697)에 부응교 이인엽(李寅燁)을 보내 제사 지냈다. 35년 기축년(1709)에 좌승지 유명웅(兪命雄)을 보내 제사 지냈다. 지금 임금(영조) 6년 경술년(1730)에 좌승지 조석명(趙錫命)을 보내 제사 지냈다. 이듬해 신해년(1731)에 좌승지 조명신(趙命臣)을 보내 제사 지냈다. 15년 기미년(1739)에 도승지 이익정(李益炡)을 보내 제사 지냈다. 32년 병자년(1756)에 도승지 김선행(金善行)을 보내 제사 지냈다. 그해 11월에 관찰사 홍봉한(洪鳳漢)이 임금께 하직 인사를 하고 왕명을 받들어 제사 지냈다.

『여지도서』 평안도 평양 능침, 숭령전(崇靈殿)

숭령전 숭인전(崇仁殿)에 있다. 동쪽에 단군과 동명왕의 위판을 받들어 안치하였다. 옛 이름은 '단군·동명왕사(檀君東明王祠)'였다. 지금 임금(영조) 원년 을사년(1725)에 사액하였다. 숙종 대왕 5년 기미년(1679)에 도승지 정유악(鄭維岳)을 보내 제사 지냈다. 23년 정축년(1697)에 부응교 이인엽(李寅燁)을 보내 제사 지냈다.

『여지도서』 평안도 평양 단묘, 인현서원(仁賢書院)

인현서원 부(府)의 서남쪽 중성의 창광산(蒼光山) 서쪽 기슭에 있다. 기자(箕子)의 화상(畵像)을 받들어 안치하였다. 가정(嘉靖) 갑자년(명종 19, 1564)에 고을 안에 있는 선비들이 감사 정종영(鄭宗榮)에게 청하여 학고당(學古堂)을 세웠다. 만력(萬曆) 병자년(선조 9, 1576)에 감사 김계휘(金繼輝)가 그곳을 넓혀서 이름을 홍범서원(洪範書院)이라고 짓고 기자를 봉안하려 하였으나 이루지 못하였다. 임진왜란으로 원우(院宇)가 불타 잿더미가 되었다. 갑오년(선조 27, 1594)에 감사 이원익(李元翼)이 다시 세웠다. 경자년(선조 33, 1600년,)에 감사 서성(徐渻)이 조맹부(趙孟頫)가 그린, 기자가 무왕에게 홍범을 진술하는 모습을 담은 그림을 중국에서 얻어 서원 안에 보관하였다. 무신년(선조 41, 1608)에 인현(仁

賢)이라는 이름으로 사액(賜額) 받았다. 계축년(광해군 5, 1613)에 감사 정사호(鄭賜湖)가 인현전(仁賢殿)을 중건(重建)하였다. 천계(天啓) 계해년(광해 15, 1623)에 고을 사람들이 화상(畫像)을 받들어 안치해 달라고 상소하였다. 병인년(인조 4, 1626)에 화사(畫師) 이신흠(李臣欽)을 보내 서원에서 소장한 홍범 그림을 본떠 그리게 하였으나, 봉안하는 데에는 이르지 못하였다. 정묘호란 때 진본을 잃어버리고 베낀 그림만 남게 되었다. 숭정(崇禎) 임신년(1632년, 인조 10)에 감사 민성휘(閔聖徽)가 다시 본떠 그리게 하였다. 계유년(인조 11, 1633)에 향과 축문을 내려 받들어 안치하였다. 정묘년(인조 5, 1627)에 잃어버린 진본이 나타났다. 한(韓)씨 성을 지닌 승려가 구해서 장연(長淵)의 학접사(鶴椄寺)에 보관하였던 것이 다시 한연희(韓連希)에게 전해졌고, 연희가 스스로 기자의 후손이라 하고 보물로 여겨 보관하였던 것이 4세손 진태(晉泰)에게 전해졌다. 기해년에 진태가 본 서원에 받들어 안치하였다. 본 서원에 있는 화상과 털끝만큼도 차이가 없었다. 신축년에 한명후(韓命屋) 등이 올린 소장으로 인해 용강(龍岡)의 황룡산성(黃龍山城)으로 옮겨 안치하였다. 숭정 경진년(인조 18, 1640)에 효종 대왕이 변방에 들어갈 때[5] 효종이 봉림대군 시절 청에 인질로 끌려간 것을 의미한다.

본 서원을 알현하고 친히 '봉림대군(鳳林大君)' 4글자와 '경진십일월초길일(庚辰十一月初吉日)' 8글자를 『심원록(尋院錄)』에 썼다. 지금까지도 책으로 엮어 홍범당(洪範堂)에 모셔 보관하고 있다.

『여지도서』 평안도 평양 고적, 기자궁(箕子宮)

기자궁 옛터가 정양문(正陽門) 밖에 있다. 을사년에 감사 이정제(李廷濟)의 장계로 그곳이 옛터임을 듣고 단을 쌓고 이름을 구주(九疇)라 하고 문을 팔교(八敎)라 하였다. 비석을 세워 기록하였다.

『여지도서』 평안도 평양 고적, 기자정(箕子井)

기자정 외성에 있다. 세상에 전하기를, 기자가 팠다고 한다.

『여지도서』 평안도 평양 고적, 정전(井田)

정전 외성에 있다. ○ 세상에 전하기를, 기자가 정전을 구획하였다고 한다.

---

5 효종이 봉림대군 시절 청에 인질로 끌려간 것을 의미한다.

『여지도서』 평안도 영변부 고적, 태백산(太伯山)

태백산 고기(古記)의 내용이다. 옛날 천신(天神) 환인(桓因)이 있었는데 서자(庶子) 웅(雄)에게 명하여 천부삼인(天符三印)을 가지고 무리 3천을 이끌어 태백산 정상 신단수(神檀樹) 아래로 내려가게 하였다. 신시(神市)라고 이른다. 인간의 360여 일을 주관하게 하였다. 그때 곰 한 마리가 있었는데 항상 신에게 기도하여 인간이 되기를 빌었다. 신이 신령한 약을 보내 먹게 하니, 곰이 먹고는 여인으로 변하였다. 신이 거짓으로 변화하여 혼인하였다. 아들을 낳으니 이가 단군(檀君)이다. 나라를 세우고 조선(朝鮮)이라고 불렀다. 단군이 비서갑(非西岬) 하백(河伯)의 딸을 취하여 아들을 낳아 부루(夫婁)라고 하였다. 우왕(禹王)이 도산(塗山)에서 회동하자 부루를 보내 조회하였다. 후에 부루가 북부여(北夫餘) 왕이 되었지만 늙어 아들이 없었다. 후사를 기원하고자 곤연(鯤淵)에 이르렀는데, 어린아이를 얻어 길렀다. 이가 금와(金蛙)이다. 금와가 아들 대소(帶素)에게 왕위를 전하였는데 고구려 대무신왕(大神武王)에게 멸망 당하였다.

『여지도서』 평안도 영변부 고적, 우발수(優渤水)

우발수 연못 이름으로 태백산(太伯山) 남쪽에 있다.

○『삼국사기(三國史記)』의 내용이다. 북부여 왕 해부루(解夫婁)가 가섭원(迦葉原)으로 도읍을 옮겼는데, 그 옛 도읍에 한 사람이 나타나서 스스로 천제(天帝)의 아들 해모수(解慕漱)라 일컫고는 도읍으로 삼았다. 부루가 죽고 금와(金蛙)가 계승하였는데, 우발수에서 여자를 만나 물었다. "나는 하백(河伯)의 딸로 이름은 유화(柳花)입니다. 스스로 해모수라 부르던 한 남자가 있었는데, 나를 꾀어 웅심산(熊心山) 아래 압록강 곁의 집 안에서 사통하고는 떠나 돌아오지 않았습니다. 부모가 내가 중매도 없이 남을 따라갔다고 질책하고 드디어 이곳으로 유배를 보냈습니다"라고 하였다. 금와가 이상하게 여기고 방 가운데에 가두어두었다. 햇빛이 비치자 몸을 이끌어 피하였으나 해그림자가 따라다니면서 비쳤다. 이로 인하여 임신을 하여 큰 알 하나를 낳았다. 금와가 버렸으나 개와 돼지가 먹지 않았다. 길에 버리니 소와 말이 피하였고, 들에 버리니 새들이 날개로 덮어주었다. 드디어 그 어머니에게 돌려주니 감싸서 따뜻한 곳에 두었다. 한 아이가 껍질을 깨뜨리고 나왔다. 골격이 두드러져 영특하고 호걸다웠다. 나이가 일곱 살이 되자 스스로 활과 화살을 만들어 쏘았는데 백 번을 쏘아 모두 맞추었다. 부여의 풍속에 활을 잘 쏘는 사람을 주몽(朱蒙)이라 하였기 때문에 그것으로 이름을 삼았다.

『여지도서』 평안도 성천부 고적, 졸본천(卒本川)

졸본천 『삼국사기(三國史記)』의 내용이다. 동부여 왕 금와에게 일곱 아들이 있었는데, 주몽과 함께 노닐었으나 기예와 재능이 모두 미치지 못하였다. 큰아들 대소(帶素)가 왕에게 이르기를, "주몽은 태어나면서부터 비상하였고 또 용맹스러움이 있습니다. 청컨대 제거하소서"라고 하였다. 왕이 듣지 않고 말 기르는 일을 맡겼다. 주몽이 일찍이 꼴로 주는 콩을 조절하여 뛰어난 말은 쇠약하게 하고 둔한 말은 살찌게 하였다. 왕은 항상 자신이 살찐 말을 타고 [야윈 말은] 주몽에게 주었다. 뒤에 들판에서 사냥하였는데 또 주몽이 활을 잘 쏜다고 하여 화살을 적게 주었으나 죽인 것이 반드시 많았다. 여러 왕자가 시기하여 죽이고자 하였다. 주몽의 어머니가 알고는 말하기를 "나라 사람들이 장차 너를 죽이려 한다. 너의 재주라면 어디 간들 안 되겠느냐"라고 하였다. 주몽이 이에 오이(烏伊), 마리(摩離), 협보(陜父) 등과 함께 떠나 엄표수(俺淲水)에 이르러 건너려 하였으나 다리가 없었다. 추격하는 병사들을 두려워하여 빌기를, "나는 천제(天帝)의 아들이요 하백(河伯)의 외손이다. 오늘 도망하는 어려움을 만나 여기에 이르렀다. 추격하는 자가 곧 미치리니 어찌하랴"라고 하였다. 이에 물고기와 자라가 다리를 만들었다. 주몽이 이에 건널 수 있었다. 모둔곡(毛屯谷)에 이르러 재사(再思), 무골(武骨), 묵거(默居) 등을 만나 "나는 바야흐로 크나큰 명령을 받들어 나라를 열고자 하는데 이렇게 어진 사람 세 명을 만났으니 어찌 하늘의 뜻이 아니겠는가"라고 하고, 함께 졸본에 이르렀다. 그 토지가 기름진 것과 산과 강의 험하고 견고함을 보고는 드디어 도읍으로 삼았다. 궁궐을 지을 겨를이 없어 다만 비류수(沸流水) 위에 오두막집을 짓고 살았다. 나라 이름을 고구려(高句麗)라 불렀으며 또한 졸본부여(卒本扶餘)라고 칭하였다.

○ 주몽이 부여에 있을 때 예씨(禮氏) 여인을 취하였는데 임신을 하였다. 주몽이 이미 떠난 뒤에 태어났는데 이가 유리(類利)이다. 어렸을 때부터 기특하고 절조가 있었으며 돌 던지는 것을 좋아하였다. 일찍이 나가 놀다가 참새를 향해 돌을 던졌으나 물 긷는 여인의 물동이를 잘못 맞추었다. 부인이 꾸짖어 이르기를, "이 아이는 아버지가 없어서 이처럼 사납다"라고 하였다. 유리가 부끄러워하여 다시 진흙 탄환으로 구멍을 막아주었다. 돌아와 그 어머니에게 묻기를, "내 아버지는 어떤 사람이고 어디에 있습니까"라고 하였다. 어머니가 이르기를, "네 아버지는 나라에 용납되지 못하여 남쪽 지역으로 도망쳐 가서 나라를 세우고 왕을 칭하였다. 네 아버지가 바야흐로 떠날 때 나에게 이르기를 '만약 남자아이가 태어나면 내가 일곱 고개와 일곱 계곡에 있는 돌 위의 소나무 아래에

어떤 물건을 숨겨두었으니, 이것을 얻으면 내 아이다'고 하였다"라고 말하였다. 유리가 산과 골짜기를 다니며 두루 찾았으나 얻지 못하였다. 어느 날 주춧돌 사이에서 소리가 나는 것을 듣고는 스스로 해석하여 이르기를, "일곱 고개와 일곱 골짜기는 일곱 모서리요, 돌 위의 소나무 아래라는 것은 기둥이다"라고 하고는 드디어 기둥 아래를 뒤져 끊어진 칼 한 조각을 얻었다. 드디어 옥지(屋智), 구추(句鄒), 도조(都祖) 등과 함께 졸본으로 가서 주몽을 뵙고 그 칼을 드렸다. 주몽이 간직하고 있던 끊어진 칼을 꺼내어 맞춰 보니 과연 들어맞았다. 이내 세워 후사로 삼았다.

『여지도서』 황해도 문화, 산천, 구월산(九月山)

구월산 현(縣)의 북쪽 30리 떨어진 곳에 있는데 아달산(阿達山)이다. 증산(甑山)이라기도 하고 삼위(三危)라고도 한다. 세상에 전하기를, "단군(檀君)이 처음 평양(平壤)에 도읍하였다. 뒤에 다시 백악(白岳)으로 옮겼는데, 이 산이다. 주나라 무왕이 기자를 조선에 봉하자 단군이 당장경(唐藏京)으로 옮겨갔다가 뒤에 다시 이 산으로 돌아와 은거하였다가 신이 되었다"라고 한다.

『여지도서』 전라도 익산군읍지(보유), 건치연혁

본래 마한국(馬韓國)이다. 후조선(後朝鮮)의 왕 기준(箕準)은 기자(箕子)의 41대손이다. 위만(衛滿)의 난을 피해 바다로 나아가 남쪽의 한(韓) 지역에 이르렀다. 나라를 열어 마한이라고 불렀다. 백제(百濟) 시조 온조왕(溫祚王) 때에 이르러 병합되었다. 이후로 금마저(金馬渚)라고 불렀다.

『여지도서』 전라도 익산군읍지(보유) 고적, 쌍릉(雙陵)

쌍릉 오금사(五金寺) 봉우리 서쪽으로 수백 걸음 되는 곳에 있다. 『고려사』에 이르기를 "조선 무강왕(武康王) 및 왕비의 무덤이다. 세속에서는 말통대왕(末通大王)의 능이라고 부른다"라고 하였다. 일설에는 "백제 무왕의 어릴 적 이름은 서동(薯童)이다. 말통은 곧 서동을 일컫는다.[6] '薯'는 '마'를

---

[6] '薯'는 '마'를 의미하므로 薯童은 이두 식으로 '맛동'이라고 읽을 수 있다. 후에 백제 무왕이 되었던 서동에 대해 『삼국유사』에서는 어렸을 때 서동이 마를 캐어 팔았다고 전한다.

의미하므로 薯童은 이두 식으로 '맛동'이라고 읽을 수 있다. 후에 백제 무왕이 되었던 서동에 대해 『삼국유사』에서는 어렸을 때 서동이 마를 캐어 팔았다고 전한다"라고 하였다.

『여지도서』 전라도 익산 고적, 기준성(箕準城)

기준성 미륵산(彌勒山) 꼭대기에 있다. 세상에 전하기를 기준이 돌로 쌓은 것이라고 한다. 지금까지도 뚜렷하게 남아 있다.

『강화부지(江華府志)』

金魯鎭(1735~1788)

『강화부지』는 김노진이 1783년(정조 6)에 강화 유수로 있을 때 이전의 읍지들을 참조하여 편찬한 읍지이다.

김노진의 본관은 강릉(江陵), 자는 성첨(聖瞻)이다. 1757년(영조 33)에 정시 문과에 급제한 후 수찬, 부교리, 승지, 대사간, 대사헌 등을 역임하였다. 1781년(정조 5) 형조 판서를 맡았을 때는 형조의 관장사무, 판결 및 처형에 관한 절차의 관리를 통일적으로 체계화하기 위하여 낭관 박일원(朴一源)에게 위촉하여 『추관지(秋官志)』를 편찬하게 하였다. 또한 『국조보감(國朝寶鑑)』의 찬집당상을 겸임하기도 했었다.

『강화부지』는 강화부의 읍지로, 2권 1책의 필사본이다. 책머리에 지도와 김노진이 쓴 서문, 목록 등이 있다. 제1권에는 건치연혁, 형승, 성씨, 풍속, 산천, 토산, 성곽, 관량, 진보, 돈대, 봉수, 방리, 제언, 도서, 궁전, 부해, 학교, 사단, 정대, 능묘, 불우, 제2권에는 직제, 군제, 공사, 명환, 유우, 인물, 열녀, 고적, 사실의 순으로 되어 있다. 『강화부지』는 정조대 이전의 읍지를 종합하였기 때문에 강화를 이해하는 데 기본 자료가 된다. 특히 군사와 인물에 관한 내용이 상세하다. 고조선과 관련한 내용으로는 참성단(塹城壇)과 삼랑성(三郎城)에 대한 설명이 수록되어 있다.

『강화부지』권 하, 고적(古蹟), 참성단(塹城壇)

참성단 마니악(摩尼嶽)[7] 정상에 있는데 돌을 쌓아 만들었다. 일명 참성단(叅星壇)으로 전하는 말에 "단군이 감생(感生, 감응하여 태어남)하였기 때문에 하늘에 제사 지내어 근본에 보답하였는데 여기가 그곳으로 동방의 특교(特郊)의 예가 시작된 곳이다"라고 한다. 뒤에 훼손된 곳을 거듭 증수하였다.

이색(李穡)의 시에 이르기를

산하(山河)가 험하기가 이와 같으니
장하도다, 우리나라여.
꼭대기에는 운기(雲氣)가 흐르고
절벽에는 굽어보는 높은 고목
바람 맞으며 길게 길이 휘파람 부니
메아리가 암곡(巖谷)에 울려퍼지네.

소문(蘇門)의 놀이[8]를 잇고자 하는데
석수(石髓)는 지금 바로 푸르렀겠네.[9]
해와 달은 두 개의 수레바퀴이고
우주는 한 칸의 집이로다.
이 단(壇)이 하늘이 만든 것이 아니라면

---

7 마니악(摩尼嶽): 원문에 '摩尼獄'으로 되어 있는데 오류이다.
8 소문(蘇門)의 놀이: 진(晉)나라 때 완적(阮籍)이 소문산(蘇門山)에서 은사(隱士) 손등(孫登)을 만나 여러 가지 말을 해 보았으나, 손등은 한마디도 응하지 않았다. 그래서 완적이 길게 휘파람을 불며 내려왔다. 산 중턱쯤 내려왔을 때 산 위에서 마치 난(鸞), 봉(鳳)의 소리 같은 것이 들려왔는데, 그것은 바로 손등의 휘파람 소리였다고 한다.
9 석수(石髓)는 … 푸르렀겠네: 석수는 선가(仙家)에서 500년 만에 한 번 나온다고 하는 돌의 진액(津液)으로, 사람이 이것을 복용하면 장생(長生)한다고 한다. 진(晉)나라 때 왕렬(王烈)이 깊은 산에 들어갔다가 갈라진 바위틈에서 이 진액을 채취해 먹고 혜강(嵇康)에게도 조금 주었다는 고사가 있다.

딱히 누가 쌓았는지 알 수가 없네.
향이 피어올라 별에 다다르니
녹장(綠章)이 들어와 분위기는 엄숙해지기 시작했네.
단지 신명이 내려주신 것에 보답하려는 것이지
어찌 일찍이 스스로 복을 구해서였겠는가.

하였다. 그 두 번째 시에 이르기를,

긴 바람 내게 불어와 요대(瑤臺, 신선이 사는 누대)에 올라가니
바다는 넓고 하늘은 아득하여 만 리나 트여 있네.
옷을 털고 발을 씻지 않고도
생학(笙鶴)이 구름 타고 오는 듯 들리는구나.

하였다. 그 세 번째 시에 이르기를,

만 길 현단(玄壇, 제단)의 밤기운도 맑아
녹장(綠章)을 겨우 아뢰니 온갖 생각 다 잊었네.
돌아가는 길 안장에 장생복(長生福)을 가득 싣고
우리 임님께 바쳐서 태평성대 이루게 하리.

하였다.

『강화부지』 권 하, 고적, 삼랑성(三郞城)

삼랑성 정족산성(鼎足山城)의 다른 이름이다. 단군이 세 아들을 시켜 각각 한 봉우리씩 쌓게 하였기 때문에 이름하였다고 전한다. 비록 믿을 수는 없지만, 대체로 성은 신라와 고려 이전에 있었던 것 같다.

『영변지(寧邊誌)』

저자 미상

『영변지』(1812 이후)는 조선 후기에 편찬된 사찬(私撰) 읍지(邑誌)이다. 홍경래(洪景來)의 난에 관한 기록이 있어 1812년(순조 12) 이후에 편찬된 것으로 본다.

필사본이며 표지에는 '영변부읍지(寧邊府邑誌)'라 쓰여 있다. 연혁(沿革), 관직(官職), 성지(城池), 형승(形勝), 산천(山川), 군명(郡名), 고적(古跡), 잡기(雜記) 등을 비롯하여 총 41개 항목으로 구성되어 있다.

『영변지』에는 단군과 부여 관련 내용이 나온다. 단군이 태어났다고 하는 단군굴, 고구려 동명왕 주몽의 탄생지로 알려진 우발수(優渤水)에 대한 전승이 실려 있다. 단군굴 주변에는 단군이 활쏘기를 배웠다는 돈오동(頓悟洞)이 있었음을 전한다. 우발수 부근에는 금와(金蛙)가 태어났다는 금장동(金將洞), 동명왕이 쌓았다는 고장덕(高將德)이 있다는 것도 기록하였다. 단군 신화, 북부여의 해모수 신화와 동명왕 주몽의 고구려 건국 이야기가 실려 있다. 주몽 이야기는 이규보(李奎報)의 「동명왕편(東明王篇)」을 많이 참조하였다.

『영변지』 고적(古跡), 단군굴(檀君窟)

단군굴은 향산(香山) 향로봉(香爐峯) 아래에 있다. 민간에서 이르기를, 하늘에 제사를 지내는 굴이라 한다. 높이가 4장(丈)쯤 되고 동서는 5주(肘), 남북은 3주로 의연히 쇠 집[鐵室]을 이루었다. 그 위에 박달나무가 울창하다. 세상에 전하기를, 단군(檀君)이 태어난 곳이라고 한다. 그 아래는 돈오동(頓悟洞) 곧 단군의 종[奴]의 이름이다. 단군이 활쏘기를 배울 때 돈오가 화살을 줍던 곳이었기 때문이라고 한다.이다.

옛날 환인(桓因)제석(帝釋)이다.의 아들 환웅(桓雄)이 인간 세상을 탐내어 구하였다.

아버지가 아들의 뜻을 알고는 이내 천부인(天符印) 3개를 주어 가서 다스리게 하였다. 환웅이 무리 3천을 이끌고 태백산(太白山) 정상 즉 묘향산(妙香山)이다.의 신단수(神檀樹) 아래로 내려왔다. 이분이 환웅 천왕(桓雄天王)이다. 신시를 만들고 사람들을 주관하였는데, 풍백(風伯)·우사(雨師)·운사(雲師)를 거느리고 곡식과 생명과 병과 형벌과 선악을 주관하였으니 무릇 인간의 360가지 일을 주관하였다. 때에 호랑이 한 마리와 곰 한 마리가 있었는데 같은 동굴에서 살면서 사람이 되기를 기원하였다. 환웅이 신령스러운 쑥 한 줌과 마늘 20개를 주고는 이르기를, "너희들이 이것을 먹고 햇빛을 백 일 동안 보지 않으면 곧 사람의 모습을 얻게 될 것이다"라고 하였다. 곰과 호랑이가 그것을 먹었다. 호랑이는 참지 못하였으나 곰은 3·7일을 견디어 여자의 몸을 얻었다. 매번 박달나무 아래에서 잉태하기를 기도하니 환웅이 거짓으로 변화하여 혼인하였다. 잉태하여 아들을 낳으니 단군이라고 불렀다.

　동방에 처음에는 군장(君長)이 없었는데, 나라 사람들이 세워 임금으로 만들었다. 왕검성(王儉城) 지금의 평양 을 도읍으로 하고 나라 이름을 조선이라고 하였다. 때는 도당씨(陶唐氏) 요(堯)임금 25년 무진년이었다. 나라를 다스린 지 1,500년에 주(周)나라 무왕(武王)이 기묘년에 기자를 조선에 봉하자 단군은 아사달산(阿斯達山) 지금의 구월산(九月山)으로 돌아가 은거하여 신이 되었다. 향년 1,908살이었다. 혹은 이르기를, 상(商)나라 무정(武丁) 8년 을미년에 아사달산에 들어가 신이 되었다고 한다.

『영변지』 고적

　동명왕(東明王)이 태어난 곳은 백령(百嶺) 우발수(優渤水)인데, 큰 호수이다. 은봉(銀峰)의 아래 위암(寫巖)의 위에 있는데 곁에 구려담(勾麗潭) 산의 모습이 갈고리 같고 물이 맑고 아름다운 까닭으로 그것으로 이름을 삼았다.이 있다. 세상에서 하백(河伯)의 딸 유화(柳花)가 떨어진 물이라고 일컫는다. 옛날 북부여왕 해모수(解慕漱)가 흘골성(紇骨城) 즉 지금의 성천(成川)에서 처음에는 백령(百嶺)으로 옮겼다가 뒤에 갈사수(曷思水) 물가로 옮겼다고 한다. 관청 터가 야암(野巖) 곁에 있는데 약 500보를 쌓았다.행인국(荇人國)이 앞서 향산(香山)에 나라를 세웠을 때 그 남쪽을 다스렸으므로 표북(標北)이라고 한다. 또 표(標)

는 소(小)·북(北) 둘 다 이른다. 동굴이 모두 향산 남쪽에 있다. 그 남쪽에 금장동(金將洞) 곤연(鯤淵)이 북쪽 동굴에 있는데, 금와(金蛙)가 이곳에서 태어난 까닭으로 그것으로 이름을 삼았다.이 있다. 그 동쪽에 고장덕(高將櫄) 동명왕이 아직 나라를 세우기 전에 스스로 고장(高將)이라고 불렀다.이 있는데, 다듬은 돌로 쌓았다. 단의 길이는 수백 보(步)이고, 넓이는 50보에 가깝다. 가운데에 3층의 대가 있고 그 앞에 조석천(潮汐泉)이 있다. 나아오고 물러나는 것이 완전히 바닷물과 같았다.

옛날에 북부여왕 해부루(解夫婁) 고기(古記)의 내용이다. 상제의 아들이 흘골성(성천)에 내려와 도읍을 세우고 북부여라 칭하였으며 스스로 해모수라 불렀다. 아들 부루를 낳으니 해를 성씨로 삼았다. 의 재상 아란불(阿蘭弗)이 이르기를, "점치는 자가 천신이 꿈에 나타나 이르기를 '장차 내 자손에게 다시 이곳에 나라를 세우게 할 것이니 너는 피하여라. 동해(東海) 혹은 요해(遼海)의 해변에 가섭원(迦葉原)이라고 부르는 땅이 있는데 토양이 오곡에 합당하여 도읍할 만하다'라고 하였다고 합니다." 이에 왕에게 권하여 그곳으로 도읍을 옮기고 동부여라 불렀다.

부루는 늙어서도 아들이 없어 산천에 후사를 구하는 제사를 지냈다. 말을 타고 곤연에 이르렀을 때 말이 큰 돌을 보고는 마주 보고 눈물을 흘렸다. 왕이 괴이하게 여겨 사람들에게 그 돌을 치우게 하니 작은 아이가 있었다. 금색에 개구리를 닮았다. 왕이 기뻐하며 이르기를 "하늘이 나에게 후사를 주었구나"라고 하고는 이내 거두어서 길렀다. 이름을 금와(金蛙)라고 하였다. 장성하자 태자로 삼았다. 부루가 죽자 금와가 왕위를 계승하였다. 이에 이르러 천제가 다시 태자를 보내 부여의 땅에 내려가게 하였다. 다섯 마리의 용이 끄는 마차를 탔으며, 따르는 자가 100여 명이었는데 모두 흰 고니를 탔다. 채색 구름이 떠오르고 음악이 구름 속에서 진동하였다. 웅심산(熊心山)에 머물렀다. 까마귀 깃털로 만든 관을 쓰고 용광(龍光)의 검을 허리에 차고서 아침에 정사를 듣고 저녁에 하늘로 올라갔다. 세상 사람들이 천왕랑(天王郎)이라고 불렀다.

그 북쪽에 청하(靑河) 지금의 압록강 가 있는데 하백의 딸 유화, 훤화(萱花), 위화(葦花)가 나와서 노닐다가 왕을 보고는 곧 숨었다. 왕이 말채찍으로 땅에 그려서 집을 만들고 술을 놓아두었다. 세 여인이 서로 권하여 마시고 크게 취하였다. 왕이 나가서 유화를 가로막았다. 하백이 노하여 사람을 보내 이르기를 "너는 어떤 사람이기에 내 딸을 억류하였느냐"라고 하였다. 왕이 이르기를 "나는 천제의 아들로 결혼하고자 합니다"라고 하였다. 하백이 또 이르기를 "어찌 중매를 보내지 않고 딸을 가두었는가"라고 하였다. 왕이 드디어 여자와 함께 용이 끄는 수레를 타고 그 궁에 도착하였다. 하백이 맞이하여 이르기를 "왕이 천제의 아들이라니 어떤 신비하고 남다름이 있는가"라고 하였다. 왕이 "예, 시험해 보소서"라고 하였다. 이에 하백이 잉어가 되고 사슴이 되고 꿩이 되자 왕이 수달과 승냥이와 매로 변하여 잡으려고 쫓아갔다. 하백이 기이하게 여기고 드디어 사위로 삼아 묶게 하고 예를 이루었다. 왕이 딸을 데리고 떠날 마음이 없을까 두려워하여 술자리를 7일 동안 베풀어, 왕이 크게 취하게 하였다. 딸과 함께 작은 가죽 수레에 실어서 용에게 끌게 하여 하늘로 올라가게 하였다. 미처 물에서 나오기 전에 왕이 술에서 깨더니 이내 여자의 황금 비녀를 취하여 홀로 탈출해서 하늘로 올라갔다. 하백이 그 딸을 꾸짖기를 "너는 내 가르침을 따르지 않고 멋대로 떠나 가문을 욕되게 하였다"라고 하고는 교(鮫)에게 그 입을 늘리게 하여 입술이 3자나 되게 하고 우발수 가운데로 쫓아냈다. 때에 어사(漁師)민간에 전하기를, 우발수에서 고기를 잡던 어사가 낚시하는데 그물로 덮치지 않으면 잡을 수 없는 고기가 있어 매우 이상하게 여겨 고하였다고 한다.가 금와에게 고하여 이르기를 "최근에 어량 안의 물고기를 훔치는 것이 있는데 어떤 동물인지 알지 못합니다"라고 하였다. 왕이 그물을 이용하도록 하였는데, 그물을 찢었다. 다시 쇠 그물을 만들어 비로소 한 여자를 얻었다. 입술이 길어 말을 할 수가 없어 세 번이나 입술을 자른 뒤에야 말을 할 수 있었다. 왕이 천제의 왕비임을 알고 어두운 방에 가두었다. 햇빛이 비치자 몸을 이끌어 피하였는데 해그림자가 따라가면서 비쳤다. 이로 인하여 임신을 하여 주몽(朱蒙)을 낳았다. 즉 한나라 선제 신작 4년 계해년(기원전 58) 여름 4월 8일이다.

울음소리가 매우 크고 기골이 두드러져 영특하고 호걸스러웠다. 처음에 왼쪽 겨드랑이에서 알을 낳았는데 크기가 5되쯤 되었다. 왕이 괴이하여 여겨 개와 돼지에게 주었으나 먹지 않았다. 길 가운데 버리자 소와 말이 피해갔다. 다시 들에 버리자 새와 짐승들이 덮어 길렀다. 해가 비록 구름에 가리더라도 빛이 알 위에 있었다. 왕이 쪼개려고 하였으나 불가능하였다. 알을 취하여 어머니에게 보내자 따뜻한 곳에 두었다. 한 남자아이가 껍질을 부수고 나왔다. 한 달이 지나지 않아 말을 하였는데 정확하였다. 어머니에게 이르기를, "파리가 눈을 깨물어서 잠을 잘 수 없습니다"라고 하였다. 어머니가 갈대를 이용하여 활과 화살을 만들어 주자 물레 위에 있는 파리를 맞췄다. 부여의 풍속에 활을 잘 쏘는 자를 주몽이라 하였으므로 그것으로 이름을 하고 성장하였다.

금와에게 아들 일곱 명이 있었는데, 항상 주몽과 함께 사냥하였다. 왕자와 따르는 자 수십 명이 단지 사슴 한 마리를 잡았으나 주몽이 사냥한 사슴은 많았다. 왕자들이 이에 나무에 묶고 사슴을 빼앗았다. 주몽이 나무를 뽑아서 갔다. 태자 대소가 왕에게 말하기를, "주몽은 남다르게 태어났으며 또 신비롭고 용맹스러움이 있습니다. 만약 일찍 도모하지 않으면 뒤에 근심이 될까 두렵습니다"라고 하였다. 왕이 듣지 않고 말을 기르도록 했다. 주몽이 어머니에게 이르기를 "나는 천손이라면서 남의 말을 키우는 자가 되었으니 살아도 죽은 것과 다름이 없습니다. 남쪽 지역으로 가서 나라를 세우고자 하나 어머니가 계셔서 함부로 할 수 없습니다"라고 하였다. 어머니가 이르되 "이것은 내 마음이 썩는 것이다. 내가 듣기에 장사가 먼 길을 갈 때는 모름지기 준마를 타야 한다고 하였다"라고 하였다. 주몽이 드디어 목장에 가서 채찍을 내리치니 한 말이 두 장이 넘는 높이를 뛰어넘었다. 비로소 그 뛰어남을 알고 몰래 침으로 말의 혀에 꽂아 두었다. 그 말이 수척해졌다. 왕이 하인들을 돌아보다가 말들이 모두 살찐 것을 보고는 크게 기뻐하고는 수척한 것을 주었다. 주몽이 침을 뺀 다음에 음식을 더 주었다. 후에 사냥하였는데 주몽에게 적게 주었어도 죽인 것이 많았다. 왕자와 여러 신하가 또 죽이려고 모의하였다. 어머니가 이르기를 "나라 사람들이 반드시 너를 해칠 것이다. 너의 재주라면 어디를 가든 용납되지 못하겠는가"라고 하였다.

주몽이 이에 오이(烏伊), 마리(摩離), 협보(陜父) 등 3인과 함께 남쪽으로 개사수(盖斯水)다른 이름으로 엄표수(淹㴲水)라고도 한다.에 이르러 건너려고 하였으나 배가 없었다. 추격하는 병사들이 다가올 것을 두려워하여 이내 채찍을 들어 하늘을 가리켜 탄식하여 이르기를 "나는 천손(天孫)이자 하백의 외손이다. 난리를 피해 도망하여 이곳에 이르렸다"라고 하고는 활을 물에 던졌다. 물고기와 자라가 떠올라 다리를 만드니 곧 건널 수 있었다. 혹은 덕천강(德川江)이라고도 하고 혹은 박천강(博川江)이라고도 한다. 아마도 자라 다리[鱉橋]에 의지하여 큰일을 정하였다는 점에서 취하여 별교정(鱉橋亭), 대정강(大定江)이 나왔으니 박천도 이와 비슷하리라 추측된다. 북부여가 백령에서 또 혹은 대정 북쪽으로 옮겼다고 한다. 가던 길에 재사(再思), 무골(武骨), 묵거(黙居) 3인을 만나 드디어 재주를 헤아려 일을 맡기고 졸본천(卒本川) 지금의 성천(成川)에 이르렀다. 건너고자 하였으나 겨를이 없어 궁궐을 만들었는데 오두막집을 지었다. 비류수(沸流水) 위에 거하고 나라 이름을 고구려라 하였다. 고(高)로 성씨를 삼았으며 구려산(句麗山) 아래에서 태어났으므로 이것으로 이름을 삼았다. 당시 주몽의 나이는 22살이다. 한(漢)나라 원제(元帝) 건소(建昭) 2년 갑신년(기원전 37)이다.

『성천지(成川誌)』

저자 미상

『성천지』는 1842년(헌종 8)에 편찬된 읍지(邑誌)이다. 상하 2권으로 구성되어 있다. 이 중 상권에 사경(四境), 연혁(沿革), 성지(城池) 등 27개 항목으로 구성하여 강역 관련 내용을 다루었다. 각 편목마다 설정 이유를 서술하고 있다는 점이 특징적이다. 책머리에는 성천폭원총도(成川幅員總圖), 성천관부도(成川官府圖), 성천강선루도(成川降仙樓圖) 등의 그림과 향교 소장 서책 목록이 실려 있다.

『성천지』에는 부여 관련 내용이 전하는데, 부여 왕 해모수와 금와, 고구려 동명왕 주몽의 이야기가 전한다. 『동국통감(東國通鑑)』과 이규보의 「동명왕편(東明王篇)」에 실린 이야기를 중심으로 서술하였다. 성천 지역은 조선 시대에 주몽이 고구려를 세웠다는 졸본천이 있던 곳으로 알려져 있다.

『성천지』 고적, 잡지, 태백산(太白山)

태백산 남쪽에서 금와(金蛙)가 노닐다가 한 여인을 만났다. 여인이 말하기를, "나는 하백(河伯)의 딸 유화(柳花)입니다. 아우들과 노닐다가 해모수가 나를 꾀어 웅심산(熊心山) 아래 압록강의 방[室] 가운데로 들여 사통하고는 떠나서 돌아오지 않았습니다. 부모가 내가 중매도 없이 남을 따라갔다고 하여 드디어 이곳으로 유배를 보냈습니다"라고 하였다. 금와가 이상하게 여겨 방 안에 유폐하였다.

해가 비치자 몸을 이끌어 피했는데 해 그림자가 다시 따라와 비추었다. 이에 임신을 하여 한 알을 낳았다. 금와가 버려 개·돼지에게 주었으나 먹지 않았다. 길에 버렸으나 소와 말이 피해갔다. 들에 버렸으나 새가 날개로 덮어 주었다. 금와가 쪼개고자 하였으나 할 수 없었다. 어머니가 옷으로 싸서 따뜻한 곳에 두니 남자아이가 껍질을 부수고 나왔다. 기골이 두드러져 영특하고 호걸다웠다. 나이가 일곱 살이 되자 스스로 활과 화살을 만들어 쏘았는데 맞히지 못하는 것이 없었다. 부여 풍속에 활을 잘 쏘는 사람을 주몽(朱蒙)이라 하였으므로 그것으로 이름을 삼았다.

금와에게는 일곱 아들이 있었는데 그 기예와 능력이 주몽에게 미치지 못하였다. 큰 아들 대소(帶素)가 아버지에게 말하기를, "주몽은 비상하고 또 용맹이 있습니다. 일찍 도모하지 않으면 근심이 될까 두렵습니다"라고 하였다. 금와가 듣지 않았다. 금와의 여러 아들이 시기하여 죽이고자 하였다. 어머니가 주몽에게 말하기를, "나라 사람들이 장차 너를 죽이려 한다. 네가 만약 떠나지 않으면 큰 화가 반드시 미칠 것이다. 머물러 있으면 얻는 것도 없이 후회할 것이다"라고 하였다.

주몽이 이에 오이(烏伊), 마리(摩離). 협보(陜父) 등 3인과 함께 떠나 엄표수(淹㴲水)에 이르렀으나 다리가 없었다. 기원하여 이르기를, "나는 천제(天帝)의 아들이요 하백의 외손자이다. 오늘 도망치게 되는 어려움을 당했는데 추격하는 자가 거의 따라왔으니 어찌해야 할까"라고 하였다. 이에 물고기와 자라가 다리를 만들어 주몽이 건널 수 있었다. 다리를 곧 풀어 추격하던 기병은 미치지 못하였다.

주몽이 모둔곡(毛屯谷)에 이르렀는데 삼베옷, 장삼 옷, 수초 옷을 입은 세 사람을 만났다. 함께 졸본부여(卒本扶餘)의 비류수(沸流水) 위에 이르러 도읍을 세웠다. 나라 이름을 고구려(高句麗)라고 하고 이로 인하여 고(高)를 성씨로 삼았다. 사방에서 듣고 와서 따르는 자가 무리를 이루었다. 『동국통감』을 보아라. 전해 오는 이야기이다.

천제가 태자를 보냈는데, 부여(扶餘)의 옛 도읍에 내려와 노닐었다. 해모수라고 불렀다. 하늘로부터 내려올 때 다섯 마리 용이 끄는 수레를 탔다. 따르는 자가 다섯 명쯤이었는데 모두 흰 고니를 탔다. 채색 구름이 떠오르고 음악 소리가 구름에서 울렸다. 웅심산 가운데에서 머물렀다가 10여 일이 지나 내려오기 시작하였다. 머리에는 까마귀 깃털로 만든 관을 쓰고 허리에는 용광(龍光)의 검을 찼다. 아침에 정사를 듣고 저물면 하늘로 올라가서 세상에서 천왕(天王)이라고 불렀다.

하백에게는 세 딸이 있었는데, 첫째는 유화이고 다음은 훤화(萱花)이고 다음은 위화(葦花)였다. 청하(淸河)에서 나와 웅심연 위에서 노닐고 있었는데 신의 자태를 하였으며 빼어나게 아름다웠다. 여러 패물 소리가 성대하게 울려 한고(漢皐)와 다를 바 없었다. 왕이 좌우의 사람들에게 이르기를, "왕비로 삼아 후사를 얻을 만하다"라고 하였다. 그 여인들이 왕을 보고 물속으로 들어갔다. 좌우 사람들이 이르기를, "왕께서는 어찌 궁전을 지어놓고 여인이 방으로 들어가는 걸 기다렸다가 출입문을 막지 않으십니까"라고 하였다. 왕이 그렇게 여겨 말채찍으로 땅에 그림을 그리자 구리로 된 집이 홀연히 장엄하고 화려하게 만들어졌다. 그 여인들이 각기 그 자리에 앉아 서로 술을 권하며 크게 취하였다. 왕이 여인들이 취하기를 기다렸다가 곧 출입문을 막았다. 여인들이 놀라 달아났는데 유화는 왕에게 붙잡혔다.

하백이 크게 노하여 사신을 보내 이르기를, "너는 어떤 사람이기에 내 딸을 잡아두었느냐"라고 하였다. 왕이 이르기를, "나는 천제의 아들입니다. 나는 하백에게 사위가 되기를 원합니다"라고 하였다. 하백이 또 사신을 보내 이르기를, "네가 만약 천제의 아들로 나에게 사위로 삼기를 원한다면 마땅히 중매를 통해야 하지 지금 갑자기 내 딸을 붙들어 놓고 예를 범하는 것은 무슨 까닭이냐"라고 하였다. 왕이 부끄럽게 여겨 장차 하백을 뵈러 가려 하였으나 능히 들어갈 수 없어서 그 여인을 놓아 보내려고 하였으나 여인이 이미 왕에게 정을 주었으므로 떠나려 하지 않았다.

이에 왕에게 권하여 이르기를, "용이 끄는 마차가 있으면 하백의 나라에 이를 수 있습니다"라고 하였다. 왕이 하늘을 가리키며 고하니, 다섯 마리 용이 끄는 마차가 공중에서 내려왔다. 왕과 여인이 마차에 오르니 바람과 구름이 일어나 그 궁궐에 이르렀다. 하백이 예를 갖추어 맞고 자리에 앉은 뒤에 이르기를 "혼인의 도는 천하에 통하는 법규가 있는데 어찌 예를 범하여 우리 가문을 욕되게 합니까. 왕이 천제의 아들이라니 어떤 신비로움을 지니고 있습니까"라고 하였다. 이르되, "예, 시험해 보시지요"라고 하였다. 이에 하백이 뜰의 물에서 잉어로 변하여 물결을 치며 노닐었다. 왕이 수달로 변하여 하백을 잡자 또 사슴으로 변하여 도망하였다. 왕이 표범으로 변하여 쫓아가니 하백이 꿩으로 변하였다. 왕이 매로 변하여 공격하였다.

하백이 진실로 천제의 아들이라 여기고 예를 갖춰 혼인을 시켰다. 왕이 장차 여자에게 마음이 없을까 두려워하여 풍악을 베풀고 술을 내어 왕에게 권하였다. 크게 취하니 딸과 함께 가죽 수레에 넣어 용이 끄는 수레에 실어 하늘로 올라가게 하고자 하였다. 그 수레가 물에서 나오기 전에 여인의 황금 비녀로 가죽 수레를 찔러 구멍을 통해 나와서 홀로 하늘로 올라갔다. 하백이 노하여 그 딸에게 이르기를, "네가 내 가르침을 따르지 않아 마침내 우리 가문을 욕되게 하였다"라고 하고 좌우 사람에게 명하여 딸의 입을 느슨하게 잡아당기게 하여 입술의 길이가 3자나 되게 하고 오직 노비 두 사람만을 주어 우발수(優渤水)로 내쳤다. 우발수는 연못의 이름이다.

어사(漁師) 강력부추(强力扶鄒)가 고하기를, "최근에 어량 안에 있는 물고기를 도적질하여 가는 자가 있는데 어떤 동물인지 알지 못합니다"라고 하였다. 왕이 이에 어사에게 그물을 이용하도록 하였으나 찢어 버렸다. 다시 쇠 그물을 이용하여 당겨 돌에 앉아 있는 한 여인을 얻었다. 나온 여인은 입술이 길어 말을 할 수 없었다. 그 입술을 세 번 자르도록 하니 말을 하였다. 왕이 천제의 왕비임을 알고 별궁에 두었다. 그 여인이 들창으로 들어오는 햇빛을 품자 임신하였다. 신작 4년 계해년(기원전 58) 여름 4월에 주몽을 낳았는데 소리가 매우 컸고 기골이 두드러져 영특하고 호걸다웠다.

처음 태어났을 때는 왼쪽 겨드랑이에서 한 알이 태어났는데 크기가 다섯 되쯤 되었다. 왕이 괴이하여 여겨 "사람이 새의 알을 낳은 것은 상서롭지 못하다고 하겠다"라고 말하고는 사람들에게 시켜 말을 기르는 곳에 놓게 하였다. 여러 말들이 밟지 않자 깊은 산에 버리도록 하였다. 많은 짐승이 모두 보호하였으며 구름이 껴서 흐린 날에도 알 위에는 항상 햇빛이 있었다. 왕이 알을 취하여 어머니에게 보내어 기르게 하였다. 달이 차서 이내 열었더니 한 남자아이를 얻었다. 한 달이 지나기도 전에 말을 하였는데 정확하였다. 어머니에게 이르기를, "파리들이 눈을 깨물어 잠을 잘 수 없으니 어머니께서 나를 위해 활과 화살을 만들어 주세요"라고 하였다. 어머니가 갈대로 활과 화살을 만들어 주었다. 스스로 물레 위에 있는 파리를 쏘았는데 쏘는 화살마다 맞았다. 부여에서는 활을 잘 쏘는 사람을 주몽이라 하였다.

해가 지나 장성함에 재주와 능력을 아울러 갖추었다. 금와에게는 아들 일곱이 있었는데 항상 주몽과 함께 사냥하였다. 왕자와 따르는 사람 40여 명이 오직 사슴 한 마리를 잡았는데, 주몽은 사슴에 활을 쏘는 족족 잡았다. 왕자들이 시기하여 이내 주몽을 잡아 나무에 묶고 사슴을 빼앗아서 가버렸다. 주몽이 나무를 뽑아버리고 갔다. 태자가 왕에게 이르기를, "주몽은 신통하고 용맹스러운 장사로 눈초리가 예사롭지 않으니 만약 일찍 도모하지 않으면 반드시 뒤에 근심이 될 것입니다"라고 하였다. 왕이 주몽에게 말을 기르게 하여 그 뜻을 시험해 보고자 하였다.

주몽이 속으로 한을 품고 어머니에게 이르기를, "나는 천제의 손자인데 남을 위해 말을 치고 있으니 살아 있으나 죽은 것이나 다를 바 없습니다. 남쪽으로 가서 나라를 만들고자 하나 어머니가 계셔서 감히 마음대로 못합니다"라고 하였다. 어머니가 이르기를, "이것은 내가 밤낮으로 마음을 썩이던 것이다. 내가 듣기에 장사는 먼 길을 가려면 모름지기 준마를 타야 한다고 하였으니 내가 능히 말을 골라주겠다"라고 하였다. 드디어 말 목장에 가서 긴 채찍으로 여러 말들을 마구잡이로 때리니 모두 놀라서 달아났다. 준마가 하나 있어 두 길이나 되는 난간을 뛰어넘었다. 주몽이 말의 뛰어남을 알고 가만히 침을 말의 혀 밑에 꽂아 놓았다. 그 말이 혀의 통증으로 물과 풀을 먹지 못하여 매우 야위었다. 왕이 말 목장을 돌아보면서 여러 말들이 모두 살쪄 있는 것을 보고 크게 기뻐하고는 수척한 것을 주몽에게 하사하였다. 주몽이 얻어 그 침을 뽑고 먹을 것을 더 주었다.

몰래 오이, 마리, 협보 등 3인과 결탁하여 남쪽으로 떠나 엄표수에 이르러 건너고자 하였으나 배가 없었다. 추격하는 병사들이 곧 미칠 것을 두려워하여 이내 채찍으로 하늘을 가리키며 개연히 탄식하며 이르기를, "나는 천제의 손자이며 하백의 외손으로, 지금 난리를 피하여 여기에 이르렀습니다. 황천(皇天)과 후토(后土)께서는 고아가 된 나를 불쌍히 여기셔서 빨리 배다리를 주소서"라고 하였다. 말을 마치고 활로 얼음을 치니 물고기와 자라가 떠올라 다리를 만들었다. 주몽이 이에 건널 수 있었다. 한참 지나 추격하는 병사가 강에 이르렀는데, 물고기와 자라로 된 다리는 이미 없어졌고 다리 위에 있던 자는 모두 물에 빠졌다.

주몽이 이별할 때 차마 등을 돌려 떠나가지 못하니 그 어머니가 "너는 어머니로 인해 생각에 빠지지 말라"라고 하고는 오곡의 종자를 싸서 보냈다. 주몽이 살아서 이별하는 마음이 애절하여 그 보리 종자를 잊고 말았다. 주몽이 큰 나무 아래에서 쉬고 있는데 한 쌍의 비둘기가 모여들었다. 주몽이 "아마도 신모(神母)께서 보리 종자를 보내신 것이다"라고 하고는 활을 끌어당겨 화살 하나를 쏘아 모두 잡아서 목구멍을 열어 보리 종자를 얻었다. 물을 비둘기에게 뿜으니 다시 살아나서 날아갔다.

『평양속지(平壤續志)』(Ⅱ)

저자 미상

『평양속지』(Ⅱ)는 1855년(철종 6)에 간행된 평양 읍지이다. 1590년(선조 23) 윤두수(尹斗壽)가 편찬한 『평양지』인 원지(原誌) 9권, 1727년(영조 3) 평양감사 윤유(尹游, 1674~1737)가 편찬하고 1837년(헌종 3) 중간한 『평양속지』인 속지(續誌) 5권과 후속지(後續誌) 2권으로 구성되어 있다. 후속지는 앞서 편찬된 『평양속지』에 빠진 내용을 증보한 것으로, 맨 뒷장에 '기묘(1855) 맹추(孟秋, 초가을)에 기영(箕營, 평양 감영)'에서 편찬했다는 내용이 적혀 있다.

권1에서는 호구(戶口), 사우(祠宇), 작기(作記), 효열(孝烈), 보유(補遺), 연혁, 사적(事蹟), 신이(神異) 등에서 새로운 내용을 추가하였으며, 문과, 무직, 별장, 음사(蔭仕), 무남(武南), 무열사참봉(武烈祠參奉), 연방(蓮榜)에 합격한 자, 관찰사, 서윤(庶尹)으로 온 자 등과 관련한 내용이 포함되어 있다. 권2에서는 비문, 기(記), 중수기(重修記), 기적비(紀蹟碑) 등이 실려 있는데, 대동문(大同門), 연광정(練光亭), 경파루(鏡波樓), 장경문(長慶門), 주작문(朱雀門), 훈련청(訓鍊廳), 서장대(西將臺) 등의 중수기가 있다.

고조선과 관련해서는 기자 사당인 숭인전의 관리 숭인전감을 참봉으로 승격한 내용이 전한다. 참봉은 종9품 관리로, 일정 기간을 채우면 승급도 가능했다. 세도 정치를 이끌었던 김조순(金祖淳, 1765~1832)의 역할이 컸음을 전하고 있다. 또한 이학수가 쓴 숭인전 서문이 전한다. 이학수(李鶴秀)는 19세기에 활동했던 문인으로 한성부판윤, 이조판서, 판의금부사 등을 지냈던 인물이다. 숭인전 서문은 1852년(철종 3) 평양감사로 왔다가 그의 선조인 월사 이정구(李廷龜, 1564~1635)가 쓴 숭인전비문(崇仁殿碑文)을 보고 저술한 것이다.

『평양속지』(Ⅱ), 1. 사적

순조 갑신년(1824) 풍고(楓皐) 김조순(金祖淳) 선생이 기부[箕府, 평양]에서 부모님을 모시며 봉양할 때 특별히 본 도의 음관 벼슬길을 생각하여 숭인전감을 고쳐 참봉으로 만들고 숭령전 참봉과 같게 하여 함께 동반 벼슬로 만들었다. 하나는 선우씨가 세습하였으며, 하나는 추천을 통해 임용하였는데 청남과 청북에서 번갈아 하였다. 관직 차례에 따라 승진하는데 지금에 이르러서는 달이 모두 차면 중앙 관직으로 옮겼다.

『평양속지』(Ⅱ), 2. 숭인전 서문

임자년(1852) 여름에 내가 관서 지역을 순찰하며 절도있게 정사를 처리하였다. 며칠 지나 비로소 기자전에 나아가 배알하였다. 이에 그 뜰에서 선대에 월사 이정구(1564~1635) 공이 지은 비문을 받들어 읽었다. 대개 전각을 세운 것은 만력 임자년(1612)이요, 문장을 완성한 것도 역시 이 해이다. 그 기자 성인의 후예인 선우군이 새롭게 등록 책 1권을 편집하여 와서 내게 보이며 말하기를, "은나라에 이러한 책이 있어 옛일을 갖추고 의식을 구비하였으나 갑자년의 재난으로 불타 사라져 버려 헤아릴 수 없게 되었습니다. 아무개는 날이 갈수록 사라져갈 것을 걱정하여 모으고 거둔 것이 수십 년이었습니다. 다행히 지금에 이르러 완성하게 되었는데, 그대 월사 이정구 공의 후손께서 마침 이 지역에 이런 일을 하는 지위로 오게 되었으니 우연이 아닐 수 없어 그대에게 한마디 말을 하지 않을 수 없습니다"라고 하였다. 내가 가만히 생각해 보니 기자 성인은 우리 동방의 어버이이자 스승이다. 강역 수천 리에 걸쳐 모두 사람다운 윤리가 있으니, 오랑캐처럼 머리를 묶거나 무지한 자처럼 말하는 것을 면할 수 있었던 것은 모두 기자 성인이 베풀어 준 것이다. 그리하여 백 세대가 내려왔어도 전해진 풍속이 거품이 되지 않고 존재하는 것이 있다. 높이어 받들고 노래하며 사모하는 정성이 힘 있게 일어나 마치 어제 일과 같다. 오래되었다고 하여 약간이나마 고칠 수 없으니 이는 마음속에 간직한 떳떳한 천성에서 말미암은 것으로 그리하지 않을 수 없는 것이며 밖에서 스며든 것이 아니다. 이로써 말하노니, 이 책은 본 전각에 있으니 곧 하나이지만 옛 문서들을 모아 놓은 것이다. 있다 없다고 하기에는 부족하나 군자가 말한 것에는 반드시 징험이 있고, 징험할 수 있는 것에는 반드시 물증이 있다. 뒤에 오는 사람에게 그 뜰에 들어와 먼저 돌비석에 새긴 것을 읽고 그 사당에 오르게 하고, 또 이른바 등록의 글에서 조정이 은덕을 갚는 의식과 사림이 공경하며 받드는 의례를 잃은 것을 고한 것을 구할 수 있게 한다. 그런즉 비와 등록이 진실로 서로 밝혀주고 있으니 또한 하루아침에 없어지게 할 수 없다. 선우군의 마음 씀은 가히 부지런하고 정성스러웠다고 이를 만하다. 앞 시기와 뒷 시기의 임자년이 확실히 서로 부합하였으니 어찌 더욱 기이하지 않으리오. 내 아첨하는 것은 아니나 진실로 이 노역에 도움을 줄 만한 능력은 없지만 스스로 이름을 올릴 수 있는 것을 다행으로 여기고 드디어 사양하지 않고 글을 쓴다.

『대동지지(大東地志)』

金正浩(1804~1866 추정)

『대동지지』는 조선 후기에 김정호가 편찬한 지리지이다. 정확한 간행연도는 알 수 없지만 김정호의 행적 등을 고려하여 대략 1861년에서 1866년 사이로 추정하고 있다.

김정호는 실학자이자 지리학자이다. 본관은 청도(淸道), 자는 백원(伯元)·백온(伯溫)·백지(伯之), 호는 고산자(古山子)이다. 현재 전하는 김정호 관련 기록은 구체적이지 않은데, 아마 중인이나 평민 출신이었을 것이라 추정된다. 족보 자료가 남아 있지 않고, 중인이나 평민들의 행적을 기록한 『이향견문록(里鄕見聞錄)』에 그의 전기가 전하기 때문이다. 김정호가 지도 제작과 지리지 편찬에서 중점을 둔 점은 이용의 편리성이다. 이러한 노력은 1834년(순조 34) 지도(地圖)와 지지(地誌)를 결합한 『청구도(靑邱圖)』의 제작으로 1차 결실을 맺었다. 그 후에는 지도와 지리지를 분리하는 쪽으로 가닥을 잡았다. 하지만 이것이 지도와 지리지 중 어느 하나를 강조한 결과는 아니었다. 오히려 김정호는 지도와 지리지를 함께 이용해야 한다는 점을 꾸준히 강조하였고, 그 결과로 탄생한 것이 『대동여지도(大東輿地圖)』와 『대동지지』이다. 『대동지지』는 『동여도지(東輿圖地)』를 근간으로 삼고 『여도비지(輿圖備誌)』를 참고하여 제작되었다. 김정호의 마지막 저술인 『대동지지』에는 평생의 지도 제작과 지리지 편찬의 정수가 담겨 있다. 1861년 김정호의 서문이 수록되어 있는데, 책의 후반부가 미완성 상태인 것으로 보아 죽기 직전까지 집필하였던 것으로 여겨진다.

책의 구성은 32권 15책으로 이루어져 있다. 1권은 경도(京都) 및 한성부(漢城府), 2~4권은 경기도, 5~6권은 충청도, 7~10권은 경상도, 11~14권은 전라도, 15~16권은 강원도, 17~18권은 황해도, 19권~20권은 함경도, 21~24권은 평안도가 수록되어 있다. 25권은 산수고(山水考), 26권은 변방고(邊防考)이지만, 내용이 수록되어 있지 않다. 27~28권은 한양에서 전국 중요 지점까지의 거리 정보를 정리한 정리고(程里考), 28권은 발참(撥站)과 연변해로(沿邊海路)로 구성되어 있다. 29~32권은 우리나라의 역사를 총정리하여 체계적으로 기록한 방여총지(方輿總志)이다. 하지만 앞서 살펴본 것과 같이 25~26권의 내용이 수록되어 있지 않고 평안도의 내용 체제가 다른 도와 많은 차이가 있어 김정호가 완성하지 못한 상태에서 사망한 것으로 보인다.

『대동지지』에는 삼조선과 삼한 등의 유적지 관련 서술이 있다. 주목되는 점은 김정호가 단순히 사실을 전달하거나 지리적 정보를 전달하는 것에 그치지 않고 자신의 견해를 강하게 제시하고 있다는 사실이다. 예를 들어 구월산에 대한 내력을 밝히면서 종래의 설을 부정하고 단군의 연대와 도읍지는 정확히 알 수 없다는 견해를 제시한 점이나 기준(箕準)이 익산 지역으로 옮겨 도읍하였다는 설은 허무맹랑하다고 밝힌 점 등이 그것이다. 김정호가 이처럼 자신의 견해를 강하게 내세울 수 있었던 이유는 그의 신분상 사대부 지식인들이 견지했던 의리론에서 자유로웠기 때문으로 여겨진다.

『대동지지』 권11, 전라도 익산 고적 쌍릉(雙陵)

쌍릉 오금사봉(五金寺峯) 서쪽 수백 보 거리에 있다. 백제 무강왕(武康王)과 비의 능이다. ○『고려사(高麗史)』에 "후조선(後朝鮮) 무강왕과 비의 능이다"라 하였으며, 일설에는 백제 무왕(武王)의 능이라고 한다. ○『고려사』를 살펴보건대, 무강왕을 기준(箕準)이라 한 것은 잘못 고찰한 것이다.

『대동지지』 권18, 황해도 문화 산수 구월산(九月山)

구월산 북쪽으로 30리 거리에 있다. 안악(安岳)·장연(長連)·은율(殷栗)·문화(文化)의 경계에 걸쳐있다. 웅장하면서도 높고 거대하며, 바위는 험준하고 천 개의 봉우리는 하늘을 찌르는 것이 마치 창을 늘어놓은 것 같다. 서·북·동쪽의 삼면은 모두 바다를 둘러싸고 있으며, 좌측으로는 넓고 비옥한 들판을 끼고 있고 우측으로는 천길 운첩(雲堞)이 이어져 있다. 사찰 수십 개가 있는데 모두 이름난 명승지이지만 패엽사(貝葉寺)와 묘각사(妙覺寺) 등의 절은 그중에서도 더욱 경치가 뛰어나다. ○ 본래 궁올산(弓兀山)으로, 읍(邑) 이름을 따서 산(山) 이름을 삼았다. 후대로 전해지면서 급하게 부르면 '궐산(闕山)'이 되고 천천히 부르면 '구월(九月)'이 되었다. 『동국유사(東國遺事)』[10]에 "단군이 백악(白岳)으로 옮겨 도읍하였다"고 하였으니, 지금의 구월산이다. 또 상(商)나라 무정(武丁) 8년에 단군이 아사달산(阿斯達山)에 들어가 신이 되었는데 지금 구월산에 단군 궁궐의 옛터가 남아 궐산이라 칭하였다고 하니, 이는 모두 전승 과정에서 견강부회한 이야기다. 단군의 연대와 도읍지는 정확하게 지목할 수 없다.

『대동지지』 권18 황해도 문화 산수 장장평(莊莊坪)

장장평 갈산(㠯山)의 서쪽에 있다. 『고려사(高麗史)』에 "장장평은 곧 당장경(唐藏京)의 와전이다. 세상에서 전하기를, 단군이 도읍한 곳이라 한다"[11]라고 한다. 궁궐 옛터가 남아 있다. ○ 살펴보건대, 조선후(朝鮮侯) 기준(箕準)이 나라를 잃고 바다를 건너 남쪽으로 대하(大河)의 입구로 들어가 이곳에 멈춰서 거처한 것이다. 『후한서(後漢書)』에 "기준이 바다로 들어가 마한을 공격하여 격파하였다. 기준의 후손이 끊어졌다"[12]라고 하고, 『위략(魏略)』에는 "준(準)이 해외에서 왕이 되었으나, 조선과는 서로 왕래하지 않았다"[13]라 하였다. ○ 준이 요양(遼陽)에서 바다를 건너 여기에 이르렀다면 물길로만 천여 리이다. 기준이 나라를 버리고 도망친 형세상 오히려 여기에도 미치지 못하였을 듯한데, 『삼국유사(三國遺事)』에서 익산(益山)을 기준이 도읍한 곳이라 한 것은 징험할 수 없는 사실이다.[14]

여기에서 익산까지가 물길로 또 1,500리가 되고 장산(長山)과 안흥(安興)의 험준한 지형도 있는데 어찌 공격당하여 축출되어 형세를 이루지 못한 상태로 험지 3,000리를 건너 다른 사람의

---

10 『삼국유사』를 가리킨다.
11 장장평은 ~ 한다: 『고려사』 권58, 志 第12, 地理 3, 유주에 해당 내용이 보인다.
12 기준이 ~ 끊어졌다: 『후한서』 권85, 列傳 第75, 三韓에 해당 내용이 보인다.
13 준(準)이 ~ 않았다: 『위서(魏書)』 권30, 烏丸鮮卑東夷傳 第30, 東夷, 韓에 해당 내용이 보인다.
14 『삼국유사』 권1, 기이(紀異)편에는 준왕이 남으로 한 땅에 이르러 나라를 건국하였다고 하였다.

토지를 빼앗고 도읍을 세울 수 있겠는가? 아마도 평안도와 황해도는 요양과의 거리가 먼 곳이 7~800리쯤 되니 필시 기준의 교화가 미치는 곳이었을 것이다. 그러므로 장장평을 기준이 천도하여 주둔지로 삼았다고 하면 의심할 것이 없는데 후대 사람들이 매양 근거도 없는 머나먼 곳을 표착지라고 전승하였다. 그러므로 단군이 후에 도읍을 옮겼다는 설이 만들어 진 것이다.[15]

『대동지지』 권18, 황해도 문화 묘전 삼성묘(三聖廟)

삼성묘는 구월산(九月山)에 있다. 『고려사』에서는 '삼성사(三聖祠)'라고 하였다. 『동국보감(國朝寶鑑)』에서 "성종 3년(1472) 환인(桓因), 환웅(桓雄), 단군(檀君) 삼성(三聖)의 묘(廟)를 문화현(文化縣) 구월산에 세워서 해마다 향과 축문을 보내어 제사 지냈다. 황해도 관찰사 이예(李芮)의 청을 따른 것이다"라 하였다. 『고려사』에서는 '환(桓)'이라는 글자를 모두 '단(檀)'으로 썼다. ○ 살펴보건대, 구월산을 단군이 도읍한 곳이라 하였기 때문에 후인들이 추모하여 사묘를 세운 것이다. 환인, 환웅 서자(庶子)였기 때문에, 세속에서 곤시씨(坤市氏)라고 불렀다, 단군 1권에 상세히 기술하였다. 후손들이 동부여와 북부여로 나뉘었다. 그 연대는 반고씨(盤古氏)의 연대기와 유사하다.을 모셨다.

『대동지지』 권21, 평안도 평양 연혁

고구려 고국원왕(故國原王) 13년(343) 환도(桓都)에서 황성(黃城)으로 도읍을 옮겼다. 목멱산(木覓山)에 있다. 4대 84년 동안 도읍이었다.

장수왕(長壽王) 15년(427) 평양성으로 도읍을 옮겼다. 새로운 도읍지에 요양 지역의 옛 평양 이름을 모칭한 것이다. 우리 동쪽의 평양이 여기에서 기원한 것이다. 지금의 외성으로 5대 158년 동안 도읍이었다. ○『원사(元史)』 지리지에 "동녕로(東寧路)는 본래 고구려 평양성이다. 또한 장안성(長安城)이라고도 한다. 한(漢)나라가 조선을 멸망시키고 낙랑(樂浪)·현도군(玄菟郡)을 설치하였는데, 이곳은 낙랑 지역이었다. 동진[晉] 의희(義熙) 연간(405~419) 이후 고구려왕 고련(高璉, 장

---

15 단군이 후에 도읍을 옮겼다는 설: 『삼국유사』에서는 단군왕검의 도읍지를 아사달(阿斯達)로 소개하고 아사달을 백악(白岳), 즉 현재의 황해도 배천(白川) 혹은 개성(開城)이라고 비정하였다. 안정복은 『동사강목(東史綱目)』에서, 홍만종의 『동국역대총목(東國歷代總目)』을 근거로 처음에 평양(平壤)에 도읍하였다가 뒤에 백악으로 옮겨 도읍하였다고 주장하였다.

수왕)이 처음 평양성에 거처하였다. 당나라가 고구려를 정벌하여 평양을 함락시키자 고구려가 동쪽으로 압록강 이남 천여 리 떨어진 곳으로 이주하였는데, 예전의 평양은 아니다. 왕건(王建)에 이르러 평양을 서경(西京)으로 삼았다"라 하였다. ○ 살펴보건대, 옛날의 평양은 한나라 낙랑군(樂浪郡) 조선현(朝鮮縣)이었다. 후한과 서진은 평양이라는 명칭을 계속해서 썼으며 발해 때는 서경이 되었다. 요나라에서는 평양이라 계속해서 호칭하였으며 원나라에서는 요양로(遼陽路)라고 고쳤다. 명나라는 요동도지휘사(遼東都指揮使)로 삼았으며 지금은 요양주(遼陽州)다.

『대동지지』 권21, 평안도 평양 산수

토산(兎山) 부[府, 평양부]의 성 북쪽이다. 기자묘(箕子墓)가 있다. 『역대지(歷代志)』에 상세히 기술하였다.

기자정(箕子井) 외성(外城)에 있다. 비(碑)가 있다.

『대동지지』 권21, 평안도 평양 성지 서경황성(西京皇城)

서경 황성 『고려사』에 "옛 성터가 두 군데 있다. 하나는 기자(箕子) 때 지어진 것으로 성 안을 구획하여 정전(井田)의 제도를 사용하였다. 다른 하나는 고려 성종 때 쌓은 것이다"[16]라 하였다. ○ 살펴보건대, 기자 때 지었다고 한 것은 잘못 고찰한 것이다. 『역대지』에 상세히 기술하였다.

『대동지지』 권21, 평안도 평양 궁실

정양문(正陽門)에는 궁실의 옛터가 있는데, 세간에 기자궁(箕子宮)이라고 전한다. 주궁(珠宮)은 서쪽 10리 지점인데, 현재는 없다.

『대동지지』 권21, 평안도 평양 묘전

숭령전(崇靈殿) 『고려사』에 "동명왕사(東明王祠)는 인리방(仁里坊)에 있다. 고려에서 때마다 어

---

16 『고려사』 권58, 志 第12, 地理 3에 해당 내용이 보인다.

압(御押)을 내려 제사를 지내도록 했다"[17]라고 하였다. 조선 세종 11년(1429) 기자사(箕子祠) 옆에 처음 건축하고 단군사(檀君祠), 동명왕사(東明王祠)라 하였다. 영조 원년(1725)에 숭령전(崇靈殿)이라는 편액을 걸었고, 5년(1729)에는 참봉 2인을 두었다.

○ **숭인전(崇仁殿)** 서쪽으로 1리 거리다. 고려 숙종 10년(1105) 서경(西京)에 행행(行幸)하였는데 정당문학(政堂文學) 정문(鄭文)이 사당을 세우는 것을 건의하였다. 조선 세종 12년(1430) 대제학 변계량(卞季良)이 기자묘(箕子廟)의 비문을 찬술하였다. 후에 기자전(箕子殿)이라고 불렸으며 전감(殿監)을 두었다. 광해군 4년(1612) 숭인전(崇仁殿)이라는 편액을 걸었다. 예전에는 참봉 2인을 두었는데 1인은 선우씨(鮮于氏)가 세습하였다. 후에 별검(別檢)과 직장(直長)으로 고쳤다가 또 영감(令監)으로 고쳤다. ○ 이상의 두 전(二殿, 숭령전과 숭인전)은 중사(中祀)에 기재되어 있다.

『대동지지』 권21, 평안도 평양 능묘 기자묘(箕子墓)

기자묘 내성 북쪽 토산(兎山)에 있다. 수묘군(守墓軍) 1인을 두었다. ○『역대지』에 상세히 기술되어 있다.

『대동지지』 권21, 평안도 평양 단유 구주단(九疇壇)

구주단 외성에 있다. 비(碑)가 있다.

『대동지지』 권21, 평안도 평양 사원 인현서원(仁賢書院)

인현서원 정양문(正陽門) 안에 있다. 명종 갑자년(명종 19, 1564) 세웠다. 광해군 무신년(광해군 즉위, 1608) 편액을 하사하였다.

기자(箕子)[18] 주(周)나라 무왕(武王) 기묘년 기자를 조선에 봉하였다. ○『역대지』에 상세히 기술되어 있다.

---

17 『고려사』 권58, 志 第12, 地理 3에 해당 내용이 보인다.
18 인현서원(仁賢書院)이 기자(箕子)의 영정(影幀)을 모신 서원이기 때문에 본문이 이와 같이 배열되어 있다.

『대동지지』 권22, 평안도 강동 총묘 대총(大塚)

대총 현[縣, 강동현] 서쪽 3리에 대총이 있다. 둘레는 161척이다. 세속에서 단군묘(檀君墓)라고 부른다. ○ 현 서북쪽 30리 거리에 있는 도마산(都馬山)에 대총이 있다. 둘레는 410척이다. 세속에서 옛 황제묘[古皇帝墓]라고 전한다. 또 위만묘(衛滿墓)라고도 한다. 정조 10년(1786) 수호(守護)를 두어 나무 베는 것을 금지하였다. ○ 살펴보건대 이 두 곳은 고구려가 남쪽으로 천도한 이후에 왕을 매장한 곳인 듯하다.

『대동지지』 권23, 평안도 영변 산천 묘향산(妙香山)

묘향산 (영변) 동북쪽 130리 거리에 있다. 산세가 높고 웅장하여 400리에 걸쳐져 있다. 북쪽으로는 희천(熙川)과 접해 있으며 남쪽으로는 덕천(德川)과 닿아있는데 관서(關西) 지역 제일의 명산이다. 산 너머로는 토산(土山)이 있다. 묘향산 산봉우리 중턱 아래로는 모두 기암괴석이지만 험하지는 않아서 산길 안쪽에 평지가 많고 큰 냇물이 넓게 펼쳐져 있다. 그 사이로 작은 산줄기가 겹겹이 동부(洞府)[19]를 둘러싸고 있는데 중첩된 모습이 마치 성곽과도 같다. 다른 산길이 없어서 오직 서남쪽 수구(水口)를 따라 들어가야 하는데 오직 한 사람씩 혼자 지날 수 있는 정도이다. 산에는 자단 향나무[紫檀香木]가 많이 있다. 세상에서 단군이 태백산 단목(檀木) 아래 내려왔다고 하는데 묘향산을 가리키는 것이다.

『대동지지』 권29, 방여총지 단군조선

『사기(史記)』 조선전(朝鮮傳) 주석에서 장안(張晏)이 말하였다. "조선(朝鮮)에는 습수(濕水)·열수(洌水)·산수(汕水)가 있는데 세 강이 합해져서 열수가 된다. 낙랑조선(樂浪朝鮮)은 여기에서 이름을 딴 것으로 보인다".[20] 『전한서(前漢書)』 낙랑군(樂浪郡) 탄열현(呑列縣) 주석에는 "분려산(分黎山)은 열수(列水)가 나오는 곳이다. 열수는 서쪽

---

19 동부(洞府): 도교(道敎) 용어로 본래 신선이 사는 지역을 의미하는데 여기서는 묘향산의 아름다운 풍경을 상징하는 뜻으로 쓰였다.
20 『사기』 권115, 조선열전(朝鮮列傳) 제55에 해당 내용이 보인다.

으로 점선(黏蟬)에 이르러 바다로 들어가니 길이가 820리이다"[21]라 하였고, 『후한서』 낙랑군(樂浪郡) 열구현(列口縣)의 주석에는 "열(列)은 강 이름이다. 열수(列水)는 요동에 있다"[22]라 하였다. 『산해경(山海經)』에는 "조선(朝鮮)은 열(列)과 양(陽) [동쪽]에 있다"[23]라 하고, 그 주석에 "열(列)은 강 이름이다"라 하였다. 양자(揚子)의 『방언(方言)』에는 "연(燕)과 조선(朝鮮), 열수(洌水)[24]의 사이를 '열(涅)'이라 한다."[25]

『수경(水經)』 주석서[26]에 "열수는 열양현(涅陽縣) 서북쪽 기극산(岐棘山)에서 흘러나온다"[27]라 하였다. 삼가 살펴보건대, 『사기』에 "노인(路人)의 아들 최가 열양후가 되었다"[28]라고 하였다. 열(涅)의 음은 열이다. 발해(渤海)가 불열(拂涅)의 옛 땅을 동평부(東平府)로 삼았는데 요하(遼河)와 양장하(羊腸河)가 있다. 불열은 분려(分黎)가 변한 것이다. 『요사(遼史)』에 "요주(遼州)는 본래 불녕국성(佛寧國城)이다"[29]라 하였는데 역시 불열이 변한 것이다. 『위서』 용성(龍城) 주석에 "유성(柳城)·창려(昌黎)·극성(棘城)을 병합하여 용성에 소속시켰다"[30]라고 하였는데 극성이란 명칭이 기극산으로 인해 생긴 것이 아닌가 생각된다. 구암(久庵) 한백겸(韓百謙)은 열수(列水)에 대해 논하길, "한강 이외에는 800리나 되는 큰 강이 없다. 아마도 한강을 열수라 한 것 같다"라 하였다. 이는 지금의 평양을 기준으로 한다면 의문이 드는 주장이다. 만약 한강을 열수라 한다면 분려산은 응당

---

21 『한서(漢書)』 권28下, 지리지(地理志) 第8下, 낙랑군(樂浪郡)에 해당 내용이 보인다.
22 『후한서(後漢書)』, 지(志) 第23, 군국(郡國) 5, 유주(幽州), 낙랑군(樂浪郡)에 해당 내용이 보인다.
23 『산해경(山海經)』 第13, 해내동경(海內東經)에 해당 내용이 보인다. 『산해경』 원문에는 "朝鮮在列陽東"으로 되어 있어 보충해서 번역하였다.
24 『방언(方言)』 원문에 열수(洌水)라 되어 있어 이에 맞춰 해석한다.
25 『방언』 유헌사자절대어석별국방언(輶軒使者絶代語釋別國方言) 第3에 해당 내용이 보인다.
26 중국 북위(北魏) 때의 학자 역도원(酈道元)이 『수경(水經)』에 주석을 붙여 찬술한 『수경주(水經注)』를 가리킨다.
27 『수경주(水經注)』 권29에 해당 내용이 보인다.
28 『사기』 권115, 조선열전(朝鮮列傳) 第55에 해당 내용이 보인다. 『대동지지(大東地志)』에는 『전한서(前漢書)』라고 하였지만 해당 기록을 찾을 수 없고, 『사기』가 더 앞선 기록이기 때문에 『사기』라고 번역하였다.
29 『요사』 권38, 지(志) 第8, 지리지(地理志) 2, 동경도(東京道), 요주(遼州)에 해당 내용이 보인다.
30 『위서』 권106上, 지형지(地形志) 2上 第5, 영주(營州), 창려군(昌黎郡)에 해당 내용이 보인다.

강원도에 있어야 하는데 당(唐)이 고구려(高句麗)를 멸망시키고 여산주(黎山州)를 설치하였다. 이를 근거로 삼는다면 열수는 요동(遼東)과 광녕(廣寧)의 경계가 되어야 하는데 지금은 확실하게 지목할 수 없다.

단군(檀君)

『동국고기(東國古記)』에 이르기를, "신인(神人)이 태백산(太白山) 단목(檀木) 아래 내려와 요(堯)임금과 함께 나라를 세우고 나라 이름을 조선(朝鮮)이라 하였다"라고 하였다. 『삼국유사』에 말하길, "옛날에 곰 한 마리가 하늘에 기도하여 여자가 되었는데 천신(天神)이 웅녀와 관계하여 단군을 낳았다"고 하고 또 "단인(檀因)의 아들『고려사』에는 단인(檀因)이라 표기되어 있고, 『조두록(俎豆錄)』에는 환인(桓因)이라 표기되어 있다. 이 당요(唐堯) 25년 무진년 즉위하였다가 상(商)나라 무정(武丁) 8년 아사달산에 들어가 신이 되었다. 처음에는 평양(平壤)을 도읍으로 하고, 후에 백악(白岳)으로 옮겼다"라고 하였다. 『사기』 험독현(險瀆縣)의 주석에는 "왕험성(王險城)은 낙랑군(樂浪郡) 패수(浿水) 동쪽에 있다"[31]라고 하였으나, 여러 책에서 험(險)을 검(儉)으로 바꾸어 쓰고 있다. 『동사(東史)』에서는 왕검(王儉)을 단군의 명칭으로 썼지만, 이는 지명인 것이다. 『위서』에는 "2천 년 전에 단군왕검(檀君王儉)이 나라를 세워 아사달에 도읍하였다가 나라 이름을 조선으로 바꿨는데 당요와 같은 시기이다"라 하였으니 『동사』에서 이로 인하여 그렇게 기록한 듯하다.

숭녕전(崇寧殿) 단군을 제향하는 곳으로 평양에 있다.

삼성사(三聖祠) 환인(桓因)·환웅(桓雄)·단군(檀君)을 제향하는 곳으로 문화(文化)에 있다.

살펴보건대, 상나라 무정 8년이면 단군의 수명은 1048년이 되니 이미 이것만으로도 의심스럽다. 그리고 단군의 증손 동부여(東扶餘)의 왕 대소(帶素)가 고구려(高句麗) 대무신왕(大武神王)에게 살해되었는데 대무신왕은 곧 한(漢)나라 광무제(光武帝) 시대 인물이었다. 그렇다면 단군의 아들 해부루(解夫婁)로부터 대소에 이르는 3대까지가 무정으로부터 광무제에 이르는 1,300여 년이 되니 이러한 이치는 없을 듯하다. ○

---

31 『사기(史記)』 권115, 조선열전(朝鮮列傳) 제55에 해당 내용이 보인다.

살펴보건대, 고구려 서천왕(西川王) 11년(280), 왕의 동생 달가(達賈)가 숙신(肅愼)의 단로성(檀盧城)을 공격하여 함락시켰는데 단로(檀盧)는 아마도 단군이 도읍하였던 곳인 듯하다. 한나라 환제(桓帝) 연희(延熹) 6년(163), 선비(鮮卑)족의 대인(大人) 단석괴(檀石槐)가 그 땅을 3부(部)로 나누어 석북평(石北平) 동쪽으로부터 부여(夫餘)·예맥(濊貊)의 경계까지의 요동 지역을 동부(東部)로 삼았는데 단석괴는 단군의 후손인 듯하다. ○ 살펴보건대, 『동국고기』와 『삼국유사』는 신라와 고구려의 두 역사서 이후의 것이니 곧 제요(帝堯)에서 3,000년이 지난 뒤이다. 단군의 행적이 중국 사서에 기재되어 있지 않은데 우리 동방의 정사(正史)에서만 후인들이 신비롭고 괴이한 전설에 의탁하여 뒤에 기술해 놓은 것이다. 동방(東方)의 천황씨(天皇氏)가 18,000세였다고 기록한 것[32]도 아마도 실제로는 그러한 일이 없었을 것이고, 요순(堯舜)에 대한 전적(典籍)으로 전하는 것도 겨우 한두 가지에 불과하다. 그런데 궁벽한 곳의 비루한 풍속을 수천 년 지나 흔적이 모두 끊어진 후에 정확한 연대와 도읍지까지 기록할 수 있겠는가? 또 『동국고기』에서 "단군의 아들 해부루가 북부여(北扶餘)의 왕이 되었다"라고 하였다. 부여(扶餘)는 『전한서』에 처음으로 나타나는데 장성 이북에 위치하여 현도(玄菟)와의 거리가 1,000리 된다고 한다.[33] 그렇다면 단군은 부여의 군주가 되므로 예맥(濊貊)보다도 뒤가 되니 제요(帝堯)의 시대에 시작될 수가 없다. 조선(朝鮮)이라는 호칭도 주(周)나라 초기에 처음 발견되니 그 국호도 거짓으로 지어낸 듯하다. 또 태백(太白)을 묘향산(妙香山)이라 하고 백악(白岳)을 구월산(九月山)이라 하는 것, 그의 아버지를 단인(檀因)이라 하고 단군을 왕검(王儉)이라 하는 것, 가깝게는 강동(江東)의 묘 하나는 강동현 서쪽에 있고 둘레는 410척이다. 다른 하나는 강동현 북쪽 도마산(刀ケ山)에 있다.라든지 묘향산의 단군굴(檀君窟)이라 하는 것들이 모두 끌어다 맞춘 이야기들로 대체로 잘못된 것 같지만 끝까지 따져볼 수는 없다.

---

[32] 원나라의 증선지(曾先之)가 저술한 『십팔사략(十八史略)』에 "천황씨(天皇氏)는 목덕(木德)으로 왕이 되어 인월(寅月)을 정월로 삼았다. 인위적으로 다스리지 않아도 백성들이 저절로 감화되었다. 형제 12명이 각기 18,000세를 누렸다[『십팔사략(十八史略)』 卷1, 태고(太古), 천황씨(天皇氏)].

[33] 『한서(漢書)』 권28下, 지리지(地理志) 第8下, 연지(燕地)에 해당 내용이 보인다.

『대동지지』 권29, 방여총지 기자조선

『전』 낙랑군(樂浪郡) 주석에 "옛날의 조선국이다"라 하였고, 낙랑군 치소(治所) 조선현(朝鮮縣) 주석에 "무왕이 기자를 조선 땅에 봉했다"라 하였다.[34] 『신당서(新唐書)』에 온언박(溫彦博)이 "요동은 본래 기자의 나라였습니다"[35]라 하였고, 배구(裵矩)는 "고려 고구려이다.는 본래 고죽국(孤竹國)이었는데, 주나라에서 기자를 그 땅에 봉하여 조선으로 삼았습니다"[36]라 하였다. 『위략(魏略)』에는 "조선후(朝鮮侯)의 자손이 교활하고 포학하여 연(燕)나라에서 장수 진개(秦開) 진무양(秦舞陽)의 조부이다.를 파견하였다. 그 서쪽 지역을 공격하여 땅 2,000여 리를 얻어 만반한(滿番汗) 발음은 반한이다. 전한(前漢) 시기에 요동군(遼東郡)에 속한다. ○ 살펴보건대, 연나라 수도로부터 압록강(鴨綠江)까지 2,000여 리이니 만반한은 험독(險瀆)의 동쪽 500여 리에 위치하는가? 의심스럽다.을 경계로 삼았다"라 하였다. 『통감강목(通鑑綱目)』에는 "연나라가 동쪽 오랑캐를 물리쳐서 땅을 1,000리 넓혔다. 조양(造陽)에서 양평(襄平)까지 장성을 쌓고 상곡(上谷)·우북평(右北平)·요동(遼東) 등의 군(郡)을 설치하였다"[37]라 하였다. 『요사』에는 "동경요양부(東京遼陽府)는 본래 조선의 땅이다. 주(周)나라 무왕(武王)이 갇혀있는 기자(箕子)를 풀어주었는데 조선으로 떠나자 기자를 조선 땅에 봉하였다. 40여 대가 지나서 연나라 때에 진번(眞番)과 조선(朝鮮)[38]을 복속시키고는 처음으로 관리를 두고 보루를 쌓았다. 진(秦)나라 때

---

34 『한서(漢書)』 권28下, 지리지(地理志) 第8下, 낙랑군(樂浪郡)에 해당 내용이 보인다.

35 『신당서(新唐書)』 권220, 열전(列傳) 第145, 동이(東夷), 고려(高麗)에 해당 내용이 보인다. 『대동지지(大東地志)』 원문에는 온언전(溫彦傳)이라 표기되어 있지만 『신당서』의 기록에 따라 온언박(溫彦博)으로 번역한다.

36 『신당서』 권100, 열전(列傳) 第25, 배구(裵矩)에 해당 내용이 보인다. 다만 기자를 그 땅에 봉하였다고만 기재되어 있을 뿐, 조선으로 삼았다는 구절은 보이지 않는다. 구당서도 내용이 유사하다.

37 『통감강목』 권2上에 해당 내용이 보인다.

38 진번(眞番)과 조선(朝鮮): 진번과 조선은 진번조선을 한 국가(지역)로 보는 견해, 진번과 조선으로 보는 견해, 진조선(眞朝鮮)과 번조선(番朝鮮)으로 보는 견해 등이 있다. 여기서는 우선 진번과 조선으로 번역하였음을 밝혀둔다.

에는 요동외요(遼東外徼)에 속하였다"39라 하였다.『금사(金史)』에는 "요동(遼東)과 광녕(廣寧)은 모두 기자의 봉지(封地)였다"라 하였다.『원사(元史)』에는 "함평부(咸平府)는 고조선(古朝鮮)의 땅으로 기자가 봉해진 것이다. 한나라 때는 낙랑군에 속하였고, 후에 고려 고구려이다.가 침략하여 그 땅을 소유하였다"40라 하였다.『명일통지(明一統志)』요동명환(遼東名宦) 조에도 기자가 실려 있다.『성경지(盛京志)』에는 "봉천부(奉天府)는 무왕이 기자를 조선에 봉한 곳이다. 지금 부(府)의 치소(治所) 동남쪽이 조선의 경계이다. 요양주(遼陽州)는 무왕이 기자를 조선에 봉한 곳이다"라 하고, 또 "봉황성(鳳凰城) 동쪽으로 압록강까지 140리 거리이다..의주(義州) 내 생각엔 우리나라의 의주가 아니다..복주(復州)·영해(寧海)·광녕(廣寧)·해성(海城)·개평(蓋平)은 모두 주나라와 진나라 때에 조선이었다"라 하였다.『광여기(廣輿記)』에 "조선성(朝鮮城)은 영평(永平)의 경내에 있는데, 기자가 이 땅을 봉토로 받았다"라 하였고, 또 금주명환(錦州名宦) 조에도 기자가 실려 있다. 그리고 "광녕성(廣寧城) 북쪽 5리 거리에 기자정(箕子井)이 있으며 그 곁에는 기자묘(箕子廟)가 있는데 우관(㝢冠)41을 쓴 조각상이 있었다. 그러나 가정(嘉靖) 연간 병화(兵火)에 타버렸다"라 하였다.42 『고려』에는 "북계(北界)지금의 평안도이다.는 본래 조선의 땅이다. 삼국시대에는 고구려의 소유였다"43라 하였다. 삼가 살펴보건대,『상서주소(尙書註疏)』에 "순(舜) 임금이 12주를 설치할 때 청주(靑州)를 나누어 영주(營州)를 만들었는데 영주는 곧 요동이다"44라 하였고,『성경지』에는 "봉천부와 금주는 모두 옛날의 기주(冀州)와 청주(靑州) 두 주가 나누어진 것이다"라 하였으니 기자가 봉지로 받은 땅은 곧 중국의 내지(內地)인 것이다.

---

39 『요사』권38, 지(志) 제8, 지리지(地理志) 2, 동경도(東京道)에 해당 내용이 보인다.

40 『원사』권59, 지(志) 제11, 지리(地理) 2, 요양등처행중서성(遼陽等處行中書省), 함평부(咸平府)에 해당 내용이 보인다.고

41 우관(㝢冠): 상나라 때 갓의 명칭이라고 한다.

42 조선성에 관련한 기록은『광여기(廣輿記)』권1에, 금주명환조에 관한 기록은『광여기』권23에 해당 내용이 보인다. 기자정이나 기자묘와 관련한 기록은 현재 확인할 수 없다

43 『고려사』권58, 지(志) 제12, 지리(地理) 3, 북계(北界)에 해당 내용이 보인다.

44 『상서주소』권6, 하서(夏書), 우공(禹貢) 제1에 해당 내용이 보인다.

기자의 이름은 서여(胥餘)이고, 은(殷)나라 종실(宗室)이다. 기(箕) 땅에 봉해졌기 때문에 기자라고 하였다. 주(周)나라 무왕(武王) 13년 기묘년에 소공(召公)에게 명하여 갇혀있던 기자를 풀어주게 하였다. 여름 6월에 왕이 기자에게 도(道)에 대해서 물으니 기자가 홍범(洪範)의 뜻을 밝혀서 알려주었다. 그러나 기자가 주를 신하로 섬기고 싶지 않아서 조선으로 망명하니 무왕이 그대로 조선 땅에 기자를 봉해 주었다.

○ 기자묘(箕子墓) 『사기』 미자세가(微子世家) 주석에 "양(梁)나라 몽현(蒙縣)에 기자의 무덤이 있다"[45]라 하였고, 『수경』 주석서에 "기자묘는 박성(薄城)에 있다"[46]라 하였다. 『명일통지』, 산동포정사(山東布政司) 고적(古蹟)에 대한 기록 중 "평양성 밖에 기자묘가 있다"[47]라고 하였고, 『청일통지(清一統志)』에는 "귀덕부(歸德府) 상구현(商邱縣)에 있다"[48]라고 하였다. 『신증동국여지승람(新增東國輿地勝覽)』에는 "평양부(平壤府) 북쪽 토산(兎山)에 기자묘가 있다"[49]라고 하고, 지봉(芝峯) 이수광(李睟光)의 『지봉유설(芝峯類說)』에는 "중국 하남(河南) 땅에도 기자묘가 있다. 그렇다면 평양에서 기자묘라고 하는 것은 아마도 기자 후손이 묻힌 무덤일 것이다"[50]라고 하였다. ○ 살펴보건대, 토산의 무덤은 아마도 고구려가 남쪽으로 천도한 이후에 국왕이 묻힌 것이지만 평양이란 명칭 때문에 기자묘라 한 듯하다.

숭인전(崇仁殿) 기자를 제향하는 곳으로 평양부(平壤府)에서 볼 수 있다.

기부(箕否) 기자의 40대손이다. 그 사이에 왕위를 계승한 군주들은 알 수 없다.

기준(基準)은 기부의 아들이다. 『전한서(前漢書)』에 "연(燕)나라 사람 위만(衛滿)이 조선후(朝鮮侯) 기준을 속여서 내쫓았다"고 하였다. 『후한서』에 "기준이 바다를 건너 마한을 공격하여 격파하였다. 기준의 후손이 끊어지자 마한이 다시 스스로 진왕(辰

---

[45] 『사기』 권38, 송미자세가(宋微子世家) 제8에 해당 내용이 보인다.
[46] 『수경주(水經注)』 권23에 해당 내용이 보인다.
[47] 『명일통지』 권25, 등주부(登州府), 요동도지휘사사(遼東都指揮使司)에 해당 내용이 보인다.
[48] 『청일통지』 권194, 귀덕부(歸德府) 2에 해당 내용이 보인다.
[49] 『신증동국여지승람』 권51, 평안도(平安道), 평양부(平壤府)에 해당 내용이 보인다.
[50] 『지봉유설』 권19, 궁실부(宮室部), 능묘(陵墓)에 해당 내용이 보인다.

王)을 세웠다"⁵¹라 하고, 또 "기준이 참람하게 왕이라 호칭하자 연나라에서 망명한 위만에게 공격받아 나라를 빼앗겼다. 기준이 그의 측근과 궁인(宮人)들을 거느리고 도망쳐 바다로 들어가 한(韓) 땅에 거처하며 스스로 한왕(韓王)이라 불렀다. 그 후손이 끊어졌지만 지금의 한인(韓人)들 중에 여전히 기준의 제사를 받드는 자들이 있었다"⁵²라 하고 『위략(魏略)』에는 "그 아들과 친척들 가운데 한 땅에 남아 있던 자들이 계속해서 한씨(韓氏)를 모칭하였다. 준왕이 바다 가운데 있을 때도 조선과는 서로 왕래하지 않았다"라 하였다.

기자가 봉토를 받은 기묘년으로부터 기준이 남쪽으로 천도한 정미년까지는 929년으로 살펴보건대, 백제(百濟) 온조왕(溫祚王)이 기사년 멸망시킨 마한을 '기준의 나라'라고 하였으니 정미년부터 기사년까지 기준의 후예들이 203년 간 이어진 것이다. 이는 온조가 멸망시킨 마한이 어떤 나라인지 알지 못하고 단지 기준이 웅거했던 곳이라 여긴 것이다. 『고기(古記)』로 징험할 수 없다. 평양에 도읍하였다.

○ 『요사』 지리지(地理志)에 "암연현(巖淵縣)은 해주(海州)에 속해 있다. 동쪽으로는 신라와 경계가 닿는다. 그러므로 평양성(平壤城)은 암연현 서남쪽에 있다. 동북쪽으로 해주까지 120리이다"⁵³라 하고, 『성경지』에는 "안동도호부(安東都護府) 예전 한(漢)나라 양평성(襄平城)로부터 동남쪽으로 평양성까지 800리이다"라 하였다. 살펴보건대, 당나라가 고구려를 멸망시키고 안동도호부를 설치하였는데 그때의 평양이라는 것은 곧 지금의 평양이다. 상원(上元) 3년(676) 안동도호부를 요동군의 옛 성으로 옮겼으니 곧 예전의 양평성이라는 것은 고구려의 옛 평양이다. 기준이 위만에게 공격받아 내쫓긴 곳이 바로 이 땅이다. ○ 연암(燕巖) 박지원(朴趾源)은 "우리나라의 선비들은 단지 지금의 평양만 알고서 기자가 평양에 도읍했다 하면 믿고, 평양에 정전(井田)이 있다고 하면 믿으며, 평양에 기자묘가 있다고 하면 믿는다. 그런데 다시 봉황성을 평양이라고 하면 크게 놀라고, 요동에 평양이 있었다고 말하면 해괴한 소릴 한다고 꾸짖으

---

51 『후한서』 권85, 동이열전(東夷列傳) 제75, 삼한(三韓)에 해당 내용이 보인다.
52 위의 내용은 『후한서』가 아닌 『삼국지(三國志)』 위서 권30, 오호나선비동이전(烏丸鮮卑東夷傳) 제30, 동이(東夷), 한(韓)에 해당 내용이 보인다.
53 『요사』 권38, 지(志) 제8, 지리지(地理志) 2, 동경도(東京道), 해주(海州)에 해당 내용이 보인다.

니 곧 요동이 본래 조선의 옛 땅이라는 것을 알지 못하기 때문이다."[54]

　살펴보건대 『삼국유사』에서는 평양을 삼조선(三朝鮮)의 옛 도읍이라 하고[55], 『통감집람(通鑑輯覽)』 패수(浿水)에 대한 주석에서는 "조선국 평양성 동쪽에 있다. 지금은 대통강(大通江)대동강(大同江)이다.이라 한다"라 하고 또 왕검성에 대한 주석에서는 "곧 평양성이니 기자의 옛 도읍지이다. 지금 조선국에서 평양부라고 한다"[56]라고 하였다. 이는 『수사(隋史)』와 『당사(唐史)』 및 『동사(東史)』를 참고하여 기록한 것일 뿐이다. 평양이라는 호칭은 고구려 동천왕(東川王) 때 처음 나타나니 곧 지금의 요양(遼陽)이다. 장수왕(長壽王)이 남쪽으로 천도한 이후에는 옛 도읍지 평양이나 패수의 명칭을 새로운 도읍지에 갖다 붙인 것인데 수(隋)나라와 당(唐)나라 역시 그대로 따라 불렀다. 무릇 유주(幽州)와 영주(營州), 두 주는 주(周)나라 때 머나먼 변방이었다. 기자가 봉토를 수여받은 곳의 그 넓이는 아마도 조(曹)·위(衛)·진(陳)·정(鄭)나라[57] 정도에 불과할 것이다. 그런데 기자가 어찌 유주와 영주 같은 땅을 건너고 또 열 개가 넘는 여러 오랑캐의 지역을 넘어 지금 평양에 도읍을 세울 수 있었겠는가? 전국시대 말기에 연(燕)나라의 공격을 받아 요동(遼東) 지역으로 옮긴 것이다. 이후에 위만이 도읍한 곳은 곧 험독(險瀆)으로 한(漢)나라 때 양평(襄平)이 되고 또 평주(平州)가 되니 이는 고구려의 옛 평양이다. 비유하자면 남북조(南北朝) 시기 양쯔강 유역의 송(宋)·제(齊)·양(梁)·진(陳)나라가 연(兗)·예(豫)·청(靑)·서(徐) 주(州)의 본국(本國)이 아니며, 압록강 동쪽의 낙랑(樂浪)과 평양(平壤)이 영원(寧遠)·금주(錦州)·요동(遼東)·심양(瀋陽)의 옛 고을이 아니다. 단지 한때 다른 지역의 이름을 빌려 세운 도시나 일정하지 않게 옮겨 다닌 치소만 믿는다면 과거와 현재의 사실들이 뒤죽박죽되고 동서의 지리 정보가 섞여버리게 된다.

---

54 『연암집(燕巖集)』 권11, 별집(別集), 열하일기(熱河日記), 도강록(渡江錄)에 해당 내용이 보인다.
55 해당 내용은 『고려사』 권58, 지 第12, 지리 3에 보인다.
56 이상은 『통감집람』 권16에 해당 내용이 보인다.
57 춘추전국시대의 소국들을 뜻한다.

○ 『부계기문(涪溪記聞)』에 "기자가 비록 실제로 정전(井田)을 사용하고 그 남겨진 터가 있다고 하더라도 어찌 지금까지 반듯하여 흐트러지지 않을 수 있겠는가? 이는 필시 후대의 호사가가 만든 것이지 결단코 기자의 남겨진 제도가 아니다."[58] 지지(地志)를 살펴보건대, 경주(慶州)에도 정전이 있으니 신라 때 구획한 것이다. 남원(南原)에도 정전이 있으니 유인궤(劉仁軌)가 구획한 것이다. 지금 평양의 정전은 아마도 설인귀(薛仁貴)가 구획해 놓은 것이 아닐까 한다. 하지만 당나라 군대가 떠난 후 곧바로 발해 지역이 되었고, 수백 년간 동방이 크게 혼란하여 문헌(文獻)이 완전히 소실되었다. 고려가 비로소 통일하여 중엽에 삼국의 역사를 편찬하였다. 하지만 단군과 기자의 옛 행적에 대해서는 야설(野說)에서 잡다하게 뽑아낸 것이어서 비사(稗史)에나 부합할 뿐이니 내용이 난잡하여 정전에 대해서는 분별할 수가 없다.

살펴보건대, 기준이 남쪽으로 천도한 것은 지금의 평양에서 시작하여 금마(金馬) 지금[59]의 익산군에서 끝난다고 판단된다. 그러나 금마를 마한으로 여기는 설 또한 당(唐)나라가 마한도독부(馬韓都督府)를 금마군(金馬郡)에 설치한 것에서 비롯한다. 여러 책을 살펴보면 금마는 백제가 남쪽 부여로 천도한 이후에 별도로 세운 도시이다. 그런데 그곳에 남아 있는 옛 성과 절, 묘지는 모두 기준의 것이라 전한다. 기준이 남쪽으로 천도한 것은 험독(險瀆)에서 시작하지만 그 후의 연도와 도읍지에 대해서는 단정해서 말할 수가 없다.

『대동지지』 권29, 방여총지 위씨조선

『통감집람』에 "조선(朝鮮)은 전국시대 때 연(燕)나라와 진(秦)나라에 속하여 요동외요(遼東外徼)가 되었다. 한(漢)나라가 흥성하였지만 먼 곳까지 지키기 어렵다고 여겨 다시 요동의 옛 요새를 중수하여 패수(浿水)까지를 경계로 삼고 연나라에 속하게 하였다. 하지만 연나라 왕 노관(盧綰)이 배반하여 흉노(匈奴)에게 붙어버리자 연나라 사

---

58 『부계기문』은 김시양(金時讓)이 1617년(광해군 9) 이후 작성한 것으로 여겨지는 저술이다. 하지만 현재 남겨진 판본에는 기자(箕子)와 관련한 부분이 전하지 않고 있다.

59 원문에는 '金'으로 되어 있으나, '今'의 오기로 보인다.

람 위만(衛滿)이 조선에 망명하였는데, 무리를 모아 상투를 틀고 오랑캐 복장60을 하고서는 동쪽으로 도망하여 요새를 넘고 패수를 건너 비어 있는 진나라의 옛 영토에 거주하였다. 그리고 주변의 여러 오랑캐 및 연나라와 제(齊)나라의 망명자들을 복속시켰다. 연나라와 제나라의 사람들 가운데 망명하여 이 지역에 사는 자들이다. 왕(王, 위만)이 조선후(朝鮮侯) 기준(箕準)을 속여서 쫓아내고는 왕검성(王儉城)에 도읍하였다. 효혜(孝惠)와 고후(高后)의 시기 효혜(孝惠)와 고후(高后)의 시기61를 만나 비로소 천하가 안정을 찾자 요동태수(遼東太守)는 위만을 외신(外臣)으로 삼고, 변경 밖의 국가들이 변경을 침략하지 말게 할 것과 외국들이 입조하고자 하면 금지하지 말 것으로 약속을 맺었다. 이 때문에 위만이 병력과 재력을 바탕으로 주변의 소읍들을 침략하여 항복시키고, 진번(眞番)·임둔(臨屯)이 모두 와서 복속하니 사방 수천 리에 이르렀다. 왕위를 아들에게 전하고 손자 우거(右渠)에 이르러 유인해낸 한나라의 망명자들이 더욱 많아지고 또 천자를 알현하지도 않았으며 진국(辰國)이 글을 올려 천자를 뵙고자 하였으나 또 막고서 통하지 못하게 했다. 이 해에 한나라 사신 섭하(涉何)가 우거를 꾸짖고 타일렀으나 끝내 조서를 받들려 하지 않았다. 섭하가 다시 길을 떠나 패수에 이르러 전송 나온 사람을 죽이고는 돌아가 천자에게 보고하기를 '조선의 장수를 죽였습니다'라 하였다. 천자가 그의 공적이 훌륭하다고 여겨 섭하를 요동동부도위(遼東東部都尉)로 임명하였다. 조선에서는 섭하에게 앙심을 품고 군사를 일으켜 그를 습격하여 죽였다. 이에 천자가 천하의 사형수들을 모아 병력을 꾸리고서 누선장군(樓船將軍) 양복(楊僕)을 제(齊) 땅으로부터 발해를 건너게 하고, 좌장군(左將軍) 순체(荀彘)를 요동에서 출병하게 하여 조선을 토벌하였다. 우거도 병사를 일으켜 요새를 지키고 있었는데 양복이 제의 병사들을 이끌고 먼저 도착하여 싸웠으나 패하여 도주하였다. 양복이 흩어진 병졸들을 수습하여 다시 대오를 갖추고 순체가 조선의 패수서군(浿水西軍)을 공격하였으나 역시 격파하지 못하였다.

---

60 오랑캐 복장: 여기서 말하는 오랑캐 복장은 조선의 복장을 말한다.
61 한나라 혜제(惠帝)와 여후(呂后)가 통치하는 시기로 기원전 195~180년을 가리킨다.

순체가 패수상군(浿水上軍)을 격파하고 곧이어 성 아래 당도하여 성의 서쪽과 북쪽을 포위하였다.[62] 양복도 성의 남쪽으로 가서 모여 진을 쳤지만 몇 달이 지나도 함락시키지 못하였다.

천자가 제남태수(濟南太守) 공손수(公孫遂)를 보내서 정벌하게 하였다. 얼마 후 공손수가 황제에게 죽임을 당하고 순체는 더욱 급하게 조선을 공격하였다.[63] 조선상(朝鮮相) 노인(路人)과 한음(韓陰), 이계상(尼谿相) 삼(參)이계(尼谿)는 조선의 지명이고, 삼(參)은 그 지방 재상의 이름이다. 장군 왕겹(王唊) 등이 서로 모의하여 사람을 시켜 조선왕 우거를 죽이고 항복하였다.[64] 그 땅을 평정하여 한사군(漢四郡)으로 삼았다."[65] 삼을 홰청후(澅清侯)로, 한음을 적저후(荻苴侯)로, 왕겹을 평주후(平州侯)로, 노인의 아들 최(最)를 열양후(涅陽侯)에 봉하였다.[66]

위만은 연나라 왕 노관의 장수이다. [위만조선은] 한나라 혜제(惠帝) 원년 정미년(기원전 195)에 세워져 무제(武帝) 원봉(元封) 3년 계유년(기원전 108) 멸망하였으니 모두

---

62 순체(荀彘)가 패수서군(浿水西軍)을 공격하였다가 실패하고 곧바로 패수상군(浿水上軍)을 격파한 것처럼 묘사되어 있지만 중간에 내용이 생략되어 있다. 즉 『사기』 조선열전에 따르면 순체가 패배한 이후 천자가 위산(衛山)을 시켜 조선의 항복을 유도하였다가 실패한 사건이 있었다[『사기』 권115, 조선열전(朝鮮列傳) 제55 참조].

63 이 부분은 김정호의 오류가 있었던 듯하다. "已而公孫遂荀彘被誅 而擊朝鮮益急"는 "已而公孫遂被誅 而荀彘擊朝鮮益急"이 되어야 한다. 여기서는 수정하여 번역하였음을 밝혀둔다.
  설명이 소략하여 보충한다. 순체(荀彘)는 평소 양복(楊僕)의 소극적인 태도에 불만을 품고 있다가 공손수(公孫遂)가 진영에 도착하자 자기 생각을 공손수에게 전달한다. 공손수는 순체의 생각이 옳다고 여겨 양복의 군사를 뺏어 순체에게 주고 이 사실을 한 무제(漢武帝)에게 보고하였다. 하지만 한 무제는 일방적으로 일처리를 하였다고 비판하며 공손수를 참형에 처하였고 순체는 정치적으로 곤궁에 처하였다. 이 때문에 조선에 대한 공격에 박차를 가한 것이다[『사기』 권115, 조선열전(朝鮮列傳) 제55 참조].

64 "相與謀使人殺王右渠 以降朝鮮"는 "相與謀使人殺朝鮮王右渠以降"이 되어야 한다. 여기서는 수정하여 번역하였음을 밝혀둔다.

65 이상의 서술이 『통감집람』에서 나온 것으로 묘사되어 있지만, 부분적으로 다른 정보들이 섞여 있다. 김정호가 『통감집람』의 서술 위에 다른 정보들을 조합하여 서술했던 것으로 생각된다.

66 노인(路人)은 도중에 사망하여 그의 아들 최를 봉해 준 것이다.

3대 87년이다. 『전한서』 요동군(遼東郡) 험독현(險瀆縣)에 대해 응소(應劭)가 주석하기를 "조선왕 위만의 도읍지였다. 수로가 험한 것에 의지하였기 때문에 험독이라고 불렀다"라 하고, 신찬(臣瓚)은 "왕검성(王儉城)은 낙랑군(樂浪郡) 패수(浿水)의 동쪽에 있는데 이곳은 본디 험독이었다"라 하였으며, 안사고(顏師古)는 "찬의 의견이 옳다"라 하였다.[67] 『후한서』 요동속국(遼東屬國) 험독(險瀆)에 대한 주석에 "『사기』에서 왕험(王險)은 위만의 도읍지라고 하였다"[68]고 하였다. 『광여기(廣興記)』에 양박, 순체는 금주 명환(錦州名宦) 조에 실려 있다[69]. 연암(燕巖) 박지원(朴趾源)의 외집(外集)에 "요동의 옛성은 한나라 시기에 양평(襄平)·요양(遼陽) 두 현이 있던 자리이다. 진나라 때는 요동(遼東)이라 불렀으며 후에 위만조선(衛滿朝鮮)에 편입되었다"[70]라고 하였다.

『대동지지』 권29, 방여총지 한사군

한(漢)나라 무제(武帝)가 우거(右渠)를 토벌하여 멸망시키고 그 땅에 4군을 설치하였다. 살펴보건대 낙랑(樂浪)·현도(玄菟)·진번(眞番)·임둔(臨屯)을 4군이라 부른다. 그러나 진번·임둔이란 호칭은 예전부터 있었는데 그 땅의 경계에 대해선 정확히 알 수 없고, 『한서(漢書)』 지리지(地理志)에도 실려 있지 않다. 지금은 우선 기록하여 4군에 포함하였다. 또 요동(遼東)·요서(遼西) 2군은 비록 4군에는 포함되지 않지만, 그 땅의 강역이 본래 조선의 옛터에 해당하고 참고할 만한 자료도 매우 많으므로 4군의 다음에 함께 기록해 둔다.

『대동지지』 권29, 방여총지 요심제국(遼瀋諸國) 부여

『전한서(前漢書)』에 "연(燕)나라의 북쪽으로는 오환(烏丸)환(丸)은 환(桓)으로도 쓴다.. 부여(夫餘)가 있다.안사고(顏師古)가 말하였다. 부여는 장성의 북쪽에 있고, 현도(玄菟)와는

---

[67] 『한서(漢書)』 권28 下, 지리지(地理志) 제8 下, 요동군(遼東郡)에 해당 내용이 보인다.

[68] 『후한서』, 지(志) 제23, 군국(郡國) 5, 유주(幽州), 요동속국(遼東屬國)에 해당 내용이 보인다.

[69] 『광여기』 권23에 해당 내용이 보인다.

[70] 『연암집』 권11, 별집(別集), 열하일기(熱河日記), 도강록(渡江錄)에 해당 내용이 보인다. 다만 "二城地"는 원문에 "二縣地"로 표기되어 있으므로, 이에 맞추어 번역하였음을 밝혀둔다.

1,000리 떨어져 있다. 부(夫)는 부(扶)라고 읽는다."71라 하고,『후한서(後漢書)』에 "-부여는- 현도 북쪽 1,000리 거리에 있고 남으로는 고구려(高句麗), 동쪽으로는 읍루(挹婁), 서쪽으로는 선비(鮮卑)와 경계를 이루고 있다. 본래 예(濊) 땅으로 북쪽으로는 약수(弱水)가 있다. 사방 2,000리이다"72라 하였다.『삼국지(三國志)』위지(魏志)에 "본래 현도군에 속하였다. 그 인장에 '예왕지인(濊王之印)'이라 적혀있고, 나라 안에 예성(濊城)이라 부르는 옛 성이 있다. 이는 예맥의 땅을 근본으로 하였기 때문인데, 부여가 그 안에서 왕노릇 한 것이다"73라 하고,『북사(北史)』에 "두막루국(豆莫婁國)은 옛날의 부여국이다. 발해(渤海)에서는 부여의 옛 땅을 부여부(扶餘府), 항상 강한 군사를 주둔시켜 거란(契丹)을 막았다. 부주(扶州)와 선주(仙州)를 관할한다. 막힐부(鄚頡府)막주(鄚州)와 고주(高州)를 관할한다.로 삼았다"라고 하였다.『요사(遼史)』지리지(地理志)에 "통주(通州) 안원군(安遠軍)에는 절도(節度)를 둔다. 본래 부여국(扶餘國)의 왕성(王城)이었다"74라 하고,『금사(金史)』지리지(地理志)에 "융주(隆州)는 옛 부여의 땅이다. 융주에는 이섭현(利涉縣)이 있고 이섭현에는 혼동강(混同江)이 있다"75라고 하였다. 진(晉)나라 영강(永康) 원년(167) 부여가 현도군을 축출하였다. 고구려(高句麗)의 북쪽, 읍루(挹婁)의 남쪽이다『성경지(盛京志)』에 "개원현은 한(漢)·진(晉)·수(隋)나라 시기에 부여국과 경계를 맞대고 있었다. 아래에 기년(紀年)을 첨부한다.

○ 고구려(高句麗) 본기(本紀)

○ 동명왕(東明王) 14년(기원전 24) 왕의 모친 유화(柳花)가 동부여(東扶餘)에서 죽었다. 동부여왕 금와(金蛙)가 태후(太后)의 예로 장사지냈다. ○ 유리왕(瑠璃王) 14년(기원전 6) 부여왕이 사신을 보내 예물을 주고 인질을 교환하기를 청하였으나 이루어지

---

71 『한서』 권28 下, 지리지(地理志) 第8 下, 연지(燕地)에 해당 내용이 보인다.
72 『후한서』 권85, 동이열전(東夷列傳) 第75, 부여(夫餘)에 해당 내용이 보인다.
73 『삼국지』 위서 권30, 오환선비동이전(烏丸鮮卑東夷傳) 第30, 동이(東夷), 부여(夫餘)에 해당 내용이 보인다.
74 『요사』 권38, 지(志) 第8, 지리지(地理志) 2, 동경도(東京道), 통주(通州)에 해당 내용이 보인다.
75 『금사』 권24, 지(志) 第5, 지리(地理) 上, 상경로(上京路), 융주(隆州)에 해당 내용이 보인다.

지 않았다. 부여왕 대소(帶素)가 병력 5만을 가지고 침략하였지만 큰 눈이 내려 돌아갔다. ○ 유리왕 28년(9) 부여왕 대소가 사신을 보내어 유리왕을 꾸짖었다. ○ 유리왕 32년(13) 부여가 침략하였다. 왕자 무휼(無恤)이 군사를 이끌고 산골짜기에 매복하여 기다렸다. 부여의 병사들이 곧장 학반령(鶴盤嶺) 아래 차형곡(車廻谷)[76]에 당도하자 복병이 공격하여 부여군이 대패하였다. 무휼이 군사를 풀어 모두 죽였다. ○ 대무신왕(大武神王) 5년(22) 부여로 진군하여 부여왕 대소를 죽였다. 이로 인하여 부여가 멸망하였다. ○ 태조왕 25년(77) 부여에서 사신을 보내어 사슴과 토끼를 바쳤다. ○ 태조왕 53년(105) 부여가 사신을 보내어 사슴을 바쳤다.[77] ○ 태조왕 69년(121), 왕이 마한과 예맥의 병사를 거느리고 현도군을 포위하였다. 부여왕이 아들 위구태(尉仇台)를 보내 병력 2만을 거느리고 와서 한(漢)나라의 병사와 함께 고구려 군을 격파하였다. ○[78] 문자왕(文咨王) 4년(494), 부여의 왕과 왕비, 왕자가 나라를 들어 항복해왔다. 『동국고기』에 "단군의 아들 해부루(解夫婁)가 북부여(北扶餘)의 왕이 되고 아들 금와에게 왕위를 전하여 손자 대소주몽의 형이다.에까지 전해졌다." 『문헌비고(文獻備考)』에 "동부여는 대소의 나라이고, 북부여는 해모수(解慕漱)의 나라이다 『삼국사』에 '해모수가 부여의 옛 도읍에 나라를 세우고 유화를 얻어 주몽을 낳았다'라 하였다"라 하고, 또 "북부여가 뒤에 가섭원(迦葉原)으로 자리를 옮겨 동부여가 되었다"라 하였다.

---

[76] 원문에는 군회곡(軍迴谷)으로 표기되어 있다. 하지만 『삼국사기(三國史記)』권14, 고구려본기(高句麗本紀) 第2, 대무신왕(大武神王) 5년조를 보면 차형곡(車廻谷)으로 표기되어 있으므로 이에 맞추어 번역한다. 다만 『삼국사기』판본에 따라 차회곡(車廻谷)이라고 기재되어 있는 경우도 있다.

[77] 『삼국사기』권15, 고구려본기(高句麗本紀) 第3, 태조대왕(太祖大王) 53년조를 보면 호랑이라고 되어 있다.

[78] 원문에는 ○이 없지만 내용의 흐름상 필요하여 추가하였다.

『해서읍지(海西邑誌)』

저자 미상

『해서읍지』는 1871년(고종 8) 전국적인 읍지 편찬 사업이 행해짐에 따라 지방 23개 군현의 읍지를 묶으면서 작성되었다. 1985년 아세아문화사에서 한국지리지총서의 「읍지(邑誌)」 제14권(황해도편)으로 영인·간행했다. 『해서읍지』에 수록된 23개 읍에서는 기왕의 읍지를 토대로 1871년 당시의 읍 운영에 관한 사실을 읍지에 증보하거나 읍사례(邑事例)에 담아서 정부의 읍지 상송령(上送令)에 응했던 것을 알 수 있다. 영(營), 진(鎭), 산성(山城)의 현황 역시 부록된 영지, 진지, 산성지 및 사례책의 내용을 통해 상세하게 알 수 있다. 체제는 대체로 『여지도서(輿地圖書)』를 따르고 있으나, 각 읍별로 차이는 있다. 『여지도서』와 같은 정연한 체계로 여러 군현의 현황을 정리하지는 않았지만, 지방의 상황을 정확하게 파악하고 국정운영의 기초자료로 삼고자 했던 중앙 정부의 요구에 부응했다고 볼 수 있다.

전부 7책으로 필사본이고, 읍지의 앞에는 채색 지도가 있다. 현재 전하는 조선시대와 대한제국기의 황해도 도지는 3종이다. 본 읍지와 1895년에서 1899년까지를 하한으로 하는 황해도 읍지들을 모아 후대에 전사한 『황해도각군읍지(黃海道各郡邑誌)』와 1899년을 하한으로 여러 시기에 편찬된 황해도 23개의 읍지를 후대에 모은 『황해도전지(黃海道全誌)』이다. 본 읍지는 3종의 황해도 도지 가운데서도 가장 오래된 읍지이다. 같은 시기에 편찬된 타 도의 도지(道誌)와 마찬가지로 일정하게 정해진 형식은 없지만, 각 군현 읍지에 읍의 재정적, 군사적 현황을 상세하게 담은 읍사례를 수록하고 있다. 또 각 진과 수영 등의 진지, 영지, 산성지도 사례와 함께 수록한 것은 자료적 가치가 높다. 1871년 당시 해서 지역 각 군현의 정보를 주는 자료로 활용될 수 있고, 전국의 상황을 일시에 파악하여 새로운 개혁의 기반을 마련하고자 했던 고종 즉위 초의 상황을 살필 수 있다.

『해서읍지』에는 권6 「문화현」 부분에 총 세 부분에 단군 및 기자조선에 관한 짤막한 기술이 있다. 먼저 구월산(九月山)의 위치에 대한 설명이 있고, 이어서 아달산(阿達山), 증산(甑山), 삼위(三危), 백악산(白岳山) 등의 다른 명칭이 기술되어 있다. 그리고 환인(桓因), 환웅(桓雄), 단군(檀君)을 모신 삼성사(三聖祠), 당장경(唐藏京)의 위치 등과 관련한 내용이 서술되어 있다.

『해서읍지』 권6, 문화현 산천 구월산(九月山)

구월산 문화현(文化縣) 북쪽으로 30리 떨어져 있다. 아달산(阿達山)이라고도 하고, 증산(甑山)이라고도 하며, 삼위(三危)라고도 한다. 대대로 전해 오기를, 단군(檀君)이 처음에 평양(平壤)에 도읍을 정하였다가 뒤에 백악산(白岳山)으로 옮기었는데, 옮긴 산이 바로 이 산이라고 한다. 서주(西周) 무왕(武王)이 기자(箕子)를 조선(朝鮮)에 봉하자, 단군은 장당경(唐藏京)으로 옮겼다. 후에 이 산으로 돌아와 은거하면서 변화하여 신이 되었다고도 전한다.

『해서읍지』 권6, 문화현 단묘 삼성사(三聖祠)

삼성사 문화현(文化縣)의 북쪽으로 30리 떨어져 있다. 구월산(九月山) 동쪽 산기슭에 있다. 환인(桓因)을 주향(主享)하고, 단웅(檀雄)과 단군(檀君)을 배향했는데, 봄과 가을에 참배하고 제사 지낸다. 또 장마와 가뭄에 기도드리면 항상 응하였다.

『해서읍지』 권6, 문화현 고적 장장평(莊莊坪)

장장평 문화현(文化縣)의 북쪽으로 10리 거리에 있다. 단군(檀君)이 도읍한 곳으로 대대로 전해 오는데, 그 터가 아직도 있다. 『고려사(高麗史)』에는 장장(莊莊)으로 기록되어 있는데, 이는 당장경(唐藏京)이 잘못 전해진 것이다.

『호남읍지(湖南邑誌)』(Ⅰ)

저자 미상

전라도 읍지는 크게 두 가지이다. 하나는 1871년(고종 8)에 전라도 53개 군현에서 만들어 제출한 읍지를 합친 것으로, 표지에 '호남읍지(湖南邑誌)'라고 쓰여 있다. 또 다른 하나는 1895년(고종 32)에 전라도 56개 군현지를 합쳐서 만든 것으로, 표지에 '읍지(邑誌)'라고만 쓰여 있다. 여기『호남읍지(Ⅰ)』은 1871년판이다.

『호남읍지』(Ⅰ)은 전국 읍지 편찬의 일환으로, 전라도 47개 읍의 읍지를 모은 전라도 도지이다. 18세기의 전통을 재결집하여 국가의 지방 통치에 활용하려는 의도에서 만들어진 것으로, 고종 초기 정국 운영의 양상을 반영하는 자료이다. 작자 미상으로 알려져 있고, 총 10책으로 구성되어 있으며 필사본이다.

각 군현 읍지의 첫 부분에는 채색 지도가 첨부되었으며, 장성 등 12개 읍지에 읍사례(邑事例)가 수록되어 있다. 또한 중요한 특징으로 나주의 지도진지 등 15개 진의 진지, 강진의 병영지 등 3개의 영지, 남원의 오수역 등 5개의 역지 및 부분적인 사례가 실려 있다. 각 군현별로 작성된 읍지를 그대로 합책했기 때문에 읍지에 따라 체제나 내용이 정리되어 있지 않으며, 읍지 부분은 이전 시기의 읍지를 전사한 경우도 많다. 이 시기의 다른 지역의 읍지와 같이 진·영·산성·역의 진지가 첨부되어 군사적인 성격이 뚜렷한 특징을 지닌다.

『호남읍지』(Ⅰ)에는 고조선, 마한 등에 관련된 항목이 세 곳에서 보인다. 먼저 익산군읍지 '건치연혁'에서 마한국(馬韓國)을 소개하면서 기자(箕子)의 41대손 기준(箕準)이 위만(衛滿)의 반란을 피하여 바다를 건너 남쪽으로 한(韓) 땅에 이르러 마한을 일으켰다고 하는데, 나중에 백제 시조 온조왕에 이르러 병합되었다고 한다. 다음 '고적 쌍릉'에서 쌍릉은 오금사(五金寺) 서쪽으로 수백 보 거리에 있다고 하면서 『고려사(高麗史)』에서는 후조선(後朝鮮) 무강왕(武康王)과 그 비의 능이라고 하였던 것을 기술하고 있다. 마지막으로 '고적(古跡) 기준성(箕準城)'에서는 기준성이 미륵산(彌勒山) 꼭대기에 있다고 하였다. 기준(箕準) 시기에 돌로 쌓아서 지금까지 뚜렷이 남아 있다는 세속의 이야기도 덧붙여져 있다.

『호남읍지』(Ⅰ) 익산군읍지, 건치연혁

본래 마한국(馬韓國)이다. 후조선(後朝鮮)의 왕 기준(箕準)은 기자(箕子)의 41대손이다. 위만(衛滿)의 반란을 피하여 바다를 건너 남쪽으로 한(韓) 땅에 이르렀다가, 나라를 열어 그대로 마한이라 불렀다. 백제(百濟) 시조 온조왕(溫祚王)에 이르러 병합되었는데, 그때 이후 금마저(金馬渚)로 불린다.

『호남읍지』(Ⅰ) 익산군읍지, 고적 쌍릉(雙陵)

쌍릉 오금사(五金寺) 산봉우리에서 서쪽으로 수백 보 거리에 있다. 『고려사』에서는 후조선(後朝鮮) 무강왕(武康王)과 그 비의 능이라고 하였고, 세속에서는 말통대왕릉(末通大王陵)이라고 한다. 한편에서는 백제(百濟) 무왕(武王)의 어릴 적 이름은 서동(薯童)인데, 말통(末通)은 곧 서동의 별명이라고 한다.

『호남읍지』(Ⅰ) 익산군읍지, 고적 기준성(箕準城)

기준성 미륵산(彌勒山) 꼭대기에 있다. 세상에 전하기를, 기준(箕準)이 쌓은 것인데, 석축이 지금까지도 뚜렷하다고 한다.

『관서읍지(關西邑誌)』

저자 미상

『관서읍지』는 1871(고종 8)~1872년(고종 9)에 편찬된 평안도 지역의 읍지이다. 1871년 전국 읍지 상송령(上送令)에 따라 만들어졌지만 대부분 옛 읍지를 그대로 전재하거나 일부만 수정해 싣고 있어서 정확한 저자를 확인할 수 없다.

총 21책으로 구성되어 있다. 제1책은 선천(宣川), 제2책은 철산(鐵山), 제3책은 용강(龍岡), 제4~7책은 평양(平壤), 제8책은 의주(義州), 제9책은 삼화(三和), 제10책은 증산(甑山), 숙천(肅川), 안주(安州), 덕천(德川), 제11책은 개천(价川), 희천(熙川), 영변(寧邊), 제12책은 곽산(郭山), 용천(龍川), 삭주(朔州), 창성(昌城), 제13책은 운산(雲山), 태천(泰川), 박천(博川), 가산(嘉山), 구성(龜城), 정주(定州), 제14책은 중화(中和), 상원(祥原), 제15책은 삼등(三登), 강동(江東), 제16책은 강서(江西), 영유(永柔), 제17책은 양덕(陽德), 성천(成川), 은산(殷山), 제18책은 순천(順川), 자산(慈山), 순안(順安), 함종(咸從), 제19책은 벽동(碧潼), 초산(楚山), 영원(寧遠), 제20책은 강계(江界), 후창(厚昌), 자성(慈城), 제21책은 위원(渭源), 맹산(孟山)으로 이루어져 있다. 각 읍의 수령(守令)이 작성한 것을 모아 편찬한 것이어서 체제가 일정하지 않고, 항목에도 차이가 있다.

『관서읍지』는 단군·기자·위만 삼조선과 부여·고구려의 옛 강역이었던 평안도 지역의 읍지여서 고대 역사가 많이 수록되어 있다. 특히 읍지 특성상 역사적 사건들의 공간을 지리적으로 고증하려 노력하였다. 평안도 지역에서 구전되는 내용도 함께 서술하고 있어 주목된다. 하지만 동일 저자가 통일된 체제로 집필한 것이 아니어서 읍지별로 중복되는 내용이 다수 있다. 다만 지리적 특성에 따라 평양지(平壤志) 부분에는 기자에 관한 내용이 중점적으로 기술되어 있고, 성천(成川)이나 영변(寧邊) 등의 읍지에는 부여·고구려의 역사가 상세하다.

『관서읍지』 제4책 평양지, 서(序)

강이 흘러가는 것을 보면서 하후씨(夏后氏, 우임금)의 공을 생각하고 중국의 땅을 거닐면서 제요(帝堯, 요임금)의 풍모를 떠올리는 것은 덕에 감응하는 바가 깊기 때문이요, 땅이 품어주는 바가 원대하기 때문이다. 평양은 기자의 옛 도읍이다. 성의 남쪽에는 정(井) 자 형태의 토지가 있는데 구획이 분명하고 도랑도 반듯하여 천년이 지났음에도 아직 삼대(三代)의 제도를 볼 수 있다. 성의 북쪽에는 토산(兔山)이 있는데 기자의 의관(衣冠)이 묻혀 있고 소나무가 하늘을 가리고 있어 나라 사람들이 지금까지도 존모하는 장소로 여기고 있다. 그 밖에 기자궁(箕子宮), 기자정(箕子井), 기자장(箕子杖)이라 불리는 곳들도 옛 나라에서 전해지는 기물로 숭상되지 않을 수 없으니, 단지 『주역(周易)』의 명이괘(明夷卦)와 『서경(書經)』의 홍범(洪範)만 세상에 전해진 것이 아니다.

추강(秋江) 남효온(南孝溫)은 "백성들의 삶이 넉넉하고 인심도 미더워서 지금까지도 예악의 고장이 되었네."라 하였고, 경오(敬吾) 위시량(魏時亮)은 "조문을 할 적에도 마치 살아계신 분을 뵙듯이 하니 백마가 하늘에서부터 내려온 듯하구나"[79]라 하였으니 진실로 허언이 아니다. 『서전(書傳)』에는 "기자가 주(周)나라의 석방을 참지 못하고 조선(朝鮮)으로 도주하였다. 무왕(武王)이 그 이야기를 듣고 그대로 기자를 조선에 봉하였다"라 하고 함허자(涵虛子)[80]는 "기자가 중국인 5천 명을 이끌고 조선으로 들어왔으니 시(詩)·서(書)·예(禮)·악(樂)·의(醫)·무(巫)·음양복서(陰陽卜筮)의 무리와 온갖 장인과 기술자들이 모두 따라갔다."고 하였다. 그렇다면 지난날 평양의 백성들은 모두 은(殷)나라의 관리들이며 주(周)나라에 저항한 백성들로, 이곳 평양으로 도망쳐서

---

[79] 백마(白馬): 기자(箕子)가 백마를 타고 주(周)나라에 조회하러 간 고사에서 빌려온 표현으로 평양의 예의가 홍성한 점을 기자의 가르침에서 유래한 것으로 비유한 것이다. 『동사강목(東史綱目)』 제1 上.

[80] 함허자(涵虛子): 명나라 태조의 16번째 아들 주권(朱權, 1378~1448)을 가리킨다. 도가를 신봉하였으며 음악과 역사에 통달하였던 것으로 알려져 있다. 함허자의 저서 가운데 『천운소통(天運紹統)』이라는 역사서가 있는데 본문과 같은 내용이 기록되어 있다. 함허자는 이러한 정보의 출처에 대해 『주사(周史)』라고 밝혀두었지만 『주사』는 현존하지 않는 책이다.

자신들의 심지를 지킨 것이니 수양산의 깨끗한 절개[81]와 같고 섬으로 들어간 의사(義士)[82]와 유사하다. 비록 어떤 사람의 출신이 어디서 유래했는지 일일이 알지는 못해도 응당 당시의 뛰어난 인재들의 먼 후예이니 그들을 한 번 볼 때마다 반드시 공경하는 마음이 일어날 것이다. 반고(班固)는 "[동이는] 다른 세 방면의 오랑캐와는 다르니 온유하고 삼가는 것으로 풍속을 삼는다"[83]라 하였고, 『수서(隋書)』에는 "경술(經術)을 숭상하여 – 중국에 유학하는 자들이 – 왕래하며 길에 이어졌다"라고 하였으니, 이것이 어찌 연유하는 바가 없이 그러한 것이겠는가?

내가 예전에 『기자지(箕子志)』를 찬술하여 이미 잘못된 일을 저질렀는데, 지금 이곳의 수령이 되어 또 3년이 흘러 풍토(風土)와 민정(民情)에서부터 지나간 사적(事跡)에 대해 어느 정도 보고 들은 바가 있었다. 이 땅은 기자의 고장으로 또한 한 권의 책으로 『기자지』를 잇지 않을 수 없다고 생각하여 참람함을 무릅쓰고 9개의 편(編)으로 분류하고, 36개의 류(類)로 나누었다. 본래의 의도는 훗날 와유(臥遊)하는 자료로 삼으려 한 것이지, 오늘날 안목을 갖춘 자들이 살펴보게 하려는 것이 아니었다.

오호라! 이 땅을 지나는 사람들이 단지 산이 높고 강물이 깊으며 백성들이 많고 물산이 풍부한 것만 보고 이를 조물주의 호방함과 인사(人事)의 우연함으로 돌려서 그 문물의 찬란함과 번영함이 끊이지 않는 까닭을 알지 못하는 것이 옳은 일이겠는가? 공자(孔子)가 "은나라의 예를 내가 말할 수 있지만, 송(宋)나라에서 징험하지 못하는 이유는 문헌이 부족하기 때문이다"[84]라 하였으니 만약 뗏목을 타고 바다를 건너 구이

---

81 수양산의 ~ 절개: 백이(伯夷)와 숙제(叔齊) 형제를 가리킨다. 이들은 은(殷)나라 고죽국(孤竹國)의 왕자들이었는데 왕위를 사양하여 나라를 떠났다. 후에 주무왕(周武王)이 은나라를 토벌한다는 이야기를 듣고 무왕을 만류하였지만 실패하자 수양산에 들어가 고사리만 캐먹다가 굶어 죽었다.

82 섬으로 ~ 의사: 제(齊)나라 사람 전횡(田橫)과 그를 따랐던 500명의 빈객을 가리킨다. 전횡은 진(秦)나라 말기에 반기를 들고 제나라를 세웠지만, 한(漢)나라 유방에게 패하였다. 이에 전횡은 500명의 빈객과 함께 섬에 들어가 숨어 살다가 유방의 부름에 낙양으로 향하였다. 하지만 유방을 섬겨야 한다는 사실에 부끄러움을 느껴 자살하였고, 그의 빈객 500명도 모두 함께 따라 죽었다고 한다.

83 『한서』 권28 下, 지리지 第8 下, 연지, "然東夷天性柔順 異於三方之外"

84 은나라의 ~ 때문이다: 『논어(論語)』 팔일(八佾)에 나오는 이야기이다.

(九夷)의 땅에 거처하려던 뜻을 이루었다면[85] 평양이 은의 예를 징험할 수 있는 땅이 되었을 것이란 사실은 확실하다.

더구나 수(隋)나라의 백만 병사와 당(唐)나라의 4만 군대가 앞선 시기에 짓밟고 몽고와 홍건적, 묘청(妙淸)과 최탄(崔坦)이 후대에 소요를 일으켜 성 안의 백성들은 어육(魚肉)의 신세가 되어 천 번 불에 타고 만 번 전쟁을 한 지도 오래되었다. 조선이 세워져서 바다와 같이 품어주고 봄기운과 같이 길러준 지 거의 200년에 이르렀는데, 병기가 보이지 않으니 가축들도 편안해하였다. 타고난 성명(性命)을 모두 온전히 하고 인수의 영역으로 길이 올라섰으니 그 지방의 민물(民物)이 은혜를 입은 것이 어떠하겠는가? 이 때문에 더욱더 기록하지 않을 수 없도다!

『관서읍지』 제4책 평양지1, 분야(分野)

『전한서(前漢書)』 연지(燕志)를 살펴보건대, "- 연나라 땅은 - 미수(尾宿)와 기수(箕宿)의 분야(分野)에 해당하는데, 낙랑(樂浪)과 현도(玄菟)도 마땅히 여기에 속한다"라 하고, 또 "현도와 낙랑은 한(漢) 무제(武帝) 때 설치되었는데 모두 조선과 예맥(穢貊), 구려(句麗)의 만이(蠻夷)이다. 본국에서는 모두 기미 분야에 해당한다고 하니 곧 석목의 위차(位次)이다.

『관서읍지』 제4책 평양지1, 연혁

본부(本府, 평양부)는 삼조선의 옛 도읍이다. 당요(唐堯) 무진년(기원전 2333) 신인(神人)이 단목(檀木) 아래에 강림하자 나라 사람들이 그를 군주로 추대하였다. 평양에 도읍하고 단군이라 호칭하니 이것이 전조선(前朝鮮)이다. 주(周)나라 무왕(武王)이 상(商)나라를 정벌하고 기자를 조선에 봉하니 이것이 후조선(後朝鮮)이다. 기자로부터 41대 후손인 기준(箕準) 시기에 연(燕)나라 사람 위만(衛滿)이 망명하였는데 자신과 뜻을 함

---

[85] 뗏목을 ~ 이루었다면: 뗏목을 타고 바다를 건너겠다는 이야기는 『논어(論語)』 공야장(公冶長)에 나오고, 구이(九夷)에 거처하겠다는 이야기는 『논어(論語)』 자한(子罕)에 나온다.

께하는 무리 천여 명을 모아 기준의 땅을 침략하고 왕검성(王儉城)에 도읍하니 이것이 위만조선(衛滿朝鮮)이다. 위만의 손자 우거(右渠)가 중국 황제의 조칙을 받들려 하지 않자 한 무제(漢武帝) 2년(기원전 109) 장수를 보내어 토벌하고 4군을 설치하였는데, 왕검성을 낙랑군(樂浪郡)으로 삼았다.

『관서읍지』 제4책 평양지1, 성지(城池), 외성(外城)

외성은 당포(唐浦) 위에 있는데 돌로 쌓은 것은 둘레가 8,200척이고, 흙으로 쌓은 것은 10,205척이다. 높이는 모두 32척이다. 두 개의 문이 있는데 남쪽의 것은 거피(車避)라 하고, 서쪽에 있는 것은 다경(多景)이라 한다. 지금은 모두 무너졌다. 세상에서 전하길 이 외성은 기자(箕子) 때 지어진 것이라 한다.

『관서읍지』 제4책 평양지1, 군명(郡名), 조선(朝鮮)·왕검성(王儉城)

조선 동쪽 끝 해가 뜨는 땅에 위치하므로 조선(朝鮮)이라 이름하였다. ○『사기(史記)』의 주석서 『색은(索隱)』에는 '朝'의 음은 조(朝)이고, '鮮'의 음은 선(仙)이다. 산수(汕水)가 있어서 조선이라 이름하였다.

왕검성 『고기(古記)』에 단군의 이름은 왕검(王儉)이라 한다.

『관서읍지』 제4책 평양지1, 풍속

서로 뒤섞여서 풍도를 이루고, 서로 물들어서 습속을 이룬다. 이 땅은 기자(箕子)가 다스려서 문을 닫지 않았고, 동천왕(東川王)이 이를 계승하였다.[86] …『한서(漢書)』를 살펴보건대, 기자가 그 백성들에게 예의(禮義), 농사와 누에 치는 일, 직조(織作)를 가르쳤으며 그 백성을 위해 팔조법금(八條法禁)을 제정하였다. 남을 죽인 자는 즉시 죽음으로 보상하고, 상해를 입힌 자는 곡식으로 보상하며, 물건을 훔친 자는 재산을 몰수하고 그 집의 노비로 삼도록 하였다. 스스로 속죄하길 원하면 1인당 50만 전을 내

---

86 동천왕의 평양 천도를 말하는 듯하다.

야 하는데 비록 노비의 신세를 면하여 평민이 된다고 하더라도 세속에서 오히려 이를 수치스럽게 여겨서 혼인할 수가 없었다.[87]

『관서읍지』 제4책 평양지1, 산천(山川), 대동강

대동강은 평양부(平壤府) 동쪽 1리 거리에 있다. 패강(浿江)이라고도 하며, 왕성강(王城江)이라고도 한다.

사마천 『사기』의 열전(列傳)을 살펴보면, 한나라가 요동(遼東)의 옛 요새를 수리하고 패수(浿水)까지를 경계로 삼았다. 위만(衛滿)이 망명(亡命)하여 동쪽으로 달아나 요새를 빠져나와 패수를 건너 왕검(王儉)에 도읍하였다[88]고 하였으니 압록강을 패수(浿水)로 여긴 것이다.

또 『당서(唐書)』에 평양성(平壤城)은 한(漢)나라의 낙랑군(樂浪郡)이었는데 남쪽으로 패수(浿水)를 경계로 하였다[89]고 하였으니 지금의 대동강을 가리킨 것이다. …

『관서읍지』 제4책 평양지1, 사묘(祠墓), 단군사(檀君祠)

단군과 동명왕의 사당은 한 사당에 같이 신주를 모시고 봄과 가을마다 향을 내려 제를 올리는데, 중사(中祀)로서 치른다. 본조(本朝, 조선) 세종 11년(1429)에 처음 세워졌는데 정전(正殿)을 3가(架) 4칸(間)으로 하고 동쪽 행랑을 3칸, 서쪽 행랑을 2칸으로 하였다. 전을 지키는 사람들의 거처를 2칸으로 하고 대문은 3칸으로 하였으며, 동쪽과 서쪽의 협문(挾門)은 각기 한 칸으로 하였다. 때마다 어압(御押)을 내려서 제사를 지내게 하고, 삭망(朔望)에도 해당 관리에게 제사를 지내도록 하였다. 고을 사람들은 지금까지도 일이 있을 때마다 기도드리는데, 세간에 전하기를 '동명왕성제(東明王聖帝)의 사당'이라 한다. 본조에서 처음 설치하였다고 말하는 것은 혹 제대로 살피지 못

---

[87] 『한서』 권28下, 지리지(地理志) 제8下, 연지(燕地).
[88] 『사기』 권115, 조선열전(朝鮮列傳) 제55.
[89] 『신당서(新唐書)』 권220, 열전(列傳) 제145, 동이(東夷), 고려(高麗).

한 것일 수도 있다.

『관서읍지』 제4책 평양지1, 사묘, 기자사

기자(箕子)의 사당은 단군(檀君) 사당 옆에 있다.

『관서읍지』 제4책 평양지1, 사묘, 기자묘(箕子墓)

기자묘는 평양부 북쪽 토산(兎山) 위에 있다.

『관서읍지』 제4책 평양지1, 고적(古蹟), 기자궁(箕子宮)

기자궁의 옛터는 정양문(正陽門) 바깥에 있다.

『관서읍지』 제4책 평양지1, 고적, 기자정(箕子井)

기자정은 정전(井田) 가운데 있다.

『관서읍지』 제4책 평양지1, 고적, 정전(井田)

정전은 외성(外城) 안에 있는데, 기자가 구획하였다는 정전의 유적이 완연하게 남아 있다.

『관서읍지』 제10책 성천지(成川誌) 권 상(上), 고적, 잡지(雜志)

태백산(太白山) 남쪽에 와(蛙, 금와)라는 사람이 있었는데 노닐러 나갔다가 한 여인을 만났다. 그 여인이 말하길, "나는 하백(河伯)의 딸 유화(柳花)다. 여러 동생과 함께 놀러 나왔다가 해모수(解慕漱)가 꾀어서 웅심산(熊心山) 아래 압록강(鴨綠江)의 집으로 데려가 욕보이고는 떠나서 돌아오지 않았다. 부모가 중매도 없이 따라나섰다고 꾸짖고는 마침내 이곳에 귀양 살게 하였다"라고 하였다.

금와가 기이하게 여겨 방 안에 가뒀는데 햇빛이 유화를 따라 비추었다. 몸을 끌어 피하여도 햇빛이 또 따라다니며 비추었다. 이로 인하여 임신하고 하나의 알을 낳았는데 금와가 개·돼지에게 버려도 먹지 않았고, 길거리에 버려도 우마가 피하였으며, 들판에 버려도 새들이 앞을 덮고 보호하였다. 금와가 그것을 깨뜨리려 하였으나 실패하였다.

어미가 따뜻한 곳에 싸두었더니 남자아이가 껍질을 깨뜨리고 나왔는데 골격과 용모가 영특하게 생겼었다. 나이 갓 7살이 되었을 때 스스로 활과 살을 만들어 쏘았는데 쏘면 빗나가는 법이 없었다. 부여에서는 세속에서 활을 잘 쏘는 사람을 주몽(朱蒙)이라 하였으므로 이름을 주몽이라 하였다.

금와에게는 일곱 아들이 있었는데 그 재능이 모두 주몽에 미치지 못하였다. 큰아들 대소(帶素)가 아버지에게 말하기를, "주몽은 태어날 때부터 범상치 않은 데다 용맹함도 지니고 있으니 빨리 도모하지 않으면 후환이 있을까 걱정스럽습니다"라 하였지만 금와는 듣지 않았다. 금와의 여러 아들들이 시기하여 주몽을 죽이려 하자 어머니 유화가 주몽에게 말하기를, "나라 사람들이 너를 죽이려 할 것이다. 네가 만약 떠나지 않는다면 큰 화가 반드시 미칠 것이니 남아 있는다면 후회가 없을 수 있겠는가?"라고 하였다.

주몽이 마침내 오이(烏伊)·마리(摩離)·협보(陜父) 등 세 사람과 함께 떠나 엄사수(淹㴲水)에 이르렀는데 다리가 없었다. 주몽이 기도하기를 "나는 천제(天帝)의 아들이자 하백의 외손자입니다. 오늘 난을 피하는 중인데 추격하는 자들이 거의 다 왔으니 어찌해야 하겠습니까?"라 하였다. 이때 물고기와 자라들이 다리를 만들고는 주몽이 건너자마자 다리를 흩어버리니 추격하는 기마들이 잡을 수 없었다. 주몽이 모둔곡(毛屯谷)에 이르러 마의(麻衣)·납의(衲衣)·수조의(水藻衣)를 입은 세 사람을 만났는데 함께 졸본부여(卒本扶餘)의 비류수(沸流水)까지 가서 그곳을 도읍으로 삼고 나라 이름을 고구려(高句麗)라 하였으며 나라 이름을 따서 자신들의 성씨를 '고(高)'라고 하였다. 사방에서 이 소식을 듣고는 와서 귀부한 자가 많았다. 『동국통감(東國通鑑)』에 보인다.

유사(遺事)에 천제가 태자를 보내 부여(扶餘) 옛 도읍에 내려가 놀게 하니, 이름이 해모수(海慕漱)였다. 해모수가 하늘로부터 내려오는데 오룡거(五龍車)를 타고, 종자(從者) 대여섯 명은 모두 백곡(白鵠)을 탔는데, 채색 구름이 그 위에 뜨고, 음악 소리가 구름 가운데에서 울렸다. 웅심산(熊心山)에서 머무르며 10여 일을 보낸 후에 비로소 그 아래로 내려왔다. 머리에는 오우(烏羽)의 관(冠)을 쓰고, 허리에는 용광검(龍光劍)을 찼는데, 아침에 정사를 보고 저녁에는 하늘로 올라가니, 세상 사람들이 '천왕랑(天王郞)'이라 하였다. 하백(河伯)에게는 세 딸이 있으니, 큰딸이 유화(柳花), 둘째딸이 훤화(萱花), 막내딸이 위화(葦花)였는데 청하(淸河)에서 나와 웅심연(熊心淵)에서 놀고 있었다. 그 자태가 곱고 아름다웠으며 잡다한 패옥들이 쟁그랑거리는 소리가 중국 음악 소리와 차이가 없었다.

　왕이 좌우에 말하기를, "얻어서 왕비로 맞으면 후사를 둘 수 있을 것이다" 하였다. 그 여자들이 왕을 보자 곧 물에 들어가 버렸다. 좌우에서 말하기를, "왕께서는 어찌하여 궁전을 짓고 여자들이 방에 들어가기를 기다렸다가 방문을 가로막지 않으십니까?" 하였다. 왕이 그 말을 옳게 여겨 말채찍으로 땅에 선을 그으니 구리로 된 집이 순식간에 완성되었는데 화려하였다. 그리고 방 한가운데에는 세 개의 자리를 만들고 가운데에 술상을 차려놓았다. 하백의 세 딸이 각기 한 자리씩 앉아 서로 술을 권하며 마시다 크게 취하였다. 왕이 여자들이 취하기를 기다렸다가 급하게 나가 방문을 막으니 여자들이 놀라 달아났지만, 유화가 왕에게 붙잡혔다. 하백이 크게 노하여 사신을 보내어 말하였다. "너는 어떤 놈인데 나의 딸을 잡아두는가?" 왕이 대답하였다. "나는 천제의 아들로 하백과 혼인 관계를 맺길 구합니다" 하백이 다시 사신을 보내어 말하기를 "네가 만약 천제의 아들이고 나에게 혼사를 구할 것이라면, 마땅히 중매쟁이를 시켜야 하는데 지금 갑작스레 내 딸을 잡아두었다. 어떻게 그런 실례를 할 수 있는가?" 왕이 부끄러워하며 하백을 찾아뵈려고 하였지만 들어갈 수 없었다. 그리하여 그 딸을 놓아주려고 하였지만, 유화가 이미 왕과 정이 들어서 헤어지려 하지 않았다. 이에 왕에게 권유하기를, "만일 용거(龍車)가 있다면 하백의 나라에 당도할 수가 있습니다" 하였다. 왕이 하늘을 가리키며 고하자, 오룡거가 허공에서부터 내려왔다. 왕이 유화와 함께 수레에 오르자 풍운이 갑자기 일어나 하백의 궁에 이르렀다.

　하백이 예로써 영접하고 앉아서 말하기를, "혼인의 도는 천하의 공통된 규범인데, 어찌 실례하며 나의 가문을 욕되게 하였는가? 왕이 천제의 아들이라면 어떤 신이한 재주를 가지고 있는가?" 하였다. 대답하기를 "있습니다. 시험해 보소서" 하였다. 이에 하백이 뜰 안의 물에서 잉어로 변신하여 물결을 따라 노닐자 왕이 수달로 변신하여 잡았고, 하백이 또 사슴으로 변신하여 달아나자 왕은 표범으로 변신하여 뒤쫓았다. 하백이 꿩으로 변신하자 왕은 배로 변신하여 공격하니 하백이 진실로 천제의 아들이라 생각하여 예에 따라 결혼을 성사시켰다. 그리고 왕이 딸을 데려갈 마음이 없을까 봐 걱정해서 음악을 연주하고 술자리를 만들어 왕에게 권하여 크게 취하자 딸과 함께 가죽 수레에 넣어 용거에 함께 실어버리니 하늘로 오르게 하기 위해서였다. 수레가 물 밖으로 나오기도 전에 왕이 술에서 깨어 여자의 금비녀를 가지고 가죽 수레에 구멍을 내고 구멍에서 홀로 빠져나와 하늘로 올라갔다.

하백이 그 딸에게 성을 내며 말하기를, "네가 나의 가르침을 따르지 않아서 끝내 우리 가문을 욕되게 하였구나." 하고는 좌우에 명하여 끈으로 유화의 입을 잡아당겨 그 입술의 길이가 삼척이나 되었다. 오직 노비 둘만 주어서 우발수(優渤水)로 내쫓았다. 발수는 연못 이름이다.

어사(漁師) 강력부추(强力扶鄒)가 말하기를, "최근에 어량(魚梁) 속의 물고기를 도둑질해 가는 것이 있는데 어떤 동물인지를 모르겠습니다" 하였다. 왕이 어사를 시켜 그물질하게 하였으나, 그물이 찢어졌다. 다시 철로 그물을 만들어 잡아당겼는데 한 여인이 돌에 앉은 채로 끌려 나왔다. 여자의 입술이 너무 길어 말을 하지 못하자 세 번 그 입술을 잘라내게 한 뒤에야 말을 하였다.

왕이 천제의 아들의 비(妃)인 것을 알고는 별궁에 두었는데 그 여자가 창틈 사이로 들어오는 햇빛을 품고서 이로 인해 임신하였다. 신작(神雀) 4년 계해년 여름 4월에 주몽을 낳았는데 울음소리가 매우 우렁차고 골격도 남달랐다.

처음 낳을 때 왼쪽 겨드랑이로 알 하나를 낳았는데 크기가 5승(升)쯤 되었다. 왕이 괴이하게 여겨 말하기를, "사람이 새알을 낳았으니 상서롭지 못하다 할 것이다" 하고는, 사람을 시켜 마구간에 두었는데 여러 말들이 밟지 않았다. 깊은 산에 버렸더니 온갖 짐승이 호위하고 구름 끼고 음침한 날에도 알 위에는 항상 햇빛이 비쳤다. 왕이 알을 도로 가져다가 어미에게 보내어 기르게 하였더니, 한 달 만에 알이 마침내 갈라져서 한 사내아이를 얻었다. 태어난 지 한 달이 지나지 않아서 언어가 모두 정확하였는데 어머니에게 말하기를, "파리떼가 눈을 쳐서 잠들 수가 없으니 어머니는 나를 위해 활과 화살을 만들어 주십시오"라고 하였다. 어미가 갈대로 활과 화살을 만들어 그에게 주자 스스로 물레방아 위의 파리를 쏘았는데 화살을 발사하면 모두 명중하였다. 부여에서는 활을 잘 쏘는 사람을 '주몽(朱蒙)'이라 하였다.

나이가 들면서 재능이 모두 겸비되었다. 금와에게는 일곱 명의 아들이 있었는데 항상 주몽과 함께 놀러 다니며 사냥하였다. 왕자와 종자 40여 명이 오직 사슴 한 마리만 잡았는데 주몽은 매우 많은 사슴을 쏘아 잡았다. 왕자들이 그를 투기하여 주몽을 잡아다가 나무에 묶어두고는 사슴을 빼앗아서 가버렸는데, 주몽이 나무를 뽑아서는 돌아갔다. 태자가 왕에게 말하기를, "주몽은 신통하고 용맹한 장사입니다. 쳐다보는 것도 심상치 않으니 만약 빨리 처치하지 않는다면 반드시 후환이 있을 것입니다"라고 하였다.

왕이 주몽에게 말을 기르게 하였는데 그 뜻을 시험해 보고자 한 것이었다. 주몽이 마음속으로 한을 품고 어머니에게 말하기를, "나는 천제의 손자인데, 다른 사람을 위해 말이나 기르고 있으니 사는 것이 죽느니만 못합니다. 남쪽 땅으로 가서 나라를 세우고자 하였지만, 어머니가 살아계셔서 마음대로 하지 못하였습니다" 하였다. 어미가 말하기를, "이것이 내가 밤낮으로 고민하던 바이다. 내가 들으니 남자가 먼 길에 오를 때에는 반드시 준마의 발에 의지하라 하였으니 내가 말을 골라 주리라!" 하고는 마침내 말 기르는 곳으로 가서 즉시 긴 채찍으로 말들을 어지러이 때리니 모두 놀라 도망갔는데 한 마리 준마가 2장 높이의 난간을 뛰어넘었다. 주몽이 그 말이 준마인 것을 알고는 몰래 바늘을 혀 밑에 꽂아 놓았다. 그 말은 혀가 아파서 물과 풀을 먹지 못하여 매우 야위었다. 때마침 왕이 목마장을 순시하며 여러 말이 모두 살찐 것을 보고 크게 기뻐하고는 야윈 말을 주몽에게 주었다. 주몽은 이 말을 얻자마자 바늘을 뽑고서는 음식을 더욱 먹였다.

주몽이 몰래 오이·마리·협보 등 세 사람과 결탁하여 남쪽으로 떠나 엄호(淹㴲)에 이르렀는데 건너려 해도 배가 없었다. 주몽이 뒤쫓는 병사가 곧 이를 것을 두려워하여 채찍으로 하늘을 가리키며 개연히 탄식하며 말하기를, "나는 천제의 손자이자, 하백의 외손입니다. 지금 난을 피하여 이곳에 이르렀으니 황천(皇天)과 후토(后土)는 고자(孤子)인 나를 불쌍히 여겨 속히 배와 다리를 놓아주소서." 하였다. 말을 끝내고 활로 물을 치니 물고기와 자라가 떠올라 다리를 만들었고 주몽이 이에 건널 수 있었다. 얼마 후에 뒤쫓는 병사들이 강가에 도착하였지만, 물고기와 자라들이 만든 다리는 허물어져서 이미 다리에 오른 자들이 모두 물에 빠졌다.

주몽이 어머니와 이별할 때 차마 떠나지 못하였다. 그 어머니가 말하기를, "너는 한 어미 때문에 염려하지 말라" 하고는 오곡의 종자를 싸서 보냈는데 주몽이 생이별하는 마음에 애통해하다가 보리의 씨앗을 잊어버렸다. 주몽이 큰 나무 밑에서 휴식하고 있는데 한 쌍의 비둘기가 날아와서 모였다. 주몽이 "응당 신모(神母)가 보내주신 보리 씨앗이리라" 하고는 활을 당겨 쏘았는데 화살 한 발에 모두 맞추니 비둘기의 목구멍을 열어 보리 씨앗을 얻었다. 물을 비둘기에 뿌려주니 다시 소생하여 날아갔다.

『관서읍지』 제11책 영변읍지(寧邊邑誌), 고적, 단군굴(檀君窟)

단군굴은 묘향산(妙香山) 향로봉(香爐峯) 남쪽 기슭 바위 사이에 있다. 높이가 4장(丈)쯤 되고 남북으로 5주(肘), 동서로 3주(肘) 길이다. 의연하게 철로 만들어진 당이 세워져 있는데 그 위에 단목(檀木)이 울창하게 서 있다. 세상에서 전하길, 단군(檀君)이 내려온 장소라고 한다. 옛날 환인(桓因) 제석(帝釋)[90]이다. 의 아들 환웅(桓雄)은 인간 세상을 구하고자 하였다. 아버지가 아들의 뜻을 알고 천부인(天符印) 3개를 주어 가서 다스리게 하였다. 환웅이 무리 3,000명을 이끌고 태백산 정상 묘향산(妙香山)이다. 신단수(神檀樹) 아래 내려왔으니 이를 일러 환웅천왕(桓雄天王)이라 하였다. 신시(神市)의 주인이 되어 풍백(風伯)·우사(雨師)·운사(雲師)를 거느리고 곡(穀)과 명(命)·병(病)·형(刑)·선악(善惡) 등 인간 세상의 360가지 일을 주관하였다.

이때 한 마리의 곰과 호랑이가 같은 굴에 살면서 화(化)하여 인간이 되기를 원하

---

[90] 제석(帝釋): 수명, 자, 운명, 농업 등을 관장하는 신으로 본래 불교 용어이다. 일연(一然)은 이를 차용하여 『삼국유사(三國遺事)』에서 환인(桓因)을 제석(帝釋)이라 칭하였다.

였다. 환웅은 신령스러운 쑥 한 타래와 마늘 20알을 주면서 말하기를, "너희들이 이것을 먹으면서 백일동안 햇빛을 보지 않으면 곧 사람의 모습이 될 수 있을 것이다" 하였다. 곰과 호랑이가 이것을 먹기 시작했지만, 호랑이는 견디지 못했던 반면 곰은 삼칠일(三七日)간 참아내어 여인의 몸이 되었다.

여인이 매번 단수(檀樹) 아래에서 임신할 수 있기를 빌자 환웅이 잠시 사람으로 화하여 혼인하였다. 여인이 아들을 잉태하여 출산하자 '단군(檀君)'이라 하였다.

동방에 처음에는 군장(君長)이 없었기 때문에 나라 사람들이 그를 군장으로 세웠다. 왕검성(王儉城)지금의 평양(平壤)이다.에 도읍하고 국호를 조선(朝鮮)이라 하니 이때가 당요(唐堯) 25년 무진년(기원전 2333)이다. 1,500년간 나라를 다스렸는데 주(周)나라 무왕(武王) 기묘년 기자(箕子)를 조선에 봉하자 단군은 아사달산(阿斯達山) 지금의 구월산(九月山)이다. 으로 돌아가 신(神)이 되었다. 수(壽) 1,908세였다. 혹자는 상(尙)나라 무정(武丁) 8년 을미년 아사달산에 들어가 신이 되었다고 한다.

『관서읍지』 제11책 영변읍지, 고적, 우발수(優渤水)

우발수 못[潭]이다.는 백령(百嶺)에 있는 구려담(勾麗潭) 위쪽에 있다. 산의 형세가 갈고리[句] 모양과 같고 물이 맑아서[麗] 구려담이라는 이름을 지었다. 세간에서는 하백(河伯)의 딸 유화(柳花)가 유배되어 내려온 물가라고 한다.

예전 북부여(北扶餘)왕이 흘골성(紇骨城)에서 처음 백령으로 이주하였고 이후에 갈사빈(渴思濱)으로 옮겼는데 관청의 터가 초야의 바위 곁에 방형으로 건축된 땅 오백 보 거리에 있다. 이때 행인(荇人)이 먼저 향산(香山)에 나라를 건설하였다. 그러므로 그 남쪽을 정하여 표북(標北)이라 하고 또 표식을 물러서 소북(小北)이라 하였다. 두 동(洞)은 모두 향산 남쪽에 있다. 그 남쪽에는 금장동(金將洞)이 있다. 곤연(鯤淵)은 북동에 있다. 금와(金蛙)가 여기에서 태어났으므로 금장동이라 이름하였다. 그 동쪽에는 고장덕(高將德)이라는 곳이 있는데 동명왕(東明王)이 나라를 세우기 전에 스스로 고장(高將)이라 칭하였다. 잘 다듬어진 돌로 세워졌고 단(壇)의 길이가 몇백 보에 너비가 거의 50보 가량 되었다. 가운데에는 삼층의 대(臺)가 있으며, 그 앞에는 또 조석천(潮汐泉)이 있는데 물이 들어오고 빠지는 것이 완전히 해수와 같은 모양이었다.

　예전 북부여왕 해부루(解夫婁) 고기(古紀)에 상제(上帝)의 아들이 흘골성[성천(成川)]에 강림하여 수도를 세우고 나라 이름을 북부여라고 하였다. 스스로 해모수라 하고 아들 부루를 낳아서 해(解)를 성씨로 삼았다. 의 재상 아난불(阿蘭弗)이 말하길, "최근에 천신이 꿈에 나타나서 나에게 말하기를, '장차 내 자손으로 다시 이곳에 나라를 세우게 하려 하니 너는 피하라'라고 하였습니다. 동해 가아마도 요해(遼海)인 듯하다.에 땅이 있는데 가섭원(迦葉原)이라 합니다. 땅이 오곡(五穀)을 심기에 알맞으니 도읍지로 삼을 만합니다"라 하였다. 이에 왕을 권하여 그곳으로 도읍을 옮기고는 동부여(東扶餘)라 이름하였다.

　해부루가 늙어서도 아들이 없자 산천에 제사를 지내며 후사를 구하였는데 타고 다니는 말이 곤연에 이르러 큰 돌을 보고는 마주 향하여 눈물을 흘렸다. 왕이 괴이하게 여겨 사람들에게 돌을 치워보게 하였더니 작은 아이가 있었는데 금빛 개구리의 형상이었다. 왕이 기뻐하며 "하늘이 나에게 아들을 내려주셨도다!"라 하고는 거두어서 기르고 이름을 금와라 하였다. 금와가 장성하자 태자로, 삼고 부루가 죽자 금와가 왕위를 이었다. 이때 천제(天帝)가 다시 태자를 부여 땅에 보내었다. 태자는 오룡거(五龍車)를 타고 종자(從者) 백여 명은 모두 백학(白鶴)을 탔는데 채색 구름이 그 위에 뜨고, 음악 소리가 구름 가운데에서 울렸다. 웅심산(熊心山)에 머무르며 오우(烏羽)의 관을 쓰고 용광검(龍光劍)을 찼는데 아침에는 정사를 보고, 저녁이면 하늘로 올라가니, 세상 사람들이 '천왕랑(天王郞)'이라 하였다.

　그 북쪽에는 청하(靑河) 지금의 압록강(鴨綠江)이다. 가 있는데 하백의 딸 유화(柳花)·훤화(萱花)·위화(葦花)가 놀러 나왔다가 왕을 보고는 물에 들어가 버렸다. 왕이 말채찍으로 땅에 선을 그어 방과 좌석을 만들고는 술상을 차려놓았다. 세 딸이 서로 술을 권하며 마시다 크게 취하자 왕이 나가서 방문을 막고 유화를 붙잡았다. 하백이 노하여 사신을 보내 말하기를, "너는 어떤 놈인데 나의 딸을 잡아두는가?"라 하자 왕이 말하기를, "나는 천제의 아들로 유화와 결혼하길 원합니다"하였다. 하백이 다시 "중매쟁이를 통하지 않고 갑작스레 내 딸을 잡아둔단 말인가?"라 하자 왕이 마침내 유화와 함께 용거(龍車)를 타고 하백의 궁에 도착하였다. 하백이 영접하며 말하기를, "왕이 천제의 아들이라면 어떤 신이한 재주를 가지고 있는가?"라 하자, 왕이 "무엇이든 시험해 보소서" 하였다. 이에 하백이 잉어와 사슴과 꿩으로 변신하였는데 왕은 수달과 표범과 매로 변신하여 계속해서 뒤쫓았다. 하백이 신이하게 여겨 마침내 왕을 사위로 삼아 혼례를 성사시켰다.

왕은 혹시 딸을 데려갈 마음이 없을까 봐 염려하여 7일 동안 왕에게 술을 권하여 크게 취하게 만들고는 딸과 함께 조그만 가죽 수레에 넣어 용거(龍車)에 실어 하늘로 올려보내려 하였다. 물 밖으로 나가기도 전에 왕이 술에서 깨어 여자의 황금 비녀를 가지고 수레에 구멍을 내고는 홀로 빠져나와 하늘로 올라가 버렸다. 하백이 그 딸에게 성을 내며 말하기를, "네가 나의 가르침을 따르지 않고 멋대로 나서서 우리 가문을 욕되게 하였구나" 하고는 끈으로 유화의 입을 잡아당기게 하니 입술의 길이가 삼척이나 되었다. 그리고는 우발수(優渤水)로 내쫓았다.

이때 어사(漁師) 세간에 전하기를, 어사가 우발수에서 고기를 잡는데 물고기가 있어도 낚시질로 건져올릴 수 없고, 그물로도 붙잡을 수가 없어 매우 괴이하게 여겼다. 그러므로 고하였다. 가금와에게 고하기를, "최근에 어량(魚梁) 속의 물고기를 도둑질해 가는 것이 있는데 어떤 동물인지를 모르겠습니다" 하였다. 이에 왕이 그물질하였으나 그물이 찢어졌다. 다시 철로 그물을 만들었는데 비로소 한 여인이 끌려 나왔다. 여자의 입술이 너무 길어 말을 하지 못하자 세 번 그 입술을 잘라낸 뒤에야 말을 하였다.

왕이 천제의 아들의 비(妃)인 것을 알고는 어두운 방에 두었는데 해가 여인을 비추었다. 여인이 몸을 이끌며 피해 다녀도 햇빛이 계속해서 쫓아다니며 비추었고 이로 인해 임신하여 주몽(朱蒙)을 낳았다. 곧 한(漢)나라 선제(宣帝) 신작(神雀) 4년 계해년 4월 초8일이다.[91] 주몽은 울음소리가 매우 우렁차고 골격도 남달랐다.

처음 낳을 때 왼쪽 겨드랑이로 알 하나를 낳았는데 크기가 5승(升) 가량 되었다. 왕

---

[91] 한나라 선제의 연호는 본시(本始, 기원전 73~70), 지절(地節, 기원전 69~66), 원강(元康, 기원전 65~61), 신작(神爵, 기원전 60~58), 오봉(五鳳, 기원전 57~54), 감로(甘露, 기원전 53~50), 황룡(黃龍, 기원전 49)이 있다. 신작(神雀)이 신작(神爵)과 음이 같긴 하지만 연호를 사용한 기간이 3년밖에 되지 않으므로 4년이 될 수 없다.

이 괴이하게 여겨 개와 돼지에게 주었지만 먹지 않았고 길가에 버려도 소와 말들이 피했으며 들판에 버려도 날짐승들이 덮어서 보호하였다. 비록 구름 낀 음침한 날이라도 태양이 알 위를 비추었다. 왕이 알을 갈라보려 하였지만 실패하여 알을 도로 가져다가 어미에게 보내었다. 어미가 그 알을 따뜻한 곳에 두었더니 남자아이가 껍질을 부수고 나왔는데 한 달도 지나지 않아 말을 정확하게 구사하였다. 어미에게 말하기를, "파리가 눈을 쳐서 잠들 수가 없습니다"라 하였다. 어미가 갈대로 활과 화살을 만들어 그에게 주니 물레방아 위의 파리를 쏘았는데 화살을 발사하면 바로 명중하였다. 부여의 속담에 활을 잘 쏘는 사람을 주몽이라 하였는데 이 때문에 주몽이 이름이 되었다.

　장성하여서는 금와의 일곱 아들이 항상 주몽과 함께 놀러 다니며 사냥하였다. 왕자와 종자 수십 명이 오직 사슴 한 마리만 잡았는데 주몽은 매우 많은 사슴을 쏘아 잡았다. 왕자가 이에 주몽을 나무에 묶어두고 사슴을 빼앗았는데 주몽이 나무를 뽑아 가버렸다. 태자 대소(帶素)가 왕에게 말하길, "주몽은 사람의 소생이 아닙니다. 하물며 신이한 용맹까지 가지고 있으니 만약 하루속히 처치하지 않는다면 후환이 있을까 두렵습니다"라 하였다. 왕이 허락하지 않고 주몽에게 말을 기르게 하였다.

　주몽이 어미에게 말하기를, "나는 천제의 손자인데 다른 사람을 위해 말이나 기르고 있으니 사는 것이 죽느니만 못합니다. 남쪽 땅으로 가서 나라를 세우고자 하지만 어머니가 살아계심에 감히 결행하지 못하였습니다"라 하였다. 어미가 "이것이 내가 밤낮으로 고민하던 바이다. 내가 들으니 남자가 먼 길에 오를 때에는 반드시 준마의 발에 의지하라 하였다"라고 대답하였다.

　주몽이 마침내 목장으로 가서 즉시 채찍으로 말들을 때렸는데 한 말이 힘차게 2장 높이를 뛰어넘었다. 비로소 그 말이 준마임을 알고는 몰래 바늘을 말의 혓바닥에 가로로 꽂아 두니 그 말이 매우 야위었다. 왕이 마구간을 순시하며 여러 말들이 살찐 걸 보고는 크게 기뻐하며 야윈 말을 주몽에게 상으로 내렸다. 주몽이 바늘을 뽑아서 음식을 먹인 다음 사냥을 하였다. 주몽은 화살이 적어도 잡은 짐승이 많았으니 왕자와 여러 신하가 주몽을 죽이고자 모의하였다.

어미가 말하기를, "나라 사람들이 반드시 너를 해치고자 할 것이다. 너의 재주를 가지고 어디 간들 안 되겠느냐?" 하였다. 주몽이 오이(烏伊)·마리(摩離)·협보(陜父) 등 세 사람과 함께 남쪽으로 개사수(蓋斯水) 일명 엄표수(淹淲水)이다.에 이르렀는데 강을 건너려고 하여도 배가 없고 추격하는 병사들에게 쫓길까 걱정하였다. 이에 채찍으로 하늘을 가리키며 탄식하며 말하길, "나는 천제의 손자이자 하백의 외손입니다. 난리를 피하여 이곳에 도착하였는데 추격하는 자들이 거의 따라오니 어찌해야 합니까?"라 하고는 활을 강에 던져버렸다. 그러자 물고기와 자라들이 떠올라 다리를 만들었고 강을 건널 수 있었다. 혹자는 덕천강(德川江)이라 하고 혹자는 박천강(博川江)이라 한다. 무릇 자라가 만든 다리에 의지하여 큰일을 이루었는데 자라가 만든 다리를 벗어나 대정강(大定江)에 머물렀다고 하니 박천이 더 맞는 듯하다. 이로써 미루어보건대 북부여에서 백령(百嶺)으로 이주하였던 것도 혹 대정강 북쪽으로 이주한 것이 아닌가 한다. 길에서 재사(再思)·무골(武骨)·묵거(默居) 3인을 만나 능력을 살펴 각기 일을 맡기고 졸본주(卒本州)지금의 성천(成川)이다.에 이르렀다. 도읍으로 삼고자 하였지만 궁궐을 지을 겨를이 없어서 단지 오두막을 짓고 비류수(沸流水) 가에 거처하였다. 나라 이름을 고구려(高句麗)라 하였다. 고(高)를 성(姓)으로 삼고 구려산(句麗山) 아래에서 태어났기 때문에 고구려라고 이름하였다.

『관서읍지』 제15책 강동읍지(江東邑誌), 고적, 단군묘(檀君墓)

단군묘는 강동현(江東縣) 서쪽 3리 대박산(大朴山) 아래 있는데, 둘레는 410척이다. 정종(正宗, 정조) 병오년(1786) 관찰사에게 친히 살펴보게 하고 본관(本官)에서 봄·가을로 봉심(奉審)하게 하였다.

『호남읍지(湖南邑誌)』(Ⅱ)

저자 미상

> 『호남읍지』(Ⅱ)는 1895년(고종 32)에 전국 읍지 편찬의 일환으로, 전라도 56개 읍의 읍지와 사례를 모은 도지(道誌)이다. 1894년(고종 31)에 일어난 동학농민운동으로 경황이 없었던 상황이 읍지의 내용에도 반영되었다. 대부분의 읍지는 새로 작성하지 못하고 이전 읍지들을 전사했다.
>
> 총 18책으로 구성되어 있고, 지도가 삽입된 필사본이다. 일부 군현에는 지도 혹은 읍사례(邑事例)가 첨부되어 있다. 각 읍별로 작성하였기 때문에 읍지의 체제나 분량이 군현에 따라 다양하다. 당시 읍지 편찬 명령은 1차 갑오개혁이 진행 중이던 1894년 말에 전국에 하달되었던 것으로 보이는데, 전라도의 읍지 작성은 다른 지방에 비해 늦어져 1895년 2~5월에 이루어졌다. 이는 1894년에 발발한 동학농민운동으로 전라도 일대의 행정이 1895년 초까지 거의 마비 상태에 있었던 때문일 것이다. 이전의 읍지들을 전사한 것이나 책의 편제가 정리되지 못한 것도 이와 관계가 있을 것이다.

『호남읍지』(Ⅱ) 익산군읍지, 건치연혁

본래 마한국(馬韓國)이다. 후조선(後朝鮮)의 왕 기준(箕準)은 기자(箕子)의 41대손이다. 위만(衛滿)의 반란을 피하여 바다를 건너 남쪽으로 한(韓) 땅에 이르렀다가 나라를 열어 그대로 마한(馬韓)이라고 불렀다. 백제(百濟) 시조 온조왕(溫祚王)에 이르러 병합되었는데, 그때 이후 금마저(金馬渚)로 불린다.

『호남읍지』(Ⅱ) 익산군읍지, 고적, 쌍릉(雙陵)

쌍릉 오금사(五金寺) 산봉우리에서 서쪽으로 수백 보 거리에 있다. 『고려사(高麗史)』에서는 조선(朝鮮) 무강왕(武康王)과 그 비의 능이라고 하였다. 세속에서는 말통대왕릉(末通大王陵)이라고 하는데, 한편에서는 백제(百濟) 무왕(武王)의 어릴 적 이름인 서동(薯童)의 별명이라고 한다.

『호남읍지』(Ⅱ) 익산군읍지, 고적, 기준성(箕準城)

기준성 미륵산(彌勒山) 꼭대기에 있다. 세상에 전하기를, 기준(箕準)이 쌓은 것으로 석축이 지금까지도 뚜렷하다고 한다.

『문화군읍지(文化郡邑誌)』

저자 미상

『문화군읍지』는 대한제국 시기인 광무 연간(1897~1906)에 편찬된 읍지로, 『황해도각군읍지(黃海道各郡邑誌)』 안에 들어 있다.

조선 후기에는 사찬(私撰) 읍지 제작이 활발했는데, 대부분 광무(光武) 연간에 이루어졌다. 대한제국 정부는 1899년 각 지방에서 올려보낸 읍지를 모아 정리하였고, 황해도에서도 각 지역 전체를 하나로 묶어 『황해도각군읍지』를 제작하였다. 그런데 당시 읍지 편찬 작업은 30일 이내에 지도와 함께 올리라는 중앙의 명령에 따라 이루어졌기 때문에 대체로 앞선 시기의 것을 그대로 베꼈다고 한다.

필사본으로 총 6쪽이다. 방리(坊里), 건치연혁(建置沿革), 군명(郡名), 형승(形勝), 공해(公廨), 교량(橋梁), 사찰(寺刹), 고적(古蹟), 인물(人物)로 구성되어 있다.

읍지에는 단군을 언급하며 구월산(九月山), 삼성사(三聖祠), 장장평(莊莊坪) 등과 관련하여 전승되는 내용이 수록되어 있다. 구월산은 단군이 신선이 되었다는 산이며, 삼성사는 환인, 단웅(檀雄), 단군을 모시는 사당이며, 장장평은 단군이 도읍한 곳이라는 이야기가 전한다.

『문화군읍지』 산천, 구월산(九月山)

구월산 군(郡)의 북쪽 30리 거리에 있다. 곧 아달산(阿達山)으로, 일명 증산(甑山)이라고도 하고 삼위(三危)라고도 한다. 세상에 전하기를, 단군(檀君)이 처음 평양(平壤)에 도읍하였다가 뒤에 다시 백악(白岳)으로 옮겼는데 곧 이 산이라고 한다. 주(周)나라 무왕(武王)이 기자(箕子)를 봉함에 이르러 단군이 당장경(唐藏京)으로 옮겼는데, 뒤에 다시 돌아와 이 산에 은거하였다가 신인(神人)이 되었다고 한다.

『문화군읍지』 단묘, 삼성사(三聖祠)

삼성사 군의 북쪽 30리 구월산(九月山) 동쪽 기슭에 있다. 환인(桓因)의 위패를 주벽(主壁)으로 모셔 제향하고 단웅(檀雄)과 단군(檀君)의 위패를 배향하였다. 봄·가을에 향과 축문을 내려 제사를 지냈다. 또 홍수와 가뭄이 들었을 때 기도하면 바로 응답하였다.

『문화군읍지』 고적, 장장평(莊莊坪)

장장평 군의 북쪽 10리 거리에 있다. 세상에 전하기를, 단군(檀君)이 도읍한 곳으로 터가 아직도 남아 있다고 한다. 『고려사(高麗史)』의 장장평은 당장경(唐藏京)이 와전된 것이다.

『평양속지(平壤續志)』(Ⅲ)

李承載(1852~?)

『평양속지』(Ⅲ)은 1906년경 이승재가 평안군수로 있을 무렵에 편찬한 읍지이다. 1905년 이승재가 쓴 서문이 실려 있다. 글 가운데 원지(原志), 속지(續志)에 대한 언급이 있는 것을 보면 1590년 윤두수(1533~1601)의『평양지』, 1727년(영조 3) 윤유(1674~1737)가 편찬하고 1837년(헌종 3)에 중간한『평양속지』, 1855년(철종 6)에 편찬한 후속지(後續誌)를 보완한 읍지로 보인다. 광무 10년(1906)에 평안남도관찰사 이용선(李容善, 1863~?)이 쓴 기릉중수기적비(箕陵重修紀積碑)가 실려 있어 이 무렵에 편찬한 것으로 보인다.『평양속지』편찬 과정에서 빠진 영조 이후의 일이 많이 수록되어 있다.

이승재의 본관은 광주(廣州)이다. 1885년 증광시 병과에 합격하였으며, 우부승지, 궁내부특진관 등을 지냈다. 이용선의 본관은 완산이며, 대사성, 궁내부협판, 농상공부협판, 평안남도관찰사 등을 지냈다.

이 책은 2책 3권으로 이루어졌으며, 상·중 두 권이 1책을, 하권이 2책을 이루고 있다. 1책에는 부방(部坊), 산천, 호구, 토전(土田), 토산(土産), 학교, 사묘(祠墓), 병제(兵制), 도로, 원정(院亭), 교량, 진구(津口), 장시, 누정(樓亭), 교방(敎坊), 불사(佛寺), 중수기(重修記) 등이 실려 있다. 진구, 장시 등 이전『평양지』,『평양속지』에 없던 내용이 포함되어 있다는 특징을 보인다. 하권은 하1, 6으로 구성되어 있는데, 하1은 고사(古事)로 갑오년(1894) 이전 평양의 역사를 연대순으로 서술하였다. 하2~5는 빠져 있으며, 하6 갑오신속(甲午新續)에서는 갑오년 이후 평양에서 일어난 일들을 서술하였다.

고조선과 관련해서는 단군·기자 사적에 대한 조선 후기 변화 상황을 담고 있다. 숭령전과 숭인전에 사액한 일, 숙종 이후 기자 정전을 새롭게 정비한 일,

영조 때 기궁(箕宮)에 단을 쌓고 담을 두른 일, 흥선대원군의 서원 철폐 이후 인현서원에 있던 기자 영정과 효종대왕 친필을 다른 곳으로 옮긴 일, 고종 때 기자 무덤을 능으로 승격하고 관련 제도를 정비한 일 등이 실려 있다. 조선 후기 기자 숭배의 확대 과정에서 기자 관련 사적의 정비와 시설 확대, 기자릉 승격 이후 이에 맞게 조성하고 의례를 정비한 일 등에 대한 새로운 자료를 제공하였다는 점에서 의의가 있다.

『평양속지』(III) 권 중, 학교, 인현서원

인현서원 속지(續志)에 자세하다. 신미년(고종 8, 1871)에 조정의 명령에 의거하여 제사를 폐하고 영정을 숭인전으로 옮겨 봉안하였는데, 운한각에 보관되어 있던 효종의 친필도 역시 동시에 옮겨 봉안하였다. 다만 사원 건물은 우뚝하니 여전히 남아 있어 지나가는 자들에게 공경하는 마음을 일으키고 감흥이 일어나도록 하지 않음이 없다.

『평양속지』(III) 권 중, 사묘, 숭령전

숭령전은 융흥부 본래 단군·동명왕 사당에 있다. 영조 을사년(영조 1, 1725)에 사액하여 이름을 바꾸었다.

『평양속지』(III) 권 중, 사묘, 숭인전

숭인전은 숭령전 본래 기자묘 뒤에 있다. 만력 임자년(광해군 4, 1612)에 사액을 베풀었다. 계축년에 사당의 뜰에 비석을 세웠는데 월사 이정구(1564~1635)가 글을 썼다. 두 전각에서는 나란히 매년 봄가을에 내려 받은 향과 축문으로 중사(中祀)의 제사를 지낸다.

『평양속지』(III) 권 중, 사묘, 기궁(箕宮)

기궁은 외천 삼리에 있는데, 은나라 태사-기자-를 제사지낸다. 자세한 것은 속지(續

志)의 고적 조에 있다.

기궁은 곧 기자 궁궐의 옛터이다. 수천 년을 내려오는 동안 봉표(封表)가 없었는데, 영조 을사년(1725)에 이르러 감사 이정제가 장계로 조정에 보고 주위를 담으로 두르고 그 가운데에 단을 쌓고 구주(九疇)라 하였다. 그 남쪽에 문을 설치하고 팔교(八敎)라 하였다. 팔교문의 남쪽에 또 홍문과 하마비를 세워 그곳이 옛 도읍의 터전임을 드러냈다. 지금 임금의 기사년(고종 6, 1869)에 황주 철도에 있는 태사의 영정 섬의 급수문 밖에 있다. 전하는 말에 기자가 동쪽으로 올 때 수로를 이용하여 이곳에 이르러 어가를 멈추었다가 며칠 동안 건너가기 좋은 날을 상세히 살핀 뒤 배를 운행했다고 한다. 이에 곧 그 땅에 사당을 세우고 초상화를 안치했다고 한다. 을 조정의 명령으로 철거하였다. 같은 해 7월에 외천의 유생 황중욱, 김영훈, 양기화, 조계탁, 선우달, 조병업 등이 영부[92]감사 한계원, 서윤 김선근에 아뢰어, 함께 황주에 가서 영정을 모셔왔다. 이에 구주단의 동쪽에 사당을 세웠다. 경오년(고종 7, 1870) 윤10월에 봉안하고 매년 봄가을에 태뢰(太牢)[93]로 정사(丁祀)의 제사를 드렸다. 신문(神門)의 밖에 서류당을 세웠는데 재실로 삼았다.

『평양속지』(III) 권 중, 사묘, 기자 무덤

기자 무덤은 평양부 북쪽 칠성문 밖의 큰 도로의 동변의 옥토산원지(原志)와 속지(續志)에 자세하다.에 있다.

묘소는 예전에 수위를 담당한 자가 없었고 단지 무덤지기 1명이 있었다. 산 아래에 백성들의 촌락이 있다. 기묘년에 참봉 선우순이 처음으로 묘지기 방을 만들었다. 매달 초하룻날에 맑으면 숭인전 관리가 나와 함께 묘소를 살핀 뒤에 돌아간다.

병술년(고종 23, 1886)에 감사 남정철이 성인의 사당과 무덤을 지키는 데에 사람이 없는 것을 위로하고 이내 국고 몇천을 내어 홍문 안에 재실을 만들었고 기성묘라고

---

92 관찰사가 있는 감영과 대도호부사·도호부사가 있는 관아를 아울러 이르는 말이다.
93 본래 소, 양, 돼지를 아울러 제물로 바치던 일이었는데, 뒤에 소만 바치는 것으로 바뀌었다.

이름을 지었다. 수호하는 것이 이어지도록 위전(位田) 9일경[94] 을 갖추어 두고, 청남·북의 경서를 익힌 선비 70여 인을 뽑아 돌아가며 향을 들이게 하였다. 또 항목에서 떼어낸 돈 합계 979냥 및 쌀과 좁쌀 합계 24석 9두를 매년 희름(餼廩)[95]의 비용으로 공급하게 하였다.

무자년(고종 25, 1888)에 이르러 감사 민영준이 무덤의 칭호가 여전히 옛것을 따라 높이어 받드는 것이 지극하지 못한 것에 대해 개연히 탄식하였다. 본 도의 문관 전 경력 김명래의 상소를 기다려 능으로 봉해 주기를 요청하였다. 의정부에 명해 품의하여 처리한 것에 따라 비답을 내렸다. 역시 본 감영에서 겨를이 없어 빠뜨린 법식을 갖추어 진술한 것을 조정에 누차 전달하였다.

다음 해 기축년(고종 26, 1889) 정월에 성명(成命)으로 비로소 능 이름을 내려 기자릉이라 하였다. 능 관리를 두 명 영 1명, 참봉 1명을 두었으며, 제사 예법 및 석물, 의례와 절차는 각 능침에 마련된 것 매년 한식에 한 차례 제사를 지낸다. 석물은 문·무석 각기 2개, 석양 2개와 옛 석마·석호 각기 2개이다. 혼유석, 장명등을 아울러 터를 잡아 갖추어 둔다.에 의거하여 같게 하였다. 재송(齋送)[96], 향과 축문, 차례, 고유(告由) 의식을 고쳐 정자각에 전달하고, 통로에서 깨우쳐주는 석비 옛 비석의 '기자묘(箕子墓)' 세 글자는 그 곳에 묻었다. 를 고쳐 세웠다. 새롭게 전사청, 능비각, 수복청을 세웠으며, 능군 10명을 두어 산을 순시하고 벌채와 출입을 금지하며 능을 지키는 일을 하게 하였다.

『평양속지』(Ⅲ) 권 중, 기릉(箕陵) 중수 기적비

능은 은나라 태사의 활과 검이 묻힌 곳으로 세월이 쌓이고 바뀌며 전쟁으로 인한 피해가 빈번하면서 능과 전각이 퇴락하였다. 이미 위에 있다. 석물은 넘어지고 이지러져 사람들이 모두 탄식하며 애석해하였으니, 하물며 수령된 자랴! 을사년(1905) 가을

---

[94] 소를 이용하여 하루 낮 동안에 갈 수 있는 논밭의 넓이를 의미한다.
[95] 관리의 녹봉이나 제사에 쓰이는 물품을 의미한다.
[96] 죽은 이에게 바치는 예물을 의미한다.

에 외람되게 이 땅이 욕을 입으니 경건히 배알하였다. 아주 뒤늦은 느낌이 오래되어 수리할 일로 임금께 아뢰니, 황제의 유음(兪音)이 내려졌다. 좋은 날을 택해 일을 시작하여 이끼를 벗기고 흙을 북돋웠으며 전각의 무너진 곳은 서까래를 바꾸었고, 귀룡(龜龍)이 떨어진 곳, 무덤길이 기울어진 것은 갈고 메우고 평평하게 하였다. 한 달이 안 되어 끝마친 것을 고하게 되었으니, 이는 부사(父師)가 남긴 은혜로 인해 백성들로 하여금 오게 했기 때문이리라.

광무 10년 병오년(1906) 7월 종2품 가선대부 평안남도관찰사 겸 규장각직학사 완산 이용선 지음

『강도지(江都誌)』

朴憲用(1882~1940)

『강도지』는 1931년에 박헌용이 경기도와 강화도의 역사와 지리를 편술한 지지(地誌)이다.

박헌용은 일제강점기의 한학자이자 독립운동가로, 강화 하도면 사기리에서 이건승(李健昇)과 함께 계명의숙(啓明義塾)을 설립하여 후진 양성에 힘썼다. 보성전문학교에서 법률을 전공했고, 동덕고등학교에서 한국사를 가르치기도 했다. 임시정부 요인 김석황(金錫璜)과 연락, 군자금 조달 및 정보 수집을 맡았으며, 서울에서 심상옥(沈相玉) 등과 의용단(義勇團)을 조직하여 활동하였다. 1916년에는 황기범(黃基範)과 함께 상해로 군자금을 조달하다 체포되어 인천경찰서에서 2년 동안 옥고를 치렀다. 출옥 후 안창호와 제휴하여 군사 연락원으로 있다가 산해관(山海關)에서 다시 체포되어 여순(旅順) 감옥에서 3년 형을 살았다. 출옥한 후에는 요시찰 대상자가 되어 여생을 강화에서 연금 상태로 지냈다. 1926년에 강화에 산재한 시고(詩稿)를 엮어『강도고금시선(江都古今詩選)』을 편술하였고, 1931년에는 강화 역사를 재정립한『강도지(江都誌)』를 편찬하여 강화 역사 문화를 정리하였다. 1932년에는 신활자본으로『속수증보강도지(續修增補江都誌)』가 발간되었는데, 편술은 박헌용이 맡았고, 황범주(黃範周), 이득계(李得季) 등이 교열하였으며, 오세창(吳世昌)이 제자하였다. 모두 2권 2책으로 당시로서는 초호화판인 천연색이었는데, 강화도 전도, 전등사, 참성단 등의 사진도 수록하였다. 일제에 의해 발간된『인천부사(仁川府使)』보다 1년 빨리 발간되었다.

『강도지』에는 단군조선과 관련된 유적에 대한 설명, 참성단 등에 대한 한시 등이 수록되어 있다. 민족사관의 입장에서 서술된 것으로, 고조선 연구에 있어서는 종교와 문화 사상사적 측면에서 중요한 자료라 할 수 있다.

『[속수증보(續修增補)] 강도지』 제1편 제6장 명소, 고적, 참성단(塹城壇)

참성단 참성단(參星壇)이라고 부르기도 하며 마니산(摩尼山) 꼭대기에 있다. 단(壇)의 높이는 17자[尺]로 돌을 쌓아서 만들었다. 윗부분은 네모지고 아랫부분은 원형인데 윗부분의 사방(四方)은 각각 7자 6치[寸], 아랫부분은 각각 둘레 15자, 동쪽 면 층계는 21단이다. 세상에 전하기를 단군대황조(檀君大皇祖)의 제천단(祭天壇)으로 지금으로부터 4,260여 년 전 건축된 것이라고 한다.

일설에 정족산성(鼎足山城)은 당시의 참성(塹城)으로 삼랑(三郞)이 봉읍(封邑)을 받은 곳이고 삼랑의 일은 밑에 있다. 단(壇)은 첨성대(瞻星臺)즉 일종의 천문대라고 한다. 4,000년 동안 단이 부서져서 수축(修築)한 일이 필시 많았을 것이나 역사적으로 그 자취를 잃어버렸다. 우리 이씨 조선 인조 17년 기묘년(1639)에 이 단을 수축하고 사당을 지어 제사를 지내면서 제천당(祭天堂)이라고 이름 붙였다. 그 곁에 또 천재암(天齋菴)이 있었는데 사당에는 재지기[齋直]가 있었고 암자에는 중들이 있었다. 일찍이 제전(祭田) 10여 무(畝)를 두어 재지기에게 먹거리를 경작하게 하고 제일(祭日)은 매 음력 정월[孟春]과 봄·가을 가운데 달의 첫 번째 경일(庚日)에 행하고 제수(祭需)는 관으로부터 봉상(封上)하게 하였다. 사당과 암자는 이미 모두 부서졌고 제전은 군청의 소관이 되었다. 지금으로부터 7년 전 갑자년(1924)에 대종교 사교(大倧敎司敎) 강리(姜㶊)가 처음으로 폐당(廢堂) 터의 윗 귀퉁이에 1단을 쌓아 이름하기를 의암단(依巖壇)이라고 하고 매 음력 3월 15일 즉 대황조(大皇祖) 어천일(御天日)과 10월 3일 대황조 강세일(降世日)에 제사를 지냈다고 한다.

목은(牧隱) 이색(李穡)이 참성단(叅星壇)에 대해 시를 지어 이르기를,

어째서 무릉(茂陵)[97]은 애써 신선을 구하였나
봉래산(蓬萊山)이 어쩌면 이곳인데.

---

[97] 무릉(茂陵): 한(漢) 무제(武帝)의 능호(陵號)이다. 여기서는 한 무제를 가리킨다. 한 무제는 신선을 구하려고 애를 썼다고 한다.

산과 구름은 둥실 떠서 끝이 없고
바람이 불어 배는 떠나는데 앞선 것이 없네.
금인(金人)의 쟁반에는 한 방울의 감로(甘露)[98]
바다 위 하늘에는 홀로 나는 파랑새[靑鳥][99].
어떤 일이 참성단(塹城壇)[100]에서 제사[望秩]를 지내는 것보다 나을까
앉아서 사람들이 태평세월을 누리게 하리라.

하였다. 또 이르기를

긴 바람 내게 불어와 요대[瑤臺, 신선이 사는 누대]에 올라가니
바다는 넓고 하늘은 아득하여 만리나 트여 있네.
옷을 털고 발을 씻지 않고도[101]
생학[笙鶴, 신선이 타는 학]이 구름 타고 오는 듯 들리는구나.

하였다. 또 이르기를,

만 길 현단[玄壇, 하늘에 제사 지내는 제단]의 밤기운도 맑아

---

[98] 금인(金人)의…감로(甘露): 금인은 구리로 만든 선인[銅仙人]을 말한다. 한(漢) 무제(武帝) 때 구리를 가지고 선인(仙人)이 손으로 쟁반을 받쳐 들고 감로(甘露)를 받는 형상을 주조하였는데 이 감로에 옥설(玉屑)을 타서 마시면 장생(長生)한다고 해서 이것을 만들었다고 한다.

[99] 파랑새[靑鳥]: 삼족조(三足鳥)라고도 하는데 사자(使者)를 뜻한다. 한(漢) 무제(武帝) 고사(故事)에 "7월 7일에 홀연히 파랑새가 날아와 궁전(宮殿) 앞에 날아와 앉자, 동방삭(東方朔)이 '이는 서왕모(西王母)가 찾아오려는 것이옵니다' 하였다. 조금 후에 서왕모가 오는데 청조 세 마리가 서왕모의 곁에 모시고 왔다" 하였다. 그래서 후세 사람들이 사자(使者)를 가리켜 파랑새라고 하였다. 『史記 卷117 司馬相如傳』

[100] '塹'은 『목은집(牧隱集)』에 '慙'으로 되어 있다.

[101] 옷을…않고도: 옷을 털고 발을 씻는다는 말은 속세를 초월한다는 말이다. 진(晉)나라 좌사(左思)의 〈영사(詠史)〉 시에, "천 길 산등성이서 옷을 털고, 만 리 흐르는 물에서 발을 씻으리.[振衣千仞岡 濯足萬里流]"라고 한 데서 온 말이다.

녹장(綠章)¹⁰²을 겨우 아뢰니 온갖 생각 다 잊었네.
돌아가는 길 안장에 장생복(長生福)을 가득 싣고
우리 임님께 바쳐서 태평성대 이루게 하리.

하였다. 이강(李岡)¹⁰³의 시에 이르기를,

마음이 고요하고 몸이 한가하니 뼈는 신선이 되고자 하는데
멀리 인간사를 생각하면 망연하기만 하구나.
보잘 것 없는 제수와 제사상은 중흥(中興)한 뒤의 일이지만
돌을 쌓아 만든 신령한 제단은 아주 오래 전부터 있어 왔네.
눈은 이미 천 리의 땅을 볼 수 있는 듯하고
몸은 구중 하늘에 떠 있는 듯하구나.
이번 길에는 서로 자랑삼아 얘기할 사람도 없는데
누가 고향에 돌아가는 첫해를 맞이할까나.

하였다. 저촌(樗村) 이정섭(李廷燮)의 시에 이르기를,

산봉우리 가운데 높게 솟은 석대(石臺)
구름 바다 펼쳐져 어루만질 수 있네.
눈처럼 새하얀 물결 흰 봉우리 무너뜨리려는 듯
바람 탄 돛대 아득히 은하(銀河)를 범하려 하는구나.

---

102 녹장(綠章): 도사(道士)가 하늘에 제사 지낼 때 청등지(靑藤紙)에다 주사(朱砂)로 쓴 축문(祝文)을 말한다.

103 이강(李岡): 1333(충숙왕 복위1)~1368년(공민왕 17). 고려말 문신으로 행촌(杏村) 이암(李嵒)의 아들이며, 자는 사비(思卑)이다. 이색과 친우였으며 권근의 장인이다. 1363년(공민왕 12) 3월에 밀직사 이강에게 명하여 참성단에서 제를 올리게 하였는데 그때 이강이 나무판에 이 시를 새겨놓았다고 한다.

아득한 하늘 안개를 내뿜어 남쪽 섬까지 이르고
자그마한 포구의 조수(潮水) 십 리 모래밭을 집어삼키네.
시력은 한정되어 있지만 마음은 끝이 없어
이렇게 빼어난 절경에서 놀면서 한 번 크게 노래하네.

하였다. 석주(石洲) 권필(權韠)의 시에 이르기를,

덩굴을 부여잡고 곧장 해산(海山)의 정상에 올라
앉아서 강남 만 리 가는 배를 보내네.
목로(牧老, 목은 이색)가 지은 옛 시는 현판이 남아 있고
단군(檀君)이 남긴 옛 자취는 옛 제단이 남아 있구나.
분명한 해와 달은 현포(玄圃)[104]에 드리우는데
호탕한 바람과 안개는 갈매기를 삼키는구나.
천지는 끝이 있고 사람은 쉽게 늙으니
이 생애에 몇 번이나 다시 와서 놀겠는가.

하였다. 근래에 고(故) 대종교 도사교(大倧敎都司敎) 경전(經田) 나철(羅喆)이 여기 와서 기도한 적이 있는데 그때 남긴 시 한 수에 이르기를,

참성단(叅星壇) 위에서 우리 하늘에 절을 하니
천조(天祖)와 신령(神靈)이 빛나는구나.
남북과 동서의 땅을 널리 열었으니
역사는 거슬러 올라가 4300년이네.

---

104 현포(玄圃): 곤륜산(崑崙山) 정상에 있다는 신선의 거처를 말한다. 현포(懸圃) 혹은 현포(縣圃)라고도 한다.

배달국(倍達國)의 광영(光榮)은 예전에 열린 것을 쫓는 것이니
대종(大倧)의 도맥(道脉)이 지금에 전해졌도다.
말구(末句)는 여러 곳으로 흩어져 유실되었다.

『(속수증보) 강도지』 제1편 제6장 명소, 고적, 삼랑성(三郞城)

삼랑성 정족산성(鼎足山城)이다. 역사서에 전하기를 단군(檀君)이 그 세 아들에게 각각 한 봉우리를 쌓도록 했기 때문에 삼랑이라고 이름하였다고 한다. 일설에는 단군이 세 아들에게 이것을 쌓도록 해서 봉해 주었다고 하고 또 다른 설에는 삼랑은 배달신(倍達臣)이며 단군이 이 봉지(封地)를 쌓도록 하였기 때문에 후세 사람들이 이로 인하여 이름을 붙였다고 한다. 어느 것이 맞는지 알 수 없지만 일단 역사서에 전하는 말을 따르고자 한다. 성의 둘레는 18정(町) 남짓이고 성가퀴는 705이며, 성문은 4이다. 성곽부(城郭部)에 내용이 있다.

『(속수증보)강도지』 제3편 제15장, 고금사략급변란(古今事畧及變難) 역대시설급혁폐(歷代施設及革廢) 신증(新增) 1. 배달시대(倍達時代)

지금으로부터 4,200년 전에 마니산(摩尼山)에 제단을 설치한 일과 정족산성에 대한 일은 이미 고적(古蹟) 부분에 나왔다.

『(속수증보)강도지』 제3편 제15장, 고금사략급변란(古今事畧及變難) 역대시설급혁폐(歷代施設及革廢) 신증(新增) 2. 기씨조선시대(箕氏朝鮮時代)

기(箕) 애왕(哀王) 준(準) 기자(箕子) 서여[胥餘, 기자의 이름]의 41대손 이 노(魯)나라의 계(啓)를 갑비(甲比)에 봉하였으니 곧 본도(本都)이다. 안(按): 계(啓)는 본래 요동(遼東) 사람으로 애왕(哀王) 조에 관직이 교육을 담당하는 사도(司徒)였는데 시서예악(詩書禮樂)에 밝아서 8조 교화를 복구하여 다듬었고 정전제(井田制)를 중창하여 그 공으로 이곳에 봉해졌다. 그 뒤에 위만(衛滿)의 난을 당하자 왕을 받들어 금마군(金馬郡)으로 들어가 마한국(馬韓國)을 세웠다.

안(按): 기자가 동쪽으로 와서 나라를 세운 것은 단군 시조[檀祖]의 왕통을 계승한 것이 아니고 단지 요서(遼西)의 한쪽 귀퉁이 땅그 땅에 옛날에 조선현(朝鮮縣)이 있었으

니 어찌 빌붙은 땅[羈寓地]이 아니겠는가.에 있었으니 바로 고죽국(孤竹國)의 근경(近境)이었다. 얼마 되지 않아 토착인들의 추대를 받아 왕호를 칭하고 평양에 도읍 지금의 직례성(直隸省) 영평부(永平府) 광령현(廣寧縣)이다. 을 세웠다. 이때 단군의 혈통이 여전히 끊어지지 않아 기씨 자손과 함께 전하여 북쪽에서 동쪽으로 대대로 국통(國統)을 전하였으니 동북부여(東北扶餘) 뒤에 고구려와 백제가 된다. 와 예(濊)가 이것이다. 다만 국위를 떨치지 못하여 황조(皇祖, 단군)의 제단과 영토를 통치하지 못하고 날마다 침탈을 당하였다. 당시 기씨 일족 역시 주(周), 진(秦), 한(漢) 세력의 핍박을 받아 광령에서 두어 번 옮겼는데 그 세력이 점점 동쪽으로 스며들었다. 이것이 갑비가 기씨의 통치를 받게 된 까닭이다. 기준(箕準)이 뒤에 마한을 세우고 몇 대가 지나지 않아서 결국 부여족은 소멸하고 백제는 남쪽에서 기틀을 시작하고 고구려는 서쪽에서 건국하여 단군 시조의 옛 강역이 비로소 바르게 돌아갔다. 이에 갑비의 이름이 혈구(穴口)로 변경되었다.

『(속수증보)강도지』 제3편 제15장, 고금사략급변란(古今事畧及變難) 역대정변(歷代政變) 신증(新增) 1. 상고급중고(上古及中古)의 정변(政變)

기씨(箕氏) 도국왕(導國王) 기자의 30대 후손이 우화충(宇和冲)의 난으로 인해 본도(本都)로 피해 들어왔다. 이때 본도는 갑비(甲比)라고 불렸다.

교과서류

『조선약사십과(朝鮮略史十課)』

학부 편집국

『조선약사십과』는 고종 연간(1863~1907)에 학부 편집국(學部 編輯局)에서 펴낸 초등 국사교과서이다. '약사(略史)'가 제목에 들어가 있는데, 『조선역사(朝鮮歷史)』, 『조선역대사략(朝鮮歷代史略)』 등보다는 쉽게 풀어쓴 교과서이다.

개항 이후에는 구국의 방편으로 교육이 중시되어 많은 학교가 설립되었다. 특히 역사교육이 중시됨에 따라 각급 학교에서는 역사 교과용 도서의 간행을 요청하였고, 학부와 민간 연구자들은 다양한 역사 교과서를 간행하였다. 당시는 검인정 제도가 확립되지 않았기 때문에 교과서는 학부에서 펴낸 것이 아니더라도 채택할 수는 있었다.

책의 내용은 제1과 단군조선, 제2과 기자조선, 제3과 삼한, 제4과 위만조선, 제5과 4군2부, 제6과 신라, 제7과 고구려, 제8과 백제, 제9과 고려, 제10과 본조조선(本朝朝鮮)으로 구성되어 있다. 이 책은 내용면에서는 『조선역사』를 모방하고 있으나, 체제는 조금 특이하다. 각국의 역사를 독립적으로 기술하고 있어 다른 편년체 교과서처럼 삼국의 기사를 연대에 맞추어 기술하지 않았다. 기년 기록에 있어서는 조선 태종 원년을 기준으로 하여 단군 1년을 대조선 개국 기원전 3734년으로 하여 조선 개국 기원을 크게 강조하였다.

고대사 관련 서술 체계는 단군조선-기자조선-삼한-위만조선-신라-고구려-백제로 이어진다. 『조선역사』와 마찬가지로 '삼한전통론'에 따라 위만조선보다 삼한을 먼저 배치하였다. 단군조선에서는 단군의 치적과 관련 지명이 언급되며, 기자조선은 기자의 구체적인 동래 과정과 치적을 서술하였다. 부여의 경우 독립적인 장으로 다루지 않고 고구려와 백제를 다룬 장에서 해부루와 졸본부여의 존재가 언급되어 있다.

『조선약사십과』 제1과, 단군조선

단군(檀君) 무진(戊辰) 원년(元年)은 곧 대조선(大朝鮮) 개국 기원전 3734년이다. 단군은 이름은 왕검(王儉)이다. 동방에 처음에 군장(君長)이 없었는데 신인(神人)이 있어 태백산(太白山) 단목(檀木) 아래로 내려왔다. 나라 사람들이 받들어 세워 임금으로 삼으니 단군(檀君)이라 부르고 국호를 조선(朝鮮)이라 하였다. 처음에 평양(平壤)에 도읍하고 후에 백악(白岳)에 도읍하였다. 태백산은 지금 영변(寧邊) 묘향산(妙香山)이며, 백악은 지금 문화(文化)의 구월산(九月山)이다. 백성을 가르쳐 머리털을 땋아 머리를 가리게 했다. 팽오(彭吳)에게 명하여 국내의 산천을 다스리게 하여 백성이 살 곳을 정하게 했다. 아들 부루(扶婁)를 도산(塗山)에 보내어 하(夏)나라에 조공했다. 후에 아사달(阿斯達)에 들어갔는데 죽은 바를 알지 못한다. 묘(廟)는 평양(平壤)에 있다. 아사달은 구월산이라고 일컫는다.

『조선약사십과』 제2과, 기자조선

기자(箕子) 기묘(己卯) 원년(元年)은 기원전 3513년이다. 기자(箕子)는 성은 자씨(子氏)이며 이름은 서여(胥餘)이다. 은(殷)나라의 태사(太師)이며 주(紂)의 제부(諸父)이니 무왕(武王)이 상(商)나라를 이기고 기자는 동으로 조선(朝鮮)에 들어왔다. 무왕이 이로써 봉(封)하였으나 신하가 된 것은 아니었다. 처음에 기자가 동래하니 중국의 사람들이 따라온 자가 5천 명이다. 시서(詩書)와 예악(禮樂)과 의무복서(醫巫卜筮)와 백공기예(百工技藝)가 모두 따라왔는데, 원래 언어가 통하지 않는지라 통역을 따라오게 하여 알게 되었다. 국호를 조선(朝鮮)이라 하고 평양(平壤)에 도읍하였다. 백성에게 예악을 가르치고 8조(八條)의 법을 실시했다. 8조는 사람을 죽인 자는 사형으로 갚고, 상해를 입힌 자는 곡식으로 배상하며, 도둑질한 자는 그 가족을 빼앗아 노비로 삼으니, 오륜(五倫)을 합쳐서 8조라 한다. 정전(井田)을 계획하여 덕정(德政)으로 다스리고 농상(農桑)을 권장하므로 시대는 평화롭고 한 해의 농사는 풍년이 들었다. 조야(朝野)가 기뻐하고 즐거워하여 노래를 짓고 덕을 칭송했다. 소거(素車)와 백마(白馬)로 주(周)나라에 조근할 때 옛 은허(殷墟)를 지나다가 감응하여 맥수가(麥秀歌)를 지었다. 기자가 훙서하니, 묘(墓)는 평양에 있다. 기준(箕準)에 이르러 위만(衛滿)의 난(亂)으로 인해 도망하여 남쪽으로 옮기니, 역년이 모두 929년이다.

『조선약사십과』 제3과, 삼한

마한(馬韓) 정미(丁未) 원년(元年)은 기원전 1585년이다. 기준(箕準)이 위만(衛滿)에게 쫓겨 바다를 떠돌다 남으로 금마군(金馬郡)에 이르러 건국하고 한왕(韓王)이라 칭했다. 여러 대를 거쳐 후에 온조(溫祚)에게 멸망되었다. 금마군은 지금 익산(益山)이다. 역년이 모두 203년이다.

『조선약사십과』 제4과, 위만조선

위만(衛滿) 정미(丁未) 원년(元年)은 기원전 1585년이다. 위만이 기준(箕準)을 쫓아내고 왕검성(王儉城) 지금 평양성이다.을 근거지로 하여 국호를 또한 조선(朝鮮)이라 칭했다. 한 무제(漢武帝) 때에 위만의 손자 우거(右渠)가 한나라의 망명인을 유인하여 받아들여 한 무제가 노해서 정벌하였는데, 나라 사람들이 우거를 죽이고 항복하니 그 땅을 나누어 4군(四郡)으로 삼았다. 역년이 모두 87년이다.

『조선약사십과』 제6과, 신라

혁거세(赫居世)는 성은 박씨(朴氏)이며 이름은 혁거세이다. 재위 61년이다. 처음에 조선유민(朝鮮遺民)이 동해(東海) 연안에 나누어 살며 군장(君長)이 없더니 …

『조선약사십과』 제7과, 고구려

동명왕(東明王) 갑신(甲申) 원년(元年)은 기원전 1428년이다. 동명왕은 성은 고씨(高氏)이며 이름은 주몽(朱蒙)이다. 국호를 고구려라 하고 비류수(沸流水) 위에 도읍하여 비류수는 지금 성천(成川)이다. 스스로 왕위에 올라 동명왕(東明王)이 되고 고신(高辛)의 후손이라 칭하여 고(高)로 성을 삼았다. 처음에 동부여 왕 해부루가 늙도록 아들이 없었는데 어린아이를 곤연(鯤淵)에서 얻으니 금색 개구리 형상이었다. 기뻐하여 자기 자식처럼 기르고 금와(金蛙)라 불렀다. 금와가 하백(河伯)의 딸 유화(柳花)를 우발수(優渤水)에서 얻어 집 안에 가두니 해의 그림자가 비쳐 임신해서 큰 알을 낳았고, 한 남자아이가 껍질을 깨고 나왔는데 골격이 영특하고 호걸다웠다. 7세에 활과 화살을 스스로 만들어 쏘니 백발백중이었다. 부여의 풍속에 활을 잘 쏘는 사람을 주몽(朱蒙)이라 불렀기 때문에 이름을 주몽이라 했다. 금와의 7명의 아들이 주몽의 재능을 시기하여 죽이려고 하니 주몽은 달아나 졸본부여(卒本扶餘)에 이르러 그 임금의 딸을 부인으로 맞았고 그 임금이 죽고 자식이 없자 왕위를 계승했다. 동명왕의 원년 갑신에 시작하여 보장왕(寶藏王)의 말년 무진(戊辰)에 끝나니, 모두 28세(世)에 역년이 모두 705년이다.

『조선약사십과』 제8과, 백제

온조왕(溫祚王) 계묘(癸卯) 원년(元年)은 기원전 1,409년이다. 온조왕은 성은 고씨(高氏)이며 이름은 온조(溫祚)이니, 주몽(朱蒙)의 2번째 아들이다. 위례성(慰禮城) 지금의 직산(稷山)이다.에 건국하여 국호를 백제(百濟)라 하고 스스로 왕위에 올라 온조왕이 되었다. 처음에 주몽(朱蒙)이 [동부여에서] 어려움을 만나 졸본부여(卒本扶餘)로 도망쳐서 그 왕녀(王女)를 아내로 맞아 두 아들을 낳으니 첫째는 비류(沸流)이며 둘째는 온조이다. 주몽이 동부여에 있을 때 예씨(禮氏)와 혼인하여 유리(類利)를 낳아 태자로 삼으니 비류와 온조는 받아들이지 못하고 두려워하여 드디어 남으로 향하여 비류는 미추홀(彌鄒忽)에 살게 되었는데 땅이 습하였고 물이 짜서 안정적으로 머무르지 못했다. 위례에 와서 보니 도읍이 이미 정해져 주민들이 편안하고 태평한지라 부끄러이 여기며 원통해 하다 죽으니 그 신하와 백성이 다 온조를 따르게 되었다. 온조왕의 원년 계묘에 시작되어 의자왕(義慈王)의 말년 경신(庚申)에 끝나니, 모두 30세(世)에 역년이 모두 678년이다.

『조선역대사략(朝鮮歷代史略)』

학부 편집국

　『조선역대사략』은 1895년(고종 32) 학부 편집국(學部 編輯局)에서 편찬한 교과서이다. 학부는 그해 설치된 중앙행정관서 중 하나로 학무 행정을 관장하였다.
　총 3권 3책으로, 단군조선에서부터 조선왕조까지의 역사를 서술하였다. 1권은 단군기(檀君紀), 기자기(箕子紀), 삼한(三韓, 마한·진한·변한), 위만조선(衛滿朝鮮), 4군(郡) 2부(府), 삼국기(三國紀, 신라·고구려·백제), 2권은 고려기(高麗紀), 3권은 본조기(本朝紀)로 구성되었다. 이는 같은 해 편찬된 『조선역사(朝鮮歷史)』(3권 3책)와 비슷한 체제를 보인다. 다만 『조선역사』는 국한문 혼용으로 쓴 소학교용 교과서이고, 순한문으로 쓴 『조선역대사략』은 고등 교육기관에서 활용하고자 수준을 더 높인 것으로 보인다.
　책 앞부분에는 총목법례(總目法例)를 두어 서술 원칙을 제시하였는데, 단군-기자-마한을 정통으로 보았으며 삼국은 정통을 따로 두지 않았다.
　고대사는 1권에 수록되어 있다. 우선 단군조선, 기자조선의 역사, 마한으로 간 기자 후손의 역사, 위만조선의 성립과 멸망, 한 군현의 변화 등 고조선과 관련된 내용이 실려 있다. 부여와 관련해서는 동부여 금와의 이야기, 고구려 시조 주몽 설화, 유리왕 이야기, 온조의 남하, 고구려와 부여의 대립 등과 관련된 내용이 수록되었다. 특히 단군 시기 팽오(彭吳)의 활동, 단군이 아사달에 들어가 신이 된 시기, 기자가 조선에 온 시기, 기자묘(箕子墓)의 위치, 기자의 후손 등에 대해 여러 자료를 활용하여 논증하였다는 점이 주목된다.

『조선역대사략』 권1, 단군기

　　단군(檀君) 이름은 왕검(王儉)이다. 『사기평림(史記評林)』에는 왕험(王險)으로 되어 있다. 동방에 처음에는 군장(君長)이 없고 아홉 종류의 오랑캐가 있었다. 풀로 옷을 삼고 나무 열매를 먹었으며, 여름에는 수풀에서 지내고 겨울에는 동굴에서 지냈다. 때마침 신인(神人)이 태백산(太白山) 단목(檀木) 아래로 내려오니 나라 사람들이 옹립하여 임금으로 삼고 단군이라 불렀다. 대개 신단(神檀) 아래에서 잉태하여 출생하였으므로 그렇게 불렀다. 내 생각에 『삼국유사(三國遺事)』는 동방에 처음 나타난 역사서로서 단군의 단(檀)과 비슷하지만 토(土)를 부수로 하였다. 그러나 여러 역사가들이 모두 목(木)을 부수로 하였기 때문에 또한 감히 마음대로 고치지 않고 지금 두 가지를 그대로 두기로 하겠다. 태백산은 지금의 영변 묘향산이다. 나라 이름을 조선으로 하였다. 처음에 평양에 도읍하였다가 후에 백악(白岳) 지금의 구월산(九月山)으로 도읍을 옮겼다.

　　【원년】 당요(唐堯) 25년 백성을 가르쳐 머리카락을 엮고 머리를 덮게 하였다. 임금과 신하, 남자와 여자, 음식과 거처의 제도가 여기에서 시작되었다. ○ 팽오(彭吳)에게 명하여 국내의 산과 강을 다스려 백성들이 거처를 정할 수 있도록 하게 하였다. 『본기통감(本記通鑑)』에 이르기를, "우수주(牛首州)에 팽오의 비(碑)가 있다"라고 하였다. 매월당(梅月堂) 김시습(金時習)의 시에 이르기를, "수춘(壽春)은 우수(牛首)이다. 통도(通道)에 팽오가 있다"라고 하였다. 우수주는 지금의 춘천이며, 수춘은 본 주의 다른 이름이다. ○ 원본(元本) 김씨의 시에 "수춘은 통도이며 팽오가 있다고 한다"라고 한 것은 오류인 듯하다.

　　하(夏) 우(禹) 18년 아들 부루(扶婁)를 보내 하(夏)에 조회하였다. 이때 우(禹)가 도산(塗山)에서 제후들과 회동하였는데, 단군이 아들 부루를 보내 조회하였다.

　　상(商) 무정(武丁) 8년 **아사달(阿斯達)** 또한 구월산이다. 에 들어가 신이 되었다. 사당은 평양에 있다. 구월산에 삼성사(三聖祠)가 있는데, 단군이 그중 하나에 거한다. ○ 『동국통감(東國通鑑)』을 살펴보면 상왕(商王) 무정(武丁) 8년은 을미년이다. 『황극경세(皇極經世)』의 글로 추론컨대 상왕 8년은 갑자년이지 을미년이 아닌 까닭으로 이를 따랐다. 원년 무진년에서 갑자년까지를 계산하면 재위 기간은 1,017년이다. 상세(上世)의 신성한 자의 나이는 후세와 같지 않았으니 광성자(廣成子)의 나이는 1,200살이었고, 팽조(彭祖)의 나이는 800살이었다. 단군이 천여 년의 수명을 누렸다고 하여 또한 괴이한 것은 아니다. 권근(權近)이 단군을 읊은 시에 이르기를, "세상에 전해진 지가 얼마인지 알 수 없으나 지나온 해가 일찍이 천 년이 지났구나"라고 하였다. 권근의 시로 1,017년을 대대로 전해진 역년의 수로 귀속시킨다면 자못 이치에 가깝다. 그런 까닭으로 우리의 역사서에서는 권근의 말을 결단코 옳은 것으로 여겼으며, 여러 역사서에서는 모두 상왕 무정 8년을 단군이 신으로 변한 해로 여겼다. 뒷사람의 억지 견해를 가지고 옳고 그름을 가르는 것은 옳다고 여기지 않으므로 지금 옛 역사서를 따라 쓴다. 만약 상왕 무정 갑자년이 단군의 말년이 된다면 갑자년에서 주(周) 무왕(武王) 기묘년까지가 단군의 후손에게 귀속되므로 합하면 1,212년이다. ○『여지승람(輿地勝覽)』을 살펴보면, 단군은 처음 평양에 도읍하였다가 후에 백악으로 옮겼는데, 곧 구월산이다. 주나라 무왕에 이르러 기자를 조선에 봉(封)하자 이에 단군은 당장경(唐藏京)으로 옮겼다. 후에 돌아와 이 산에 은거하다가 변화하여 신이 되었다. 당장경은 문화현(文化縣) 동쪽에 있다. ○ 또 『위서(魏書)』를 살펴보면 단군왕검은 아사달에 도읍하고 나라를 열어 조선이라 불렀는데, 당요(唐堯)와 같은 시기라고 하였다. 중국 역사에 기록된 바도 우리의 역사서와 대략 비슷하다. 여러 우리 역사서에서 말하는 단목 아래에 내려와 변화하여 신이 되었다는 등의 이야기는 황망하고 거짓된 것 같다. 그러나 단군은 동방에서 가장 먼저 나와서 세상을 다스렸으니, 까마득히 오래된 때였다. 아득히 오랜 일에는 진실로 신비로운 자취가 많다. 그러므로 지금 감히 망령된 논의라고 하지 않고 오로지 옛 역사책을 따른다.

『조선역대사략』 권1, 기자기

기자(箕子) 성은 자(子)이고 이름은 서여(胥餘)이다. ○『유주집(柳州集)』을 살펴보면, 기자비(箕子碑)의 주석에 기자의 이름은 수유(須臾)라고 하였다. ○『사기평림(史記評林)』을 살펴보면, "기자는 은(殷) 주왕(紂王)의 서형(庶兄)이다"라고 하였다. 미자세가(微子世家)의 주석에는 "기(箕)는 나라 이름이고 자(子)는 작위이다"라고 하였다. 『대명일통지(大明一統志)』에 이르기를, "서화(西華)는 옛 기(箕)의 땅이다. 처음 성사(聖師)가 기(箕)를 식읍으로 하였으므로, 기자라 일컫는다. 지금 읍 가운데에 기자대(箕子臺)가 있다. 서화는 개봉부(開封府)의 성 서쪽 90리에 있다"라고 하였다.는 은(殷)의 태사(太師)로 주왕(紂王)의 제부(諸父)이다. 주(周) 무왕이 상(商)을 이기자 기자가 동쪽으로 조선에 들어갔다. 무왕이 이에 봉하였으나 신하로 삼지는 않았다. 처음 기자가 동쪽에 왔을 때 중국 사람으로 따라온 자가 5천이었다. 시서(詩書), 예악(禮樂), 의무(醫巫), 음양(陰陽), 복서(卜筮), 백공(百工)의 기예가 모두 따라왔다. 이미 이르렀으나 언어가 통하지 않자 통역하여 알게 하였다.

    ○ 나라 이름은 조선이며, 도읍은 평양이다.

【원년】 주나라 무왕 원년 ○ 신익성(申翊聖)이 편찬한 『경세보편(經世補編)』에서는, 무자년에 기자가 중국인을 거느리고 조선에 들어갔다고 하였다. 무자년은 곧 주(周) 성왕(成王) 3년이다. 기자가 조선으로 피해 들어간 시기는 반드시 무왕이 상(商)을 이긴 초창기였다. 어찌 은(殷)이 망하고 10년이 지난 후를 기다렸겠는가. 또 『옥당강감(玉堂綱鑑)』에는 "기자가 임오년 여름에 주(周)에 조빙하였다"라고 하였다. 임오년은 무자년 앞에 있는데, 무자년에 조선에 들어갔다는 이야기는 정황에 크게 어긋난다. 『경세보편』에 기록되어 있는 것은 사뭇 의심스러운 점이 있다. 백성을 예악으로 가르치고 8조의 규약을 시행하여 신의를 숭상하게 하고 경술(經術)을 두터이 하였다. 해가 지날수록 백성들이 스스로 변화하여 중국의 풍속을 이루었다. 『한서(漢書)』를 살펴보면, "살인한 자는 죽음으로 배상하도록 하고, 상해를 입힌 자는 곡식으로 배상하도록 하며, 도적질한 자는 적몰해서 그 집의 노비로 삼게 하였다"라고 하였다. 이것은 8조 중에 세 가지이다. 나머지는 고찰할 수 없다. 또 이수광(李睟光)이 쓴 『지봉유설(芝峯類說)』을 살펴보면, "누군가가 오륜을 덧붙여 8조로 삼은 게 아닌지 의심스럽다"라고 하였다. ○ 정전(井田)을 구획하였으며 덕정(德政)을 베풀고 농상(農桑)을 권장하였다. 시절이 화합하여 대대로 풍년이 들어 조정과 백성들이 흔연히 기뻐하고 백성들의 삶이 평안하고 즐거웠다. 각기 그 생업을 즐기니 대동강이 황하(黃河) 같았고 영명령(永明嶺)이 숭산(嵩山) 같았다. 노래를 지어 그 덕을 칭송하였다. 정전은 평양부 남쪽 밖 성안에 있다. 유적이 지금까지도 뚜렷하다.

주(周)에 조빙하면서 흰 수레와 흰 말을 이용하였는데 옛 은(殷)의 터를 지나게 되었다. 느낀 바가 있어 맥수가(麥秀歌)를 지어 교훈으로 삼았다. 『주서대전(周書大傳)』을 살펴보면 주나라에 조빙하면서 노래를 지은 것은 미자(微子)가 한 일이었다. 또 기자는 상(商)에 있을 때 나라가 멸망에 빠지자 "나는 신하가 될까 근심스럽다"라고 말하였다. 만약 주에 조빙하였다면 이것은 신하의 직분을 닦은 것이 된다. 전하는 기록에서 이런 것은 가히 의심스럽다.

기자가 죽었다. 『진조통기(震朝通紀)』를 살펴보면, 가로되 "기자는 병술년에 태어나 무오년에 죽었다. 주 무왕과 같은 시기를 보냈으며 수명 또한 같았으니, 이상하도다"라고 하였다. 무덤은 평양부에 있다. 『사기평림』을 살펴보면, 미자세가(微子世家) 주석의 색은(索隱)에서, "두예(杜預)가 '양국(梁國) 몽현(蒙縣)에 기자총(箕子塚)이 있다.'고 했다"라고 하였고, 『대명일통지』에서는 "몽현에는 기자총이 없다"라고 하였으며, 산동포정요동사(山東布政遼東司) 고적조(古蹟條)에서는 "평양성 밖에 기자묘(箕子墓)가 있다"라고 하였다. 두예의 이야기가 무엇을 근거로 했는지 알 수 없지만, 어찌 전해 들은 것이 잘못이겠는가. ○ 또 『후한서(後漢書)』를 살펴보니, "기자가 조선으로 피하여서 8조의 규약을 베풀었다. 완고하고 야박한 풍속을 되돌린 까닭으로 그 나라는 유순하고 몸가짐을 삼가는 나라가 되어 서·남·북 3방과는 다른 지역이 되었다"라고 하였다. 유종원(柳宗元)의 기자비(箕子碑)에서는 "오직 도와 가르침으로 풍속을 이끌어 오랑캐를 중화가 되게 하였다"라고 했는데, 참으로 사실을 기록한 것이다. 기자는 우리 동방에서 진실로 인재를 양성한 큰 은혜를 베풀었으니 기자의 인현(仁賢)의 가르침이 없었다면 우리 동방은 머리를 풀어 헤치고 왼쪽으로 옷을 여미었을 것이다. 공자가 9이(九夷)에 살고자 한 것이 동방에 기자가 남긴 교화가 있었기 때문 아니었겠는가. 우리 역사의 여러 글을 살펴보면 기부(箕否)를 기자의 41대손이라고 한다. 기자에서 기부에 이르는 사이에 40세가 있는데, 세대를 이어온 군주가 드러나 있지 못하니 애석하도다. 우리나라의 문헌으로는 징험할 수 없다. 또 여러 사서에 기자의 후손 조선후(朝鮮侯)가 주(周) 양왕(襄王)이 군사를 일으켜 연(燕)을 치고자 하는 것을 보고 주 왕실을 받들고자 하였는데, 대부(大夫) 예(禮)가 간하여 멈추었다고 한다. 이것은 분명히 전국시대의 있었던 것이나 역시 그 세계와 이름은 알지 못한다. 그런 까닭으로 드러내어 기록하지 못하였으니 가히 개탄스럽도다.

기부(箕否) 기자의 41대손이다.

진(秦) 시황(始皇) 33년 진나라에 복속하였다. 이때 진이 장성을 쌓아 요동(遼東)에 이르렀는데 부(否)가 두려워하여 복속하였다.

기준(箕準) 부(否)의 아들이다. ○ 『위략(魏略)』에서는 조선후 기준이 처음으로 왕을 칭하였다고 했고, 『여지승람』에서는 무동왕(武東王)이 준(準)이라고 하였다.

한(漢) 혜제(惠帝) 원년 연나라 사람 위만이 준(準)을 습격하니, 준이 나라를 잃고 남쪽으로 옮겨갔다. 이에 앞서 연왕 노관(盧綰)이 모반하여 흉노로 들어갔다. 위만이 망명하여 무리를 모아 오랑캐 옷을 입고 동쪽으로 골수(汨水)를 건너와서 서쪽 지역에 살면서 변방 울타리가 될 것을 구하니 준이 신뢰하고 백 리를 봉(封)하여 서쪽 변방을 지키게 하였다. 이에 이르러 위만이 거짓으로 한(漢)의 병사가 크게 이르렀다고 하고 들어가 숙위할 것을 청하였다가 이내 준을 습격하였다. 준이 싸웠으나 상대가 되지 못하여 도망쳐 남쪽으로 옮겨갔다. 기자 기묘년에 일어나 기준 정미년에 그쳤으니 모두 929년이었다. 살펴보건대 기부·기준은 세계와 이름이 분명히 있어 여기에 특별히 기록하였으나 역시 그 재위 연수는 헤아릴 수 없다.

『조선역대사략』 권1, 삼한 - 마한, 진한, 변한

마한(馬韓) 한(漢) 혜제(惠帝) 정미년에 기준(箕準)이 위만(衛滿)에게 쫓겨 좌우 관인을 거느리고 바다를 통해 남쪽으로 금마군에 이르러 나라를 세우고 한왕(韓王)을 칭하였다. 50여 국을 거느렸다. … 정미년에 일어나 기사년에 그쳤으니, 모두 203년이었다. 기자에게 왕위를 전한 것이 앞뒤를 합하면 1,131년이다. 살펴보면 기준이 땅을 빌려준 위만에게 이미 나라를 빼앗겼는데도 그 후손이 또 온조에게 땅을 빌려주었다가 마침내 패하여 멸망하였다. 호랑이를 길러 근심을 남기고도 뒤에 앞의 일을 징험으로 삼지 않아 드디어 인현(仁賢)의 제사가 사라지게 하였으니 애석하도다. 또 이정구(李廷龜)의 기자 숭인전비(崇仁殿碑)를 살펴보면, 대략 이르되, "말년에 나약한 손자 3명이 있었는데, 친(親)이라 부르던 자는 그 후에 한씨(韓氏)가 되었고, 평(平)이라 부르던 자는 기씨(奇氏)가 되었고, 양(諒)이라 부르던 자는 용강 오석산에 들어가 선우씨(鮮于氏)의 세계를 이었다"라고 하였다. 『운서(韻書)』에 이르기를 "선우(鮮于)는 자(子) 성(姓)이다. 주(周)가 기자를 조선에 봉(封)하고 지자(支子) 중(仲)이 우(于)를 식읍으로 얻어서 선우를 성씨로 삼았다"라고 하였다. 『강목(綱目)』에서는 "기자를 조선에 봉하고 그 아들에게 우(于)를 식읍으로 주어서 선우를 성씨로 삼았다"라고 하였다. 조맹부(趙孟頫)가 선우추(鮮于樞)에게 주었던 시에 이르기를, "기자의 후손에는 수염 많은 늙은이가 많도다. 선우가 기자의 후손이라는 것은 이미 밝고 분명하게 나타나지 않는가"라고 하였다. 홍무(洪武) 연간에 선우경(鮮于景)이라는 사람이 있었는데, 중령별장(中領別將)이 되었다. 그 7대손인 식(寔)이 태천(泰川)에서 와서 숭인전 곁에 살았다. 드디어 식을 기자의 후손으로 삼고 전(殿)의 칭호를 숭인(崇仁)으로 높였다. 식을 전감(殿監)으로 삼았으며, 자손이 대대로 이어받았다고 한다. 이는 기자의 후손에 관계되는 일이고 또한 우리나라에서 숭상하여 받드는 뜻과 관련된 것이므로 함께 기록한다.

『조선역대사략』 권1, 위만조선

위만(衛滿) 한(漢) 혜제(惠帝) 원년 정미년에 위만이 기준(箕準)을 쫓아내고 왕검성(王儉城)에 웅거하였다. 나라 이름을 또한 조선이라 칭하고 왕검성 지금의 평양에 도읍하고 그 주변의 고을 수천 리를 침공하여 항복을 받아냈다. 한 무제(武帝) 때 위만의 손자 우거(右渠)가 한(漢)의 망명인들을 꾀어 받아들인 자가 많았고, 황제를 알현한 적도 없었다. 진국(辰國)이 한(漢)에 조빙하려고 하였으나 우거가 길을 막아 뜻을 이루지 못하였다. 황제가 우거를 책망하고 타일렀으나 끝내 받들어 조빙하는 것을 달갑게 여기지 않고 한의 사자를 죽였다. 원봉(元封) 3년 계유년에 황제가 제남태수(濟南太守) 공손수(公孫遂)를 보내 정벌케 하니 나라 사람이 우거를 죽이고 항복하였다. 그 땅을 나누어 4군으로 삼았다. 정미년에 일어나 계유년에 멸망하였으니 모두 87년이었다.

『조선역대사략』 권1, 사군(四郡)

낙랑(樂浪) 조선의 본토이다. 조선현(朝鮮縣)으로 읍치(邑治)를 삼았는데, 지금의 평양부이다, **임둔(臨芚)** 예국(濊國) 땅이다. 동이현(東暆縣)으로 읍치를 삼았는데, 지금의 강릉부이다, **현도(玄菟)** 동옥저의 땅이다. 혹자는 읍치가 함흥부에 있다고 한다, **진번(眞蕃)** 삽현군(霅縣郡)으로 읍치를 삼았다. 배극준(裵克浚)이 편찬한 『역년통고(歷年通攷)』를 살펴보면, "『한서(漢書)』에서 '요동(遼東)은 동쪽으로 진번의 이익을 빌렸다.'고 하였으니, 진번은 요동에 있었음을 알 수 있다. 분명 함경 이북 변방 오랑캐가 거주하던 땅이다"라고 하였다. 또『사략(史略)』의 주를 살펴보면, "번(蕃)의 음은 파(婆)이다"라고 하였다. 『동사(東史)』의 주에는 "삽(霅)은 호(胡)와 갑(甲)의 반절이다"라고 하였다. ○ 한(漢) 소제(昭帝) 시원(始元) 5년 기해년에 4군을 고쳐 2부로 삼았다. 계유년에서 기해년까지 총 27년이었다.

『조선역대사략』 권1, 2부(府)

평주도독부(平州都督府) 현도(玄菟)와 진번(眞蕃) 등의 군을 부(府)로 삼았다, 동부도독부(東府

都督府) 낙랑(樂浪)과 임둔(臨屯) 등의 군을 부로 삼았다. 한(漢) 원제(元帝) 건소(建昭) 2년 갑신년에 2부는 고구려 시조에게 병합되었다. 기해년에서 갑신년까지 총 46년이었다.

『조선역대사략』 권1, 삼국기 - 신라, 고구려, 백제

한(漢) 원제(元帝) 건소(建昭) 2년, 신라왕 혁거세 21년, 고구려 동명왕 원년 … ○ 동부여 왕 해부(解扶)는 늘그막에 아들이 없었다. 곤연(鯤淵)에서 어린아이를 얻었는데 금색에 개구리를 닮았다. 기뻐하고 키워서 금와(金蛙)라고 이름을 지었다. 금와가 하백(河伯)의 딸 유화(柳花)를 우발수(優渤水)에서 얻어 방 가운데 가두어두었다. 해그림자를 받아 임신해서 큰 알을 낳았다. 한 남자아이가 껍질을 깨뜨리고 나왔는데 골격이 두드러져 영걸스럽고 위대하였다. 일곱 살이 되자 스스로 활과 화살을 만들었는데, 쏘는 대로 맞췄다. 부여의 풍속에 활을 잘 쏘는 자를 주몽이라 일컬었으므로 이름을 주몽이라 하였다. 금와의 일곱 아들이 그를 싫어하여 죽이려 하니, 주몽이 도망하여 졸본부여에 이르렀다. 그 왕이 딸을 아내로 주었고, 그 왕이 죽을 때 아들이 없자 주몽이 왕위를 계승하였다. 비류수(沸流水) 가에 도읍하고 나라 이름을 고구려라고 하였다. 동부여는 압록강변에 있고, 우발수(優渤水)는 영변부(寧邊府)에 있으며, 비류수(沸流水)는 성천(成川)에 있다.

신라왕 혁거세 39년, 고구려 동명왕 19년 고구려 동명왕이 훙서하자 태자 유리가 즉위하였으니, 곧 유리왕(琉璃王) 이름은 유리(類利)이고 동명왕의 태자이다.이다. 재위 기간은 36년이다. ○ 처음에 왕이 부여에 있을 때 예(禮)씨를 아내로 맞았는데, 임신하였다. 왕이 이미 떠난 뒤에 유리를 낳았다. 돌 던지기를 좋아하여 일찍이 참새를 맞추려다가 잘못하여 물 기르는 부인의 물동이를 잘못 맞추었다. 부인이 아비 없는 자식이라고 나무랐다. 유리가 돌아와 그 어머니에게 물으니, 어머니가 이르기를, "네 아버지가 남쪽으로 도망갈 때 나에게 말하기를 '유물을 일곱 고개와 일곱 계곡에 있는 돌 위의 소나무 아래에 숨겨놓았으니, 이것을 얻는 자가 내 아이이다'라고 했다"라고 말하였다. 유리는 주춧돌에 일곱 모서리가 있는 것을 보고는 스스로 일곱 고개와 일곱 계곡은 일곱 모서리를 의미하고 돌 위의 소나무는 기둥을 의미한다고 해석하고는 이내 수색하여 끊어진 검을 찾았다. 졸본에 이르러 왕에게 드렸다. 왕이 가지고 있던 검을 꺼내어 합쳐보니 과연 맞았다. 드디어 후사로 삼으니 이에 이르러 즉위하였다.

한(漢) 성제(成帝) 홍가(鴻嘉) 3년, 신라왕 혁거세 40년, 고구려 유리왕 원년, 백제 온조왕 원년 고온조(高溫祚)가 위례성(慰禮城)에 나라를 세우고 나라 이름을 이르러 백제(百濟)라 하였다. 스스로 즉위하여 온조왕이 되었는데 재위 기간은 46년이었다. ○ 처음에 주몽이 피난하여 졸본부여에서 그 왕의 딸을 부인으로 맞아 두 아들을 낳으니, 첫째는 비류라 하고 둘째는 온조라 하였다. 주몽이 부여에 있을 때 예(禮)씨에게서 낳은 유리를 태자로 삼자 비류와 온조는 용납되지 못할까 두려워하여 결국 남쪽으로 갔다. 비류는 미추홀에 살았지만, 땅이 습하고 물에 소금기가 있어서 편안히 살 수 없었다. 위례에 와서 보니 도읍이 이미 안정되었고 백성은 편안하였다. 부끄럽고 화가 나서 죽었다. 그 신하와 백성이 모두 온조에게 귀의하였다. 드디어 나라 이름을 고쳐 백제라 하였다. 위례성은 지금의 직산이며, 미추홀은 지금의 인천이다. ○『삼국사기(三國史記)』의 주를 살펴보면, "해부루(解夫婁)의 손자 우태(優台)가 졸본 연타발(延陀勃)의 딸 소서노(召西奴)를 취하여 온조를 낳았다. 우태가 죽자 소서노가 졸본에서 과부로 지냈는데 취하여 비로 삼았다"라고 하였다. …

신라 남해왕 9년, 고구려 유리왕 31년, 백제 온조왕 31년 부여국이 고구려를 침공하자 왕이 아들 무휼(無恤)에게 무찌르도록 하였다. …

신라 남해왕 18년, 고구려 대무신왕 4년, 백제 온조왕 40년 고구려왕이 부여국을 쳐서 그 왕 대소(帶素)를 죽였다. 대소는 금와의 태자이다. 금와가 죽자 왕위를 계승하여 왕이 되었다. 이에 이르러 왕이 숙위하는 장수와 병사 수십 명에게 몰래 명령을 내려 죽이게 하였다. 대소의 아우는 화가 자기에게 미칠 것을 두려워하여 좌우의 사람들과 함께 갈사수(曷思水) 물가로 달아나 즉위하여 왕이 되었다. 갈사수는 압록강 북쪽에 있었던 것으로 의심된다.

『조선역사(朝鮮歷史)』

학부 편집국

『조선역사』는 1895년(고종 32) 학부 편집국(學部 編輯局)에서 최초로 펴낸 국사 교과서이다. 국한문 혼용의 3권 3책으로 구성되었으며, 단군조선부터 조선 고종 30년(1893)까지 편년체로 다루었다.

1894년 6월 28일 군국기무처는 의정부 산하에 편사국(編史局)을 두어 역사 편찬을 담당하도록 하였고, 이때 학부 편집국을 두어 교과서 편찬을 맡도록 했다. 1895년 무렵의 교과서로는 『조선역사』를 비롯 『조선역대사략(朝鮮歷代史略)』(한문), 『조선약사(朝鮮略史)』(국한문) 등이 있다. 이때 편찬 담당자는 김택영과 현채로 추정되지만 확실치는 않다.

『조선역사』에서는 고대사의 전통을 단군-기자-마한-통일신라로 체계화하였다. 이른바 삼한 정통론에 따라 단군-기자 다음에 위만조선이 아닌 마한을 먼저 배치한 것이다. 그리고 단군기(檀君紀)에서는 단군의 이름과 치적, 가족 등을 구체적으로 언급하여 역사성을 강조하였고, 기자기(箕子紀)에서도 기자의 행적을 서술한 후 기준까지 다루었다. 연나라와의 대립이나 구체적인 지리 고증은 언급하지 않았다. 이후 위만에게 쫓긴 기준이 마한을 세웠고, 위만은 손자 우거왕 때 한나라에 망하여 4군이 되었다고 기술하였다.

『조선역사』 권1, 단군기

단군(檀君)은 이름은 왕검(王儉)이니 혹은 왕험(王險)이라 한다. 동방에 처음에 군장(君長)이 없었는데 신인(神人)이 있어 태백산(太白山) 단목(檀木) 아래에 내려오니 나라 사람들이 받들어 임금으로 삼으니 단군으로 일컫고 국호를 조선(朝鮮)이라 하였다. 처음에 평양(平壤)에 도읍하였다가 후에 백악(白岳)에 도읍했다. 태백산은 지금 영변(寧邊)의 묘향산(妙香山)이며 백악(白岳)은 지금 문화(文化)의 구월산(九月山)이다.

무진(戊辰) 원년(元年)이다. 당요(唐堯) 25년이다. 백성을 가르치고 머리카락을 묶어 머리를 덮게 했다. ○ 팽오(彭吳)에게 명하여 국내 산천의 지세가 높고 험하며 높고 낮음을 살펴 백성이 거주하는 곳을 정하게 하였다.

갑술(甲戌) 하(夏)나라 우(禹)임금 18년이다.에 아들 부루(扶婁)를 보내어 하우씨(夏禹氏)를 도산(塗山)에서 조회하게 하였다. ○ 후에 아사달(阿斯達)에 들어와 끝난 바를 알지 못한다. 아사달은 구월산(九月山)으로도 일컫는다.

『조선역사』 권1, 기자기

기자(箕子)는 성(姓)이 자씨(子氏)로 이름은 서여(胥餘)이다. 은(殷)나라의 태사(太師)이고 주(紂)의 제부(諸父)이니, 무왕(武王)이 상(商)나라를 이기고 기자가 동쪽으로 조선(朝鮮)에 들어오니 무왕이 봉하여 평양(平壤)에 도읍하였다. 자(子)는 작호이고 기(箕) 땅을 식읍(食邑)으로 하였기에 기자라 칭한다.

기묘(己卯) 원년에 주나라 무왕(武王) 원년이다. 백성에게 예악(禮樂)을 가르치고 8조(八條)의 법을 베풀었다. ○ 정전(井田)을 구획하고 덕정(德政)을 베풀고 농사일과 뽕나무 가꾸는 일을 권장하니 나라가 태평하고 풍년이 들어 시절이 좋았다. 조야(朝野)가 기쁘고 즐거워 노래를 지었고 덕(德)을 칭송했다.

임오(壬午)에 주(周)나라에 조근할 때 소거(素車)와 백마(白馬)로 옛 은허(殷墟)를 지나다가 감응하여 맥수가(麥秀歌)를 지었다.

무오(戊午)에 기자(箕子)가 죽으니 묘는 평양(平壤)에 있다.

기부(箕否) 기자의 41대손이다.

정해(丁亥) 원년 진(秦)나라 시황(始皇) 36년에 진(秦)나라에 복속했다.

기준(箕準) 부(否)의 아들이다.

정미(丁未) 원년 한(漢)나라 혜제(惠帝)의 원년이다. 연나라 사람 위만(衛滿)이 준(準)을 기습하니 준이 나라를 잃고 남으로 옮겨 갔다.

기자의 기묘년에 시작하여 기준의 정미년에 끝나니, 모두 929년이다.

『조선역사』 권1, 삼한 - 마한, 변한, 진한

마한(馬韓)은 한(漢) 혜제(惠帝) 정미(丁未)에 기준(箕準)이 위만(衛滿)에게 쫓기게 되어 바다를 거쳐 남으로 금마군(金馬郡)에 이르러 나라를 세우고 한왕(韓王)이라 칭하였는데, 여러 대를 거쳐 후에 온조(溫祚)에게 멸망한다. 금마군(金馬郡)은 지금의 익산(益山)이다.

정미년에 시작하여 기사년에 끝나니, 모두 203년이다.

『조선역사』 권1, 위만

위만(衛滿)은 한(漢) 혜제(惠帝) 정미(丁未)에 위만이 기준(箕準)을 쫓아내고 왕검성(王儉城)을 근거로 하여 국호를 또한 조선(朝鮮)이라 칭했다.

한 무제(武帝) 때 위만의 손자 우거(右渠)는 한나라의 망명인을 꾀어 받아들이니 한 무제가 노하여 위만조선을 공격하였는데, 조선의 사람들이 우거를 죽이고 항복하니 그 땅을 나누어 4군(四郡)으로 삼았다.

정미년에 시작하여 계유년에 끝나니, 87년이다.

『조선역사』 권1, 삼국 - 신라, 고구려, 백제

혁거세(赫居世)는 성은 박씨(朴氏)이고, 이름은 혁거세이다. 재위 61년이다. 처음에 조선 유민(遺民)이 동해 연안에 분산되어 살면서 군장(君長)이 없었는데 …

갑신(甲申)에 고주몽(高朱蒙)이 나라를 세워 국호를 고구려(高句麗)라 하고 졸본부여(卒本扶餘)에 도읍하고 스스로 왕위에 올라 동명왕(東明王)이 되니 재위 19년이다. 고주몽은 동부여(東扶餘) 왕의 사위이고 졸본부여는 지금의 성천(成川)이다.

『대한지지(大韓地誌)』

玄采(1856~1925)

『대한지지』는 현채(玄采)가 『동국여지승람(東國輿地勝覽)』과 일본인의 기록을 참조하여 엮은 한국지리 교과서이다. 국한문 혼용으로 서술되었고, 서문과 발문은 학부 편집국장인 이규환(李圭桓)이 집필하였다. 1899년(광무 3)에 신연활자본의 초판이 최초로 발간되었고 1907년(융희 1)까지 중간(重刊)된 사실이 확인되었다.

현채는 조선의 대표적 역관(譯官) 가문이었던 천녕(川寧) 현씨가에서 출생하였다. 1873년 18세의 나이로 역과(譯科)의 한학(漢學)에 급제하였으나 별다른 직책을 맡지 못하다가 1892년 부산항 감리서의 번역관으로 발탁되었다. 1899년 학부 편집국 위원에 임명되어 학부(學部)에 재직하면서 서양과 일본의 서적을 번역하여 역사서를 편집하는 일을 하였다. 『만국사기(萬國史記)』, 『보통교과동국역사(普通敎科東國歷史)』, 『중등교과동국사략(中等敎科東國史略)』 등을 집필하였다. 그가 저술한 역사 관련 서적은 매우 많지만, 대부분 애국 의식을 고취시킨다는 이유로 일제에 의하여 금서(禁書) 조치되었다. 하지만 그는 1915년 『매일신보』에 임나일본부설, 신공황후(神功皇后) 신라 침공설 등에 기초하여 한일관계를 연재하면서 식민 지배를 합리화하는 글을 썼다. 1923~1924년에는 조선사편수회의 전신인 조선사편찬위원회에서 위원으로 활동하였다.

책의 구성은 총 14편(2책)이다. 내용은 총론(總論) 1편과 전국 13도를 각각 하나의 편으로 다루었다.

『대한지지』에서는 단군조선, 기자조선, 위만조선의 삼조선의 체계를 바탕으로 고조선과 관련된 각 지역의 역사와 유적을 서술하였다. 각 지역의 고조선 관련 유적은 마니산, 삼랑성, 구월산, 기자릉, 숭인전 등이 소개된다. 또한 환웅이 내려온 태백산을 묘향산으로 보고 있으며 평안남도는 고조선의 땅으로 위만조선이 멸망하고 낙랑군이 되었다가 그 후에 고구려가 차지했다고 보았다.

『대한지지』 제1편, 총론 제5과 연혁

경기·충청·전라도는 옛 마한(馬韓)·백제(百濟)의 땅이며 경상도는 옛 신라(新羅)·변한(卞韓)·진한(辰韓)의 땅이요 함경·평안·황해도는 고조선(古朝鮮)·고구려(高句麗)의 땅이고 강원도는 옛 예맥(濊貊)의 땅이다. 우리 동방이 옛날에는 군장(君長)이 없었는데 환인(桓因)이라 칭하는 사람이 있어 아들 웅(雄)을 낳았고 웅이 태백산(太白山) 지금의 영변(寧邊) 묘향산(妙香山) 단목(檀木) 아래에 거처를 쌓고 아들 왕검(王儉)을 낳았는데 장성하니 성덕(聖德)이 있어 나라 사람들이 추존하여 왕으로 삼고 단군(檀君)이라 불렀다. 국호는 조선(朝鮮)이라 하니, 이는 중국[支那] 요(堯)임금 25년 무진(戊辰)이며 우리 대한(大韓)이 개국하기 기원전 3734년이라 평양(平壤)에 도읍하였다가 후에 다시 백악(白岳) 지금 문화(文化) 구월산(九月山)으로 도읍을 옮겼다. 그 후대는 문헌에 전해오지 않으며 이후 1천 년을 지나 기자(箕子)가 은나라 사람 5천 명을 거느리고 평양에 와서 왕위에 올라 8조(八條)의 가르침을 반포하고 농사일과 뽕나무 가꾸는 일을 가르쳐 929년을 지나 41대손 무동왕(武東王) 이름은 준(準)이 연나라 사람 위만(衛滿)에게 쫓겨 바다에 떠서 남쪽으로 가서 금마군(金馬郡) 지금의 전라도 익산군에 이르니 이는 곧 마한이다. 진한, 변한과 병립하여 삼한이 되었다 … 위만은 그 손자 우거(右渠)에 이르러 한 무제(漢武帝)에게 멸망하고 후에 고주몽(高朱蒙)이 말갈에서 일어나 요동(遼東)을 근거로 하였다가 그 후손이 평양으로 도읍을 옮겼는데 고구려라 부르고 …

『대한지지』 제2편, 경기도 제2과 산맥·하류

마니산(摩尼山)은 강화도 남단에 있다. 이는 단군(檀君)이 단을 설치하여 하늘에 제사 지내던 곳이다. 또 마니산 동북쪽 전등산(傳燈山)에 삼랑성(三郞城)이 있으니, 이것도 단군이 왕자 3명을 보내어 쌓은 성(城)인 이유로 삼랑(三郞)이라 이름한 것으로 그 자취가 남아 있으며

『대한지지』 제9편, 황해도 제2과 산맥·하류

구월산(九月山)은 본도(本道) 서북 구석 평양(平壤) 대동강(大同江)변에 우뚝 솟아

있다. 서남으로는 박석산(博石山)과 대치하며 동으로는 멀고 아득히 절령(岊嶺)과 서로 마주 보니, 이는 곧 단군의 옛 도읍이다.

『대한지지』 제10편, 평안도 제1과 위치경계·지세·연혁

평안도 남북 섬의 연혁은 옛날 기자조선(箕子朝鮮)의 땅이니 기자가 망한 후에 낙랑군(樂浪郡)이 되며 그 후 고구려(高句麗)에 속하고

『대한지지』 제10편, 평안도 제4과 도시·경관이 좋은 곳

평양(平壤)은 평안남도의 수부(首府)이다. 대동강변에 있으니 옛날 기자(箕子)와 위씨(衛氏)·고씨(高氏)의 옛 도읍이라 … 그 서남쪽 산 중턱에 기자릉(箕子陵)과 숭인전(崇仁殿)이 있고

『동국역대사략(東國歷代史略)』

학부 편집국

『동국역대사략』은 1899년 대한제국의 학부(學部)에서 편찬한 교과서용 책이다. 당시 학부 편집국장이었던 이규환이 쓴 발문에 김택영(金澤榮, 1850~1927)이 집필에 참여했음을 전한다. 김택영은 대한제국의 관료이자 학자이다. 1894년 고종 31년에 편사국 주사로 관직 생활을 시작하였으며, 중추원 서기관, 『문헌비고』 속찬위원, 학부 편집위원 등을 역임하였다. 1905년 을사늑약이 체결되면서 중국으로 망명하여 저술 활동을 지속하였으며, 중국 정부에 우리나라의 독립을 지원해 줄 것을 요청하는 글을 쓰기도 하였다. 『한국역대소사(韓國歷代小史)』, 『한사경(韓史綮)』 등의 책을 저술하였으며, 『창강고(滄江稿)』, 『소호당집(韶濩堂集)』 같은 시문집을 남겼다.

『동국역대사략』은 고려 이전의 역사를 편년체로 서술하였는데, 순한문으로 쓰였다. 총 3책 6권으로 구성되어 있다. 1책은 단군조선에서 삼국까지를 다루었으며, 2책은 통일신라에서 고려 의종 때까지를, 3책은 고려 명종부터 고려 말까지 다루었다. 각 책마다 2권씩 구성되어 있다. 제1권은 단군조선, 기자조선, 위만조선 등 3조선과 마한을 다루었으며, 제2권은 고구려, 백제, 신라 등 3국의 역사를 연대순으로 다루었다. 제3권은 통일 신라를 다루었으며, 제4권부터는 고려의 역사를 다루었다. 조선 이후의 역사는 『대한역대사략(大韓歷代史略)』이라는 이름으로 1899년 같은 해에 별도로 간행하였다.

이 책은 기자조선 다음에 위만조선을 넣어 마한 정통론적 입장에서 벗어나 있다. 다만 삼국기에서 마한의 연기(年紀)를 삼국 각국의 연기 앞에 언급하고 있다는 점에서 마한의 정통성을 드러내고 있다. 삼국에 대해서는 따로 정통을 두지 않고 삼국의 연기를 모두 실어주고 같은 연도에 일어난 사건을 함께 다루었다. 연기는 마한, 신라, 고구려, 백제 순으로 언급하였고, 중국, 일본의 연기와 서력 연도도 함께 제시하였다.

삼국기, 고려기의 내용은 대체로 『삼국사기』, 『고려사』 등의 내용을 축약하고 있는데, 삼국기의 일부 내용은 『삼국사기』와 다른 부분도 있다. 마한기존의 편에서는 마한 여러 왕의 이름과 재위 기간도 다루고 있어 조선 시대 야사의 내용도 반영하였음을 알 수 있다. 논란이 되는 부분이나 지리, 연대 고증이 필요한 부분에 대해서는 '안(按)'이라 하여 저자의 사론을 덧붙였다.

『동국역대사략』에서는 고조선을 단군조선, 기자조선, 위만조선으로 구분하여 서술하였으며, 기자조선의 마지막 왕인 준왕과 연결되는 마한에 대해서도 다루었다. 위만조선을 별도의 항목으로 다루고 있으며 위만조선 이후 한이 설치한 4군과 2부도 위만조선 항목에 덧붙여서 다루고 있다는 특징을 살필 수 있다. 고조선과 중국의 경계였던 패수는 평양 근처의 강으로 보았으며, 전성기 시절 고조선에 대해 진번, 임둔, 현도 등 여러 세력이 포함되어 있었다고 하여 연맹체적인 성격의 국가로 이해하였음을 엿볼 수 있다. 부여는 독자적으로 다루지는 않고 고구려, 백제의 역사 속에 나오는 내용을 바탕으로 언급하였다. 고구려 시조 주몽의 기원을 다루는 과정에서 부여 왕 해부루와 금와 등의 행적을 다루었고, 고구려와 부여의 전쟁 및 외교 관계 등을 『삼국사기』를 참고하여 서술하였다. 단군 이야기에 나오는 태백산과 백악을 비롯하여 왕검성, 졸본, 위례성, 미추홀 등의 위치를 당시 행정 단위명으로 비정하였다. 또한 단군조선의 세대, 기자조선의 원년, 마한의 여러 왕 등 논란이 있을 만한 내용에 대해 저자의 의견을 덧붙였다.

『동국역대사략』 권1, 단군조선기

옛 말에 이르기를, "조선의 땅은 동방에서 가장 먼저 햇빛을 선명하게 받아들이는 곳이기 때문에 조선이라고 일컬었다"라고 하였다.

단군은 성이 단이고 이름이 왕검이다. 혹은 왕험이라고 일컫는다. 동방에 처음에는 군장이 없었으며, 사람들은 풀로 옷을 해 입고 나무를 이용하여 밥을 먹었다. 여름에는 소굴에서 지내고 겨울에는 동굴에서 지냈다. 어떤 사람이 태백산 박달나무 아래로 내려왔는데, 신령스러웠으며 명철하고 지혜로웠다. 나라 사람들이 세워서 임금으로 삼았다. 이가 단군이 되었다. 나라 이름을 조선이라고 하였다. 비로소 백성들에게 머리카락을 엮어 머리를 덮는 것을 가르쳤으며, 임금과 신하, 남자와 여자, 마시고 먹는 것, 사는 것에 대한 제도를 세웠다. 하나라 우임금이 도산에서 제후들과 회동한다는 소식을 듣고 그 아들 부루를 파견하여 가서 참여하게 하였다. 처음에 평양에 도읍을 하였다가 후에 백악으로 옮겼다. 세대를 전한 것이 1017년이었다. 살펴보면, 단씨는 도당씨 요임금 25년 무진년에 나라를 열었으며 상나라 무정 8년 갑자년에 왕조가 끊겼다. ○ 단씨의 마지막인 갑자년에서부터 기자 원년 기묘년까지는 모두 합하여 196년이다. ○ 태백산은 지금의 영변부 묘향산이며, 백악은 지금의 문화군 구월산이다.

『동국역대사략』 권1, 기자조선기

기자는 성은 자이며 이름은 서여이다. 자의 작위에 기 땅을 봉읍으로 받았기 때문에 기자라고 한다. 은나라 왕 성탕의 후손이다. [은나라 마지막 왕] 주왕의 제부인데, 태사의 직책을 가지고 주왕을 섬겼다. 주왕이 무도한 행위를 하게 되자 기자가 미자에게 고하여 이르기를, "상나라가 망하여도 나는 남의 신하가 되지 않겠다"라고 하였다. 이윽고 머리를 풀어헤치고 미친 척하며 노예가 되었다. 주왕이 감옥에 가두었다. 주나라의 무왕이 천하를 차지하게 됨에 이르러 먼저 그가 갇힌 것을 풀어주었으며, [기자에게] 나아가 도리에 대해 물었다. 기자가 이에 홍범 9주를 진술하였다. 관련된 사건들이 은나라와 주나라의 역사에 이미 있다.

기자가 남녀 5천 명을 거느리고 조선으로 피하여 들어가서 평양에 도읍을 하였다. 살펴보면, 옛 설에 주나라 무왕 원년 기묘년을 기자 원년으로 삼는데 이치적으로 혹 그러할 수 있다. 시와 서, 예의와 음악, 의약과 복서의 무리가 모두 따랐다. 기자가 이에 그 백성을 예의로 가르쳤으며, 정전을 구획하였다. 여덟 조목의 가르침을 베풀었는데, 사람을 죽인 자는 죽음으로 갚도록 하였으며, 사람을 상하게 한 것에 대해서는 곡식으로 배상하게 하였으며, 도적질을 한 사람에 대해서는 남자일 경우에는 적몰하여 그 집의 노비로 삼고 여자일 경우에는 여종으로 삼게 하였다. 스스로 속량하고자 하는 자는 50만 전을 내게 하였는데, 비록 모면하여 백성이 된다 하더라도 풍속에서는 오히려 부끄럽게 여겨 결혼을 하고자 하여도 짝을 구할 수 없었다. 이로 인하여 그 백성들은 마침내 서로 도적질하지 않아 집의 문을 닫지 않고 지냈으며, 부인된 자는 정숙하고 신의가 있으며 음란하지 않았다. 밭과 들을 널리 개척하였으며, 먹고 마실 때에는 변두를 이용하였다. 인현의 교화가 있었다.

그 후손으로 조선후가 있었는데, 그 이름은 잃어 버렸다. [조선후가] 주나라가 쇠약해지고, 연나라가 왕을 칭한 다음에 장차 동쪽으로 땅을 넓히려 하는 것을 보았다. [조선후는] 화를 내며 군사를 일으켜 연나라를 치고 주 왕실을 받들고자 하였는데, 대부 예가 간하여 그만두었다. 예로 하여금 서쪽으로 가서 연나라 왕에게 유세하게 하니 연나라 역시 그치고 공격하지 않았다.

그 뒤 자손들이 점점 교만해지고 사나워졌다. 연나라가 이에 장수를 보내어 그 서쪽을 공격하였는데, 2천여 리의 땅을 취하고 만반한에 이르러 경계로 삼았다. 처음에 조선은 강성하여 동이의 여러 종족인 진번, 임둔, 현도, 부여 등의 나라들이 모두 복속되어 있었다. 이때 이르러 많은 부분이 연나라에게 함락되어 그 땅으로 편입되어 버리자 혹은 반기를 들고 떠나가거나 자립하여 조선은 드디어 약해졌다.

진 시황제가 중원 천하를 병합함에 이르러 장성을 쌓아 요동에 이르렀다. [기자의] 40대손인 부가 즉위하였는데, 진나라를 두려워하여 드디어 진나라에 복속되었다. 부가 죽고 그 아들 준이 즉위하였다. 20여 년이 지난 뒤에 진승이 군대를 일으키면서 중국은 큰 혼란에 빠졌다. 연·제·조 지역 백성들이 어려움을 겪게 되면서 점점 망명하여 준왕에게 귀부하였다.

한나라 노관이 연왕이 됨에 이르러 준왕과 연은 패수를 경계로 하였다. 노관이 반란을 일으켰다가 흉노로 망명하였다. 연 지역 사람 위만도 망명하여 무리를 거느리고 패수를 건너 [고조선의 준왕에게] 서쪽 지역에 거하여 [고조선의] 울타리가 될 수 있게 해

달라고 구하였다. 준왕이 신뢰하고 박사에 제수하였으며, 규를 내리고 백 리의 땅을 봉읍으로 주어 서쪽 변방을 다스리고 지키게 하였다. 위만이 망명한 무리를 꾀어 점차 무리를 이루었다. 이에 사람을 보내어 거짓으로 준왕에게 보고하기를, "한나라 병사가 열 길로 쳐들어오고 있으니 들어가서 숙위하고자 합니다"라고 하였다. 드디어 준왕을 습격하였다. 준왕은 [위만과] 싸웠으나 상대가 되지 못하였다. 바다로 하여 남쪽으로 도망하여 한 땅에 거하였다.기자 원년 기묘년에서부터 기준이 남쪽으로 옮겨간 정미년(기원전 194)까지 모두 합하여 929년이다. ○ 살펴보면, 패수라는 강은 우리나라 역사서에 보이는 것이 하나가 아닌데, 오른쪽에서 일컫고 있는 패수는 아마도 지금의 평양에 있는 패수가 아닐까 한다.

살펴보면, 『사기』에서 "[주나라] 무왕이 기자를 조선에 봉하였다"라고 하였으며, 또 "주나라에 조회하러 가면서 은나라의 빈 터를 지나가다가 맥수의 노래를 지었다"라고 하였다. 후세에 논하는 자들이 [이에 대해] 혹 반박하였는데, "기자가 이미 남의 신하가 되지 않을 것을 맹세하였으니 [주나라] 무왕이 어찌 [기자를] 봉할 수 있었을 것이며, 이미 봉함을 받지 않았는데 어찌 주나라에 조회하러 가는 일이 있었겠는가. 주나라에 조회하러 간 사람은 미자일 것으로 의심되며 기자는 아니다"라고 하였다. 그러므로 지금 잠정적으로 그것을 따른다.

『동국역대사략』 권1, 위만조선기, 4군과 2부을 덧붙임

위만이라는 자는 한나라 연 지역 사람이었다. 한나라 고제 12년(기원전 195) 연왕 노관이 [한나라에] 반기를 들었을 때 위만이 난리로 인해 망명하여 무리 천여 명을 모아 동쪽으로 조선으로 들어갔다. 기준을 유인하여 쫓아내고 왕검성평양의 또 다른 이름이다.에 도읍을 하였다. 곧 한나라 혜제 원년정미년(기원전 194)이다. 요동태수가 맹약을 맺어 위만을 외신으로 삼았는데, 새외의 여러 나라를 돌보아 변방을 침략하는 것이 없게 하고, 여러 나라가 [한나라에] 입조하고자 하면 금지하지 말라 하였다. 이로 인해 위만이 병기의 위세와 재물을 얻어 주변의 여러 소읍을 침략하여 항복을 받아냈다. 진번, 임둔이 모두 와서 복속을 청하니, [강역이] 사방 수천 리에 이르렀다.

[왕위를] 아들에게 전하였으며, 손자 우거왕에 이르러 한나라의 망명객들을 유인하는 것이 점차 많아졌고, 교만해져 한나라에 알현하려 하지 않았다. 또한 [남쪽에 있던] 한국을 가로막아 [한나라에] 입조하는 것을 못하게 하였다. 한나라 무제가 섭하로 하여금 타일러 깨우치게 하였으나 우거는 끝내 [한나라 황제의] 조서를 받들기를 거부하였으며, 섭하를 습격하여 죽였다.

원봉 2년(기원전 109)에 한나라 무제는 누선장군 양복을 보내 제 지역에서부터 발해로 나아가게 하고 좌장군 순체로 하여금 요동에서 출격하여 우거를 토벌케 하였다. [우거왕은] 군사를 내어 막았다. 두 장군이 그 성을 포위하니, 조선의 대신이 몰래 사람을 보내 양복에게 항복할 것을 약속하여 [두 장군 사이에] 틈이 생기게 하였다. 순체는 급히 [고조선의 왕검성을] 치고자 하였으나 양복은 [고조선 대신과의] 약속에 따라 싸우지 않았다. 순체의 뜻은 양복과 반대되었던 까닭에 서로 할 수 있는 게 없었다. 한나라 무제는 군사의 일이 오랫동안 해결되지 않자 제남태수 공손수를 보내어 정벌케 하였는데, 그때그때 상황에 따라 일을 처리할 수 있게 하였다. 공손수가 이르자 순체가 공손수에게 고하여 양복을 사로잡고 [두 장수가 거느리던] 군대를 합친 뒤에 급히 [성을] 쳤다. 이듬해 우거왕의 신하 한도, 왕겹 등이 서로 모의하여 우거왕을 죽이고 항복하였다. 위씨의 나라는 3대에 걸쳐 총 87년이었다.

한나라가 드디어 조선을 평정하고 낙랑, 임둔, 현도, 진번 4군으로 삼았다. 낙랑군의 치소는 조선현으로, 우거왕이 도읍으로 삼았던 곳이다. 임둔군의 치소는 동이현이며, 현도군의 치소는 옥저성이고, 진번군의 치소는 삽현이다. 한나라 소제 시원 5년(기원전 82)에 4군을 2부로 고쳤는데, 평나즉 진번이다.와 현도는 평주도위부로 만들고, 임둔과 낙랑은 동부도위부로 삼았다. 모두 관리를 파견하여 지키게 하였다. 그러나 이로 인해 기자의 교화는 아득히 멀어지고 백성들의 풍속은 사납고 억세져 한나라의 금지하는 법령을 따르지 않았으며, 혹은 서로 사사롭게 군장을 세웠다. 그래서 고주몽이 일어나 패자를 칭하고 점차 조선의 옛 땅을 회복하였다. 한나라 광무제는 땅이 멀고 제어하기 어려워 변방의 군을 줄이고 도위부를 파하였다. 한나라 영제가 다시 현도, 낙랑, 요동 등에 태수를 두어 통제하였는데, 위나라 때까지 이르렀다. 그러나 고씨의 후손이 점차 커지고 강대해져 모용씨가 망한 이후에 마침내 4군의 땅을 모두 차지하게 되었다. 대개 위만에서부터 주몽 원년(기원전 37)까지는 무릇 158년이다.

살펴보면, 옛 설에 낙랑은 지금의 평양부이고, 임둔은 지금의 강릉군이고, 현도는 지금의 함흥부이고, 진번은 지금의 요동 땅에 있다고 하였는데, 모두 자세지는 않다.

『동국역대사략』 권1, 마한기, 진한과 변한을 덧붙임

마한 왕의 이름은 준이다. 기자의 41대손이다. 조선후 부의 아들로 즉위한 지 20여 년이 되었을 때 위만에게 공격당하여 그 나라를 잃었다. 그 좌우에 있는 궁인들을 거느리고 바다로 하여 [남한의] 한 땅의 금마군지금의 익산군이다.에 가서 거하였다. 처음에는 한왕이라고 칭하였다. 죽게 되자 시호를 무동왕이라고 하였다. … 기자가 동쪽으로 온 때로부터 나라가 끊어지게 된 때까지는 무릇 1,136년이다. 그중에서 66년은 삼국의 시기와 이어져 있다. 지금의 선우씨, 한씨, 기씨는 모두 기자가 남긴 후예이다.

『동국역대사략』 권1, 마한기 존의

애왕 기준이 왕위에 있던 기간은 1년이다.
무강왕의 이름은 탁으로, 애왕의 아들이다. 재위 기간은 4년이다.
안왕의 이름은 감으로, 무강왕의 아들이다. 재위 기간은 32년이다.
혜왕의 이름은 식으로, 안왕의 아들이다. 재위 기간은 13년이다.
명왕의 이름은 무로, 혜왕의 아들이다. 재위 기간은 31년이다.
효왕의 이름은 형으로, 명왕의 아들이다. 재위 기간은 42년이다.
양왕의 이름은 섭으로, 효왕의 아들이다. 재위 기간은 15년이다.
원왕의 이름은 훈으로, 양왕의 아들이다. 재위 기간은 26년이다.
계왕의 이름은 정으로, 원왕의 아들이다. 재위 기간은 16년이다.
왕 학은 계왕의 아들이다. 재위 기간은 25년이다.

살펴보면, 근래에 들어 기자 마한기를 전하는 자는 기자 이하부터를 모두 왕이라 칭하고, 아울러 그 일들을 모두 이어 매었으나 그 가운데에는 잘못되고 그릇된 것이 많다. 대개 꾸며내어 지은 것들이다. 오직 그 기준에 대해서만 왕을 칭한 것이 옛 역사서에 보일 따름이다. 그러므로 지금 다만 그 10대의 시호와 이름, 재위 연대만 주워 모아 잠시 여기에 덧붙인다. 그런데 『동국여지승람』에서는 기준을 일컬어 무동왕이라고 하였는데, 여기서는 애왕이라고 칭한 것은 어찌함인가. 이 또한 능히 의심하지 않을 수 없다.

『동국역대사략』 권2, 삼국기

【갑신】 마한이 나라를 연지 158년째 되는 해, 신라 혁거세거서간 21년, 고구려 동명왕 원년, 한나라 원제 건소 2년, 일본 숭신 61년, 기원전 37년

… 고구려 시조 고주몽이 즉위하였으니, 이가 동명왕이다. 이에 앞서 동부여 왕 해부루가 늙도록 아들이 없었다. 산과 강에 제사하여 후사를 구하다가 어린 아이를 얻었는데 금색 빛깔을 띠고 개구리를 닮은 아이였다. 왕이 기뻐하여 데려다가 길렀다. 이름을 금와라고 하였다. 장성함에 세워 태자로 삼았다. 해부루가 죽고 금와가 왕위를 계승하였다. 금와가 우발수에서 여자 유화를 얻어 거두었는데, 유화가 햇빛에 감응하여 임신을 하였다. 아들이 낳으니 기골이 장대하고 영걸스럽고 위대하였다. 나이를 먹어 일곱 살이 되었을 때에 스스로 활과 화살을 만들어 쏘았는데 정확하게 맞히지 못하는 것이 없었다. 부여의 풍속에 활을 잘 쏘는 사람을 주몽이라고 일컬었기 때문에 그것으로 이름을 삼았다. 금와의 일곱 아들들이 그 재능을 시기하여 죽이고자 하였다. 주몽이 도망하여 졸본부여에 이르렀는데 그 나라의 임금이 딸을 아내로 주었다. 그 임금이 죽었을 때 아들이 없어 주몽이 계승하여 즉위하였다. 비류수 위에 도읍을 정하고 나라 이름을 고구려라고 하였다. 이로 인하려 성씨를 고로 삼았다. 사방에서 듣고는 와서 따르는 자가 무리를 이루었다. 그 땅은 말갈과 붙어 있었는데, 주몽이 도적질 당하는 피해를 입을까 근심하여 쫓아냈다. 말갈이 두려움을 가지고 복종하게 되어 감히 쳐들어오지 않았다.

부여는 본래 현도군에 속하였다. 고씨가 졸본부여에서 나라를 열자 구별하여 동부여라 하였다. 땅은 오곡이 자라기에 적당하였으며, 좋은 말과 담비 가죽, 아름다운 구슬이 생산되었다. 그 사람들은 강인하고 용맹스러웠으며, 모임을 가질 때에 예를 갖추어 사양하는 예의가 있었다. 남자와 여자 모두 순백의 옷을 입었다.

　살펴보면, 옛 설에 주몽이 요동의 구려산 아래에서 태어났기 때문에 구려를 나라 이름으로 삼았으며, 스스로 고신씨의 후예라 칭하고 그로 인하여 고를 성씨로 삼았다고 한다. ○ 우발수는 영변부에 있으며 비류수는 성천군에 있다. ○ 졸본에 대해 살펴보면, 혹은 지금의 성천군이라고 하고 혹은 지금의 삼수군이라고 하는데, 두 설 중에서 어느 것이 옳은 지는 자세히 알 수 없다.

【갑오】마한이 나라를 연지 168년째 되는 해, 신라 혁거세거서간 31년, 고구려 동명왕 11년, 한나라 성제 하평 2년, 일본 스이닌 3년, 기원전 27년

　겨울 11월에 고구려가 북옥저를 멸망시켰다. 옥저는 북쪽으로 읍루와 접하고 있었다. 읍루는 다른 이름으로는 말갈이라고 한다. 불함산 북쪽의 동쪽 해변 가의 큰 바다 근처에 있었다. 땅은 험한 산이 많고, 사람은 용맹스럽고 힘센 자가 많았다. 토지의 기운은 차가웠으며, 겨울에는 항상 동굴에서 거주하였다. 옛 숙신씨를 계승한 나라이다. 한나라 때부터 부여에게 신하의 예로 복속해 있으면서 세금을 바쳤다. 그런데 배를 타고 다니는 것을 즐기는 습속을 지니고 있었으며 도적질하는 것을 잘하였다. 옥저가 두려워하여 매번 여름이면 바위틈에 있는 동굴에 숨어 지냈으며, 겨울에 배가 통할 수 없을 때에 이르러서야 아래로 내려와서 살았다. 이때 이르러 멸망하였다.

【정유】마한이 나라를 연 지 171년째 되는 해, 신라 혁거세거서간 34년, 고구려 동명왕 14년, 한나라 성제 양삭 원년, 일본 스이닌 6년, 기원전 24년

　가을 8월에 고구려 왕의 어머니 유화가 동부여에서 죽었다. 부여 왕 금와가 태후의 예로 장사지내 주고 신령한 사당을 세워주었다.

　겨울 10월에 고구려가 사신을 보내 사례하는 마음으로 토산물을 드렸다.

【임인】 마한이 나라를 연지 176년째 되는 해, 신라 혁거세거서간 39년, 고구려 동명왕 19년, 한나라 성제 홍가 2년, 일본 스이닌 11년, 기원전 19년

… 고구려 왕이 죽고 태자 유리가 즉위하였다. 이가 유리왕이다. 처음에 동명왕이 부여에 있을 때에 취한 예씨가 임신을 하였다. 왕이 이미 [부여를] 떠난 뒤에 유리를 낳았다. [유리는] 돌을 던지는 것을 잘 하였다. 일찍이 참새를 잡기 위해 돌을 던졌는데, 잘못하여 물길어가는 부인의 항아리를 맞추었다. 부인이 아비 없는 자식이라고 꾸짖었다. 유리가 집으로 돌아와 그 어머니에게 [아버지에 대해서] 물었다. 어머니가 이르되, "네 아버지가 남쪽으로 도망할 때에 나에게 말하기를 '어떤 물건을 일곱 고개와 일곱 계곡에 있는 돌 위의 소나무 아래에다가 두었으니 이것을 찾으면 내 아이이다'고 하였다"라고 하였다. 유리는 산과 골짜기를 돌아다니다가 초석 위에 일곱 모서리가 있는 것을 보았다. 스스로 해석하여 이르기를, "일곱 고개와 일곱 계곡이라는 것은 일곱 모서리이며, 돌 위의 소나무라는 것은 기둥이다"라고 하고는 이내 수색하여 끊어져 있는 검을 찾았다. 졸본에 이르러 왕에게 올리니 왕이 보관하고 있던 검을 꺼내어서 합쳐 보았다. 과연 들어맞아 드디어 후사로 삼았는데, 이에 이르러 즉위하였다.

【계묘】 마한이 나라를 연지 177년째 되는 해, 신라 혁거세거서간 40년, 고구려 유리왕 원년, 백제 온조왕 원년, 한나라 성제 홍가 3년, 일본 스이닌 12년, 기원전 18년

봄에 백제 시조 고온조가 즉위하였다. 이가 온조왕이다. 처음에 주몽이 어려움을 피하여 졸본부여로 왔는데, 그 왕에게는 아들은 없고 단지 딸만 셋 있었다. 주몽이 평범하지 않음을 알고는 그 둘째 딸을 아내로 주었다. 왕이 죽음에 이르러 주몽이 왕위를 계승하였다. 두 아들을 낳았는데 장자는 비류라고 하였고 다음은 온조라고 하였다. 유리가 태자가 됨에 이르러 용납되지 못할까 두려워하여 드디어 오간, 마려 등 열 명의 신하들과 함께 남쪽으로 갔다. 한산에 올라 살만한 땅이 있는지 살펴보았는데, 비류는 바닷가에 거하고자 하였다. 열 명의 신하들이 간하여 이르기를, "이 하남의 땅은 북쪽으로는 한수를 끼고 있고 동쪽으로는 큰 산을 의지하고 있으며 남쪽으로는 기름진 땅을 바라보고 있고 서쪽으로는 큰 바다에 막혀 있습니다. 마땅히 이곳에

도읍을 정하소서"라고 하였다. 비류는 듣지 않고 그 백성을 나누어 미추홀로 가서 살았다. 온조는 하남 위례성에 도읍하였다. 열 명의 신하들이 보좌하였다고 해서 나라 이름을 십제라고 하였다. 비류는 미추홀의 땅은 습하고 물은 소금을 띠고 있어서 편안히 살기 어려웠다. 와서 위례성을 살펴보니 도읍은 이미 안정되었고 백성들은 평안하였다. 부끄럽게 여기고 원망하다가 죽었다. 그 신하들과 백성들이 모두 위례로 돌아오니 이에 나라 이름을 고쳐 백제라고 하였다. 계통이 고구려와 함께 부여에서 나왔으므로 부여를 성씨로 삼았다. 위례성은 지금의 직산군이며 미추홀은 지금의 인천부이다.

【을묘】마한이 나라를 연지 189년째 되는 해, 신라 혁거세거서간 52년, 고구려 유리왕 13년, 백제 온조왕 13년, 한나라 애제 건평 원년, 일본 스이닌 24년, 기원전 6년

봄 정월에 부여 왕 대소가 사신을 보내어 고구려를 빙문하였다. 서로 아들을 인질로 교환하자고 하였다. 왕은 부여가 강대한 것을 꺼려 태자 도절을 인질로 보내고자 하였다. 도절이 [부여로] 가기를 거절하자 대소가 화를 내었다.

…

겨울 10월에 부여 왕이 군사 5만으로 고구려를 침공하였다. 마침 큰 눈을 만나 군인들이 많이 얼어 죽었다. 이에 군대를 거느리고 되돌아갔다.

【계유】신라 남해왕 9년, 고구려 유리왕 31년, 백제 온조왕 31년, 한나라 왕망이 제위를 찬탈한 지 5년 째 되는 해, 일본 스이닌 42년, 13년

겨울 11월에 부여가 고구려를 침공하였다. 왕이 아들 무휼로 하여금 막게 하였다. 무휼이 기발한 꾀를 내었는데, 복병을 두어 학반령 아래에서 [부여의] 군대를 격파하였다.

【임오】신라 남해왕 18년, 고구려 대무신왕 4년, 백제 온조왕 40년, 한나라 왕망이 제위를 찬탈한 지 14년 째 되는 해, 일본 스이닌 51년, 22년

봄 2월에 고구려가 부여 왕 대소를 공격하여 죽였다. 대소는 금와의 아들이다. 금와

가 죽자 계승하여 왕이 되었다. 이때 이르러 고구려 왕이 날래고 사나운 장수 괴유로 하여금 앞으로 나아가 그 머리를 베도록 하였다. 대소의 아우는 화가 자기에게 미칠 것을 두려워하여 좌우에 있던 여러 사람과 함께 갈사수 물가로 달아났다가 즉위하여 왕이 되었다.

【계미】 신라 남해왕 19년, 고구려 대무신왕 5년, 백제 온조왕 41년, 한나라 유현 갱시 원년, 이 해에 왕망을 토벌하여 주살하였다, 일본 스이닌 52년, 23년

봄 정월에 백제의 우보 을음이 죽자 북부의 해루로 하여금 대신하게 하였다. 해루는 본래 부여 사람이다. 신기할 정도의 식견을 지니고 있어 심오하였으며, 나이가 70이 지났는데도 근력이 좋았고 허물이 없었다.

【정축】 신라 탈해왕 20년, 고구려 태조왕 24년, 백제 기루왕 원년, 동한 장제 건초 2년, 일본 게이코 7년, 77년

… 겨울 10월에 부여에서 뿔이 셋 달린 사슴과 꼬리가 긴 토끼를 고구려에 바쳤다. 왕이 상서로운 물건이라고 하여 대규모로 죄수들을 사면하였다.

【임술】 신라 지마왕 10년, 고구려 태조왕 69년, 백제 기루왕 46년, 동한 안제 연광 원년, 일본 게이코 52년, 122년

가을에 고구려 왕이 마한, 예맥과 함께 [한나라의] 요동을 쳤다. 부여 왕이 군사를 보내어 [요동을] 구원하였다. 마한에 대해 살펴보건대, 마한의 남은 무리로 고구려에 의탁하여 살던 자들이 아닐까 한다.

【경자】 신라 미추왕 19년, 고구려 서천왕 10년, 백제 고이왕 46년, 진나라 무제 태강 원년, 일본 오진 11년, 280년

겨울 10월에 숙신이 고구려를 침공하였다. 왕의 아우 달고가 엄습하여 패배시켰다. 나아가 단로성을 쳐서 빼앗고 추장을 죽였으며, 6백여 가를 부여로 옮겼다. 왕이 크게

기뻐하고는 달고를 안국군에 봉하고 내외의 군사 업무를 담당케 하고 숙신의 여러 부락도 거느리게 하였다.

【갑술】신라 소지왕 15년, 고구려 문자명왕 3년, 백제 동성왕 15년, 제나라 명제 건무 원년, 일본 닌켄 7년, 494년

봄 2월에 부여 왕이 나라를 들어 고구려에 항복하였다.

『보통교과 동국역사(普通敎科 東國歷史)』

玄采(1856~1925)

『보통교과 동국역사』는 1899년 현채가 집필한 소학교용 국사교과서이다. 김택영이 저술한 중등용 교과서 『동국역대사략(東國歷代史略)』(1899)을 초등용에 알맞게 국한문으로 풀어 쓰면서 현채가 자신의 사관에 의해 내용을 삭제하거나 보완하여 다시 서술한 것이다.

책의 구성은 5권 2책으로, 단군조선부터 조선시대까지 다루었다. 대체로 편년체를 따르고 있지만, 일부 내용은 연대를 뛰어넘어 기사본말체식으로 서술하였다.

단군조선은 근거로 삼을 문헌이 없어 상고할 수 없다고 하였다. 그러나 한편으로는 학부 편찬의 역대 교과서가 모두 하(夏)나라가 도산(塗山)에서 제후들의 회의를 소집했을 때 단군이 아들을 보내 조알(朝謁)한 사실을 실었던 데 반해 이 책은 그 기사를 삭제하여 중국에 대한 자주적 역사인식을 나타내고 있다. 또 신라의 삼국통일 과정을 다루면서 신라군의 활약과 나당전쟁을 비교적 자세하게 서술하였다. 신라정통론의 입장에서 삼국시대와 통일신라시대를 서술하였지만, 발해의 성립과 발전 과정, 거란 소손녕과의 담판에서 드러난 서희의 고구려 계승의식, 발해를 멸망시킨 거란에 대한 고려 태조의 강경책 등을 상세히 다루어 한민족을 아우르는 역사의식을 표출하였다.

『보통교과 동국역사』 권수(卷首), 단군조선기

동방에 처음 군장(君長)이 없어 인민이 풀로 된 옷을 입고 나무 열매를 먹으며 여름에는 나무 위의 집에서 살고 겨울에는 동굴에서 지냈다. 신인(神人)이 태백산(太白山)

지금의 영변부(寧邊府) 묘향산(妙香山) 박달나무 아래에 내려왔다. 그가 성덕(聖德)이 있으니, 나라 사람들이 그를 추대하여 왕으로 삼고 부르기를 단군(檀君)이라 하였다. 이때는 당요(唐堯) 25년 무진(戊辰, 기원전 2333)이고, 우리 대한의 개국 기원전 3734년이다. 역대 문헌에 근거로 삼을 것이 없어 상고할 수는 없다.

『보통교과 동국역사』 권수(卷首), 기자조선기

기자(箕子)는 자(子)가 성이고 이름은 서여(胥餘)이다. 자작(子爵)으로 기(箕)에 봉해졌으므로 기자라 부른다. 은(殷) 왕 성탕(成湯)의 후예이고, 주왕(紂王)의 제부(諸父)였다. 주왕의 태사(太師)가 되었다가 주왕이 무도함을 보고 머리카락을 풀어 헤치고 미친 것처럼 꾸며 남의 종이 되었더니, 주왕이 그를 가두었다. 그 후 주(周) 무왕(武王)이 천하를 얻자 그를 석방하고는 도(道)를 물었다. 이에 기자가 홍범 9주(洪範九疇)를 진술하고 남녀 5천 명을 거느리고 조선으로 피난하여 평양에 도읍을 정하였다.

기자가 이에 예의와 농사, 양잠과 베짜기를 백성에게 가르치고 8조의 금지법을 두었다. 살인한 자는 죽음으로써 대가를 치르게 하고, 상해를 입힌 자는 곡식으로 배상하게 하며, 도둑질한 자는 남녀가 그 집에 들어가 노비가 되고, 재물을 바쳐 죄를 면제받고자 하는 자는 한 명당 50만이었다. 비록 면하여 양민이 될지라도 풍속이 오히려 수치라 하여 시집, 장가가기가 어려웠다. 이리하여 도적이 없어서 문을 닫지 않았고, 부인이 정숙하고 믿음이 있으며 음란하지 않았다. 논밭을 개간하고 음식은 제기를 사용하니, 사람들이 인현(仁賢)의 교화가 뚜렷하였다.

그 자손이 국경을 점차 개척하여 서쪽으로 요하(遼河)를 넘고 남쪽으로 한강 이북의 춘천(春川)에 이르며 동쪽으로 함흥(咸興)·강릉(江陵)까지 예속시켰다. 그 후 자손이 교만하고 포악해졌으므로, 燕(연)이 진개(秦開)를 보내어 서쪽으로 2천여 리를 침공하여 취하고 만번한(滿潘汗) 요동(遼東) 3현의 이름으로 경계를 삼으니 조선이 마침내 약해졌다. 또 진시황(秦始皇)이 몽염(蒙恬)을 보내 장성(長城)을 쌓고 요동(遼東)에 이르니, 기자 40대손 부(否)가 두려워서 진나라에 복속(服屬)하였다.

기부(箕否)가 죽고 아들 준(準)이 왕이 된 지 20여 년 만인 한(漢)나라 초에 이르러 연나라 왕 노관(盧綰)과 더불어 **패수(浿水)** 압록강을 가리킴 를 경계로 정하였다. 노관이 한나라를 배반하고 흉노(匈奴)에게 들어가자 연나라 사람 위만(衛滿)이 무리를 이끌고 동쪽으로 패수를 건너 서쪽 경계에 살고자 하였다. 준왕이 그를 박사(博士)로 삼고 1백 리를 봉하여 서쪽 변방을 지키라고 하였더니 위만이 망명한 무리를 꾀어 모으고 준왕에게 거짓으로 고하기를, "한나라 군사가 열 갈래 길로 쳐들어오니, 청컨대 숙위(宿衛)하겠습니다" 하였다. 드디어 준왕을 습격하니, 준왕이 적을 막지 못하고 바다를 건너 남쪽으로 도망하여 금마군(金馬郡)[지금의 익산군(益山郡)]에 이르러 마한(馬韓)을 공습하고 스스로 마한이라 칭하였다.

『보통교과 동국역사』 권수(卷首), 위만조선기 부(附) 사군(四郡)·이부(二府)

위만은 연나라 사람이다. 한(漢) 고조(高祖) 12년(기원전 195)에 연나라 왕 노관의 난으로 인하여 조선에 들어와 기준을 몰아냈다. 평양에 도읍을 정하고 그 옆의 여러 읍을 복속시키니, 진번(眞蕃)·임둔(臨屯)이 다 와서 복종하여 땅이 수천 리에 이르렀다. 그 손자 우거(右渠)에 이르러 한 무제(武帝)의 사신 섭하(涉何)를 죽이니, 무제가 누선장군(樓船將軍) 양복(楊僕)과 좌장군(左將軍) 순체(荀彘)를 보내 공격하였다. 우거가 병사를 보내 서로 겨뤄 오랫동안 결판이 나지 않더니, 한나라가 다시 공손수(公孫遂)를 보내 공격하였다. 이듬해 우거의 신하 한도(韓陶) 등이 우거를 죽이고 한나라에 항복하니, 위씨는 3대에 마침내 망하고, 역년(歷年)이 87년이었다(기원전 108).

한나라가 이미 우거를 물리치고 낙랑(樂浪)과 임둔·현도(玄菟)·진번 4군(郡)을 설치하였다. 한소제(昭帝) 시원(始元) 5년(기원전 82)에 4군을 고쳐 2부(府)를 설치할 때 진번과 현도로써 평주도위부(平州都尉府)를 삼고 임둔과 낙랑으로써 동부도위부(東部都尉府)를 삼고 관리를 보내 지켰다. 이때 백성들이 한나라 법령을 따르지 않고 군장을 스스로 세웠으며, 또 고구려(高句麗)가 서북쪽에서 일어나 현도·낙랑의 옛 땅을 점거하였다. 한나라는 그 땅이 멀어 통제하기가 어려움을 알고 도위부를 폐지하였으며, 한 영제(靈帝)는 현도·낙랑·요동 등에 태수(太守)를 두었다. 이처럼 하여 위(魏)까지 이르렀는데 고주몽(高朱蒙)의 후손이 점점 강대해져 모용씨(慕容氏)가 망한 후에 4군의 땅을 모조리 탈환하니, 위만으로부터 주몽 원년(기원전 37)까지 모두 158년이었다.

[주] 낙랑은 평양부에서 춘천(春川)에 이르고, 임둔은 경기도 서쪽 교외와 황해동도에 이르며, 현도는 함흥부(咸興府)이고, 진번은 요동이었다.

마한 왕 기준(箕準)이 금마군에서 살면서 한왕(韓王)이라 칭했는데 돌아가시자[薨] 시호(諡號)를 무동왕(武東王)이라 하였다. 기자가 동쪽으로 온 후 무릇 1131년에 나라가 망하였고 지금 선우씨(鮮于氏), 한씨(韓氏), 기씨(奇氏)는 다 기자의 후예이다.

…기준의 후손이 마한의 우두머리 왕으로서 지위를 대대로 지켜나가다가 백제왕 온조(溫祚)가 한강 이남에 도읍을 정하자 한강 남쪽 백 리의 땅을 떼어주고 삼한의 패권을 독점하더니, 백제 온조왕 26년(8)에 정벌되어 멸망하였다.

[주]『기씨연보(箕氏年譜)』에 이르기를, 기자가 동쪽으로 오신 후에 나라 사람들이 추대하여 문성왕(文聖王)이라 하고 그 후 장혜왕(莊惠王) 송(松)과 경로왕(敬老王) 순(洵)과 공정왕(恭貞王) 백(伯)과 문무왕(文武王) 춘(椿)과 태원왕(太原王) 공(孔)과 경창왕(景昌王) 장(莊)과 흥평왕(興平王) 착(捉)과 철위왕(哲威王) 조(調)와 선혜왕(宣惠王) 색(索)과 의양왕(誼讓王) 사(師)와 문혜왕(文惠王) 염(炎)과 성덕왕(盛德王) 월(越)과 도회왕(悼懷王) 직(職)과 문렬왕(文烈王) 우(優)와 창국왕(昌國王) 목(睦)과 무성왕(武成王) 평(平)과 정경왕(貞敬王) 궐(闕)과 낙성왕(樂成王) 회(懷)와 효종왕(孝宗王) 존(存)과 천로왕(天老王) 효(孝)와 수도왕(修道王) 양(襄)과 휘양왕(徽襄王) 이(邇)와 봉일왕(奉日王) 참(參)과 덕창왕(德昌王) 근(僅)과 수성왕(壽聖王) 삭(朔)과 영걸왕(英傑王) 여(藜)와 일성왕(逸聖王) 강(岡)과 제세왕(濟世王) 혼(混)과 정국왕(靖國王) 벽(璧)과 도국왕(導國王) 징(澄)과 혁성왕(赫聖王) 즐(騭)과 화라왕(和羅王) 습(謵)과 열문왕(說文王) 하(賀)와 경순왕(慶順王) 화(華)와 가덕왕(嘉德王) 후(詡)와 삼로왕(三老王) 욱(煜)과 현문왕(顯文王) 석(釋)과 장평왕(章平王) 윤(潤)과 종통왕(宗統王) 부(否)를 거치고 애왕(哀王) 준(準)에 이르러 마한으로 피신해 살았으니, 기자 기묘년부터 기준 정미년까지까지 도합 929년

이다. 애왕 후에 무강왕(武康王) 탁(卓)과 안왕(安王) 감(龕)과 혜왕(惠王) 식(寔)과 명왕(明王) 무(武)와 효왕(孝王) 형(亨)과 양왕(襄王) 섭(燮)과 원왕(元王) 훈(勳)과 계왕(稽王) 정(貞)을 거치고 왕학(王學)에 이르러 백제에 의해 멸망하니, 왕업을 누린 햇수가 202년이라 하였다.

『보통교과 동국역사』 권1, 삼국기

【갑신】마한개국 158년, 신라 혁거세 21년, 고구려 고주몽 원년, 한나라 원제(元帝) 건소(建昭) 2년, 일본 스진(崇神) 61년, 기원전 37년

… ○ 고구려 시조 고주몽(高朱蒙)이 즉위하니, 주몽은 북부여(北扶餘)[현도에 속한 개원현(開原縣)] 동명성왕(東明聖王)[『후한서(後漢書)』및 『위서(魏書)』에서 나란히 말하기를, 북부여 시조의 이름은 '동명'이라 하였다]의 아들이다. 골격이나 외모가 영특하고 훌륭하며 나이 7살 때 활과 화살을 스스로 만들어 백발백중하니, 후에 그의 이복형제 7명이 주몽의 재능을 시기하여 죽이고자 하였다. 주몽이 난을 피하여 졸본부여(卒本扶餘) 국명으로, 지금의 영고탑(寧古塔) 남쪽에 있고 속서(俗書)에 성천(成川)이라 한다.에 이르니, 부여 왕이 아들이 없어 주몽을 보고 딸을 처로 삼아 주었다. 부여 왕이 붕어하시니 주몽이 왕위를 이어 졸본에 처음으로 도읍하였다. 아들 유리왕(琉璃王) 22년(3)에 국내성(國內城) 지금의 초산(楚山) 북쪽으로 강 건너 땅이고, 압록강(鴨綠江)과 파저강(婆猪江) 두 강이 아직 합쳐지지 않은 곳이다. 으로 도읍을 옮기고, 한나라의 고구려 현을 습격하여 취해서 국호를 고구려라고 하였다. 그것으로 말미암아 고(高)를 성(姓)으로 삼고 국경을 널리 개척하여 북쪽은 부여 땅과 진번·현도의 옛 땅이고, 남쪽은 패수(浿水) 남쪽과 한강 북쪽을 점거하였다. 산상왕(山上王) 13년(209)에 환도성(丸都城) 지금의 만포보(滿浦堡) 북안(北岸)이다. 으로 옮기고 동천왕(東川王) 21년(247)에 평양(平壤)으로 도읍을 옮겼다. 그곳은 오곡이 자라기 적당하고 좋은 말과 담비·수달, 아름다운 구슬이 있었다. 사람들은 힘세고 용감하며 회동할 때는 읍하는 예(禮)를 갖추면서 사양하는 예가 있었으며 의복은 백색을 숭상하였다.

【임인】마한 개국 176년, 신라 혁거세 39년, 고구려 고주몽 19년, 한나라 성제 홍가 2년, 일본 스

이닌(垂仁) 11년, 기원전 19년

… 고구려왕이 돌아가시고, 아들 유리(琉璃, 類利)가 즉위하였다. 처음에 주몽이 북부여에 있을 때 예씨(禮氏)를 먼저 처로 삼아 유리가 태어났는데, 소식이 끊어졌다. 그 후 유리가 왕이 남겨 준 부러진 칼을 얻어 왕께 바치고 부자가 비로소 만나 태자가 되었는데, 이때 즉위한 것이다.

【계묘】마한 개국 177년, 신라 혁거세 40년, 고구려 유리왕(琉璃王) 원년, 백제 온조왕(溫祚王) 원년, 한나라 성제 홍가 3년, 일본 스이닌 12년, 기원전 18년

봄에 백제 시조 고온조(高溫祚)가 즉위하였다. 이는 곧 온조왕이다. 처음에 고구려왕 고주몽이 난을 피하여 졸본부여로 갔다가 졸본부여 왕의 둘째 딸을 처로 삼았다. 또 그 왕위를 계승하여 두 아들을 낳았으니, 장자는 비류(沸流)라 하고, 차자는 온조라고 하였다. 그런데 예씨가 낳은 유리가 고구려 태자가 되자, 비류 형제는 자신들을 태자가 용납하지 않을까 두려워서 오간(烏干)·마려(馬黎) 등 10명과 더불어 남쪽으로 가니 한산(漢山)에 이르러 위례성(慰禮城) 지금 광주(廣州)의 옛 고을에 도읍을 정하고, 10명의 신하를 보상(輔相)으로 삼고 국호를 십제(十濟)라고 하였다. 그 후 비류는 미추 지방이 땅이 습하고 물이 짜서 편히 살지 못하였고, 위례성에 와서 백성들이 태평하게 지내고 도읍이 이미 정해진 것을 보고는 부끄럽기도 하고 화가 나 죽었다. 이에 그 백성들이 모두 위례로 돌아왔으므로, 다시 국호를 백제(百濟)라고 하였다. 또 강역을 정하였는데, 북쪽은 패하(浿河) 지금의 곡산(谷山) 능성강(能成江)이니, 바로 패강(浿江) 상류이다.에 이르고 남쪽은 웅천(熊川) 지금의 공주(公州)이고, 서쪽은 대해(大海), 동쪽은 주양(走壤) 지금의 춘천(春川)에 이르렀다.

<출처: 나애자 역, 2011, 『근대역사교과서1』 소명출판.(이화여자대학교 한국문화연구원 해제번역총서)>

『동사집략(東史輯略)』

金澤榮(1850~1927)

『동사집략』은 1902년 김택영(1850~1927)이 단군조선에서 고려까지의 역사를 편년체로 엮은 교과서이다. 교정은 어윤적(魚允迪, 1868~1935)이 맡았다. 1905년에는 증보하면서 『역사집략(歷史輯略)』으로 제목을 바꾸어 출간하였다.

김택영은 개성 출신으로, 본관은 화개(花開), 자는 우림(于霖), 호는 창강(滄江)이다. 1894년 편사국(編史局) 주사(主事)로 관직 생활을 시작하였으나, 1905년 을사늑약이 체결되자 중국으로 망명하였다. 이후 그는 한문학 정리와 역사 서술에 매진하였다. 저서로는 『동사집략』 외에 『한국역대소사(韓國歷代小史)』, 『한사경(韓史綮)』, 『교정삼국사기(校正三國史記)』 등이 있고, 『동국역대사략(東國歷代史略)』, 『대한역대사략(大韓歷代史略)』 편찬에도 관여하였다.

『동사집략』은 모두 11권으로 구성되었는데, 제1권은 단군조선, 제2권은 기자조선, 제3~5권은 삼국시대, 제6~11권은 고려시대를 다루었다. 여러 곳에서 역사적 사실에 대한 고증을 시도하였으나, 일본의 사서를 인용하면서 임나일본부설, 신공왕후 삼한 정벌설 등 식민사관의 내용을 무비판적으로 수용하였다는 한계를 지닌다.

일단 고조선에 대해서는 단군조선에서부터 위만조선까지 서술하고 있고, 위만조선 이후 한사군과 2부(府) 등의 변화 역사, 마한으로 간 준왕의 이야기 등을 다루었다. 한편 단군조선 관련 서술이 풍부한 편은 아닌데, 단군을 왕이 아닌 주(主)로 표현하였다. 부여에 대해서는 부여의 성립과 멸망까지를 다루었으며, 부여와 예맥과의 관계, 동부여의 위치 등을 논증하였다.

『동사집략』권1, 단군조선기

단군(檀君)의 성은 단(檀)이며 이름은 왕검(王儉)이다. 상세(上世)에 동방의 백성들은 풀로 옷을 삼았고 나무 열매를 먹었으며 여름에는 소굴에서 살고 겨울에는 동굴에서 살았다. 무리가 모여 살았으며 거느리는 자는 없었다. 어떤 사람이 태백산(太白山) 지금의 묘향산(妙香山)이다. 단목(檀木) 아래에서 태어났다. 신령스럽고 빼어나며 명철하고 지혜가 있어 그 무리가 신으로 여겼다. 무진년 중국 당요(唐堯) 25년이다.에 추대하여 임금으로 삼았다. 단목에서 태어났으므로 이름을 단군으로 삼았다. 단군이 즉위하여 평양에 도읍하고 그 나라 이름을 조선이라 하였다. 옛말에 동방의 땅은 아침에 먼저 태양빛을 선명하게 받기 때문에 조선이라 일컬었다고 한다. 백성에게 머리카락을 엮는 것, 머리를 덮는 것, 음식과 거처에 대한 제도를 가르쳤다. 하후씨(夏禹氏)가 도산(塗山)에서 제후를 회합하였다는 것을 듣고 아들 부루(扶婁)를 파견하여 회합에 가도록 하였다. 말년에 백악(白岳) 지금의 구월산(九月山)으로, 아사달산(阿斯達山)이라고도 한다. 으로 옮겨 가서 죽었다. 자손이 서로 전하여 1017년 상(商)나라 무정(武丁) 8년 갑자년에 예(濊)의 땅 혹은 북부여라고 이른다. 으로 옮겼다. 196년 뒤에 기자(箕子)가 동쪽으로 왔다고 한다.

단군, 기자 및 삼국의 역사를 살펴보면 신라 승려가 지은 우리 역사에 대한 고기(古記)에서 많이 나와 후세의 군자(君子)는 매우 믿기 어렵다. 그중에는 괴이하고 황당한 말이 많고, 또 유가의 고상한 군자에게서 나온 것이 없다. 그리하여 김부식의 『삼국사기(三國史記)』와 서거정의 『동국통감(東國通鑑)』, 『여지승람(輿地勝覽)』 등으로부터 종종 취하였으니, 어찌 그 일을 다 없애 버리지 않았는가. 옛날 사마씨(司馬氏)의 『사기(史記)』에 있는 오제(五帝)의 일은 옛 역사책과 전해지던 책 등의 글에서 나왔는데, 그 가운데에도 괴이하고 황당한 이야기가 실려 있다. 대개 고기(古記)와 비슷한 종류의 것도 있는데 제기(帝紀)의 끝부분에 고상한 말을 택하여 집어넣었다. 대저 그것이 다 고상한 것이라고 해야 한다면 어찌된 일이냐며 가리겠는가. 그런 까닭으로 옛것을 읽는 자가 지녀야 할 것은 좋은 것을 가릴 수 있는 능력이다. 만약 법도에 어긋난다고 점차 건너뛰어서 모든 것을 말살한다면 천하의 글에서 믿을 수 있는 것이 얼마나 되겠는가. 대저 단군 이후부터 삼국 이전까지의 상하 수천 년의 일은 모두 빠져 있는데 이는 우주 안의 만국에 없는 바이다. 만국이 개벽하던 처음에 모두 능히 스스로 문자를 만들어 기록하고 그 말로 그 사정을 전하였다. 그러나 우리나라의 상세(上世)에만 홀로 그러한 일이 없었으므로 조정과 시장, 교외의 벌판에서 태어나고 자라고 늙고 죽어가는 가운데에서 단지 떠들썩한 새소리만 있었을 따름이었다. 이런 생활에서 역시 그 답답함을 어찌 감당할 수 있었겠는가. 단씨(檀氏)의 치세가 그러하였으리라. 기자(箕子)가 동쪽으로 왔을 때는 중국의 글이 있었으리라. 한 나라의 사람이 넓게 배울 수 없어서 널리 기록하는 것이 억제되었음은 어찌 된 까닭인가. 진실로 넓게 배울 수 있어서 널리 기록한 자가 단군·기자 2대의 역사를 서술하였으나 모두 위만의 난에 불타서 지금과 같게 되었다는 것이 어떤 사람의 말이다. 비록 조정이 망해도 반드시 민간에는 남았으리니, 매우 한탄스럽도다. 오호라! 수천 년 동안에 그 일을 전할 수 있는 한 사람의 문사(文士)가 없어 나라 밖의 부류에 의해서만 전해질 수 있었다. 대개 3국의 교류는 중국을 통하였다. 불교는 유교보다 앞서 왔으며 세상에 있은 지 가장 오래되었다. 그런 까닭으로 이 무리가 능히 방언을 번역하여 옛일을 서술하였다. 그러므로 그 학식이 그 법도에 어긋나는 것을 가리는 데에 부족해서 노둔함이 이에 이르렀겠는가. 나는 이것을 개탄스럽게 여겨 문득 이에 이르러 글을 짓고 오른쪽과 같이 여러 편의 앞에 놓는다. ○ 또 고기(古記)를 살펴보면, 단군이 아들 세 명에게 명해 **혈구(穴口)** 지금의 강화(江華)에 성을 쌓게 하여 세상에 전하였으니 삼랑성이다. 그런즉 단군의 때에 필시 성을 쌓은 일이 없었으면 어찌 그 일이 단군의 후손에게 나오고 후세 사람이 잘못 단군이 하였다고 가리켰겠는가. ○ 다산 정약용의 『강역고(彊域考)』에 이르기를, "『한서(漢書)』「지리지(地理志)」에 '낙랑군(樂浪郡)의 속현은 25개이고, 수현(首縣)은 조선(朝鮮)이다'라고 하였으니, 조선은 평양의 옛 이름이다"라고 하였다.

『동사집략』 권2, 기자조선기
【기묘】조선 기자 원년 주(周) 무왕(武王) 원년 이다. 기자의 성은 자(子)이며 이름은 서여(胥餘)이다. 은왕(殷王) 성탕(成湯)의 후손으로, 주(紂)의 제부(諸父)이다. 기(箕)에 봉(封)해진 자작(子爵)이므로 기자(箕子)라 불렀다. 주(紂)를 섬겨 태사(太師)가 되었다.

주(紂)가 무도하여 기자가 간하였으나 듣지 아니하고 기자를 옥에 가두었다. 이에 머리를 풀고 미친 척하며 종이 되어 북과 거문고로 홀로 슬퍼하였다. 주 무왕이 주(紂)를 치고 은(殷)에 들어와 소공(召公)에게 명해 기자를 풀어주게 하였다. 은이 멸망한 이유를 물으니 기자가 차마 말하지 못하였다. 무왕이 하늘의 도를 묻자 기자가 홍범구주(洪範九疇)를 진술하였다. 이미 기자는 신하가 되지 않겠다고 뜻을 정하고 조선으로 가서 평양에 살았다. 무왕이 듣고는 조선에 봉(封)하였으나 신하로 삼지 않았다.

【임오】기자 4년 주나라 무왕 4년, 기자가 흰 수레와 흰말을 이용하여 주(周)에 가면서 옛 은(殷)의 터를 지나가게 되었다. 궁궐이 파괴되고 벼와 기장이 자라있는 것을 보고 기자는 마음이 상하여 곡을 하고자 하였으나 울 수는 없었다. 가까이에 있는 부인을 위하여 맥수(麥秀)의 시를 지어 노래하였는데, 그 가사에 이르기를 "보리 머리가 들쑥날쑥하구나. 벼와 기장은 기름지구나. 저 교활한 아이여, 나와 함께 하기를 좋아하지 않았도다"라고 하였다. 교활한 아이란 주(紂)를 일컫는다. 은(殷) 사람이 듣고는 모두 눈물을 흘렸다.

『사기(史記)』를 살펴보면, 기자를 불러 주(周)에 배알하게 한 것을 후에 유학자가 논박하였다. 기자로 하여금 이미 주의 신하로 삼지 않았는데 어찌 조근하는 일이 있었는지 매우 의혹스럽다. 사마천(司馬遷)이 미자(微子)의 일을 잘못 기자로 인식한 것으로 사마천 이하는 홍직필(洪直弼)의 『매산집(梅山集)』에 나온다. 지금 그 뜻을 따라 글을 고친다.

【무오】기자 40년 주나라 성왕(成王) 33년 기자가 죽었으니 나이 93세였다. 평양의 토산(兎山) 지금 평양성 서북쪽에 있다.에 장사하였다. 처음 기자가 동쪽으로 왔는데, 은(殷)나라 사람 5천이 따라왔다. 시서(詩書), 예악(禮樂), 의무(醫巫), 음양(陰陽), 복서(卜筮)의 무리와 백공(百工)의 기예가 모두 쫓았다. 처음에는 말이 통하지 않아 통역을 통해 알게 하였다. 기자가 곧 백성을 가르쳐서 예의로써 8조의 규약을 베풀었다. 그것을 요약하면, 살인자를 다스림에 목숨으로 배상하게 하고, 상처 입힌 자를 다스림에 곡식으로 배상하게 하고, 도적질한 자를 다스림에 남자는 적몰하여 그 집의 종으로 삼고

여자는 여종으로 삼았다. 스스로 속죄하기를 원하는 자는 50만 전을 내면 면제되어 백성이 되었으나 풍속에서는 여전히 부끄러워하여 혼인하고자 하여도 배필을 취할 수 없었다. 이에 그 백성들이 마침내 서로 도적질하지 않아 출입문을 닫지 않았고 부인은 정숙하여 음란하지 않았다. 밭과 들을 개간하였고 변두(籩豆)를 이용하여 밥을 먹었다. 인현(仁賢)의 교화가 있어서 지금 천하가 동방의 군자의 나라라고 부른다. 모두 기자가 남긴 가르침이다. 자손들이 드디어 주(周)의 제후가 되었다.

순암(順菴) 안정복(安鼎福)이 『동사강목(東史綱目)』에서 이르기를, "8조의 조약을 살펴보면 단지 3조만 있다. 즉 홍범(洪範) 8정(八政) 중에서 사구(司寇)의 일이다. 기자가 정치를 하면서 필시 홍범을 버리지 않았으리라. 그가 세운 8조라는 것은 8정(八政)을 가리키는 것이 아닌가 한다"라고 하였다. ○ 평양의 정전(井田)을 살펴보면, 정약용(丁若鏞)의 『강역고』에 이르기를, "기자가 이미 정전제를 구획하였는데, 어찌 평양성 남쪽 한 쪼가리의 땅에만 했겠는가. 이것은 강역을 다스리는 것이었다. 이적(李勣)이 이미 평양을 함락시키고 부(府)를 열었으며 둔전을 하였다. 지금 논도랑과 동서남북으로 이어진 밭길이 있는 것은 이적이 둔전을 한 흔적이다"라고 하였다. 이 말의 옳고 그름을 알지는 못하나 둔전을 연 것은 설인귀(薛仁貴)에 해당한다. 이적은 평양을 깨뜨린 후 돌아갔는데 어느 겨를에 머물러 둔전을 하였겠는가.

【경술】아무개 후(侯)의 몇 년, 주나라 영왕(靈王) 21년 공자(孔子)가 주의 노국(魯國) 창평향(昌平鄕)에서 태어났다. 이름은 구(丘)이고 자(字)는 중니(仲尼)이다. 중용(中庸)의 도로써 유교를 창립하고 요·순(堯舜)의 헌장(憲章)과 문무를 이어받아 서술하고 뭇 성인의 말씀을 모아 크게 이루었다. 나이 73세에 죽었다. 중국의 사람으로 세상의 스승이다. 스스로 세상 여러 나라에 넉넉히 남았는데 우리나라에서 가장 존경하고 믿는다.

【무술】아무개 후(侯)의 몇 년, 주나라 현왕(顯王) 46년 이때 주 왕실이 미약해져 연(燕) 역왕(易王)이 참람한 칭호를 사용하고 장차 동쪽으로 땅을 약탈하려 하였다. 조선의

후 역시 군사를 일으켜 연을 치고 주를 받들고자 하였다. 대부 예(禮)가 간하여 이내 그쳤다. 예에게 서쪽으로 연에 가서 유세하도록 하니, 연이 멈추고 공격을 멈추었다. 이에 이르러 조선의 후 역시 왕을 칭하였다.

【경진】부왕(否王) 몇 년,진(秦) 시황제(始皇帝) 26년 이에 앞서 조선이 강성하여 그 땅이 동남쪽으로 열수(洌水)지금의 한강에 이르고 서쪽으로 요하(遼河)를 지나 연(燕)과 접하였다. 자손이 이를 믿고 교만하고 포학해졌다. 연이 이에 장군 진개(秦開)를 보내 그 서쪽을 공격하여 1천여 리의 땅을 취하고 만반한(滿潘汗) 요동(遼東)에는 옛날에 문현(汶縣)과 반한현(潘汗縣)이 있었다. 만(滿)과 문(汶)은 소리가 서로 비슷하다.에 이르러 경계로 삼았다. 조선이 드디어 약해졌다. 진 시황제가 천하를 병합하고 장성을 쌓아 요동에 이르자 부왕이 진(秦)을 두려워하여 드디어 진에 복속하였다. 부(否)는 기자의 40세손이었다. 얼마 되지 않아 죽자 아들 준(準)이 즉위하였다.

【임진】준왕(準王) 12년,진나라 이세(二世) 원년 이해 진 이세(二世) 호해(胡亥)가 즉위하였으며 진승(陳勝)이 군사를 일으켜 천하가 크게 어지러워졌다. 연(燕)·제(齊)·조(趙)의 백성으로 망명하여 조선으로 온 자가 수만 명이었다.

【무술】준왕 18년,한(漢)나라 고조(高祖) 4년 북맥(北貊)이 날랜 기병으로 한(漢)을 도와 초(楚)를 쳤다. 북맥에 대해 살펴보면 자세한 것은 없으나, 아마도 북부여의 옛 나라 예맥일 것이다.

【기해】준왕 19년,한나라 고조 5년 처음 연(燕)이 전성기 시절에 진번 설은 아래를 보라.·조선을 복속하고 관리를 두고 장새(障塞)를 쌓았다. 진(秦)이 연을 멸망시키고 요동의 외요(外徼)에 소속시켰다. 이에 이르러 한(漢)이 천하를 안정시키고 그 신하 노관(盧綰)을 봉(封)하여 연왕(燕王)으로 삼았다. 외요의 땅이 멀고 지키기 어려워 다시 요동의 옛 새(塞)를 수리하고 동쪽으로 패수(浿水) 아마도 지금의 압록강이다. 를 한계로 삼

았다. 이에 조선과 한(漢)은 패수를 경계로 삼았다.

연이 쌓은 장새를 살펴보면 어찌 압록강 이남 살수 이북에 있겠는가. 또 패수를 살펴보면 넷이 있는데, 하나는 압록강이요, 하나는 대동강이요, 하나는 저탄강 지금의 금천(金川)에 있다. 이요, 하나는 요양현(遼陽縣) 남쪽에 있다.

【병오】준왕 26년, 한나라 고조 12년 한의 연왕(燕王) 노관(盧綰)이 한을 배반하고 흉노로 들어갔다. 연(燕) 사람 위만이 망명하여 무리 천여 명을 모아 머리를 묶고 오랑캐 차림을 하고 동쪽으로 도망하여 새(塞)를 나와 패수(浿水)를 건너와서 항복하였다. 왕에게 유세하여 서쪽 지역에 살 수 있도록 구하였다. 이에 진(秦)의 빈 땅 상하장(上下障)으로 나라를 삼아 번병(藩屛)이 되게 하였다. 왕이 믿고 총애하여 박사에 제수하고 백 리의 땅을 봉(封)하여 서쪽 변방을 지키게 하였다.

【정미】준왕 27년, 위만조선 개국 원년, 한나라 혜제(惠帝) 원년 위만이 망명한 무리를 꾀어 점차 큰 무리를 이루었다. 이에 사람을 보내 왕에게 거짓으로 알리기를 "한(漢)의 군대가 열 길로 이르고 있으니 들어가 숙위하고자 합니다"라고 하였다. 왕이 믿고 허락하였다. 위만이 드디어 왕도를 습격하였다. 왕이 더불어 싸웠으나 상대가 되지 않았다. 그 좌우에 있는 궁인(宮人)과 무리 수천 명을 거느리고 바다로 하여 마한 우리나라의 말에 무릇 큰 것을 한(韓)이라 일컫는다. 으로 도망하였다. 기자에서부터 준왕에 이르기까지 무릇 41세 929년이었다. 나라를 잃은 준(準)은 이미 남쪽으로 도망하였고 그 자손과 종족으로 머물렀던 자들은 서마한 지역은 자세히 알 수 없다.을 만들었고 후에 정안국(定安國)아래를 보라.을 만들었다. 지금 선우씨(鮮于氏), 한씨(韓氏)는 모두 기자의 후손이다. 혹은 기씨(奇氏)도 기자에게서 나왔다고 한다.

『강역고』를 살펴보면, 이르기를 "월사(月沙) 이정구(李廷龜)의 숭인전(崇仁殿) 기자의 사당이다. 비(碑)에 간략하게 이르기를 '마한의 말년에 나약한 자손 3인이 있었으니 친(親)이라 이르는 자는 후에 한씨(韓氏)가 되었고, 평(平)이라 이르는 자는 후에 기씨(奇氏)가 되었고, 양(諒)이라 이르는 자는 후에 선우씨(鮮于氏)가 되었다'고 한다"라고 하였다. 『하담일록(荷潭日錄)』에는 "기자헌(奇自獻)은 기자의 후손이라고 말하지 않았다"라고 하였다. 두 설이 같지 않으니 지금 둘 다 기록해 놓는다.

위만이 이미 조선을 깨뜨린 뒤에 다시 평양을 도읍으로 삼았다. 점차 진번을 비롯한 여러 부락과 연(燕)·제(齊) 망명자를 복속하였다. 한(漢) 혜제(惠帝)와 고후(高后) 시기에 이르러 천하가 처음으로 안정되자 요동태수(遼東太守)가 위만을 외신(外臣)으로 삼겠다고 맹약하고 새(塞) 밖의 여러 나라를 지켜 변방을 노략질하지 못하도록 하였다. 이에 위만이 병권과 재물을 얻어 그 주변의 작은 읍들을 침략하여 땅이 수천 리가 되었다.

『동사집략』 권2, 기준마한기

【정미】 마한(馬韓) 왕 기준(箕準) 원년, 남쪽으로 옮겨온 해를 원년으로 삼았다 마한은 조선 동남쪽 바다 위에 있던 큰 나라이다. 지금의 충청·전라 두 도의 땅이다. 그 동남쪽에는 진한(辰韓)지금의 경주이 있다. … 이에 이르러 기준이 남쪽으로 도망하여 마한을 공격하여 깨뜨리고 스스로 즉위하여 한왕(韓王)이 되었다. 금마군(金馬郡)지금의 익산에 도읍하였다. 점차 진·변한의 여러 마을을 복속하였다. 조선과 서로 왕래하지 않고 스스로 지키는 것에 힘쓸 따름이었으며, 죽자 시호를 무강(武康) 혹은 호강(虎康)이라고 한다. 왕이라 하였다. 지금 익산에 쌍릉(雙陵)오금사(五金寺) 봉우리 서쪽에 있다.이 있는데, 왕과 왕비의 무덤이다. 세속에 이르기를 영통대왕릉(永通大王陵)이라고 한다. 또 기준성(箕準城)이 용화산(龍華山) 위에 있다. 세간에 전하기를, 왕이 이미 마한을 얻은 뒤에 일찍이 선화부인(善花夫人)과 산 아래에서 노닐며 즐겼다고 한다. 이후 자손에 대한 세계는 헤아릴 수 없다. 무강왕이 남쪽으로 옮긴 지 137년 뒤에 박혁거세(朴赫居世)가 진한에서 일어났다. 또 21년 뒤에 고주몽(高朱蒙)이 졸본(卒本)다음을 보라.에서 일어났고, 또 19년 뒤에 부여온조(夫餘溫祚)가 마한에서 일어났고, 또 59년 뒤에 김수로(金首露)가 변한에서 일어났다.

『후한서(後漢書)』를 살펴보면, "준(準)의 후손이 끊어져 마한 사람들이 다시 즉위하여 진왕(辰王)이 되었다"라고 하였다. 정약용이 이를 전거로 하여 기준이 마한왕(韓王)

이 되었으나 자신에게서 그쳤다고 하니, 세상에 전해진 지 오래되지는 않았다. 내 생각에는 마한이 전한(前漢) 왕망(王莽) 찬위(簒位) 1년에 망한 까닭으로 『후한서』를 지은 자가 '절멸(絶滅)'했다고 지칭한 것이다. 어찌 '절멸'이란 문장으로 본인에게서 그쳤다고 성급히 단정하겠는가.

【계축】아무개 왕 몇 년,위만조선 개국 67년, 한나라 무제(武帝) 원삭(元朔) 원년 이때 조선왕 위만이 이미 죽고 손자 우거(右渠)가 계승하여 즉위하였다. 한 무제가 팽오(彭吳) 상인에게 명하여 조선·예맥과 통하는 길을 열도록 하였다. 예군(濊君) 남려(南呂)가 우거왕을 배반하여 남녀 28만 명을 거느리고 요동(遼東)에 이르러 항복하였다. 무제가 그 땅을 창해군(滄海郡)으로 삼았다. 2년 뒤에 한(漢)의 승상(丞相) 공손홍(公孫弘)이 중국을 받드는 것을 해치는 쓸모없는 땅은 파해야 한다고 간하여 파하였다. 예맥은 뒤에 북부여지금의 청(淸) 개원현(開原縣)이다. 나머지 이야기는 다음을 보라.가 되었다.

『강역고』를 살펴보면, "해부루(解夫婁)가 동쪽으로 갔는데, 한(漢) 경제(景帝) 말년에 해당한다"라고 하였다. 또 이르되, "남려는 혹은 그 둘째 아들이다"라고 하였다. 모두 억측에 의한 것이다.『동사강목(東史綱目)』에서는 부루가 동쪽으로 옮겨간 일은 한 선제(宣帝) 임술년이라고 분명히 하였다. 이것은 분명 확실한 근거가 있는 것으로, 두 임금의 선후가 서로 어긋난다. 지금은 『동사강목』의 글에 따른다. 나머지 말은 다음을 보라. ○『강역고』에서 말하기를, "『이아소(爾雅疏)』에서 '북적(北狄)의 종류에는 다섯이 있다. 하나는 월지(月支)요, 둘은 예맥(濊貊)이요, 셋은 흉노(匈奴)요, 넷은 선우(單于)요, 다섯은 백옥(白屋)이다.'고 하였다. 예(濊)는 땅 이름이며 맥(貊)은 종족이다"라고 하였다. 맥이라는 글자는 이(夷)·적(狄)·융(戎)·만(蠻)과 더불어 뜻이 서로 같은 것이다. 그러나 우리나라 사람이 사실을 밝히지 않고 예(濊)라고도 하고 맥(貊)이라고도 하여 나누어 둘이 되어 각기 그 땅을 지칭하였는데, 이것은 노둔함이 매우 심한 것이다. 그런 까닭으로 중국의 여러 역사서에서 구려(句麗)를 맥으로 여겼다.『후한서』에 이르기를 "구려의 또 다른 이름은 맥이다. 별종이 있는데 소수(小水)에 의지하여 살기 때문에 이름을 소수맥(小水貊)이라고 한다"라고 하였다. 또 "맥의 별종으로 또

양맥(梁貊)이라고 일컫는 자가 있었는데 아마도 국내성에서 매우 가까운 지역에 있었다"라고 하였다. 내가 이 설을 살펴보건대, 진실로 천년의 오류를 깨뜨렸다. 근거를 살피고 헤아림이 이에 이르렀으니 실로 공이 있다고 할 만하다.

【계유】아무개 왕 몇 년,위만조선 개국 87년, 한나라 무제 원봉(元封) 3년 조선왕 위우거(衛右渠)가 한(漢)의 망명객들을 유인한 것이 위만 때보다 점점 많아졌다. 드디어 교만해져 한나라에 알현하지 않았다. 또 한국(韓國)마한의 여러 나라을 가로막고 한(漢)과 통하지 못하도록 했다. 한 무제(武帝)가 섭하(涉何)로 하여금 꾸짖어 타이르게 하였으나 우거가 끝내 따르지 않고 섭하를 습격하여 살해하였다. 무제가 화가 나서 누선장군(樓船將軍) 양복(楊僕)을 보내 제(齊)에서부터 발해(渤海)로 나가게 하고, 좌장군(左將軍) 순체(荀彘)에게는 요동(遼東)에서 출격하여 공격하게 하였다. 우거가 군사를 내서 막았다. 두 장군이 그 성을 포위하였다. 조선의 대신이 몰래 사람을 보내 항복할 것을 약속하여 양복(楊僕)을 이간시켰다. 순체(荀彘)가 급히 치려 하였는데 양복은 약속을 믿고 싸우려 하지 않았다. 순체의 뜻에 양복이 반대하였던 까닭으로 서로 군대를 어찌할 수 없어 오랫동안 결정을 하지 못하였다. 무제가 또 제남태수(濟南太守) 공손수(公孫遂)를 보내 가서 치게 하였다. 임의로 일을 처리 할 수 있는 권한을 얻어 공손수가 오자 순체가 고하여 양복을 붙잡고 그 군대를 아우른 다음 급히 공격하였다. 여름 4월에 우거의 신하 한음(韓陰), 왕겹(王唊) 등이 서로 우거를 죽이고자 모의하고 한(漢)에 항복하였다. 위씨(衛氏) 3대는 총 87년이었다. 망하자 한(漢)이 드디어 조선에 4군을 두었다. 하나는 낙랑(樂浪)아마도 지금의 평안·황해의 땅이다.이라 하는데 치소는 조선현(朝鮮縣) 평양(平壤)이다. 하나는 임둔(臨屯) 아마도 지금의 경기 및 강원 서쪽 지역의 땅이다. 이라고 하는데 치소는 동이현(東暆縣)자세히 알 수 없다.이다. 하나는 현도(玄菟) 지금의 함경남도라 하는데 치소는 옥저성(沃沮城)지금의 함흥(咸興)이다. 하나는 진번아마도 지금 청(淸) 영고탑(寧古塔) 근처 지역이라 하는데 치소는 삽현자세히 알지 못한다.이다. 한음, 왕겹 등은 차등 있게 작위를 받았다. 조선을 4군으로 삼은 이후 한은 요동(遼東)에서 관리를 취하여 지키게 하였다. 백성들이 한의 법을 따르지 않고 범금(犯禁)을 많이 따

랐다. 백성들이 문을 닫아 감추지 않았을 때 마주친 중국 상인들이 왕래하면서 밤에 무리지어 도적질하여 풍속이 날로 각박해져 인현(仁賢)의 교화가 변해버렸다.

    4군의 지명을 살펴보면 모두 고조선 시기에 이미 있던 것이고 한(漢)이 만든 것이 아니다. ○『강역고』에 이르기를 "『한서』「지리지(地理志)」의 주석에서 말한 바로 요동에서 임둔에 이르는 거리를 계산하면, 임둔은 요동에서 1,788리 떨어진 곳에 있다"라고 하였다. 또 이르되, "홍만종(洪萬宗)이 임둔은 지금의 강릉이라 하였으나, 이것은 큰 오류이다"라고 하였다.『후한서』예전(濊傳)을 들어 분명히 이르기를, "현도는 다시 구려(句麗)지명은 다음을 보라.로 옮겼고, 단대령(單大嶺)다음을 보라. 이동의 옥저·예맥은 모두 낙랑에 소속되었다. 후에 영동(嶺東)의 7현을 나누어 동부도위(東部都尉)를 두었다. 강릉의 예(濊)는 4군의 때에는 본래 현도에 속해 있었으니, 이미 분명하지 않은가"라고 하였다. 진번의 땅은 비록 상세하지 않으나 지금의 흥경(興京)지금의 청(淸) 정주(定州)의 남쪽과 압록강 북쪽, 애하(靉河)의 동쪽, 파저강(波猪江)의 좌우에 연해 있는 강의 천 리의 땅에 있다. 요동도 아니고 또 조선도 아니니 반드시 옛 진번이다. 우리나라 선비들이 함경 이북에 있다고 말하는데 그런 것 같지 않다. ○ 옛 악부(樂府)를 살펴보면, 조선의 진리(津吏) 곽리자고(霍里子高)가 새벽에 일어나 배를 젓고 있었다. 백발의 미친 사내를 보았는데, 머리를 풀어 헤치고 호리병을 들고 사나운 강물을 건너고 있었다. 그 아내가 뒤따르며 멈추라고 외쳤으나 미치지 못하고 이내 물에 빠져 죽었다. 아내가 이에 공후(箜篌)를 당겨 노래하여 이르기를, "그대여 강을 건너지 마오. 그대는 이미 강을 건넜도다. 그대가 떨어져 죽었으니, 장차 그대를 어찌할꼬"라고 하였다. 소리가 처량하였다. 곡을 마치고 또한 물에 몸을 던져 죽었다. 곽리자고가 돌아와 그 일을 아내 여옥(麗玉)에게 말하니, 여옥이 가슴 아파서 공후를 끌어당겨 그 소리를 옮겼다. 대개 옛 악부(樂府)에 실려 있는 것이 많은데, 한(漢)·위(魏) 때의 일이면 곽리자고의 사건은 위만조선 시기에 있었을 것이다.

    【기해】아무개 왕 몇 년,한나라 소제(昭帝) 시원(始元) 5년 한이 4군을 고쳐 임둔을 낙랑에 합하고 동부도위부(東部都尉府)를 두고 진번을 현도에 합쳐 평나(平那)아마도 진번 가

까이에 있는 지역이다. 도위부를 두었다. 2년 뒤에 현도는 여러 부족의 침입을 받아 이에 현도군의 치소를 고구려지금 청(淸) 봉천부(奉天府) 북쪽에 있다. 서북쪽으로 옮겼다. 고구려, 상은태(上殷台)자세히 알지 못한다, 서개마(西盖馬)산 이름으로 백두산 서쪽에 있다 3현(三縣) 본래 한 무제(武帝)가 설치하였다. 을 그 속현으로 삼았다. 단대령(單大嶺) 지금의 설한령(薛罕嶺) 을 쪼개어 동옥저·예맥지금의 강릉의 땅을 모두 낙랑에 소속시켰다. 드디어 2부(府)를 고쳐 2군(郡)으로 삼고 태수(太守)를 두어 지키게 하였다. 얼마 뒤에 땅이 넓고 멀어 다시 영동을 나누어 불내(不耐)다른 이름으로는 불이(不而), 지금의 영흥(永興)이다, 잠태(蠶台), 화려(華麗), 사두매(邪頭昧), 전막(前莫), 부조(夫租)5현은 대개 모두 영흥에 가까운 곳이다, 옥저(沃沮) 등 7현에 따로 낙랑 동부도위를 두고 치소를 불내성으로 하였다. ○ 예맥은 그 땅이 북쪽으로는 옥저, 남쪽으로는 진한과 붙어 있으며, 동쪽으로는 큰 바다에 접하고 서쪽으로는 낙랑에 이른다. 본래 조선의 땅이다. 그 백성이 어리석고 순박하며 욕심이 적고 염치가 있었다. 의복은 다른 나라와 차이가 있고 같은 성씨끼리 결혼하지 않았다. 구슬을 귀하게 여기지 않았다. 읍락을 침범하는 자가 있으면 책망하고 노비, 소, 말을 내도록 하는데, 책화(責禍)라고 하였다.

정약용의 설을 살펴보면, 낙랑은 넷이 있는데, 하나는 평양이요, 둘은 춘천이요, 셋은 요동(遼東) 설은 모두 다음을 보라. 이요, 넷은 경주이다. 경주는 고려 폐왕(廢王) 우(禑)가 사영(使營)을 설치하면서 별호로 낙랑이라 하였다. 또 강릉의 예를 살펴보면 아마도 남려가 한(漢)에 항복한 뒤 그 종족이 동쪽으로 강릉으로 옮겨와 그대로 예국(濊國)을 칭한 것일 것이다.

【임술】아무개 왕 몇 년,한나라 선제(宣帝) 신작(神雀) 3년 북부(北夫)부(扶)라고도 한다. 여(餘) 지금의 청(淸) 개원현(開原縣)는 옛 예맥국(濊貊國)이다. 현도 북쪽 천 리에 있다. 남쪽으로 고구려 다음을 보라, 동쪽으로 읍루(挹婁) 다음을 보라, 서쪽으로 선비 다음을 보라 와 접하고 있고 북쪽에는 약수(弱水)가 있어 땅이 사방 2천 리에 달한다. 토지는 오곡에 적당하고 좋은 말과 담비, 아름다운 구슬이 나온다. 그 사람은 강인하고 용맹스럽다. 만날 때 읍양(揖讓)하는 의례가 있다. 남녀 모두 순백색의 옷을 입는다. 그 왕에 해부

루라고 하는 자가 있었는데, 단군의 후손이라고도 하였다. 부루가 늙었으나 아들이 없어 산천에 제사하여 후사를 구하였다. 곤연(鯤淵)에 이르러 어린 아이를 얻었는데 금색 빛에 개구리를 닮았다. 기뻐하여 이르기를 "이는 하늘이 나에게 내린 아들이다"라고 하고는 이내 거두어 길렀다. 이름을 금와(金蛙)라 하고 태자로 삼았다. 그 국상 아란불(阿蘭弗)이 부루에게 이르기를, "동해의 물가에 가섭원(迦葉原) 어디인지 알지 못한다. 이라고 하는 땅이 있는데 토지가 기름지고 오곡에 적당하여 가히 도읍으로 삼을 만합니다"라고 하였다. 왕이 그렇게 여기고 드디어 동쪽으로 옮겨 살았고, 동부여라 칭하였다. 이때 종족 사람으로 모수(慕漱)가 스스로 천제의 아들이라 칭하고 왕을 대신하였다. 그 나라는 부루가 얼마 안 되어 죽자 금와가 계승하였다.

『위지(魏志)』「부여전(夫餘傳)」을 살펴보면, 부여는 옛 예맥의 나라로 그 성(城)을 예성(濊城)이라고 하였다. 한(漢)이 창해군을 파한 다음에 예인(濊人)들이 그 옛 나라를 복구하여, 부여라 고쳐 불렀으리라. 만약 그렇다면 해부루는 남려의 족속이다. ○ 또 『강역고』를 살펴보면, "부여 왕 해부루 때에 그 재상 아란불이 이르기를 '동해의 물가에 가섭이라는 땅이 있는데 토양이 기름져 도읍할 만합니다'라고 하였다. 드디어 도읍을 옮기고 나라 이름을 동부여라고 하였다. 가섭(迦葉)을 살펴보면 하슬하(何瑟河) 서쪽에 그 소리가 비슷한 가섭원(迦葉原)이 있는데, 지금의 강릉이다"라고 하였다. 또 이르기를, "강릉의 백성이 밭을 갈다가 도장을 얻었는데, '예왕지인(濊王之印) 다음을 보라'이었다. 즉 이것은 해부루의 옛 도장[印]이라는 것은 의심의 여지가 없다"라고 하였다. 나는 이 설을 받아들이기 어렵다. 고구려[句麗] 대무신왕이 국내에서 동부여를 치러 갈 때, 괴유(怪由)라는 자가 있어 북쪽으로 부여를 치러 가겠다고 말하였다. 이것으로 보건대 국내성은 동부여의 남쪽에 있었음을 알 수 있다. 강릉이라면 또 국내의 동남쪽 멀리 천 리에 이르는 곳에 있다. 지금 만약 강릉이 동부여이면 "동쪽을 친다. 남쪽을 친다"라고 해야지 어찌 "북쪽을 친다"라고 했겠는가. 그것을 강릉이라고 말하는 것은 『삼국사기』 신라 남해왕(南解王) 15년에 나오는 북명(北溟) 사람이 밭을 갈다가 예왕(濊王)의 도장을 얻었다는 글에 의거한 것이다. 아마도 강릉의 옛 이름이 명주(溟州)인 까닭으로 북명(北溟)이 변하여 명주가 되었다고 인식하고 이렇게 말한 것으로, 어리석은 주장이다. 강릉의 바다는 마땅히 동쪽으로 아득하고 북쪽으로 아득하지는 않다. 또 남해왕 때에는 아직 강릉의 예(濊)는 없어지지 않았으니 어찌 예맥 사람이 도장을 얻었다고 하지 않고 북명 사람이라고 하였겠는가. 아마도 동부여의 그 땅은 마땅히 지금의 함경북도 변경으로, 북부여의 동쪽이었으리라. ○ 우리나라의 옛 기록에 실려 있는 것을 살펴보면 동부여, 고구려, 백제의 세계는 두 종류의 설이 있다. 김부식의 『삼국사기』, 안정복의 『동사강목』이 각각 한 설이다. 그런데 『동사강목』에서는 주몽을 해부루의 배다른 형제로 보았다. 즉 해모수를 부루의 아버지로 보았는데 금와·유화의 일과 크게 어긋나니 이것이 의심스러운 것 중 하나이다. 또한 온조 형제를 해부루의 서손(庶孫) 우태의 아들로 보았는데, 부루가 양자로 삼은 금와 이외에 갑자기 다시 다른 아들이 있게 되는 것이니 이것도 의심스러운 것 중 하나이다. 이러므로 지금 오로지 김부식의 사서에 의거하여 끊어버린다. …

【갑신】아무개 왕 몇 년, 신라 시조 21년, 고구려 동명왕 원년, 한나라 원제(元帝) 건소(建昭) 2년 고구려 시조 고주몽이 즉위하였다. 주몽은 북부여왕 해모수의 아들이다. 어머니는 하백(河伯) 군장(君長)의 칭호의 딸 유화(柳花)이다. 유화가 동생들과 함께 놀러 나갔는데 해모수가 보고는 기뻐하면서 유혹하여 웅심산(熊心山) 어디인지 알지 못한다. 아래 압록의 방 가운데로 들어가 사통하였다. 곧 떠나가서는 돌아오지 않았다. 부모가 유화가 중매도 없이 남을 따라갔다고 하여 태백산(太白山) 백두산의 다른 이름 남쪽 우발수 어디인지 알지 못한다 위로 유배하였다. 동부여왕 금와가 보고는 가엽게 여겨 거두어서 방 가운데 두었다. 햇빛이 그 몸을 따라다니며 비추더니 드디어 임신하여 주몽을 낳았다. 나이 7살이 되어 스스로 활과 화살을 만들었는데 쏘아서 맞히지 못하는 게 없었다. 부여의 방언에 활을 잘 쏘는 자를 주몽(朱蒙)이라 하였기 때문에 그것으로 이름을 삼았다. 금와의 일곱 아들은 기예와 능력이 주몽에 미치지 못하였다. 큰아들 대소가 금와에게 말하여 이르기를, "주몽은 용맹스러움이 있어 뒷날 근심이 될까 두렵습니다. 청컨대 제거하십시오"라고 하였다. 유화가 알고는 주몽에게 이르기를, "나라 사람들이 장차 너를 해치려 한다. 너의 재주는 날카로우니 어디 간들 무르익지 않겠느

냐. 지체하여 머물렀다가는 후회할 것이다"라고 하였다. 주몽이 이에 오이(烏伊), 마리(摩離), 협보(陜父) 등 3인과 함께 졸본(卒本) 지금의 청(淸) 흥경(興京) 경계 안에 있다. 으로 도망하여 비류수(沸流水) 위에 웅거하였으니, 이때 나이가 22살이다. 이것이 고구려가 세워진 과정이다. 혹자는 이르기를, "진(秦)·한(漢)의 난리 때 중국의 사람들이 많이 해동(海東)으로 도망해 와서 살았다. 옛 성왕(聖王)의 후손도 왔는데 고구려는 고신씨(高辛氏)의 후손이다"라고 하였다. 혹자는 이르기를, "주몽은 한(漢) 고구려현(高句麗縣)에서 태어났기 때문에 나라 이름을 고구려라 하고 이로 인하여 고(高)를 성씨로 삼았다"라고 한다 또 다른 설에는 주몽이 처음 졸본부여에 나라를 세웠으며 아들 유리왕 때 이르러 고구려현을 취하여 비로소 나라 이름을 고쳤다고 한다. 주몽이 이미 즉위하였는데 그 땅이 말갈(靺鞨) 다음을 보라. 과 붙어 있어 침범을 당할까 두려워 결국 물리쳤다. 비류수에 채소 잎이 내려오는 걸 보고는 사람이 상류에 사는 것을 알고 찾아갔다. 과연 나라가 있었는데 비류라고 하였다. 그 왕 송양(松讓)이 이르기를 "그대가 부속 국가가 되는 것이 옳도다"라고 하였다. 주몽이 화를 내고 재주를 겨루었는데 송양이 대항할 능력이 되지 못했다. 이듬해에 그 나라가 항복하니 봉(封)하여 다물후(多勿侯)로 삼았다. 고구려 사람은 옛 영토를 회복하는 것을 다물(多勿)이라고 하였다고 한다.

『강역고』에 이르기를, "졸본의 옛 땅은 지금 흥경(興京) 경계 안에 있다. 『위서(魏書)』에서 말한 흘승골성(紇升骨城)이 이것이다"라고 하였다. 김부식은 "졸본은 아마도 한 현도군(玄菟郡) 한소제(昭帝) 때 옮긴 곳 의 경계로 한지(漢志)에서 말한 바 현도(玄菟)의 속현(屬縣) 고구려(高句麗)일 것이다"라고 하였다. 다만 정인지(鄭麟趾)의 역사서에서 갑자기 지금의 성천(成川)을 비류라 일컬으면서 그 후로 마침내 성천을 졸본으로 여기게 되었다. 정인지 글의 착오는 손가락을 다 꼽을 수 없을 정도로 심각하도. ○ 동부여의 땅을 살펴보면, 비록 상세히 알기는 어렵다. 금와가 유화를 태백산 남쪽에서 만났다는 점에서 태백산은 북부여에서 가깝다. 그러므로 그 땅의 형세 또는 충분히 미루어 알 수 있으리라. …

【정유】아무개 왕 몇 년,신라 시조 34년, 고구려 동명왕 14년, 한 성제(成帝) 양삭(陽朔) 원년

… 가을 8월에 고구려 왕의 어머니 유화가 동부여에서 죽었다. 부여 왕 금와가 태후의 예로 장사지내고 신묘(神廟)를 세웠다. 겨울 10월에 고구려 왕이 사신을 보내 방물을 바쳐 감사를 표했다. …

【임인】아무개 왕 몇 년, 신라 시조 39년, 고구려 동명왕 19년, 한 성제 홍가(鴻嘉) 2년 … ○ 가을 9월에 고구려왕 주몽이 죽었다. 아들 유리(類利)가 즉위하고, 시호를 올려 동명성왕이라 하였다. 처음에 주몽이 동부여에 있을 때 예(禮)씨를 취하였는데 임신하였다. 이미 떠났을 때 유리가 태어났다. 유리는 뛰어난 절조가 있었고 돌 던지는 것을 좋아하였다. 일찍이 노닐다가 참새를 향해 돌을 던졌는데 잘못하여 물 긷는 부인의 물동이를 잘못 맞추었다. 부인이 꾸짖기를 "이 아이가 아비가 없어 이처럼 완악하다"라고 하였다. 유리가 돌아와 어머니에게 묻기를 "내 아버지는 어떤 사람으로 어디에 있습니까"라고 하였다. 어머니가 이르기를 "네 아버지가 남쪽으로 도망하면서 나에게 말하기를, '어떤 유물을 일곱 고개와 일곱 계곡에 있는 돌 위의 소나무 아래에 두었으니 이것을 찾으면 내 아이라'고 하였다"라고 하였다. 유리가 두루 찾아다녔으나 얻지 못하였다. 하루는 주춧돌을 보았는데 일곱 모서리가 있었다. 스스로 해석하기를 "일곱 고개와 일곱 계곡이라는 것은 일곱 모서리이고, 돌 위의 소나무라는 것은 기둥이다"라고 하고는 이내 기둥 아래를 뒤져서 끊어진 칼 한 조각을 얻었다. 졸본에 이르러 왕을 뵙고 드렸다. 왕이 숨겨놓은 끊어진 검을 꺼내서 맞춰보고는 크게 기뻐하고는 세워서 후사로 삼았다.

『강역고』에 이르기를 "『후한서』, 『위략』에서 모두 부여 시조의 이름은 동명(東明)이라고 하였다. 우리나라 역사를 편찬하는 자가 고구려 시조를 주몽을 일러 동명왕이라고 하였는데 이것은 큰 오류이다"라고 하였다. 내가 이 설을 샅샅이 살펴보았는데 그럴듯해 보였다. 고구려 초에 인문이 비록 열리지 않았어도 어찌 시조의 이름을 저촉하여 시호로 삼았겠는가. 혹자는 중국 사람이 주몽이 본래 부여에서 나왔던 까닭으로 드디어 고구려를 부여로 칭하고 또 시호를 이름으로 잘못 인식하였다고 한다. 대저 삼국의 역사는 비록 간략함이 많지만 본래 본국 사관의 손에서 나왔으므로 중국인의 귀와 눈의 멀리 있는 것과 비교하였을 때 차이가 있으리라. 어찌 한두 가지의 허물이 있다고 하여 취하지 않고 오로지 타인의 서적만을 믿겠는가. …

【을묘】아무개 왕 몇 년, 신라 시조 52년, 고구려 유리왕 13년, 백제 시조 13년, 한나라 애제(哀帝) 건평(建平) 원년 … 겨울 10월에 동부여 왕이 5만 군사로 고구려를 침공하였다. 도중에 큰 눈을 만나 병사들이 동사하여 결국 돌아갔다.

『동사집략』 권3, 신라 고구려 백제기

【계유】신라 남해왕(南解王) 9년, 고구려 유리왕(琉璃王) 31년, 백제 시조 31년, 한나라 왕망(王莽) 찬위(簒位) 5년 겨울 11월 동부여가 고구려를 침공하였다. 고구려왕이 아들 무휼에게 군사를 거느리고 가서 막도록 하였다. 무휼이 병사가 적어 적을 대적하지 못할 것을 염려해서 기발한 계책을 내어 산 계곡 사이에 매복한 채 기다렸다. 부여의 병사가 학반령(鶴盤嶺) 아래에 이르자 복병을 내서 불의에 공격하였다. 부여군이 크게 패하여 말을 버리고 산으로 올라갔다. 무휼이 군사를 풀어 모두 죽였다. …

【임오】신라 남해왕 18년, 고구려 대무신왕(大武神王) 4년, 백제 시조 40년, 한나라 왕망 찬위 14년 봄 2월 고구려왕이 동부여 왕 대소(帶素)를 죽였다. 이에 앞서 고구려 왕이 군사를 냈는데 북쪽 길에서 한 사람을 우연히 만났다. 신장이 9척이고 얼굴이 하얗고 눈에서 광채가 났다. 왕에게 절하고 이르기를, "신은 북명(北溟) 사람 괴유(怪由)입니다. 대왕께서 북쪽으로 부여를 치러 간다는 것을 들었습니다. 따라가서 부여 왕의 머리를 갖고 오겠습니다"라고 하였다. 왕이 기뻐하고 허락하였다. 이에 부여국 남쪽으로 진군하였다. 그 땅은 진창이 많아 왕이 평지를 택하여 군영을 만들고 안장을 풀어 병사들을 쉬게 하였다. 부여 왕이 직접 무리를 이끌고 출전하였는데 그 대비하지 못한 틈을 타서 덮치고자 하여 말을 앞으로 급히 몰았다가 진창에 빠져 오도 가도 못했다. 고구려왕이 괴유가 나가게 하자 괴유가 칼을 빼 들고 소리를 지르며 그 무리를 치고 앞으로 나아가서 부여 왕의 목을 베었다. 부여 왕이 이미 죽고 그 막냇동생이 백여 인을

이끌고 압록곡(鴨綠谷)에 이르러 해두왕(海頭王)을 죽이고 스스로 즉위하였다. 갈사수(曷思水) 가에 도읍을 정하였다. 대소의 종제(從弟)가 나라 사람들에게 이르기를, "우리 선왕께서는 돌아가시고 나라는 멸망하여 백성이 의지할 데가 없다. 왕의 아우가 보존할 것을 도모하지 않고 도망쳐서 밖으로 나갔고 나 역시 못나고 어리석으니 무엇을 할 수 있겠는가"라고 하였다. 이내 만여 명을 이끌고 고구려에 투항하였다. 고구려 왕이 왕으로 봉하고 연나부(椽那部)에 안치하였다. …

【무진】신라 탈해왕(脫解王) 11년, 고구려 태조왕(太祖王) 15년, 백제 다루왕(多婁王) 40년, 동한(東漢) 명제(明帝) 영평(永平) 11년 가을 8월 갈사왕(曷思王)의 손자 도두(都頭)가 고구려에 항복하였다. 갈사는 무릇 3대 47년 만에 망하였다. 동부여의 종족이 이때 끊어졌다. …

【정축】신라 탈해왕 20년, 고려 태조왕 24년, 백제 다루왕 49년, 동한 장제(章帝) 건초(建初) 2년 … ○ 겨울 10월 북부여에서 뿔 셋 달린 사슴과 긴 꼬리 토끼를 고구려에 바쳤다. 고구려 왕이 상서롭게 여겨 대사면령을 내렸다.
　　살펴보면 이때 동부여가 이미 멸망하였으니, 이하의 부여는 모두 북부여이다. …

【갑술】신라 소지왕(炤智王) 15년, 고구려 문자명왕(文咨明王)[1] 3년, 백제 동성왕(東城王) 15년, 제(齊)나라 명제(明帝) 건무(建武) 원년 봄 2월 북부여 왕이 말갈(靺鞨)숙신(肅愼)의 옛 나라에게 쫓겨 처자식과 함께 고구려에 항복하였다. 해씨(解氏)가 세운 나라로 가장 오래되었는데, 이때 비로소 멸망하였다. 혹자는 그 유종(遺種)이 말갈 동북쪽에 있으면서 유귀국(流鬼國)이 되었다고 한다.

1　원문에 '문자왕'으로 되어 있음.

『대동역사(大東歷史)』

崔景煥(?~?)

鄭喬(1856~1925)

『대동역사』는 최경환(崔景煥)·정교(鄭喬) 등 독립협회 회원들이 1905년에 편찬한 역사서이다. 총 12권 4책의 순한문으로, 단군조선에서 통일신라때 까지의 역사를 서술하였다. 원고는 1896년에 처음 완성되었으나 고증과 평열(評閱) 등의 재검토를 거쳐 1905년에 완성되었다.

책의 앞부분에 서(序), 범례(凡例), 대동역대인(大東歷代引), 대동역대총도(大東歷代總圖), 조선역대도(朝鮮歷代圖), 목록(目錄) 등이 있고, 권별 내용으로 1권은 단군조선기(檀君朝鮮記), 2권은 후조선기(後朝鮮記), 3권은 후조선기(後朝鮮記), 4권은 마한기(馬韓記), 5권은 마한기(馬韓記)이다. 마지막에는 최병헌(崔炳憲), 권병훈(權炳勳), 김정현(金鼎鉉), 한백원(韓白源), 김영진(金英鎭) 글의 발(跋)이 있다.

발문을 보면, 책은 정교가 중심이 되어 편찬한 듯하다. 정교는 서문에서 우리나라가 4천년에 걸친 독립 국가였음을 알리겠다고 밝혔는데, 『대동역사』는 자주 독립 국가로의 발전을 모색했던 독립협회의 역사의식이 담겨 있다고 볼 수 있다.

체제는 편년체를 따랐고, 단군조선-기자조선-마한으로 이어지는 정통론에 입각해 기술하였다. 곳곳에 '사씨단(史氏斷)'을 기술하여 편저자의 사론(史論)을 전개하였으며, '정의(正義)'라고 하여 본문에 대한 간단한 해설을 가하고 있다. 각 왕의 역년마다 해당 시기 중국왕조의 연호와 일본의 연기, 서력기원을 표시하고 있다. 책의 앞부분에 기자의 좌상과 입상을 수록하였다. 또한 민족의 독립성을 강조하기 때문에 신라 통일 직후 당나라와의 항쟁을 상세하게 기술하기도 하였다. 그리고 각 왕의 역년에 발해에 관한 사실을 기록하고 있어, 발해 역사를 통일신라의 정통에 포함하여 우리의 민족사로 인식하고 있음을 보여준다.

통감부는 1909년 이후 다른 애국적 내용의 교과서와 함께 이 책을 학부불인가도서(學部不認可圖書)로 분류해 학교에서 교과서로 쓸 수 없게 하였다. 현재 『대동역사』는 일본 오사카 부립 나카노시마도서관(大阪府立中之島図書館)에 소장되어 있다.

『대동역사』 범례

하나. 정통론에서 조선(朝鮮)단군조선(檀君朝鮮), 조선기자조선(箕氏朝鮮), 마한(馬韓)을 국가로 일컫는다.

하나. 단군(檀君)은 『동국통감(東國通鑑)』「외기(外紀)」에 실려 있다. 대체로 역대의 사적(事蹟)이 상세하게 남아 있지는 않다. 특출한 성군(聖君)임에도 불구하고 역년의 시작과 끝을 분명하게 상고할 수 없으므로 존숭하고자 계통의 처음 부분에 쓰는 바이다.

단군조선(檀君朝鮮)은 무진년에 시작되므로 이 해가 단군 원년이 되고, 1,212년이 지난 기묘년에 나라가 다하여 부여(扶餘)로 옮겼다. 모두 1,212년이다.

【무진】단군조선 왕검(王儉) 원년 당요(唐堯) 25년, 기원전 2333년 왕이 즉위하였다.

동방에는 처음 군장(君長)이 없었다. 인민들이 풀을 옷으로 입었으며, 나무로 식사를 하였다. 여름에는 짐승의 보금자리 같은 곳에서 잤고, 겨울에는 동굴에서 생활하였다. 이때 환인(桓因)이란 분이 아들 웅(雄)을 낳았는데, 웅은 태백산(太白山)지금 영변군(寧邊郡)이니, 즉 묘향산(妙香山)이다. 의 단목수(檀木樹) 아래에 궁실을 지었다. 이때 환웅(桓雄)은 아들 왕검(王儉)을 낳았으니, 이가 바로 단군이다. 왕검은 자라면서 성덕(聖德)이 있었으므로 나라 사람들이 그를 추존하여 왕으로 삼았다.

『후한서(後漢書)』「동이전(東夷傳)」을 살펴보면, 이(夷)에는 견이(畎夷)·우이(于夷)·방이(方夷)·황이(黃夷)·백이(白夷)·적이(赤夷)·현이(玄夷)·풍이(風夷)·양이(陽夷)의 아홉 종류가 있다고 한다. 『죽서기년(竹書紀年)』에는 하후상(夏后相)이 즉위한 원년을 유년에 견이를 정벌하였고, 2년병자년에 황이를 정벌하였으며, 7년신사년에는 우이가 빈객으로 방문하였다고 한다. 『동한서(東漢書)』에는 옛적에 하(夏)나라 태강(太康)이 나라를 잃자 사이(四夷)가 모두 배반하였고, 이어서 후상(后相)이 즉위해서 견이를 정벌하였는데, 7년에는 오히려 빈객으로 방문하였다고 한다. 『죽서기년(竹書紀年)』에는 또 소강(少康)이 즉위40세였던 임오년에 방이가 빈객으로 방문하였다고 하고, 또 말하기를 후설(后泄) 원년을사년에 견이·백이·적이·현이·풍이·양이에게 명을 내렸다고 한다. 『통지(通志)』에서는 후설(后泄)의 치세(治世)에 견이의 무리와 여섯 이족(夷族)이 왕을 조회하였다고 하는데, 이에 따라 비로소 왕이 이들에게 작위를 주는 명을 했다고 한다. 『한서(漢西)』「강전(羌傳)」에 이르길, 태강(太康)이 나라를 잃자, 사이(四夷)가 모두 배반하였고, 이어서 후상(后相)이 즉위해서는 곧이어 견이를 정벌하였고, 7년 후 견이가 빈객으로 방문하였으며, 후설(后泄)에 이르러서는 작위를 내리는 명령을 내렸다고 한다. 이에 따라 사이(四夷)가 복종하게 되었는데, 걸왕(桀王)의 난을 당하여 견이가 다시 빈(豳) 땅과 기(岐) 땅 사이로 들어가게 된다. 무릇 구이(九夷)라는 것은 우공(禹貢) 시대의 우이(嵎夷) 및 래이(萊夷)처럼 복속한 무리가 있고, 중국[支那] 구주(九州)의 먼 곳에 거처하는 무리가 있었으나, 이들은 모두 조선을 일컫는 것이 아니다. 동이(東夷)라는 것을 한 방면으로 말할 것 같으면, 사이(四夷)가 모반하고 나서 견이(畎夷)가 다시 빈(邠) 땅과 기(岐) 땅에 다시 들어가 구이(九夷)가 사이(四夷)가 되었음을 알 것이니, 오로지 동방의 이족(夷族)을 지칭한 개념은 아니다. 하물며 단군(檀君)이 당요(唐堯)의 치세에 나라를 세워 군신(君臣)과 남녀(男女) 및 음식(飮食)과 거처(居處)의 제도를 다 갖추게 하고, 풀로 옷을 해 입고 나무로 밥 지어 먹는 것과 여름에 짐승의 보금자리 같은 곳에서 지내며 겨울에 동굴에서 생활했던 비루함을 혁파했던 것을 생각해 보면, 중국의 구이와 단군조선과는 무관한 것이다. 당요의 무진년부터 하상(夏相) 7년 신사년까지는 194년이 되고, 소강(少康) 40년 임오년까지는 255년이 되며, 후설(后泄) 원년 을사년까지는 338년이 된다. 단군의 인자함과 현명하신 도리는 백성들에게 고르게 스며들었으니, 300년은 어찌 이족(夷族)의 안목이라 할 수 있겠는가? 옛 사서에 자주 등장하는 글에는 동방에 아홉 종류의 이족이 있다고 했지만, 이는 지역적 구분을 알지 못하고, 연대상의 근거를 잘 알지 못해서 생긴 일로 잘못 기록됨이 실로 크다. 예나 지금이나 아홉 종류의 이족(夷族)을 헤아리는 설명을 상세히 하고자 한다. 또 황제(皇帝)와 왕우(王后)로 나라를 가진 자의 명칭을 생각해 보면, 수시로 변경되어 처음에는 이것은 존귀하고 저것은 비루하다는 뜻이 있지 않았다. 오직 군(君)이란 명칭만은 들어본 적이 없다. 만약 자양(紫陽) 선생의 『자치통감강목(資治通鑑綱目)』의 글이나 열국(列國)의 군주 같으면, 주(周)나라 왕은 특별히 기록한 사례이다. 어찌 우리가 세운 성스러운 자주국에서 취할 바이겠는가! 이것은 반드시 문헌으로는 징험할 수 없는 오류이다. 중국의 사서에 전한다.중국『위서(魏書)』에 옛날 2천 년2 전에 단군왕검이 아사달에 도읍을 정하고 나라를 열어 이름을 조선이라 하였는데, 이때는 요(堯)임금과 같은 시기였다. 단(檀)자는 시호(諡號)가 아니다. 만약 시호(諡號)라면, 아득한 옛날의 순박한 풍속처럼 고양(高陽) 및 고신(高辛)이 땅 이름에서 시작한 것과 동일하다고 여겨진다. 그러나 '단군' 이 두 자는 전설이 이미 오래된 까닭에 '단'자를 감히 앞선 유자(儒者)들의 기록처럼 고치지 못하고 조선 왕검으로 군호(君號)를 쓰기도 한다. 원년을 앞세워 글에 이어서 학식이 넓고 성품이 단아한 군자를 공경하는 뜻이다.

  [정의(正義)] '득국(得國)'이라는 말은 세 가지가 있다. '왕위(王位)'의 뜻이 정확한 것으로, 칭왕(稱王)을 스스로 한 것이다. 입(立)은 왕으로서는 입(立)자가 마땅하지 않으니, 문헌에 나오는 즉위자(卽位者)는 단군(檀君)과 기자(箕子)이고, 칭왕자(稱王者)는 고주몽(高朱蒙)과 고온조(高溫祚)이며, 입위왕자(立爲王者)는 박혁거세(朴赫居世)이다. 이 모두가 마땅히 입(立)자를 쓸 수 있는 것은 아니다.

  나라를 세워 조선(朝鮮) 나라는 동방에 있다. 아침에 해가 뜨니 만물이 선명해졌는데, 생생한 뜻이 있다고 할 수 있다.이라 불렀다. 장안(長安)지금 평양군(平壤郡)이다.에 도읍하였고, 왕후는 비서갑(非西岬)비서갑은 지명이나 어디인지는 모른다.의 딸로 삼았다. 국내의 산천을

---

2 원문에 '십(十)'은 '천(千)'의 오류로 판단된다.

존숭했다.

동쪽은 대해(大海)지금의 태평양(太平洋)이다.가 닿아 있고, 서쪽으로는 요하(遼河)지금은 중국[支那] 성경성(盛京省)에 속해 있다.에 접해 있으며, 남쪽으로는 조령(鳥嶺)문경군(聞慶郡) 서쪽 27리이다.에 이르고, 북쪽으로는 흑룡강(黑龍江)지금의 중국 흑룡강성(黑龍江省)의 북쪽이다.과 접한다.

『한서』를 살펴보면, 효무제(孝武帝)가 팽오(彭吳)를 파견하여 예맥(濊貊)과 조선을 뚫었다고 하였는데, 이는 마한 명왕(明王) 17년의 일이다. 예군(濊君) 남려(南閭)가 조선에 반대하여 한(漢)나라에 항복할 때 옛 사서에서는 팽오를 단군조선 때의 사람으로 잘못 적고 있다. 옛 문헌에서는 팽오에게 국내 산천을 살펴보라고 명했다고 하였다. 그러므로 지금 이를 삭제하여 바로잡는다.

사가들이 말하기를, 상고시대의 민간 풍속은 순박하고 도타웠다. 오직 동굴에서 사는 것을 편안한 줄로 알았는데, 단군(檀君)이 나와서는 경계를 분명히 정해 그들이 살 수 있는 곳을 정해 주었고 생활을 안정시켜 주었다고 한다. 황제(黃帝) 헌원(軒轅)이 만 가지 구획을 하고, 중화(中華)를 구주(九州)로 나누었으니, 어찌 이에 못 미치겠는가!

[정의(正義)] 글에는 나라의 경계를 정하고 백성의 주거지를 지었다고 했으니, 동방 자주 독립의 토대이다.

백성들에게 머리카락을 땋아서 늘어뜨리고 머리를 덮게 하는 방법을 가르쳤다.
군신(君臣)과 남녀(男女) 사이의 예절, 의식(衣食)과 거처(居處)의 제도가 처음 갖추어졌다.

【병인】59년당요(唐堯) 83년, 기원전 2265년에 처음으로 하늘에 제사 지냈다.
왕이 혈구(穴口)지금의 강화군(江華郡)이다.에 행차하여 마니산(摩尼山)에다 단(壇)을 설치하고 하늘에 제사 지냈다. '禋' 자는 하늘에 제사하는 것을 이른다.

사가들이 말하기를, 천지의 기상이 비가 오거나 개이고, 덥거나 춥고, 바람이 불거나 번개가 치고, 눈이나 서리가 내리는 것은 하늘이 백성들을 가르치는 방법이고,

벼와 곡식, 새와 짐승, 물과 불, 나무와 돌은 땅이 백성들을 가르치는 방법이라고 하였다. 그러므로 왕 되는 자는 하늘과 땅에 제사 지내서 하늘이 만물을 덮어주신 것과 땅이 만물을 받쳐 실어줌에 대한 은혜에 보답해야 한다. 오직 단군께서는 까마득한 옛날에 단을 설치하고 제사를 지내 백성들이 하늘과 땅에 경배하는 방법을 알게 하였으니, 신농씨(禮神祇)의 도리가 성대해지게 되었다.

[정의(正義)] 왕이 하늘을 경배하는 도리를 다했다는 것을 아름답게 여겨 기록한다.

삼랑성(三郞城)지금 강화군 전등산(煎燈山)에 옛터가 남아 있다.을 쌓았다.
왕자 세 명을 보내어 쌓았기 때문에 삼랑성이라고 불리게 되었다.

[정의(正義)] 축성할 때는 반드시 적의 침입을 방어하는 것을 중시해야 한다.

【갑술】127년 우순(虞舜) 49년, 기원전 2207년에 백악(白岳)지금 문화군(文化郡) 구월산(九月山)이다.으로 도읍을 옮겼다.

【병자】129년 하우(夏禹) 원년, 기원전 2205년에 태자 부루(扶婁)를 하(夏)나라에 파견하여 도산회의(塗山會義)에 참석하게 했다. 도산(塗山)은 중국[支那] 임호군(臨濠郡) 종리현(鍾離縣)의 서쪽에 있다.

하후(夏后)의 성은 사씨(姒氏)이고, 이름은 우(禹)이다. 부친 곤(鯀)이 중국을 섬겼는데, 당요(唐堯)가 그를 숭백(崇伯)으로 삼았을 때 홍수의 재앙이 있었다. 당요는 곤에게 홍수를 다스리게 하였다. 9년이 지나도록 홍수 다스리는 일을 잘 마무리하지 못해서 순(舜)임금은 곤을 사형에 처하고, 우(禹)에게 대신하게 하였다. 우는 몸을 수고롭게 하고 생각을 초조하게 하여 8년을 보낸 뒤 성공을 거두어 이를 순 임금에게 보고하였다. 나중에 우는 순 임금의 산양을 받아 중국 구주(九州)구주는 기주(冀州), 연주(兗州), 청주(靑州), 서주(徐州), 양주(揚州), 형주(荊州), 예주(豫州), 양주(梁州), 옹주(雍州)이다.에서 왕노릇 하였다. 각국 사신들이 도산(塗山)에 모여 회의하였는데, 옥백(玉帛)을 가지고 온 자는 무수히 많았다. 왕은 태자 부루(扶婁)를 보내 회의에 참석하도록 했다.

사가(史家)는 말한다. 무릇 사가의 글에서는 입조(入朝)라는 것을 다음과 같이 말한다. 입공자(入貢者)는 내가 신하로 부리는 복종하는 자로서 덕의 명령이 베풀어지는 곳이고 정교(政敎)가 미치는 곳에서 오는 자를 말한다. 마치 주(周)나라의 공후(公侯), 한(漢)나라의 후왕(侯王), 당(唐)나라의 번진(藩鎭)이 이에 해당한다. 실은 우리 구역 밖의 방국(邦國)을 일컫는 것이다. 아, 중국 사가들의 과장과 허언으로 터무니없는 말이다. 월상(越裳)이 주(周)나라에 꿩을 드렸는데, 주공은 정령(政令)이 군자(君子)에게 베풀어지지 않고 그 사람을 신하로 삼기는 어렵다고 하였다. 앞선 글에서 내조(來朝)라고 하였는데, 일본이 수(隋)나라에 사신을 보내면서 그 국서에 '해 뜨는 곳의 천자(天子)가 글을 써서 해지는 곳의 천자에게 무양(無恙)하신지 여쭙니다'라고 했다고 한다. 『수서(隋書)』에서는 입공(入貢)이라고 썼는데, 포르투갈(葡萄牙)과 프랑스(法蘭西)의 사신이 명(明)나라에 갈 때 단지 통상조약을 잘 맺고, 나라의 이롭고 병이 되는 글을 청하고자 한다고 했다. 글에서는 입공이라고 했지만, 도산(塗山)에 모여 회의하는 것을 입공이라고 했으니, 하(夏)나라와 같이 망령된 것이다. 무릇 여러 사서가 위와 같은 것이라면, 다 거론할 수 없을 정도로 심한 것이다. 중국인들은 오만하고 높은 곳을 좋아하는 습관이 있다. ○ 단군(檀君)은 개국하시고 오래전부터 하늘에 제사 지내는 업을 중요시하시니 동방 군주의 비조(鼻祖)이시다. 그 즉위 연대를 헤아려 본다면 당요(唐堯)와 더불어 같은 시대이시니, 이것은 하늘이 인민을 사랑하시어 두 분의 성인을 내시어 두 나라를 나누어 다스리라는 뜻이다. 두 나라는 조선과 당나라이다. 태자를 도산회의(塗山會義)에 보냈으니, 이웃 나라와 교빙(交聘)하고 통호(通好)하는 우의를 다지기 위한 것이다. 『춘추(春秋)』에서 노(魯)나라의 공자(公子)가 우의로 진(陳)나라에 간 것이나. 진세자(陳世子)가 영(盈)에서 제후들을 사귀는 회의에 참석한 것은 금세기 만국의 사람들이 박람회에 참석하는 것과 흡사하도다. 여러 사가들이 동쪽의 역사를 편찬했던 것은 간혹 조하(朝夏)를 말하여 스스로 심히 비굴하게 하는 것이니, 어찌 정확하게 근거로 삼을 수 있는가. 국한된 식견을 가진 얕은 인식과 잘못된 것을 답습하는 것이다. 이렇게 대략을 설명해도 다 변증하기에 부족하다.

중국 역대 여러 나라들이 외국에 진헌하는 일은 사서에 끊이지 않고 기록되어 있다. 예를 들면 주고공(周古公)이 훈죽(獯鬻)에 갈 때와 문왕(文王)이 곤이(昆夷)에 갈 때 옥과 비단을 화폐(貨幣)로 여겨 보냈다. 진헌(進獻)이란 것은 한나라 사신이 흉노(凶奴)와 오환(烏孫)에 갈 때, 당나라 사신이 위구르(回紇)와 토번(吐蕃)에 갈 때 해마다 화폐(貨幣)를 바친 것에 그치지 않았을 뿐만 아니라, 공주를 다른 집에 시집보내거나 딸이 종실(宗室)에 시집갈 때도 해당되었다. 위(魏)나라와 수(隋)나라 사신이 돌궐(突厥)과 토욕혼(吐谷渾)에 갈 때도 역시 이와 같았다. 부녀자를 공물로 바치는 예는 송(宋)나라가 거란(契丹)에 예물을 담은 수레바퀴를 가지고 갔을 때도 해당한다. 비록 전쟁 두 글자를 들어서 일하는 사람을 굴복시키는 것은 한 예가 있으니, 후진(後晉) 사신이 거란에 갈 때와 남송 사신이 여진(女眞)에 갈 때, 비단 땅을 나누어 주었을 뿐만 아니라 신하를 칭하면서 사대하기를 부친(父親)의 예로 하여 책명(冊命)을 받는 듯했다. 이것은 모두 다른 사람 사람에게만 붙어 있는데, 진(晉)나라의 회민태자(懷愍太子)가 술을 마시러 간 것, 유총(劉聰)이 전송(前宋)에 간 것, 송(宋)나라의 휘종(徽宗)과 흠종(欽宗)이 금(金)나라의 황제인 완안(完顏)씨의 명령에 따라 봉작을 받은 것 등이 매우 부끄러워 천추의 한이 되어 씻을 수 없는 것이다. 기타 폐물을 봉헌하거나, 땅을 주어 좋은 관계를 맺어 평화를 구걸하는 것은 일일이 셀 수 없을 정도인데, 명(明)나라 사신이 오이라트[瓦剌]에 간 것, 청(淸)나라 사신이 영국, 러시아, 일본에 간 것은 모두 이런 예이다. 오직 우리 동방의 삼국삼국은 신라, 고구려, 백제를 말한다.시대는 중국에 공물을 주었고, 역대의 여러 나라도 그러하였다. 이것은 강하고 약한 특수한 형세, 교의(交誼)의 작고 두터운 정도에 기인한 것이다. 만약 중국의 역대 국가들이 다른 나라에 업신여김을 당하거나 조금도 굽신거리지 않았다면, 내치(內治)와 외교(外交)는 타인의 간섭을 조금도 받지 않게 되어 자주독립의 권위가 손상되지 않았을 것이다. 하물며 만국 공법에서 공헌하는 것과 부속은 아주 다르다. 중국 사가들이 글을 많이 썼는데, 만약 번병(藩屛)의 입공(入貢)이 도산회의(塗山會義)에서 하(夏)나라에 조회(朝會)한 것보다 심하다면, 이것은 오만하고 우쭐거림에서 나온 습관인 것이다. 그러므로 이것은 확실한 분별이 되어 중국 역대 나라들이 타국에 대한 대략적인 예이다. 공헌(貢獻) 부속(附屬)의 실제 자취는 여기에 덧붙여 말한다. 역사서를 읽는 독자는 마땅히 비루한 말에 기대지 말 것을 알아야 한다.

[정의(正義)] 어찌하여 여(如)자를 썼는가? 대등한 나라끼리 교빙하는 사례와 왕래하는 경우 쓰는 말이다. 조선 사신이 중국에 가서 그 이름의 권위는 우열을 가릴 수 없게 되었으니, 그러므로 사신이 왕래하는 것은 글에서는 이처럼 말하고 있다.

【기묘】1212년 주(周)나라 무왕(武王) 발(發) 13년, 기원전 1122년 나라를 부여(扶餘)로 옮겼다.

단군(檀君)의 후손 기자(箕子)에게 왕위를 물려준 후에 부여 부여는 지금 중국[支那]의 길림(吉林) 영고탑(寧古塔) 동쪽으로 러시아(俄羅斯) 훈춘(琿春) 등지이다.로 옮겨 살았으니, 이것이 부여국이다. 훗날 동부여 왕 해부루(解扶婁), 금와왕(金蛙王) 대소왕(帶素王)도 모두 단군의 후예이다.

글에 나오는 1212년을 헤아려 보면, 단군이 즉위한 해[年數]가 아니라 오히려 환씨(桓氏) 역대년수이다. 단군 재위년수는 알 수 없다. 단군릉(檀君陵)은 지금 평양시 강동군(江東郡)의 서쪽 3리에 있는데, 둘레가 410척이다.

역사가가 말하기를, 단군의 전세(傳世)는 1,100년보다 오래지 않으나 문헌상으로는 파악할 수 없다. 당시 후손은 미약하여 기자가 동쪽으로 건너왔는데, 백성의 노래와 송사[訟獄]는 모두 그에게 맡겨졌다. 그러므로 인자하고 현명한 이에게 나라의 재위를 선위하여 종사를 보호하고 단군의 후예는 부여로 옮겨 살게 되었다는 것은 주균(朱均)이 하(夏)나라에서 봉작을 받은 것이나 기후(紀侯)의 대법으로 그 나라를 떠났다는 것을 거의 능가하는 것이다. 그러므로 나라를 부여로 옮겼다는 것은 대개 뒤섞인 것이니, 옛 사서를 절충하여 읽는 이는 자세히 밝혀야 한다.

『대동역사』 권2, 후조선기(後朝鮮紀)

기묘년 조선 태조 문성왕(文聖王) 원년에 시작하여 정미년 조선 애왕(哀王) 28년에 끝났다. 도합 929년이다.

【기묘】조선 태조 문성왕 서여(胥餘) 원년 주나라 무왕 희발(姬發) 13년, 기원전 1122년 기자

(箕子)가 왕위에 올랐다.

　왕의 성은 자씨(子氏)이고, 휘(諱)는 서여이다. 상(商)나라의 왕 무을(武乙)의 둘째 아들은 이름이 리(理)인데, 기자는 그의 아들이다. 제을(帝乙) 17년 병술에 태어났다. 기(箕) 땅에 봉해졌기 때문에 기국(箕國)은 서화(西華)인데, 지금 중국[支那] 개봉부(開封府) 성의 서쪽 90리 거리에 있다. 기자(箕子)자(子)는 작명(爵名)이다.는 상(商)나라 왕 주(紂)주는 이름이다. 태정(太丁)의 손자, 제을(帝乙)의 아들이다. 호(號)를 주라고 하였으며, 시호(諡號)를 제신(帝辛)이라 하였다.의 태사(太師)이다. 주왕(紂王)은 성품이 지나치게 사치스럽고, 주색을 좋아하였다. 처음 상아젓가락[象箸]을 사용하자, 기자는 탄식하기를 '지금 상아젓가락을 사용하면 질그릇[土簋]에 담지 않고, 반드시 옥그릇[玉盃]을 사용할 것이다. 옥그릇과 상아젓가락을 사용하면 명아주잎과 콩잎[藜藿]과 같은 거친 음식을 먹지 않을 것이고 짧은 베옷[短褐]을 입지 않을 것이며 반드시 띠 지붕 밑에서 살지 않을 것이고, 반드시 곰 발바닥이나 어린 표범고기를 먹을 것이고 비단 옷을 입을 것이며 문이 겹겹이 이어진[九重] 고대광실(高臺廣室)이어야 짝이 맞을 것이니, 천하에서 구하여도 이를 충당하기에는 부족할 것이다'라고 하였다. 주왕이 밤새도록 술을 마셔 언제인지 날짜가 기억이 나지 않아서 그 좌우에 날짜를 물어보았으나 아무도 아는 이가 없었다. 사람을 시켜 기자에게 물어보게 하니, 기자가 그 무리에게 말하기를, '천하에서 주인 노릇 하면서도 온 나라 사람들이 날짜를 잊어버리면 천하가 위태로워질 것이고, 온 나라 사람들이 날짜를 알지 못하는데도 나 혼자 알고 있다면 나 자신이 위험에 처할 것이다'라고 하면서 짐짓 취한 척하며 모른다고 하였다. 미자(微子)미자의 이름은 계(啓)이고, 미(微)는 나라 이름이다. 자(子)는 작명(爵名)이다.는 주왕의 서형(庶兄)인데, 삼가는 마음이 있었고, 효도가 지극하였다. 기자가 주왕이 태자가 될 감은 아니라고 생각하였으나, 미자 계는 나이가 많고 어질다고 생각하여 제을에게 권하여 그를 태자로 삼으라고 하였다. 제을이 맏아들을 폐하는 데 어려움이 있어서 주왕을 세워 태자로 삼고, 계를 미자에 봉하였다. 미자가 여러 차례 간하였으나 주왕이 듣지 않았다. 주왕은 끝내 간한 것을 받아들이지 않고 은(殷)나라가 장차 망하겠다고 생각하여 통곡하면서 스스로 목숨을 끊으려고 하였다. 떠날 것을 생각하였으나 결정을 내리지 못하고, 태사(太

師)인 기자, 소사(少師)인 비간(比干)주왕의 제부(諸父)과 논의하였다. "지금 은(殷)나라가 망국이 되어가는 것이 큰물을 건널 때 나루터가 없는 것과 같습니다. 이제 그대들이 나에게 넘어지고 떨어지는 일을 가리켜 알려 주지 않는다면 어찌합니까?'라고 하였다. 기자가 말하기를, '이제 상(商)나라에 재앙이 내릴 것이니, 나는 그 패망함을 받아들일 것입니다. 그러나 저는 상나라가 망국하더라도 남의 신하가 되지는 않을 것입니다. 왕자께 고하나니, 우리나라를 떠나시옵소서'라고 하였다. 내가 옛날에 이르기를, 왕자께서 나아가지 않는다면 우리가 엎어지고 떨어질 것이라 말한 바 있습니다. 스스로 편안하면, 사람마다 스스로 선왕에게 바칠 것이니, 나는 떠나가서 은둔함을 돌보지 않을 것입니다여러 문헌에서는 '말한 이가 미자(微子)로 되어 있다'라고 하니, 미자가 드디어 떠났다. 비간은 말하기를, '임금에게 허물이 있는데도 신하가 죽기로 간하지 않는다면, 백성들만 무슨 죄가 있게 된단 말인가?'라고 하고는 곧장 주왕에게 달려가서 3일 동안 간하고 돌아가지 않았다. 주왕이 노하여 말하기를, '내가 듣건대, 성인(聖人)의 마음에는 일곱 개의 구멍이 있다고 들었는데, 과연 그러한가?'라고 하고는 드디어 비간을 죽이고 그 가슴을 열어 보았다. 주왕이 음란하고 방탕하여 기자가 간하는 것을 듣지 않았으므로, 혹자는 기자에게 도망가야 한다고 말하였다. 그러나 기자가 '인신(人臣)으로서 간하여 군주가 듣지 않는다고 가버린다면, 이는 군주의 악행을 들추어서 스스로 백성에게서 즐거움을 얻으려는 것이다. 내가 차마 할 일이 아니다'라고 하면서 머리를 풀어 헤치고 거짓 미친 척하며 종이 되었다. 옛날에 노비(奴婢)는 모두 죄인이어야 되었다. 간하여 죄를 얻었기 때문에 종이 된 것이다. 한편 기자는 주왕에 의해서 갇히는 몸이 되었다가 결국 은둔하여 거문고를 타면서 스스로 비통해하면서 기자조(箕子操) 기자조의 내용은 다음과 같다. "아아, 주왕(紂王)이 무도하여 비간(比干)을 살해했도다. 아아, 어찌하여 홀로 옻칠을 해서 몸을 헐게 하고 머리를 풀어 헤쳐 미친 체하였나. 지금 종묘를 어찌하리오. 하늘이여, 하늘이여, 돌을 안고 강물 속으로 뛰어들고 싶구나. 아아, 사직을 어찌하리오."라는 노래를 불러 전해졌다고 한다. 이 해에 주(周)나라 후(侯)인 발(發) 무왕(武王)이다.이 은(殷)나라를 공격하여 승리하였다. 주왕은 불 속에 스스로 뛰어들어 타죽었고 은나라는 망하여 주나라가 드디어 은나라를 대체하였다. 무왕(武王)이 소공(召

公) 석(奭)에게 갇혀 있는 기자를 풀어주라고 명하였다. 유향(劉向)은 『설원(說苑)』에서 무왕이 은나라에 들어가 기자의 문(門)을 법식으로 하였다고 한다. 무왕은 기자를 방문하여 나라를 운영하는 방법을 물으니, 이에 기자는 홍범(洪範)을 진술하였다. 그것은 첫째가 오행(五行)이고, 둘째는 오사(五事)로써 공경하며, 세 번째는 팔정(八政)으로 농사에 힘쓰고, 네 번째는 오기(五紀)로써 협력하며, 다섯째는 황극(皇極)으로 세우고, 여섯째는 삼덕(三德)으로서 하며, 일곱째는 계의(稽疑)로써 밝히고, 여덟째는 서징(庶徵)으로 생각하며, 아홉째는 오복(五福)으로써 누리고 육극(六極)으로써 피하는 것이다. 이상은 『상서(尙書)』「홍범(洪範)」편에 자세히 기술되어 있다. 기자는 주나라를 피해 조선으로 갔는데, 은나라 사람으로 기자를 따라간 이가 5천 명이나 되었다. 그들 중에는 시와 글에 능통한 이, 예악(禮樂)에 밝은 이, 의사, 무녀, 음양과 점칠 줄 아는 부류, 백공기예(百工技藝)에 능통한 자들까지 있었는데, 이들이 모두 기자를 따라 조선에 왔다. 그러나 그들이 조선 땅에 도착해서는 현지 사람들과 언어가 통하지 않아서 통역하며 백공기예를 익히게 하였다. 나라 사람들이 기자에게 성덕(聖德)이 있음을 알고, 그를 높여 왕으로 삼았다.

『서경(書經)』「홍범(洪範)」편에서 "무왕(武王) 13년에 왕이 기자(箕子)를 방문하였다"라고 하였다. 채침(蔡沈)의 『집전(集傳)』에서는, "상(商)나라에서는 연기(年紀)를 사(祀)라 하였고, 주(周)나라에서는 연(年)이라 하였다. 이것이 은(殷)나라의 연기[年紀, 사(祀)]라고 말해지는 까닭은 기자가 말한 바 있기 때문이다. 기자는 일찍이 '상(商)나라는 망국으로 빠져드는구나. 나는 남의 나라의 신하가 되지는 않으리'라고 말하였다. 생각해 보면 기자가 신하가 되려 하지 않았기 때문에 무왕(武王) 역시 그 뜻을 존중하여 기자를 신하로 여기지 않고, 그를 찾아가 나라를 운영하는 도리를 물어보았다"라고 하였다.

김이상(金履祥)이 말하기를, "『서경』「홍범」편에서 말한 '무왕 13년[祀]'에서 기자가 무왕에게 신하의 예를 하지 않았음을 알 수 있다. 『서경』「홍범」편에서 말한 '무왕이 기자를 방문하였다'는 것에서는 무왕이 기자를 신하로 삼지 않았음도 알 수 있다"라고 하였다.

　소식(蘇軾)이 말하기를, "기자는 주나라에 신하의 예를 행하지 않았다. 어찌 기자가 무왕을 위하여 홍범을 진술할 수 있는가? 하늘이 이 도를 우왕(禹王)에게 주어 그것을 나에게 전하였겠는가? 나 스스로 하여금 무왕에게 끊어지게 함이 아니다. 전하지 않으면, 천하는 전할 수 없다. 그러므로 기자의 도라고 하는 것은 도를 무왕에게 전하는 것은 가하고, 무왕을 섬기는 것은 불가하다"라고 하였다.

　진력(陳櫟)이 말하기를, "기자는 스스로 말하길, '나는 남의 신하가 되지 않을 것이다.' 기자는 그 후 끝내 신하가 되지 않았고, 자신의 말을 저버리지 않았다"라고 하였다. 또 말하길, "주나라에 신복하지 않은 것은 만세토록 군신(君臣) 간에 지켜야 할 대법(大法)이기 때문이다"라고 하였다. 기자가 홍범을 진술한 까닭은 만세토록 하늘과 인간 사이에 지켜야 할 도리를 전하고자 했기 때문이다.

　사마천(司馬遷)의 『사기(史記)』에서, "무왕이 은나라를 이기고 나서 기자를 방문하여 하늘의 도리를 물으니, 기자가 홍범을 진술하였다"라고 하였다. 또한 "무왕은 기자를 조선에 봉하였으나 기자는 무왕에게 신하의 예를 하지 않았다"라고 하였다.

　『서경』「홍범」편에 대한 채침의 『집전』에서는 "기자는 주나라가 자신이 옥에 갇힌 것을 풀어 준 것을 차마 견딜 수가 없어서 조선에 갔는데, 무왕은 이 소식을 듣고 기자를 조선에 봉하였다"라고 하였다.

　반고의 『한서(漢書)』「지리지(地理志)」에서는, "은(殷)나라의 도가 쇠하니, 기자가 조선에 가 버렸다"라고 하였다.

　범엽(范曄)의 『후한서』에서는, "기자는 은나라의 운이 다하자, 조선으로 피하여 갔다"라고 하였다.

　길재(吉再)는 말하길, "상(商)나라가 망국으로 빠져들었어도 주나라의 신하가 되지는 않으리. 대대로 58번의 맹세가 역력하다. 301편의 시[風雅]가 선명해질 것이다"라고 하였다.

　장유(張維)가 말하기를, "기자(箕子)는 '상(商)나라가 망국으로 빠져들어도 나는 신하가 되지는 않으리.'라고 하였다. 만약 무왕의 봉작을 받는다면, 이것은 주(周)나라에 신하 역할을 하는 것이니, 처음의 뜻을 바꾸는 것이 된다. 사마천(司馬遷)은 이 말은 터무니없는 이야기라고 말하였다. 범엽(範曄)의 『한서』에서는 더욱 이치가 있었다. 아마도 기자가 중국을 떠나 조선에 들어가서 조선 백성들이 그를 공동으로 받들어 임금으로 삼았다. 이는 또한 태백(泰白)이 형만(荊蠻)으로 가서 결국 그 땅에서 임금 노릇한 것과 같은 것이다"라고 하였다.

임종칠(林宗七)이 말하기를, "채심(蔡沈)의 홍범(洪範)은 『서경집전(書經集傳)』에서도 인용하였는데, 기자가 「홍범」을 진술한 이후, 무왕이 기자를 조선에 봉하였지만, 기자는 무왕에게 칭신(稱臣)하지 않았다는 이 이야기에 대해서 보통 의심을 받는다. 미자(微子)는 상(商)나라 왕의 아들로서 송(宋)나라에서 봉작을 받는데, 이는 종사(宗社)를 지키기 위한 고육지책이었다. 그런 즉, 기자가 결코 무왕(武王)의 봉작을 받을 수는 없는 것이다. 그러므로 멀리 중국을 떠나 동쪽으로 조선으로 들어가서 새로이 외국인으로서 다시는 중국에 신복하지 않은 것이다. 그리고 무왕이 기자를 방문하자, 기자가 홍범의 도를 진술함은 천하의 공론인 것이다. 그러므로 무왕이 공식적으로 기자를 방문한 것이다. 공식적으로 이쪽과 저쪽의 양쪽을 진술함으로써 혐의가 없게 된 것이니, 어찌 이것으로써 기자가 주나라의 봉작을 받은 것이 되고, 기자가 주나라의 봉작을 받은 근거가 될 수 있단 말인가? 크고 아득하구나. 채씨(蔡氏)가 사마천(司馬遷)이 잃어버린 것으로 인하여 상세히 헤아릴 수가 없음이여! 말하기를, 기자가 이미 주나라 무왕의 신하가 되지 않았는데, 어떻게 봉작을 받을 수 있단 말인가? 그리고 기자가 주나라 무왕의 봉작을 받았다면, 또 어떻게 신하가 되지 않고 그럴 수 있단 말인가! 장유(張維)가 말한 바, 기자가 중국을 떠나 조선으로 갔고, 조선 백성들이 공동으로 기자를 추대하여 왕으로 삼았는데, 이것은 태백(泰伯)이 형(荊)과 만(蠻) 땅에 가서 드디어 그 땅의 왕이 된 것과 같으니, 그 실체를 알 수 있을 것이다"라고 하였다.

홍여하(洪汝河)가 말하기를, "사마천이 홍범(洪範)을 진술하였기 때문에 기자를 조선에 봉하기 이전에 태사(太師, 기자)가 동쪽으로 간 것이 무왕의 명령으로 말미암은 것이 아니니, 이는 태백(泰伯)이 남쪽으로 달아난 것이 고공(古公)의 명령에서 나온 것이 아님과 같다. 태사가 이미 동쪽 땅에 이르자 사람들이 그를 존숭하여 임금으로 삼았는데, 이 또한 태백이 오(吳)와 형(荊) 땅에 이르자, 만(蠻) 사람들이 그를 의롭다고 여기고 그를 좇아 귀의한 것과 같다. 이와 같이 주나라의 법통이 미치지 않는 곳이 없다. 태사가 일찍이 말하기를, '나는 남의 신하가 되지 않을 것이다'라고 하였다. 무왕은 반드시 이 말을 알 것이다. 은나라가 망한 뒤, 태사가 마음속으로 동쪽으로 갈 것을 결심하였고, 무왕 또한 그가 신복하지 않는 것을 허락하여 손님과 주인의 예를 사용하였다. 그러므로 무왕이 태사를 방문했을 때 태사가 무왕에게 홍범을 아무 거리낌 없이 진술했던 것이다. 그렇지 않았다면 어찌 군신(君臣) 사이에 예의가 꾀해지지 않음을 볼 수 있었겠는가? 태사는 어찌 갑자기 무왕을 볼 수 있었겠는가? 이로 말미암아 보면, 태사가 홍범을 진술한 것은 조선을 주재한 이후임을 알 수 있다.

　　삼가 살펴보건대, 연도를 상(商)나라에서는 사(祀)라 하였고, 주(周)나라에서는 년(年)이라고 하였다. 길재(吉再)가 말하기를, "기자(箕子)는 마음으로 기록을 숭상했다. 은(殷)나라는 갑자년에 왕이 즉위하였으니, 기원(紀元)은 마땅히 사(祀)라고 하는 것이 명백하다. 그러나 역사는 연도를 어떻게 하였는가? 문무왕(文武王)의 원년은 처음으로 인월(寅月)을 한해의 머리로 세웠다. 그러므로 이전에 여전히 은나라의 달력을 사용하여 기원에 제사 지내는 것은 더욱 의심스럽지 않다. 이 시기로부터 하(夏)나라와 주(周)나라의 제도를 채집하여 인월을 바르게 고쳐서 사(祀)를 연(年)으로 한다. 사마천(司馬遷)은 문무왕 이전에 기(紀)를 전함으로써 연도에 관한 글을 혼잡하게 하였다. 지금 의심나는 것을 우선 기록하여 두고, 감히 고치지는 않고, 학식이 풍부한 군자를 기다리고자 한다"라고 하였다.

　　우리 순조황제(純祖皇帝) 신유년(순조 1, 1801)에 기자정(箕子井)에서 오래된 거울을 하나 습득했던 것을 헤아려 본다. 뒷면에는 '동왕(東王)'이라는 두 글자가 적혀 있었는데, 사람들이 '기자경(箕子鏡)'이라고 불렀다. 기자가 왕 노릇하였으니 동왕(東王)이라고 불렀다고 할 수 있다.

사가는 말하기를, "주(周)나라 무왕(武王)이 상(商)나라를 이긴 후 무경(武庚)을 옹립하여 제신(帝辛)의 지위를 잇게 하였다. 상용(商容)과 교격(膠鬲)을 현인으로 천거하여 보임을 맡겼다. 서로 사(師)의 직임에서 떠난 후에 서기(西岐)의 극(克)은 문왕(文王)의 일에 복무하는 뜻을 존중하였는데, 기자(箕子)는 어찌하여 조선(朝鮮)에 갔느냐! 무왕이 이것을 하지 않은 까닭은 기자가 결의하지 않았기 때문이다. 이렇게 동쪽으로 패수(浿水)와 이제(夷齊)를 넘었기 때문이다. 저것은 서산(西山)과 동일한 뜻이다. 이에 무경(武庚)의 계승에서 은(殷)나라 미자(微子)가 송(宋)나라에 봉함받기 이전에 무왕 역시 기자를 말려서 동쪽으로 가는 것을 막을 수가 없었다. 그러나 만약 세상에 나가지 않고 숨어 있어도 번민하지 않는다면, 처음에 어찌 왕이 되려는 마음이 있었겠는가! 오직 5천 명의 사람들이 망명한 현자를 뼈에 사무치도록 바랐기 때문이다. 오래된 사직은 이미 없어지니, 청구(靑邱)에서 사랑으로 떠받드는 백성들을 거느려서 왕이 되어 자(子)씨 성을 이어받아 6백 년의 왕업이 되었다. 하(夏)나라의 오래된 신하와 더불어 소강(少康)이 유격(有鬲)에서 봉해지고, 한(漢)나라의 의로운 선비가 서촉(西蜀)의 땅에서 소열황제(昭烈皇帝)을 존숭한 것이 천 년간 하나로 귀결되는 것이다. 그러나 기자는 무왕을 강하게 사양할 수 없었고, 무왕 역시 감히 그를 마음으로 꾀할 수 없었다. 이것은 진실로 은나라의 왕업을 중흥시킨 것이라 할 수 있으니, 어찌 사마천(司馬遷)은 무왕이 기자를 봉하였다는 궤변을 할 수 있었는가? 채씨(蔡氏)는 신하로 복무하지 않았다고 하였으니, 후대 사람들이 역사적 오류라고 분명하게 알 수 있게 하였다. 절멸한 나라를 부흥시킨 의로움은 드물고 정성스러운 것으로 슬픈 일이라 할 수 있다. 지금 여기에 원년(元年) 기사에 특별히 게시하여 이음으로써 왕의 즉위 원년으로 은(殷)나라 왕실을 중흥의 원년이라고 쓰는 것이다. 하늘이 인간사를 다스리는 의로움이 여기에 있음이 비로소 분명해졌도다.

기자(箕子)는 무을(武乙)의 손자로 주(周)나라를 피해 동쪽으로 와서 나라를 열었다. 중국[支那] 구역 밖에 건립하여 은(殷)나라 종실을 중흥하는 업을 이뤘다.『동사(東史)』를 찬술한 이가 혹 말하기를, "무왕(武王)이 기자를 조선(朝鮮)에 봉했다"라고 한다. 그런데 어찌하여 『주서(周書)』에는 고명(誥命)이 보이지 않는가? 또한 어찌 다섯 등급으로 나뉘는 봉작에 들어가지 않는가? 이는 곧 후인들이 중국의 사마천(司馬遷) 전기(傳記)를 추종하면서 그런 것이다. 오호라! 주나라 무왕의 역성혁명(易姓革命)이 은(殷)나라의 제사를 없어지게 만들었구나! 문성왕(文聖王)이 바로 즉위하니, 조선이 친히 대통(大統)을 계승하여 명성이 이름이 바로잡아지고 언어가 순해졌으니 근본이 의심이 없게 되었다. 사마천이 『사기』를 찬술함으로써 천자(天子)의 제도는 주나라에 주어졌고, 여러 나라는 조선을 기다리게 되었다. 그러므로 후대 중국의 역사가들은 잘못된 것을 그대로 추종함으로 말미암게 되었다. 지금 비로소 문성왕이 제신(帝辛)의 후예로서 은나라의 유풍을 이으니, 이로써 천하 만세의 정론을 보이게 되었다.

[정의(正義)] 이 글은 아득히 멀어져간 사직의 유업을 계승함으로써 청구(靑邱)의 휴운(休運)을 열었음을 찬미하여 적은 것이다.

유경(柳京)태조(太祖) 시기를 살펴보면, 사방 경계가 서쪽으로는 요하(遼河)를 지났고, 동쪽으로는 홀한(忽汗)에 이르렀으며, 남쪽으로는 바다에 닿아 있었으니, 무릇 영토가 사방으로 4~5천 리에 달하였다. 예맥(濊貊), 부여, 부여(扶餘), 삼한(三韓)의 무리가 얼굴을 고치고는 귀의(歸義)하였다.에 도읍하였다.

왕기자이 백성의 풍속을 보니, 강하고 사나워서 버들처럼 유순한 성품으로 만들고자 하여 백성에게 모든 집에 버들을 길러 유순한 풍속을 숭상하게 하였기 때문에 유경(柳京)이라고 부르게 되었다. 『기자지(箕子誌)』에 이르기를, "기자가 동쪽으로 왔을 때 처음에는 수원(水原)과 남양(南陽) 사이에 머물렀다. 그러므로 화성(華城)에 홍범이라는 산의 이름이 있었던 것에 기인해서 흐르는 물을 거슬러 올라가 황주(黃州)의 철도(鐵島)에 이르렀다. 섬에 기자대(箕子臺)와 기자정(箕子井)이 있다. 또 패수(浿水)로 들어가 평양(平壤)에 거주하였는데, 동쪽 풍습이 강한 것을 근심하여 버드나무를 심게 하여 그 성품을 부드럽게 하였다. 그러므로 평양을 유경이라고 칭한 것이다.

도성(都城)을 축조하였다.

안정복(安鼎福)이 말하기를, "『고려사(高麗史)』「지리지(地理志)」에 기재되어 있는 평양고성(平壤古城) 하나는 기자(箕子)가 축성한 것이다.『여지승람(輿地勝覽)』에는 평양외성(平壤外城)이 당포(唐浦) 위에 있는데, 돌로 쌓은 부분이 둘레 8,200척(尺), 흙으로 쌓은 부분이 10,205척, 높이는 30척이다. 세간에 전하기를, 기자(箕子)가 축성한 것이라 한다. 그러나 『여지승람』에 기록된 이 말이 옳은지 그른지는 알 수 없다. 고려 태조 5년(922) 처음으로 성(城)에 서도(西都)를 쌓았다고 하니, 현재 남아 있는 것은 아마 이것인 듯하다. 살피건대, 성이 축조된 연대가 멀고 오래되어 비록 이 성이 기자가 쌓았다고 볼 수 없으나, 역대로 기자가 예전에 쌓은 것이라 믿고 성을 수리하고 다스리는 방식이 그때와 다르게 하지 않으면 될 것이다"라고 하였다.

팔조지교(八條之教)를 반포하였다.

왕기자은 예의로써 백성을 가르쳐서 금해야 할 여덟 조목을 베풀어 주었다. 다른 사람을 죽인 자는 죽음으로 속죄하게 하고, 다른 사람에게 상해를 입힌 자는 곡식으로 배상하도록 하였으며, 다른 사람의 물건을 도둑질한 자는 잡아다가 그 집의 노비로 삼게 하였는데, 스스로 속죄하기를 바라는 자는 사람당 50만을 내도록 하였다. 비록 노비를 면하게 되더라도 조선(朝鮮)의 풍속에서는 이를 오히려 부끄럽게 여겨 시집가거나 장가가려고 해도 배필을 얻을 수 없었다. 이에 조선 백성들은 신의를 숭상하게 되어 서로 사양하는 마음이 생기게 되고, 경술(經術)을 돈독히 하여 몇 년 지나지 않아 크게 교화되었다. 이에 백성들이 서로 도적질하지 않아 문호(門戶)를 닫는 것이 없었고, 부인(婦人)은 정조가 있어 음란하지 않았다. 밭에서나 들에서나 도시에서나 시골에서나 먹고 마실 때는 변(籩)과 두(豆)를 사용하는 등 인현(仁賢)의 교화가 있게 되었다. 전쟁에 힘쓰지 않고 덕으로 강폭(強暴)한 이들을 복종시켰으니, 이웃 나라들 모두가 그 의(義)를 흠모하게 되어 마침내 기자조선(箕子朝鮮)에 귀의하게 되었다. 의관(衣冠)의 제도는 모두 은(殷)나라의 제도를 따랐다.

송렴(宋濂)이 말하기를, "기자의 나라는 위로는 존경하는 법도가 있었고, 아래로는 차등이 있었다. 이(夷)는 선왕(先王)의 유풍(遺風)을 실제로 가지고 있었으므로, 마땅히 중화(中華)로 보아야 하지 외국의 사례로 볼 수 없다"라고 하였다.

단목효사(端木孝思)가 말하기를, "조선은 기자가 다스린 지역이니, 바다 밖 맹자(孟子)의 추(鄒)나라의 공자(孔子)의 노(魯)나라와 같은 나라이다"라고 하였다.

진인자(陳仁子)가 말하기를, "땅에는 당연한 이치가 없다. 알고 있는 사실을 바탕으로 하여 알지 못하는 것을 미루어 생각하는[推理] 것은 하늘이다. 황제(黃帝)가 탁록(涿鹿)에 도읍을 정할 때부터 전욱(顓頊)이 용성(龍城)에 도읍을 정할 때까지 순(舜)은 역산(歷山)에서 농사를 지었다. 기자(箕子)가 주(周)나라를 넘어서 조선(朝鮮)에 이를 때부터 왕의 기운은 동쪽 지방에 1천 5백 년 동안 있었다"라고 하였다.

왕창(王敞)이 말하기를, "조선은 기자의 후예이다. 의관(衣冠)과 문물(文物)의 제도는 친소(親疎)와 귀천(貴賤)의 격식을 분명히 하여 제하(諸夏, 중국)의 풍습이 있게 되었다.『요동지(遼東誌)』에 이르기를, "요동은 기자가 이주하여 봉해진 지역인데, 풍속이 순박하여 먼 지역에서 상서로운 실마리가 있었다"라고 하였다. 안정복(安鼎福)이 말하기를, "팔조(八條)의 가르침 중에서 현재까지 단지 세 조항만 남아 있다. 다른 사람을 죽인 자는 죽음으로 갚아준다. 다른 사람에게 상해를 입힌 자는 곡식으로 배상한다. 다른 사람의 것을 도둑질한 자는 잡아다가 그 집의 노비로 삼는다."라고 하였다. 즉 홍범(洪範)의 팔정(八政) 중에 사구(司寇)의 일인데, 기자가 정치를 하면서 분명 홍범을 버리고 다른 것을 도모하지는 않았을 것이니, 팔조라는 것은 아마 팔정을 가리키는 것일지도 모른다.

[정의(正義)] 이 글은 모든 백성이 인현(仁賢)의 교화을 입어 만세토록 예의(禮義)의 법도를 입게 되었고, 천지(天地)의 생성과 함께 그 공(功)이 쓰여졌음을 찬미한 것이다.

왕수극(王受兢)을 사사(士師, 고대 중국에서 법령과 형벌을 맡아보던 재판관)로 삼았다.

왕수극은 하후씨(夏后氏)의 13세 손(孫)이다. 왕수극은 덕행이 있어 나라 사람들이 그를 천거하여 사사로 삼았다. 자제(子弟)를 가르치고 백성을 교화하여 좋은 풍속을 만들자, 왕기자이 기뻐하며 그에게 왕씨(王氏) 성을 주었다.

기자가 가르침을 베풀던 시기를 살펴보면, 가장 도움이 되었던 이가 바로 왕수극이었다. 대체로 그때는 풍토와 언어가 다른 나라와 달랐는데, 사람들이 왕수극을 가장 존중하여 왕에게 천거하자 그에게 소임을 맡겨 행하도록 하였다.

[정의(正意)] 이 글에서는 현명한 이를 얻은 것을 찬미하고 있다.

정전제(定田制)

왕기자은 은(殷)나라의 전제(田制)를 썼으며, 백성들에게 밭 갈고, 누에를 치며, 옷감을 만드는 법을 가르쳤다. 나라가 태평하고 풍년이 들어서 조정과 민간이 매우 기뻐했으며, 백성들은 각자의 일을 편안히 하였다. 대동강(大同江)지금의 평양부(平壤府) 동쪽에 있다. 영명령(永明嶺)지금의 평양부에 있다.에서 노래를 지어 기자의 덕을 칭송하였다. 정전(井田)은 평양부 남쪽 외성(外城) 안에 있는데, 그 유적(遺跡) 지금까지도 완연하다.

한백겸(韓百謙)이 말하기를, "내가 평양에 가서 기자(箕子) 정전(井田)의 유제(遺制)를 보았는데, 천맥(阡陌)이 다 남아 있어서 정연하여 어지럽지 않았으며, 그 전형(田形)의 무법(畝法)이 맹자(孟子)가 거론한 정자형(井字形)의 제도와 같지 않은 바가 있었다. 그 가운데에서 함구문(含毬門)과 정양문(正陽門) 사이의 구획이 가장 분명한데, 그 제도는 모두 전자(田字) 모양으로 되어 있고, 전(田)에는 네 개의 구(區)가 있으며, 각 구에는 70무(畝)로 되어 있으니, 네 개의 전에 여덟 개의 구가 된다. 가로와 세로가 만나는 방법은 정류(正類)의 궤도(卦圖)를 본뜬 것이니, 아! 이것이 아마도 은(殷)나라의 제도일 것이다." 맹자가 말하기를, "은나라 사람은 70조법(助法)을 쓴다고 하였는데, 본래 70무는 은나라 사람들이 밭을 나누는 제도일 것이다. 기자는 은나라 사람이므로 그가 들을 가르고 밭을 나누는 데에 종국(宗國)의 것을 본받았을 테니, 주(周)나라의 제도와 같지 않았으리라는 데에는 의문이 없다. 다만 이 천맥(阡陌)이 수천 년 내려오면서 바뀌어서 그 척촌(尺寸)이 어김없이 보존되기는 어려웠으나, 대략 1무의 길로 구(區)를 경계 짓고, 3무의 길로 전(田)을 경계 지었다. 그것이 세 개의 갈림길에, 아홉 개의 무에, 큰 길이 성문에서 영귀진두(永歸津頭)까지 이어져 있는데, 이것은 왕래하기 위한 길이고 오로지 전 사이 천맥(阡陌)으로 하기 위하여 둔 것은 아닌 듯하나, 반드시 16전 64구를 1전(甸)으로 하였으니, 또한 한계를 두는 뜻이 없지 않다. 그 지형이 뾰족하고 비끼고 기울고 치우쳐서 모를 이루지 못한 곳은 1~2전(田) 혹은 2~3구

(區)로 그 지세에 따라 더하였는데, 이것을 이 고장 사람들이 여전(餘田)이라고 불러 왔다고 한다"라고 하였다.

이발(李渤)이 말하기를, "악부(樂府), 서경(西京)은 고조선과 기자조선의 땅이다. 백성이 예의(禮義)와 겸양(謙讓)에 익숙해져서 임금과 부모를 존상(尊尙)하는 의(義)를 알게 되었다. 이 노래를 지으니 인애로움과 은혜로움이 충만해져서 초목(草木)에까지 미치니, 꺾여진 버들이라도 살릴 뜻이 있다"라고 하였다.

[정의(正義)] 이 글에서는 전제를 경영하여 민생이 안정되고, 백세토록 변하지 않는 좋은 법을 세웠음을 찬미하였다.

【임오】문성왕(文聖王, 기자) 4년주나라 무왕 4년, 기원전 1119년 왕이 조가(朝歌)에 가서 선왕의 능을 배알하였다.

문성왕이 소거백마(素車白馬) 칠하지 않은 나무로 만든 수레로 장례식에 사용함 를 타고, 조가조가는 지금 중국[支那] 하내현(河內縣)이다.에 가서 선왕(先王)을 능을 참배하였다. 폐허가 된 은(殷)나라 옛터를 지나다가 궁전과 가옥이 훼손되고 허물어져 있는 것을 보고 슬픔을 이기지 못하였고, 벼와 기장이 자란 것을 보고 상심하여 소리 높여 통곡하고 싶었으나 그럴 수도 없고 소리도 없이 눈물을 흘리는 것을 '읍(泣)'이라고 한다, 소리 죽여 흐느껴 울자니 아녀자의 짓에 가까운 것이라서 결국 맥수지가(麥秀之歌)를 지어 다음과 같이 읊었다. '보리가 무럭무럭 자라는구나음은 '삼수모(參秀貌)'이다. 벼와 기장이 기름져 탐스럽구나. 저 교활하고 천박한 아이(童)아이는 주왕(紂王)을 가리킨다.는 나와 함께 나라를 좋게 하지 못하고 결국 나라를 망쳤구나.' 은나라 유민들은 기자의 맥수지가를 듣고 눈물을 흘려 흐느껴 울지 않는 사람들이 없었다.

사마천(司馬遷)이 『사기』에서 말하기를, "기자가 주나라 무왕을 조근(朝覲)하다가, 맥수지가를 지었다"라고 하였다.

증선지(曾先之)가 말하기를, "주나라 무왕에게 조근한다는 것은 주나라에서 손님으로 갔다는 것이다"라고 하였다.

한백겸(韓百謙)은 다음과 같이 말하였다.

『사기』「홍범」편을 살펴보면, 무왕이 방문하여 나라를 바르게 다스리는 도를 물었다고 한다. 나에 대해 반드시 말해야 하는 것은 기자가 홍범을 진술했다는 것이다. 당신에 대해서 반드시 말해야 하는 것은 무왕이 감히 기자를 신하로 여기지 않았다는 것이다. 기자도 무왕의 신하가 되지 않았다. 사서에서 말하기를, 기자가 주나라 무왕에게 조근할 때의 말이 그다지 조아림이 없었다고 한다. 이는 아마도 기자가 주나라에서 손님으로 머물렀기 때문일 것이다.

'기자가 신복(臣僕)하지 않았다'라는 말을 살펴보면, 사마천은 기자가 주나라에 가서 무왕을 조근한 것은 매우 황당무계한 말이라고 하였다. 송시열(宋時烈)이 일찍이 이르기를, '신복하지 않았다'는 것은 기자 자신의 말이고, '조주(朝周, 주나라에 조근하였다)'라는 두 글자는 후인이 추가로 덧붙인 것이라 하였다. 마땅히 기자 스스로 한 말이라면 그 마음을 강구(講究)하여야 할 것이니, 이 말이 맞다고 하겠다.

동월(董越)이 지은 시에서, '옥마(玉馬)가 서주(西周)에 갔는데, 기자는 무왕에게 공손히 조근하지 않았다'고 하였고, 왕창(王敞)의 시에서는 '기꺼이 옥마(玉馬)를 타고 동교(東郊)를 지나갔다'라고 하였다. 이우(李嵎)의 시에는, '은나라 사람이 주나라에 있을 때 이미 손님으로 대접했네. 삼한(三韓)은 아직 주나라의 천하에 속하지 않았네. 기자가 머리를 흩트리고 동쪽으로 와서 정착하여 신하가 되지 않았네'라고 하였다. 허종(許琮)의 시에서는, '기자는 충심으로 은나라를 돌아보고 종신토록 서주를 향하지 않았네'라고 하였고, 한세능(韓世能)의 시에서는, '백마를 타지 않고 서도(西都)에 갔다'라고 하였으며, 조정순(趙鼎淳)의 시에서는, '역사서에는 기자가 조선에 봉하는 문서를 받지 않았다고 하네. 도리어 주(周)나라는 봉하였는데, 기자는 신복하지 않았다고 하네. 기자가 이미 신복하지 않았는데 조근했다는 말은 무슨 말인가? 신복하지 않은 사람은 어떤 사람인가? 여러 사람들의 설은 또한 기자가 주나라에 조근하지 않았다는 것을 명백하게 증명하는 것이리라'라고 하였다.

사가(史家)는 이르길, "기자는 기묘년에 동쪽 조선으로 왔다. 곧 지금 임오년 한 해 동안 성상[星霜, 한 해 동안의 세월. 별은 일 년에 하늘을 한 바퀴 돌고 서리는 매년 내린다는 데서 나온 말이다]을 이미 네 번 거친 것이다. 모국의 망함을 심히 애통해하고, 선대 왕들의 무덤이 황무지가 된 것을 절실하게 생각했다. 기자는 백마 수레를 타고 선대 왕들의 무덤을 살피고 배알하는 성스러운 효를 보여 주었다. 역사를 편성하는 자들은 이것으로써 기자가 주나라를 조근하였다고도 한다. 혹은 『시경(詩經)』의 문구를 인용하여 손님(기자)이 백마를 탄 것으로서 이러한 것의 근거로 삼는데, 비단 이러한 설은 부회하는 정도가 심함을 깊이 살펴 연구해야 할 뿐만 아니라 스스로 성인에 대한 엄청난 무고를 하는 영역으로 빠지는 것이 된다. 만약 이미 서주(西周) 경내에 도착해서 무왕을 찾아간 것이라면, 마땅히 후세에 제(齊)나라와 노(魯)나라의 군주와 재상 간에 만나는 예일 뿐임이 분명하다. 어찌 신복하지 않는 마음으로서 주나라를 피하는 자취가 조근하는 모양을 근거하겠는가!"라고 하였다.

[정의(正義)] 이 글은 효도하려는 마음을 다하는 것을 찬미하는 것이다.

【무오】문성왕 40년주나라 성왕(成王) 송(誦) 33년, 기원전 1083년 왕이 붕어하여 태자 송(松)이 즉위하였다.

왕이 붕어하였다. 나이는 93세였다. 태자 송이 즉위하였다.

[정의(正義)] 무릇 정통론상의 경우는 '붕(崩)'이라고 말하는데, 대를 잇는 군주를 말할 때는 태자(太子) 아무개[某]가 즉위한다거나 아들 아무개[某]가 즉위한다고 한다. 나라를 참칭(僭稱)하거나 정통이 아닌 자인 경우는 '조(殂)'라고 말하는데, 대를 잇는 군주를 말할 때는 '태자(太子) 아무개[某]가 즉위하였다(立).' 혹은 '아들 아무개가 즉위하였다'고 한다.

태조 문성왕을 어행산(於荇山)어행산은 평양성(平壤城)의 북쪽에 있는데, 속칭(俗稱)으로는 칭토산(稱兎山)이라고 한다.에 장례를 지냈다.

부(附): 이발(李渤)이 이르기를, "조선에 역시 수양산(首陽山)이 있다. 실제로 백이(伯夷)와 숙제(叔齊)가 그곳에서 은둔하면서 거주하였고, 기자가 왕래한 자취가 있다."고 하였다. ○ 오은(吳澐)이 말하기를, "『수서』 「배구전(裴矩傳)」에서 고려(高麗)는 본래 고죽국(孤竹國)이었다"라고 하였다.

안정복(安鼎福)이 말하기를, "고죽국은 후에 요서(遼西)의 땅으로 왔다. 그렇기에 그 강역이 멀리 뻗어 지금의 요심(遼瀋) 지대가 된다. 고구려가 요동을 차지하였으니, 배구의 말도 믿을 만하다"라고 하였다. 안정복은 또 말하기를, "백이와 숙제는 의로웠기에 서주(西周)를 섬기지 않았다. 그러므로 고국(故國)에서 동쪽으로 나온 것이다. 백이와 숙제는 기자와 서로 따르며 친하게 지내다가, 필경 우리 수양산에서 그 마지막을 다한 것이다"라고 하였다. 조정순(趙鼎淳)의 시에서 말하기를, "기자조선(箕子朝鮮)은 본디 고죽국이었으니, 백이와 숙제가 은둔하면서 거주한 곳 역시 조선이네. 인애롭고 현명하며, 맑고 성스러운 성인(聖人)들이 왕래했던 흔적이 있으니, 이발이 질문하면 응답이 있구나"라고 하였다. 조정순의 시에서 또 말하기를, "동국(東國)이 환하고 아름답게 빛나는 것은 기자를 얻었기 때문이니, 수양산은 이를 증명해 주네. 당현(唐賢)은 가령 세 성인[백이, 숙제, 기자]이 동쪽으로 바다를 건너지 않았다면, 고죽은 요(遼) 땅에 있게 되니, 요 또한 조선이니라"라고 하였다. ○살펴보건대, 백이와 숙제는 고죽국 임금의 두 아들이다. 백이와 숙제는 주나라 무왕이 은나라 주왕(紂王)을 칠 때 서백(西伯)의 위폐[木主, 단·묘·원·절 등에 모시는 신주의 이름을 적은 나무패]를 모시고 돌아갔다. 백이와 숙제는 말고삐를 당기며 두드리면 간하여 말하기를, "아버지께서 돌아가셨는데 장례도 치르지 않고 전쟁을 하려는 것을 효(孝)라 할 수 있습니까? 신하가 임금을 죽이는 걸 인(仁)이라고 할 수 있습니까?"라고 하였다. 모두 그들을 죽이려 하자, 강태공(姜太公)이 말하기를, "백이와 숙제는 의로운 선비이다"라고 하며, 부축하여 떠나도록 했다.

무왕은 은나라를 멸망시켰고, 백이와 숙제는 서주(西周)의 곡식 먹는 것을 부끄럽게 여기고, 수양산에 은거하면서 고사리를 캐서 먹었다. 노래를 지어 부르기를, "저 서산(西山)에 올라 고사리를 캐도다. 폭력으로 폭군을 바꾸었으니, 잘못되었음을 알지 못하는구나. 신농씨(神農氏)와 순(舜)임금과 우(禹)임금은 홀연히 사라졌으니, 우리는 장차 어디로 돌아갈 것인가? 아! 가자! 생명이 흐릿해져 가는구나"라고 하였다. 들판에 부인(婦人)이 있어 말하기를, "아들이 의로워서 서주의 곡식을 먹지 않았으나, 이 또한 서주의 초목인지라. 이에 두 아들은 굶어 죽어서 자신들의 청렴결백함과 지조를 보였구나"라고 하였다. 기자도 동쪽 조선(朝鮮)으로 건너갔으니, 백이·숙제와 한가지이다. 그러므로 지금 이러한 사항들을 상세히 기록해 두는 것이다. 수양산은 하나는 중국 하동현(河東縣)에 있고, 또 다른 하나는 우리 해주부(海州府) 고죽(孤竹)에 있다. 중국 요서(遼西)

에 영지(令支)가 있으니, 지금 성경성(盛京省) 서쪽 경계이다.

【기미】 장혜왕(莊惠王) 원년주나라 성왕 34년, 기원전 1082년 종묘(宗廟)를 세웠다.

처음으로 태묘(太廟)를 세웠다. 성탕(成湯)에게 제사 지냈다. 장혜왕(莊惠王)은 성탕(成湯)의 17세손이다.

사가(史家)는 이르길, "조선이 여기에서 부흥한 것은 40년 정도 되었다. 이에 종묘(宗廟)를 설치하여 성탕에게 제사를 지냈다. 그것은 본디 멀리 조상의 음덕을 추모하여 정성을 다하는 것이다. 선조를 받들 때는 효도를 생각하는 가법(家法)에 얻음이 있음이다. 오호라! 정성스럽구나"라고 하였다.

【계미】 장혜왕 25년주나라 강왕(康王) 쇠(釗) 21년, 기원전 1058년 왕이 태자 순(洵)에게 왕위를 전해 주었다. 태자가 즉위하여 장혜왕을 존중하여 상왕(上王)으로 삼았다.

장혜왕은 노쇠하여 조정의 일을 볼 수가 없어서 결국 태자 한(閈)에게 왕위를 전해 주고 별궁(別宮)에서 거처하였다.

【갑신】 경효왕(敬孝王) 원년주나라 강왕 22년, 기원전 1057년 왕이 상왕을 찾아뵈었다.

왕의 성품이 지극히 효성스러워 비록 큰 추위와 더위 또는 비가 내리더라도, 상왕 장혜왕을 하루 세 번씩 조알(朝謁)하여 조금도 흠이 없었다. 상왕이 병이 있으면, 왕이 직접 약을 맛보는 것을 8년 동안 한결같이 하였다.

사가(史家)는 이르길, "무릇 안부를 묻고, 잠자리를 돌보며, 겨울에 따뜻이 지내드리게 하고, 여름에 시원하게 보내게 해 드리는 것은 사람의 자식이 부모를 섬기는 예이다. 오직 왕이 만 가지 정무로 한가할 겨를이 없는 사이에 있으니, 반드시 세 번 찾아뵙는 정성을 보였고, 처음과 마무리를 게으르지 않게 하여 자식된 도리가 무너지지 않도록 하였으며, 그 시호(諡號)를 경효(敬孝)로 하였으니 어찌 허명이라 하겠는가!"라고 하였다.

[정의(正義)] 아름다운 왕의 정성스러운 효도를 사람들에게 보임으로써 자식이 부모를 섬기는 예로 삼는 것을 기리는 글이다. 하루에 세 번 찾아뵙는 것을 8여 년에 이르도록 하였으나, 일반적으

로 반드시 그럴 필요는 없고 그럴 수도 없다. 그러므로 단지 상왕을 한 번 찾아뵈면 된다.

【신묘】경효왕 8년주나라 소왕(昭王) 하(瑕) 3년, 기원전 1050년 상왕이 붕어하였다.

상왕이 붕어하니, 왕은 너무 슬퍼서 실성할 정도였다.

【경술】경효왕 27년주나라 소왕 22년, 기원전 1031년 왕이 붕어하자 아들 백(伯)이 즉위하였다.

【신해】공정왕(恭貞王) 원년주나라 소왕 23년, 기원전 1030년 관제(官制)를 고치고, 공복(公服)을 정하였다.

백관(百官)을 15품(品)으로 만들었고, 상주국(上柱國)과 상대부(上大夫) 및 하대부(下大夫)를 두었으며, 관대(冠帶)와 의상(衣裳)의 제도를 정하였다. 이에 문장(文章)의 풍치와 보불(黼黻)의 모양이 찬연히 갖추어졌다.

사가(史家)는 이르길, "관직을 두어 덕이 있고 공이 있는 사람들을 선별하여 그에 맞는 의상을 차려입도록 하고, 그렇게 정함으로써 작은 관직과 큰 관직의 제도를 있게 하였다. 성스러운 임금이 다스림을 급선무로 삼는다 하였는데, 지금 공정왕이 백관의 제도를 고치고 15품의 관복을 정해 우열(優劣)한 자들을 존비(尊卑)의 순으로 두었기 때문에 글을 걸어 그것을 찬미하노라"라고 하였다.

【경진】공정왕 30년주나라 목왕(穆王) 만(滿) 원년, 기원전 1001년 왕이 붕어하자 아들 춘(椿)이 즉위하였다.

【신사】문무왕(文武王) 원년주나라 목왕 2년, 기원전 1000년 인월(寅月)을 한 해의 첫 달로 삼았다.

[정의(正義)] 처음으로 하(夏)나라의 정월을 사용하였다. 그러므로 책력(冊曆)을 다스리고 때를 밝힌 아름다움을 특별히 기록하는 것이다.

혼천의(渾天儀)를 만들었다.
[정의(正義)] 혼천의와 중상기(重象器)를 제조하였음을 기록한다.

법률과 도량형을 정하였다. ○ 처음으로 시위군(侍衛軍)을 설치하였다.
시위군을 설치하고, 6부(部) 59대(隊)대를 두었다. 각 부에는 상중하 3개의 대부(大夫)가 있었고, 각기 2부대를 통솔하도록 했다. 각기 부대장과 사졸이 있었으니, 도합 7,375명이었다. 정모(旌旄, 밝은 빛으로 문채를 만든 기)와 절기(節旗, 기념일을 대표하는 깃발)는 다 푸른 색깔을 숭상하였다.
사가(史家)는 이르길, "문(文)을 높이고 무(武)를 강하는 왕은 긴장(緊張)과 이완(弛緩)의 도이다. 지금 책력(冊曆)을 다스림으로써 정월(正月)을 확립하였고, 기물(器物)을 제조하여 하늘을 본보기로 하였으며, 시위군 체제도 정하였다. 백성의 뜻을 밖으로 공고히 하고 포악한 적을 방지할 수 있었으니, 긴장과 이완의 도를 아는 것이라 할 수 있다"라고 하였다.

【무신】문무왕 28년 주나라 목왕 29년, 기원전 973년 왕이 붕어하자 아들 공(孔)이 즉위하였다.

【기유】태원왕(太原王) 원년 주나라 목왕 30년, 기원전 972년

【임자】태원왕 4년 주나라 목왕 33년, 기원전 963년 왕이 붕어하자, 그의 조카인 요하백(遼河伯) 장(莊)이 즉위하였다.
왕이 후사 없이 붕어해서 조카 요하백 장이 즉위하였다.

【계축】경창왕(景昌王) 원년 주나라 목왕 34년, 기원전 968년 황고(皇考) 유주후(儒州侯)를 문숙왕(文肅王)으로 추존하였다.
유주후의 이름은 인(仁)으로, 문무왕(文武王)의 아들이다.

사가(史家)는 이르길, "왕노릇한다는 말은 한 나라에 군림하여 다스리는 것을 일컫는 것이다. 그러므로 순위에 따라 계승하지 못하고 왕권을 이어받은 군주라면, 오직 효성스러운 자식, 순종하는 손자는 감히 그 부모와 선조에게 아름다운 호칭을 더해서는 안된다. 순(舜)임금과 우(禹)임금이 고수(瞽瞍, 순 임금의 아버지)와 곤(鯀, 우임금의 아버지)에게 아름다운 호칭을 높였다는 이야기를 아직 들어본 적이 없다. 오직 탕(湯)임금이 현왕(玄王)이라는 이름을 그 조상에게 덧붙인 것은 덕(德)을 쌓고 인(仁)을 실천해 온 선조였음을 헤아렸기 때문이니, 후세의 본받을 만하지 않은 자를 결정하는 것이다. 지금 경창왕이 죽은 아비에게 왕호를 추존하여 그 형이 죽고 아우가 이어받는 서열을 어지럽게 하였으니, 그 선조들의 공(功)과 그 종실의 덕(德)의 의리를 잃어버리는 것으로, 후대 자손에게 모범이 될 만한 좋은 법도를 남기는 것이 아니다. 그러므로 특별히 기록함으로써 아름답지 않은 일을 경고하는 것이다"라고 하였다.

[정의(正義)] 이에 유주(儒州)가 칭왕(稱王)한 것은 제대로 칭한 바가 아니다. 어떤 사람의 후대가 되어서 그가 태어난 바에 맞게 왕이 되었다고 부르는 것은 인륜을 어지럽히고 예를 잃는 것이며 자기를 완고하게 하는 것이다. 따라서 기록하여 경계하는 바이다. 이후로부터 문열(文烈)의 강성왕(康成王)이니, 왕은 경계하여야 한다.

아우 소(昭)를 상대부로 삼았다.
[정의(正義)] 손아래 왕의 아우는 무릇 친속(親屬)에게 봉배(封拜)하므로 '아무개가 무슨 관리가 되었다'고 말하는 것이다.

【계해】경창왕 11년주나라 목왕 44년, 기원전 958년 왕이 붕어하자, 아들 착(捉)이 즉위하였다.

【갑자】홍평왕(興平王) 원년주나라 목왕 45년, 기원전 957년 겨울에 우박이 많이 내렸다.
겨울에 우박이 많이 내려서 소와 말이 많이 죽었다.
[정의(正義)] 우박이 내려서 소와 말을 죽이는 지경까지 이른 것은 큰 이변이다. 그러므로 특별

히 기록하여 둔다.

처음으로 자모전(子母錢)을 만들었다.

[정의(正義)] 처음을 기록하면서 어찌 시작하는 것을 삼가겠는가? 여기에 먼저 말하지만 아직 없다.

【정축】홍평왕 14년 주나라 공왕(共王) 긴호(緊扈) 3년, 기원전 944년 왕이 붕어하자, 아들 조(調)가 즉위하였다.

【무인】철위왕(哲威王) 원년 주나라 공왕 4년, 기원전 944년[3] 봄에 왕이 북비(北鄙)를 순행하였다 ○ 영경보(英慶父)를 목사(牧師)로 삼았다.

왕이 말 사육하는 일이 잘 다스려지지 않자 근심하여 영경보에게 요하(遼河)에서 말 사육하는 일을 감독하도록 하였다. 몇 년이 지나지 않아서 말의 번식이 많이 이루어졌다.

[정의(正義)] 관리를 등용함에 사람을 잘 선택해서 써야 함을 찬미하는 글이다.

【을미】철위왕 18년 주나라 의왕(懿王) 간(囏) 9년, 기원전 926년 왕이 붕어하자, 아들 색(索)이 즉위하였다.

【병신】선혜왕(宣惠王) 원년 주나라 의왕 10년, 기원전 925년 봄에 왕이 교외에서 파종하는 것을 보았다.

왕이 직접 양고기와 술을 가지고 사교(四郊)에서 백성들이 농사짓는 것을 보았고 농사일을 권장하였다.

사가(史家)는 이르길, "무릇 농사를 권장하는 것은 반드시 몸소 친히 해야 하는데, 이것은 백성의 먹거리를 중히 여기는 의로움이다. 지금 선혜왕은 만승지국(萬乘之國)

---

3 원문에 944년으로 되어 있음.

의 존귀한 몸으로써 나라 안의 농사일을 참관하여 농사일에 애쓰고 백성들을 권장하는 것, 이것은 한 사람의 굶주림을 나의 굶주림으로 여기는 마음이고, 다른 사람의 마음을 위한 것이라 말할 수 있다. 후세에 친히 적전(籍田)에서 농사짓고, 백성들의 전조(田租)를 감면하는 것을 어찌 똑같은 것으로 말할 수 있겠는가!"라고 하였다.

[정의(正義)] 이 글은 근본(농사일)을 중히 여기는 마음을 찬미한 것이다.

양현원(養賢院)을 설치하였다.

양현원을 설치하고 백성 중에서 총명하고 준수한 자를 뽑아 육예(六藝)를 익히도록 하였다.

사가(史家)는 이르길, "인군(人君) 된 자는 궁실(宮室)과 대사(臺榭)를 건축하여 거처를 정하고, 금옥(金玉)과 수를 놓은 비단으로 만든 옷으로 옥체에 입으며, 관현(管絃)과 사죽(絲竹)으로 만든 악기로 귀를 호강하고, 예쁘고 아름다운 놀이도구를 만들어 눈을 즐겁게 하며, 진기한 쌀밥과 고기반찬의 맛이 있는 음식으로 입을 즐겁게 하고, 편영[便佞, 말주변은 좋으나 마음이 사악함]하고 웃어른의 명령을 좇아 따르는 것으로서 뜻을 배양한다. 이처럼 하지 않고, 이와 다르게 하는 것이 많아야 한다. 오직 선혜왕은 성탕(成湯)을 계승하여 현명함으로 다스리는 정치를 확립하였고, 고종(高宗)이 재주나 슬기가 뛰어난 사람을 모집하는 뜻을 계승하였으며, 주춧돌과 마루의 기둥을 세워 현명한 자의 거주지로 취하고, 술병·솥·보궤[簠簋, 나라에서 제사를 지낼 때 쓰던 그릇]로 어진 자를 기르는 음식 그릇으로 삼으며, 예절과 음악과 활쏘기와 말타기로 어진 이가 습관으로 삼고, 관직과 작위와 늠희[廩餼, 관청에서 공급하는 식량]로 어진 이가 구할 바가 되니, 지극함이구나. 그 재능을 길러 임금을 도와 나라를 다스리는 계책을 내놓아서 만민에게 미치게 되니, 이에 기름을 아는 대인(大人)은 의롭다"라고 하였다.

[정의(正義)] 이 글은 어질고 재능있는 인재들을 양육함을 찬미하는 것이다.

궐문에 직언경(直言磬)을 달았다.

궐문에 직언경을 달고 백성들이 원통한 일이 있으면 두드리게 하였다. 그러면 왕이 직접 이를 듣고 처리하였는데, 만약 왕에게 과실이 있다고 말하는 이가 있는 경우에

도 처리하였다. 이에 전국에서 크게 기뻐하였다.

사가(史家)는 이르길, "성탕(成湯)은 간언(諫言)을 쫓고 이를 어기지 않도록 덕을 닦았다. 고종(高宗)은 아침저녁으로 가르침을 주어 자신의 덕을 도우라는 명을 내렸다. 직언을 알리는 경쇠를 매달아 백성에게 원통함을 말하게 하였는데, 신하의 간언(諫言)을 채택하지 않는 것을 두려함이 마치 생각이 흐르는 것과 같이 하고, 혹 말 한 마디가 앞선 뜻을 따르는 것을 위배하는 것이 있으면 가히 잘 계승하고 잘 기술하는 어진 임금이라 할 수 있다"라고 하였다.

[정의(正義)] 이 글은 직언경을 매단 것이 한 사람도 원한을 품지 않도록 하고, 한 사람도 말로써 책망하지 않도록 하게 하는 것이니, 다스림을 도모하는 데 있어 유념하도록 특별히 기록하는 바이다.

【갑자】 선혜왕 29년주나라 효왕(孝王) 벽방(辟方) 13년, 기원전 897년 왕이 붕어하자, 아들 사(師)가 즉위하였다.

【을축】 의양왕(宜讓王) 원년주나라 효왕 14년, 기원전 896년 청류각(淸流閣)을 건립하였다.

토목공사를 일으켜 청류각 삼백 간을 후원(後苑)에 건립하고 신하들에게 크게 연회를 베풀었다.

사가(史家)는 이르길, "탕(湯)임금의 조상은 궁실(宮室)이 화려하다는 책망이 있었고, 문왕(文王)과 성왕(聖王)은 지나치게 과음한다는 경계가 있었는데, 지금 이 의양왕이 민생의 힘으로 토목 공역을 일으켰고 주연을 베풀며 향락에 빠졌다. 군신 서로 간에 큰 공로와 업적이 있는 선조들의 명성을 실추시켰다"라고 하였다.

[정의(正義)] 오직 대(臺)에서 독서의 기운이 일어나는 것을 보았다. 지금 청류각을 건립하여 독서의 기운이 일어나니 얼마나 크고 높은 건물이겠는가? 그러므로 '대관(臺觀)'이란 말로써 간(諫)함을 기록한다.

크게 역병이 돌았다.

이때 역질(疫疾)이 크게 발생했기 때문에 왕이 직접 여(旅)제사 산천(山川)에 올리는 제사를 말한다. 를 참관하고 하늘에 역질이 그치기를 빌었다.

사가는 이르길, "인군이 덕을 닦으면 백성은 질병으로 요절하는 우환이 없게 된다. 지금 의양왕과 신하들은 오직 토목공사와 잔치를 베풀어 즐기니, 이는 민정(民情)을 다스리지 않는 것이다. 그러므로 어지러운 기운이 이변을 초래하여 전염병을 돌게 하니, 마땅히 그러한 재앙을 구휼해야 하고, 부세(賦稅)를 거두기를 공평하게 해야 하며, 요역(徭役)의 징발을 절감하고, 송사(訟事)를 공평하게 하며, 창고를 열어 구휼해 주고, 의약품을 나누어서 구제해 주어 이로써 재앙을 막는 방책으로 삼아야 한다. 이런 방법들이 얼마나 올바른가! 그러나 산천에 여(旅)제사를 지내 이로써 재앙을 막는 기도의 방법으로 삼았으니, 우매하기가 심하구나!"라고 하였다.

【정사】의양왕 53년주나라 여왕(厲王) 호(胡) 35년, 기원전 844년 왕이 붕어하자, 아들 염(炎)이 즉위하였다.

【무오】문혜왕(文惠王) 원년주나라 여왕 36년, 기원전 843년 윤환법(輪環法)을 만들었다. 윤환법을 만들어 곤궁한 백성을 구제하도록 하였다.

사가(史家)는 이르길, "윤환법은 아마도 창고에 있는 곡식을 춘궁기에 곡식이 부족한 백성들에게 보충해 주고, 가을 추수 후에 수확량이 부족한 백성들을 도와주는 법으로 보인다. 둥근 고리가 돌고 돌아서 처음으로 돌아오는 것 같은 법이다. 좋은 법, 아름다운 법이라 할 수 있지만, 지금은 그 자세한 내용을 알 수 없어 애석하구나!"라고 하였다.

주군(州郡)에 오교장(五敎長)을 두었다. 선비와 백성 중에서 덕망이 있는 자를 뽑아서 오교장으로 삼아 군신(君臣) 사이에 지켜야 할 도리와 부자(父子) 사이에 지켜야 할 도리, 형제(兄弟) 사이에 지켜야 할 도리, 부부(夫婦) 사이에 지켜야 할 도리, 친한 사이에 지켜야 할 도리를 백성에게 가르치도록 하였다.

사가(史家)는 이르길, "왕은 오전(五典)⁴의 가르침을 닦고, 백성을 밝음으로써 가르쳐야 한다. 인륜(人倫)의 큰 것은 풍속을 인애롭고 현명한 문화로 이룩하는 것이다. 지금 문혜왕(文惠王)이 전하여 받고 처음으로 주군에 오교장을 설치하여 천하의 백성들이 효도와 우애의 도를 알게 하려 하였으니, 집마다 예절과 사양함의 풍속이 일어나서 가히 먼저 힘써야 할 바를 알 수 있게 되었다"라고 한다.

[정의(正義)] 이 글에서는 나라 곳곳에 가르침을 펴는 것을 찬미한 것이다.

【정미】문혜왕 50년주나라 선왕(宣王) 정(靖) 34년, 기원전 794년 왕이 붕어하자, 아들 월(越)이 즉위하였다.

【무신】성덕왕(盛德王) 원년주나라 선왕 35년, 기원전 793년 여름 4월 가물었다. ○ 왕이 백악(白嶽)우(雩)는 기우제의 이름이다.에서 기우제를 지냈다. ○ 비가 내렸다.

여름 4월에 오랫동안 가뭄이 들었다. 왕이 목욕재계하고 백악에서 하늘에 제사 지냈다. 큰비가 내렸다.

사가(史家)는 이르길, "하늘은 덕이 있는 자를 품어주고, 귀신은 정성을 다한 자의 제사를 받는다. 지금 성덕왕은 4월에 일어난 오랫동안 계속되는 심한 가뭄을 고민하고, 삼농(三農)⁵의 쓰라림과 고통을 생각하였다. 친히 목욕재계하고, 효과가 나타나기를 기원하였으며, 탕왕이 상림(桑林)⁶에서 기도한 정성으로 하늘이 밝게 바로잡아 주었다. 그림자는 몸을 따르는 것과 같이 울림으로 응답하는 것이다. 부서(桴書)가 말하기를, "지극한 정성으로 신을 감동시키는 것을 믿는다"라고 하였다.

[정의(正義)] 위는 '가뭄(旱)'을 쓰고 이어서 '기우제(雩)'를 쓰고 그다음에 '비(雨)'를 써서 왕이

---

4 오전(五典): 사람으로서 마땅히 지켜야 할 다섯 가지의 덕목으로 인(仁)·의(義)·예(禮)·지(智)·신(信)을 이른다.
5 삼농(三農): 원지(原地), 습지(濕地), 평지(平地)의 농사를 합칭한 말이다.
6 상림(桑林): 은(殷)나라 탕왕(湯王) 때 7년간 가뭄이 계속되자 하늘에 비를 내려주기를 빌었다고 하는 수풀이다. 탕왕은 거기에서 구름을 일으키고 비를 내리게 했다고 한다.

백성의 민정을 위해 기우제를 지내는 것으로 하늘을 감동시켜 통하는 정성을 보인다.

경성(京城)을 축조하였다. ○ 음사(淫祀)를 금하였다.

바닷가 마을에는 조수와 악어에게 제사 지내는 등의 어리석은 풍속이 있었는데, 성덕왕이 금하였다.

사가(史家)는 이르길, "서양 나라의 옛 풍속에 그리스(希臘)는 불에 제사하였고, 이집트(埃及)는 악어에게 제사하였다. 이는 모두 오랑캐의 어리석은 풍습이다. 기자(箕子)의 시대에 어찌 이러한 잘못된 풍습이 있었겠는가? 해안가의 어리석은 백성이 인애롭고 현명한 문화에 젖어 들지 못하여 그랬다고 생각해서 지금 이를 금하는 것이니, 가히 백성을 잘 인도하는 방법을 안다고 말할 수 있는 것이다"라고 하였다.

[정의(正義)] 이 글은 백성의 마음을 바로잡고 사악한 설법을 그치게 했음을 찬미한 것이다.

【임술】성덕왕 15년주나라 유왕(幽王) 궁열(宮湟) 3년, 기원전 779년 왕이 붕어하자, 아들 식(職)이 즉위하였다.

【계해】도회왕(悼懷王) 원년주나라 유왕 4년, 기원전 778년

【갑자】도회왕 2년주나라 유왕 5년, 기원전 777년 왕이 붕어하자, 종질(從姪) 우(優)가 즉위하였다.

왕이 붕어하였는데 후사가 없었으므로, 신하들이 왕의 종질인 우를 추대하여 즉위하게 하였다.

【을축】문열왕(文烈王) 원년주나라 유왕 6년, 기원전 776년 처사(處士) 감가찰(甘加察)을 불렀으나, 감가찰은 부름에 응하지 않았다.

감가찰은 장정(長靜) 지금의 창성군(昌城郡)이다. 사람이다. 왕은 그가 재주와 덕이 있음을 듣고 사람을 보내어 상대부(上大夫)로 삼았지만, 고사하여 받지 않았기 때문에 왕

은 손님에 대한 예의로 대접하며 득실(得失)의 도를 물었다. 그 후 돌아가서 태백산(太白山) 지금의 묘향산(妙香山)으로 재령군(寧邊郡)에 있다.에 은둔하였는데, 그 끝을 알지는 못한다.

사가(史家)는 이르길, "무릇 크게 지혜로운 자는 작위와 봉록을 영광스럽게 보지 않고, 세상에서 얻은 명성과 이득으로도 보지 않는다. 아득히 오랜 옛날의 표상을 높이 치켜드는 것에 의미를 두는데, 그것을 잡거나 이룰 수 없기 때문이다. 『주역(周易)』에 '왕후(王侯)를 섬기지 않았으니, 그 뜻을 고상히 여긴다'고 하였는데, 감가찰에게서 그것이 보였다"라고 하였다.

[정의(正義)] 굴원(屈原)이 왜 청렴하고 편안한 성품을 더하여 살피지 않고, 산림의 깊숙하고 으슥한 곳에 몸을 숨겨 세상에 나타나지 않는 절개를 구하지 않았는지, 또 굴원(屈原)은 위엄있고, 부드러우며, 공손하고, 사양하는 마음을 보임으로써 덕과 예의와 현명함의 성정을 높였기에 특별히 기록하여 아름다움과 사귄다.

선대(先代)의 밀운백(密雲伯)을 추존하여 강성왕(康成王)밀운백은 이름이 여(畬)로 문혜왕(文惠王)의 손자이다.으로 삼았다.

【을묘】문열왕 15년주나라 평왕(平王) 의구(宜臼) 9년, 기원전 762년 왕이 붕어하자, 아들 목(睦)이 즉위하였다.

【경진】창국왕(昌國王) 원년주나라 평왕 10년, 기원전 761년 봄 정월에 태백성(太白星)이 하늘을 지나갔다.

[정의(正義)] 태백성이 낮에 나타나는 것은 이변이다. 하늘을 가로질렀으니, 이변 중 이변이다. 삼가야 해서 기록하여 둔다.

【임진】창국왕 13년주나라 평왕 22년, 기원전 749년 왕이 붕어하자, 태자 평(平)이 즉위하였다.

왕이 붕어하자 태자 평이 즉위하였는데, 이때 평의 나이는 8세였다.

왕후(王后)를 왕태후(王太后)로 높였는데, 태후가 조정에 임하였다.

[정의(正義)] 부인은 안에 거주하는 것이 예(禮)인데, 밖에서 조정에 임하는 것을 말하지 않음은 암탉이 울면 위태로워서이다. 그러므로 삼가야 하므로 기록하여 둔다. 이후로 조정에 임하는 사람들이 많아져서 태자가 왕위에 오르는 것에까지 간여하게 되었다.

【계사】무성왕(武成王) 원년주나라 평왕 23년, 기원전 748년 처음으로 수군(水軍)을 두었다.

처음으로 수사(水師)을 두고, 배를 만들었다.

왕이 궁중에서 향로연(饗老宴)을 베풀었다.

이때 왕이 말하기를, "옛적에 주나라 후(侯) 창(昌)이 노인을 잘 부양하니, 백성들의 민심이 그에게 많이 모였다. 무릇 연로한 사람을 높이는 것을 나라의 큰 정사라 하였다. 이에 크게 잔치를 벌여 공경하였고, 선비와 서인 중에서 나이가 70세 이상은 백일 동안이나 연일 마시면서 다들 기쁘게 한 이후 파하였다"라고 하였다

사가(史家)는 이르길, "은(殷)나라 사람은 우학(右學)에서 국로(國老)을 봉양했고, 좌학(左學)에서 서로(庶老)을 봉양했다. 그리하여서 효제(孝悌)의 도리를 백성들에게 권면시킬 수 있었으니, 예절과 겸양의 풍조가 습속을 이루게 되었다. 지금 왕이 널리 가정의 법도를 넓히고, 경연할 때 나이 순서대로 하며, 술을 주고받는 사이에서는 흡족해하는 것은 크게 평화로운 기상이니, 이로써 족히 만백성에게서 친하여야 할 관계에 있는 사람과 친하게 지내고, 노인을 공경하는 마음을 흥기시킬 수 있는 것이다. 왕의 덕이 성하구나!"라고 하였다.

[정의(正義)] 이 글은 노인을 접대하는 잔치가 얼마나 아름답고 성대한 의식인지 기록하는 것이다.

【무오】무성왕 26년주나라 평왕 48년, 기원전 723년 대동강(大同江)의 물이 넘쳤다. ○ 왕이 붕어하자, 아들 궐(闕)이 즉위하였다.

【기미】정경왕(貞敬王) 원년주나라 평왕 49년, 기원전 722년 여름 5월 초하루에 일식이 발생했다. 낮에 어두웠다.

일식으로 낮이 어두워졌고, 까마귀와 까치가 어지러이 울며 사람들의 집으로 날아들어왔다. 왕이 재앙을 막는 방법을 물으니, 신하들이 덕정을 닦고 형벌을 덜며 세금을 줄이는 정책을 제안하였다. 왕은 그 제안을 따랐다.

사가(史家)는 이르길, "역사가가 반드시 일식의 발생을 삼가 기록하는 것은 군주가 자신을 닦고 백성의 삶을 살피는 의로움에 대해 무서워해야 함을 보이기 위함이다. 옛날의 역법가(曆法家)는 비록 미루어 보는 능력과 사전에 아는 능력이 있다 할지라도, 재앙과 이변을 발생하지 않게 하는 설법에 대해서는 아직 들어보지 못했다. 근자에 서양 각국에서 천문학자들이 연구하기를, 별 궤도의 교차에 연속성이 있다고 생각하여 정밀하게 계산하고 있다. 그러므로 천문이 인간사와 관련이 없는 것이 적다 하겠다. 아, 서구의 정치는 곧 헌법을 만들고, 공화국이 되는 것이 많으며, 전제정치(專制政治)는 드물다. 그러나 습속에서는 모든 인간은 자주의 권리가 있다는 것을 좋은 것으로 여기고, 강제하는 마음을 감히 발동하지 못하는 것을 나쁘게 여긴다. 처음에 간언하고 바로잡는 풍조가 있지 않았지만, 이것은 재앙과 이변이 어떻게 일어나는지 알지 못하였으니, 대개 반드시 논할 필요는 없다. 오직 우리 동아시아만이 군신의 구분이 있었고, 만약 하늘이 존귀하고 땅이 비루하다면, 만일 이 논설이 행할 수 있는 것이라면, 사람들의 군주가 된 이는 장차 하늘을 두려워해야 한다는 것을 알지 못하게 될 것이고, 그 신하된 이 또한 본받음이 없어지게 될 것이니, 경계를 내놓아 경고하는 것이다. 잘해 나가다가 마지막에 생기는 폐단을 어찌할 것인가! 이것은 힘껏 변론하지 않을 수 없다"라고 하였다.

[정의(正義)] 일식이 낮에 발생해 어두워지는 것은 작은 변화가 아니다. 일식이 일어나서 매우 심해져서 별이 낮에 보이고 낮이 어두웠다. 그 뒤에도 또 그러하였으니, 모두가 큰 이변이다.

【신미】정경왕 13년주나라 환왕(桓王) 임(林) 10년, 기원전 710년 큰 흉년이 들었다. 제(齊)나라와 노(魯)나라에서 쌀을 사들였다.

상업에 종사하는 사람 중 제나라와 노나라의 언어가 통하는 자들과 그들의 습속을 잘 아는 자들을 선발하고, 하얀 옷을 입은 뱃사공 1천 인, 물고기·소금·동·철을 배에 실었다. 바다를 건너 제나라와 노나라의 국경에 이르러서는 쌀 만여 곡으로 무역하여 귀국하여 굶주린 백성을 구제하였다.

사가(史家)는 이르길, "한 해의 홍수와 가뭄으로 기근이 드는 것은 자연의 요사스럽고 독한 기운 때문이다. 마땅히 죄수들에 대하여 형벌을 가볍게 하고, 백성들에게서 거두어들일 세금을 감면하며, 나라의 곡식 창고를 개방하여서 가난한 자와 궁핍한 자를 구제하고, 의약품을 병이 든 환자에게 나누어 주어 그들을 구제하여야 할 것으로, 이런 일들을 지키려고 해야 할 것이다. 다른 나라의 곡식을 몰래 사고, 상인들의 판매하는 폐단을 조사하여 이로써 간악한 백성들이 이익을 탐하는 방법을 알려야만 한다. 실제 왕 노릇을 못하는 자는 굶주림을 구하는 길이다. 실제 왕을 꾸짖는 것은 굶주린 자들을 구원하는 길이다. 그러므로 글을 써서 아름답지 않은 것을 경고하는 것이다"라고 하였다.

[정의(正義)] 상인들의 변변치 못한 재주를 본받는 것은 왕의 인정(仁政)이 아니므로 여기에 특별히 기록해 두어 경고하는 것이다.

이해에 백성이 크게 굶어서 백관의 녹봉 1/10을 감하였다.

백관의 녹을 경감하였다.

이해에 백성들이 굶주렸기 때문에 백관의 녹봉 5/10를 경감하였다.

사가(史家)는 이르길, "무릇 관직을 설치하고 녹봉 액수를 정하여 관리들을 부리도록 하고 있는데, 나랏일을 하는 이가 경작할 때 얻을 수 있는 이익을 대신하여 충분한 녹봉을 준다. 한 사람이 먹을 수 있을 만큼의 음식으로 열 집의 굶주림을 구제할 수 없고, 열 사람을 충족시킬 수 있을 만큼의 급여로 한 고을의 궁핍한 상황을 구제할 수 없다. 지금 임금이 먹을 음식과 후궁에서 사용할 수요를 감면했다는 말을 아직 듣지 못했다. 도리어 경작하는 대신 나랏일을 하며 받는 녹봉을 탈취하여 백성들의 굶주림을 해결하는 방법으로 삼으니, 가능한 일이겠느냐!"라고 하였다.

[정의(正義)] 이 글은 녹을 경감한 것을 원망하고 있다.

【정축】정경왕 19년주나라 환왕 16년, 기원전 704년 왕이 붕어하자, 아들 회(懷)가 즉위하였다.

【무인】낙성왕(樂成王) 원년주나라 환왕 17년, 기원전 703년 봄 3월에 왕이 군현(郡縣)을 순행하였다.

왕이 군현을 순행하여 아전들의 수탈을 살피고 백성들의 어려움과 고통을 돌보니, 선이 밝혀지고 악이 사라졌다. 가난한 자를 구휼하고 곤란한 처지에 놓인 자를 구제하니, 천하가 하나로 모이게 되었다.

사가(史家)는 이르길, "방악(方嶽)을 순수(巡狩)하는 일은 천하에 왕 노릇하는 자의 임무이다. 지금 낙성왕(樂成王)이 이를 따르고 실행하여 관리들의 현명하거나 아둔한 점을 규찰하여 그 능력이 되는 이는 뽑아 올리고, 모자란 이는 가려내어 내쫓았다. 그리고 백성들의 아픔과 고통을 물어보고, 그것을 위로하고 어루만져 주었으니, 후세에 봉선(封禪), 전렵(畋獵, 사냥), 순유(巡遊)가 절도가 없는 것은 생각할 수가 없는 것이다. 그러므로 특별히 이를 기록하여 찬미하고자 한다"라고 하였다.

[정의(正義)] 이는 고적(考績)하여 백성의 고충을 살피는 것이니, 글을 지어 찬미한다.

태묘(太廟)에 낙장(落章)을 정하였다.

왕은 친히 도동가(道東歌) 15장을 지어 아악(雅樂)에 올렸다.

사가(史家)는 이르길, "왕노릇하는 이의 음악은 천지(天地)와 서로 화답한다. 그러므로 탕왕(湯王)에게 덕이 있어서 나중에 호악(濩樂)이 있었다. 조선이 일어난 지도 이미 400여 년이 흘렀는데, 현명하고 성스러운 군주가 계승하여 반드시 여기에서 법령을 고루 펼쳤으나, 음악은 아직 완성을 보지 못하고 방황하고 있었다. 그러나 덕이 있는 군주에 이르러서 동방의 음악을 제도하여 종묘에 바치니, 조상들이 조정과 통하게 되었다. 윤해(尹諧)는 나라가 잘 다스려져 태평한 세상을 이뤘다고 할 만하다. 15장은 덕이 성한 모습을 형용한 것을 상상한 것이나, 동방의 문헌에서는 이를 징험할 수가 없다. 끝없이 일어나는 바람, 큰 바람 소리 울리는데, 후일에 다시 볼 수 없으니, 애석하도다!"라고 하였다.

[정의(正義)] 음악을 만들어 덕을 높이고 조종(祖宗)에 크게 제사 지낸 것을 찬미하는 글이다.

【병신】 낙성왕 19년 주나라 장왕(莊王) 타(佗) 12년. 기원전 685년 요망한 무녀 영운(鈴雲)을 주살하였다.

팽원(彭原) 지금 안주군(安州郡)이다. 의 무녀 영운은 자신을 동해(東海) 용왕신(龍王神)의 딸이라고 칭하고, 바람을 불게 하고 비게 내리게 하는 법과 관인(管人)의 화복(禍福)을 알 수 있다고 하였다. 요망한 말은 세속의 어리석은 백성들을 현혹시켜 영운을 공경하게 하였다. 사람들이 신나서 향을 피우고, 환영하며 절하는 인파가 길에 가득했다. 왕은 이를 듣고 노하여 말하길, "이런 요물 같으니라고. 하늘이 만물을 덮고 땅이 만물을 받쳐 실어주는 가운데 이런 일이 용납될 수 있는가? 백성들을 깨닫지 못하게 하므로, 이는 사법(司法)의 책임이다"라고 하였다. 영운을 극형에 처해 효시(梟示)하고 백성들의 미혹됨을 끊어 버렸다.

사가(史家)는 이르길, "혜(彗)와 패(孛)는 별의 괴이함이다. 필방(畢方)과 유방(遊方)은 수화(水火)의 괴이함이다. 각치[角鴟, 수리부엉이]와 분양[羵羊, 땅 속에 사는 귀신]은 날짐승과 들짐승의 괴이함이다. 경지(莖芝)와 연리(連理, 두 나뭇가지가 한데 붙어서 하나로 된 것)는 풀과 나무의 괴이함이다. 인간의 요망함에는 만물의 괴이함보다 더 심한 것이 있으니, 속임수는 총명함을 가리고, 도둑질은 위력과 은혜를 농간질하는 것이다. 음(陰)은 준비하고, 양(陽)은 베풀어 준다. 충성됨과 간사함이 자리를 바꾸면, 조정(朝廷)은 요망함과 간사함이 마구잡이로 드나든다. 노(虜)는 시(市)가 되고, 사특함과 무녀짐은 지나침과 속임이 되며, 공은 죄가 된다. 변진(邊鎭)의 요망함은 뇌물(賂物)을 받고 법을 왜곡하며, 강상(綱常)의 도리를 변절시켜 어지럽게 한다. 대성(臺省)의 요망함은 노쇠한 서리와 부패한 관리가 공문서를 조작하고 법을 농락하게 한다. 관부(官府)의 요망함은 화(禍)로 위협하고 복(福)으로 사람을 꾀어내서 다른 사람의 재화를 빼앗는다. 무당과 박수의 요망함은 만약 나라의 군주에게 도(道)가 있다고 해도 많은 요사함이 수면 아래로 잠복해 있게 하고, 만약 나라의 군주에게 도(道)가 없다면 많은 요사함이 빈번히 일어나게 한다. 지금 낙성왕(樂成王)이 한 명의 무녀의 요망함을 주살함으로써 서민의 의혹됨을 끊어 놓았고, 만물의 요사함과 인간의 요사함이 제거되었다. 이것은 모두가 옥촉[玉燭, 사철의 기후가 고르고 날씨가 화창하여 해와 달이 훤히 비치는 일]의 빛 속에서 숨어 있다가, 아름다운 옥거울이 비추는 것과 같으니, 가히 도(道)가 있는 군주라 이를 만하구나!"라고 하였다.

[정의(正義)] 무릇 죄가 있어 베는 형벌을 내린 것을 '주(誅)'라고 한다. 주살하는 것에는 두 가지 예가 있는데, 복주(伏誅)는 같은 말이 중복된 것이다. '주(誅)'를 있는 그대로 쓴 것은 쾌사(快辭)라 한다.

【을사】 낙성왕 28년 주나라 혜왕(惠王) 낭(閬) 원년, 기원전 676년 왕이 붕어하자, 아들 존(存)이 즉위하였다.

【병자】[7] 효종왕(孝宗王) 원년 주나라 혜왕 2년, 기원전 675년 상대부(上大夫) 선우익(鮮于益)을 제(齊)나라에 보냈다. 제나라의 군주는 강(姜)을 성(姓)으로 하는데, 태공망(太公望) 여상(呂尙)이 주나라 무왕(武王)을 위해 일하다 공을 세우니 주 무왕이 태공망 여상을 제(齊)나라에 봉하였다. 그 후손인 소백(小白) 곧 환공(桓公)이다. 이 관이오(管夷吾) 자(字)는 경중(敬仲)이다.를 등용하여 결국 패주(覇主)의 명성을 중국[支那] 구주(九州)에 떨쳤다. 왕이 이 소식을 듣고 선우익을 파견하여 환공과 관자의 현명함을 보고 오게 하였다. 이후로 양국이 화목한 의를 맺게 되었다.

[정의(正義)] 무릇 빙문(聘問)은 정통적으로 신하의 나라가 아닌 외국에 사신을 파견하는 것으로, '사신을 파견한다(遣使)'고 한다. 아무개 사자를 사신으로 파견하는 것은 관직이 중요한데, 아무개 파견, 아무개 관직 이름, 아무개 사자의 순으로 말한다.

---

7 원문에 병자로 되어 있음.

제양원(濟養院)을 설치하였다.

5백 간을 경성(京城)에 건립하여 이름을 '제양원'이라고 하였다. 국내에서 있는 홀아비와 과부 및 고아, 늙어서 자식이 없는 사람들, 그리고 가난하여 의지할 곳 없는 사람들을 거두어서 입을 것과 먹을 것을 주어 여생을 마치게 하였다.

사가(史家)는 이르길, "성스러운 왕이 정치를 하며 인(仁)을 베푸는 데 있어 반드시 사궁(四窮)[8]에 처한 사람들에게 먼저 베푼다. 지금 왕은 아름다운 법규를 설립하여 백성 중에 홀아비와 과부를 거두어 구제하였다. 사람들을 위무하는 데 있어서는 부모가 없는 아이들과 자식들이 없는 노인들을 봉양하였다. 부부는 살 곳을 얻지 못할 걱정하지 않게 하였고, 곤궁한 사람을 아들처럼 베푸는 가법(家法)에서 얻음이 있지 않았으니, 어찌 이렇게 이를 수가 있단 말인가! 아아, 또한 아름답구나!"라고 하였다.

[정의(正義)] 백성 구휼을 찬미하여 특별히 기록하여 둔다.

범장률(犯贓律)을 세웠다.

무릇 관리가 되어 관화(官貨) 100만 냥을 착복한 자와 백성의 재물 150만 냥을 탈취한 자는 죽이고 그 집안을 변방에 옮기게 하였다.

【갑인】 효종왕 9년 주나라 혜왕 10년, 기원전 667년 박사관(博士館)을 설치하였다.

공경(公卿) 중에 재주와 덕망을 겸비한 자를 특별히 선발하여 박사관에 두고, 군(郡)과 나라의 큰 대사를 공동으로 논의하게 하였다.

사가(史家)는 이르길, "나라를 다스리는 자는 의사와 같은 것이구나! 의사는 환자의 맥(脉)을 짚어서 증상을 알게 된다. 의사가 증상을 알게 되면, 처방이 나온다. 환자의 증상에는 음증(陰證), 양증(陽證), 허증(虛證), 실증(實證)로 생긴 질환이 있다. 맥(脉)에는 뜨는 맥[부맥(浮脉)], 가라앉은 맥[침맥(沈脉)], 가는 맥[세맥(細脉)], 크게 잡히는 맥[대

---

[8] 사궁(四窮): 늙은 홀아비, 늙은 홀어미, 부모 없는 어린이, 자식 없는 늙은이 등 네 가지의 궁한 처지에 있는 사람을 일컫는다.

맥(大脉)]의 종류가 있다. 처방에는 땀을 내는 방법[汗下], 보사법(補瀉法)9, 침(針)을 놓는 처방법과 뜸[작(灼)]을 뜨는 처방법, 한약재를 탕제(湯劑)하는 방법이 있다. 약으로는 삼(蔘)으로 만든 약, 도꼬마리[령(苓), 향초(香草)의 한 가지]로 만든 약, 계수(桂樹)나무로 만든 약, 생강[薑]으로 만든 약, 마(麻)로 만든 약, 초석[초(硝)]으로 만든 약, 금석(金石)으로 만든 약이 있으니, 병에 따라 알맞은 약을 처방한다. 약이 환자에게 잘 들어맞으면 증상이 호전되고, 약이 환자에게 잘 들어맞지 않으면, 환자는 위험하게 된다. 만약 맥(脉)을 짚어서 증상을 알았는데, 길거리에서 듣고 길거리에서 아는 것을 방법이라고 생각해서 사람들에게 일러 말하기를, '나는 실력 있는 의사로 도적이다'라고 하였다. 치란(治亂)은 증거이고, 강기(綱紀)는 맥(脉)이다. 도덕·정치·형벌은 처방이며, 인재(人才)는 약이다. 순(舜)임금이 '들에는 버려진 현자가 없다.'고 한 것이나 탕왕(湯王)이 현자들을 등용할 때 일정한 방법이 없었던 것은 모두 인재로 나라의 병을 치료할 수 있는 좋은 약이라고 생각했기 때문이다. 아! 왕이 박사관을 두었으니 아름답도다! 인재를 선발하여 자문하고 도덕으로 정치를 행하였으니, 가히 나라의 병을 치료하는 의술에 밝고, 이로써 약을 구하는 방책을 알고 있다고 할 만하다"라고 하였다.

[정의(正義)] 이 글은 현명한 선비를 구하기를 간절히 하여 나라를 다스리는 것을 긴급히 여겼음을 찬미한 것이다.

제(齊)나라가 사절[行人] 공손각(公孫恪)을 보내어 예물을 전하였다.

[정의(正義)] 무릇 빙문(聘問)은 외국과 교통하여 우호 관계를 맺고 신하를 칭하지 않는 관계이다. 사자가 오는 것을 '아무개 나라가 사자를 파견하여 빙문하였다.'고 한다. 사자로 말할 것 같으면, '그 신하, 그 사자를 파견한다'라고 하고, 관직을 더하는 것을 '그 아무개, 관직 아무개'라고 말한다.

【정사】효종왕 12년 주나라 혜왕 13년, 기원전 664년 봄 3월에 달콤한 이슬이 내렸다.

---

9 보사법(補瀉法): 원기를 도와 나쁜 기운을 내보내는 치료법이다.

3월에 달콤한 이슬이 궁에 있는 정원에 내렸는데, 정원 안 화초와 수목이 달콤한 이슬에 흠뻑 젖어서 달콤한 향내를 품어 내었다. 뭇 신하들이 덕화(德化)를 찬송하였으나, 왕은 겸양하고 받지 않았다.

사가(史家)는 이르길, "무릇 사람들의 군주가 천지에 참여하는 데 있어서 나라를 건국하여 인민을 다스리는 지경에 이르렀다. 그것이 밝다면 태양이 비추어주고 달이 임하게 되고, 그것이 기쁜 것이라면 복되고 좋은 일의 조짐이 되는 별이 보이고 상서로운 구름이 일며, 그것이 노한다면 매우 맹렬한 번개가 치고 깜짝 놀랄 만한 천둥이 일고, 그것이 살리려 하면 부드러운 바람이 불고 단비가 내리며, 그것이 죽이고자 하면 늦가을에 서리가 아주 되게 내리고 모질게 싸락눈이 내려 고요하게 되고, 높고 높은 산악(山岳)은 잠기며, 비가 많이 내려 강이나 개천이 갑자기 붇어나 겹치게 된다. 정읍(井邑)과 방천(方川)이 기르는 것, 하늘을 나는 새와 물에서 헤엄쳐 다니는 물고기 및 동식물이 피어나는 것, 예악(禮樂)과 교화(敎化)가 드러내는 것, 전장(典章)과 문물(文物), 그 인륜이 말하는 것은 군신부자(君臣父子)이다. 효(效)에서 말하기를, '나라가 다스려지면, 천하는 태평하게 된다'라고 하였다. 기린(麒麟)이 들에서 놀며, 봉황(鳳凰)이 궁 안에 머무르는 것을 상서롭다고 여기지 않으며, 못된 사람을 내쫓고 착한 사람을 뽑아 쓰는 것을 상서롭게 생각하지 않고, 그 차례에 있어서 현자를 얻는 것을 백성에게는 좋은 징조라고 여기며, 서민들의 즐거움은 농사가 풍년인 것을 최고의 상서로움으로 여긴다. 지금 이에 영세하고 풍요로운 물건은 하위로 여기고, 극도로는 남의 마음에 들려고 비위를 맞추면서 알랑거리면서 칭송을 올리는 것을 상위로 여긴다. 허(虛)한 것을 겸양으로 여기고 받지 않고, 장차 어찌 후대의 자손들에게 모범이 되겠는가? 후대의 금단약(金丹藥)은 신선의 약을 맞이하였으니, 반드시 말미암지 않은 바가 없다. 이런 까닭에 특별히 기록하여 충고하는 것이다"라고 하였다.

[정의(正義)] 이 글은 질책을 명확히 보일 수가 없어서 이상한 말로 속이는 문(門)을 바치는 것을 경계하기 위해서이다.

겨울 10월에 북적(北狄)의 추장(酋長) 길리도두(吉利都頭)가 와서 조회하였다.

북적 추장 길리도두가 와서 조회하였는데, 왕은 상을 하사하고 길리도두를 돌려보냈다.

　　사가(史家)는 이르길, "이적(夷狄)이 어지럽게 출몰하여 하(夏)나라의 우환이 된 지 오래되었다. 우(虞)임금은 묘(苗) 땅에 가서 문치를 닦고 편안한 마음으로 지내었다. 상(商)나라는 귀방(鬼方)에 가서 무력을 써서 정벌하였다. 공물을 바치러 와서 조회하는 이야기를 아직 들어본 적이 없다. 지금 이 북적의 추장은 의를 흠모하여 조선에 와서 머리를 조아리고 신하를 칭하며 화친을 청하고 있으니, 먼 나라의 문화를 품는 것이 우나라와 상나라를 능가하는 것이다. 그러므로 이를 특별히 기록하여 찬미한다"라고 하였다.

　　[정의(正義)] 무릇 정통(正統) 시대에 내조(來朝) 것을 '아무개가 내조하였다'라고 한다. 이 글에서는 미덕으로써 인도하는 가르침이 널리 퍼져 멀리 떨어진 나라에서 사람이 찾아와 신복하는 것을 찬미하여 기록하여 둔다.

【임술】효종왕 17년 주나라 혜왕 18년, 일본 진무(神武) 2년, 기원전 659년 주(周)나라 사람인 백일청(伯一淸)이 연단방(煉丹方)을 진봉하였다.

　　효종왕은 질병이 난지 수개월이나 되어 조회에 나가지 않았다. 이때 바다를 건너온 사람으로 백일청이란 자가 있었다. 그는 자신을 주(周)나라 사람이라 하면서, 중국 화산(華山) 중국[支那]의 산시성[陝西省]에 있다.에서 황제 헌원씨(軒轅氏)에게서 연단술(煉丹術)을 배웠다고 한다. 도사(道士)들이 동해(東海)의 신성한 산을 찾으려고 조선으로 올 때 회생시키고 목숨을 늘리는 술법이 있다고 하였다. 신하들이 크게 기뻐하여 일청을 불러 왕을 진찰하게 하였다. 왕이 말하기를, "인간이 장수하거나 일찍 죽는 건 하늘에 달렸다. 또한 나는 나이 70을 넘겼으니, 어찌 연단의 술법을 쓸 수 있단 말인가!"라 하며, 물리쳤다.

　　사가(史家)는 이르길, "『역(易)』에서, '우환을 생각하여 미리 예방한다. 그러므로 왕은 항상 미세한 것을 생각하고, 차츰 나빠지는 것을 막아 그로써 자손을 위한 좋은 계책으로 삼아야 한다'고 하였다. 지금 백일청(伯一淸)이 바다를 표류해 와 잠시 몸을 의탁하고 있는데, 이야기를 놀리고 헛된 생각을 자랑하며 인주(人主)를 엿볼 욕심으로 가운데의 저자에서 거리낌이 없었다. 조정에서는 여러 사람의 의혹을 끊어 음악을 완성한 낙성왕(樂成王)이 영운(鈴雲)을 주살한 것처럼 해야 할 것이다. 이에 노골적이지 않게 말을 돌려서 하는 말이 도리어 편안하게 한다. 그러나 결국 그 자손에게 미혹되어 자신의 몸을 멸하는 지경까지 이르도록 하지 않으리라 생각한다. 나라를 망하게 하는 것이 어찌 왕이 나쁜 일이 아직 경미할 때 더 커지지 못하게 방지할 수 없을 것인가!"라고 하였다.

[정의(正義)] 왕이 된 자는 바깥이 없는데, 주(周)나라 사람은 어찌 비밀스럽고 괴이한 말, 과장하고 터무니없는 말을 하는 죄를 어찌 드러내어 썼는가? 방사(方士)를 쓰지 않고, 어찌 연단방(煉丹方)을 진봉할 수 있는가! 그러므로 방사(方士)는 알아야 한다. 왕은 그를 물리쳤으니, 글로 쓰지 않는다. 어찌 미세한 것이 점차 자손에게 해를 가하는 것을 방지할 수 없는 것을 경고하겠는가? 미세한 것을 알려서 의가 보이게 한다.

왕이 붕어하자, 태자(太子) 효(孝)가 즉위하였다

『대동역사』 권3, 후조선기(後朝鮮紀)

【계해】 조선(朝鮮) 천로왕(天老王) 원년에서 시작하여 정미년 조선 애왕(哀王) 28년에 끝났다. 모두 465년이다.

【계해】 천로왕 원년 주나라 혜왕 19년, 일본 진무 3년, 기원전 658년 방사(方士) 백일청(伯一淸)을 국사(國師)로 삼았다.

왕이 동궁(東宮)일 때 일청의 말에 미혹되었는데, 지금에 이르러서 궁으로 부르고 국사(國師)로 삼아 매우 후하게 대접하니, 신하들이 대체로 기뻐하지 않았다.

사가(史家)는 이르길, "이지(伊摯)와 탕왕(湯王)은 큰 성인이다. 전해 내려오는 말로는 고종(高宗)의 어진 신하라 한다. 행실에서는 아직 나라의 스승이 된 적이 없다. 백일청은 문(文)에 있어서는 올바른 명분으로 도를 행하지 못하고, 무(武)에 있어서는 아침·저녁으로 공격해 오는 적을 무찔러서 자기를 감히 깔보지 못하지 못하도록 하였다. 직언과 간언이 입 밖으로 출입하는 경우가 없고, 현자와 준재를 격려하여 들이는 경우가 없으니, 이에 일개 방술(方術)을 일삼는 비루한 필부에 불과한데도 높여서 국사로 삼으니, 사람들의 눈앞이 캄캄하게 만들었다. 문무백관의 정점에 올랐으니, 어찌 나라의 사표(師表)가 될 수 있겠는가!"라고 하였다.

[정의(正義)] 방사(方士)를 나라의 스승으로 여겨 국사(國師)로 불렀으니, 온 나라의 스승이 된 것을 기록한 것이다. 아! 탄식할 만 하구나!

【경오】천로왕 8년주나라 양왕(襄王) 정(鄭) 원년, 일본 진무 10년, 기원전 651년 흘골산(紇骨山)지금 성천군(成川郡)에 있다.에 구선대(求仙臺)를 건축하였다.

구선대의 높이는 500장(丈)으로, 화문석(華紋石)으로 축조하였다.

사가(史家)는 이르길, "무릇 군주는 겉[드러난 것]이요, 신하는 그림자이다. 군주는 규범이라면, 신하는 기물이다. 겉이 바르면, 그림자는 휘지 않는다. 규범이 기울어지면, 기물의 표면이 일그러진다. 그러므로 탕왕(湯王)의 덕으로써 마침내 위대한 성인을 얻어서 고종(高宗)의 다스림을 이룩하여 널리 어진 신하를 구하였다. 지금 왕은 백성을 다스림에 어진 선비의 천거함을 구했다는 이야기를 아직 듣지 못했을 뿐만 아니라, 오히려 방사(方士)를 예로 존경하기에 급급해하고 있구나! 나이를 거꾸로 하여 수명을 연장하는 방술에 급급하니, 어찌 족히 신료들의 표범(表範)이라 할 수 있겠는가? 이에 이러한 신선을 구하는 누대에서 신선을 구하는 음악을 연주하니, 실제보다 지나치게 과장하여 이야기하여 후손이 두렵다. 종신토록 한 명의 신선이 이른 것을 보지 못했으니, 이를 어찌하리오. 신선이 오지 않음을 맞이하게 되는 까닭이니, 이 또한 미혹됨으로 참으로 어리석음을 깨닫지 못하는 것이다"라고 하였다.

[정의(正義)] 일어나서 어떻게 책망하는지를 기록한다. 신선은 구할 수가 없는 것이다. 그러므로 특별히 기록하여 책망한다.

【기묘】천로왕 17년주나라 양왕 정 10년, 일본 진무 19년, 기원전 642년 제(齊)나라에 사신

을 파견하였다.

    이때는 제나라의 군주인 소백(小白)이 죽고, 그 아들 소(昭) 이는 효공(孝公)이다. 가 즉위하였다. 왕은 제나라에 사신을 파견하여 조문하였다.

    영선악(迎仙樂)을 비류강(沸流江) 비류강은 지금 성천군(成川郡)의 서편에 있다. 가에서 연주하였다.

    악공 수백 명에게 영선곡(迎仙曲)을 연주하게 하고, 궁녀들에게 영선무(迎仙舞)를 익히게 하였다.

    [정의(正義)] 음악을 베푸는 것을 기록하여 힐문한 것이다. 땅을 기록한 것은 경고 중의 경고이다. 신선은 허무한 것이다. 처음에 이르게 하여 맞이함이 있지 않았으나 영선악(迎仙樂)을 베푼 것을 기록하였으니, 황당한 말로 보여서 만약 진짜라면 이유가 있을 것이다.

    【병술】천로왕 24년주나라 양왕 정 17년, 일본 진무 26년, 기원전 635년 다물군(多勿郡) 지금의 성천군이다.에서 태청도관(太淸道觀)을 세웠다.

    사가(史家)는 이르길, "오호라! 군주인 자는 위로 하늘이 부여한 것을 받아서 아래로 백성들의 귀의하는 정성에 거듭 임한다. 하루 동안 처리하여야 하는 여러 가지 중요한 국가 행정과 관계되는 사무로 인하여 편안히 거처할 겨를이 없다. 만약 신선이 구할 것이 있으면, 장차 만승지존(萬乘之尊)이 그의 처자를 버리게 되는 것이 해지고 닳은 헌 신을 벗고, 마음 내키는 대로 슬슬 거닐며 돌아다니는 것과 같다. 방장산(方丈山)과 봉래산(蓬萊山)의 최고에 달한 상태이다. 가령 곰이 나뭇가지에 올라가고 새가 목을 길게 빼듯이, 수명을 연장하는 술법인 옥액(玉液)과 금단(金丹)에 이르렀구나! 결국 노인의 나이를 거꾸로 먹게 하는구나! 높이 자란 소나무는 의지할 곳 없이 외로이 떠도는 홀몸을 스스로 돌아보고, 곧 고라니와 사슴 무리가 나무와 돌 사이에서 거처하니, 어떤 즐거움이 또 있으리오? 이것은 아직 알지 못하는 것이다"라고 하였다.

    [정의(正義)] 이단(異端)을 숭배하여 믿어서 백성들의 힘을 거듭 곤란하게 하는 것을 질책하여 기술하였다.

왕이 태자 양(襄)에게 왕위를 전위하고, 자신을 천로왕(天老王)이라고 칭하였다. 태자 양이 즉위하였다.

사가는 이르길, "부모가 이름을 지어주면, 자손은 시호(諡號)를 추가한다. 이름이란 것은 혹은 사물에 명령을 내리기도 하고, 혹은 뜻으로서 기쁘게 한다. 오직 뜻에서 취함이 있음을 의미한다. 시호(諡號)라는 것은 그 생기기 이전의 아름다움과 악함을 들어서 칭하는 것이다. 그러므로 비록 효성스러운 자식과 손자가 자신의 부모와 조부모에게 실속이 없는 헛된 명예를 덮어 숨길 수 없는 것이다. 오직 공명정대한 의로움이 있고 없느냐에 따라 시호가 정해지는 것이다. 지금 왕은 천로(天老)라고 시호를 정하였는데, 이미 효종(孝宗)이라는 아름다운 이름도 아니고 수도(修道)라는 추존도 아니니, 그러므로 그 뜻을 어떻게 취하겠는가? 그러므로 스스로 칭하는 것을 책망하도록 특별히 기록하여 둔다"라고 하였다. ○ 또 말하기를, "무릇 사람의 생은 젊어서도 나이가 든다. 이것은 낮이 밤이 되는 이치의 일정함과 같은 것이다. 나이가 드는 것은 하늘이 그렇게 하는 것이지, 인간이 하는 바가 아니다. 또한 인간의 지력이 사사로이 하여 나이 드는 것을 면할 수도 없다. 지금 왕은 바야흐로 뜻을 오로지 하여 힘을 쓰고 있는가? 늙지 않는 방법은 없으니, 이에 천로라고 칭하게 되었다. 삼가 하늘이 그 속마음을 유인하여 스스로 하여금 깨우치게 함이니, 어찌 이름을 돌아보지 않고 의로움을 생각하겠는가?"라고 하였다.

[정의(正義)] 왕이 왕위를 태자에게 전해 주고, 자신을 천로왕이라고 칭하였다. 이로써 그가 허무를 숭상하여 믿는 것을 보임으로써 자신에게서 번뇌망상을 싫어해서 버리니, 진실로 다른 사람이 아니고서는 그로 하여금 다른 때에 금단(金丹)에 더욱 심한 새독이 있어서 나이를 늘리는 술법을 얻지 못하고 도리어 자신의 몸에 화를 끼치게 되었다. 너희들은 누구를 탓하겠는가? 그러면 신석의 학문은 과연 어떤 이득이 있겠는가? 따라서 특별히 기록하여 심하게 질책한다.

【정해】 수도왕(修道王) 원년 주나라 양왕 정 18년, 일본 진무 27년, 기원전 634년 방사(方士) 백일청(伯一淸)에게 봉작을 더해 주어 국태사(國太師) 진국후(鎭國侯)로 삼았다.

왕의 총애가 나날이 커져서 백일청은 허망하고 터무니없는 말로 정사를 제멋대로 하며 왕을 속였고, 정사를 제멋대로 하여 잘못 벌을 내리기도 하고 복록을 베풀어 상을 내리기도 하였다. 신하들이 그의 기세가 두려워서 감히 시비를 말하는 자가 없었다.

[정의(正義)] 일청서방사기(一淸書方士己)는 앞에서 보인다. 중복되는 것을 꺼리지 않아 잘못된 게 심하다. 또 국태사의 직책을 더하였으나, 그 사람이 아니다.

간신(諫臣) 염서적(冉西赤)을 전성(甋城)지금의 온성군(穩城郡)이다.으로 쫓아냈다.

염서적은 석주(石州)지금 강동군(江界郡)이다. 사람으로 성품이 강직하고 곧았다. 백일청이 권력을 제멋대로 하는 것을 보고 조정 관료에게 일러 말하길, '임금의 녹을 먹으면서 그 임금의 잘못된 것을 능히 간하지 못하다가, 후일에 사직이 위태로우면 무슨 면목으로 지하에 돌아가 선왕의 모습을 뵈리오' 하고 궐문에 나가 백일청의 죄를 매우 심하게 논박하며 머리를 부딪쳐 피가 땅에 흘렀다. 수도왕(修道王)이 크게 노하여 염서적을 전성(甋城)에 있는 말 기르는 목장으로 쫓아버렸다.

사가(史家)는 이르길, "군주가 덕을 잃으면 이것보다 더 큰 것은 없다. 완고하여 다른 이의 충고를 잘 받아들이지 않으면서 간사한 자의 말은 듣는데, 오직 왕이 백일청의 간사함만을 숭신(崇信)하여 염서적이라는 충신을 쫓아버렸다. 바른말이 없어지지 않는 것은 다행이다"라고 하였다. ○ 또 말하기를, "신하가 임금을 섬기는 것보다 급선무는 없다. 신하들은 군주에게 충언을 올리고 사악한 말을 하지 않아야 한다. 이것을 바랄 때, 뭇 신하들은 진실로 권세가 있는 간신에게 아부하고 붙어 있지 않는다. 노비처럼 굴기만 한다면 모두가 그 기세가 열렬한 것을 두려워하여 목을 움츠리고 혀를 닫아 버리지 않는 이가 없어서 직접 간언을 말하는 이가 매우 드물다. 염서적 외에 요사스러운 자가 정사를 제멋대로 하면서 사직을 위태롭게 되는 것을 우려하였다는 것을 들어보지 못했다. 궐문을 두드려서 감히 그 격렬한 말을 감히 하였다. 기세로는 족히 늙은 방사(方士)의 옷을 벗겨서 그로써 죽지 않은 넋이 되어 후대의 사람들에게 감개무량한 발언을 상상하게 하였다. 책 속에 담겨 천년 뒤에 사람들은 자기도 모르게 어느새 염서적에 대한 존경심이 일어나고 그의 아름다운 점을 몹시 칭찬하게 될 것이니, 가히 옛사람의 유풍이 있는 곧은 사람이라 하겠다"라고 하였다.

[정의(正義)] 아직 간쟁하는 신하를 기록한 바가 있지 않았는데, 간쟁하는 신하가 얼마나 아름다운지 기록해 둔다. 염서적의 신하됨은 충성으로 간쟁하는 도를 다하였다. 간하는 신하를 유배 보낸 것은 수도왕(修道王)이 곧은 말을 어기고, 이단(異端)을 높이는 덕의 잃음을 나타내는 것이다. 자기 견해의 선악을 기록하여 둔다.

【신묘】 수도왕 5년주나라 양왕 정 22년, 일본 진무 31년, 기원전 630년 가을 9월 초하룻날 일식(日食)이 있었다. ○ 왕이 붕어하였다.

천로왕이 금단약(金丹藥)을 복용하고 나서 조울증을 이기지 못해 붕어하였다.

사가(史家)는 이르길, "군주가 덕을 닦고 인을 행하면, 백성들을 어진 것을 좋아하고 실천하는 사람이 장수하는 세상으로 올려놓게 된다. 하지만 천로왕은 오래오래 살기를 하늘에 빌고, 왕위를 오래 유지하기를 하늘에 빌었으니, 오직 천로왕의 무리가 한 사람의 사사로움을 드러냄으로써 나이를 늘리는 술법을 구하다가, 결국은 금단약(金丹藥)에 이르러서도 영험한 효과가 없어서 그 천명을 누릴 수 없었다. 필경 어리석음을 깨닫지 못했으니, 애석하도다!"라고 하였다.

왕은 수도왕(修道王)이라 자칭하였다.

사가(史家)는 이르길, "군주가 도를 닦으면, 그 나라는 다스려진다. 군주가 도를 닦지 않으면 그 나라는 어지러워지니, 지금 수도왕의 임금다움이라 하겠다. 궁중에 가득한 신하들이 수도하는 방책을 나아가 아뢰었다는 말을 아직 들어보지 못했다. 온 나라 백성들도 수도왕이 수도한 은혜를 입어 본 적이 없다. 조상들의 인의(仁義)의 도를 닦는 것이 아니고, 천로왕(天老王)의 전복됨을 다시 밟았고, 그의 행적이 능히 신선이 수명을 연장하는 방법을 수도하여 구하였으니, 가히 군주의 도를 닦았다고 할 수 있겠는가?"라고 하였다.

[정의(正義)] 수도왕이 자신의 이름에 맞는 도를 닦는 실체가 없었음을 질책하여 기록해 둔다.

【정유】수도왕 11년주나라 양왕 정 28년, 일본 진무 37년, 기원전 624년 도사관(道士館)을 두었다.

[정의(正義)] 도사(道士)는 어떤 방사(方士)인가? 도를 닦아 마침내 금단(金丹)으로 미혹된 자이다. 그러므로 특별히 기록하여 질책한다.

신산(神山)을 패강(浿江) 중류에 축조하였다. 누대(樓臺)를 세울 때, 구슬·비취옥·금·옥돌이 사람의 눈을 놀라게 하였다.

사가(史家)는 이르길, "심하다! 흙과 나무가 인간에게 화를 가져다주기에 충분하니, 도를 닦음에 있어서 귀감이 될 만하다. 한 나라의 힘을 다하고, 한 나라의 재력을 다하여도 글과 돌은 주춧돌과 벽돌담으로도 부족하고, 금과 쇠로도 갈고리를 잇는 데에도 부족하며, 도자기로 수리해도 덮개로 사용하기로도 부족하고, 단청(丹靑)으로 옥색 비단에 그림그리기에도 부족하며, 장인은 조각하기도 부족하다. 채찍이나 곤장을 쳐서 사람을 부려 먹는데 오직 하루가 부족하여 죽도(竹島)의 바람도 알지 못한 채, 자기를 도관(道館)의 건물에다 엎드렸다. 금단약(金丹藥)의 독은 일찍이 신선의 집에서 구워서, 일찍이 노인의 연수를 거꾸로 하는 술법을 얻지 못하였으니, 그 마음이 극히 빠르다. 그 뜻이 어찌 슬픔이 크지 않겠는가!"라고 하였다.

[정의(正義)] 어찌 질책을 시작하는지 기록한다. 산은 일어날 수 없다. 하물며 신의 이름으로써 그러할 수 있겠는가? 그로써 황당무계한 일을 믿어 토목사업의 실패를 보이는 것이다.

【신축】수도왕 15년주나라 양왕 정 32년, 일본 진무 41년, 기원전 620년 여름 5월에 흰 무지개가 해를 꿰뚫었다. ○ 상주국(上柱國) 서문장수(西門長壽)를 주살하였다.

서문장수가 백일청(伯一淸)을 죽이려고 하다가, 비밀스럽게 일을 처리하지 못하였다. 그 집안사람들이 서문장수를 원망하는 자가 있어 백일청에게 은밀히 알려 주었다. 백일청이 왕에게 서문장수가 모반을 일으키려 한다고 아뢰니, 결국 서문장수를 죽였다.

사가(史家)는 이르길, "위로 하늘은 조짐을 보이고, 군주에게 계시를 보여준다. 자애로움은 부모가 자식을 사랑하는 마음에서 나오는 타이름이 아닐 뿐만 아니라, 타이름은 잘못을 뉘우쳐 깨우칠 겨를이 없는 것을 두려워해야 한다. 오직 황당한 것만을 믿고, 오직 남의 마음에 들려고 비위를 맞추면서 알랑거리는 말만을 듣기를 천연덕스럽게 한다. 경계하는 것으로 삼지 않고, 머지않아 서문장수의 일이 있었다. 위로는 일의 실상을 자세하게 조사한다는 한마디 말도 없고, 아래로는 죄에 빠진 사람을 구하여 내려는 한 사람도 없으니, 임금이 가장 믿고 중하게 여기는 신하가 필경 없는 사실을 있는 것처럼 꾸며서 남을 헐뜯는 간사하고 못된 입의 화를 입게 하였다. 또한 마음이 편안하고 침착하게 생각하면, 필경 조선이 망국으로 빠지는 지경에 이르지 않았으니, 또한 다행이구나!"라고 하였다.

[정의(正義)] 죽임을 직접 기록하는 것은 수도왕이 간신(奸臣)의 참언을 숭배하여 믿어서 대신을 주살하는 실수를 한 것을 보임으로써 한다. 백일청이 조정의 권위와 권세를 마음대로 휘둘러 충성스럽고 어진 신하를 모함하여 죄업에 빠뜨렸으니, 백일청이 서문장수를 죽인 게 아니면 위로 누구를 원망하리오! 관리들이 서문장수가 죄가 없음을 애도하였다. 또 상주국의 대신을 책망하면서 그 죄의 유무를 묻지 않고 참살하였다. 사람 죽이기가 참으로 쉬운 듯하니, 국체(國體)는 어찌하리오!

【을사】수도왕 19년 주나라 경왕(頃王) 임신(壬申) 3년, 일본 진무 45년, 기원전 616년 방사(方士) 노룡(盧龍)을 보내 바다로 들어가 신산(神山)을 구하게 하였다.

수도왕(修道王)은 노룡(盧龍)과 백일청(伯一淸)의 무리에게 뱃사공 천여 명과 큰 배 수십 척을 이끌고 동해로 가서 신산(神山)을 구하게 하였다. 죽도(竹島) 지금의 삼척군 울릉도에 닿았을 때 큰 풍파를 만나 배가 엎어져서 인명이 다 상하였으나 오직 노룡이 탑승한 배만이 겨우 난리를 피해서 살아 돌아왔다.

하대부(下大夫) 공손강(公孫康)을 하옥하였다. 이때 공손강은 노룡이 임금을 속이고 사람들을 죽게 하였으며 죄 없는 관민을 동해에 보내어 장사함과 백일청의 간악함을 도와 정사를 그르쳤다고 간하였더니, 왕이 대노하여 공손강을 하옥하였다. 왕이 붕어하고 태자 이(邇)가 즉위하였다.

[정의(正義)] 기록하여 질책하고자 한다. 아! 신선에게 과연 구할 수가 있는 것인가? 방사(方士)를 보내어 바다의 기(冀)나라로 들어가도록 하였으니 어리석음이 있는 왕의 미혹됨이 심하구나! 그러

므로 신선을 구하려는 사람들에게 경고하기 위하여 크게 글을 써서 수도왕의 실책을 나타낸다.

하대부(下大夫) 공손강(公孫康)을 하옥하였다.

공손강이 간언하여 말하기를, "노룡이 교묘한 말솜씨로 임금을 속이고 죄 없는 사람들을 죽게 하였습니다. 백일청의 간악함을 도운 것이니, 임금께서는 잘 살펴주시기를 바랍니다"라고 하였다. 왕이 매우 노하여 공손강을 하옥시켰다.

사가(史家)는 이르길, "심하구나! 이와 비슷하게 하여 충분히 사람들을 미혹하게 하였다. 서방에 짐승이 있는데, 그 이름을 추(騶)라 한다. 우(虞)임금은 그 성품이 만물을 살리기를 좋아해서 낳기를 좋아하여서 천하 무인(武人)들은 그 문양이 호랑이 가죽 같다고 생각하여 결국 호랑이로 삼았다. 남방에는 소명(昭明)이라는 새가 있다. 그 성품이 죽이기를 좋아하여 천하의 군사들이 서로 적대하여 싸우면서 사람들은 그 새의 깃털을 봉황의 것으로 여겨 이로 인하여 소명이라는 새는 봉황이 되었다. 공손강이 사실을 감추고 이름을 구하였던 것은 강하고 곧은 품성과 유사한 것이니, 필경 권력을 제멋대로 하는 지경에 이르렀다. 주인을 시해하고 군주가 된 이는 자세히 살피지 않을 수 없다. 소인(小人)과 유사하지만 그를 미혹시키지는 않는다"라고 하였다.

[정의(正義)] 죄가 없음을 기록하고, 하옥시킴을 말한다. 공손강은 소인(小人)이다. 그 관직이 어떠한지 기록하지 않았다. 이에 공손강의 악은 드러나지 않았다. 군자(君子)는 성인(成人)의 아름다움에서 즐거워한다. 그러므로 악(惡)에서 그 마지막을 끝마치지 않는다. 아울러 그 시작은 선(善)에서 시작한다. 글로써 다른 사람들을 깎아내리는 말이 없을 뿐이다.

왕이 붕어하자 태자 이(邇)가 즉위하였다.

왕이 금단약(金丹藥)을 복용하자 얼굴을 찌푸리더니 붕어하였고, 태자 이가 즉위하였다.

【병오】휘양왕(徽襄王) 원년주나라 경왕 4년, 일본 진무 46년, 기원전 615년 방사(方士) 백일청(伯一淸)과 노룡(盧龍)이 형벌로 죽임을 당하였다.

왕이 백일청과 노룡을 죽이라고 명하니, 경내의 선비와 백성들이 술을 마시며 서로 축하하였다.

[정의(正義)] 무릇 반역자와 대역 죄인을 주살하는 것을 복주(伏誅)라고 한다. 복주라는 글자는 죄가 워낙 커서 죽여도 용납하기 어렵다는 뜻이다. 또 방사(方士) 중에 좌도(左道)를 깊이 억제하여 특별히 주살하였기에 기록해 둔다.

공손강을 사면하여 상대부(上大夫)로 삼았다.

[정의(正義)] 공손강이 권력을 마음대로 휘둘러서 왕을 바꿀 징조가 보였기에 특별히 기록한다.

염서적에게 상주국(上柱國)을 추증하였다.

염서적이 걱정과 울분으로 병이 나서 죽은 지 이미 몇 년이 지났지만, 왕이 매우 애석하게 여겨 애도하고자 이 관직을 추배(追拜)하였다.

[정의(正義)] 현명한 신하가 죽은 뒤에 그 공적을 포상한 것을 가상히 여겨 기록한다.

【임술】휘양왕 17년주나라 정왕(定王) 유(瑜) 8년, 일본 진무 62년, 기원전 599년 처음으로 가옥세(家屋稅)를 설치하여 걷어들였다. 이때 공손강이 나라의 재정이 넉넉지 못하다고 하여 인민에게 가옥세를 거두어 그 사욕을 채우려 하여 민심이 매우 소란스러웠다.

[정의(正義)] 처음으로 나라의 이익을 나쁘게 사용한 것을 질책하여 기록한다.

【병인】휘양왕 21년주나라 정왕 유 12년, 일본 진무 66년, 기원전 595년 왕이 붕어하자 태자 참(叅)이 즉위하였다. 나이는 다섯 살이다.

【정묘】봉일왕(奉日王) 원년주나라 정왕 13년, 일본 진무 67년, 기원전 594년 숙부 정(靜)을 상주국(上柱國)으로 삼았다.

왕은 숙부 정을 상주국으로 삼아 군국의 중요 업무를 맡겼다.

【임신】봉일왕 6년주나라 정왕 유 18년, 일본 진무 73년, 기원전 589년 공손강(公孫康)이

상주국(上柱國) 정(靜)을 죽였다.

　공손강은 평소 정의 정직함을 꺼려서 정사에 간여하기가 어려웠다. 하루는 잔치를 베풀어 정을 맞이하여 그가 술을 마시고 취하자, 자객에게 시켜 그 자리에서 정을 죽이게 하고는 거짓 놀라는 체하였다. 집안의 노복을 불러서 자객을 잡아 죽이게 하여 자객의 입을 막았다. 곧바로 궁으로 달려가 입궁하여서는 왕에게 아뢰기를, "상주국 정이 도적에게 피해를 입었다"고 고하니, 왕이 의심하지 않았다.

　사가(史家)는 이르길, "소인(小人)은 가족과 나라에 화를 일으킨다. 충성스럽고 어진 이를 함정에 빠뜨리고, 정직한 이에게 위해를 가한다. 그로써 자기에게 다르지 않으면, 상주국 정은 왕실의 더할 수 없이 가까운 친족으로서 군사와 나라의 중요한 일을 맡아서 어린 군주를 도와서 신료들의 머리에 처해 있었다. 사직과 백성이 상주국 정에게 달려 있었으니, 아주 중요하고 큰 영향을 미친다고 생각하지 않을 수 없다. 하물며 알고 있는 역적 공손강과 같은 소인배를 응용할 수 있는가? 만약 그 간사한 궤적이 자기를 노출한다면, 마땅히 소리높여 그 잘못을 신랄하게 비판하여 말하고, 주살해야 가할 것이다. 만약 그 좌우에서 보좌하는 사람들이 이미 완성했다면, 기회를 틈타 도모하면 가할 것이다. 이것을 하지 않고, 잔치의 자리에서 윗사람의 앞을 지날 때 허리를 굽히고 빨리 걸으면서 불러 조금씩 뒤로 물러나게 한다. 술잔을 건네며 술을 주고받는 순간에 몸은 이미 죽어 없어졌으니, 나라가 망하는 것이 뒤따라 위태로워졌으니, 매우 지혜롭지 못하구나!"라고 하였다.

　[정의(正義)] 무릇 현명한 신하가 해를 당하는 것에, 아무개가 아무개 관직의 아무개를 죽였다고 하고 직접 '살(殺)'이라고 쓴다. 공손강이 현명한 대신을 죽이는 죄가 드러났다. 구관(具官)도 그렇게 했다.

【병자】 봉일왕 10년 주나라 간왕(簡王) 이(夷) 원년, 일본 진무 76년[10], 기원전 585년 봄 2월에 날이 어두웠다.

---

[10] 원문에 76년으로 되어 있음.

이때 연속으로 수십 일 동안이나 날이 어두워서 낮에 해가 없었고, 밤에는 달이 없었다. 폭풍우가 사방에서 일어났고, 비가 내릴 듯이 했으나 비는 오지 않았다.
　공손강이 왕을 높여 봉일왕으로 삼고, 스스로 섭정(攝政)하여 작위를 올려 태백(太伯)이 되었다.
　공손강은 날로 교만해지고 사치스러워져서 제사와 향연에서도 모두 왕의 예법을 차용하여 썼으며, 관리의 강등과 승진에도 자기 마음대로 하였다.
　[정의(正義)] 스스로 마음대로 하는 것을 '전(專)'이라 하는데, 공손강에게 무군지죄(無君之罪, 역적죄)가 있음을 보이고자 기록해 둔다.

【임오】 봉일왕 16년주나라 간왕 이 7년, 일본 스제이(綏靖) 3년, 기원전 579년 공손강이 봉일왕을 별궁(別宮)으로 옮겼다.
　공손강은 왕이 나이가 들수록 점차 지혜로워지는 것을 두려워하여 별궁에 유폐하였다. 사람을 보내어 태백(太伯) 공손강의 공을 높이고, 면복(冕服)을 줄 것을 재촉하였다. 왕이 노하여 말하길, "공손강의 마음은 길 가는 사람도 다 아는데, 선위(禪位)하라는 요구를 어찌 덮으려 하느냐"라고 하였다. 공손강이 이를 듣고 크게 두려워하여 왕을 죽이려고 모의하는 것이 더욱 절실해졌다.
　사가(史家)는 이르길, "이때 군주의 위엄과 권세가 역적에게 이미 돌아갔다. 공손강은 봉일왕을 장악하니, 단지 기생하며 사는 군주일 뿐이었다. 왕은 오히려 공손강이 면복을 달라는 청에 크게 노하여 화(禍)와 근심을 재촉하였는데, 진을 쳐서 막힌 것을 뒤집는 방법이 아니다. 명령만 하려고 했지 결국 얻는 게 있었는가?"라고 하였다.
　[정의(正義)] 천(遷)이란 것은 불순한 말을 강제로 옮기는 것으로, 직접적으로 천(遷)이라 쓴다. 공손강은 신하답지 않은 극악무도한 자이다.

　왕이 붕어하자, 하대부(下大夫) 남궁제성(南宮齊成)이 왕족의 아들인 화의후(和義侯) 근(僅)을 입궁시켜 즉위하게 하였다.
　왕은 공손강의 행태에 대한 걱정과 분노로 병을 얻어 결국 붕어하였다. 하대부 남궁제성은 사람됨이 담대하고 말을 잘하였으며, 식견이 높았다. 일찍이 화의후 근을 보고, 마음속으로 '나라를 태평하게 할 제왕의 상이 있다'고 생각했다. 이에 맹세하여 말하여, '남의 신하가 되어 능히 사직을 편안하게 하고, 임금의 원수를 갚지 못하면 무슨 면목으로 하늘이 만물을 덮고 땅이 만물을 받쳐 싣고 있는 사이에서 설 수 있겠는가!'라고 하였다. 이에 공손강에게 가서 말하기를, "왕의 아들을 세우면 곧 그대에게 화가 뒤따르되, 먼 친족을 세우면 그대의 덕을 잊지 아니하여 그대가 부귀를 누리리라"라고 하였다. 공손강이 그렇게 생각한 까닭에 남궁제성에게 계책을 물어보았다. 남궁제성이 말하기를, "내가 화의후 근의 사람됨을 보매 성품이 착하기만 하고 일을 주선하거나 변통하는 재주가 없다. 반드시 화의후 근을 맞아 옹립하여 왕이 되게 하는 것이 다만 선할 뿐이니, 그대 공손강(公孫康)을 배반하지 않고 따를 것이다"라고 하였다. 결국 공손강은 근을 맞이하여 왕으로 삼았다. 근은 천로왕의 현손(玄孫)이다.

사가(史家)는 이르길, "봉일왕이 갑자기 붕어하였는데, 후사가 없었다. 이때 내외의 신료들이 모두 역적 공손강의 복심(腹心)이었다. 정령(政令)과 상벌(賞罰)도 역적 공손강이 턱으로 지휘하여 기쁨과 분노를 나타내면 내외 신료들이 그대로 따르는 상황이었다. 공손강이 신기(神器)를 직접 보기도 하여 만약 눈 앞에 있는 물건이 움켜잡고 싶은 마음이 없지 않아도 바로 취하였으니, 오히려 공의(公議)의 형벌을 두려워하고, 또한 민심이 불복할 것을 두려워하여 사방에서 머뭇거리고 있을 뿐이었다. 남궁제성은 평소 충심을 가지고 지혜를 품은 자태가 있었다. 군주를 처음 잠저에 있을 때부터 알아서 입술과 혀 사이에 간사하고 흉악함을 설명하고, 의로움으로 깨우치고, 이득으로 속이며, 덕창(德昌)을 옹립하여 기씨(箕氏)로 하여금 1천 년 종사를 망하게 하였으나, 절명한 것을 부흥시키고, 다시 이어지게 하였다. 또한 술잔을 건네며 술을 주고받는 사이에서 의젓하고 화락하고, 악당의 우두머리가 목이 잘렸다. 가정과 나라는 반석과 태산에서 편안히 안정시켰으니, 진실로 사직(社稷)의 신하라고 이를 만하다"라고 하였다.

[정의(正義)] (군주를) 맞이하여 즉위시켰음을 기록한다. 남궁제성이 위기에서 어려움을 다스리고 종사(宗社)를 붙잡은 공을 가상히 여겨 기록해 둔다.

【계미】덕창왕(德昌王) 원년주나라 간왕 이 8년, 일본 스제이 4년, 기원전 578년 공손강(公孫康)에게 공신(功臣) 호를 주었다.

남궁제성(南宮齊成)이 은밀히 아뢰기를, "공손강이 왕의 동정을 살피니, 바라건대 공신 호를 주어 그 마음을 안심시켰다가 차차 도모하소서"라고 하니, 왕이 따랐다.

【갑신】덕창왕 2년주나라 간왕 이 9년, 일본 스제이 5년, 기원전 577년 섭정(攝政) 태백(太伯) 공손강이 복주(伏誅)되었다.

왕이 은밀히 남궁제성과 함께 논의해서 갑병(甲兵)을 대궐 각 처마 아래에 매복시켰다가, 잔치를 열어 공손강을 잔치에 참여하라고 명하였다. 왕은 공손강과 함께 술을 마시며 밤을 보냈는데, 왕이 뒷간에 가는 듯이 일어나자 매복했던 군사들이 공손강을 잡아 죽이고는 그 잔당들을 모두 제거하였다.

처음으로 아형부(阿衡府)를 설치하고, 남궁제성을 태아형(太阿衡)으로 삼았다.

남궁제성은 정무를 공평하게 처리하고 어진 사람을 등용하고 사특한 사람을 물러나게 하니, 다스리는 것이 널리 미쳐서 조정과 민간이 그의 덕을 찬양하였다.

[정의(正義)] 이 글에서는 처음 아무개가 어떤 벼슬을 받았음을 가상히 여기고자 함이다. 또한 그 관직이 적당한 사람을 얻었음을 보여주는 것이다

【경자】덕창왕 18년주나라 영왕(靈王) 설심(泄心) 11년, 일본 스제이 21년, 기원전 561년 봄에 혜성(星孛)이 기(箕) 땅에 나타났다. ○ 왕이 군현을 순행하였다. ○ 왕이 요원(遼原)지금의 덕천군(德川郡)이다.에서 붕어하였다.

[정의(正義)] 바깥에 있으면 땅[地]인데, 이 글에서는 요원(遼原)의 바깥에서 붕어하였다고 기록하였다.

아들 삭(朔)이 즉위하였다.

【신축】수성왕(壽聖王) 원년주나라 영왕 설심 12년, 일본 스제이 22년, 기원전 560년 하이(蝦夷) 훼요군후리(卉么擽厚筀)가 들어와 공물을 바쳤다. 하이는 지금 일본 북부지역의 이

소도(伊蘇島)이다. 훼요군후리는 그 지역 추장의 이름이다. ○ 군(攈)의 음은 군(捃)이고, 리(氂)의 음은 리(里)이다.

【갑진】 수성왕 4년주나라 영왕 설심 15년, 일본 스제이 25년, 기원전 557년 태아형(太阿衡) 남궁제성(南宮齊成)이 죽었다.

왕이 친히 백관을 거느리고 상여(喪輿)를 교외에 보내어 예관(禮官)에게 후히 장사하라고 명령하고, 태아형 남궁제성에게 후(侯)의 작위를 추봉(追封)하였다.

[정의(正義)] 관직을 기록하고, 성명(姓名)을 기록하며, 죽은 현자를 기록하여 수여한다.

【정묘】 수성왕 27년주나라 경왕(景王) 귀(貴) 11년, 일본 안네이(安寧) 15년, 기원전 534년 존현각(尊賢舘)을 설치하고 웅국진(熊國珍)을 태사로 삼았다.

웅국진은 정양(定襄) 지금의 곽산군(郭山郡)이다. 사람이다. 왕은 그가 어질다는 이야기를 듣고 불러서 태사(太師)로 삼아 정사의 득실을 논하게 하였다. 웅국진이 왕을 잘 보좌하여 백성들은 노래를 지어 그를 찬미하였다.

[정의(正義)] 어진 이를 얻었음을 찬미하여 기록한다.

【신사】 수성왕 41년주나라 경왕 25년, 일본 안네이 29년, 기원전 520년 왕이 붕어하자 아들 여(藜)가 즉위하였다.

【임오】 영걸왕(英傑王) 원년주나라 경왕(敬王) 개(丐) 원년, 일본 안네이 30년, 기원전 519년 연삭(連朔) 군수(郡守) 황이장(媓彛長)을 팽살(烹殺)하였다.

왕은 연삭(連朔) 지금의 진천군(泰川郡)이다. 의 군수 황이장이 재물을 탐내고 백성을 해롭게 한다는 소식을 듣고 삶아 죽이게 하였다.

【병신】 영걸왕 15년주나라 경왕 개 15년, 일본 이토쿠(懿德) 6년, 기원전 505년 북호(北胡)가 침입하여 약탈하였다. 북호는 서북방 경계 지역에 있다. 즉 중국[支那]에서 말하는 동호(東

胡)이다.

[정의(正義)] 무릇 '범하다(犯)'를 순리대로 말하면, '구[寇, 약탈하다]'라고 한다.

왕이 친히 군사를 이끌고 가서 북호를 정벌하여 대파하였다.

북호가 변방 지역을 침입하니, 왕이 직접 정예 병사 3천여 명을 이끌고 가서 정벌하였다. 수급을 벤 것이 천여 급이요, 새로 개척한 땅이 천 여리이다.

[정의(正義)] 무릇 나라의 군주가 친히 군사를 이끄는 것을 '자장(自將)'이라고 한다. '흥사(興師, 군사를 일으키다)'는 '벌(伐)'이라고 부른다.

【정유】영걸왕 16년주나라 경왕 개 16년, 일본 이토쿠 7년, 기원전 504년 왕은 태자 강(岡)에게 전위(傳位)하였다. 태자가 즉위하고 나서 영걸왕(英傑王)을 높여 상왕(上王)으로 모셨다. ○ 상왕이 북방 변경 지역에서 사냥하였다.

상왕은 사냥[田獵]을 좋아하였는데, 정예 기병을 이끌고 북방 변경 지역에 가서 사냥하였다.

사가(史家)는 이르길, "왕이 사냥하는 데 있어서 봄에 하는 것을 '수(狩)'라 하고, 겨울에 하는 것을 '렵(獵)'이라고 하는데, 대저 군사를 훈련하는 방책으로 삼는다. 왕의 친림 하에 군사 훈련으로서의 수렵대회는 농사일이 그렇게 바쁘지 않은 때에 행하는데, 이것은 평안함에 빠져 위태로움을 잊지 않기 위한 의미이다. 지금 상왕은 몸소 갑주(甲胄)를 입고, 고건(櫜鞬)[11]을 잡았다. 만승(萬乘)의 지존으로서 한 사내의 용맹을 과시하여 매와 새매를 풀어 놓아서 고라니와 사슴을 쫓고 아주 멀리 떨어진 변경 지대에서 사냥에 미쳐 먼저를 다투었으나, 북쪽 오랑캐에 대한 무력을 휘날린 바가 아니었을 뿐만 아니라 후사(後嗣)에 대해 방책을 남기는 바도 아니었다. 마침내 죽고 나서야 궁궐에 돌아왔다. 미혹되어 돌아올 줄을 알지 못하였으니, 탄식할 만하도다!"라고 하였다.

[정의(正義)] 사냥을 기록해 두나 사냥에 빠진 것을 어찌 비난할 수 있으랴.

---

11 고건(櫜鞬): 친히 활과 화살을 꽂아 넣어 어깨에 멜 수 있도록 가죽으로 만든 물건이다.

【무술】일성왕(逸聖王) 원년 주나라 경왕 17년, 일본 이토쿠 8년, 기원전 503년 각 주군(州郡)에 향헌장(鄕憲長)을 두었다.

각 주군에 향헌장을 두어 백성에게 부모님께 효도하고 웃어른을 공경하는 법도와 농사일과 뽕나무 기르는 일을 권장하였다.

[정의(正義)] 백성들을 가르치고 인도해서 의복과 음식을 얻는 방법을 병행하게 하였음을 찬미하여 기록한다.

【경자】일성왕 3년 주나라 경왕 19년, 일본 이토쿠 10년, 기원전 501년 봄 2월에 태백성이 낮에 보였다. ○ 상왕이 포주(抱州) 지금 의주군(義州郡)이다. 행궁(行宮)에서 붕어하였다.

【갑인】일성왕 17년 주나라 경왕 33년, 일본 이토쿠 24년, 기원전 487년 가을 8월에 큰 지진이 일어났다.

[정의(正義)] 지진은 이변이다. 땅이 크게 진동하면, 이변이 크게 일어나게 된다. 그러므로 삼가 지진이 일어났음을 기록한다.

왕이 붕어하자, 아들 습(混)이 즉위하였다.

【갑자】제세왕(濟世王) 10년 주나라 경왕 43년, 일본 이토쿠 34년, 기원전 477년 겨울 11월에 복숭아나무와 오얏나무가 만발하였다.

동지(冬至)가 지난 후 며칠 동안 궁 후원에서 복숭아나무와 오얏나무가 만발하였다. 신하들은 '봄 빛깔이 일찍 도래하였으니, 이는 태평 시대의 징조다'라고 하면서 왕의 공덕을 찬송하였다. 왕이 노하며 말하기를, "때가 아닌 봄 빛깔은 나라에 있어서는 재앙이 아니냐. 경들은 짐의 마음에 들려고 비위를 맞추려고 때가 아닌 봄 빛깔이 상서로운 징조라고 아첨하고 있는데, 이것이 어찌 임금과 신하 간에 잘못하지 않도록 타일러 주의시키는 방법이라고 할 수 있겠느냐?"라고 하였다. 이에 주위의 신하들이 크게 부끄러워하였다.

[정의(正義)] 겨울에 복숭아나무와 오얏나무가 만발하는 것은 괴이한 일임을 기록해 둔다.

제(齊)나라·노(魯)나라와 몰래 장사하는 것을 금하였다.

제나라와 노나라 양국과의 경계는 단지 바다로만 떨어져 있을 뿐이다. 배를 타고 바다로 나가 몰래 장사하는 사람들이 있다는 이야기를 듣고, 왕이 "상업은 처음부터 끝까지 이익만을 따진다. 어리석은 백성이 다투어 쫓으니 국경 지역에서 이웃 나라의 사람들과 이익 때문에 다툼이 일어날까 두렵구나"라고 하고는 사법(司法)에 명하여 금지하였다.

사가(史家)는 이르길, "정경왕(貞敬王) 13년부터 제나라·노나라에서 쌀을 사들인 이후 간악한 백성들이 몰래 상업하는 활로를 열어 놓은 지 벌써 234년이 지났다. 지금 왕이 국경에서 이웃 나라와 다투는 것을 우려하여 장사로 이익을 추구하는 것을 경계하고 두말할 것도 없이 분명하게 금지하였으니, 또한 가히 나라를 위해 잘 도모했다고 말할 수 있을 것이다"라고 하였다.

【을해】제세왕 21년 주나라 정정왕(貞定王) 개(介) 3년, 일본 고쇼(孝昭) 10년, 기원전 466년 왕이 붕어하자 아들 벽(璧)이 즉위하였다.

【경진】정국왕(靖國王) 5년 주나라 정정왕 개 8년, 일본 고쇼 15년, 기원전 461년 여름 4월에 하늘에서 곡식이 떨어지는 변괴가 3일 동안 이어졌다.

이때 하늘에서 곡물이 3일 동안 떨어졌다. 백성들이 그 곡물을 쪄서 먹으니, 곳집 속의 진열된 쌀 같았다.

사가(史家)는 이르길, "왕은 나라를 다스려야 한다. 한 가지 물(物)이 범상치 않으면, 반드시 정사를 하는 데 있어 상서롭다고 여길 수 있는가. 나에게 어떤 덕이 올 게 있으면 더욱 힘을 써서 없애도록 해야 하는가. 나에게 어떤 허물이 있다면 반드시 고쳐서 옳게 해야 하는가. 그러므로 징조는 거짓말하지 않으니, 재앙이 이르게 되는 것이다. 지금 3일 동안 곡식이 내렸는데, 위로는 덕을 닦아 자신을 성찰하고 아래로는 백성들을 바르게 하지 못하였다. 경고하는 말인지 아니지를 따져 삼가 상서로움으로 여겨 두어야 하는가. 재앙으로 여겨 없어지를 바라야 하는가"라고 하였다.

[정의(正義)] 곡식이라는 것은 인력이 땅으로 인해 이로움이 생기는 것이지, 하늘이 비를 내려주지 않기 때문이 아니다. 그러므로 특별히 기록하여 기이하게 여긴다.

【신묘】정국왕 16년주나라 정정왕 개 19년, 일본 고쇼 26년, 기원전 450년 진언관(進言館)을 설치하였다.

진언관을 설치하여 신하들 가운데 정직한 자 수십 인을 선발하여 규간(規諫)하도록 하였다.

[정의(正義)] 진언관을 설치하였으니, 어떤 군주인들 말하기를 꺼리지 않고, 말 듣기를 꺼리지 않겠는가? 지금 왕이 진언관을 설치하여 윗사람에게 자신의 말을 하도록 언로를 활짝 열어 두었다. 그러므로 이를 찬미하여 기록하여 둔다.

처사(處士) 도긍유(堵揯歈)를 불러서 태아형(太阿衡)으로 삼았다.

도긍유(堵揯歈) 긍(揯)은 음이 긍(亙)이고 유(歈)는 음이 유(兪)이다. 는 요련(遼連) 지금 중국[支那] 요동(遼東)의 구련성(九連城)이다. 사람이다. 도긍유가 부모를 지극한 효성으로 섬겼다는 이야기를 조정에서 듣고 왕이 말하기를, "부모에게 효도하는 사람이 어찌 임금에게 충성하지 않겠는가!"라고 하며 불러 등용하였다.

사가(史家)는 이르길, "군주가 효도로써 백성들을 다스린다면, 한 나라는 요처로 부흥할 것이다. 신하가 효도로써 군주를 섬긴다면, 한 가정은 효도로 부흥할 것이다. 도긍유와 같은 효자를 존중하여 등용시켰으니, 효도하는 가문에서 충신을 구한 것이고 정국왕은 인재를 얻은 것이다. 그러므로 특별히 기록하여 서로 찬미한다"라고 하였다.

[정의(正義)] 인재를 얻었음을 찬미하여 기록해 둔다.

【무신】정국왕 33년주 고외(考嵬) 8년, 일본 고쇼 43년, 기원전 433년 왕이 붕어하자, 아들 징(澄)이 즉위하였다.

【을묘】도국왕(導國王) 7년주나라 고왕(考王) 15년, 일본 고쇼 50년, 기원전 426년 태안(太

安) 우화충(宇和冲)이 모반하였다.

　우화충은 태안(太安)지금의 자산군(玆山郡)이다.의 엽호(獵戶, 사냥꾼)이다. 자신의 날래고 용기 있는 점에 기대어 스스로 장군이라 칭하며 군사를 모으니, 무리가 수만 명이나 되었다. 북쪽 지역의 36군을 공격하여 함락시키니, 형세가 매우 창궐하였다.

　[정의(正義)] 아랫사람이 윗사람을 거역하는 것을 반(反, 반역)이라 한다.

　겨울 10월에 경사(京師)까지 밀고 들어가니 왕이 혈구(穴口)로 도망갔다.

　적군의 기세가 날카로워서 관군이 멀리서 바라다보기만 해도 궤멸되었다. 우화충(宇和冲)이 진격하여 경성(京城)을 에워싸자, 왕이 종묘사직의 신주를 받들고 혈구로 갔다.

　[정의(正義)] 파월(播越)이란 말에는 세 가지가 있다. 여(如)는 완사(緩辭, 천천히 피난 가는 경우)이고, 분(奔)은 급사(急辭, 급히 피난 가는 경우)이며, 주(走)는 천사(賤辭, 도망간 것을 낮추어 이르는 말)이다. 도적이 발발하여 도국왕이 덕을 닦으며 백성을 생각할 수 없고, 주군(州郡)이 붕괴되었다. 또 장수를 선발하고 군사들을 독려하여 나라를 방어하고 적을 죽일 수가 없어서 이에 경사의 근본인 종묘사직 신주를 받들어 모시고 바다에 배를 띄웠다. 만승지존(萬乘之尊)의 귀하신 몸으로 필부(匹夫)처럼 도망하여 몸을 피하여, 위험한 일을 간신히 벗어나게 되었다. 매우 부끄러운 일이라서 책하는 차원에서 특별히 기록하여 둔다.

　거마(車駕)가 혈구에 도착하였다.

　[정의(正義)] 앞서 혈구로 달아났다고 기록한 것은 도국왕이 바삐 도망쳐 숨은 실정을 질책한 것이다. 여기서 거마가 혈구에 이르렀다고 기록한 것은 바로 왕이라는 만승지존의 거동이다.

　【정사】도국왕 9년주나라 위열왕(威烈王) 오(午) 2년, 일본 고쇼 52년, 기원전 424년 군사를 보내 경성을 수복하여 우화충을 주살하였다. 남은 잔당이 북호(北胡) 지역으로 달아났다.

　[정의(正義)] 무릇 신하 중에 죄인을 잡아서 주살하였다고 하였으니, 특별히 기록하여 기뻐하는 것이다.

　거가가 경성으로 돌아왔다.

【정묘】도국왕 19년주나라 위열왕 오 12년, 일본 고쇼 62년, 기원전 413년 왕이 붕어하자, 아들 즐(騭)이 즉위하였다.

【임신】혁성왕(赫聖王) 5년주나라 위열왕 17년, 일본 고쇼 67년, 기원전 409년주군(州郡)에 감찰관(監察官)을 파견하였다.
주군에 감찰관을 파견하여 향리와 백성의 선악을 살펴 어질고 능력 있는 이에게 상 주고 탐욕스럽고 간악한 자를 벌 주니, 백성들이 크게 기뻐하였다.
사가(史家)는 이르길, "휘장과 담장 밖은 눈이 있어도 볼 수 없고, 집들 사이에서는 귀가 있어도 들을 수 없다. 그러므로 군주는 자기의 귀와 눈으로 일국의 총명을 넓히려고 생각하게 된다. 지금 혁성왕이 주군에 감찰관을 파견하여 백성들의 선한 것을 상주고 악한 것을 징벌하라고 하였으니, 이처럼 하여 밝음을 보지 못함이 없고, 들어서 들리지 않음이 없게 되었으니, 총명한 군주가 아니면, 어찌 이와 같은 경지에 이를 수 있겠는가!"라고 하였다.

【무인】혁성왕 11년주나라 위열왕 23년, 일본 고쇼 73년, 기원전 403년 북호(北胡) 추장 목수길강흑(穆修吉康黑)이 입조하여 공물을 바쳤다. ○ 연(燕)나라에서 사신을 파견하여 빙물(聘物)을 바쳤다.
연(燕) 지금 중국[支那] 직예성(直隸省)이다. 나라는 조선의 서쪽 지역과 서로 접해 있다. 연나라는 주나라 종실 소공(昭公) 석(奭)이 봉함받은 나라이다. 후손 장(莊) 희공(僖公)이다. 시대에 이르러 비로소 조선에 사신을 파견하여 빙물을 바쳤다.

【을미】혁성왕 28년주나라 안왕(安王) 교(驕) 16년, 일본 고안(孝安) 7년, 기원전 386년 여름 5월 초하루에 일식이 있었다. ○ 왕이 붕어하자, 아들 습(譜)이 즉위하였다.

【신축】화라왕(和羅王) 6년주나라 안왕 22년, 일본 고안 13년, 기원전 380년 봄 2월에 기(箕) 땅에 형혹(熒惑)이 하늘에 걸렸다.

망각(芒角)이 크게 움직였다. 별자리를 보는 이가 점을 쳐서 병란이 일어날 것이라고 주장하였다.

연(燕)나라 사람들이 만번한(滿番汗) 지금 중국[支那]의 성경성(盛京省)이다. 을 침입하였다. 태수(太守) 묘춘장(苗春長)이 연나라 군사를 쳐서 패배시켰다.

[정의(正義)] 무릇 외환(外患)은 '구(寇)'라 적고, 함응(陷應)은 '격(擊)'으로 적는다.

【신해】화라왕 16년주나라 열왕(烈王) 희(喜) 6년, 일본 고안 23년, 기원전 370년 왕이 붕어하자, 아들 하(賀)가 즉위하였다.

【임자】열문왕(說文王) 원년주나라 열왕 7년, 일본 고안 24년, 기원전 369년 박문관(博文館)을 설치하였다.

박문관을 설치하여 선비와 백성 중에서 재능과 덕을 겸비한 자 3백 명을 선발하여 태자(太子)를 모시고 함께 문학 공부에 힘쓰게 하였다.

[정의(正義)] 설치하여 무엇을 주었는지를 기록해 둔다. 나라의 근본을 중흥시키고 문학(文學)을 숭상한 아름다운 뜻을 보이는 것이다.

【병진】열문왕 5년주나라 현왕(顯王) 편(扁) 4년, 일본 고안 28년, 기원전 365년 연(燕)나라의 진개(秦介)가 침입하여 요수(遼水) 서쪽의 여러 군을 함락시켰다.

연(燕)나라 연나라 환공(桓公) 때 의 진개가 군사 2만 명을 거느리고 급히 쳐들어와서 요수 서쪽의 여러 군을 노략질하였는데, 대부분의 고을이 전쟁 준비를 하지 않아서 지나가는 곳마다 함락당하였다.

상군(上軍) 대부(大夫) 위문언(衛文言)이 군사 3만 명을 거느리고 오도하(五道河)에서 연나라 군사를 격파하였다.

위문언은 3만 명을 거느리고 오도하(五道河) 지금 중국[支那] 요동(遼東) 양산(湯山城)의 북쪽에 있다. 북쪽 갈대 중에 매복하였다가 연나라 군사가 반쯤 건넘을 기다려 쳐서 크게 파하였다.

【정사】열문왕 6년주나라 현왕 5년, 일본 고안 29년, 기원전 364년 위문언이 연운도(連雲嶋)에서 연나라 군사를 공격하여 크게 깨뜨리고, 그 장수 진개(秦介)살펴보면, '개(介)'는 어떤 경우에 '개(開)'라고 쓰기도 한다.를 죽였다.

진개가 나아가지 못하고, 연운도 지금 중국 요동 요하의 어귀이다. 로 이동하여 진을 치고 있었다. 배를 준비하여 바다 건너기를 꾀하였다. 이때 위문언이 군사를 몰아 와서 진개를 공격하였는데, 연운도에 주둔한 것을 알고 추격해서 공격하여 크게 깨뜨렸다. 결국 진개를 활로 쏘아 죽이니, 남은 군사는 다 도망가 버렸다.

사가(史家)는 이르길, "조선의 임금과 백성이 오래도록 태평성세에 익숙해져 있어서 군사일을 드물게 보았다. 연나라 사람들이 변경에서 요새지에 대한 대비가 없음을 틈타서 호랑이가 물어뜯고, 고래가 작은 물고기를 통째로 삼키려는 욕망을 내비칠 때이므로 안으로는 적의 창끝을 꺾기에는 부족하고, 밖으로는 나라를 방어하고 국경을 경계할 만한 인재가 드물었으니, 오직 위문언만 일개 신하로서 삼군(三軍)의 사기를 돋았다. 처음 육지에서 꺾고 나서 끝내 적을 섬멸하였고, 바다에서는 연나라의 말이 감히 다시는 요서(遼西)의 들에 들어 놓을 수 없게 하였으니, 그 크고 높은 공과가 고구려 명림답부(明臨答夫)의 좌원대첩(坐原大捷)을 능가하고, 고구려 을지문덕(乙支文德)의 살수대첩(薩水大捷)보다도 뛰어나다. 그러므로 위문언의 승리를 크게 기록하여 이를 찬미하는 것이다"라고 하였다.

[정의(正義)] 폭도들의 침략을 방어하고 변방을 공고히 한 공을 가상히 여겨 기록하여 둔다.

【기미】열문왕 8년주나라 현왕 7년, 일본 고안 31년, 기원전 362년 가을에 왕이 붕어하자, 아들 화(華)가 즉위하였다.

【갑자】경순왕(慶順王) 5년주나라 현왕 12년, 일본 고안 36년, 기원전 357년 봄 정월에 지진이 났다.

【을해】경순왕 16년주나라 현왕 23년, 일본 고안 47년, 기원전 346년 북호(北胡)의 추장

액니거한길(厄尼車吉汗)이 와서 조회(朝會)하였다.

북호 추장 액니거한길이 와서 조회하였다. 말 2백 필을 바치며 군사를 빌어 연(燕)나라 치기를 청하니, 왕이 허락하였다.

하군(下軍) 대부(大夫) 신불사(申不死)를 보내어 연나라를 침입하여 상곡성(上谷城)지금 중국 요동에 있다. 을 공격하여 빼앗았다.

왕이 신불사(申不死)를 장군으로 삼고 군사 일만 명을 일으켰다. 북쪽 오랑캐의 기병(騎兵) 1천 명과 합세하여 힘을 합쳐 연(燕)나라 연나라 문공(文公) 때의 상곡성(上谷城)을 공략하여 군사 1만으로 함께 협력하여 빼앗았다.

[정의(正義)] 무릇 군사를 일으켰는데 명목이 없는 것을 '침공(侵攻)'이라고 한다. 힘을 쓰는 자를 많이 취하면 '발(拔)'이라고 한다. 먼 곳을 편안히 하고 가까운 곳에 능한 것을 좇지 않고, 병력을 동원하여 전쟁을 탐하였음을 질책하여 기록하였다.

【무인】경순왕 19년주나라 현왕 26년, 일본 고안 50년, 기원전 343년 연(燕)나라가 화친을 청하자, 왕이 이를 허락하였다.

상곡(上谷)의 싸움으로부터 연나라와 매년 싸우더니, 지금에 이르러 연나라가 사신을 보내어 화친을 청하므로 이를 허락하였다.

[정의(正義)] '무엇을 청하였다'고 기록한 것은 비천한 말이다. '무엇을 허락하였다'고 기록한 것은 존귀한 말이다. 조선은 왕이 다스리는 나라이다. 연나라는 후작(侯爵)의 나라이다. 존비(尊卑)의 구분은 훨씬 다르다. 그러므로 '청(請)'을 쓰고, '허(許)'를 쓰는 것은 다른 것이다. '청'이란 것은 윗사람에 대한 아랫사람의 말이다. '허'라는 것은 윗사람이 아랫사람에 대한 말이다. 소상하고 자의적으로 본 것이다. 그러므로 왕이 열심히 먼 땅을 공략하지 않고 군사들과 백성들을 쉬게 하였음을 찬미한다.

왕이 붕어하자 태자 후(詡)가 즉위하였다.

【기묘】가덕왕(嘉德王) 원년주나라 현왕 27년, 일본 고안 51년, 기원전 342년 여름에 대사면령을 내렸다.

이때 오래도록 가뭄이 들어 억울한 옥살이를 하는 자들을 크게 사면하여 너그러운 법을 보였다.

사가(史家)는 이르길, "형벌은 엄중한 법령이다. 그 법은 사람을 죽인 자를 죽임으로써 사람을 살리는 도리가 존재한다. 사면은 덕스러운 법령이다. 그 뜻은 사람을 죽인 자를 살리는 도리가 존재한다. 백성으로서 법을 어긴 자는 반드시 죽는다는 것을 알게 함인데, 죽는 자는 드물다. 그리고 백성으로서 마땅히 사면을 받으면 살 수 있다는 것을 알게 함인데, 그러므로 법을 어긴 자는 많아진다. 그러므로 성스러운 왕에게는 원정(原情)이 있고, 대죄(貸罪)의 행실이 있다. 만약 훌륭한 덕을 가진 군주가 가뭄을 걱정하면, 마땅히 형벌과 감옥을 살펴서 죄가 없는 이들을 풀어주고, 조세 거두는 것을 경감시켜주며, 백성의 노동력 징발을 풀어주고, 나라의 창고를 열어서 가난하고 궁핍한 백성들을 구제하며, 관개(灌漑) 수로를 터주어서 그로써 경작을 편리하게 해주는 것은 해소시켜 줄 방책이다. 이것은 곧 아마도 죄가 없이 억울하게 옥에 갇힌 자가 있으면 사면해 주고, 죄가 있는 자가 요행히 달아나도록 하는 것은 백성들에게 범죄자를 새로이 바꾸는 길임을 계몽시키는 것이니, 이는 형벌의 벗어남이요 은택의 퍼짐이다. 그러므로 기록하여 권고하는 것이다"라고 하였다.

[정의(正義)] 기록하여 권고한다.

기우제[雩]를 지냈다.
오래도록 가물어서 비가 오지 않아서 왕이 친히 우제(雩祭)를 행하였다.

【계묘】 가덕왕 25년주나라 신정왕(愼靚王) 정(定) 3년, 일본 고안 75년, 기원전 318년 왕이 연나라를 정벌하려 하였으나, 실행하지는 않았다.

왕은 연나라의 왕 쾌(噲)가 무도하다는 이야기를 듣고 군사를 일으켜 정벌하고자 하였다. 대부(大夫) 왕례(王禮)가 간하여 말하였는데, "연왕 쾌가 비록 무도하기는 하나, 비록 정벌하지 아니하여도 장차 스스로 죽으리니, 어찌 정벌의 수고를 하겠습니까? 또 변방이 다행히 편안하니 가히 군사를 일으켜 백성을 곤란케 하겠습니까"라고 하자, 왕이 그만두었다.

　사가(史家)는 이르길, "왕은 하늘을 대신하여 백성들을 다스림에 강역의 한계로서 하는 것이 아니다. 그럼에도 연왕 쾌가 도리를 반하였으니, 덕은 어그러지고 백성들은 도탄에 빠지게 되었다. 마땅히 불난 사람을 구제해 주고 물에 빠진 사람을 구조해 주는 것처럼 해야 하니, 이는 덕을 빨리 아름답게 하고자 하는 마음으로 군사를 일으켜 치니, 무도한 이를 주살하는 데로 나아가야 한다. 백성들의 뜻을 위문하고, 군사를 일으켜서 하는 바가 없게 하지 않는다. 그 대부란 자는 계책을 알지 못하고 찬동하였으니, 오히려 간쟁을 하여 전쟁을 막았다. 또한 무엇이 반드시 필요했겠는가! 그러므로 과감히 행동하지 않았음을 특별히 기록해 둔다. 심히 애석하구나! 간절히 질책해 둔다"라고 하였다.

　[정의(正義)] 아직 일을 끝마치지 않아 기록하지 않는다. 과감하게 행동하지 않았음을 기록한다. 어찌 애석한 것인가! 무릇 정벌하는 데 있어 과감하게 하지 않았음을 기록하여 질책한다. 그것은 정벌하지 않는 것이 죄가 됨을 질책해 둔다.

【을사】가덕왕 27년 주나라 신정왕 5년, 일본 고안 77년, 기원전 316년 가을 9월에 날이 어두워졌다.

　해와 달이 사라져 날이 어두워져서 수십 일 동안 빛이 나지 않았다. 점을 쳤더니 큰 상을 당할 것이라 하였다.

　왕이 붕어하자, 태자(太子) 욱(煜)이 즉위하였다.

【병오】삼로왕(三老王) 원년 주나라 신정왕6년, 일본 고안 78년, 기원전 340년[12] 상주국(上柱國) 왕림(王霖)을 주나라에 파견하였다.

　왕림예(禮)의 아들이다. 이 주나라에 사신으로 가서 예를 극진히 다하였는데, 묻고 답하는 것이 유창하였다. 주나라의 임금과 신하들은 그의 위표(偉表)와 웅변(雄辯)에 경

---

12 원문에 340년으로 되어 있음.

탄하였다.

사가(史家)는 이르길, "조선은 태조가 토대를 닦고 어루만져서 동방에 있게 되었다. 희(姬)씨의 주(周)나라는 무왕(武王)이 나라를 건국하여 현재 중국[支那]에까지 이르렀다. 그 이름과 호칭, 권위와 권력은 우열을 가릴 수 없다. 좋은 관계를 맺어 사신이 방문하는 예가 오래되었으나, 교제하는 도리에 모자란다는 이야기는 아직 들은 바가 없다. 지금 왕이 주나라 왕가의 미약한 사이에서 품계가 높은 관리를 파견하여 다른 나라와 좋은 관계를 맺고 있다. 왕림은 조회에서 말을 잘하여 삼로의 명령에 통달하여 군주의 명령이 능욕당하지 않았음을 말한다. 그러므로 교제하는 아름다움을 특별히 기록한다"라고 하였다.

[정의(正義)] 무릇 빙문(聘問)은 정통에서는 외국에 사신을 파견하는 것이다. 이것을 일러 '아무개 관리가 아무개 사신으로 간다.'고 말한다. 명령하는 글을 능욕당하지 않았으니, 그 명성이 심히 그 관리의 글을 갖춘 것이다. 왕의 수교하려는 뜻을 드러내는 글을 가지고 갔으니, 왕림이 사신으로 가서 그 직책을 다했음을 찬미한다.

【계해】삼로왕 18년 주나라 난왕(赧王) 연(延) 17년, 일본 고안 95년, 기원전 298년 북호(北胡) 니사(尼舍)가 번랑(翻郞)을 바쳤다. 니사는 북호의 왕호(王號)이다. 번랑은 오랑캐의 말로 악공을 말한다.

복호 니사가 번랑 1부를 바치자 신하들이 간하기를, "음악이 선왕의 정음이 아니라 슬프고 원망하는 곡조가 많으니, 왕께서는 받지 마시옵소서"라고 하였다. 왕이 말하기를, "먼 지역 사람이 와서 바친 것을 물리치는 것은 예의가 아니다"라고 하고, 이에 그 번랑을 받고 후히 상을 내렸다.

사가(史家)는 이르길, "기와 가마로는 희준(犧樽, 소 모양 술동이)을 대신할 수 없고, 연나라의 돌로는 홀(笏)을 채울 수 없으며, 반쪽 홀 그릇으로는 서로가 쓰임이 되지 못하고, 명아주잎과 콩잎으로는 정실(鼎實)이 되지 못하며, 모계(毛罽, 섬세한 모직물)로는 아름다운 것을 엮을 수 없으니, 삼공(三公)의 물건들은 각각이 그 마땅함이 있다. 거칠고 촌스러운 노래는 바른 소리를 간섭할 수 없고, 소리는 어지러워지지 않게 한다. 지금 번랑의 음악이 종묘에 울릴 수 없고, 귀신과 통하는데, 묘당에서 연주될 수 없다. 임금이 신료들에게 주연을 베풀어주는데 온 나라에서 사용되지 않을 수 없고, 백성들의 풍속을 교화하는데 먼 지역에서 온 사람들이 바친 것으로 하면, 먼 지역에서 온 물건을 보배스럽게 여기지 않는 뜻이 아님을 받으니, 이 또한 먼 지역의 도리를 편안히 하는 바가 아니다. 그러므로 기록하여 질책하는 것이다"라고 하였다.

[정의(正義)] 무릇 정통적인 물품을 공헌(貢獻)한다고 하는 것은 '어떤 물건을 드린다(獻)'라고 한다.

【경오】 삼로왕 25년주나라 난왕 24년, 일본 고안 102년, 기원전 291년 왕이 태자에게 전위(傳位)하고 자신을 삼로왕(三老王)이라고 칭하였다. 태자가 즉위하였다.

【신미】 현문왕(顯文王) 원년주나라 난왕 25년, 일본 고레이(孝靈) 원년, 기원전 290년 봄 정월에 주군(州郡)에 현량(賢良)을 천거하라고 명하였다.

주군에 현량을 천거하라고 명하니, 일시에 선발된 자가 2백여 명이었다.

[정의(正義)] 현량를 구한 것을 가상히 여겨 기록한다.

삼로왕이 붕어하였다.

【기묘】 현문왕 9년주나라 난왕 33년, 일본 고레이 9년, 기원전 282년 왕이 교외에서 친경(親耕)하였다.

사가(史家)는 이르길, "백성은 군주의 하늘이고, 먹는 것은 백성의 하늘이다. 그러므로 군주가 되는 자는 반드시 백성에게 잘 먹이는 것으로서 정치를 이룩하는 것을 근본으로 삼아야 한다. 이에 왕은 소인(小人)은 몸소 농기구를 잡는 것에 의지함을 알고, 이로써 천하의 백성들을 이끄니, 가히 중천(重天)의 하늘을 안다고 할 수 있다. 백성이 농사짓는 것을 임금이 관람하는 가법(家法)을 계승하였다"라고 하였다.

[정의(正義)] 친경을 한 것이 근본을 얼마나 중요하게 생각하는지를 적은 것이다. 백악산(白岳山)에 단군묘(檀君廟)를 세웠다.

백악산에 단군묘를 세워서 사시사철 관리를 파견하여 제사를 지내게 하였다.

사가(史家)는 이르길, "상(商)나라의 제사에 있어서 하(夏)나라의 우(禹)임금이 그 조상이 아닌데도 제사 지냈는데, 어긋나거나 아첨하지 않고 복을 구하였다. 이에 덕을 숭상하고, 공을 보답하는 의리에서 나왔다. 단군은 동방의 으뜸에서 나온 신성(神聖)이다. 하늘을 이어받아 지극한 덕을 세웠다. 지금 현문왕이 단군묘를 세우고 제사를 지내었으니, 덕을 숭상하며 공을 보답하는 것을 안다고 할 수 있다"라고 하였다.

[정의(正義)] 신성한 군주를 숭상하고 은혜를 갚는 것을 찬미하여 기록해 둔다. 시대는 달라도 소홀히 할 수는 없다.

【기유】현문왕 39년 동주(東周) 군반(君班) 4년, 일본 고레이 39년, 기원전 252년 연(燕)나라 연왕 희(喜) 시기가 사신을 파견하여 빙물을 바쳤다. ○ 왕이 붕어하자 아들 윤(潤)이 즉위하였다.

【계축】장평왕(章平王) 4년 중국 제(齊)·초(楚)·연(燕)·조(趙)·한(韓)·위(魏)·진(秦)의 7국, 일본 고레이 43년, 기원전 248년 겨울 10월 초하루 날에 일식이 발생하여 낮이 어두웠다.

일식이 일어나서 낮이 어두웠다. 왕이 재이를 물리칠 방법을 물었다. 일자(日者) 뇌만생(雷萬生)이 아뢰기를, "대저 날[日]은 태양의 정(精)으로 만물을 낳아 기르는 덕과 남의 임금된 자의 형상을 주관합니다. 만약 도(道)가 있는 나라에서 행해지면, 광명이 됩니다. 남의 임금된 자에게 화가 있으면, 일식이 일어나 경계의 교훈을 보여 주는 것입니다. 지금 일식이 이처럼 심한데, 이는 왕이 된 자가 하늘을 섬김에 있어서 공경심이 없고 대신이 권력을 제멋대로 하기 때문으로, 이는 천하를 갈라놓을 징조입니다. 임금께서는 덕정에 힘쓰시기를 바라옵니다"라고 하였다.

북호(北胡) 추장 아리당부(阿里當夫)가 군사를 청하여 연나라를 치려고 하니, 왕이 허락하지 않았다. 이때부터 오랑캐가 조공하지 않았다.

【무진】장평왕 19년 중국 제·초·연·조·한·위·진의 7국, 일본 고레이 58년, 기원전 233년

왕이 친히 군사를 이끌고 북호를 공격하였으나 패하였다.

북호가 오래도록 조선에 조공하는 것을 빠뜨리자 왕이 정벌하고자 하였다. 여러 군신이 간하여 말하기를, "이적(夷狄)은 평소 신의(信義)가 없고, 다만 기미(羈縻)의 방책만이 있을 뿐입니다. 지금 대왕께서 군사를 몰아 멀리 원정가시는데, 만약 경솔하게 나라의 권위에 큰 손실이 있으면 어떡합니까!"라고 하였다. 장평왕(章平王)이 노하여 말하기를, "반란을 꾀하는 북쪽 오랑캐를 토벌하지 않아서 멀리서 복종하는 이들이 듣지 않게 되면 어찌하겠느냐?"라고 하였다. 그러고서는 스스로 군사를 이끌고 진격하여 북쪽 오랑캐를 공격하였으나 대패하고 돌아왔다. 이후로부터 오랑캐는 업신여기는 마음이 생기게 되었다.

사가(史家)는 다음과 같이 말하였다. 역대 왕들을 보면, 이적을 방비하는 방법은 많다. 화친을 약속하고 재물 주는 것을 중시하여 변경을 편안히 할 것을 구한다. 이것은 문화를 닦고, 교화시켜 편안하게 하는 것이다. 관시(關市)에서 교역할 수 있게 약속하는 것을 더불어 혼인 관계를 하면서 화폐를 증여하는 것은 오히려 맹약을 배반하고, 변경을 침범케 하는 것이니, 이것은 화친의 무익함이다. 그 침입하여 포악한 행위를 하는 것에 분노하고, 활과 무기와 수레와 말에 안장을 놓는 것으로 위세를 부림에 분노하여 정벌하고 이겨서 능히 빼앗는 데에 비용을 지불하고, 군사를 수고롭게 하면, 결국 그다지 시원하고 유쾌한 기분이 들지 않을 것이다. 이것은 무력을 써서 정복하지 못하는 것이다. 지혜롭고 지략이 신하를 뽑아서 훈계하고, 강한 장사의 병졸들이 정(亭)과 장(障)과 봉수(烽燧)의 갖춤을 닦으며, 장창(長槍)과 경노(勁弩)의 기계를 가는 것, 이것은 방비를 닦고, 적의 침입을 방비하는 것이다. 천지신명에게 맹세하고, 질자(質子)를 보내어 맹세를 견고히 하고, 백성의 재물을 강제로 빼앗아서 침략해 온 원수에게 봉납하며, 감언이설을 믿어 헛된 맹세를 고수하고, 오랑캐의 병마가 우리의 경내를 엿보지 않기를 간절히 바란다. 이것은 자신을 비하하고 사대(事大)를 승낙한 것이다. 우호 관계를 맺어 영원히 통상하고, 정절(旌節)을 나라의 도읍지에 오래도록 머무르게 하며, 화륜선(火輪船)이 중요한 항구에서 서로 뒤섞여 다니고, 다른 나라의 언어가 사람들의 이목에 익숙해지며, 다른 종교와 기괴한 기술이 사람들의 마음속에 깊이 파고들며, 나와 결탁한 반역을 원망하는 무리들이 나무로써 무리를 지어 우리의 허하고 실한 기세를 엿보아 그로써 멀리 도모할 꾀를 내니, 오히려 조약을 가리켜 금석(金石)이라 한다. 공법(公法)을 보기를 인의(仁義)와 같이 하고, 수양(修攘)의 계책에 힘쓰지 않으며, 의심하고 아첨하는 계책을 일삼으니, 저것은 곧 연회에서 술을 마시는 중에 근본을 업신여기는 것이고, 혹은 문장 속에 나타나는 말에서 결점을 만드는 것이며, 전함(戰艦)이 전선(電綫)의 어두움에서 날라서 건너고, 날카로운 포가 사관(使館)의 경비를 보는 중에 엿보아 들어오며, 위(衛)나라의 재앙이 팔꿈치와 겨드랑이에서 일어나니, 오히려 창졸 간에 그 뒷일을 다시 붙어서 마치 사건이 돌발적으로 일어나서 미처 손 쓸 사이 없는 것과 같다. 동맹을 믿어 타국과 일에 임하여 조제(調劑)는 반하여, 곧 간장(肚腸)에 잇닿아서 팔짱을 끼고 배회하며 유세(遊說)하기를 바라는 행인이 기묘한 계책을 내니, 모두 심장과 담(膽)을 상실하고, 혀가 굳어지니, 곧 땅을 가르고 건량(乾糧)을 묻는 지경에 왔다. 이에 보호의 이름을 받아서 이것은 부속의 정사(政事)가 된다. 그 즐거움을 받아들여 권위와 권세를 가리켜서 악습의 극함을 장악하는 것을 임무로 하여 어디에 이를지 알지 못한다. 이것은 일을 근본적으로 해결하지 않고 임시로 둘러맞춰 처리하여 당장에는 탈이 없게 하는 일에 힘써서 스스로 화(禍)와 난리를 취하는 것이다. 우리와 수교하여 인민을 어루만져 편하게 하는 방책을 방해하고, 그로 인하여 나라가 파괴되어 위태롭게 하는 계기가 된다. 잠깐 좋게 하여 덕을 생각하고 위엄을 두려워한다. 이런 연후에 머리를 조아리고, 공물을 바친다. 변경에서 봉화 연기가 나는 경비함이 없어지고, 백성들에게 방패와 창의 역(役)이 없어지는 것은 드물다. 이런 까닭에 성스러운 왕은 이적을 공격하여 정벌하지도 말고 진실하지 못한 허망한 맹세를 하지 않는다. 징계함으로써 방어하고, 방비하여 지킴으로써 이적(夷狄)을 쫓아내지 않는다. 단지 나의 힘으로 믿을 수 있고, 나의 백성은 어지러움이 없어질 뿐이다. 지금 장평왕(章平王)은 신하들의 간언을 배척하여 일시의 분노를 풀어서 몸을 가볍게 하고 멀리 정벌하러 가서 군사를 모조리 읽고, 나라를 치욕스럽게 하였다. 그러고도 조금도 후회하지 않으니, 진실로 우매하구나! 그러므로 위에 '격(擊)'을 기록하고, 아래에 '패(敗)'를 기록하여 이어서 질책한다.

　[정의(正義)] 무릇 군사를 일으키는 것은 이름은 없고, '격(擊)'이라 한다. 몸을 가벼이 하고 멀리

원정을 나가서 군사를 모조리 잃고, 나라를 치욕스럽게 한 것을 기록하여 질책하는 것이다.

왕이 붕어하자, 아들 부(否)가 즉위하였다.

【기사】 종통왕(宗統王) 원년중국 제·초·연·조·한·위·진의 7국, 일본 고레이 59년, 기원전 232년 큰 흉년이 들었다. ○ 제영서(諸嶑叙)를 사법(司法)으로 삼았다. '영(嶑)'의 음(音)은 '영(瑩)'이다.

제영서가 일찍이 군리(郡吏)가 되었을 때 법을 가혹하고 엄격하게 썼다. 그러므로 왕이 듣고서 지금에 이르러 그를 불러 등용하여 도적을 잡도록 하였다.

사가(史家)는 이르길, "아! 도적을 교화시켜 선량한 백성으로 만들 수 없는 자는 정사를 잘하는 군주가 아니다. 대기근이 든 해에는 선량한 백성이 기아와 혹한에 내몰려서 도적이 된 자가 참으로 많다. 마땅히 그들을 진휼하거나 구제하여 긴급히 그 수고를 위로하고, 형벌을 시행하여 엄격한 법을 보임으로써 백성들을 가지런히 하는 데에 힘쓰면, 그로써 좋아함과 싫어함이 가하게 될 것이다. 깊이 새기는 일을 맡은 관리는 오직 죄인을 달아나지 못하게 잡아서 형벌의 시행을 신중하게 하고, 백성들을 사랑하는 방법이 아니다. 그러므로 위에서 대기근을 기록하고, 아래에 아무개를 아무개 관리로 삼았다고 기록하여 질책하는 것이다" 하였다.

[정의(正義)] 무릇 정통적으로는 관리를 재상으로 명하는 것은 모두 남은 관직은 있지 않음을 기록한다. 그러므로 지금은 기록하지 않고, 사법(司法)을 기록한다. 어찌 가혹한 관리를 임명했음을 질책하였겠는가? 형벌의 집행을 신중하게 하는 뜻을 알지 못하니, 종통(宗統)의 사법(司法)은 제영서 그 사람이다. 그 인애로움이 여기에서 나타나는 것을 볼 수 있다.

【임신】 종통왕 4년중국 제·초·연·조·위·진의 6국, 1년 전 한은 망함, 일본 고레이 62년, 기원전 229년

북쪽 오랑캐[北胡]가 영주(寧州)를 침입하여 주수(州守) 목원등(穆遠登)을 죽였다. 영주는 지금 중국 만주(滿洲) 노영성(魯寧城)이다.

북쪽 오랑캐의 추장 산지객륭(山只客隆)이 영주를 침입하여 주수 목원등을 죽였으

며, 결국 크게 약탈하고 돌아갔다.

【기묘】종통왕 11년 중국 제·진의 2국, 이전에 초·연·조·위는 모두 망하였음, 일본 고레이 69년, 기원전 222년 왕이 붕어하자 아들 준(準)이 즉위하였다.

【병술】애왕(哀王) 7년 진(秦)나라 시황(始皇) 정(政) 32년, 일본 고레이 76년, 기원전 215년 역부(役夫)를 징발하여 진나라에 보내 장성(長城)을 쌓았다.

진나라 왕의 성(姓)은 영(嬴)이다. 그 선대에 비자(非子)라는 사람이 있었는데, 주(周)나라 효왕(孝王)을 섬기면서 말을 잘 양육하였으므로 진(秦)나라의 땅을 내주어 봉하고 속국으로 삼았다. 후손 초(楚) 장양왕(莊襄王)에 이르러서 두 개의 주나라 동주(東周), 서주(西周)를 찬탈하였다. 양적(陽翟) 현재 하남성 우현(禹縣)의 큰 장사꾼 여불위(呂不韋)가 첩을 들였는데, 임신을 해서 정(政)을 낳았다. 정은 왕위를 이어 여섯 나라를 멸망시켰으며 시황제(始皇帝)를 칭하였다. 진시황은 도참(圖讖)을 보고 장성을 쌓고자 애왕(哀王)에게 사람을 보내 원조를 청하였다. 애왕은 진시황의 강성함을 두려워하여 결국 장정(壯丁)을 징발하여 보냈다.

사가(史家)는 이르길, "진나라의 정(政)은 무도한 임금이다. 두 개의 주(周)나라를 병탄하고, 전국(戰國) 6국을 멸망시켰으며, 불경스러운 참서(讖書)와 헛된 말들을 숭배하여 믿고, 북방 흉노(匈奴)를 방비한다는 명목으로 장성을 쌓았다. 지금 또 이웃 나라로부터 도움을 구하니, 마땅히 백성을 수고롭게 하고, 멀리 떨어진 나라를 난처하게 하고 있다고 말하여야 한다. 노동력을 대신하고 비용을 충당하라고 청하니, 보내지 말아야 한다. 그러한 즉, 우리의 군사와 병마를 권면하고, 우리를 강하게 공고히 하여 진(秦)나라의 침입을 방비하고, 진시황(秦始皇)의 우환을 대비해야 가할 것이다. 도모해도 이것을 할 수 없으니, 곧 우리의 백성을 징발하여 낭비하였다. 우리의 양식을 대기에 급급하구나! 승낙할 여력이 없는데도, 어찌 스스로를 낮추어 약하게 처신하였는지 매우 심하였다. 그러므로 기록하여 질책하는 것이다"라고 하였다.

[정의(正義)] 스스로 강하지 못하여 구걸하고 진나라의 장성 축조에 복역(服役)하였음을 질책하

여 기록하였다.

【기해】애왕 20년한(漢)나라 태조 유방(劉邦) 5년, 서초(西楚) 패왕(覇王) 항우(項籍) 5년, 일본 고겐(孝元) 13년, 기원전 202년 한나라가 사신을 보내어 군사를 요청하였다. ○ 군사를 일으켜 한나라를 도와 해하(垓下)해(垓)는 방죽의 이름으로 중국 호주(亳州) 진원(眞源) 동쪽 10리에 있다.에서 초(楚)나라를 정벌하였다.

진(秦)나라 말기에 패(沛)중국 여주현(徐州縣)의 이름이다. 출신의 유방과 하상(下相)중국 강동현(江東縣)의 이름이다. 출신의 항량(項梁)이 군사를 일으켜 진나라를 정벌하였다. 항량이 초나라 회왕(懷王)의 손자 심(心)을 초회왕(楚懷王)으로 세워 백성들의 마음을 가다듬었다. 초회왕은 유방을 보내어 진나라를 쳐서 멸망시켰다. 항적(項籍, 항우)은 항량의 종자(從子)인데, 관(關)진나라의 함곡관(函谷關)이다.에 들어가서 진나라의 항복한 왕 자영(子嬰)을 죽이고, 중국의 왕을 분봉하였다. 장수들은 회왕을 의제(義帝)로 존중하는 체했다. 항양은 자립해서 서초(西楚) 패왕(覇王)이 되었고, 유방에게 한왕(漢王)을 주었다. 오래지 않은 동안 항적은 의제를 죽였고, 한왕 유방은 군사들에게 상봉을 입혀 발상(發喪)하며 항적을 쳤다. 이로 인하여 유방과 항우는 서로 싸워서 지금 한왕에 이르러서야 사람을 보내어 원조를 요청한 것이다. 애왕은 군사 만 명을 징발하여 보내 주었다. 이 해 서초의 항우는 망하였다.

사가(史家)는 이르길, "난신적자(亂臣賊子)는 사람마다 얻어서 천하의 공명정대한 의리를 주살하였다. 초회왕은 항적의 군주인데, 항적은 그를 시해하였다. 옛적에 공자(孔子)가 노(魯)나라 사람으로 또한 목욕하고, 제(齊)나라 환공(恒公)의 죄를 치자고 하였다. 하물며 조선이 초나라 회왕에게 동맹국으로서의 의리가 있겠는가? 애왕은 이에 한나라에 군사를 파견하여 초나라 회왕을 토벌하였다. 이로써 천하에 큰 의로움을 폈다. 한나라의 강성함이 두려워도 아니고, 초나라의 약함을 증명하기 위해서 공격한 것이 아니었다. 그러므로 크게 기록하여 애왕이 초나라 회왕을 공격한 것을 찬미한다"라고 하였다.

[정의(正義)] 무릇 군사를 이동하는 것을 일러 '발(發)'이라 한다. 그 기세를 더하는 것을 '조(助)'

라 한다. 죄가 있는 자를 소리 높여 토벌하는 것을 '벌(伐)'이라 한다. 초나라 회왕의 대악(大惡)을 탄식한 것을 특별히 기록하고, 애왕이 초나라 회왕을 토벌한 것을 찬미한다.

【병오】애왕 27년한나라 태조 12년, 일본 고겐 20년, 기원전 195년 봄 2월에 유성(流星)이 청구(靑邱)를 범하였다.

별의 크기가 항아리만큼 컸고, 별의 색깔은 적흑색이었으며, 아주 참혹할 정도로 뾰족한 끝이 흔들거렸다. 왕이 점치는 자에게 길흉을 물어보았다. 점치는 자가 대답하여 아뢰기를, "일명 양(梁) 땅은 별이 빛났던 지역을 점을 치니 병란이 일어나서 나라를 찬탈할 것으로 나옵니다. 덕을 닦으시고 재앙을 막기 위한 제사를 진행하시옵소서"라고 하였다.

연(燕)나라의 항복한 사람 위만(衛滿)을 박사(博士)로 삼아 조선의 서쪽 변방 지역을 수비하게 하였다.

처음에 연나라 사람 진개(秦開)가 변방을 침략했을 때 서쪽 땅 2천여 리를 취하여 만번한(滿潘汗)만번한의 위치를 살펴보건대 지금 중국 성경성(盛京省) 지역으로 한(漢)나라에서 진번군(眞番郡)이라고 하고, 당(唐)나라에서는 홀한주(忽汗州)로 불렀다. 서광(徐廣)은 요동성(遼東省) 번한현(番汗縣)이라고 말했다.의 땅으로 경계를 삼았다. 연나라는 관리를 두고, 장새(障塞)를 설치하였습니다. 그 후에 진나라가 연나라를 멸하고 나서는 장성을 쌓아 요동에 이르렀는데, 연나라와 진번(眞番)의 빈땅을 요동외요(遼東外徼)에 속하게 하였다. 그 후에 한나라의 노관을 봉하여 연나라의 왕한나라가 노관을 봉한 시기는 애왕 20년으로, 한나라 태조 5년 기해년이다.으로 삼으면서 진번에 장(鄣)을 쌓고 현으로 삼았다. 그런데 그 땅이 멀어 지키기 어려워 포기하였고, 요동의 옛 새(塞)를 다시 수리하여 패수(浿水)에 이르러 경계로 삼았다.패수를 살펴보면, 요동의 서쪽에 있다. 요하를 패수 중 하나로 보는 이들이 매우 많다. 진번 지역은 다시 조선에 속하게 되었다. 지금에 이르러 노관이 한나라에 모반하자, 한나라가 군사를 보내어 노관을 공격하였다. 노관은 흉노로 들어갔는데, 노관의 신하였던 위만이 망명하여 무리를 모으고 상투를 틀고 조선의 복장을 하고서는 동쪽으로 달아나 새(塞)를 빠져나와서 패수를 건너 조선에 항복하였다.

아첨하는 모양과 간사한 말로 애왕의 뜻을 맞추니, 왕이 매우 깊게 총애하였다. 하대부(下大夫) 단통(單通)이 왕에게 간하였는데, "독한 풀 맛이 오히려 달다 하니, 적은 버러지의 해로움은 작은 틈을 내는 것입니다. 위만의 사람됨이 공손함과 겸양함이 매우 지나치니, 심중이 간악하고 음험할 것입니다. 어찌 믿을 바가 있겠습니까"라고 하였다. 왕이 대노해서 말하길, "위만이 오래 궁핍하였고 형세가 외로워 충심으로 나에게 투항하여 왔거늘, 도리어 의심하여 꺼리면, 어찌 만물에 용납됨이 있으리오. 그대는 더이상 염려치 말라"라고 하였다. 단통이 물러 나와 탄식하여 말하기를, '천년 사직이 반드시 도망다니는 자[亡虜]의 가시나무 손에 속하겠구나'라고 하였다. 위만이 이를 듣고 크게 두려워하여 기회를 봐서 왕을 달래어 말하기를, "신이 오래 연나라에 살았기 때문에 요북(遼北)의 지리를 깊이 알고 있고, 한나라와 오랑캐[胡]의 사정을 꿰뚫고 있으니, 변방에 나가 지키게 하여 주시옵소서. 감히 개와 말 같은 수고로움을 다하겠습니다"라고 하였다. 애왕(哀王)이 크게 기뻐하여 말하기를, "만일 경이 이 직임을 맡으면, 서북 지방에 근심이 없겠구나"라고 하였다. 이에 박사(博士)로 삼아 규(圭)를 하사하고, 땅 1백 리를 봉하여 서쪽 변방을 지키게 하였다. 그랬더니 위만이 진나라의 옛 공지(空地)에 있는 상하장에 거주하게 되었다. 요동(遼東) 낙랑군현(樂浪縣)에 운장(雲障)이 있다.

사가(史家)는 이르길, "가장(家長)과 군주가 충성스러운 간언을 들이면 가정과 나라는 부흥할 것이다. 그러나 가장과 군주가 알랑거리는 말이나 아첨하는 말을 믿는다면 가정과 나라는 화를 입게 된다. 애왕은 단통의 충성스러운 간언을 배척하고, 망국의 도망친 위만의 알랑거리고 아첨하는 말을 좇았고, 또한 변경을 진압하여 다스리겠다는 위만의 논설에 미혹이 되어서 변경 일대를 주었다. 선왕(先王)의 강토가 굶주린 호랑이와 이리에게 먹이를 준 꼴이 되었다. 왕은 위만에게 물어뜯기는 일이 일어나리라 믿지 않았지만, 그로써 화(禍)가 일어나는 지경에 이르렀다. 창졸간에 일신의 몸이 남쪽 황무지 땅으로 숨어 달아나게 되었으니, 어리석음에 슬프도다!"라고 하였다.

[정의(正義)] 조선이 전복되는 화가 이미 여기에서 비롯되었다는 것을 기록한다. 또 이로써 위만이 일찍이 신하로서 애왕을 섬겼고, 어미 새가 알을 품듯이 왕이 품에 안아 고이 길러 준 은혜를

위만이 배반한 것은 진실로 천지 간에 용납될 수 없는 사악한 반역이었음을 드러내는 것이다. 또한 애왕이 충성스러운 간언을 배척하고 망령되고 아첨하는 말을 믿어서 왕이 난을 피하여 궁궐을 떠나 다른 곳으로 도망친 화를 당했음을 보이는 것이다.

【정미】애왕 28년 한나라 혜제(惠帝) 영(盈) 원년, 일본 고겐 21년, 기원전 194년 위만이 모반하여 경사(京師)를 습격하였다. 왕은 금마군(金馬郡) 지금의 익산군(益山郡)이다. 으로 달아났다.

위만은 중국에서 도망한 망명자들을 거두었는데, 무리가 점점 많아지자 곧 사람을 경성(京城)으로 보내 거짓으로 보고하며 말하기를, "한나라의 군사가 열 길로 쳐들어오고 있습니다. 왕궁에 입궁하여 숙위하면서 폐하를 호위하고자 합니다"라고 하였다. 왕은 위만의 제안을 허락하였으나, 위만은 결국 경성을 습격하여 궁전을 불살랐다. 왕은 싸워도 적수가 되지 못함을 알고, 주위의 궁 안 사람들을 이끌고 바다를 건너 남쪽으로 피난하여 금마군에 도달하였다.

[정의(正義)] 적이 방비하지 못한 곳을 엄습하는 것을 '습격한다[襲]'고 한다. 위만이 애왕의 은혜를 배반하여 모반을 일으켜 비밀리에 군사를 움직임으로써 애왕을 범하는 죄를 저지른 것을 보면, 긴급한 말이다. 애왕이 편안히 있으면서 대비를 하지 않아서 이로써 허겁지겁 도망치는 실책에 이르게 되었다.

애왕이 금마군에서 붕어하자, 태자 탁(卓)이 즉위하였다.

애왕이 붕어하자, 따라온 신하들이 태자(太子) 탁(卓)을 옹립하였다.

나라 이름을 고쳐 마한(馬韓)마한의 '마(馬)'자를 삼가 살펴보면, 나라 명칭의 올바른 표기는 아니다. 이는 반드시 중국 역사가들이 잘못 전해서 그렇게 된 것이다. 우리나라의 역사가들이 전해 온 것이 이미 오래되었으므로, 지금은 그것을 쫓고자 한다. ○ 마한(馬韓)은 서한(西韓)이라고도 쓰고 모한(慕韓)이라고도 한다.이라고 하였다. ○ 위만이 제왕의 존호를 참칭하였다.

위만이 유경(柳京)에 웅거하면서 점점 조선, 진번, 만이, 연나라의 망명자들을 복속시키고 사방 수천 리를 아우르며 결국 스스로 조선의 왕이라 불렀다. 조선의 땅은 모두 위만이 소유하게 되었다.

　[정의(正義)] 위만이 제왕의 존호를 참칭한 것은 위에 기록되어 있다. 뿔을 주어 쫓아낸 시간이 다르다. 부득이하게 왕을 칭하고 자립하였음을 기록한다.

『대동역사』 권4, 마한기(馬韓紀)

　무신년 마한(馬韓) 무강왕(武康王) 원년에 시작하여 무자년 마한 원년 26년에 끝나니, 모두 161년이다.

　【무신】마한 무강왕(武康王) 원년 한나라 효혜제(孝惠帝) 2년, 일본 고겐 22년, 기원전 193년 54주(州)를 설치하였다.

　54주를 나누어 설치하였는데, 큰 것은 만여 가(家)이고, 작은 것은 수천 가이니, 모두 10여만 호에 달했다.

　임상덕(林象德)이 말하길, "동방에 조선의 땅이 있다. 이 외에도 삼한 땅이 있으니, 이 둘을 혼동하면 착오가 생길 수 있다. 조선 땅은 곧 기자(箕子)의 옛 나라이며 위만(衛滿)이 자리 잡았던 곳으로, 한(漢)나라 때에는 4군(四郡)과 2부(二府)가 있던 지역이었다. 조선 서남쪽은 한(韓)의 땅이 있어서 조선과 한(韓)이 서로 착오를 일으키고, 동북쪽으로는 옥저(沃沮)와 숙신(肅愼)을 한계로 하며, 북쪽으로는 요하(遼河)에 닿아 있다"라고 하였다. 반고(班固)의 『한서』에서 말하길, "현도군(玄菟郡)은 낙양(洛陽)에서 동북쪽으로 4천 리 떨어져 있는데, 삼현(三縣)에 소속되어 있다. 고구려현(高句麗縣)이 그중 하나인데, 동명왕(東明王)이 처음 나라를 일으킬 때 그곳은 곧 옛날의 조선(朝鮮)의 땅이었다. 현도군 지역은 지금 요양(遼陽)과 심양(瀋陽) 일대에서 동북쪽 경계에 있다. 동명왕이 처음 나라를 일으킨 지역의 땅을 살펴보면, 나중에는 모두 중국 동북쪽 지역에 편입되어 명건주(明建州) 위계(衛界)가 되니, 동명왕이 처음 나라를 일으킨 지역의 서북이 명건주 위계인 것이다. 땅 이름으로 나라의 명칭을 삼았다"라고 하였다. 삼한 지역은 조선의 남쪽 일대이다. 진한(辰韓)은 동쪽에 있으니 지금의 경상도이고, 변한(卞韓)은 남쪽 일대에 있으니 지금의 전라도에 해당하며, 마한(馬韓)은 서쪽에 있어 사방이 가장 크며 지금의 황해도와 경기 일대 및 충청도가 해당된다. 이종휘(李種徽)의 『동사』에서 말하길, "기준(箕準)은 위만의 반역을 피하여 바닷길에 들어서 남쪽으로 피난 가서 한(韓) 땅 금마군(金馬郡)에 살았다. 나라 이름을 마한이라고 하였다. 금마군은 지금의 익산군(益山郡)에 해당하는데, 평양(平壤)에서 달아나 바닷길로 익산에 이르렀으니, 그 길은 대략 서해에서 배를 타고 지금의 경기와 충청도 등의 지방을 지나서 익산인 충청도와 전라도의 경계가 바로 기준의 나라이니, 곧 이것이 마한 땅으로 땅 이름으로써 나라 이름으로 사용한 것이다. 지금 황해도와 경기 및 충청도 등이 모두 마한의 땅이 된다. 백제 온조왕(溫祚王)이 고구려를 도망하여 남쪽으로 달아났는데, 마한의 왕이 마한의 동북 일대 1백 리를 분할하여 온조에게 주었다. 온조는 처음에 위례(尉禮)에 도읍하였으니 지금의 직산현(稷山縣)이고, 후에 한산(漢山)으로 옮겨 갔는데 지금의 남한성(南漢城) 일대이다. 여기에 근거해 보면, 경기와 충청도 일대가 마한 땅이라는 것이 더욱 분명하다.

【경술】마한 무강왕 3년 한나라 효혜제 4년, 일본 고겐 24년, 기원전 191년 용화산성(龍華山城) 용화산성은 익산군에 있다.을 축조하였다. 왕은 위만조선을 공격하였으나, 크게 패배하였다.
　왕이 친히 수군 5천 명을 이끌고 바닷길을 따라 위만조선을 침공하였는데, 여러번 싸워 격파하였다.
　[정의(正義)] 무릇 정통론에서 왕이 친히 군사를 이끌고 가는 것을 일러 '자장(自將)'이라고 하는데, 신하가 참람되게 모반한 것에 대해 군사를 일으키는 것을 '토벌한다[討]'라고 한다. 훌륭한 왕이 반역자를 토벌하여 원한을 갚고 치욕을 씻는 것을 기록해 둔다.
　왕이 환궁하였다.
　왕은 진격하여 유경(柳京)을 포위하였는데, 날아오는 화살에 맞아 병환이 위중하여 곧 군사를 돌이켰다.

【신해】마한 무강왕 4년 한나라 효혜제 5년, 일본 고겐 25년, 기원전 190년 왕이 붕어하자,

태자(太子) 감(龕)이 즉위하였다.

○ 왕을 금릉(金陵)지금 익산군(益山郡)을 살펴보면, 오금사(五金寺) 산봉우리 서쪽에 쌍릉(雙陵)이 있다. 왕과 왕후를 장사지낸 곳이다.에 장사지냈다.

사가(史家)는 말하길, "오호라, 무강왕의 신묘하고 용감한 자태는 자신을 망하게 하는 실마리가 되었다. 정력을 다해 정치에 힘쓰고, 백성을 위무하였으며, 백성들이 흘리는 땀과 피에 애통해하고, 군사와 말을 훈련하여 3년이 지나지 않아 이루었도다. 친히 군사를 이끌어 먼 바닷길을 건너 승리하여 선왕(先王)의 영혼에 고함으로써 유경(柳京)의 땅을 복구하였으니, 중흥의 업을 새로이 한 것이다. 드디어 또다시 어진 의원을 얻지 못한다면 병을 고칠 수 없을 것이다. 영웅으로 하여금 마음속 원한을 주재하게 하니, 저승에 가서 왕의 눈을 어찌 감겨 드릴 수 있겠는가. 오호라, 애석하구나."

【임자】안왕(安王) 원년한나라 효혜제 6년, 일본 고겐 26년, 기원전 189년 위만조선 사신의 목을 베었다. 위만이 사람을 시켜 예물을 보내어 조문하였다. 죄를 고하고 평화롭게 지내기를 청하자, 왕이 노하여 위만이 보낸 사신을 주살하라고 명하였으며 그 머리를 종자(從子)에게 보내 귀국시켰다.

사가(史家)는 말하길, "무릇 사자(使者)란 옥백(玉帛)을 가지고 조빙(朝聘)하는 예를 행하는 자이다. 왕의 명령을 전달하고 평화와 우의를 다지는 사람을 지칭한다"라고 하였다. 위만이 애왕의 '알을 까서 날개로 품어준 은혜(卵翼之恩)'를 배신하고, 결국은 떠돌아다니는 돼지의 욕심으로 상국(上國)을 잠식하였다. 마땅히 무강왕(武康王)이 정벌하는 날을 아직 듣지 못했는데, 진흙이 있으면 머리는 죽여서 애왕(哀王)에게 죄를 구하는 정성을 다해야 하거늘, 감히 벌이나 전갈의 독을 쏘고, 사마귀의 팔을 차지하였다. 오늘날에 왕의 군사를 막고, 와서 조문하고, 예를 다하여 평화를 청하는 말을 하니, 이것은 나라의 허실을 몰래 보려는 것이 아니다. 그러므로 왕이 가리키는 뜻을 탐색하는 것이니, 결코 이웃 나라가 사자를 보내는 것을 의심하는 바가 없는 것이다. 이에 주위에 명하여 주살하였다. 안왕은 이것으로 자신의 뜻을 나타냈다. 그러므로 죄가 있는 자를 참하는 예를 특별히 기록함으로써 분명히 하였다.

[정의(正義)] 무릇 신하답지 못한 자에게 죄를 물을 때를 '참(斬)'한다고 한다. 특별히 게재하여 준다.

【갑자】안왕 13년 한나라 문제(文帝) 항(恒) 3년, 일본 고겐 38년, 기원전 177년에 예인(濊人)이 입공(入貢)하였다.

정약용(丁若鏞)이 말하길, '예맥(濊貊)이라는 것은 본디 북적(北狄)의 일종이었다'『이아소(爾雅疏)』에서는 '북적에는 다섯 가지가 있는데, 하나는 월지(月支)이고, 두 번째는 예맥이다'라고 하였다. 『관자(管子)』에서는 '제(齊)나라 환공(桓公)이 북쪽으로 고죽(孤竹), 산융(山戎), 예맥에 이르렀다'고 하였다. 사마천(司馬遷)의 『사기』「화식열전(貨殖列傳)」에서는 '연(燕)나라의 북쪽에 오환(烏桓)과 부여(扶餘)가 인접해 있고, 동쪽으로는 예맥과 조선 및 진번에서 나오는 이익을 관리한다'고 하였다. ○ 맥(貉)은 곧 맥(貊)이다. 우리나라 강역의 안쪽에는 본디 이러한 이름이 없다. 예(濊)라는 것은 지역의 명칭이다. 맥(貊)이란 것은 종족의 한 유형이다. 『주례(周禮)』「직방씨(職方氏)」에서는 '사이(四夷)·팔만(八蠻)·칠민(七閩)·구맥(九貊)·오융(五戎)·육적(六狄)의 인민(人民)들을 관장한다.'고 하였다. 허신(許愼)의 『설문해자(說文解字)』에서는 '맥(貊)은 북방의 치종(豸種)이다'라고 하였다. 『강목(綱目)』의 주석에서는 '맥(貊)은 오랑캐[胡]의 명칭으로 동북방에 있다'고 하였다. 동북방에 있는 종족을 맥이라 하나, 정통적인 맥은 아니다. 맥에는 아홉 종류가 있으니, 예맥(濊貊)은 그중의 하나이다. 후세에도 양맥(梁貊)과 소수맥(小水貊)이 있다. 고구려의 맥(貊)의 일종이니, 이것은 가히 증험할 만한 것이다. 예(濊)라는 지역의 명칭은 혹은 강의 이름이라고 하므로 그 지역 군주는 스스로 예왕(濊王)이라고 칭한다. 수(隋)가 고구려의 죄를 말할 때, '발해와 갈석산(碣石山) 사이를 침입하여 잠식해 들어왔다'라고 하였으니 이것은 가히 증험할 만한 것이다. 또 말하길, 역대로 앞선 시기의 사서를 고찰해 보면, 예맥(濊貊)은 북부여의 땅을 말한다. 『후한서』에서 '부여국은 현도군(玄菟郡)에서 북쪽으로 천리 떨어져 있다. 남쪽으로 고구려와 접해 있고, 동쪽으로 읍루(挹婁)와 접해 있으며, 서쪽으로 선비(鮮卑)와 접해 있다. 본디 예(濊)의 땅이었다'라고 하였다. 당나라 태종대의 방현령(房玄齡)과 이연수(李延壽) 등이 편찬한 『진서(晉書)』「동이열전」에서는 '부여 왕의 인장(印章)에 예왕지인(濊王之印)을 칭하는 문자가 있다. 나라 안에 옛 예성(濊城)이 있는데, 본디 예맥성(濊貊城)이다. 지금의 개원현

(開原縣)에 있다'라고 하였다.

【병신】혜왕 13년한나라 경제(景帝) 계중(啓中) 5년, 일본 가이카(開化) 13년, 기원전 145년 사신을 파견하여 예(濊)의 남려(南閭)를 봉하여 예국(濊國)의 군주(君主)로 삼았다. 왕이 붕어하자, 태자(太子) 무(武)가 즉위하였다

【계축】명왕 17년한나라 무제(武帝) 철(徹) 원삭(元朔) 원년, 일본 가이카 30년, 기원전 128년 예군 남려가 반란을 일으켜 한나라에 항복하였다.
남려가 모반하여 28만 명을 이끌고 요동(遼東)에 나아가 한나라에 항복하니, 한나라는 그 지역에 창해군(滄海郡)창(滄)은 창(蒼)이라고도 쓴다.을 설치하였다

【갑신】원왕 22년신라 시조왕(始祖王) 21년13, 고구려 동명왕(東明王) 고주몽(高朱蒙) 원년, 한나라 효원제(孝元帝) 건소(建昭) 2년, 일본 스진(崇神) 61년, 기원전 37년 신라가 금성(金城)을 축조하였다.
부여 사람 고주몽이 졸본부여(卒本扶餘)에 근거하여 고구려왕을 칭하였다.
부여의 선대는 단군(檀君)누구는 말하기를, 단군이 지자(支子)를 여(餘) 땅에 봉하였으므로 후세에 부여라고 칭하게 되었다고 한다. 또 다른 누구는 부여가 처음 임금을 봉할 때의 이름으로, 단군과 기자 사이에 존망을 거듭했다고 한다. 모두 조선에 신속(臣屬)하였다고 하는데, 2천여 년을 존속하다가 해부루(解夫婁)대에 이르렀다.에서 나왔다. 그 나라의 왕인 해부루는 늙도록 자식이 없었는데, 산천에 후사를 낳을 수 있게 해달라고 기도하였다. 해부루왕이 출행하여 곤연(鯤淵)이라는 곳에 이르렀다. 그곳에 큰 돌 하나가 있었는데, 눈물을 흘리는 것이었다. 왕이 괴이하게 생각하여 사람을 시켜 그 돌을 들추게 했더니 그 돌 아래에 어린아이가 있었다. 생김새는 금빛이 나는 개구리 같았다. 왕이 기뻐하여 말하기를, "이것은 필경 하늘이 나에게 아들을 주시는 것이다"라고 하고는 그 아이를 거두어 자

---

13 원문에 21년으로 되어 있음.

식으로 길렀다. 그 나라 국상(國相) 아란불(阿蘭弗)이 왕에게 일러 말하기를, "동쪽 바닷가에 땅이 있는데, 가섭원(迦葉原)지금 어느 지역인지 알 수 없다.이라 한다. 토지가 기름져서 오곡(五穀)이 자라기에 알맞은 곳이니, 도읍지로 삼을 만한 곳이다"라고 하였습니다. 해부루왕은 국상 아란불의 말을 좇아서 드디어 동쪽으로 옮기어 살면서 나라 이름을 동부여(東扶餘)라 하였다. 이에 그 나라 사람인 해모수가 자칭 천제의 아들이라고 하였는데, 남몰래 부여의 옛 도읍지부루(夫婁)가 도읍을 옮긴 시기를 살펴보면, 양왕(襄王) 15년이다.에 웅거하였다. 그리고 해부루가 훙서하자 아들 금와가 왕위를 이어받았다. 우발수(優渤水)가의 여자인 유화(柳花)를 얻어 주몽(朱蒙)을 낳았는데, 생김새가 뛰어났다. 나이 7세가 되자 스스로 활과 화살을 만들어 화살을 쏘면 명중하지 않는 것이 없었다. 부여 습속에 화살을 잘 쏘는 사람을 일러 주몽이라고 하였는데, 그리하여 그의 이름을 주몽이라고 하게 되었다. 금와왕은 자식이 일곱이 있었는데, 재주가 모두 주몽에 미치지 못하였다. 큰아들 대소(帶素)가 왕에게 말하기를, "주몽은 태어나는 것도 정상이 아니었을 뿐만 아니라 용력이 있어 일찍 도모하지 않으면, 오히려 후환이 있을까 두렵습니다"라고 하였다. 왕은 대소의 말을 따르지 않고, 주몽에게 말에게 먹이를 주는 일을 담당하게 하였다. 주몽은 콩의 양을 조절하며 준마에게는 콩의 양을 줄여 수척하게 만들고, 둔한 말에게는 잘 먹여 살찌우게 하였다. 왕은 살찐 말을 타고, 주몽에게는 수척한 말을 주어 타게 하고는 들에 나가 사냥하였다. 주몽은 화살을 적게 받아도 한 살에 쏘아 죽인 것이 많았다. 왕의 여러 아들들이 주몽을 시기하여 죽이려 하였는데, 주몽의 어미 유화부인이 말하길, "나라 사람들이 장차 너를 해치려 하니, 너의 재주와 지략으로 어디를 가든지 못 살겠느냐? 신속히 이곳을 떠나야 할 것이다. 지체하여 머물렀다가는 뒷날 크게 후회할 것이다"라고 하였다. 주몽은 평소에 친분과 신의가 있던 오이(烏伊)·마리(摩離)·협보(陝父) 등 세 사람과 더불어 달아나 엄사수(淹㴲水)정약용(丁若鏞)에 따르면, 엄사수는 졸본(卒本)의 옛 땅이라고 한다. 현재 개원현(開原縣)의 동남쪽에 있는데, 두 개의 강을 건너는 곳이다. 지금 개원현의 남쪽 10리 되는 곳을 살펴보면, 청하(淸河)가 있으니, 곧 점니하(占泥河)의 하류인데, 서쪽으로 대요하(大遼河)로 들어간다. 주몽은 이곳에서 비로소 부여 사람들의 추격을 피할 수 있었다. 물고기와 자라가 다리를 만들었다는

데, 지금 청하수(淸河水)가 바로 그곳이라 할 수 있다.를 건넜다. 모둔곡(毛屯谷)에 이르러 길에서 세 사람을 만났는데, 의복이 기이하여 물어보니, 그들의 이름은 재사(再思)·무골(武骨)·묵거(黙居)라 하였다. 주몽은 그들과 함께 크게 기뻐하며 말하길, "내가 바야흐로 하늘의 큰 명령을 받아 나라의 기틀을 열려고 하는데 이렇게 세 현인을 만났으니, 어찌 하늘의 뜻이 아니겠느냐"라고 하였다. 그리하여 재사에게는 극씨(克氏), 무골에게는 중실씨(仲室氏), 묵거에게는 소실씨(小室氏)를 주었다. 그들 모두 졸본부여(卒本扶餘) 정약용이 말한 바에 따르면, 졸본의 옛 땅은 지금 흥경(興京) 경내에 있는데, 『위서(魏書)』에서 말한 흘승골성(紇升骨城)이 바로 이것이라고 한다. 장지연(張志淵)이 말하길, "『당서(唐書)』 「발해전(渤海傳)」에서 백성을 이끌었던 까닭에 옛 땅을 솔빈부(率賓府)로 삼았다고 했다. 화주(華州), 익주(益州), 건주(建州) 세 주의 백성들을 이끌었으니, 졸본의 음이 바뀐 것이다. 명나라 건주위(建州衛)는 곧 지금의 청나라 흥경(興京) 땅이다. 『성경지(盛京志)』 「물산(物産)」에서는, 『당서』에서 군사와 백성을 이끈 말을 귀하게 했던 곳은 지금의 봉천(奉天)의 동남부 땅으로 고려와 더불어 겨우 강 하나 사이인 이곳에 웅거하였으니, 땅을 가히 알 수 있다"고 하였다.에 이르렀다. 비류수가(沸流水上) 정약용이 말한 바에 따르면, "비류수란 곳은 지금의 흥경의 북쪽에 다섯 개의 강이 흐르는데, 합쳐져서 흥경(興京)을 돌아 서남으로 흐르다가 북쪽으로 흘러서 소자하(蘇子河)가 되어 서쪽으로 흘러 혼하(渾河)로 들어가는 바로 여기다"라고 하였다. 다섯 개의 강은 서로 가까이 있는데, 어느 강이 비류수인지는 알지 못한다. 요약해 보면, 졸본이라는 곳은 지금의 흥경 북쪽으로 나뉘는 땅이니, 다른 지역에서 구할 수는 없을 것이다. 졸본부여의 토양은 비옥하고 아름다우며, 산천은 험준하고 견고한 것을 보고 마침내 비류수 가에 도읍하여 나라 이름을 고구려라 하고, 스스로 고신씨(高辛氏)의 후예라 칭하며 성(姓)을 고씨(高氏)라 하였다. 이때 주몽의 나이가 22세였다. 혹자는 진(秦)나라와 한(漢)나라 사이의 난리 속에서 중국 사람 중 많은 수가 바다 동쪽으로 거처를 피하였다. 그렇게 온 자 중에 옛 성인의 후예가 있었는데, 고구려는 고신씨의 후예라고 한다. 혹자는 주몽이 고구려현(高句麗縣)정약용의 견해를 살펴보면, "고구려현은 본디 진번(眞番)에 있는 부락이다. 한(漢)나라 소제(昭帝) 때에 현도군이 지금의 흥경 경내로 이동해 갔다"고 한다. 고구려현은 결국 현도군의 속현(屬縣)이 되어 이른바 북현도(北玄菟)가 된다. 또 말하기를, "주몽은 먼저 졸본 일대를 얻은 이후, 그의 아들 유리왕(琉璃

王) 말년에 이르러, 비로소 군사를 일으켜 한(漢)나라의 고구려현을 습격하여 취하여 나라 이름을 고구려국(高句麗國)으로 정하였다"고 하였다. 이에 따르면 졸본과 구려(句麗)는 비록 서로 멀리 떨어져 있지는 않지만, 동일한 성(城)은 아님을 알 수 있다.에서 태어났으므로 주몽이 한나라의 현도 지역이 군현이 된 것에서 이름을 취하였다고도 한다. 사방에서 주몽이 고구려를 건국하였다는 소식을 듣고 내부하는 자가 심히 많았다. 고구려는 땅이 말갈(靺鞨)과 연접해 있었는데, 주몽은 침범을 당할까 근심하여 드디어 그들을 쫓아 버렸다. 말갈은 고구려를 두려워하여 감히 침입해 오지 못했다.일설에 따르면, 주몽이 졸본 지역에 이르렀을 때 졸본부여의 왕은 주몽이 보통 사람이 아님을 알고, 자신의 딸을 그에게 시집보냈다고 한다. 졸본부여 왕이 후사 없이 훙거하자, 주몽이 드디어 왕위를 이어받았다고 한다. 부여의 땅을 살펴보면, 북쪽으로는 흑룡강(黑龍江) 혹은 약수(弱水)라고도 한다.에 닿고, 동쪽으로는 읍루(挹婁)에 이르며, 남쪽으로는 고구려에 접하고, 서쪽으로는 선비(鮮卑)『위서』에서 이르길, "두막루국(豆莫婁國)은 물길(勿吉)로부터 북쪽으로 천 리 떨어진 곳에 있는데, 그곳은 옛날 북부여로서 본디 예맥(濊貊)의 땅이었다"라고 한다.『산해경(山海經)』의 주석(註釋)에서 이르길, "지금 부여국은 곧 예맥의 옛 땅이다. 장성(長城) 북쪽으로 현도군에서 천 리 떨어진 거리에 있다.와 경계를 이르니, 사방 2천여 리에 달한다. 호수(戶數)는 8만이고, 산릉(山陵)과 넓은 못이 많으며, 토지는 평탄하고 넓어서 오곡(五穀)이 자라기에 알맞으나 오과(五果)가 생산되지는 않는다. 부여 사람들은 체격이 크고 성질은 굳세고 용감하며, 근엄하며 후덕하다. 읍(邑)에는 호민(豪民)이 있고, 하호(下戶)라고 불리는 자들은 모두 노복(奴僕)이다. 먹고 마실 때는 모두 조두(俎豆)를 사용하고, 모임에 나가서는 공손히 술잔을 받고[拜爵], 넘길 때 씻어주며[洗爵], 읍양(揖讓)하면서 오르내린다. 은(殷)나라 달력으로 정월에 하늘에 제사를 지낸다. 이 국중대회(國中大會)에서는 날마다 먹고 마시고 노래하고 춤추는데, 그 이름을 '영고(迎鼓)'라 한다. 이에 형옥(刑獄)을 중단하고, 사면할 만한 죄수는 풀어준다. 나라 안에서는 의복으로 흰 색을 숭상하여 흰 베로 만든 큰 소매 달린 도포와 바지를 입고, 가죽신을 신고, 나라 밖으로 나갈 때는 비단옷 입는 것을 좋아한다. 성인은 여우·살쾡이·원숭이 혹은 희거나 검은 담비 가죽으로 만든 갓옷을 입으며, 또 금·은으로 모자를 장식하였다. 형벌은 엄하고 각박하게 써서, 사람을 죽인 사람은 사형에 처하고, 그 집안사람을 잡아다가 노비로 삼는다. 도적질하면 그 물건의 12배를 변상케 했다. 남녀 간에 음란한 짓을 하거나, 부인이 투기하면, 모두 죽였다. 부여 사람들은 가축 기르는 것을 잘하여 명마(名馬)와 적옥(赤玉), 담비와 원숭이 가죽 및 아름다운 구슬을 생산해 내는데, 구슬의 크기는 대추[酸棗] 만하다. 활·화살·칼·창을 병기로 사용하며, 집집마다 자체적으로 갑옷과 무기를 갖추었다. 적군이 침입하면 대인(大人)은 스스로 전투에 참전한다. 하호(下戶)들은 양식을 짊어지고 날라주면 대인은 그 양식을 먹는다. 상례를 지낼 때 남녀는 모두 순백색의 옷을 입는데, 부인은 베로 만든 면의(面衣)을 입으며 반지나 패물은 벗어 둔다. 5개월 동안 초상을 지내는데, 오래 지낼수록 영화롭게 여긴다. 여름에는 얼음을 사용한다. 정약용의 글을 살펴보면, 북부여 땅은 동쪽으로는 큰 바다에까지 이어져서 총 4천여 리에 달한다. 땅은 황량하고 날씨는 추위 사람들이 살기가 힘들어서 오늘날에 이르러서도 아직 촌락이 없다. 영고탑(寧古塔) 동쪽으로 바다에까지는 3천 리 거리가 된다.

[정의(正義)] 대개 칭하는 것도 마땅히 칭하지 말아야 하는 게 있다. 이런 까닭에 마땅히 왕이 될 수 없는 자가 왕을 칭하면, 글에서는 이것을 두고 '자칭(自稱)'이라고 할 따름이다.

【을유】원왕 23년신라 시조왕 22년[14], 고구려 동명왕 2년, 한나라 효원제 건소 3년, 일본 스진 62년, 기원전 36년 비류가 고구려에 항복하였다.

비류(沸流) 비류는 지금 중국[支那] 청(淸)나라 흥경(興京)의 땅이다.는 그 선조가 단군의 후예이다. 나라가 비류수 가에 있었다. 졸본, 말갈, 부여와 서로 접해 있었다. 신명왕에 이르러 성덕(聖德)이 있어 백성이 그를 신명(神明)스럽게 여겼고, 훙서하자 이를 따라 호칭하였다.

『대동역사』 권5, 마한기(馬韓紀) 마한계왕(馬韓稽王)

【계사】계왕(稽王) 5년신라 시조왕 30년, 고구려 동명왕 10년, 한나라 효성제(孝成帝) 하평(河

---

14 원문에 22년으로 되어 있음.

주) 원년, 일본 스이닌(垂仁) 2년, 기원전 28년 겨울 11월에 고구려가 북옥저를 멸하였다.

동옥저(東沃沮)지금의 함경남도 함흥(咸興) 등지이다.는 개마대산(蓋馬大山) 지금의 함경북도 백두산이다. 의 동쪽에 있다. 동쪽으로는 큰 바다에 접해 있고, 북쪽으로는 읍루 및 부여와 이어져 있으며, 남쪽으로는 예맥과 접해 있다. … 옥저는 고구려 개마대산의 동쪽에 있다. 동쪽으로는 큰 바다에 접해 있고, 북쪽으로는 읍루 및 부여와 이어져 있으며, 남쪽으로는 예맥과 접해 있다. 그 땅은 동서가 협소하고, 남북의 길이는 천 리에 이른다.

【정유】계왕 9년신라 시조왕 34년, 고구려 동명왕 14년, 한나라 효성제 양삭(陽朔) 원년, 일본 스이닌 6년, 기원전 24년 가을 8월 고구려 왕의 모후가 부여에서 세상을 떠났다. 고구려 왕은 이미 나라를 세웠으나, 그 어미 유화부인(柳花夫人)은 부여에 있다가 그곳에서 죽음을 맞이하였다. 부여 왕 금와(金蛙)는 태후(太后)의 예로써 장사지내고 신묘(神廟)를 세웠다. 겨울 10월에 고구려왕이 사신을 파견하여 방물을 보내오니, 그에 사례하였다.

【계묘】계왕 15년신라 시조왕 40년[15], 고구려 유리왕(琉璃王) 유리(類利) 원년, 백제 시조왕 고온조(高溫祚) 원년, 한나라 효성제 홍가(鴻嘉) 3년, 일본 스이닌 12년, 기원전 18년 봄에 고온조가 모반하여 하남(河南) 위례성(慰禮城)에 웅거하여 백제왕을 칭하였다.

온조가 결국 모반하여 위례성에 도읍하였다. 10명의 신하가 도왔다고 하여 나라 이름을 십제(十濟)라 하였다가, 후에 백제(百濟) '백성이 즐겁게 따르니, 만사가 모두 이루어진다.'는 뜻을 취하였다. 로 고쳤다. 백제의 세계(世系)는 고구려와 마찬가지로 부여에서 나왔으므로, 부여(扶餘)를 씨(氏)를 삼았다.

【을묘】왕학(王學) 11년신라 시조왕 52년, 고구려 유리왕 13년, 백제 시조왕 13년, 한나라 경제(哀帝) 흔(欣) 건평(建平) 원년, 일본 스이닌 24년, 기원전 6년 봄 정월에 부여의 왕 대소(帶素)

---

[15] 원문에 40년으로 되어 있음.

가 고구려에 사신을 보내어 조빙하였다.

　이전에 부여 왕 금와(金蛙)가 죽자, 큰아들 대소(帶素)가 왕위를 이어받았다. 이해에 부여 왕 대소는 고구려에 사신을 파견하여 조빙하면서 고구려 왕에게 인질의 교환을 요구하였다. 고구려의 왕은 부여의 강성함을 두려워하여, 태자 도절(都切)을 인질로 보내려고 하였으나 도절이 두려워하여 가려고 하지 않았다. 이에 부여 왕 대소가 화를 내었고, 이로써 양국은 평화를 잃게 되었다.

　겨울 10월에 부여가 고구려를 침공하였다.

　부여 왕은 군사 5만 명을 동원하여 고구려를 침공하였는데, 때마침 큰 눈이 내려와 많은 군사가 얼어 죽고 결국 회군하였다.

『대동역사』 권6, 삼국기(三國紀) 신라·고구려·백제

　【계유】 신라 남해왕(南解王) 9년, 고구려 유리왕 31년, 백제 시조왕 31년, 중국[支那] 신망(新莽) 시건국(始建國) 5년, 일본 스이닌 42년, 13년 봄 정월에 백제가 남북부(南北部)를 설치하였다.

　여름에 백제에 지진이 났다. 4월과 6월에 두 번 지진이 났다. ○ 겨울 11월에 고구려 왕자 무휼(撫恤)이 학반령(鶴盤嶺)에서 부여의 군사를 패배시켰다.

　고구려 유리왕 27년 가을 8월에 부여 왕 대소(帶素)가 사신을 파견하여 고구려 왕에게 꾸짖어 말하길, "우리의 선왕은 그대의 선대 동명왕(東明王)과 서로 사이가 좋았다. 그러나 동명왕이 우리의 신하들을 꾀어내어 남쪽으로 도망가 숨었다. 무릇 나라에는 크고 작음이 있고, 인간에게는 나이가 많은 사람과 어린 사람이 있다. 작은 나라가 큰 나라를 섬기는 것이 예이고, 어린 사람이 연장자를 섬기는 것이 순리이다. 지금 왕이 순리로써 예를 다한다면, 하늘은 반드시 그대를 보우하실 것이다. 그렇지 않으면 사직(社稷)을 보존하기 어려울 것이다"라고 하였다. 유리왕은 '나라를 세운 지 얼마 되지 않아 백성의 수가 적고 군사가 약하니 먼저 굴종을 보이고 이후에 도모함이 효과적일 것이다'라고 생각하였다. 유리왕은 "과인의 나라는 바닷가에 치우쳐 있어서 예의를 듣지 못했습니다. 지금 대왕의 가르침을 받고 보니, 감히 명령을 받들지 않을 수 없습니다"라고 부여 왕에게 회답하고자 하였다. 이때 왕자 무휼(無恤)이 아직 어렸지만, 왕이 부여 왕에게 회답하려 한다는 소식을 듣고서 친히 부여 사자(使者)를 보고 말하길, "우리 선왕은 그대의 나라에 있을 때 대왕이 소인배들의 참언을 듣고 선왕을 욕되게 말을 기르게 하여 그대의 나라에서 나온 것입니다. 우리 선왕의 덕은 족히 한 나라를 다스리기에 충분하고, 군사력이 난리를 평정하기에 족하며, 대왕이 해안가로 도망갔음을 꾸짖은 공손히 천명을 받들어 나라의 창업을 꾀하여 한 사람 한 척의 토지도 귀국에게 빌린 적이 없거늘, 귀국은 가르치려 하니 무슨 마음입니까? 같은 덕에 이르러서 햇볕이 비추어 부화하여 자연히 감응하였습니다. 옛날에 이체(伊摯)가 상(商)나라를 보좌하니, 민간의 현자가 주(周)나라로 돌아갔으니, 또한 탕왕(湯王)과 무왕(武王)이 꾀어내어 이른 것이겠습니까? 대왕께서 강력한 군사를 믿고 이웃 나라를 경시하고 있습니다. 무릇 나라의 존망은 덕의 크고 작음에 있는 것이지, 당의 크고 작음에 있는 것은 아닙니다"라고 말하면서 계란이 쌓여 있는 걸 보여 주었다. 사자(使者)는 귀국해서 부여 왕 대소에게 이를 보고하였다. 부여 왕 대소는 그 뜻을 알지 못하였으나 한 노인이 대답해 주기를, "알들이 쌓여 있는 것은 위태로운 것입니다. 아마도 그것은 우리를 위태롭게 하는 것임을 일깨우는 것입니다"라고 하였다. 이때 부여 사람들이 고구려를 침공하였다. 고구려 왕은 아들 무휼에게 군사를 지휘하여 방어하게 하였다. 무휼은 보병이 적은 것을 보고, 감히 대적하지 못할까 걱정이 되어 기이한 계책을 써서 군사를 거느리고 산골짜기에 숨어 있었다. 부여 군사들이 곧바로 학반령(鶴盤嶺)학반령이 어디인지는 모른다. 아래에 이르자, 복병이 나가 불의에 공격하니, 부여 군사는 크게 패하여 말을 버리고 산으로 올라갔다. 무휼은 군사를 풀어 잔여 무리를 모두 죽였다. 부여는 이에 고구려로부터 곤경에 처하게 되어 마침내 망국에 이르렀다.

[정의(正義)] 무릇 '승리하다'는 말을 바꾸어 말하면 '패배하다.'이다. 왕자 무휼(無恤)이 군사 일에 능한 것을 가상하게 여겨 기록해 둔다.

【경진】 신라 남해왕 16년, 고구려 대무신왕(大武神王) 2년, 백제 시조왕 38년, 중국 신망 지황(地

皇) 원년, 일본 스이닌 49년, 20년 봄 2월에 백제의 왕이 경내(境內)를 순행(巡幸)하였다.

3월에 고구려가 처음 동명왕묘(東明王廟)를 건립하였다. ○ 겨울 10월에 부여가 고구려를 조빙하였다.

처음 부여 사람이 붉은 까마귀를 얻었는데, 머리는 하나에 몸은 둘이었다. 이것을 왕에게 바치면서 설명하기를, '까마귀는 본디 까만색인데, 색이 변해서 빨갛게 되었고, 머리는 하나에 몸은 둘이니, 이것은 두 나라를 합병시킬 징조입니다. 아마도 왕께서 고구려를 이기고 합병시키는 일이라 생각합니다'라고 하였다. 부여 왕 대소(帶素)는 기뻐하면서 드디어 고구려에 까마귀를 보냈고, 고구려 왕에게 해설하며 말하기를, '검은색은 북방의 색이고, 지금 변해서 남방의 색으로 변했다. 또한 붉은 까마귀는 상서로운 것인데, 그대가 이것을 얻었으나 가지지 못하고 나에게 보냈으니 두 나라의 존망을 알 수가 없구나'라고 하였다. 부여 왕 대소가 이를 듣고 후회하였다.

[정의(正義)] 정통이 없던 시대에는 아무개가 아무개에게 사신을 파견하였다고 하거나, 혹은 아무개가 아무개를 조빙하였다고 한다.

【임오】신라 남해왕 18년, 고구려 대무신왕 4년, 백제 시조왕 40년, 중국 신망 지황 3년, 일본 스이닌 51년, 22년 봄 2월에 고구려가 부여를 공격하여 왕 대소(帶素)를 죽였다.

2월 고구려 대무신왕이 군사를 몰아 부여를 공격하였다. 이물림(利勿林) 어느 지역인지 알 수 없다.에 이르니 밤에 쇳소리가 들렸는데, 금도장과 병기 등의 재물을 얻었다. 대무신왕은 말하기를, "하늘이 내려주신 것이다"라고 하고 절하고 받았다. 길에서 한 사람을 만났는데, 키는 9척이고, 얼굴은 희었으며, 눈에서는 빛이 났다. 그 사람은 대무신왕에게 굳세게 절하며 말하기를, "신은 북명(北溟)아마도 국내성(國內城) 부근일 것이다. 사람 괴유(怪由)라고 합니다. 은밀히 듣건대, 대왕께서 군사를 일으켜 북쪽으로 부여를 정벌하신다고 하니, 신이 따라가서 왕 대소의 머리를 취하고자 합니다. 미력하나마 힘을 보태고자 합니다"라고 하였다. 대무신왕은 기뻐하며 허락하였다. 드디어 군사를 이끌고 부여국의 남쪽에 도달하였다. 그 땅은 진흙이 많았으므로 평지를 선택하여 군영을 세우고, 말의 안장을 풀었으며, 병졸을 쉬게 하였다. 부여 왕은 멀리서 보고 친히 군사를 이끌고 출전하였다. 고구려가 방비하지 않은 틈을 타서 엄습하고자 하여 말에 채찍질을 가하여 전진하였으나, 진창에 빠져 나아갈 수도 물러날 수도 없게 되었다. 고구려 왕이 괴유에게 전진하라고 지시하니 칼을 빼 들고 큰 소리를 지르려 공격하였고, 부여 군사는 모두 무너져서 지탱할 수가 없게 되었다. 괴유는 곧장 부여 왕 대소에게 가서 그의 목을 베었다. 부여 사람들은 이미 왕을 잃었지만 힘써 싸우고 굴복하지 않았다. 부여 군사는 고구려 왕을 몇 겹으로 포위하였다. 고구려 왕은 군사를 출전시킬 수가 없었는데, 사상자가 매우 많았으며 군량미도 다 떨어져서 병사들이 굶어서 어찌할 바를 모르고 있었다. 이때 홀연히 매우 짙은 안개가 끼었다. 7일 동안이나 지척 간에 사람인지 물건인지 분별할 수가 없었다. 왕은 풀로 허수아비를 만들고, 허수아비에게 병장기를 지게 하였으며, 군영 내외에 배열시켜서 군사인 듯 만들라고 명하고, 밤에 사잇길을 따라 군사들과 함께 빠져나왔다. 돌아와서는 신하들에게 잔치를 베풀어 주며 말하기를, "내가 덕이 없어서 가벼이 군사를 일으켜 부여를 정벌하였으니, 비록 부여 왕 대소를 죽였으나, 그 나라를 아직 멸망시키지 못했다. 그리고 우리 군사들과 물자를 많이 잃어버렸으므로 이것은 나의 잘못이다"라고 하였다. 이에 친히 죽은 자를 조문하고, 아픈 자를 위문하였으며, 백성들을 위로하였다. 이로써 나라 사람들은 왕의 덕의(德義)에 감격하여 모두 나라의 일에 자신의 목숨을 바치기를 바랐다.

여름 4월에 부여 왕의 동생이 스스로 왕위에 올라 갈사왕(曷思王)이 되었다.

4월 부여 왕 대소의 아우금와의 막내아들인데, 사서에는 그 이름을 기재하지 않았다.는 장차 나라가 망할 것을 알고는 따르는 백여 명을 이끌고 압록강(鴨綠江) 하구로 도망하여 스스로 왕이 되었는데, 갈사수(曷思水) 가에 도읍을 정하고 갈사왕이 되었다.

[정의(正義)] 그가 절멸한 왕계를 이어서 사직을 영원토록 보존한 것을 가상히 여겨 기록해 둔다.

부여 왕의 종제(從弟)가 고구려에 항복하였다.

대소의 종제사서에는 그 이름을 기재하지 않고 있다.는 나라 사람들에게 말하기를, "우리 선왕께서 몸을 잃고 나라는 파괴되었으니, 백성들은 의지할 곳이 없게 되었다. 왕의 아우가 생각이 없어서 도망하여 존속하고자 나라 밖 갈사에 도읍을 정하였다. 나 역시 불초하여 다시 나라를 일으킬 만한 인물은 못 된다. 차라리 항복하여 존속할 것을 도모함이 나을 것이다"라고 하였다. 이에 만여 인을 이끌고 고구려에 투항하니, 고구려 왕은 그를 왕으로 봉하여 연나부(椽那部)에서 편안히 있게 하였다. 그리고 부여 왕 대소의 종제의 등에 낙문(絡文)이 있어 그에게 낙씨(絡氏)를 하사하였다.

[정의(正義)] 부여왕 대소의 종제가 갈사왕을 보좌하여 부여를 부흥시키지 못한 채 만 명의 무리를 이끌고 원수의 나라 고구려에 투항한 것을 책망하여 기록해 둔다. 그는 말하길, "나라를 보존시키는 것을 도모하는 것에 허물이 있는 자가 어찌 나 한 사람뿐이겠는가? 이 문장은 수치심을 품고 원수를 잊는다는 말을 나타낸다. 그러므로 부여 왕 대소의 종제가 고구려에 투항한 것을 폄하하여 기록한다.

【정축】신라 탈해왕(脫解王) 20년, 고구려 태조왕 24년, 백제 다루왕(多婁王) 49년, 중국 한나라 효장황제(孝章皇帝) 건초(建初) 2년, 일본 게이코(景行) 7년, 77년

겨울 10월에 부여가 고구려에 사슴과 토끼를 보내자, 고구려는 나라 안에 대사면령을 내렸다.

10월에 북부여가 세 뿔 달린 사슴과 긴 꼬리 가진 토끼를 고구려에 보냈다. 고구려 왕은 이를 상서롭게 여겨 나라 안에 대사면령을 내렸다. 당시 동부여가 이미 망하였으니, 이후로 사서에 보이는 부여는 모두 북부여를 지칭한다.

【신유】신라 지마왕(祇摩王) 9년, 고구려 태조왕 68년, 백제 기루왕 44년, 중국 한나라 효안제(孝安帝) 건광(建光) 원년, 일본 게이코 51년, 121년

12월에 마한이 고구려와 예(濊)의 군사를 동원하여 한나라를 공격하여 현도성(玄菟城)을 포위하자, 부여 사람들이 도와 마한을 패배시켰다.

12월에 고구려 왕이 마한과 예의 1만여 기병을 이끌고 한나라를 공격하여 현도성을 포위하자, 부여 왕이 태자 위구태(尉仇台)에게 군사 2만을 보내 한나라 군사와 협력하여 고구려 군사에 맞서도록 하였다. 고구려 군사를 크게 패배시키고 5백 명을 죽였다.

【임술】 신라 지마왕 10년, 고구려 태조왕 69년, 백제 기루왕 45년, 중국 효안제 연광(延光) 원년, 일본 게이코 52년, 122년 가을에 마한이 고구려와 예의 군사를 동원하여 한나라의 요동을 침공하니, 부여가 군사를 파견하여 구원해 주었다.

【을사】 신라 유례왕(儒禮王) 원년, 고구려 서천왕(西川王) 15년, 백제 고모왕(古慕王) 51년, 중국 진(晉)나라 세조(世祖) 태강(太康) 6년, 일본 오진(應神) 16년, 285년 선비(鮮卑)가 부여를 습격하여 격파하였다.

처음 북부여 왕 위구태는 고구려와 선비 사이에 있으면서 나라를 보존하기가 어려웠다. 그리하여 한나라의 요동 공손탁(公孫度)에게 자신의 종녀를 시집보냈다. 위구태가 죽자 증손자 의려(依慮)에게 왕위가 전해졌는데, 이해 선비 모용외(慕容廆)가 부여를 습격하여 격파하자 의려왕이 스스로 목숨을 끊었다. 모용외가 결국 부여를 멸망시키자 그 나라 사람 만여 인을 몰아내고 돌아갔다. 이듬해 의려왕의 아들 의라(依羅)가 진나라 동이교위(東夷校尉) 하감(何龕)에게 구원을 요청하니, 하감(何龕)이 독호(督護) 가탐(賈耽)을 파견하여 장병(將兵)을 보내주어 나라를 회복시켜 주었다.

【갑술】 신라 소지왕(炤智王) 15년, 고구려 문자왕(文咨王) 3년, 백제 동성왕(東城王) 15년, 중국 제(齊)나라 고종(高宗) 건무(建武) 원년, 일본 닌켄(仁賢) 7년, 494년 봄 2월에 부여 왕이 고구려(高句麗)에 항복하였다.

2월 북부여 왕이 말갈(靺鞨)숙신(肅愼)의 옛 나라이다.에 쫓기게 되어서 처자식과 함께 고구려에 투항하였다. 해씨(解氏)가 나라를 세운 지 가장 오래되었으나 지금에 이르러 결국 망하니, 혹자는 "부여 유민들이 말갈의 동북쪽에서 유귀국(流鬼國)을 세웠다"라고 하였다.

『역사집략(歷史輯略)』

金澤榮(1850~1927)

　『역사집략』은 1905년 김택영(金澤榮)이 단군조선부터 고려 멸망까지의 역사를 11권 3책으로 편찬·간행한 저술이다. 한문본으로 서술되었고, 현재 국립중앙도서관에서 소장하고 있다.

　김택영은 학부 편집국에서 1895년과 1899년에 역사 교과서 편찬을 주관한 바 있다. 그 경험 위에서 1902년에 『동사집략(東史輯略)』을 저술하였는데, 『역사집략』은 그의 증보판에 해당한다. 당시 교과서 외에 볼 만한 역사책이 없었는데, 기존 교과서보다 체계적이고 상세하여 지식인에게 널리 읽혔다.

　『역사집략』의 범례에서는 조선 후기 '통감'·'제강' 유형의 사서들이 전제·군제 등의 서술에 소홀했다고 지적하고, 이 부분을 보완하려 했다는 점을 밝히고 있다. 더불어 지리·풍속 등에도 많은 부분을 할애했다. 그리고 근대역사학의 방법론인 고증과 객관적 서술에도 노력을 기울여 권두에 그가 참조한 『강역고(疆域考)』, 『동국통감(東國通鑑)』, 『여사제강(麗史提綱)』, 『고려사(高麗史)』 등의 문헌을 밝히기도 했다.

　『역사집략』 제1권은 단군조선기(檀君朝鮮記)이다. 저자는 단군의 기록이 황당하여 믿을 수 없다고 하였다. 그리하여 단군은 왕이나 황제가 아닌 주(主)의 호칭으로 표기하였고, 단군의 죽음도 붕(崩)이나 훙(薨)이 아닌 몰(沒)로 썼다. 그러나 제2권은 권명부터 '조선기(朝鮮紀)'라 하여 격을 높였고, 우리나라를 기자조선부터 개국된 것으로 보고 기자를 태조문성왕(太祖文聖王)이라 칭하였다. 아울러 역대 임금과 그 치적을 비교적 상술하였다. 삼한정통설(三韓正統說)에 의해 마한기(馬韓紀)를 함께 쓰고, 부기(附記)로서 위만조선·진한·변한·4군 2부의 역사와 신라·고구려·백제의 발생을 서술하였다.

제3권은 삼국 관련 내용인데, 후마한(後馬韓, 마한 부흥 운동)·진한·대가야·가락국·3군(郡)을 부기하였다. 제4권은 3국을 본기로 쓰고 가락과 대가야를 부기하였다. 제5권은 신라기[통일신라]인데, 발해를 부기하였다. 제6~11권까지는 고려기이다.

『역사집략』은 고조선을 중국의 분가(分家)처럼 서술한 모화사관(慕華史觀)이 담겨 있어 근대적 역사서술로 보기는 어렵다. 한편으로는 왕실 중심의 서술을 극복하여 사회·문화면의 서술에 힘을 쏟은 점이나 안설(按說)을 장황하게 전개하여 사실의 고증과 그때까지의 학설을 비교, 분석함으로써 근대사학에 접근하려고 노력한 점이 역력하다.

하지만 『역사집략』은 1902년의 『동사집략』에 이어 일본 측의 주장을 맹종하였던 편이다. 이와 관련하여 당시 일제의 문화 침략의 선봉자였던 학부 참여관 시데하라 다이라(幣原坦)의 서문이 있다. 또한 콘도 베이죠(近藤甁城)가 쓴 『국사략(國史略)』을 많이 참조하여 진구 황후[神功皇后]의 신라정복설·임나일본부설을 무비판적으로 수용하였다. 그러면서도 이 책은 유학적 태도를 탈피하지 못했으며, 당시 교과서의 주류를 이루던 삼한정통론을 따랐다.

『역사집략』 권1, 단군조선기

단군은 성은 환(桓)이고, 이름은 왕검(王儉)이다. 아주 오랜 옛날 옛적에 우리나라의 백성들은 풀을 엮어서 옷을 만들어 입고, 주식으로 나무뿌리와 열매 등을 익히지 않고 날것으로 먹었다. 여름에는 나무 위에 집을 지어 살고, 겨울에는 동굴에서 생활하였다. 여러 사람이 모여 군집을 이루어 거주하였는데, 아직은 전체를 맡아 다스릴 수 있는 지도자가 없었다. 이때 한 사람이 태백산(太伯山) 지금의 묘향산(妙香山)이다. 의 단수(檀樹) 아래에서 태어났는데, 그는 영험하고 빼어났으며, 명철하여 지혜로웠다. 여러 사람이 그를 신이라 생각하여 무진년 즉 중국에서는 요(堯)임금 25년이었다 의 해에 그를 옹립하여 임금으로 모셨다. 그는 단수에서 태어났기 때문에 단군이라는 이름으로 불리었다.

　단군이 임금으로 즉위하여 평양에 도읍하였고, 그 나라 이름을 조선(朝鮮)옛날 말에 동방의 지역에는 제일 먼저 해를 바라보며, 그 빛이 선명하다 하였으니, 그러한 까닭에 조선이라고 일컬은 것이다.이라 불렀다. 백성들을 가르쳐서 사람들의 머릿결을 땋게 하고 머리를 덮게 하였으며, 먹고 마시는 것, 거주하는 지역에 대한 제도를 만들었다. 하우씨(夏禹氏)가 도산(塗山)에서 제후를 모이게 한다는 이야기를 듣고, 아들 부루(扶婁)를 파견하여 도산의 회맹(會盟)에 참가하게 하였다. 말년에 백악(白岳) 지금 구월산(九月山)인데, 한편에서는 아사달산(阿斯達山)이라고도 이름한다.으로 거처를 옮겨 살다가 세상을 떠났다. 자손 대대로 왕위가 전해져서 무릇 1017년상(商)나라 무정 8년 갑자년이다.이나 이어졌다. 이후에 196년이 지나서 기자(箕子)가 동쪽[조선]으로 왔다고 한다.

　단군(檀君)과 기자(箕子), 그리고 『삼국사(三國事)』를 살펴보면, 신라 승려 무극(武亟)이 쓴 『동사고기(東史古記)』에 나오는 것을 후세 식자들이 그다지 믿지 않았고, 그중에 대다수는 괴이하고 허황된 말이라 생각했다. 또 유가(儒家)의 『이아(爾雅)』에서는 '군자(君子)'가 나오지 않았다. 서씨(徐氏, 서거정)의 『동국통감』과 『동국여지승람(東國輿地勝覽)』 이하에서 종종 취하였는데, 어찌 그 일들이 모두 없지 않았다고 생각하지 않았겠는가. 옛날 옛적 사마씨(司馬氏, 사마천)의 『사기(史記)』 「오제기(五帝紀)」에 『고사(古史)』·『세본(世本)』 등의 서적이 나오는데, 그중에 기재된 것은 괴이하고 황당무계한 이야기는 대개 혹 『고기(古記)』와 비슷한 것이 있다. 그러므로 「제기(帝紀)」 끝부분에 아름다운 말을 선택하여 끝을 맺었다. 무릇 그것으로 아름다움을 다하게 하였으니, 택함에 무슨 일이 있겠는가. 예로부터 고서를 읽는 것은 오직 잘 선택할 수 있는 것에 있다. 만약 그것으로 조금이라도 따르지 않는다면, 모든 것이 말살되는 것이다.

　그렇다면 천하의 서적으로 믿을 수 있는 것은 얼마 정도 있을 것인가? 대저 단군 시대로부터 삼국시대까지 수천 년 동안의 일들은 모두가 결함이 있다. 이 세상 모든 나라에 없는 것이다. 모든 나라가 개벽하는 시작에는 모두 스스로 문자를 만들어서 그들의 말을 기록하고, 그 뜻을 통하며 우리나라의 오랜 옛날의 역사와 대면하니, 유독 그 일이 없다. 그리하여 이 조정과 시정, 교외에 있는 들에서 나고 자라고 늙고 죽는 사이에서 단지 한 마리의 시끄러운 새소리일 뿐이다. 이것으로 살아나 활동하니, 그 또한 어찌 그 번뇌와 답답함을 감당하겠는가? 단씨(檀氏)의 세상은 이미 그리한 것이다.

기자가 동쪽으로 와서 중국의 글월이 있게 되었다. 한 나라의 사람이 널리 배우고 두루 기록할 수 없으니, 어찌 된 일인가? 진실로 널리 배우고 두루 기록하는 것은 설사 단군과 기자 2대의 역사라 하더라도 모두 위만의 난리통에 불살라 없어져 버린 것이 지금과 같다. 어떤 사람의 말에 비록 조정에서 망하고 반드시 들에서 생존하게 된다고 하였으니, 탄식을 견딜 수가 있는가? 오호라, 수천 년간의 시간이 한 명의 문인도 없이 그 일을 오로지 할 수 없어서 나라 밖의 바람이 홀로 오로지 하고 있다.

대개 삼국은 중국과 교통하면서 유교에 앞서 불교가 전래되었는데, 두 나라의 관계는 세상에서 가장 오래 지속되었다. 그러므로 그 무리가 스스로 방언을 번역하고 통역하여 옛이야기를 기술한 것이다. 그러나 그 학식은 선택하기에 부족하고, 그것은 이치에 맞지 않아서 엉터리가 되어 여기에 이르렀다. 나는 이것을 분개하여서 문득 이에 이것을 취하고 기재한다. 여러 편수(編首)를 덮어서 위와 같이 한다.

○ 또 『고기』를 살펴보면, 단군(檀君)은 아들 세 사람에게 명하여 혈구(血溝) 혈구는 지금의 강화(江華)이다.에 성을 축성하게 하였다. 세속에 전하기로는 이것을 삼랑성(三郞城)이라고 하였다. 그러나 단군의 시대에는 반드시 성을 쌓은 일이 있지는 않았는데, 어찌 그 일이 단군의 후손에게 나왔단 말인가? 후인이 성 쌓은 것은 단군의 일로 잘못 지적한 것이다.

○ 또 『동사(東史)』와 『고기』를 살펴보면, 단씨(檀氏)는 상(商)나라 무정(武丁) 8년에 나라가 끊어졌다. 그렇다면 후대로 기자가 동쪽으로 오기까지는 196년이 있게 된다. 미수(眉叟, 허목)가 기록하기를, "단씨는 기자를 피하여 가서 북부여에서 왕이 되었다"라고 기록하였다. 이것은 어떤 것에 근거를 든 것인가? 어찌 북부여의 왕 해부루(解夫

婁)와 단군 아들의 이름이 같단 말인가? 이러한 설명이 빠져 있는 것을 의심한다.

○ 다산(茶山) 정씨(丁氏, 정약용)는 『강역고(疆域考)』에서 말하기를, "『한서(漢書)』「지리지(地理志)」에 의하면, 낙랑군(樂浪郡)은 속현(屬縣)이 25개인데, 조선현(朝鮮縣)이 치소(治所)라 하였다. 즉 조선이란 것은 평양의 옛 이름이다"라고 하였다.

『역사집략』 권2(상), 조선기

【기묘】조선 태조 문성왕(文聖王) 기자(箕子) 원년 주나라 무왕 원년, 기원전 1122년 기자는 성이 자(子)이고, 이름은 서여(胥餘)이다. 은(殷)나라 왕 성탕(成湯)의 후예이고, 주(紂)왕의 제부(諸父) 기(箕) 땅에 봉해졌고, 자(子)의 작위를 받았으므로 기자라고 부른다. 기자는 주왕을 섬겨서 태사(太師)가 되었다. 주왕이 포악무도하여 기자가 주왕에게 간하였으나, 주왕은 기자의 간언을 듣지 않았고, 오히려 기자를 옥에 가두었다. 기자는 이에 머리를 흩뜨리고 거짓으로 미친 사람처럼 위장하여 남의 종이 되었다. 기자는 거문고를 타다가 스스로 슬퍼하였다. 주나라 무왕이 은나라 주왕을 정벌하고 나서 은나라에 들어와서는 소공(召公) 석(奭)에게 옥에 갇힌 기자를 풀어주라고 명령하였다. 무왕이 기자에게 은나라가 멸망한 까닭을 물어보았으나, 기자는 차마 은나라가 멸망한 이유를 말할 수 없었다. 무왕은 이에 하늘의 도리를 물었는데, 기자는 홍범구주(洪範九疇)를 진술하였다. 기자는 의로워서 주나라의 무왕을 신하로서 섬기지 않고, 조선으로 달아나서 평양에 거처를 정하였다. 혹자는 이것을 조선이라 하였는데, 또한 한(韓)이라고도 부르기도 한다.

기자(箕子) 이하 50명 왕의 일을 살펴보면, 선우씨(鮮于氏)의 선왕(先王), 『삼국유사(三國遺事)』의 기록과 한씨(韓氏)·기씨(箕氏) 두 집안의 족보에서 섞여 나왔다. 그러나 기자가 동쪽 조선 지역으로 옴은 단지 주(周)나라를 피하고자 스스로 꾀한 것으로 왕에 미치지는 못하였다. 기자를 왕으로 칭하는 것은 대개 후인들이 왕으로 추존한 것이다. 그러므로 '기자' 두 글자를 특별히 써서 그 뜻을 명확히 한다.

○ 『삼국유사』 기록에 의하면, 기자는 평양 백성들의 풍속이 강하고 사나운 점을 보

았다. 버드나무가 성품이 부드러워 지금 백성들의 집안에는 다 버드나무를 심었기 때문에 평양을 유경(柳京)이라고도 부른다.

　○ 냉제(冷齊) 유득공(柳得恭)이『사군지(四郡志)』를 받들어 말하기를, "한(韓)의 땅은 낙랑군 남쪽의 후예로서 한나라의 판도에는 들지 않았다. 한이라고 칭한 것은 기씨(箕氏)가 '한'을 칭했기 때문이다. 또 남쪽으로 금마(金馬) 이하 지역으로 달아난 것과 같다"라고 하였다.

　『시경(詩經)』의「한혁(韓奕)」편에 "저 큰 한성(韓城)이여. 연(燕)나라 백성들이 완성하였도다. 왕[王, 주나라 선왕(宣王)]이 한후(韓侯)에게 내려 주시기를, 추(追)와 맥(貊)이로다"라고 하였다. 왕부(王符)가『잠부론(潛夫論)』에서 말하기를, "옛날 주(周)나라에서 선왕(宣王) 시기에 한후가 있었는데, 그 나라는 연나라와 가까이에 있었다. 나중에 위만에 정벌을 당해 나라를 옮겨 해중(海中)에 거처하게 되었다"라고 하였다. 왕응린(王應麟)과 고염무(顧炎武)는 모두 이 설을 옳다고 여겼다. 그렇다면, 한후는 어찌하여 기씨(箕氏)가 아닌가? 만약 한(韓)이 정말로 희(姬) 성의 진(晋)나라에 병합된 한(韓)이라면, 한성은 연나라 백성들이 쌓을 수 없었을 것이다. 그러므로 정현(鄭玄)은 "평안한 시기에 여러 백성이 축성한 것이다"라고 제멋대로 억측하였다. 왕숙(王肅)이 말하기를, "탁군(涿郡) 방성현(方城縣)에 한후성이 있다"라고 하였다. 생각해 보면, 난정(難鄭)에게 있어서는 또한 맥(貊)과 더불어 서로 부설(符說)에 근거하지 않으면 명확해진다. 한은 연나라의 동쪽에 있으면서 맥의 땅을 통솔하였다. 추라는 것은 이전의 학자들이 그다지 상세하게 밝혀내지 못하였다. 반드시 예맥(濊貊)에 속하는 부류일 것이다.

　○ 이건초(李建初)는『삼한변(三韓辨)』에서 말하기를, "『상서대전(尙書大傳)』을 살펴보면, 무왕(武王)이 상(商)나라를 이겼다고 하였다. 사나운 말과 100마리 말이 나란히 하였다. 부여는 모두 길을 통하였다"라고 하였다. 대개 조선은 간(馯)이이고, 간은 한(韓)이다. 무왕 시기에 한은 어찌 세 개가 있었겠는가? 한은 남쪽에 있었으니, 또 어찌 평안하게 조선을 넘어서 먼저 한과 통했겠는가? 대개 한은 나라의 이름이고, 조선은 도읍한 지역이니, 지금의 평양이다.『시경』의「한혁(韓奕)」편의 시로 왕부(王符)는 명

백하게 논증하였다. 그리고 동옥저가 신라의 혁거세에게 말을 보내주면서 말하기를, "남한(南韓)에서 성인이 나왔다고 들었습니다"라고 하였다. 남한이란 것은 북한(北韓)에 대비하여 칭한 것이다.

또 지금 한(韓)의 성은 모두 기자에게서 나왔다. 기자는 나라를 1,000년 동안 후세에 전하였고, 그 자손들은 100세대가 지속되었다. 그렇다면 하필 남쪽으로 도망한 자가 그 성을 전하였겠는가? 우거(右渠)에게는 재상직에 한도(韓陶)란 자가 있었는데, 이 또한 어찌 남쪽으로 도망한 사람에게서 나왔겠는가? 또 동쪽 나라들의 방언에는 큰[大] 것을 일러 '한'이라 하였고, 또 하나[一]를 일러 '한'이라고도 하였다. 이때 기씨는 1,000년 동안 대대로 전하였다. 백성들은 그를 보기를 한(韓)이 가장 큰 나라라고 하지 않았으니, 또한 제일의 나라라고 생각하였다.

○ 내가 보기에, 사나운 말, 100마리 말에서 백(百)은 즉 맥(貊)이다. 이는 예맥은 고구려의 맥(貊)이라는 말과 같다. 대개 중국인들이 동북 지역의 변방 사람들을 통칭하여 '맥'이라고 한다. 그러므로 조선을 가리켜서 '간맥(馯貊)'이라고 하는 것이다.

【무오】문성왕 40년주나라 성왕(成王) 33년 기자(箕子)가 세상을 떠났는데 조선시대 『국조보감(國朝寶鑑)』의 서법(書法)을 이용하니, 대개 새로운 사례이다. 나이는 93세이고, 평양의 왕행산(王荇山)지금 토산(兎山)이라고 불리는데, 평양의 서북쪽에 있다.에서 장례를 치렀다. 처음 기자가 조선에 왔을 때, 은나라 사람으로 기자를 따라온 자가 5,000명이었다. 시서(詩書), 예악(禮樂), 의술과 무술, 음양과 복서에 능통한 이와 백공기예(百工技藝)에 능한 자가 모두 따라왔다. 처음에는 이들과 조선의 사람들이 언어가 통하지 않았지만, 통역한 이후에는 그 뜻을 알게 되었다. 기자는 이에 조선의 백성들에게 예의(禮義), 농사일과 누에치기, 옷감 짜는 기술을 가르쳤다. 왕수긍(王受兢)을 등용하여 선비들의 스승으로 삼았다.

8조의 가르침도 베풀었으니, 그 대략은 다음과 같다. 다른 사람을 죽인 자는 죽음으로 갚아주고, 다른 사람에게 상해를 입힌 자는 곡식으로 배상한다. 다른 사람의 물건을 훔친 자는 잡아다가 남자이면 그 집안의 노(奴)로 삼으며, 여자이면 비(婢)로 삼는다. 자신의 죄를 용서받기 위해서는 사람마다 50만 전을 내야 하는데, 비록 노비를 면하여 일반 백성이 되었다 하더라도, 이 나라 풍속에서는 이를 부끄럽게 여겨서 결혼하고 싶어도 혼처를 구할 수가 없다. 이 때문에 이 나라의 백성들은 끝내 도둑질을 하지 않아서 집의 문을 닫아 놓지 않는다. 부인은 정절을 지켜서 음탕하지 않는다. 밭과 들을 개간하여 다스리고, 음식을 먹고 마실 때는 변두(邊豆)를 사용하였으며, 인자하고 어진 문화의 풍토가 있어서 지금까지도 세상 사람들은 조선을 동방 군자의 나라라고 칭하니, 모두 기자의 남긴 가르침이다. 아들 송(松)이 왕위를 이어받았으니, 이가 곧 장혜왕(莊惠王)이다.

『삼국사』에서 고구려에 대해 논한 것을 살펴보면, "기자(箕子)가 조선의 백성들에게 예의와 농사 및 누에치기, 그리고 옷감 짜는 기술을 가르쳤고, 8조의 법률을 제정하였다"라고 하였다. 이것으로 보면 8조라는 것은 오로지 형법이다. 순암(順庵) 안씨[安氏, 안정복]이 그것을 팔정(八政)이라고도 하였는데, 이는 깊은 사고가 부족한 것이다. 또 『상서대전』을 살펴보면, "기자가 주(周)나라에 조회하고 은(殷)나라 도읍지의 옛터를 지나갈 때 맥수가(麥秀歌)를 지었다"라고 하였다. 그렇다면 사마천(司馬遷)이 기자가 주나라를 섬겼던 일을 기록했을 것인데, 이는 틀린 것이다. 아마도 어떤 연유로 빠진 것 같다.

또 정다산[鄭茶山, 정약용]이 정전(井田)에 관해 논한 설을 살펴보면, "기자가 이미 정전을 획정했다면, 어찌 유독 평양성 남쪽 한 조각의 땅에만 하였겠는가? 같은 땅에서 그럴 리가 있겠는가? 이적(李勣) 마땅히 설인귀(薛仁貴)라고 써야 한다. 이 이미 평양성을 함락한 후 안동도호부를 열어서 머물러 주둔하였는데, 지금 남은 도랑과 길은 곧 이적이 둔전(屯田)하였던 흔적이 남은 것이다"라고 하였다. 이것은 진실로 식견이 있는 견해이다. 그러나 나는 정전을 믿기 어려운 것으로 여기므로 여기에 그치지 않는다. 지금 이른바 정전이라는 것은 기자의 도성 안에 있다. 어찌 기자가 도성을 건립하고 조정과 시가를 세우지 않고, 단지 정전만을 구획하였겠는가? 이것은 또한 분명히 천고의 사건이다.

【기미】장혜왕 원년주나라 성왕 34년 종묘를 세웠다.

순암(順庵) 안씨[安氏, 안정복]의 『동사강목』을 살펴보면, 주나라 현왕(顯王) 46년, 기원전 353년은 조선후(朝鮮侯)가 비로소 왕을 칭한 때이다. 즉 기자(箕子) 이후 현왕 이전의 기씨(箕氏)는 모두 다 주(周)나라의 제후였다. 단지 어느 왕대에서부터 주나라의 봉작을 받았는지는 알지 못한다. 그러므로 장혜왕 이하로 하겠는데, 이는 단지 『삼국유사』의 기록과 본문 글에 따를 뿐이다.

【계미】장혜왕 25년주나라 강왕(康王) 21년 장혜왕이 노쇠하여, 왕위를 태자 순(洵)에게 전위하고 별궁에서 한가로이 기거하였다. 태자가 왕위를 이어받으니, 이가 경효왕(敬孝王)이다.

【갑신】경효왕(敬孝王) 원년주나라 강왕 22년 경효왕이 부왕인 장혜왕을 지극히 효도하며 섬겼다. 큰 추위나 더위가 오거나 비가 내리더라도, 별궁에 머무는 장혜왕을 하루에 세 번 조알하였다.

【신묘】경효왕 8년주나라 소왕(昭王) 3년 장혜왕이 승하하였다.

【경술】경효왕 27년주나라 소왕 22년 왕이 승하하자 아들 백(伯)이 즉위하였는데, 이가 공정왕(恭貞王)이다.

【신해】공정왕 원년주나라 소왕 23년 백관을 15품으로 나누었고, 상대부(上大夫)·하대부(下大夫) 등의 관직을 두었으며, 관대(冠帶)와 의상(衣裳)의 제도를 정하였다.

【경진】공정왕 30년주나라 목왕 원년 왕이 승하하여 아들 춘(椿)이 즉위하였는데, 이가 문무왕(文武王)이다.

【신사】문무왕 원년주나라 목왕 2년 인월(寅月)을 한해의 정월로 삼았다. ○ 법률과 도량형을 정하였다. ○ 시위군(侍衛軍)을 6부(部)와 59대(隊)로 만들었다. 부에는 상중하(上中下)가 있어 대부 3인이 각기 2개의 부를 통솔하였다. 대에는 각기 장(長)과 사졸(士卒)이 있었으니, 모두 7,375인이다. 정모(旌旄)와 절기(節旗)는 푸른 색깔을 숭상하였다.

【무신】문무왕 28년주나라 목왕 29년 왕이 승하하여 아들 공(孔)이 즉위하였는데, 이가 태원왕(太原王)이다.

【임자】태원왕 4년주나라 목왕 33년 왕이 승하하여 조카[從子] 요하백(遼河伯) 장(莊)이 즉위하였으니, 이가 경창왕(景昌王)이다. 유주후(儒州侯) 인(仁)의 아들이다.

【계축】경창왕 원년주나라 목왕 34년 경창왕의 아우 소(昭)를 상대부(上大夫)로 삼았다.

【계해】경창왕 11년주나라 목왕 44년 왕이 승하하여 아들 착(捉)이 즉위하였으니, 이가 흥평왕(興平王)이다.

【갑자】흥평왕 원년주나라 목왕 45년 겨울에 우박이 비처럼 많이 내리니, 소와 말이 많이 죽었다. ○ 처음으로 자모전(子母錢)을 주조하였다.

【정축】흥평왕 14년주나라 공왕(共王) 3년 왕이 승하하여 아들 조(調)가 즉위하니, 이가 철위왕(哲威王)이다.

【무인】철위왕 원년주나라 공왕 4년 봄에 철위왕이 북쪽 변경을 순행하였다. ○ 영경보(英慶父)를 목사(牧師)로 삼았다.

【을미】철위왕 18년주나라 의왕(懿王) 9년 왕이 승하하여 아들 색(索)이 즉위하였으니, 이가 선혜왕(宣惠王)이다.

【병신】선혜왕 원년주나라 의왕 10년 봄에 선혜왕(宣惠王)이 교외에서 백성들이 파종하는 것을 보았고, 친히 양고기와 술을 가지고 와서 농민들을 위로하였다. ○ 양현원(養賢院)을 설치하여 백성 중에서 총명하고 준수한 이를 가려 뽑아서 육예(六藝)를 가르쳤다. ○ 직언경(直言磬)을 궁궐 문 위에 달아서 백성 가운데 원통한 자에게 두드리게 하였다. 선혜왕이 친히 그의 말을 듣고 처리하였는데, 왕에게 과실이 있다고 말하는 이가 있으면, 물 흐르듯이 잘 따랐기 때문에 조야가 크게 기뻐하였다.

【갑자】선혜왕 29년주나라 효왕(孝王) 13년 왕이 승하하여 아들 사(師)가 즉위하였으니, 이가 의양왕(誼讓王)이다.

【을축】의양왕 원년주나라 효왕 14년 후원(後苑)에 청류각(淸流閣) 300간(間)을 건설하고 신하들에게 큰 연회를 베풀었다. ○ 역병이 크게 일어났다. 의양왕이 친히 여제(旅祭)를 거행하여 역병이 그치기를 기원하였다.

【정사】의양왕 53년주나라 여왕(厲王) 35년 왕이 승하하고 아들 염(炎)이 즉위하였으니, 이가 문혜왕(文惠王)이다.

【무오】문혜왕 원년주나라 여왕 36년 윤환법(輪環法)대략 진대(賑貸)의 유형이다.을 제정하여 가난한 백성들을 구제하였다. ○ 주군(州郡)에 오교장(五敎長)을 설치하였다.

【정미】문혜왕 50년주나라 선왕(宣王) 34년 왕이 승하하고 아들 월(越)이 즉위하였으니, 이가 성덕왕(盛德王)이다.

【무신】성덕왕 원년주나라 선왕 35년 여름 4월에 가뭄이 들었다. 이에 성덕왕이 친히 백악(白岳)에서 기도를 올렸더니, 큰비가 왔다. ○ 경성(京城)을 축성하였다. ○ 바다 인근에 사는 백성들이 조수와 악어에게 제사 지내는 것을 금지하였다.

【임술】성덕왕 15년주나라 유왕(幽王) 3년 왕이 승하하고 아들 직(職)이 즉위하였으니, 이가 도회왕(悼懷王)이다.

【갑자】도회왕 2년주나라 유왕 5년 성덕왕이 세상을 떠났는데, 후사가 없었다. 신하들이 문혜왕(文惠王)의 후손 밀운백(密雲伯)의 아들 우(優)를 왕으로 옹립하였는데, 이가 문열왕(文烈王)이다.

【을축】문열왕 원년주나라 유왕 6년 왕은 장정(長靜) 지역의 처사(處士) 감가찰(甘加察)이 재주와 덕이 있다는 이야기를 듣고는 사람을 보내서 불러 상대부(上大夫)로 삼으려 하였다. 감가찰이 이를 고사하니, 문열왕은 손님에 대한 예로서 그를 대접하며 득실(得失)의 도리를 자문하였다. 감가찰은 그 후 태백산(太伯山)에 들어가 은둔하였는데, 끝내 어떻게 되었는지는 알지 못한다.

【기묘】문열왕 15년주나라 평왕(平王) 9년 문열왕이 승하하여 목(睦)이 즉위하였으니, 이가 창국왕(昌國王)이다.

【임진】창국왕 13년주나라 평왕 22년 왕이 승하하여 태자 평(平)이 즉위하였으니, 이가 무성왕(武成王)이다. 그때 나이가 8세였기 때문에 태후가 조정에서 청정(聽政)하였다.

【계사】무성왕 원년주나라 평왕 23년 처음으로 수군(水軍)을 두어 전함을 만들었다. ○ 양로례(養老禮)를 크게 거행하였는데, 공경사서(公卿士庶) 중에서 나이 70세 이상인

사람들에게 연회를 베풀었다.

【무오】무성왕 26년 주나라 평왕 48년 왕이 승하하여 아들 궐(闕)이 즉위하였는데, 이가 정경왕(貞敬王)이다.

【기미】정경왕 원년 주나라 평왕 49년 여름 5월 초하루 일식(日食)으로 낮에 어두웠다. 까마귀와 까치가 시끄럽게 울면서 사람들의 집으로 날아 들어왔다. 정경왕이 여러 신하에게 묻기를, "어찌해야 이 변(變)을 그치게 할 수 있겠는가?"라고 하였다. 신하들이 대답하여 말하기를, "오직 대왕께서 덕정(德政)을 닦으시고, 형벌을 살피시며, 거두어들이는 세금을 적게 하시기 바랍니다"라고 하였다. 정경왕이 신하들의 제안을 따랐다.

【신미】정경왕 13년 주나라 환왕 10년 큰 흉년이 들었다. 이에 상업에 종사하는 사람들 가운데 제(齊)나라와 노(魯)나라의 말에 능통한 수십 명을 뽑아서 선원 1,000명과 함께 물고기·소금·동·철을 배에 싣고 바다를 건너 제나라와 노나라 국경에 가서 쌀 10,000여 곡과 바꾸어서 돌아왔다. 굶주린 백성들을 구제하고, 백관의 녹을 반으로 줄였다.

【정축】정경왕 19년 주나라 환왕 16년 정경왕이 승하하여 아들 회(懷)가 즉위하였으니, 이가 낙성왕(樂成王)이다.

【무인】낙성왕 원년 주나라 환왕 17년 봄 3월에 낙성왕이 군현(郡縣)을 순행하며 백성들의 어려움과 고통을 살폈다. ○ 낙성왕이 친히 종묘에 악장(樂章) 15장을 지어 올렸다.

【병신】낙성왕 19년 주나라 장왕(莊王) 12년, 기원전 685년 이때 팽원(彭原)에 무녀(巫女)

영운(鈴雲)이라는 자가 있었다. 스스로 칭하기를 동해(東海) 용왕신의 딸이라 하며 하늘의 바람을 부는 법, 비를 내리는 방법, 관인의 화복을 알 수 있다고 하여 백성들이 그에게 달려가 섬겼다. 낙성왕이 이를 듣고서는 대노하여 말하기를, "이런 게 용납될 수 있단 말인가!"라고 하며 그를 극형으로 다스려 머리를 잘라 효시하라고 명하였다.

【을사】낙성왕 28년 주나라 혜왕(惠王) 원년 낙성왕이 승하하여 아들 존이 즉위하였으니, 이가 효종왕(孝宗王)이다.

【병오】효종왕 원년 주나라 혜왕 2년 효종왕은 제(齊)나라 후(候) 소백(小白)이 중국 구주의 백(伯)을 칭하였다는 이야기를 듣고는 상대부(上大夫) 선우익(鮮于益)을 제나라에 파견하여 빙물(聘物)을 보내자, 선우익은 제나라와 수호하고 돌아왔다. ○ 경성(京城)에 제양원(濟養院) 500간(間)을 설치하여 국내의 홀아비와 과부 및 고아, 늙어서 자식이 없는 사람들을 거두어서 입을 것과 먹을 것을 주어 여생을 마치도록 하였다. ○ 범장율(犯贓律)을 세웠다. 무릇 관리가 되어서 관청의 돈 일백만 전을 착복한 자와 백성의 재물 일백 오십만 전을 탈취한 자는 죽이고, 그 집안사람들은 변방에 옮기도록 하였다.

【갑인】효종왕 9년 주나라 혜왕 10년 박사관(博士舘)을 두어 공경(公卿) 중에 재주와 덕을 겸비한 이를 뽑아 두게 하였고, 박사관 내에서 군국(郡國)의 큰일을 공동으로 논의하게 하였다. ○ 제나라 후가 사인(使人) 공손각(公孫恪)을 파견하여 보빙(報聘)하도록 하였다.

【정사】효종왕 12년 주나라 혜왕 13년 봄 3월에 감미로운 이슬이 후원에 내렸다. 여러 신하가 효종왕에게 나아가 왕의 덕을 칭송하였지만, 효종왕은 겸양하여 받지 않았다. ○ 겨울 10월에 북적(北狄) 추장 길리도두(吉利都頭)가 와서 조회하였다. 효종왕은 상을 내리고 돌려보냈다.

【임술】효종왕 17년주나라 혜왕 18년 효종왕에게 병이 생겨 수개월 동안 조회를 보지 못하였다. 표류해 온 백일청(伯一淸)이라는 자가 있었는데, 스스로 주나라 사람이라 하며 황제 헌원씨(軒轅氏)에게서 연단술(煉丹術)을 배워 사람을 소생시키고 수명을 늘리는 기묘한 술법이 있다고 하며 동해의 신령스러운 산을 찾으려고 왔다고 하였다. 여러 신하가 듣고서 기이하게 여겨서 백일청을 불러 왕에게 보여 주어서 백일청의 술법을 시험하도록 청하였다. 효종왕이 말하기를, "인간 수명의 길고 짧음은 하늘에 달렸다"라고 하면서 결국 백일청을 물리쳤다. 효종왕이 승하하자 태자 효(孝)가 즉위하였으니, 이가 천로왕(天老王)이다.

【계해】천로왕 원년주나라 혜왕 19년 왕이 동궁 시절에 백일청(伯一淸)의 술법에 미혹되었는데, 지금에 이르러서 백일청을 불러 입궁시키고는 국사(國師)로 삼아 매우 후대하였다. 여러 신하가 기뻐하지 않았다.

【경오】천로왕 8년주나라 양왕 원년 흘골산(紇骨山)에 구선대(求仙臺)를 건축하였는데, 대의 높이는 500장(丈)으로 무늬를 새긴 돌로 건축하였다.

【기묘】천로왕 17년주나라 양왕 10년 천로왕이 제(齊)나라 후(侯) 소백(小白)이 세상을 떠났다는 이야기를 듣고 사신을 보내어 조문하였다. ○ 천로왕이 비류강(沸流江)에 놀러 나갔다. 악공 수백 명에게 영선악(迎仙樂)을 연주하게 하고, 궁녀에게 영선무(迎仙舞)를 추게 하였다.

【병술】천로왕 24년주나라 양왕 17년 왕이 태자 양(襄)에게 전위(傳位)하고 자신을 천로왕이라 불렀다. 태자가 왕위에 올랐으니, 이가 수도왕(修道王)이다.

【정해】수도왕 원년주나라 양왕 18년 왕이 백일청(伯一淸)에게 심히 미혹되어서 그에게 봉작을 더 높여주어 국태사(國太師)로 삼았다. 왕의 은총이 날로 커지니 백일청

은 왕의 지지를 등에 업고 교만해져서 위력을 제멋대로 써서 관리들에게 복록을 내리기도 하였다. 석주(石州) 사람 염서적(冉西赤)이 궐에 나아가 머리를 부딪히며 백일청의 죄상을 극렬하게 논박하였다. 왕이 이를 듣고 노하여 염서적을 전성(甄城)으로 쫓아내 말 목장을 감독하게 하였다. 염서적은 걱정과 번민으로 병이 생겨서 세상을 떠났다.

【신묘】 수도왕 5년 주나라 양왕 22년 천로왕은 백일청이 주는 단약(丹藥)을 먹고 독이 발생하여 승하하였다. ○ 왕은 백일청의 도를 닦는 논설에 매혹되었다고 하여 자신을 수도왕이라고 칭하였다.

【정유】 수도왕 11년 주나라 양왕 28년 패강(浿江) 중류에 산 하나를 만들었다. 형상을 신산(神山)처럼 하였는데, 금벽(金碧)으로 누대(樓臺)를 만들었다.

【신축】 수도왕 15년 주나라 양왕 32년 대신(大臣) 서문장수(西門長壽)가 백일청을 주살하려고 모의하였다. 그 집안 사람 중에 서문장수에게 원한을 품은 자가 있었는데, 백일청에게 서문장수의 모의 내용을 몰래 알려 주었다. 이에 백일청은 서문장수를 모함하여 서문장수가 모반하였다고 수도왕에게 아뢰었다. 수도왕은 이에 서문장수를 죽였다.

【을사】 수도왕 19년 주나라 경왕(頃王) 3년 백일청의 제자 노룡(盧龍)에게 명하기를, "뱃사공 일천여 명을 이끌고 큰 배 수십 척을 타고 동해를 건너가서 죽도(竹島)에서 신산(神山)을 구해오라"라고 하였다. 배들이 태풍을 만나 뒤집혔는데, 오직 노룡이 탑승한 배만 난리를 피하고 돌아왔다. 하대부(下大夫) 공손강(公孫康)이 나아가 아뢰기를, "노룡은 백일청을 도와 간악한 짓을 하고 죄가 없는 사람들을 죽게 하였으니, 그 죄를 다스립시오"라고 하였다. 수도왕이 분노하여 공손강을 옥에 가두었다. ○ 수도왕이 단약을 복용하고 나서 얼굴을 찌푸리더니, 승하하였다. 태자 이(邇)가 왕위에 올

랐으니, 이가 휘양왕(徽襄王)이다.

【병오】휘양왕 원년주나라 경왕 4년 백일청(伯一淸)과 노룡(盧龍) 두 사람을 주살하니, 경내의 사람들이 서로 축하하였다. ○ 공손강(公孫康)을 사면하고 상대부(上大夫)로 삼았다.

【임술】휘양왕 17년주나라 정왕(定王) 8년 공손강이 왕을 찾아뵈었다. 공손강이 드디어 재물과 이익을 꾀하고자 휘양왕에게 말하기를, "지금 국가 재정이 부족하니, 마땅히 환궤세(闤闠稅) 호세(戶稅)이다.를 더해서 거두어야 합니다"라고 하였다. 휘양왕이 이를 좇으니, 공손강이 세금 거두는 것에 농간을 부리어 그 사욕을 채웠다. 사람들이 원망하며 소요하였다.

【병인】휘양왕 21년주나라 정왕 12년 왕이 승하하여 태자 참(參)이 즉위하였으니, 이가 봉일왕(奉日王)이다. 당시 나이는 5세였다.

【임신】봉일왕 6년주나라 정왕 18년 공손강(公孫康)이 왕의 숙부 정(靜)을 죽였다. 이때 정은 왕이 어려 국정을 대리 청정하였는데, 사람됨이 정직하였다. 공손강이 정사에 간여하지 못할까 걱정하여 어느 날 연회를 베풀어서 정을 대접하고는 이때 자객을 시켜 정이 술에 취한 틈에 정을 칼로 찔러 죽였다. 공손강은 이에 거짓으로 놀란 척하며 노하여 말하기를, "네 이놈, 어찌 감히 이런 일을 벌였느냐!"라고 하고서는 집안의 노비를 급히 불러 자객을 잡아다 찔러 죽여서 그 입을 막았다. 곧바로 대궐로 쳐들어가서 이 사실을 봉일왕에게 아뢰었다.

【병자】봉일왕 10년주나라 간왕(簡王) 원년 공손강은 왕을 높여 봉일왕이라고 하고서는 왕을 대신하여 강이 스스로 섭정하였다. 태백(太伯)이 되어서는 무단으로 정사를 천단하면서 날로 교만해지고 사치스러워져서 제사와 향연에서도 모두 왕의 예법을

차용하여 썼으며, 관리의 강등과 출척에서도 오로지 기쁘면 기쁜 때로 화나면 화난 대로 하니, 봉일왕은 공수(拱手)만 할 뿐이었다.

【임오】봉일왕 16년주나라 간왕 7년 공손강의 교만함과 사치가 날로 심해져서 사람을 시켜서 봉일왕에게 태백의 공을 높여서 마땅히 면복(冕服)을 주어 기려줄 것을 청하게 하였다. 봉일왕은 공손강의 작태를 알고 노하여 말하기를, "어찌 나의 왕위를 대신하기 위해서 면복을 구하려는가?"라고 하였다. 공손강이 이를 듣고 두려워하며 왕을 별궁에 유폐시켰다. 왕은 근심과 울분으로 병이 나서 결국 승하하였다. 하대부(下大夫) 남궁제성(南宮齊成)이 평소 가슴에 큰 뜻을 품고 있었는데, 화의후(和義侯) 근(僅, 천로왕의 현손)이 나라를 태평하게 할 만한 대왕의 상이 있음을 보았다. 남궁제성은 화의후를 옹립하고자 하여 공손강을 찾아서 말하기를. "나에게 공을 위한 계책이 있습니다. 지금 공께서 왕의 아들을 세우시면, 공에게 예측할 수 없는 화가 있을 것입니다. 만약 왕의 먼 친족을 세우신다면, 그가 공의 덕을 가슴 깊이 고마워할 것입니다. 공께서는 편안히 부귀를 누리지 않으시렵니까?"라고 하였다. 공손강도 그렇게 생각하여서는 남궁제성에게 묻기를, "그렇다면 누구를 왕으로 세우는 것이 좋겠소?"라고 하였다. 남궁제성이 대답하여 말하기를, "제가 보기에는 화의후가 왕실로서는 먼 친척이 되고, 또 사람됨이 편안하고 유약합니다"라고 하였다. 공손강은 이에 화의후 근을 맞아 왕으로 옹립하니, 이가 덕창왕(德昌王)이다.

【계미】덕창왕 원년주나라 간왕 8년 남궁제성(南宮齊成)이 왕에게 공손강(公孫康)을 주살할 것을 권하였다. 또 말하기를. "공손강은 지금 대왕의 동정(動靜)을 살피고 있으니, 공손강에게 공신의 칭호를 주어 그 마음을 안심시키십시오. 그런 다음에 시의에 따라 도모하시기 바랍니다"라고 하였다. 왕이 남궁제성의 간언을 좇아서 공손강에게 공신호를 주었다.

【갑신】덕창왕 2년주나라 간왕 9년 왕과 남궁제성은 비밀리에 공손강의 제거를 의논

하였다. 왕은 연회를 베풀어 공손강과 남궁제성에게 음식을 대접하였다. 이에 앞서 대궐 처마 아래에 군사들을 매복시켜 놓았는데, 술 마시며 밤을 보냈다. 왕이 측간을 가기 위해서 일어나자 남궁제성이 매복했던 군사들을 동원하여 공손강을 붙잡아 죽이고는 그 나머지 잔당들을 섬멸하였다. ○ 덕창왕은 남궁제성의 공에 상을 내리고, 처음으로 아형부(阿衡府)를 설치하여 남궁제성을 태아형(太阿衡)으로 삼았다.

【경자】덕창왕 18년주나라 영왕(靈王) 11년 왕이 군현을 순행하다가 요원(遼原)에서 승하하였다. 아들 삭(朔)이 즉위하였으니, 이가 수성왕(壽聖王)이다.

【신축】수성왕 원년주나라 영왕 12년 하이(蝦夷) 훼요군후리(卉厶攃厚氂)가 와서 공물을 바쳤다.

【갑진】수성왕 4년주나라 영왕 15년 태아형(太阿衡) 남궁제성(南宮齊成)이 세상을 떠났다. 수성왕은 친히 백관을 거느리고 상여를 교외에 보냈다. 남궁제성은 정사를 보면서 공평하고 관리를 등용함에 있어서는 어진 이를 올리고 사특한 이를 물리쳤기 때문에 조정과 민간에서 칭송하였다.

【경술】수성왕 10년주나라 영왕 21년 공자는 주나라의 노국 (魯國) 창평향(昌平鄕)에서 태어났다. 이름은 구(丘)이고, 자는 중니(仲尼)이다. 공자는 중용(中庸)의 도로서 유가의 가르침을 바르게 세웠다. 요임금과 순임금의 규범 및 문왕과 무왕을 서술하고, 여러 성현의 크게 이룩한 것을 모았다. 나이 73세에 세상을 떠났으니, 중국 사람들이 사표로 삼았다. 여러 나라 중에서도 유독 우리나라가 공자의 가르침을 존중하고 따랐다.

【정묘】수성왕 27년주나라 경왕(景王) 11년 웅국진(熊國琛)을 태사로 삼았다. 웅국진은 정양(定襄) 사람이다. 수성왕은 웅국진이 어질다는 이야기를 듣고서 그를 불러 태

사로 삼고 정치를 논하게 하였다. 드디어 이러한 등용이 있어서 모두가 크게 기뻐하였다.

【신사】수성왕 41년주나라 경왕 25년 왕이 승하하여 아들 여(藜)가 왕위에 올랐는데, 이가 영걸왕(英傑王)이다.

【임오】영걸왕 원년주나라 경왕(敬王) 원년 연삭수(連朔守) 황이장(媓彛長)이 재물을 탐내고 백성들을 해친다고 하여 삶아 죽였다.

【병신】영걸왕 15년주나라 경왕 15년 북쪽 오랑캐가 국내로 들어와 약탈하였다. 왕은 친히 정예 병사 3천여 명으로 그들을 벌하였는데, 목을 벤 이가 천여 명이었다. 드디어 패주하는 북쪽 오랑캐를 추격하여 북쪽으로 땅 천여 리를 개척하였다.

【정유】영걸왕 16년주나라 경왕 16년 왕이 태자 강(岡)에게 전위하여 태자가 즉위하였으니, 이가 일성왕(逸聖王)이다. ○ 영걸왕은 사냥을 좋아하였는데, 친히 정예 기병을 이끌고 가서 북쪽 변방에서 수렵하였다.

【무술】일성왕 원년주나라 경왕 17년 주군(州郡)에 향헌장(鄕憲長)을 두어 부모에게 효도하고 웃어른을 공경하는 법도를 권장하고, 농사일에 힘쓰도록 하였다.

【경자】일성왕 3년주나라 경왕 19년, 기원전 501년 왕이 포주(抱州) 행궁에서 승하하였다.

【갑인】일성왕 17년주나라 경왕 33년 왕이 승하하여 아들 혼(混)이 왕위에 올랐으니, 이가 제세왕(濟世王)이다.

【갑자】제세왕 10년주나라 경왕 43년 겨울 11월 동지 며칠 후에 궁궐 후원에 복숭아 나무와 자두나무의 꽃이 피었다. 여러 신하가 왕에게 나아가 공덕을 칭송하자 왕이 말하기를, "꽃이 필 때가 아닌데도 꽃이 피는 것은 재앙인데, 경들은 도리어 이를 상서로운 징조라고 하는가?"라고 하며 결국 신하들의 칭송을 받지 않았다. ○ 당시 백성 중에 몰래 제(齊)나라나 노(魯)나라와 무역하는 이들이 있었는데, 왕이 이를 듣고 변경에 다툼이 있을까 근심하여 유사(有司)에 명하여 이를 금지하게 하였다.

【을해】제세왕 21년주나라 정정왕(貞定王) 3년 왕이 승하하여 아들 벽(璧)이 즉위하였으니, 이가 정국왕(靖國王)이다.

【경진】정국왕 5년주나라 정정왕 8년 여름 4월에 3일간 비가 곡물이 되어 내렸다. 백성들이 그 곡물을 쪄서 먹으니, 맛이 묵은쌀[陳米]과 같았다.

【신묘】정국왕 16년주나라 정정왕 19년 진언관(進言舘)을 두어 여러 신하 중에서 정직한 수십 명을 뽑아 법규를 제출하고 간언하도록 하였다. ○ 요련(遼連) 사람 도긍유(堵担歈)가 효를 다해 부모를 섬긴다는 것을 왕이 듣고 말하기를, "어버이에게 효도하는 이가 어찌 군왕에게 충성스럽지 않겠는가!"라고 하였다. 이에 도긍유를 불러 등용하였는데, 관직이 태아형에 이르렀다.

【무신】정국왕 33년주나라 고왕(考王) 8년 왕이 승하하여 아들 징(澄)이 왕위에 올랐으니, 이가 도국왕(導國王)이다.

【을묘】도국왕 7년주나라 고왕 15년 태안(太安)의 사냥군 우화충(宇和冲)이 자신의 날래고 용맹함을 믿고서는 스스로 장군이라 칭하고 수만 명을 모아서 북부의 36군을 공격하여 함락시켰다. 왕이 군사를 보내어 이를 방어하였지만, 이기지 못하였다. 겨울 10월에 도적들이 드디어 서울[京師]로 진격하여 에워싸니, 왕이 종묘와 사직을 받

들고 바다 건너 혈구(穴口)로 피난하였다.

【정사】도국왕 9년주나라 위열왕(威烈王) 2년 왕이 군사를 거느리고 경성을 회복하고 우화충의 목을 베었다. 왕의 거가(車駕)가 경성으로 돌아왔다.

【정묘】도국왕 19년주나라 위열왕 12년 왕이 승하하고 아들 즐(騭)이 즉위하였으니, 이가 혁성왕(赫聖王)이다.

【임신】혁성왕 5년주나라 위열왕 17년 주군(州郡)에 감찰관(監察官)을 파견하여 향리와 백성들의 선악을 규찰하였다.

【무인】혁성왕 11년주나라 위열왕 23년 북쪽 오랑캐의 추장 목수길강흑(穆修吉康黑)이 들어와 공물을 바쳤다. ○ 연(燕)나라 희공(僖公) 장(莊)이 사신을 파견하여 빙물(聘物)을 보냈다.

【을미】혁성왕 28년주나라 안왕(安王) 16년 왕이 승하하여 아들 습(謵)이 즉위하였으니, 이가 화라왕(和羅王)이다.

【신축】화라왕 6년주나라 안왕 22년 연(燕)나라 사람이 변방을 침입하였다. 군수 묘춘장(苗春長)이 그들을 공격하여 패배시켰다.

【신해】화라왕 16년주나라 열왕(烈王) 6년 왕이 승하하고 아들 하(賀)가 즉위하였으니, 이가 열문왕(說文王)이다.

【임자】열문왕 원년주나라 열왕 7년 박문관(博文舘)을 설치하여 선비와 백성 중에 재덕이 있는 3백 명을 뽑아서 박사관에 두고 태자에게 학습하게 하였다.

【병진】열문왕 5년주나라 현왕(顯王) 4년 연(燕)나라가 장수에게 군사 2만 명을 통솔케 해서 길을 급히 걸어서 요서(遼西)를 침공하게 하였다. 열문왕이 상대부(上大夫) 위문언(衛文言)에게 명하여 군사를 이끌고 은밀히 방어하도록 하였다. 위문언이 군사들에게 오도하 주변 갈대숲에 숨어 있으라 말하고, 연나라 군사가 오도하(五道河)를 절반 정도를 넘어오기를 기다렸다가, 군사를 몰아 공격하여 연나라 군사를 크게 이겼다.

　이 해[年]에 대해 예부터 전해 내려오는 이야기를 살펴보면, 아래의 글에서는 "연나라 장수 진개(秦介)가 운운"이라고 말하였지만, 이른바 진개라는 자는 옛 사서에 보이는 진개(秦開)라는 자와 자(字)와 음(音)이 서로 비슷하다. 일은 조금 다르지만, 어찌 그것이 다르다고 하겠는가! 그러나 나는 특별히 그 물음이 잘못된 문장인지 염려된다. 그러므로 지금 진개(秦介)의 두 글자를 써서 앞부분처럼 한다.

　【정사】열문왕 6년주나라 현왕 5년 연나라 장수가 패하고 나서 연운도(連雲島)로 군사를 이동하여 주둔하고 있었다. 배를 만들어 준비해서 바다를 건너 습격하려고 했는데, 위문언이 그 계책을 미리 탐지하고 있어서 그들을 습격하여 패배시켰다. 연나라의 장수[진개]를 활로 쏘아 죽이니, 남은 무리가 결국 다 도망가 버렸다.

　【기미】열문왕 8년주나라 현왕 7년 가을에 왕이 승하하여 아들 화(華)가 왕위에 올랐으니, 이가 경순왕(慶順王)이다.

　【갑자】경순왕 5년주나라 현왕 12년 봄 정월에 지진이 일어났다.

　【을해】경순왕 12년주나라 현왕 19년 북쪽 오랑캐의 추장 액니거길한(厄尼車吉汗)이 찾아와서 말 2백 필을 바치며 함께 연(燕)나라를 공격하자고 청하였다. 왕은 하대부(下大夫) 신불사(申不死)를 장수로 삼고 군사 2만 명을 주어 파견하였다. 신불사와 북쪽 오랑캐 1천 기병이 합동으로 연나라의 상곡성(上谷城)을 공격하여 이를 빼앗았다.

【무인】경순왕 19년 주나라 현왕 26년 상곡성 전투부터 연나라는 매년 조선을 침공하였는데, 뜻을 이루지는 못했다. 지금에 이르러 연나라가 사신을 파견하여 평화를 청하니, 왕이 이를 허락하였다. ○ 왕이 승하하여 아들 후(詡)가 왕위에 올랐는데, 이가 가덕왕(嘉德王)이다.

【기묘】가덕왕 원년 주나라 현왕27년 여름에 큰 가뭄이 들었다. 왕이 이를 근심하여 억울하게 옥에 갇힌 이들에게 크게 사면령을 내렸으며, 또한 친히 우제(雩祭)를 거행하였다.

【무술】가덕왕 20년 주나라 현왕 46년 이에 앞서 기자(箕子)가 죽고 그 후손이 주(周)나라를 섬겨 제후가 되었다. 그러다가 왕에 이르러서 연(燕)나라의 역왕(易王)이 참람하게 왕의 명칭을 칭하더니, 장차 조선을 공격하려고 하였다. 이에 가덕왕이 군사를 일으켜서 연나라의 죄를 묻고, 주나라를 높이려 하였다. 그러나 대부 왕례(王禮)가 간하니, 가덕왕은 이에 연나라에 대한 공격을 중지하였다. 가덕왕은 대부 왕례로 하여금 서쪽으로 연나라에 파견하여 설득하니, 연나라도 중지하여 공격을 멈추었다. 이에 가덕왕도 후의 칭호를 버리고 왕의 명칭을 칭하였다. 혹자는 말하기를, 이때 기자 이하 29세대의 선조에게 왕의 명칭을 추존하였다고 한다.

역사서에 기록된 것을 보면, 대부 왕례는 그 성(姓)이 없다. 지금 보존된 역사 기록에 따라 성을 보충한다. 또한 옛 사서를 살펴보면, 조선후(朝鮮侯)는 연나라가 왕의 명칭을 칭한 것을 보고 조선후도 스스로 왕의 명칭을 칭하고 군사를 일으켜 연나라를 공격하여 주나라를 높이고자 하였다고 한다. 나 또한 왕의 명칭을 칭하고서 다른 사람의 왕명 칭함을 책망하고자 하는 것에는 이유가 있는 것인가? 이것은 조선이 왕의 명칭을 칭하고, 단연코 왕례가 연나라의 후를 설득했다는 것을 아는 것이니, 사서는 이를 잘못 기록한 것이다. 그러므로 지금 기록을 위와 같이 고친다.

【계묘】가덕왕 25년 주나라 신정왕(愼靚王) 3년 왕은 연나라의 왕 쾌(噲)가 무도하다는

이야기를 듣고는 군사를 일으켜서 연나라의 왕 쾌를 치려 하였다. 대부 왕례가 왕에게 간하여 말하기를, "무릇 연나라의 왕 쾌가 무도하다고 하는데, 꼭 군사를 일으켜서 치지 않아도 장차 스스로 무너질 것입니다. 또 우리나라의 변방은 다행히 조금 안정되어 있는데, 어찌 먼저 군사를 일으켜서 백성들을 곤란케 하려 하십니까?"라고 하였다. 가덕왕은 왕례의 말이 옳다고 여겨 연나라 치는 것을 중단하였다.

【을사】가덕왕 27년주나라 신정왕 5년 가덕왕은 대신 왕림(王霖, 왕례의 아들)을 주나라에 파견하였다. 주나라의 임금과 신하들은 왕례의 아들을 가리켜 칭찬하고 경탄하지 않는 이가 없었다.

【계해】삼로왕(三老王) 18년주나라 난왕(赧王) 17년 북쪽 오랑캐인 니사(尼舍)가 번랑(翻郞) 악공(樂工)이다. 을 바쳤다. 여러 신하는 오랑캐의 음악이 선왕(先王)의 정음(正音)이 아니라고 하면서 왕에게 받지 말 것을 청하였다. 왕이 말하기를, "먼 지역에서 온 사람이 바친 것을 어찌 물리칠 수 있는가?"라고 하면서 받고, 북쪽 오랑캐의 사신에게 후한 상을 내려주었다.

【경오】삼로왕 25년주나라 난왕 24년 왕이 태자 석(釋)에게 전위(傳位)하며 자신을 삼로왕이라고 칭하였고, 태자가 즉위하였다.

【신미】현문왕(顯文王) 원년주나라 난왕 25년 봄 정월에 주군(州郡)에 명하여 어질고 훌륭한 인사를 뽑으라고 명하니, 일시에 뽑힌 자가 2백여 명이었다. ○ 삼로왕이 승하하였다.

【기묘】현문왕 9년주나라 난왕 33년 왕이 교외에 나가 친경(親耕)하였다. ○ 백악(白岳)에 단군묘(檀君廟)를 세우고, 유사(有司)에 명하여 사시사철 제사 지내게 하였다.

【기유】현문왕 39년 동주군(東周君) 4년 연나라에서 사신을 보내어 빙물을 보내왔다. ○ 왕이 승하하니, 호를 현문왕이라 하였다. 아들 윤(潤)이 왕위에 올랐다.

【계축】장평왕(章平王) 4년 중국 제·초·연·조·위·한·진 7국 겨울 10월 초하루에 일식이 일어나서 낮에 어두웠다. 왕이 양재(禳災, 악귀나 재앙을 막기 위한 제사)의 방법을 물었다. 일자(日者) 뇌만생(雷萬生)이 아뢰기를, "대저 날[日]은 태양의 정(精)입니다. 지금 일식이 이처럼 심하니, 이것은 왕이 된 자가 하늘을 섬김에 있어서 공경심이 없고, 대신이 권력을 마음대로 휘두르기 때문입니다. 이는 천하를 갈라놓을 징조입니다. 대왕께서는 덕정에 힘쓰시기를 바라옵니다"라고 하였다. ○ 북쪽 오랑캐 아리당부(阿里當夫)가 군사를 보내어 연나라를 치기를 청하였다. 왕이 이를 허락하지 않자, 오랑캐 사람들이 원한을 품고 결국 조공하지 않았다.

【무진】장평왕 19년 중국 제·초·연·조·위·한·진 7국 왕이 북쪽 오랑캐가 오래도록 조선에 조공하지 않자, 그들을 정벌하고자 하였다. 신하들이 간하기를, "이적(夷狄)은 평소 신의가 없었습니다. 단지 기미(羈縻)의 방책만이 필요할 뿐입니다. 지금 대왕께서 군사를 몰아 멀리 정벌하러 가시는데, 불가하지 않겠습니까?"라고 하였다. 왕이 듣지 않고 친히 군사를 이끌고 북쪽 오랑캐를 공격하였다. 장평왕은 대패하고 돌아왔다. ○ 왕이 승하하니, 호를 장평왕이라고 하였다. 아들 부(否)가 왕위에 올랐다.

【기사】종통왕(宗統王) 원년 중국 제·초·연·조·위·한·진 7국 대기근이 발생하였다. ○ 제영서(諸營叙)를 사법(司法)으로 삼았다. 제영서는 일찍이 군(郡)에서 감옥을 다스리는 옥리(獄吏)였을 때의 이야기를 듣고 왕이 불러 등용시켰다.

【임신】종통왕 4년 중국 제·초·연·조·위·한·진 7국 북쪽 오랑캐의 추장 산지객륭(山只喀隆)이 영주(寧州)를 습격하여 주수(州守) 목원등(穆遠登)을 죽이고 크게 약탈한 뒤 돌아갔다.

【기묘】종통왕 11년중국 제·초·연·조·위·한·진 7국 왕이 승하하니, 호를 종통왕이라고 하였다. 아들 준(準)이 왕위에 올랐다.

【병술】애왕(哀王) 7년진나라 시황(秦始皇) 12년 이에 앞서 조선은 강성하여 그 땅이 동남쪽으로 열수(洌水) 지금의 한강이다.에 이르렀고, 서쪽으로는 요하를 넘어서 연나라와 접하였다. 연나라는 그 나라의 장수 진개(秦開)그해의 조문은 전하지 않는다. 가 조선의 서쪽 경계를 공격하여 땅 2천여 리를 탈취하고 만번한(滿潘汗) 혹은 낙랑번국(樂浪潘國), 혹은 요동(遼東) 번한현(番汗縣)이라 이른다.에 이르러서는 이곳을 경계로 하니, 조선은 드디어 약해졌다. 이때에 이르러 진나라가 중국을 통일하고 장성(長城)을 축성하여 요동에 이르게 되자, 조선에 사람을 보내어 장성 쌓는 것을 도와주라고 요구하였다. 조선의 왕은 진나라의 강성함을 두려워하여 드디어 백성들을 징발하여 진나라에 보내주었다.

옛 사서를 살펴보면, "기자(箕子)의 후손인 조선후(朝鮮侯)가 주(周)나라의 쇠락한 틈을 타서 연나라가 왕의 명칭을 칭하고 장차 동쪽으로 조선을 침략하려는 것을 보고 조선후 역시 스스로 왕의 명칭을 칭하고 군사를 일으켜 연나라를 치고 주나라를 존숭하려고 하였다. 조선의 대부 례(禮)가 간하자 조선후가 연나라에 대한 침공을 멈추고, 례를 서쪽 연나라에 파견하여 연나라를 설득하니 연나라도 멈추고 조선을 침공하지 않았다. 나중에 그 자손이 점차 교만해지고 흉포해지니, 연나라는 이에 장수를 파견하여 조선의 서쪽 지역을 침공하여 땅 2천여 리를 탈취하여 만번한에 이르러 경계를 삼았다. 그리고 진나라가 중국을 통일하고 장성을 쌓아 요동에 이르게 되자, 조선의 40대 후손인 부(否)가 왕위에 올랐는데, 진나라를 두려워하여 드디어 진나라에 복속하였다. 부가 죽고 그 아들 준(準)이 왕위에 오른 지 20여 년이 지나서, 진승(陳勝)과 항우(項羽)의 거병이 있어서 천하가 혼란해졌다"라고 한다. 대개 진개의 일은 곧 조선이 흥하고 쇠하는 과정 중의 큰 관건이 되는 일이었다. 그 시대의 흘러간 시간은 고찰할 수 없으니, 얼마나 애석한 일인가! 또 진승과 항우의 난리통에 요동에 가서 장성을 쌓는 일을 하고 나서 6~7년이 지나지 않았다. 지금 옛 사서를 보면 20여 년이 지났으니, 이 또한 거칠고 그릇되기로 심한 것이 아닌가? 그러므로 전래되는 사실의 기록에 기록해 둔다.

○ 또 유득공(柳得恭)은 "연경(燕京)에서 평양(平壤)까지는 2,500리을 넘지 않는데, 연나라의 원래 영토를 제외하고 새로 2천여 리의 땅을 개척하였다고 하니, 패수(浿水) 지금의 대동강이다.를 지나 동쪽으로 멀리 싸웠다는 것인가? 이때 기왕(箕王)이 남쪽으로 천도하는 것을 면치 못하였다. 진나라가 연나라 경계를 어루만지고 그것을 요동에 귀속시키고, 위만은 패수를 건너서 진나라의 공지(空地)에 거처하였는데, 또 어찌 의심할 수 있겠는가?"라고 하였다. 또 말하기를, "만번한은 그것은 어디인지 알지 못한다"라고 하였다. 『설문(說文)』에서의 낙랑번국(樂浪潘國)은 아마도 이것이다. 만약 이러한 이야기라면, 진나라의 외요(外徼)는 마땅히 패수의 동쪽에까지 미치고, 한나라의 동쪽 경계는 패수의 서쪽에 이르러 그치게 되니, 기자조선과 위만조선의 도읍지는 모두 패수 동쪽에 있을 것이라고 하였다.

【임진】준왕(準王) 13년진나라 2세 원년 이 해에 진나라의 2세 호해(胡亥)가 제위에 올랐다. 진승(陳勝)이 군사를 일으키니, 중국 천하가 크게 혼란에 빠지게 되었다. 연(燕)나라, 제(齊)나라, 조(趙)나라의 백성들로 망명하여 조선에 귀부한 이가 수만 명에 달하였다.

【무술】준왕 19년한나라 고조(高祖) 4년 북맥(北貊)이 용맹한 기병으로 한나라를 도와 초(楚)나라를 정벌하였다.

생각건대 북맥에 대해 자세히 알지는 못하지만, 어찌 북부여의 옛 나라가 예맥(濊貊)이겠는가?

【기해】준왕 20년 한나라 고조 5년 처음 전성기에 연나라는 진번(眞蕃) 설명이 아래에 보인다.과 조선을 빼앗아 복속시켜서 관리를 두고, 장새(障塞)를 축성하였다. 진나라가 연나라를 멸하고 나서는 이 지역을 요동외요(遼東外徼)에 소속시켰다. 이 시기에 이르러서 한나라가 중국의 천하를 평정하였고, 그 신하 노관(盧綰)을 연왕으로 봉하였다.

한나라는 요동외요 지역이 멀어서 지키기 어렵다고 하여 요동의 옛 요새[古塞]를 다시 수리하여 동쪽으로 패수(浿水) 지금 대동강 혹은 압록강이라고 한다. 를 한계로 삼았다. 이에 조선과 한나라는 패수를 경계로 하게 되었다.

유득공(柳得恭)이 말하기를, "『여지승람(輿地勝覽)』을 살펴보건대, 우리나라 경내에 패수가 세 개가 있었다고 한다. 그중 하나는 『사기(史記)』에서 위만이 동쪽으로 패수를 건넜다고 하는데, 이것은 압록강으로 패수로 본 것이다. 두 번째는 『당서(唐書)』에서 평양성의 남쪽 끝에 패수가 있다고 하는데, 이것은 대동강을 패수로 본 것이다. 마지막으로 세 번째는 『고려사』에서 금천군(金川郡) 저탄(猪灘)을 패수라 하였다 한다. 이것이 이른바 세 개의 패수이다. 『문헌비고(文獻備考)』에서 압록수를 마자수라(馬訾水)라고 변증하였는데, 패수가 아니라면 그럴듯하다. 또 『요사(遼史)』를 인용하여 말하였는데, 요양의 패수는 진정 한나라의 패수라고 한다. 이것이라면 그렇지 않다. 『요사』는 요양부를 평양이라고 하였으니, 또한 강을 패수라고 지적하지 않을 수 없다. 『요사』가 아직 찬술되기 이전에 『당서』에서는 그 남쪽 끝에 있는 패수가 옛 것이라고 말하였다. 『요사』 「지리지」는 태반이 전거와 출처가 확실하지 않거나 틀린 곳이 많으니, 어찌 믿을 수 있단 말인가! 동인(東人)들이 말하는 『고기』와 『요사』는 모두 근거로 삼아서는 안 된다. 그러한 연후에 『동국여지(東國輿地)』는 저탄이 패수라고 분명히 밝히고는 있으나, 이 이름에서는 또한 변증하기 부족하다. 그러하므로 단지 평양의 것만이 패수인 것이다. ○ 연나라가 장새를 축성하였다는 것을 살펴보면, 아마도 만번한(滿潘汗)을 나라의 경계로 정한 일을 가리키는 것으로 보인다.

【병오】준왕 27년한나라 고조 12년 한나라의 연왕(燕王) 노관(盧綰)이 한나라에 반기를 들어 흉노(匈奴)에 투항하였다. 노관의 신하로 연나라 사람 위만(衛滿)이라는 사람이 있었는데, 그는 평소 성질이나 심성이 사납고 거칠었어도 큰 뜻이 있었다. 노관이 흉노로 투항하는 난리통 속에서 위만도 국외로 망명하여 무리 천여 명을 모아 상투를 틀고 조선 사람들이 입는 옷으로 갈아입고는 패수(浿水)를 건너 조선에 투항하였다. 준왕이 위만을 특별히 대해 주었는데, 하대부(下大夫) 단통(單通)이 준왕에게 간하

여 말하기를, "신이 위만을 보았는데, 공손함과 겸양함이 대단히 과하였습니다. 이는 반드시 간사하고 음허한 것이오니, 청컨대, 대왕께서는 이를 살피시옵소서"라고 하였다. 준왕은 노하여 말하기를, "위만이 궁핍하고 형세가 외로워 충심으로 나에게 투항했거늘 도리어 의심하여 꺼리는 마음을 낸다면, 얼마나 어질지 않은 것이겠느냐? 그대는 더이상 말하지 말라"라고 하였다.

단통은 밖으로 나와서 한탄하여 말하기를, "천년이나 된 나라가 필시 망명한 위만의 손에서 위태롭게 되리라"라고 하였다. 위만은 준왕이 자기를 신임하는 것을 알고서 준왕을 은밀히 설득하여 말하기를, "신은 오래도록 연(燕) 지역에 있었기 때문에 요북(遼北)의 지리에 대해서는 훤히 알고 있습니다. 또 호인(胡人)들의 사정도 알고 있습니다. 만약 대왕께서 신에게 조선의 서쪽 변방에 거주하게 하신다면, 감히 온 힘을 다하여 변방을 지키는 소임을 맡겠습니다"라고 하였다. 준왕이 이를 좋게 여겨서 위만에게 박사를 제수하고 나서 규(珪)를 하사하고 진나라의 옛 공지인 상하장(上下障)의 땅 백 리를 봉하여서 위만에게 지키게 하였다.

【정미】준왕 28년 위만조선[魏氏朝鮮]이 나라를 연 지 1년이 지났음. 한나라 혜제 원년 위만이 조선의 서쪽 변경에 거주하면서 연나라에서 망명한 사람들을 유인하여 점차 무리가 많아졌다. 이에 사람을 준왕에게 보내 거짓으로 고하여 말하기를, "한나라가 조선을 멸망시키려고 10길을 나누어 이르고 있습니다. 왕궁에 들어가서 대왕을 지켜드리기를 청합니다"라고 하였다. 준왕은 위만의 말을 믿고 입궁하는 것을 허락하였다. 위만은 드디어 군사를 이끌고 경도(京都)를 습격하였다. 준왕은 싸워도 적수가 되지 못함을 알고, 주위의 궁 사람들과 남은 무리 수천 명을 이끌고 바다를 건너 남쪽으로 피난하였다. 조선은 기자로부터 준왕 때까지 모두 41대로 929년 동안 지속되다가 나라를 잃게 되었다.

준왕이 남쪽으로 피난을 가고 나서, 마한의 도읍지인 금마군(金馬郡)지금의 익산이다.을 공격하여 이겼다. 일찍이 선화부인(善花夫人)과 함께 요화산(龍華山)익산에 있다.에서 노닐면서 즐거워하였다. 얼만 안되어 준왕이 세상을 떠나니, 호를 애왕(哀王)이라고 하였다. 애왕의 아들 탁(卓)이 왕위에 올랐다. 준왕의 다른 자손으로 조선 땅에 남아 있으면서 한쪽 구석에서 모여 보전하였는데, 서마한(西馬韓) 그 땅이 뒤에 어떻게 되었는지 알지 못한다. 또는 변하여 정안국(定安國)이 되었다고도 한다. 이라고 하였다. 살펴보건대, 『후한서(後漢書)』에서는 "준왕의 후손이 끊어졌다. 마한 사람들이 다시 자립하여 진왕(辰王)이 되었다"라고 하였다. 정약용(丁若鏞)은 이 말에 근거하여 말하기를, "기준(箕準)이 마한이 되었다. 본 대에 그쳤는데, 전해진 세대는 알지 못하나 역사는 오래되었다.

어리석은 생각으로는 마한 이전에 한나라의 왕망이 제위를 찬탈하고 나서 1년이 있다가 망하였다. 그러므로 『후한서』를 찬술한 이는 준왕의 후손이 절멸했다고 지적하였으니, 어찌 절멸했다는 글이 가능하며, 이를 근거로 하여 본 몸에 그쳤다고 생각할 수 있는가. 위만이 조선을 격파하고 나서 왕험(王險)에 도읍하였다. 다음을 참고하시오. 점차 진번(眞蕃)과 여러 마을 및 연나라와 제나라에서 망명해 온 자들을 복속시켰다. 한나라의 혜제(惠帝)와 고후(高后)의 시기를 만나서 천하가 점차 안정되어 갔다. 요동 태수는 위만이 외신(外臣)이 되기로 약속하고 새(塞) 밖의 여러 나라를 보호하고, 도적들이 변경에서 소란을 피우지 못하도록 하였다. 이런 까닭에 위만은 한나라로부터 병권(兵權)과 재물(財物)을 얻어서 주위의 여러 소읍을 침략하여 항복을 받아 사방 영토가 수천 리가 되었다.

『역사집략』 권2, 마한기(馬韓紀)

위만조선(衛滿朝鮮), 진한(辰韓), 변한(弁韓), 4군(四郡), 2군(二郡), 신라(新羅), 고구려(高句麗), 백제(百濟)

【신해】무강왕 4년위만조선 개국 5년, 한나라 혜제(惠帝) 5년 왕이 세상을 떠났는데, 호를 무강(武康)이라 하였다. 지금 세속에서는 호강왕(虎康王)이라고도 한다. 왕태자 감(龕)이 즉위하였다. 무강왕을 금릉(金陵)지금 익산(益山) 오금사(五金寺) 봉우리 서쪽에 쌍릉(雙陵)이 있는데, 대개 무강왕과 무강왕의 왕비가 묻힌 곳이다.에서 장사지냈다. 대개 무강왕부터 조선

과는 원수가 되어서 나라 간에 연락은 끊어졌고, 서로 왕래하지 않게 되어서 오직 스스로를 지킬 뿐이었다.

　　진수(陳壽)가 지은 『삼국지(三國志)』에서는 기준(箕準)이 남쪽으로 도망가서 마한에 정착하였으나, 조선과는 서로 왕래하지 않았다고 하였다. 지금 『삼국유사』에서 준왕이 남쪽으로 도망간 뒤 얼마 되지 않아 세상을 떠났다는 무강왕 이하의 기록에 근거하여, 지금 빈틈없이 조리 있게 처리하여 앞과 같이 하였다.

　　【계축】무강왕 17년[위만조선 개국 67년, 한나라 무제 원삭(元朔) 원년] 예맥(濊貊)[지금의 강릉이다.]은 그 땅이 남쪽으로는 진한에 이어져 있고, 북쪽으로는 옥저와 접해 있으며, 동쪽으로는 큰 바다에 닿아 있다. 본래 조선의 땅이었으나, 후에 예맥 북부여는 옛 나라이다. 지금 청(淸)나라 봉천부(奉天府) 개원현(開原縣)이다. 이 와서 거주하였다. 예맥은 조선에 속했는데, 이것이 동예(東濊)이다. 이 시기는 조선왕 위만이 이미 죽은 뒤라서 위만의 손자 우거(右渠)가 왕위를 계승하였다. 한나라 무제가 팽오가(彭吳賈)에게 명령하여 길을 내어 조선예맥에 통하게 하였다. 예왕(濊王) 남려(南呂)가 조선의 왕 우거를 배반하여 남녀 28만 명을 이끌고 요동으로 나아가 항복하였다. 무제가 그 땅에 창해군(滄海郡)을 두었는데, 그로부터 2년 후에 한나라 승상 공손홍(公孫弘)은 창해의 땅이 중국을 피폐하게 하면서 쓸모없는 땅을 돕는 것이라고 하여서 파하자고 간하여서 없앴다. 혹자는 말하기를, 남려는 예맥의 임금이고, 동예는 아니라고도 한다.

　　진수(陳壽)가 기록한 남려(南閭)의 일은 앞의 고사(故事)와 같다는 것을 생각하며 의거하여 기록한다. 그러나 지금 강릉은 요동에서 2,000리 떨어져 있는데, 남려가 어찌 이처럼 지극히 많은 사람을 거느리고 갈 수 있었는가? 여러 나라를 넘어서 한나라에 투항할 수 있었겠는가? 생각해 보면, 북예(北濊)는 남려의 나라일 것이고, 동예(東濊)라는 것은 이에 남려가 한나라에 투항한 이후일 것이다. 그 나라 족속으로 남쪽으로 옮긴 이들은 정밀하지 못하게 기록된 것이 있다. 혹자는 말하길, "남려가 만약 북예로 이어진다면, 북예의 땅은 어찌 창해(滄海)가 있을 수 있으며, 또 그것으로 군의 명칭으로 삼을 수 있단 말인가? 또 땅의 형세로 동예를 논한다면, 진실로 위만조선에 복속되어야 마땅하지, 북예의 경우라면 어찌 마땅할 수 있겠는가?"라고 하였다. 나는 그렇지 않다고 생각한다. 발해국은 곧 북예의 땅인데, 그곳에 바다가 있어서 이름을 발해라고 하였겠는가? 또 위만조선이 진번과 여러 마을을 복속시켰는데, 북예와 진번은 서로 가까웠다. 그리하여 혼자서만 복속될 수 있었겠는가? 대저 이러한 사실에 이르러서 어려운 말이 된다. 그러므로 의심스러운 말을 하면서 그 끝을 맺고자 한다.

○ 영재(泠齋) 유득공(柳得恭)이 『사군지』에서 말하길, "남려(南閭)라는 사람은 기자에게 부용(附庸)된 제후이다. 한(漢)나라 군사의 위세를 두려워하여 땅을 버리고 한나라에 투항하였다. 한나라가 군(郡)을 두고 창해(滄海)라고 이름 지었다. 그러나 기자조선과 위만조선 두 나라 사이에 있었으니, 점령하여 다스리기가 쉽지 않았다. 그러므로 한나라는 창해군을 파하고 깨뜨렸고, 우거왕은 예(濊)의 땅을 다시 구획을 나누어 임둔군(臨屯郡)을 설치하였다"라고 하였다. 또 예(濊)에 대한 주(註)에서 말하기를, "예군(濊都)은 지금의 강릉부(江陵府)이다. 부여는 또한 예(濊)로 불리었다. 예는 곧 동예(東濊)를 일컫는다"라고 하였다.

○ 예맥(濊貊)이 북부여의 옛 국가라는 점을 생각해 보면, 예맥이라는 종족은 『삼국지』「위지 동이전」의 예전에서 말하기를, "그 나라의 노인은 예로부터 자신들은 고구려와 같은 종족이라고 하였다. 언어와 풍속이 대략 고구려와 같다"라고 하였다. 무릇 고구려라는 것은 북부여와 같은 종족이다. 지금 예맥은 대략 고구려와 같은 종족이다. 그러므로 그들이 부여에서 나왔으나, 그렇게 분명하게 되지 않기에 이른 것이다. 단지 그들이 이동한 시기는 지금으로서는 상고할 수 없다.

○ 또 『강역고』에서 예맥은 하나이지, 둘은 아니라고 강력하게 논변하여 말하기를, "『사기』「흉노전(匈奴傳)」에 동쪽으로 예맥·조선과 접하였다"라고 하였다. 이에 대해 사마정(司馬貞)이 주석을 하였는데, 맥(貊)은 곧 예(濊)라고 하였다. 또 『삼국지』「위지 동이전」를 인용하여 말하기를, "무릇 부여에는 옥벽(玉璧)과 규찬[圭瓚, 제기의 일종]이 있는데, 대대로 전해오면서 보물로 여기고 있다. 그리고 인장에 글씨가 새겨져 있는데, '예왕지인(濊王之印)'이 적혀 있다고 하고, 또 나라 안에 옛 성이 하나 있는데 이름

을 예성(濊城)이라고 하니, 본디 이곳은 예맥의 땅이었는데, 부여가 그 가운데에 왕이 되었다."

　기타 여러 가지 논증은 불가하고, 상세히 살피고 검토하여 근거나 증거로 삼을 수 있는 것은 여기에 이른다. 아마도 공이 있지 않을 것이다. 만약 가탐(賈耽)이 후세에 태어났다면, 유속(流俗)에 '강릉은 예(濊)이고, 춘천은 맥(貊)이다'라는 오래도록 잘못 전해진 설에 미혹되었을 것이다. 망욕(妄欲)이 진수를 나무라고 헐뜯는다. 진수가 『삼국지』「위지」를 찬술하였다. 무릇 진수의 시대는 옛것을 버리고, 먼 것은 보고 듣기에 미칠 바가 아니니, 어찌 후세에 오래도록 지나치지 않겠는가? 문득 감히 말을 하여 다른 것을 지키니, 또한 말세의 불성실하고 경박한 폐단이다.

　【계유】 효왕 6년 위만조선 개국 87년, 이 해에 위만조선은 망하였다. 한나라 무제 원봉(元封) 3년, 기원전 108년 위만조선의 왕 위우거(衛右渠)는 한나라에서 망명한 사람들을 더욱 많이 꾀어내었다. 위만이 집권할 때 드디어 교만해져서 한나라에도 조근하지도 않았다. 진국(辰國) 진국은 삼한을 통칭한다. 에 길이 막혀서 한나라와 통할 수 없었다. 한나라 무제는 섭하(涉何)를 사신으로 파견하여 우거를 달래게 하였다. 끝내 우거왕은 섭하를 공격하여 살해하자, 한나라 무제는 격노하여 누선장군(樓船將軍) 양복(楊僕)으로 하여금 제(齊)로부터 발해의 바닷길을 통해 출병시키고, 좌장군 순체(荀彘)에게 요동에서 출병하여 위만조선을 공격하게 하였다. 양복은 제의 병사 7천 명을 거느리고 먼저 왕험(王險)에 도착하였다. 우거왕은 성을 근거지로 하여 양복의 군사를 물리쳤다. 위만조선은 양복의 군사가 적은 것을 보고 군사를 성 밖으로 내보내 양복을 공격하자, 양복이 패하여 달아났다. 순체는 위만조선의 패수(浿水) 서군(西軍)을 공격하였는데, 격파할 수 없었다. 우거의 대신 한음은 양복에게 사람을 보내어 항복할 것을 약속하고, 물어보았다. 순체는 급히 공격하였으나, 양복은 싸우지 않을 것을 약속하고, 순체는 도리어 양복에 반대하였다. 그래서 서로 사이가 나빠져서 군사의 일은 끝내 결론을 내리지 못했다.

　한나라 무제는 또 제남태수(濟南太守) 공손수(公孫遂)를 파견하여 위만조선을 정벌하게 하였는데, 무제는 공손수에게 상황에 맞게 처신하도록 하였다. 공손수가 도착하자, 순체는 공손수에게 양복의 잘못을 고하였다. 이에 공손수는 양복을 체포하고 순체와 양복의 군사를 합하여 급히 위만조선을 공격하였다. 여름 4월에 우거왕은 신하 한도(韓陶)와 왕협(王唊) 등이 우거왕을 죽이고, 한나라에 투항하기로 서로 모의하였다. 위만조선 3대는 모두 87년을 거쳐 망하였다.

마한의 왕은 한나라가 위만조선을 멸하였다는 소식을 듣고, 이에 하대부(下大夫) 진해(眞海)에게 명하여 소 3백 필을 한나라에 보내 군사들의 수고로움을 위로하였다. 한나라는 위만조선을 정벌하고 사군을 두었다. 하나는 낙랑군(樂浪郡)정약용(丁若鏞)은 말하길, "지금 평안·황해 두 개의 도(道)이다"라고 하였다. 유득공(柳得恭)은 말하길, "지금 한수(漢水)는 이북에서 관서(關西) 지방에 이른다"라고 하였다.인데, 치소(治所)는 조선현(朝鮮縣)지금 평양이다.이다. 또 하나는 임둔군(臨屯郡)정약용은 "지금 한수 이북이다"라고 하였고, 유득공은 "지금 관동 지역이다"라고 하였다.인데, 치소는 동이현(東暆縣)유득공은 "지금 강릉이다"라고 하였다.이다. 또 하나는 현도군(玄菟郡)정약용은 "함경남도 지역, 함경남북관이다"라고 하였다. 치소는 옥저성(沃沮城) 지금 함흥이다. 이다. 또 하나는 진번군(眞番郡) 정약용과 유득공이 모두 말하길, "지금 청나라 홍경 지방이다"라고 하였다.인데, 치소는 삽현(霅縣)이다.

한도와 왕협 등은 모두 봉작을 받은 것에 차이가 있다. 사군이 설치된 이후 한나라는 요동에 태수를 취하여 다스리게 하였다. 백성은 법령을 준수하지 않아서 대부분 법을 범하였다. 살아서 보관하는 것이 없었다. 중국 상인이 왕래하는 것을 만나서 밤에는 모여 큰 힘으로 으르고 협박하여 빼앗았고 풍속은 날로 각박해져서 인현(仁賢)의 교화가 변하게 되었다.

『사군지』에서 말하길, "동쪽 나라 사람들은 왕험을 평양이라 하였다. 우거왕이 지킨 곳이 만약 평양이라면, 누선(樓船)은 어찌한 까닭에 열구(列口)에 머물러 있었겠는가? 아마도 지금 금강군, 계산군, 회양군, 금성군, 양구군 등의 여러 군들은 모두 그 지나간 지역이다. 생각해 보면, 아마도 지금 풍덕(豐德)과 통진(通津) 지역은 열수가 들어오는 곳이다. 운운…"이라고 하였다. 만약 이와 같은 이야기가 타당하다면, 이곳에 이르러 바다로 들어가게 된다. 어찌 서쪽으로 점선현(黏蟬縣)으로 흘러 바다로 들어가겠는가?

【임술】양왕15년한나라 선제(宣帝) 신작(神爵) 3년 왕이 승하하니, 호(號)를 양왕(襄王)이라고 하였다. 아들 훈(勳)이 즉위하였다.

○ 북부(北夫) '부(夫)'는 '부(扶)'라고도 쓴다. 여(餘) 지금 청나라 개원(開原)이다.는 옛 북예맥국(北濊貊國) 설명이 앞에 있다. 이다. 현도군에서 북쪽으로 1천 리 떨어져 있고, 남쪽으로는 고구려와 접하며, 동쪽으로는 읍루와 접하고, 서쪽으로는 선비(鮮卑) 모두 아래에 보인다. 와 접하며, 북쪽으로는 약수(弱水)와 접하며, 사방 영역이 2천 리이다. 그 나라 왕 중에 해부루(解夫婁)라고 하는 자가 있는데, 늙도록 자식이 없어서 산천에 제사하여 아들을 이어주시기를 기도하였다. 곤연(鯤淵)에 이르러 어린 아이를 얻었는데, 금색 빛깔에 개구리 얼굴을 하였다. 부여의 왕이 기뻐서 말하기를, "이것은 하늘이 나에게 아들을 주시는 것이다"라고 하였다. 이에 그 아이를 거두어 기르니 이름을 금와(金蛙)라고 하였으며, 태자로 세웠다. 그 나라 재상 아란불(阿蘭弗)이라는 자가 부루왕에게 말하기를, "동쪽 바다 해안가에 땅이 있는데, 가섭원(迦葉原)이라고 합니다. 토지는 기름져서 오곡이 자라기에 알맞아서 도읍지로 정하기에 좋습니다"라고 하였다. 부루왕이 이를 허락하여 드디어 동쪽으로 천도하여 살면서 동부여라고 칭하였다. 족인(族人) 가운데 스스로 천제의 아들이라고 칭하는 자가 있었는데, 대신하여 그 나라의 왕이 되었다. 부루가 얼마 후 세상을 떠나자, 금와가 왕위를 이어받았다.

『상서전(尙書傳)』을 살펴보면, 무왕(武王)이 상(商)나라를 이기자, 간마백(馯馬百), 구려(句麗), 부여(夫餘)가 모두 길을 통하게 되었다고 하는 글이 있다. 주나라 무왕의 시기에 이미 부여가 있었다면, 어찌 부여에서 변하여 예맥(濊貊)이 될 수 있는가? 예맥에서 다시 부여가 된 것인가? 그렇지 않으면 공안국(孔安國)이 추후 칭한 것인가? 또 해부루(解夫婁)가 임술년에 도읍지를 옮긴 일을 살펴보면 이전의 역사 기록에는 없는 내용이다. 순암(順菴) 안정복(安鼎福)은 처음에 『동사강목(東史綱目)』에서 대개 『고기』에서 근거하였다고 한다. 또 『강역고(疆域考)』에서는 부여의 왕 해부루 시기에 그 재상 아란불(阿蘭弗)이 해부루에게 말하길, "동쪽 해변가에 땅이 있는데, 이름을 가섭원

(加葉原)이라고 합니다. 토지는 비옥하여 도읍할 만하고 합니다"라고 하니, 결국 부여가 도읍을 옮기고는 나라 이름을 동부여라고 하였다고 한다. 가섭(加葉)은 하슬(何瑟), 하서(河西)와 그 음이 서로 비슷하니, 가섭원이라는 것은 지금의 강릉이다. 또 말하기를, "강릉의 백성들이 밭을 갈고 닦다가 도장을 얻었는데, '예왕지인(濊王之印) 아래에 보인다. 이 적혀 있었다." 그렇다면, 이것은 해부루의 옛 도장일 것이라는 데에는 의문의 여지가 없다.

어리석은 생각으로는 이러한 설명이 편안하지 않을 듯하다. 고구려의 대무신왕은 국내성에서 동부여를 정벌하였는데, 이때 고구려의 장수 괴유(怪有)가 북쪽으로 부여를 정벌한 이야기로 보면, 국내성은 동부여국의 남쪽에 있었음을 알 수 있다. 강릉은 또한 국내성의 동남쪽에 있으니, 아득히 멀리 1,000리 거리에 있다. 지금 만약 강릉이 동부여가 된다면, 괴유가 동쪽으로 정벌하고, 남쪽으로 정벌한다고 하니, 어찌 북으로 정벌한다고 말하였겠는가?

강릉으로 말할 것 같으면, 신라의 남해왕(南海王) 15년에 태어난 북명(北溟) 사람이 밭을 갈다가 '예왕(濊王)의 도장을 얻었다. 대개 강릉의 옛 이름은 명주(溟州)이므로 결국 북명이 명주(溟州)로 변하여 인식되었다'라고 이야기했다고 한다. 그러나 대개 북명은 강릉(江陵)이니, 그렇다면 명백하게 『삼국지』「위지(魏志)」에서 말한 예군(濊君) 남려(南閭)의 나라이다. 북명 사람이 밭을 갈다가 획득한 도장도 분명 예군 남려 집안의 물건이지, 어찌 해부루가 가지고 있었던 것이겠는가? 대개 동부여라는 것은 그 땅은 마땅히 지금 함경북도에 있으므로 북부여는 동쪽이 있었을 것이다.

【갑신】원왕 22년 신라 시조 21년, 고구려 동명왕 원년, 한나라 원제(元帝) 건소(建昭) 2년, 기원전 37년 고구려의 시조인 고주몽(高朱蒙)이 왕위에 올랐다. 주몽은 북부여의 왕 해모수(解慕漱)의 아들이다. 어머니는 하백(河伯) 군장(君長)의 칭호이다 의 딸 유화(柳花)이다. 유화는 동생들과 놀러 나왔는데, 해모수가 유화를 보고 기뻐하며 꾀어 웅심산(熊心山) 아래 압록실(鴨綠室) 가운데에서 사사로이 정을 통하였다. 그 후에 해모수는 가서 돌아오지 않았으니, 유화의 부모는 유화가 중매도 없이 남자에게 몸을 허락하였다고 하

여 태백산(太白山) 일명 백두산이다. 남쪽 우발수(優渤水)가에 귀양을 보냈다. 동부여의 왕인 금와(金蛙)가 유화를 보고서는 가엾게 생각하여 그녀를 거둬 궁궐 안에 들였다. 햇빛이 유화의 몸을 따라서 비추어주니, 결국 임신이 되어 주몽을 낳게 된다. 주몽은 나이가 7세에 스스로 활과 화살을 만들고서는 한 번 쏘면, 맞히지 않는 것이 없었다. 부여의 속담에 활을 잘 쏘는 사람을 주몽이라고 하였기 때문에 주몽이라고 이름 지었다.

금와에게는 아들이 일곱 명이 있었는데, 자신들의 재주가 모두 주몽에게 미치지 못한다고 생각하여 큰아들 대소(帶素)가 금와왕에게 말하기를, "주몽이 용감하여 후환이 있을까 두렵습니다"라고 하였다. 금와왕은 대소의 말을 듣지 않고, 주몽에게 말 먹이를 주는 일을 맡겼다. 주몽은 말먹이를 더 주거나 덜 주는 방식으로 하여 건강한 말에게는 조금만 주어 야위게 하고, 약한 말에게는 많이 주어 살을 찌게 하였다. 금와왕은 살찐 말을 타고 주몽에게는 수척한 말을 주어서 들로 사냥하러 갔다. 화살을 주기를 적게 주었는데, 주몽은 말을 잘 달리면서 짐승들을 한 살에 쏘아 죽이니, 짐승을 많이 잡아 왔다.

금와의 여러 아들들은 주몽의 재주를 시기하여 죽이고자 하였다. 유화가 이를 미리 알고 주몽에게 일러 말하기를, "나라 사람들이 장차 너를 해하려 하고 있다. 너의 재주와 지략이면 어디를 간들 잘 살 것이다. 어찌 떠날 것을 지체하여 나중에 후회하려 하느냐"라고 하였다. 주몽은 이에 오이(烏伊)·마리(摩離)·협보(陜父) 등과 함께 떠났다. 엄사수(淹㴲水)에 이르렀을 때 다리가 없었는데, 추격하는 부여 기마병들이 쫓아왔을 때 주몽은 엄사수를 향하여 기도를 드렸다. 그랬더니 물고기와 자라들이 모며 물 위로 떠서 다리를 만들었고, 주몽은 그 다리를 타고 엄사수를 건넜다.

모둔곡(毛屯谷)에 이르렀을 때, 재사(再思)·무골(武骨)·묵거(黙居) 세 사람을 만났다. 이에 재사에게는 극씨(克氏), 무골에게는 중실씨(仲室氏), 묵거에게는 소실씨(少室氏)의 성을 주었다. 주몽이 그들에게 말하기를, "내가 바야흐로 하늘의 크나큰 명을 받아서 이렇게 세 명의 어진 이를 만났다. 어찌 하늘이 내게 내려준 사람이 아니겠느냐"라고 하였다. 주몽 일행은 마침내 졸본(卒本) 정약용(丁若鏞)은 "지금 청나라 흥경(興京) 경내이다"라고 하였고, 유득공(柳得恭)은 "지금 삼수갑산(三水甲山) 땅이다"라고 하였다. 부여의 비류수(沸流水) 가에 이르러서 도읍을 정하였다. 혹자는 말하길, 주몽이 고구려의 산하에서 태어났기 때문에 나라 이름을 고구려라 하고 그로 인하여 성을 고씨라 하였다고 한다.

주몽이 왕이 되고 나니, 그 나라의 땅은 말갈(靺鞨) 아래에 보인다. 과 접해 있어서 말갈이 침입하여 노략질할 것을 두려워하여 마침내 그들을 물리쳤다. 주몽은 비류수 가운데로 찻잎이 떠내려오는 것을 보고 상류에 사람들이 거주하는 것을 알게 되어서 가서 살펴보았다. 과연 나라 하나가 있었는데, 그 이름을 비류(沸流)라 하였다. 비류국의 왕 송양(松讓)이 말하기를, "그대는 나의 밑으로 들어오는 것이 어떠한가?"라고 하였다. 이에 주몽은 화가 나서 그와 더불어 재주가 뛰어나고 떨어지는 것을 비교하여 보았는데, 송양은 주몽을 당해내지 못하였다. 이듬해에 송양은 나라를 받들고 항복하였고, 주몽은 송양을 다물후(多勿侯)로 봉하였다. 고구려 말에 옛 영토를 회복하는 것을 다물(多勿)이라고 하였다.

『후한서(後漢書)』와 『위략(魏略)』을 살펴보면, 두 책 모두 물고기와 자라가 떠서 다리를 만든 일을 「부여전(夫餘傳)」에 기록하고 있다. 이들 사서에서 말하기를, "부여의 시조는 이름을 동명(東明)이라고 한다. 운운."이라고 하였다. 『북사(北史)』에 이르러 처음으로 동명의 일을 고구려의 시조로 귀속시키고 있으니, 김부식이 이를 취하여 역사서에 찬술하였다. 그러나 김부식이 취한 것은 『북사』에 그친 것이 아니라, 아울러 『고기』에 근거하기도 하였다. 다산(茶山) 정약용(丁若鏞)이 『북사』를 열심히 바로잡아서 『후한서』와 『위략』을 내놓았으니, 어찌한 것인가! 우둔한 생각으로는 『북사』에서 기록한 것은 바로 한(漢)나라와 위(魏)나라 역사가의 오류이다. 의론이 오래됨을 알고 비로소 분명히 한다. 하물며 『고기』가 본국인의 손에서 나왔어도 이것은 타국인의 영향에서 나온 설이니, 또한 크게 근거할 바가 아니다. 그러므로 지금 『삼국사』를 좇아서 이처럼 단정한다.

그러나 후에 부여의 해부루(解夫婁), 해모수(解慕漱)에 관한 일들이 각각에 속한 바가 있다. 만약 동명이 부여의 시조라면 또한 부여의 일은 귀착되지 않을 수가 없다. 감수자가 상세히 보고 또 『강역고』를 살펴보면, 졸본의 옛 땅은 지금 흥경(興京) 경내에 있는데, 『위서』에서 말한 흘승골성(紇升骨城)이 바로 이것이다. 김부식이 말한, "졸본이라는 것은 현도군(玄菟郡)한나라 소제(昭帝)가 옮긴 것이다.의 경내에 있다"라고 하였다. 『한서』「지리지」에서 말하길, "현도군의 속현으로 고구려가 있는데, 이것이 아닌가"라고 하였다. 이에 정인지(鄭麟趾)가 말한 사홀(史忽)은 지금 성천(成川)으로 비류라고 하였는데, 그 후 마침내 성천이 졸본이 되었다. 정인지의 역사 기술은 잘못을 손가락으로 다 셀 수 없을 만큼 많으니, 이것은 더욱 심한 것이다. 이로써 보면, 지금 성천이 비류강이 된다는 것은 우연히도 같은 말이다. 또 동부여의 땅을 살펴보면, 비록 상세히는 알 수 없지만, 금와가 태백산의 남쪽에서 유화를 만났다. 태백산은 북부여 근처이니, 그 땅의 형세 또한 미루어 알 수 있다.

【정유】계왕 9년신라 시조 34년, 고구려 동명왕 14년, 한나라 성제(成帝) 양삭(陽朔) 원년 가을 8월에 고구려 왕의 모후 유화(柳花)가 동부여에서 세상을 떠났다. 부여 왕 금와(金蛙)는 태후의 예로써 유화를 장사지내고, 신묘(神廟)를 세워 주었다. 겨울 10월에 고구려 왕이 사신을 보내어 방물로 사례하였다.

【임인】계왕14년 … 가을 9월에 고구려의 왕 고주몽(高朱蒙)이 훙서하였다. 아들 유리(類利)가 즉위하여 고주몽을 동명성왕(東明聖王)이라고 추존하였다. 처음 주몽이 동부여에 있을 때 예씨(禮氏) 성을 가진 여자에게 장가를 들었는데, 임신하였다. 주몽이 떠난 후에 유리를 낳았다. 그는 남달리 뛰어난 절개가 있었다.

【계묘】왕학(王學) 원년신라 시조 40년, 고구려 유리왕 원년, 백제 시조 원년, 한나라 성제(成帝) 홍가(鴻嘉) 3년 봄에 고구려의 왕자 온조(溫祚)가 위례(慰禮)정약용(丁若鏞)은-『아방강역고(我邦疆域考)』「위례고(慰禮考)」에서-지금의 한양성(漢陽城)에 대해 말하기를, "우리나라 말에 무

룻 광곽(匡郭)의 사방 둘레를 위리(圍哩)라고 하는데, 위리와 위례는 소리가 서로 가깝다. 성책을 세우고 흙을 쌓아 올려 광곽을 만들었기 때문이다"라고 하였다.에 와서 거처하였다. 왕이 동북 100리의 땅을 허락하였다. 처음 고구려왕 주몽이 졸본부여(卒本夫餘)로 도망쳐 피난할 때, 졸본의 왕은 아들이 없고 단지 딸이 세 명이 있었을 뿐이었다. 졸본부여의 왕은 주몽이 보통 사람과 달리 비상하다는 것을 알고 자신의 두 번째 딸을 주몽에게 시집보냈다. 오래지 않아 졸본부여의 왕이 세상을 떠났고, 주몽이 왕위를 계승하여 왕자 두 명을 낳았다. 장자를 비류(沸流)라 하고, 차자를 온조(溫祚)라고 하였다.

주몽이 세상을 떠나자, 유리가 왕위를 이어받았다. 비류와 온조는 유리에게서 용납되지 못할까 두려워서 오간(烏干)·마려(馬黎) 등 10명의 신하와 함께 남쪽으로 갔는데, 백성 중에도 그들을 따르는 사람들이 많았다. 그들이 드디어 한산(漢山)정약용은 지금의 황경(皇京)이라고 하였다.에 도착하여 부아악(負兒岳)혹자는 지금의 백악(白岳)을 이른다.에 올라가서 살만한 곳을 살펴보았다. 비류가 바다 인근에 살고자 하니, 10명의 신하가 간하여 말하기를, "이 강추측컨대 칠중하(七重河)를 가리키는 듯한데, 현재의 임진강(臨津江)이다. 남쪽 지역에 북쪽으로는 한수가 두르고 있고, 동쪽으로는 높은 산을 의지하고 있으며, 남쪽으로는 비옥한 벌판을 바라보고, 서쪽으로는 큰 바다에 막혔으니, 여기에 도읍을 세우는 것이 마땅합니다. 비류는 그들의 말을 듣지 않고, 그 백성들을 나누어 미추홀(彌趨忽)지금의 인천이다.로 돌아가서 기거하였다. 온조는 하남(河南) 위례성(慰禮城)에 도읍을 정하였고, 10명의 신하가 보좌하였으므로 나라 이름을 십제(十濟)라 하였다. 얼마 지나지 않아 비류는 미추홀이 토양이 습하고 물이 짜서 편안히 살 수 없어서 위례에 돌아와 보니, 마을은 이미 안정되고 백성들은 편안하였다. 마침내 부끄러워하다가 죽으니, 비류의 신하들이 모두 위례로 귀부하였다.

훗날 온조는 처음 올 때 백성들이 즐겁게 따랐다고 하여 나라 이름을 백제(百濟)로 고쳤다. 그 계통은 본래 부여에서 나왔으므로 부여로 씨(氏)를 삼았다. 혹자는 온조가 북부여 사람 우태(優台)의 아들이라고 한다. 우태는 졸본 사람인 연타발(延陁勃)의 딸[소서노]에게 장가갔는데, 소서노(召西奴)는 비류와 온조 형제를 낳았다. 우태가 죽자 소서노는 졸본에서 과부로 지냈다. 이때 주몽이 남쪽으로 달아나 소서노에게 장가들어 왕비로 삼았다. 그는 온조 형제를 자기 자식처럼 잘 돌보아 주었는데, 유리가 왕위에 오르자 온조 형제는 마음이 답답해서 스스로가 군더더기처럼 느껴져서 어머니 소서노를 모시고 남쪽으로 가서 땅을 택하여 따로 나라의 도읍을 세웠다고 한다.

백제사(百濟史)를 살펴보면, 온조(溫祚)는 부여를 성씨로 삼았다. 개로왕(蓋鹵王)이 17세 때 원위(元魏)[16]에 보낸 글을 보면, 고구려와 함께 근원이 부여에서 나왔으며 선대(先代) 때는 백제와 고구려가 옛정을 돈독히 하였다고 하고 있다. 그러므로 후대의 논자들은 간혹 온조가 우태(優台)의 아들이라는 것을 인정한다. 하지만 만약 온조가 정말로 우태의 아들이라면, 어찌 스스로 동명의 사당을 세웠겠는가? 또 고구려가 고구려가 되는 것은 유리왕(琉璃王)에서 시작되어 고구려현(高句麗縣)을 취하였다. 주몽이 부여에서 태어나서 졸본부여에서 왕이 되었으며, 졸본부여에서 세상을 떠난 것이니, 그러므로 중국인이 아니라 주몽은 부여의 시조가 된다. 즉 그 자손이므로 역시 부여인이라고 가리키는 것이다. 이것은 온조가 개로왕이 있게 된 이유가 되어서 이를 씨로 삼았고, 원류로 생각한다.

【을묘】13년 신라 시조 52년, 고구려 유리왕 13년, 백제 시조 13년, 한나라 애제(哀帝) 건평(建平) 원년 봄 정월에 동부여(東夫餘) 왕 대소(帶素)가 사신을 고구려에 파견하여 인질의 교환을 요구하였다. 고구려의 왕은 부여의 군사력이 강하고 큰 것을 두려워하여 태자 도절(都切)을 인질로 보내고자 하였다. 그러나 도절은 기꺼이 가려고 하지 않아 대소가 화를 냈다. … 겨울 10월에 동부여 왕이 군사 5만 명을 거느리고 고구려를 침공하였다. 때마침 큰 눈이 내려서 군사들이 얼어 죽어 회군하였다.

【병진】14년 … 가을 8월에 동부여 왕 대소(帶素)가 사신을 보내어 고구려 왕을 꾸

---

16 원위(元魏): 중국 북조(北朝)의 한 나라이다(386~534). 선비족(鮮卑族)인 탁발규(拓跋珪)가 강북에 세운 나라로 후에 동위(東魏)와 서위(西魏)로 분열되었다.

짖으며 말하기를, "우리의 선왕은 그대의 선대 동명왕(東明王)과 서로 사이가 좋았다. 그러나 곧 우리 신료들을 꾀어내서 남쪽으로 도망가 나라를 세웠다. 무릇 나라에는 크고 작음이 있으며, 사람에게는 나이가 많은 사람과 어린 사람이 있다. 작은 나라가 큰 나라를 섬기는 것이 예이고, 어린 사람이 연장자를 섬기는 것이 순리이다. 지금 왕이 순리로 예를 다해 나를 섬긴다면, 하늘은 반드시 그대를 보우하실 것이다. 그렇지 않으면 사직을 보존하기 어려울 것이다"라고 하였다. 유리왕은 나라를 세운 지 얼마 되지 않아서 백성의 수가 적고 군사가 약하므로 낮은 자세로 답하기를, "과인의 나라는 바닷가에 치우쳐 있어서 예의를 듣지 못하였습니다. 지금 대왕의 가르침을 받고 보니, 감히 가르침을 받들지 않을 수 없습니다"라고 하였다.

이때 고구려의 왕자 무휼(無恤)이 아직 어렸어도 왕이 부여 왕 대소에게 회답하려 한다는 소식을 듣고서 친히 부여의 사자(使者)를 보고 말하기를, "우리 선왕은 태어나면서 신이(神異)하였고, 현명하며 재능이 많았습니다. 대왕께서 모해를 당했고, 우리 선왕께서는 기회를 틈타 그 나라에서 나오게 되었습니다. 지금 대왕께서 이전의 허물을 생각지 않고, 단지 강한 군사력만을 믿고 우리나라를 경멸하고 있습니다. 사신은 부여로 돌아가서 대왕에게 '지금 여기에 알이 쌓여 있으니, 대왕이 만약 그 알들을 허물지 않는다면, 신은 장차 왕을 섬길 것이고, 그렇지 않으면, 섬기지 않을 것입니다'라고 아뢰어 주십시오"라고 하였다.

부여의 왕 대소는 사자의 말을 전해 듣고 여러 신하에게 두루 물어보았으나, 이에 대해 대답해 주는 이가 아무도 없었다. 한 노인이 대답해 주기를, "알들이 쌓여 있는 것은 위태로운 것입니다. 그 알들을 허물지 않는 자는 편안할 것입니다"라고 하였다. 그 노파의 말뜻은 대소왕이 자신에게 위기가 왔음을 알지 못한 채 오히려 남이 와서 굴복하기를 강요하고 있으니, 이는 스스로 위기를 만들지 않고 차라리 평화를 택하여 자기 나라를 먼저 잘 다스림만 못하다는 걸 의미하는 것이었다.

『역사집략』 권3, 신라·고구려·백제

【계유】신라 남해왕 9년, 고구려 유리왕 31년, 백제 시조 31년, 한나라 왕망(王莽) 제위 찬탈 5년

겨울 11월에 동부여가 고구려를 침입하였다. 고구려 왕은 아들 무휼(無恤)에게 군사를 이끌고 방어하도록 하였다. 무휼은 적은 병사로 적을 맞서기가 두려워 산골짜기에 매복하는 계책을 내었다. 무휼의 매복군은 부여의 군사가 곧장 학반령 아래로 이르기를 기다렸는데, 매복군이 의도치 않게 공격하므로 부여 군사는 대패하여 말을 버리고 산으로 도망갔다. 무휼은 군사를 풀어서 적병을 거의 섬멸하였다.

【임오】신라 남해왕 18년, 고구려 대무신왕 4년, 백제 시조 40년, 한나라 왕망 제위 찬탈 14년
봄 2월에 고구려 왕은 동부여 왕 대소(帶素)를 공격하여 죽였다. 이에 앞서 고구려 왕은 군사를 이끌고 부여로 길을 떠날 때 어떤 사람을 만났는데, 키가 9척으로 얼굴은 희며 눈에서는 광채가 있었다. 그는 대무신왕에게 절을 하고 말하기를, "신은 북명(北溟) 사람 괴유(怪由)입니다. 은밀히 들으니 대왕께서 북쪽으로 부여를 정벌하신다니, 청컨대 신이 대왕을 따라가서 부여왕의 머리를 베어오고자 합니다"라고 하였다. 대무신왕이 기뻐하며 이를 허락하였다. 고구려의 군사는 부여국의 남쪽으로 진군하였다. 그 땅은 진흙이 많았으므로 대무신왕은 평지를 택하여 군영을 만들고 안장을 풀었으며, 군사들을 쉬게 했다.

부여 왕은 친히 군사들을 이끌고 전투에 임하였다. 고구려가 방비하지 않은 틈을 타서 엄습하려고 하여 말을 채찍질하여 전진하였으나, 진창에 빠져 나아갈 수도 없었고, 물러설 수도 없었다. 고구려 왕이 괴유에게 앞으로 나아가라고 지시하니, 괴유는 칼을 빼 들고 큰 소리를 지르며 공격하였다. 이에 부여 군사가 궤멸하였다. 괴유가 직접 나아가서 부여 왕의 머리를 베니, 부여 왕이 세상을 떠났다.

부여 왕의 막냇동생과 그를 따르는 사람 백여 인이 함께 압록곡(鴨綠谷)에 이르러 해두왕(海頭王)을 죽이고는 갈사수(曷思水) 가에서 나라를 세우고 도읍하였다. 대소의 사촌 동생이 나라 사람들에게 말하기를, "우리 선왕께서는 돌아가시고 나라는 멸망해서 백성들이 의지할 곳이 없게 되었다. 왕의 동생은 나라를 보존할 것을 도모하지 않고, 나라 밖으로 도망가 버렸다. 나 역시 불초하여 어찌할 수 있겠는가?"라고 하였다. 이에 만여 명과 함께 고구려에 투항하니, 고구려 왕은 그를 왕으로 봉하고 연나

부(椽那部)에 두었다. 겨울 10월에 괴유가 죽자, 고구려의 왕은 일전의 공을 생각하여 유사에 명하기를, 북명산 남쪽에서 장례를 치르고 때마다 제사 지내게 하였다.

살펴보건대, 대소의 사촌 동생이 어찌 금와 형제의 자식이란 말인가!

【계미】 신라 남해왕 19년, 고구려 대무신왕 5년, 백제 시조 41년, 한나라 유현(劉玄) 경시(更始) 원년 봄 5월에 백제의 우보(右輔) 을음(乙音)이 세상을 떠났다. 북부(北部)의 해루(解婁)가 그를 대신해 우보가 되었다. 해루는 본래 부여 사람이었는데, 식견이 깊고 심오하였다. 그의 나이가 70세를 넘었어도 기력이 쇠하지 않았다.

【계축】 신라 유리왕 29년, 고구려 모본왕 5년, 백제 다루왕 25년, 동한(東漢) 광무(光武) 건무(建武) 29년 겨울 11월에 두로(杜魯)가 칼을 품고 모본왕 앞으로 나아가니, 왕이 그를 끌어다 앉히자 칼을 빼 왕을 칼로 찔러 죽였다. 모본(慕本)에 왕을 장사지내고, 왕의 이름을 모본왕이라고 하였다. 태자 익(翊)이 불초하여 나라 사람들이 유리왕의 아들인 재사(再思)의 아들을 맞이하니, 궁(宮)이 왕위에 오르게 되었다. 궁이 즉위할 때의 나이가 7세였으므로 태후가 수렴청정하였다. 태후는 부여 사람이었다.

【무진】 신라 탈해왕 11년, 고구려 태조왕 15년, 백제 다루왕 40년, 동한 명제(明帝) 영평(永平) 11년 가을 8월에 갈사국(曷思國) 왕의 손자 도두(都頭)가 나라를 들어 고구려에 항복하였다. 갈사국은 무릇 3대 40년을 지나 나라가 망하였다. 갈사국은 동부여와 같은 사람들로 이때 세대가 끊어지게 되었다.

【정축】 신라 탈해왕 20년, 고구려 태조왕 24년, 백제 다루왕 49년, 동한 장제 건초 2년 9월에 백제 왕 다루(多婁)가 세상을 떠났다. 태자 기루(己婁)가 왕위에 올랐다. ○ 겨울 10월에 북부여가 뿔 세 개가 달린 사슴과 꼬리 긴 토끼를 고구려에 예물로 보내왔다. 고구려의 왕은 이를 상서로운 것이라 하여 크게 사면을 내렸다.

이 시기를 보면, 동부여는 이미 망한 뒤였다. 그러므로 이 다음에 있는 부여는 모두 북부여이다.

【신유】신라 저마왕 9년, 고구려 태조왕 68년, 백제 기루왕 44년, 동한 안제(安帝) 건광(建光) 원년 겨울 12월에 고구려 왕이 마한과 예맥의 1만 기병을 거느리고, 한(漢)나라의 현도성(玄菟城)으로 진격해서 포위하였다. 북부여 왕은 아들 위구태(尉仇台)에게 군사 2만을 거느리게 하여 한나라의 군사와 함께 힘을 합쳐 맞서도록 했다. 고구려의 군사는 크게 패하여 죽은 이가 5백 인이었다. 이듬해에 고구려 왕은 마한과 예맥의 군사와 함께 요동을 침공하였다. 이때도 부여가 군사를 원조하니, 고구려의 군사는 기세가 꺾여 회군하였다.

【갑술】신라 소지왕 15년, 고구려 문자왕 3년[17], 백제 동성왕 15년, 제(齊) 명제(明帝) 건무(建武) 원년 봄 2월에 북부여가 말갈(靺鞨)숙신(肅愼)이 옛 나라이다.에게 쫓기는 상황이 되었는데, 왕이 아내와 자식들을 데리고 고구려에 투항하였다. 해씨(解氏)가 나라를 세운 시기가 가장 오래되었는데. 이때 이르러서 드디어 나라가 망하였다. 혹자는 그 유종(遺種)이 말갈의 동북쪽에 유괴국(流鬼國) 세웠다고 말한다. 부여는 나라를 세워 토착인들을 백성으로 삼아 궁실과 창고를 지어 살았다. 땅은 오곡(五穀)이 자라기에 적당했으며, 오과(五果)는 생산되지 않았다.

---

17 원문에 문자왕으로 되어 있음.

『보통교과 대동역사략(普通校科 大東歷史略)』

국민교육회

『보통교과 대동역사략』은 간행정보가 분명치 않지만, 1906년에 국민교육회(國民教育會)에서 편찬, 발행한 것으로 알려져 있다.

국민교육회는 교육을 통해 나라를 구해야 한다는 분위기가 무르익던 1904년에 이준(李儁), 이원긍(李源兢), 유성준(俞星濬), 전덕기(全德基), 박정동(朴晶東) 등이 창립하였다. 초대 회장은 이원긍이었고, 1906년 무렵 이준으로 바뀌었다. 국민교육회에서는 보광학교(普光學校), 한남학교(漢南學校), 국민사범학교(國民師範學校) 등의 학교 설립을 추진하였고, 『보통교과 대동역사략』를 비롯하여 『신찬소물리학(新撰小物理學)』, 『초등소학(初等小學)』, 『초등지리교과서(初等地理教科書)』와 같은 서적을 간행하였다. 1908년 박학서관에서 간행한 재판본은 유성준의 편술로 기록되어 있는데, 기존 1906년 판본과 대조했을 때 편집을 새롭게 하고 몇 글자 교정하는 수준이다. 유성준(1860~1934)은 유길준(俞吉濬)의 동생으로, 한일 강제 병합 이전부터 친일 행적을 보이는 인물이다.

책의 서두에는 역대왕도표(歷代王都表), 역대일람(歷代一覽)이 있고, 본문은 단군조선기(권1), 기자조선기(권2), 마한기(권3), 신라기 부(附) 고구려·백제(권4), 신라기(권5), 고려기(권6~7)의 편년체로 이루어져 있다.

『보통교과 대동역사략』은 단군-기자-마한-신라로 이어지는 정통성을 부각하였다. 이는 『조선역사(朝鮮歷史)』의 고대사 체계와 동일하다. 개항 이후 교과서의 일반적인 삼한정통론과 같으면서도 기자-마한, 마한-신라의 계승 과정을 한층 강화하였다고 볼 수 있다. 한편, 주체적인 고대사 인식을 하는 점도 주목된다. 당시 대부분 교과서에서는 위만조선, 한사군, 임나일본부설 등을 비중 있게 다루고 있는데, 『보통교과 대동역사략』에서는 제외되어 있다.

『보통교과 대동역사략』 권1, 단군조선기

우리 동방에 처음 군장(君長)이 없어서 백성이 풀로 옷을 지어 입고 나무 열매를 먹었으며, 여름에는 수렵 생활을 하고 겨울에는 동굴에서 지냈다. 신인(神人)이 태백산(太白山)현재 영변(寧邊) 묘향산(妙香山) 박달나무 아래에 내려와 성덕(聖德)을 베푸시니 국인(國人)이 추존(推尊)하여 왕으로 삼았다. 왕호를 단군(檀君)이라 하고, 국호를 조선(朝鮮)이라 하였다. 이때가 대한(大韓) 개국 기원전 3727년 무진년이었다. 장안(長安)현재 평양(平壤)에 도읍을 정하고 백성을 가르쳐 머리를 묶게 하고, 군주와 신하, 남자와 여자, 음식, 거처에 대한 제도를 마련하였다.

- ○ 즉위한 지 59년(병인) 되던 해에 마니산(摩尼山)현재 강화(江華)에 있음에 단을 설치하고 상제(上帝)께 제사 지냈다.
- ○ 왕자 3명을 보내 전등산(傳燈山)현재 강화에 있음에 삼랑성(三郎城)을 쌓았다.
- ○ 127년(갑술)에 도읍을 백악(白岳)현재 문화(文化) 구월산(九月山)으로 옮겼다.
- ○ 109년(병자)에 태자 부루(夫婁)를 보내 중국[支那] 하우씨(夏禹氏) 도산(塗山) 만국회(萬國會)에 참석하였다.
- ○ 왕업을 거쳐 1212년(기묘)에 후손이 부여(夫餘)현재 길림(吉林) 영고탑(寧古塔), 훈춘(琿春)등의 지역로 옮겨 거처하여 왕통이 마침내 끊어졌다.

『보통교과 대동역사략』 권2, 기자조선기

기묘 원년에 단군의 후손이 부여로 천거하였기 때문에 왕위가 비게 되어 국인이 '자(子)[자(子)는 성씨이다] 서여(胥餘)를' 추존하여 왕으로 삼았으니, 바로 태조(太祖) 문성왕(文聖王)이었다.

- ○ 자서여는 지나(支那) 상(商)나라의 종실이다. 자작(子爵)으로 기(箕)지명에 봉해졌기 때문에 기자(箕子)라고 불렀다. 상왕 주(紂)가 무도(無道)하여 나라를 잃게 되자 남녀 5천 명을 거느리고 조선에 들어와 살았다. 이때가 대한 개국 기원전 2513년이다. 단군의 왕실이 침체하고 교화가 점차 쇠퇴하였기 때문에 국인이 훌륭한 왕을 생각하고 있었다. 국인은 위만에게 성인의 덕이 있음을 보고 추존하여

왕으로 삼았다. 국호를 다시 조선이라 하고, 장안(長安)에 도읍하였다.

○ 장안을 유경(柳京)이라고 고쳐 부르고 도성을 쌓았다.

○ 8조(條)의 교지를 반포하여 시행하고, 토지제도를 정하였다.

○ 무오 40년에 왕이 붕어하시니 나이가 93세였다. 태자 송(松)이 왕위에 오르니 바로 장혜왕(莊惠王)이었다. 태조를 왕행산(王荇山)현재 평양성 북쪽 골짜기에 있는데, 일반적으로 토산(兎山)이라 칭함에 장사지냈다.

장혜왕

기미 원년에 종묘를 세웠다.

○ 계미 25년에 왕이 나이가 들어 조회를 보지 못하였으므로 태자 순(洵)에게 자리를 전하였다. 태자가 왕위에 오르니 바로 경효왕(敬孝王)이었다. 장혜왕을 높여 상왕(上王)으로 삼았다.

경효왕

신묘 8년에 상왕이 돌아가시니 왕이 매우 슬퍼하였다.

○ 경술 27년에 왕이 돌아가셨다. 태자 백(伯)이 즉위하였으니 바로 공정왕(恭貞王)이었다.

공정왕

신해 원년에 관제(官制)를 고치고, 공복(公服)을 정하였다.

○ 경진 30년에 왕이 돌아가셨다. 아들 춘(椿)이 즉위하였으니 바로 문무왕(文武王)이었다.

문무왕

신사 원년에 인월(寅月)로서 해의 정월로 삼았다.

○ 율(律)과 도량형을 정하고 시위군(侍衛軍)을 두었다.

○ 무신 28년에 왕이 돌아가셨다. 아들 공(孔)이 즉위하였으니 바로 태원왕(太原王)이었다.

태원왕

임자 4년에 왕이 돌아가셨다. 후사가 없어서 조카(從子) 요하백장(遼河伯莊)이 즉위하였으니 바로 경창왕(景昌王)이었다.

경창왕

계축 원년에 동생 소(昭)를 상대부(上大夫)로 삼았다.
○ 계해 11년에 왕이 돌아가셨다. 태자 촉(捉)이 즉위하였으니 바로 홍평왕(興平王)이었다.

홍평왕

갑자 원년 겨울에 큰 우박이 내려 여섯 종류의 가축이 많이 죽었다.
○ 전(錢)을 처음 주조하였다.
○ 정축 14년에 왕이 돌아가셨다. 아들 조(調)가 즉위하였으니 바로 철위왕(哲威王)이었다.

철위왕

무인 원년에 왕이 북쪽[北鄙]을 순수(巡狩)하였다.
○ 을미 18년에 왕이 돌아가셨다. 아들 색(索)이 즉위하였으니 바로 선혜왕(宣惠王)이었다.

선혜왕

병신 원년 봄에 왕이 사방 교외(郊外)에 순행하며 농사일을 장려하였다.
○ 양현원(養賢院)을 설치하고서 민간에서 총명하고 빼어난 자를 선발하여 육예(六

藝)를 익히게 하였다.
- ○ 직언경(直言磬)을 궁궐 문에 매달았다. 정사나 명령에 불편한 것이 있거나 남에게 원망을 호소할 일이 있을 때 와서 두드리면 왕이 모두 듣고서 공평하게 판단을 내려주었으므로 나라 안팎에서 크게 기뻐하였다.
- ○ 갑오 29년에 왕이 돌아가셨다. 아들 사(師)가 즉위하였으니 바로 훤양왕(諠讓王)이었다.

훤양왕

을축 원년에 전염병이 크게 돌았다.
- ○ 정사 53년에 왕이 돌아가셨다. 아들 염(炎)이 즉위하였으니 바로 문혜왕(文惠王)이었다.

문혜왕

무오 원년에 윤환법(輪環法)을 마련하여 곤궁한 백성을 구제하였다. 윤환법은 가을에 쌀을 사들였다가 그 쌀을 봄에 되파는 것이다.
- ○ 오교장(五敎長)을 주군(州郡)에 두고서 백성에게 오륜(五倫)의 도를 가르쳤다.
- ○ 정미 50년에 왕이 돌아가셨다. 아들 월(越)이 즉위하였으니 바로 성덕왕(盛德王)이었다.

성덕왕

무신 원년 여름 4월에 가뭄이 들었다. 왕이 백악(白岳)에서 직접 기우제를 지내자 비가 내렸다.
- ○ 음사(淫祀)를 못하게 하였다.
- ○ 임술 15년에 왕이 돌아가셨다. 아들 직(職)이 즉위하였으니 바로 도회왕(悼懷王)이었다.

도회왕

갑오 2년[18]에 왕이 돌아가셨다. 후사가 없어 군신이 왕의 조카 우(優)를 맞아 세우니 바로 문렬왕(文烈王)이었다.

문렬왕

을축 원년에 처사(處士) 감가찰(甘加察)을 불러들였다. 그가 오자 상대부(上大夫)에 제수하였는데 굳이 사양하며 받아들이지 않았다. 왕이 빈례(賓禮)로써 대접하고 나랏일을 자문한 뒤에 산으로 돌아갈 것을 허락하였다.
- ○ 기묘 15년에 왕이 돌아가셨다. 태자 목(睦)이 즉위하였으니 바로 창국왕(昌國王)이었다.

창국왕

경진 원년 봄 정월에 태백성(太白星)이 하늘에 지나갔다.
- ○ 임진 13년에 왕이 돌아가셨다. 태자 평(坪)이 즉위하였으니 바로 무성왕(武成王)이었다. 나이가 겨우 8세여서 왕태후(王太后)가 조정을 맡았다.

무성왕

계사 원년에 수군[水師]을 설치하고, 선박을 수리하였다.
- ○ 무오 26년에 대동강(大同江) 물이 넘쳤다.
- ○ 왕이 돌아가셨다. 아들 궐(闕)이 즉위하였으니 바로 정경왕(貞敬王)이었다.

정경왕

기미 원년 여름 5월에 일식(日食) 때문에 낮에도 어두웠다.
- ○ 신미 13년에 큰 기근이 들었다.

---

[18] 원문에 갑오로 되어 있음.

○ 쌀을 제(齊)와 노(魯)에서 사들여 굶주린 백성을 구제하였다.
○ 정축 19년에 왕이 돌아가셨다. 아들 회(懷)가 즉위하였으니 바로 낙성왕(樂成王)이었다.

낙성왕

무인 원년 봄 3월에 왕이 군현(郡縣)을 순행하여 관리들이 잘한 것은 칭찬하고 잘못한 것은 물리쳤으며 백성들이 잘한 것은 북돋우고 잘못한 것은 징계하였다. 가난과 곤궁함을 구휼하니 천하가 화합하였다.
○ 태묘(太廟)에 악장(樂章)을 정하였다.
○ 병신 19년에 요망한 무당 영운(鈴雲)이 동해 용왕의 딸이라 자칭하면서 괴이한 말로 백성들을 미혹하였다. 그를 우러르며 따르는 어리석은 백성들이 길에 가득하였다. 왕이 소문을 듣고 크게 화를 내며 담당관리에게 체포하여 시장에서 목 베어 죽이게 하였다.
○ 을사 28년에 왕이 돌아가셨다. 아들 존(存)이 즉위하였으니 바로 효종왕(孝宗王)이었다.

효종왕

병자[19] 원년에 제양원(濟養院)을 도읍[京師]에 두고, 나라 안의 홀아비·과부·고아·자식없는 이들[鰥寡孤獨]과 가난하고 의지할 곳 없는 이들과 하소연할 데 없는 이들을 불러 그 해가 다하도록 입을 것과 먹을 것을 나누어 주었다.
○ 뇌물죄에 대한 법률[犯贓律]을 마련하였다. 관리가 나랏돈[公貨] 백만(萬)을 범하거나 백성 재산[民財] 150만(萬)을 빼앗으면 그 자신은 죽이고 가족 전부를 변방으로 옮기게 하였다.
○ 갑인 9년에 박사관(博士舘)을 두었다. 공경(公卿) 가운데 재주와 덕을 모두 갖춘

---

[19] 원문에 병자로 되어 있음.

뛰어난 자를 특별히 뽑아 박사관 직에 충당시키고, 군대와 나라의 큰일을 의논하여 결정하게 하였다.

- 지나(支那) 제(齊)가 사신[行人; 使者를 가리킴] 공손각(公孫恪)을 보내어 와서 조회하였다.
- 정사 12년에 북적(北狄)의 추장(酋長) 길리도두(吉利都頭)가 와서 조회하였다.
- 임술 17년에 왕이 돌아가셨다. 태자 효(孝)가 즉위하였으니 바로 천로왕(天老王)이었다.

천로왕

계해 원년에 방사(方士) 백일청(伯一淸)을 국사(國師)로 삼았다. 궁궐에 불러들여 총애가 날로 융성해지니 신하들이 좋아하지 않았다.

- 경오 8년에 구선대(求仙臺)를 흘골산(紇骨山)현재 성천(成川)에 있음에 세웠다. 높이가 5백 장(丈)이고 화려한 무늬가 있는 돌로 쌓았다.
- 기묘 17년에 사신을 보내 제(齊)의 제후 소백(小白)의 죽음을 조문하게 하였다.
- 병술 24년에 왕이 천로왕(天老王)이라 자칭하고 왕위를 태자 양(襄)에게 전하였다. 태자가 왕위에 올랐으니 바로 수도왕(修道王)이었다.

수도왕

정해 원년에 방사 백일청의 벼슬을 더하여 국태사(國太師)로 삼고 진국후(鎭國候)에 봉하였다. 백일청이 왕의 은총을 믿고 권력[威福]을 제멋대로 행사하였다. 강직한 신하 염서적(冉西赤)이 편전의 계단에 나아가 백일청이 나라를 그르치는 죄를 저질렀다고 강력하게 주장하면서 머리를 두드려 피가 흘렀다. 왕이 크게 화를 내자 (염서적은) 전성(甗城)지금의 온성(穩城)으로 달아났다.

- 신묘 5년 가을 9월 초하루에 일식(日食)이 있었다.
- 천로왕이 금단약(金丹藥)을 복용하고 조울증[燥鬱]이 생겨 돌아가셨다.
- 정유 11년에 도사관(道士舘)을 설치하고 신산(神山)을 패강(浿江)현재 대동강(大同

江)에 만들었다.
- 신축 15년에 상주국(上柱國) 서문(西門) 장수(長壽)가 백일청을 주살하려 하다가 일이 발각되어 죽임을 당하였다.
- 을사 19년에 방사(方士) 노용(盧龍)을 동해에 보내어 신선(神仙)을 찾게 하였다.
- 왕이 금단약을 복용하고 번민이 일어나[發悶] 돌아가셨다. 그리하여 태자 이(邇)가 즉위하였으니 바로 휘양왕(徽襄王)이었다.

휘양왕

병오 원년에 방사 백일청과 노용을 죽이니 도읍의 사(士)와 백성들이 술을 베풀며 서로 축하하였다.
- 임술 17년에 국가에 비용이 넉넉하지 못하여 가옥(家屋)과 장시(場市)의 세를 거두니 세상 인심이 떠들썩하였다.
- 병인 21년에 왕이 돌아가셨다. 태자 참(參)이 즉위하였으니 바로 봉일왕(奉日王)이었다.

봉일왕

정묘 원년에 숙부 정(靜)을 상주국(上柱國)으로 삼았다.
- 임신 6년에 공손강(公孫康)이 상주국 정(靜)을 죽였다.
- 병자 10년에 공손강이 왕을 높여 봉일왕(奉日王)으로 삼고, 스스로 섭정태백(攝政太伯)이 되었다.
- 임오 16년에 공손강이 왕을 별궁으로 옮겼다.
- 왕은 근심과 분노가 병이 되어 별궁에서 돌아가셨는데 후사가 없었다. 하대부(下大夫) 남궁제성(南宮齊成)이 공손강을 설득시켜 왕의 조카 화의후(和義侯) 근(僅)을 맞이하여 세웠으니 바로 덕창왕(德昌王)이었다.

덕창왕

계미 원년에 왕이 공손강을 죽이고자 하여 그에게 공신호를 먼저 하사하고 남궁제성에게 밀지를 내리셨다.

- 갑신 2년에 섭정태백 공손강을 죽이고 그의 무리들을 모두 죽였다.
- 아형부(阿衡府)를 설치하고 남궁제성을 태아형(太阿衡)으로 삼았다. 남궁제성은 간사한 사람을 모두 물러나게 하고 어질고 뛰어난 사람을 등용하였다. 국가를 다스리고 백성을 교화함이 이치에 맞았으므로 조정과 민간에서 모두 그의 덕을 칭송하였다.
- 경자 18년 봄에 왕이 주군(州郡)을 순행하다가 요원(遼原)현재 덕천(德川)에서 돌아가셨다. 아들 삭(朔)이 즉위하였으니 바로 수성왕(壽聖王)이었다.

수성왕

신축 원년에 하이(鰕夷)의 훼공군후리(卉公擩厚釐)가 와서 공물을 바쳤다. 하이(鰕夷)는 현재 일본 북해도이고, 훼공군후리는 그 추장의 이름이다.

- 갑진 4년에 태아형 남궁제성이 훙서하자 왕이 백관을 거느리고 장례에 참석하였다. 교외까지 울며 전송하였고, 후작(侯爵)을 추봉(追封)하였다.
- 정묘 27년에 존현관(尊賢舘)을 설치하고, 정양(定襄)현재 곽산(郭山)의 현사(賢士) 웅국진(熊國珍)을 불러 태사(太師)로 삼았다.
- 신사 41년에 왕이 돌아가셨다. 이들 려(藜)가 즉위하였으니 바로 영걸왕(英傑王)이었다.

영걸왕

임오 원년에 왕이 연삭(連朔)현재 태천(泰川) 태수 황이장(煌彛長)이 재물을 탐하고 백성을 괴롭힌다는 소문을 듣고 도읍으로 불러들여 삶아 죽였다.

- 병신 15년에 북호(北胡)현재 해삼위(海蔘威) 등의 지역가 쳐들어오자 왕이 직접 출정하였다. 크게 무찌르고 영토의 경계를 천여 리 개척하였으니 지금의 장백산(長白

山) 이북이었다.
- 정유 16년에 왕이 태자 강(岡)에게 왕위를 전하였다. 태자가 즉위하였으니 바로 일성왕(逸聖王)이었다. 왕을 높여 상왕(上王)으로 삼았다.

일성왕

무술 원년에 향헌장(鄕憲長)을 주군(州郡)에 설치하고, 효도와 공경의 도(道), 농업과 상업의 업(業)으로 백성을 가르치고 인도하였다.
- 경자 3년에 상왕이 북쪽 변방에 나가 사냥을 하다 **포천(抱川)** 현재 의주(義州) 행궁(行宮)에서 돌아가셨다.
- 갑인 17년에 왕이 돌아가셨다. 아들 혼(混)이 즉위하였으니 바로 제세왕(濟世王) 이었다.

제세왕

갑자 10년에 지나(支那) 제(齊), 노(魯)와의 밀무역을 금지하였다.
- 을해 21년에 왕이 돌아가셨다. 아들 벽(壁)이 즉위하였으니 바로 정국왕(靖國王) 이었다.

정국왕

경진 5년 여름 4월에 3일동안 비가 내려 곡식을 적셨다[雨穀].
- 신묘 16년에 진언관(進言館)을 설치하였다. 군신 가운데 정직한 자를 수십 명 선발하여 규간(規諫)을 올리게 하였다.
- 무신 20년에 왕이 돌아가셨다. 아들 징(澄)이 즉위하였으니 바로 도국왕(導國王) 이었다.

도국왕

을묘 7년에 태안(太安) 현재 자산(玆山)의 우화충(宇和冲)이 반란을 일으켜 도읍에 들이

닥쳤다. 왕이 배를 타고 혈구(穴口)로 가서 잠시 머물렀다.
- 정사 9년에 왕의 군대가 경성(京城)을 수복하고 우화충을 죽였다. 임금의 수레가 도읍으로 돌아왔다.
- 정묘 19년에 왕이 돌아가셨다. 아들 척(隲)이 즉위하였으니 바로 혁성왕(赫聖王)이었다.

혁성왕

임신 5년에 감찰관(監察官)을 주군(州郡)에 보내어 관리와 백성의 선악을 살피게 하였다. 어질고 일 잘하는 이에게는 상을 주고 재물을 탐하고 간사한 이에게는 벌을 주게 하니 천하가 만족스러워 하였다.
- 무인 11년에 북호(北胡) 추장 목수길강(穆修吉康)이 들어와 공물을 바쳤다.
- 지나(支那) 연(燕)나라가 사신을 보내어 와서 예를 갖추었다.
- 을미 28년에 왕이 돌아가셨다. 아들 습(謵)이 즉위하였으니 바로 화라왕(火羅王)이었다.

화라왕

신축 6년에 지나(支那) 연(燕) 사람이 만번한(灣番汗) 현재 지나(支那) 성경성(盛京省)에 쳐들어오자 지키던 장수 묘춘장(苗春長)이 맞아 싸워 크게 무찔렀다.
- 신해 16년 왕이 돌아가셨다. 아들 하(賀)가 즉위하였으니 바로 열문왕(設文王)이었다.

열문왕

임자 원년에 박문관(博文舘)을 설치하였다. 사(士)와 백성 가운데 재주와 덕을 갖춘 자 3백 명을 선발하여 태자를 모시고 문학을 익히게 하였다.
- 병진 5년에 지나(支那) 연(燕) 장수 진개(秦開)가 2만의 기병을 거느리고 갑자기 요서(遼西)에 쳐들어와 변방의 군(郡)들을 연달아 함락시켰다. 상군대부(上軍大

夫) 위문언(衛文言)이 연(燕) 군대를 오도하(五道河)[현재 지나(支那) 요동(遼東) 양산성(陽山城) 북쪽]에서 맞아 공격하여 크게 무찔렀다.
○ 정사 6년에 위문언이 연(燕)의 군대를 연운도(連雲島) 현재 지나(支那) 요동의 요하 입구 로 추격하여 크게 무찔렀다. 연(燕) 장수 진개를 활로 쏴 죽이니 나머지 무리는 도망가 버렸다.
○ 기미 8년 가을에 왕이 돌아가셨다. 아들 화(華)가 즉위하였으니 바로 경순왕(敬順王)이었다.

경순왕

갑자 5년 봄 정월에 지진이 났다.
○ 을해 16년에 북호 추장 액니거길한(厄尼車吉汗)이 와서 좋은 말 2백 필을 바치면서 연(燕)나라를 정벌할 것을 청하였다. 왕이 허락하고 하군대부(下軍大夫) 신불사(申不死)에게 보병 1만과 호인(胡人)으로 구성된 기병 1천을 거느리고 연나라를 공격하게 하였다. 상곡성(上谷城)현재 지나(支那) 요동에 있음을 함락하였다.
○ 무인 19년에 연나라에서 사신을 보내어 화친을 청하자 허락하였다.
○ 왕이 돌아가셨다. 아들 후(謞)가 즉위하였으니 바로 가덕왕(嘉德王)이었다.

가덕왕

기묘 원년 여름에 가뭄이 심하여 사면령을 크게 내렸다. 왕이 기우제를 직접 거행하였다.
○ 계묘 25년에 왕이 연후(燕侯) 쾌(噲)가 무도(無道)하다는 소문을 듣고 혼내주고자 정벌하려 하였다. 대부(大夫) 왕례(王禮)가 간하기를, "연쾌의 무도함은 성토하지 않더라도 앞으로 스스로 멸할 것입니다. 또 무력을 써서 백성을 곤궁하게 하는 것은 옳지 않습니다"라고 하였다. 그리하여 왕이 그만두었다.
○ 을사 27년에 왕이 돌아가셨다. 아들 욱(煜)이 즉위하였으니 바로 삼로왕(三老王)이었다.

삼로왕

병오 원년에 상주국(上柱國) 왕림(王霖)왕례(王禮)의 아들을 지나(支那) 주(周)나라에 사신으로 보내었다. 주의 군주와 신하가 그의 늠름한 모습과 말솜씨에 탄복하였다.

- ○ 계해 18년에 북호 니사(尼술)가 번랑(翻郎)을 바쳤다. 니사는 북호의 왕호(王號)이고, 번랑은 북호 말로 악공(樂工)이다.
- ○ 경오 25년에 왕이 태자 석(釋)에게 왕위를 전하였다. 석이 즉위하였으니 바로 현문왕(顯文王)이었다.

현문왕

신미 원년 봄 정월에 주군에 명하여 어질고 훌륭한 사(士)를 천거하게 하였다. 동시에 천거 받은 이가 2백여 명이었다.

- ○ 삼로왕(三老王)이 돌아가셨다.
- ○ 기묘 9년에 왕이 교외에서 직접 농사지었다.
- ○ 기묘 39년에 연나라가 사신을 보내와서 조회하였다.
- ○ 왕이 돌아가셨다. 아들 윤(潤)이 즉위하였으니 바로 장평왕(章平王)이었다.

장평왕

계축 4년에 북호 추장 아리당부(阿里當夫)가 연나라를 정벌할 것을 청하자 허락하지 않았다. 호(胡)가 조공(朝貢)을 끊었다.

- ○ 무진 19년에 북호가 오랫동안 조공을 바치지 않으므로 왕이 죄를 묻는 군대를 일으켜 직접 정벌하였으나 패하였다.
- ○ 왕이 돌아가셨다. 아들 부(否)가 즉위하였으니 바로 종통왕(宗統王)이었다.

종통왕

기사 원년에 큰 기근이 들었다.

- ○ 임신 4년에 북호가 쳐들어와 영주(寧州)현재 지나(支那) 만주(滿洲)에 있음 태수 목원

등(穆遠登)을 죽이고 심지어 재물과 보배, 부녀자를 약탈해갔다.
 ○ 기묘 11년에 왕이 돌아가셨다. 아들 준(準)이 즉위하였으니 바로 애왕(哀王)이었다.

애왕

병술 7년에 지나(支那) 진(秦)나라가 장수 몽염(蒙恬)에게 요서(遼西) 경계에 장성(長城)을 쌓게 하였다.
- ○ 기해 20년에 지나(支那) 한(漢)나라가 사신을 부내 군사를 청하자 보병 1만 명을 징발하여 한(漢) 군대와 함께 초(楚)나라 국경까지 진격하였다.
- ○ 연나라에서 항복해 온 위만(衛滿)에게 박사(博士)를 제수하여 서쪽지역[西鄙]서쪽지역이란 현재 지나(支那) 성경성(盛京省)임을 지키게 하였다.
- ○ 정미 28년에 위만이 배반하여 도읍을 습격하였다. 변란이 뜻밖에 일어났기 때문에 왕이 군대가 제압하지 못하였다. 왕의 수레가 금마군(金馬郡)현재 익산(益山)으로 옮겨 갔다.
- ○ 이 해에 왕이 금마군에서 돌아가셨다. 태자 탁(卓)이 즉위하였으니 바로 무강왕(武康王)이었다. 국호를 마한(馬韓)이라 고쳐 부르고 곧이어 금마군에 도읍하였다. 바로 대한 개국 기원전 1583년이었다.
- ○ 위만이 제멋대로 조선왕이라 부르며 유경(柳京)을 차지하고, 요하(遼河) 이남 수천 리의 땅을 점거하였다.

이상으로 조선(朝鮮) 태조(太祖) 문성왕(文聖王)부터 애왕(哀王)까지 41대이고, 왕업을 이은 햇수가 모두 939년이었다.

『보통교과 대동역사략』 권3, 마한기

무강왕

무신 무강왕(武康王) 원년에 나라 안에 구역을 나누어 54주(州)를 설치하였다. 큰 주는 만여 가(家)가 있고, 작은 주는 수천 가가 있었다.

마한(馬閑)현재 경기도, 충청도, 전라도 등의 지역

조선(朝鮮) 동남해의 큰 나라이다. 그 동남쪽에 진한(辰韓)현재 경주(慶州)이 있다. 시조는 지나(支那) 진(秦)나라 사람으로, 진의 가혹한 정치를 피하여 마한으로 귀부한 자이다. 마한이 동쪽 경계의 땅을 나누어 살게 하였기 때문에 혹은 진한(秦韓)이라 부르기도 하고, 진한(辰韓)의 남쪽에 변한(弁韓)현재 김해(金海)이 있으므로 혹은 변한(卞韓)이라 부르기도 하였다. 이 삼한(三韓)의 땅은 바로 현재 황해도(黃海道), 경기도(京畿道), 충청도(忠淸道), 전라도(全羅道), 경상도(慶尙道)의 여러 도이다.

- 박사(博士) 낙농건(樂壟建)에게 진한(辰韓)을 다스리게 하고, 좌대부(左大夫) 진완(秦琓)에게 변한(弁韓)의 일을 다스리게 하였다.
- 경술 3년에 용화산성(龍華山城)현재 익산(益山) 을 쌓았다.
- 왕이 수군을 직접 거느리고 바닷길로 가서 위만(衛滿)을 토벌하였다. 여러 번 싸워 크게 무찔렀다.
- 왕의 군대가 유경(柳京)을 포위하였다가 왕이 날아오는 화살에 맞았다. 왕의 병이 위독해져서 군대를 돌렸다.
- 신해 4년에 왕이 붕어하셨다. 태자 흡(翕)이 즉위하였으니 바로 안왕(安王)이었다. 무강왕(武康王)을 금릉(金陵)에 장사지냈다. 금릉은 현재 익산군 서쪽에 있다.

안왕

임자 원년에 위만이 보낸 사람이 와서 예물을 갖추어 조문하였다. 아울러 사죄하고 화해를 청하였으나 왕은 화가 나 그 사신을 죽여버렸다.

- 갑자 13년에 예(濊)의 군주가 와서 황금과 짐승 가죽을 바치면서 번신(藩臣)이 되기를 청하므로 허락하였다.
- 임신 21년 동전(銅錢)을 주조하였다.
- 토지의 비옥함과 척박함에 따라 상, 중, 하의 세 등급으로 나누어 세금을 매기는 법을 정하고, 70분의 1세를 징수하였다.
- 계미 30년에 왕이 돌아가셨다. 아들 식(寔)이 즉위했으니 바로 혜왕(惠王)이었다.

혜왕

갑신 원년 봄 정월에 남쪽 교외에서 제사지냈다.

○ 임나(任那)[현재 고령(高靈)]가 와서 공물을 바쳤다.

○ 병신 13년에 예남려(濊南閭)를 예(濊)나라의 군주로 봉하였다.

○ 왕이 돌아가셨다. 아들 무(武)가 즉위하였으니 바로 명왕(明王)이다.

명왕

정유 원년에 오교원(五敎院)을 설치하고 오륜(五倫)의 도로써 백성을 교화하였다.

○ 몸에 무늬를 새기는 변한인의 비루한 풍속을 금지시켰다.

○ 계축 17년에 예(濊)의 군주 남려(南閭)가 배반하여 부민(部民) 28만 명을 거느리고 지나(支那) 한(漢)나라에 투항하였다. 한이 그 땅을 창해군(滄海郡)으로 삼았다.

○ 을묘 19년에 한나라가 창해군을 철수하였다.

○ 정묘 31년에 왕이 돌아가셨다. 아들 형(亨)이 즉위하였으니 바로 효왕(孝王)이었다.

효왕

무진 원년에 법률을 주군(州郡)에 반포하고 실행하였다.

○ 임신 5년에 위우거(衛右渠) 위만(衛滿)의 손자가 한나라 요동도위(遼東都尉)인 섭하(涉何)를 공격하여 죽였다. 한이 장군(將軍) 양복(楊僕)과 순체(荀彘)에게 군사 5만 7천 명을 거느리고 가서 위우거를 공격하게 하였다.

○ 계유 6년기원전 108년에 위우거가 한에 멸망당하였다. 한이 그 땅에 낙랑군(樂浪郡), 임둔군(臨屯郡), 현도군(玄菟郡), 진번군(眞蕃郡)의 4군을 설치하였다. 낙랑은 현재 평안도, 함경도 등의 지역이고, 임둔·현도·진번은 현재 지나(支那)의 요동(遼東)·만주(滿洲)등의 지역이다.

위우거가 한(漢) 군대를 상대한 지 1년여 동안에 한 군대를 자주 격파시켰다. 한이 제남태수(濟南太守) 공손수(公孫遂)에게 군사를 더욱 징발하여 공격하게 하자 상황이 매우 위급해졌다. 위우거의 신하인 재상 참(參)이 사람을 시켜 그 왕(위우거)을 암살하고 한에 투항하였다. 위씨가 참람하게 왕이라 자칭한 지 3대, 무릇 87년 만에 망하였다.

<출처: 박광연 역, 2011, 『근대역사교과서3』 소명출판(이화여자대학교 한국문화연구원 해제번역총서)>

『신정 동국역사(新訂 東國歷史)』

元泳義(1852~1928)

柳瑾(1861~1921)

『신정 동국역사』는 1906년 원영의와 유근이 찬집한 초등교육용 국사 교과서로, 단군조선부터 고려시대에 이르는 역사를 다루었다.

원영의(1852~1928)는 1908~1909년에 휘문의숙 5대 숙장을 지내며 여러 종류의 교과서를 출간하였으나, 일제는 그의 책을 몰수하여 불태웠다. 이후 그는 고향인 경기도 연천에서 후학 양성에 힘쓰다가 1928년 77세로 생을 마쳤다. 그가 편찬한 교과서는 『소학한문독본(小學漢文讀本)』, 『초등작문법(初等作文法)』 등이 있다. 또한 『국조사(國朝史)』는 조선시대 역사를 다룬 역사서로 『신정 동국역사』의 후속판이었던 듯하다.

유근(1861~1921)은 독립협회, 만민공동회, 대한자강회, 대한협회, 신민회 등의 각종 단체에서 애국계몽운동을 꾸준히 전개하였다. 그리고 학생들의 주체적 역사의식과 민족의식을 고취하고자 1908년 『초등본국역사(初等本國歷史)』, 1910년 『신찬초등역사(新撰初等歷史)』 등의 역사 교과서를 편찬하였다.

두 사람의 공동 저작인 『신정동국역사』는 2권 2책이다. 권1은 단군조선기(檀君朝鮮紀), 기자조선기(箕子朝鮮紀), 삼한기(三韓紀), 신라기(新羅紀), 고구려기(高句麗紀), 백제기(百濟紀), [부(附)]가락기(駕洛紀)로, 권2는 고려기(高麗紀)로 구성되었다.

고대사 관련 서술은 권1에 수록되어 있다. 우선 단군의 치적과 천도, 관련 유적[참성, 삼랑, 삼성사, 단군릉, 단군묘] 등이 서술되어 있다. 기자의 동래를 기준으로 그 전후 행적과 치적이 자세하고, 이후 기자조선과 연나라의 대립, 준왕이 위만에게 나라를 잃는 과정을 다루었다. 위만조선은 기자조선기 밑에 '부(附)'로 표시하여 한나라와의 대립에서 멸망함으로써 한 군현이 설치되는 과정을 서술했다. 지리적으로는 만번한의 위치는 요동에 있다고 보고 있으며 낙랑군 치소는 평양, 임둔군 치소는 임진강 근처, 현도군 치소는 함흥, 진번군 치소는 요동으로 보았다. 고대 일본과의 관계에서 임나일본부에 대한 언급은 없으며 신라 초기에 일본의 수많은 침략을 격퇴한 기사를 서술하였다.

『신정 동국역사』조선

조선(朝鮮)이라는 나라가 동방(東方)에 있었는데, 아침[朝]에 해가 선명[鮮]하게 밝아 온다는 것에서 취한 것이다.

『신정 동국역사』권1, 단군조선기

대한(大韓) 개국(開國) 기원전 3724년에 단군(檀君)이 건국하셨다. 단군의 이름은 왕검(王儉)이니, 동방에 군장(君長)이 처음에는 없어 인민이 풀로 옷을 삼고 나무 열매를 밥으로 먹으며 여름에는 새집에 머물고 겨울에는 동굴에 살았다. 한 사람이 태백산(太白山)지금의 영변(寧邊) 묘향산(妙香山)에 단목(檀樹) 아래에서 태어나 신명(神明)함이 있자 나라 사람들이 추존하여 임금으로 삼으니 곧 단군이다. 평양(平壤)에 도읍을 정하고, 국호를 조선(朝鮮)이라 했다. ○ 국내의 산천을 다스려 백성의 거주지를 정하였고 백성을 가르쳐 머리털을 땋아 머리를 가리고 군신(君臣)과 남녀와 음식과 거처의 제도를 세웠다. ○ 마니산(摩尼山)지금의 강화에 제천단(祭天壇)을 세우니 이름을 참성(塹星)이라 하고 3명의 아들로 하여금 전등산(傳燈山)지금 강화에 있다.에 성(城)을 쌓으니 삼랑(三郞)이라 한다. ○ 태자 부루(扶婁)를 보내어 하(夏)나라 우(禹)임금의 도산회(塗山會)에 나아가게 하였다. ○ 그 후에 백악(白岳)지금의 문화(文化) 구월산(九月山) 당장경(唐藏京)지금의 장장평(莊莊坪)으로 도읍을 옮겼다가 후손이 북부여(北夫餘)지금 성경성(盛京省) 개원현(開原縣)로 옮겨 산 것은 조선에 기자(箕子)가 왔기 때문이다. 1,212년이 지났다.

생각하면 단군은 신시씨(神市氏) 환웅(桓雄)의 아들이며 환인씨(桓因氏)의 손자이니 어머니는 비서갑(非西岬)의 여자이다. ○ 삼성사(三聖祠)는 아사달산(阿斯達山)지금 문화 구월산에 있으니 고려 때부터 환인과 신시와 단군을 제사 지낸다. ○ 단군의 능(陵)은 송양(松壤) 서쪽지금 강동현(江東顯) 대박산(大博山)에 있고 묘(廟)숭령전(崇靈殿)는 평양에 있다.

『신정 동국역사』 권1, 기자조선기

개국 기원전 2513년에 기자(箕子)가 건국하셨다. 기자는 자성(子姓)이며 이름은 서여(胥餘)이니, 은나라 탕왕(殷湯)의 먼 후손이요 주왕(紂)의 제부(諸父)이다. 기(箕)의 땅에 자작(子爵)을 봉함받았기 때문에 기자라 한다. 주왕의 무도함을 보고 미자(微子)에게 고하여 상나라가 멸망하더라도 우리는 신하의 도리를 하리라 하고 머리를 풀고 거짓으로 미친 척하니 주왕이 가두었다. 주(周) 무왕(武王)이 주(紂)를 정벌하고 갇힌 기자를 석방하여 도(道)를 찾았는데 기자(箕子)는 홍범구주(洪範九疇)를 알려주셨다. ○ 주 무왕이 천하를 이미 얻으니 기자가 남녀 오천 명을 이끌고 동으로 조선(朝鮮)에 오시니 시서(詩書)와 예악(禮樂)과 의약(醫藥)과 복서(卜筮)와 백공기예(百工技藝)의 무리가 모두 따랐다. ○ 이때 단군의 후손이 북부여(北扶餘)로 거처를 옮겨가고 임금의 자리가 비어있는지라 나라 사람들이 기자를 추존하여 임금으로 삼았다. 평양(平壤)에 도읍하여 국호를 조선이라 칭했다.

○ 백성을 가르칠 때 예의(禮義)로 하며 전제(田制)를 정하고 8조(八條)의 가르침을 베풀었다. 살인자는 목숨으로 갚고 보상하는 자는 곡식으로 갚게 하고 도둑질한 자는 남자는 그 집에 잡혀 종[奴]이 되고 여자는 종[婢]이 되게 하니, 이로 인해 백성들은 서로 도둑질하지 않았고 부녀자들은 지조가 곧고 신의가 있으며 논과 밭을 개간하여 다스리고 음식은 변두(籩豆)를 사용하니 인현(仁賢)의 교화가 있었다. ○ 백마를 타고 주나라에 갈 때 은나라의 옛터를 지나다가 고국(故國)을 추감(追感)하여 맥수가(麥秀歌)를 지으시니, "보리와 이삭은 점점 자라고, 벼와 기장도 윤기가 흐르도다. 저 교활한 아이여, 나와는 맞지 아니하도다. 은나라 주민이 듣고 모두 눈물을 흘렸더라"라고

하였다. ○ 재위 40년에 붕어하시니, 수(壽)가 93세이다. 평양 북쪽 토산(兎山)에 장사지냈다. ○ 후손기록에 그 이름을 빠뜨렸다. 이 연왕(燕王) 쾌(噲)가 장차 동쪽을 공격하려는 걸 보고 연나라를 치려 하였는데, 대부(大夫) 예(禮)가 멈추도록 간하였다. 예를 보내어 연나라 왕에게 가서 이야기하니 연나라 역시 그쳤다. 그 후 연나라가 진개(秦開)를 보내어 우리의 서방을 치고 2천여 리의 땅을 취하여 만번한(滿潘汗)요동에 있다.에 이르러 경계로 하였다. 기자의 41세손 부(否)가 죽고 아들 준(準)이 왕위에 올랐다. ○ 이때 중국[支那] 연나라·제나라의 주민이 진나라의 난을 피하여 조선에 도망 온 자가 수만 명이었다. ○ 연나라 사람 위만(衛滿)이 망명하여 와서 항복하며 서계를 지키는 번병(藩屛)이 되기를 구하니 왕이 신임하여 박사(博士)로 삼아 규(圭)를 하사하여 백 리의 땅을 봉해 주고 서쪽 변방지금의 성경성(盛京省) 을 지키게 하였더니 위만이 서쪽 변방에 거하면서 망명한 무리를 유인하여 모으니 그 무리가 점점 많아졌다. 이에 사람을 보내어 왕에게 거짓 보고를 하되 한나라 군사가 10도(道)로 쳐들어오니 들어가 숙위하기를 청한다고 하고 왕을 마침내 쳤다. 준(準)이 싸웠으나 적수가 되지 못하므로 그 좌우 궁인(宮人)과 남은 무리 수천 명을 거느리고 바다에 떠서 남쪽으로 도망하여 마한(馬韓) 땅에 거주했다. 기자의 전세(傳世)는 41세이며 역년은 929년이다.

살펴보면, 숭인전(崇仁殿)은 평양에 있으니 기자를 제사하고 그 후손 선우씨(鮮于氏)로 하여금 조상의 제사를 받들게 했다.

『신정 동국역사』 권1, 기자조선기, 부(附) 위만조선

위만(衛滿)이 기준(箕準)을 습격하여 무찌르고 스스로 왕위에 올라 왕검성(王儉城)지금의 평양에 도읍하고 국호를 조선(朝鮮)이라 칭했다. ○ 위만이 한나라 요동태수(遼東太守)와 함께 약속하여 우리가 한나라의 외신(外臣)이 되어야 새외(塞外)를 지킬 것이라 하고는 가두고 병권과 재물을 얻어 그 곁 소읍(小邑)을 습격하여 항복을 받으니 진번(眞番)과 임둔(臨屯)이 모두 따르게 되어 지방이 수천 리였다.

그 손자 우거(右渠)에 이르러 꾀어낸 한나라 망명인이 점점 많아짐을 믿고 한나라에 입근(入覲)함을 하지 않게 되었고 또 진국(辰國)이 한나라와 통하는 것을 가로막으니 한 무제(漢武帝) 유철(劉徹)가 섭하(涉何)로 하여금 타이르게 하였는데 우거(右渠)가 들으려 하지 않으니 섭하가 돌아가는 길에 올라 패수(浿水)지금의 압록강 위에 이르러 조선왕비장(朝鮮王裨長)을 죽이니 이에 섭하가 요동 동부도위(遼東東部都尉)가 되었다. 우거가 병사를 보내 습격하여 죽이니 한 무제가 노하여 양복(楊僕)과 순체(荀彘)와 공손수(公孫遂)를 보내 해로와 육로로 길을 나누어 급히 습격했는데, 우거의 신하 한음(韓陰)과 왕협(王陜) 등이 우거를 죽이고 한나라에 항복했다. 위씨(衛氏)는 3세(世)가 전하였고 역년은 86년이다.

한나라가 위씨(衛氏)를 깨뜨리고 그 땅을 나누어 낙랑(樂浪)·임둔(臨屯)·현도(玄菟)·진번(眞番)의 4군을 설치하니 낙랑군 치소는 조선현(朝鮮縣)지금의 평양 이고, 임둔군 치소는 동이현(東暆縣)지금의 임진강 근처 이며 현도군 치소는 옥저성(沃沮城)지금의 함흥 이며 진번군 치소는 삽현(霅縣)지금의 요동 땅 이니 그 후 27년에 한소제(漢昭帝) 유불릉(劉弗陵)가 4군을 고쳐 2부(二府)를 설치하여 평방(平邦)즉 진번과 현도로써 평주도위부(平州都尉府)를 정하여 임둔과 낙랑으로 동부도위부(東部都尉府)를 정했다가 그 후에 국토가 넓고 멀어 영동 7현(嶺東七縣)을 나누어 낙랑동부도위(樂浪東部都尉)를 설치한 것이 분명하나 민속이 순종하지 않아 한나라의 금령(禁令)을 따라가지 않고 혹은 그 군장(君長)을 사사로이 세웠다. 고구려는 현도와 진번의 옛 지역을 자신의 것으로 만드니 한나라가 그 지역이 멀고 다스리기 어렵다는 것을 알고 동부도위부를 폐기하고 그 거수(渠帥)를 봉하여 현후(縣侯)로 삼았다. 그 후에 고구려가 그 땅을 점유하여 우리 강역이 복귀되었다.

『신정 동국역사』 권1, 삼한 마한기

개국 기원전 1584년에 마한(馬韓) 무강왕(武康王) 기준(箕準)이 건국했다. 기준은 기자(箕子)의 41대손이며 부(否)의 아들이다. 조선(朝鮮)이 위만(衛滿)의 습격을 받아 왕이 남으로 금마군(金馬郡)지금의 익산에 이르러 마한을 쳐부수고 자립하여 한왕(韓王)이 되고 용화산성(龍華山城)에 도읍을 정했다. …

후손이 대대로 지켜 오랫동안 일이 없었는데 백제(百濟) 온조왕(溫祚王)이 위례성(慰禮城)지금의 한성에 도읍을 정하여 한남(漢南) 백 리 땅을 쪼개어 주고 삼한(三韓)의 패권만 독점하다가 마침내 백제에 병합되니, 역년 202년이다.

생각하면 기씨(箕氏)의 자손이 후에 선우씨(鮮于氏)·한씨(韓氏)·기씨(奇氏)의 여러 성이 되었다. ○ 무강왕릉(武康王陵)은 지금 익산(益山) 오금사(五金寺) 서쪽에 있다.

『신정 동국역사』 권1, 고구려기

고구려는 그 시조 고씨(高氏)가 구려산(句麗山) 아래에서 태어났으므로 그 성(姓)으로 산 이름에 앞에 덧붙였고, 혹은 그 나라가 한(漢) 고구려현(高句麗縣)에서 시작되었기 때문에 국명을 그렇게 지었다고 이른다.

기원전 1428년에 고구려 시조 동명왕이 건국했다. 동명왕의 성(姓)은 고(高)이고 이름은 주몽(朱蒙)이니, 동부여 왕 해부루(解夫婁)의 손자이다. 해부루가 국상 아란불(阿蘭弗)의 말을 쫓아 북부여지금의 중국 개원(開原) 가섭원(加葉原)으로 도읍을 옮겨 동부여라 칭하고 곤연(鯤淵)에서 어린아이인 금와(金蛙)를 자기 자식처럼 받아들여 아들로 삼았더니 금와가 우발수(優渤水)지금 어디인지는 모름 여자 유화(柳花)를 취하여 유화가 해의 그림자에 감응하여 주몽(朱蒙)을 낳으니 10세에 활과 화살을 스스로 만들어 쏘면 맞히지 못하는 일이 없는지라 형제 7명이 그 재능을 시기하여 죽이려고 하니 주몽이 오인(烏引)·오위(烏違) 등 두 사람과 더불어 도주하여 졸본부여지금의 압록강 북쪽에 이르러 그 임금의 딸을 부인으로 삼으니 이때 나이가 20살이었다. 그 임금이 죽자 주몽이 왕위를 이어 비류수(沸流水) 위에 흘승골성(訖升骨城)즉 졸본에 도읍을 정하고 국호를 고구려라 했다. …

14년 겨울 10월에 왕의 어머니 유화(柳花)가 동부여에서 죽으니 부여 왕 금와가 태후의 예로서 장사 지내고 신묘(神廟)를 세우니 왕이 사신을 보내어 방물(方物)로 사례(謝禮)를 했다.

19년 동명왕이 죽고 태자 유리(類利)가 왕위에 오르니, 곧 유리왕(琉璃王)이다. 동명왕을 용산(龍山)지금 중화(中和)에 있다.에 장사지내니 속호(俗號)는 진주묘(眞珠墓)라 한다. ○ 처음에 동명왕이 부여에 있을 때 예씨(禮氏)를 아내로 맞아 임신하더니 이윽고 유리를 낳았다. 어릴 때 참새를 쏘다가 부인의 물동이를 잘못 맞추니, 부인이 꾸짖으며 아버지가 없는 아이라 미련하다고 하였다. 그 어머니에게 물었더니 어머니는 말하길, "네 아버지가 남쪽으로 달아날 때 유물이 있는데 7령(嶺) 7곡(谷)의 바위 위 소나무 아래에 감추었으니 이를 얻어오는 이가 나의 아이라고 하고, 남국(南國)으로 도망가서 나라를 세우고 왕을 칭했다" 하였다. 유리가 유물을 산곡(山谷)에서 두루 찾다가 주초석(柱礎石)의 7개 모서리[稜]가 있음을 발견하고 스스로 깨달아 말하길, "7령 7곡은 7모서리이며 바위 위 소나무 아래는 기둥이다"라고 하고, 기둥 아래에서 부러진 칼 한쪽을 찾아 옥지(屋智)·구추(句鄒)·도조(都祖) 등 3명과 함께 졸본에 이르러 왕에게 나아가니 왕이 소장하였던 단검을 꺼내어 합치고 크게 기뻐하며 후사로 삼았더니 이렇게 되어 왕위에 올랐다. …

[유리왕] 13년 봄 정월에 부여 왕 대소(帶素)가 사신을 보내어 내빙(來聘)하였다. 그때 대소가 아들로 인질을 교환하자고 청했는데 왕이 태자 도절(都切)로 삼으려 하니 도절이 듣지 않으므로 대소가 분노하였다. ○ 겨울 10월에 부여 왕이 군사 5만으로 침략했다가 큰 눈을 만나 인거(引去)했다. …

27년 가을 8월에 동부여 왕 대소가 사신을 보내어 꾸짖으며 말하길, "나라가 크고 작음이 있으니 작은 나라가 큰 나라를 섬기는 것이 예(禮)이다. 왕이 능히 예로써 우리를 섬기면 하늘이 반드시 돕지만, 그렇지 아니하면 사직을 보존하기 어려우리라"라고 했다. 왕의 아들 무휼(無恤)이 아직 어리지만 대답하길, "누란(累卵)이 있으니 왕이 그 알을 무너뜨리지 않으면 우리가 장사(將事) 하리라"라고 하였다. 사자가 돌아가 알리니 부여의 무리가 그 의미를 능히 해석하는 자가 없었다. 한 늙은 할멈이 해석하여 말하길, "누란은 위태로운 것이요 헐지 않는 것은 편안한 것이니, 왕은 스스로 깨달아 자신의 위기를 안정되게 하라"는 의미라 했다.

31년 겨울 11월에 왕자 무휼이 동부여군을 대파했다. 이때 부여가 침략해왔는데 무휼이 기이하게 잠복을 했다가 학반령(鶴盤嶺)지금 어디인지는 모름 아래에서 대파하였다. …

[대무신왕] 4년 봄 2월에 왕이 동부여 왕 대소금와의 아들를 공격하여 죽였다. 이에 앞

서 왕이 부여를 칠 때 부여 왕의 말이 앞으로 나아가다가 구덩이에 빠지니 왕이 효장(驍將) 괴유(怪由)에게 지시하여 그 머리를 베게 했다. 대소의 막내아우가 종자(從者) 백여 명과 더불어 떠나 압록곡(鴨綠谷)에 이르러 해두왕(海頭王)을 죽이고 자립하여 갈사수(曷思水)지금 어디인지는 모름 물가에 도읍을 정했다. 대소의 사촌 동생이 말하길, "우리 선왕(先王)이 죽고 나라가 멸망했거늘 왕의 아우가 도존(圖存)한 것은 부주의한 것이고 외국으로 도피하면 우리가 어찌 능히 하리오" 하고 고구려에 와서 투항하니 왕이 봉하여 왕으로 삼아 연나부(椽那部)에 두었다. …

[태조왕] 24년 겨울 10월 북부여에서 뿔이 셋 달린 사슴[三角鹿]과 꼬리가 긴 토끼[長尾兎]를 와서 바치니 왕이 상서롭다고 하여 대사면령을 내렸다. …

68년 겨울 12월에 왕이 마한즉 서마한(西馬韓)과 예맥(穢貊)의 1만 기병을 거느리고 현도성(玄菟城)을 에워싸니 북부여 왕의 아들 위구태(尉仇台)가 한나라 군사와 힘을 합쳐 막으니 패전하였다. …

서천왕(西川王) 10년 겨울 10월에 왕이 아우 달가(達賈)를 봉하여 안국군(安國君)으로 삼고 양맥(梁貊)·숙신(肅愼)의 모든 부락을 아울러 거느렸다. 이때 숙신(肅愼)읍루(挹婁)·말갈(靺鞨)이 변방에 사는 백성을 해치니 달가가 병사를 출병시켜 불시에 기습하여 단노성(檀盧城)을 빼앗아 추장을 죽이고 6백여 가(家)를 부여 남쪽으로 옮겨 부용(附庸)으로 삼았다. 왕이 크게 기뻐하여 이 명령이 있었다. …

[문자명왕] 3년 봄 2월에 북부여 왕이 말갈을 쫓아내고 처자식과 더불어 와서 항복하니 부여가 이때 망하였다.

『신정 동국역사』 권1, 백제기

백제(百濟)는 마한(馬韓)의 옛 지역지금 경기·충청·전라 등지이니, 어떤 사람은 백가(百家)가 바다를 건넜다[濟]고 말하기도 한다.

기원전 1409년에 백제 시조 온조왕(溫祚王)이 나라를 세웠다. 온조는 북부여 왕의 아들이다. 형제 2명이 오간(烏干)·마려(馬黎) 등 10명과 함께 남행하여 한산(漢山)에 올라 거주할 땅을 바라볼 때 형 비류(沸流)는 해변에 거주하였다. 10명의 신하가 간하기를, "하남(河南)은 북으로 한수(漢水)를 에워싸고 동으로 고악(高岳)을 기대며 남으로 옥택(沃澤)을 바라보며 서로는 대해(大海)로 막히니, 여기에 도읍을 정함이 옳습니다"라고 했다. 비류가 듣지 아니하고 미추홀(彌鄒忽)지금의 인천에 도읍을 정하니 온조는 하남 위례성(慰禮城)위례는 방언으로 광곽(匡郭)이니 즉 원리(園里)이다. 지금 직산(稷山)이다.에 도읍을 정하고 10명의 신하로서 보국(輔國)하여 국호를 십제(十濟)라 했다. 비류가 미추의 땅이 습하고 물이 짜서 편안히 머무르지 못하였는데, 위례로 와서 도읍과 인민의 안정함을 보고 원통[恚忿]해하다 죽었다. 그 도읍을 에분성(恚忿城)이라 일컫기도 한다. 그 신하와 백성이 위례로 모두 돌아오니 국호를 백제(百濟)라 고치고 그 혈통이 고구려와 더불어 부여(扶餘)에서 함께 나왔기 때문에 부여씨(扶餘氏)라 칭했다. …

41년 봄 정월(正月)에 우보(右輔) 을음(乙音)이 죽으니 북부(北部)의 해루(解婁)로 대신하게 했다. 해루는 부여인이라 식견이 깊고 심오하며 나이는 70여 세에 체력도 떨어지지 않았다.

『대한신지지(大韓新地志)』

張志淵(1864~1921)

　『대한신지지』는 장지연이 1907년에 저술한 지리 교과서이다. 1907년 9월 21일 지리과 교과용 도서로 학부(學部)의 검정을 받았으나, 1909년 1월 30일 내용이 불순하다는 이유로 검정 무효를 당하였다.

　장지연은 언론인이다. 『황성신문(皇城新聞)』, 『시사총보(時事總報)』의 주필을 맡았고, 1902년부터는 『황성신문』의 사장을 맡아 민중 계몽에 힘썼다. 1905년 을사늑약이 강제로 체결되자 『황성신문』 1905년 11월 20일 자에 「시일야방성대곡(是日也放聲大哭)」을 게재해 일제의 국권 침탈과 '을사오적'을 규탄했다. 이로 인해 『황성신문』은 정간되었는데, 그 후에도 장지연은 다양한 신문·잡지에서 언론 활동을 이어 갔다. 그는 역사 연구에도 많은 관심을 두었다. 1900년 광문사(廣文社)가 설립되었을 때 편집원으로 참여해 정약용(丁若鏞)의 『목민심서(牧民心書)』와 『흠흠신서(欽欽新書)』 등을 간행하였고 『대한신지지』를 비롯하여 『동국역사(東國歷史)』, 『증보대한강역고(增補大韓疆域考)』 등 역사·지리 관련 저서를 남겼다.

　『대한신지지』는 모두 2권으로, 크게 지문지리(地文地理)·인문지리(人文地理)·각 도(各道)로 구분된다. 권1은 제1편 지문지리, 제2편 인문지리, 제3편 각 도(경기도~충청남도)가 수록되었고, 권2는 제3편 뒷부분인 전라북도~함경북도(부 북간도)가 수록되었다. 부록으로는 1장에 각군 연혁 및 거리방면결호경계표, 2장에 도리표가 수록되었다. 특히 울릉도의 동남에 우산도가 있다고 명기하고 있어 독도가 표기되는 것이 주목된다.

　이 책은 고조선의 영역이 서북으로는 만주 지방에 미쳤고 동으로는 지금의 강원도에 이르렀다고 보았다. 단군의 후손이 옮겨 간 북부여는 지금의 성경성(盛

京省) 개원현(開原縣)에 있었다고 이해했다. 고조선과 관련된 유적으로는 삼랑성, 기준고성, 삼성사, 당장경, 단군묘, 구월산, 숭인전 등을 다루었다. 또한 우리나라의 인종이 토착 민족인 조선본족, 중국에서 이주한 한족(漢族), 옛 예족으로 단군이 남긴 후예인 부여족 등 세 종족으로 파악하여 주목되는 바이다.

『대한신지지』 서(序)

우리나라는 단군(檀君)이 나라를 연 때부터 3,000~4,000년이 지났는데, 강토(疆土)가 나뉘고 합쳐진 연혁(沿革)이다.

『대한신지지(건)』 권1, 제1편 자연지리 제1장 명의(名義)

지금부터 4,240년 전에 단군(檀君)이 처음 나라를 열었는데, 평양(平壤)에 도읍을 정하고 국호를 조선(朝鮮)이라 하였다. 조선의 의미는 혹은 조수(潮水)와 산수(汕水)에서 비롯되었다고 하고 조(朝)의 음은 조(潮)이고 선(鮮)의 음은 선(汕)이다. 『사기색은(史記索隱)』에 보인다. 혹은 나라가 동쪽 해 뜨는 땅에 있어서라고 하고 『여지승람(輿地勝覽)』에 보인다. 혹은 아침해[朝日]가 선명(鮮明)한 것이라고 하고 학봉(鶴峯) 김성일(金誠一)의 『조선고이설(朝鮮考異說)』에 보인다. 혹은 나라가 선비산(鮮卑山) 동쪽에 있어 조선이라고 하니 조(朝)는 동방(東方)이라 한다. 순암(順菴) 안정복(安鼎福)의 『동사강목(東史綱目)』 잡설(雜說)에 보인다. 기자(箕子)가 동쪽으로 오니 역시 평양에 도읍하여 나라 이름을 조선이라 칭했다. 『관자(管子)』에서 발조선(發朝鮮)의 문피(文皮)라 하고, 『전국책(戰國策)』에서 소진(蘇秦)은 연(燕)나라의 동쪽에 조선·요동(遼東)이 있다 하였으니, 이는 기씨(箕氏)의 조선(朝鮮)이다.

『대한신지지(건)』 권1, 제1편 자연지리 제5장 연혁

우리나라는 처음에 각 부락(部落)으로 나뉘었다가 지금으로부터 4,240년 전에 단군(檀君)에서 시작되어 평양(平壤)에 도읍을 정하고 나라를 열었다. 그 구역은 서북(西北)으로 지금의 만주지방과 동으로 지금의 강원도 등지에 이르고 1017년 상나라 무정(武丁)

8년 갑자(甲子)에 백악산(白岳山) 아사달(阿斯達)지금의 문화(文化) 구월산(九月山)로 도읍을 옮겼다가 혹은 당장경(唐莊京)이 지금 문화군(文化郡)의 동쪽으로 15리 떨어진 지역에 있는데, 궁궐이 그 땅에 있다고도 한다. 속칭 장장평(莊莊坪)이라 한다. 195년이 지나 북부여(北扶餘)지금의 성경성(盛京省) 개원현(開原縣)로 도읍을 옮겼다.

기자는 3,029년 전에 동쪽으로 와서 역시 평양에 도읍하니 그 구역은 서로는 지금의 광녕(廣寧) 영평부(永平府)로부터 요동 지금의 성경성 과 개평(蓋平) 금주(金州) 성경성 남쪽 를 경계로 하고, 남으로 열수(洌水)에 이르고 동북으로 예맥(濊貊)·옥저(沃沮)와 접하였다. 그런데 후손이 쇠약해져 서쪽 경계 지역 1천여 리를 연나라에 잃고 만번한(滿潘汗) 지금의 요동 으로 경계하였다가 920년이 되어 41세 후손 준(準)이 연나라 사람 위만(衛滿)의 습격을 받아 남으로 금마군(金馬郡)지금의 익산에 이르러 마한(馬韓)의 왕이 되었다.

위만은 2,100년 전에 기준(箕準)을 습격하여 왕검성(王儉城)지금의 평양(平壤)에 도읍하더니 손자 우거(右渠)에 이르러 한 무제(漢武帝) 유철(劉徹)에게 멸망하였는데, 무제는 그 땅을 나누어 4군(四郡)을 설치하였다.

4군은 지금으로부터 2,015년 전 한 무제 원봉(元封) 3년 계유에 한나라가 위우거(衛右渠)를 멸망시키고 네 개 군(郡)을 나누어 설치한 것이니, 낙랑(樂浪)지금의 평안도 지역은 치소를 조선현(朝鮮縣)지금의 평양으로 하였고, 임둔(臨屯)지금의 강원, 황해, 경기 이북의 땅은 치소를 동이현(東暆縣)혹은 지금의 임진강 연안 지역으로 하였으며, 현도(玄菟)지금의 함경도 내는 치소를 옥저성(沃沮城)지금의 함흥으로 하였고, 진번(眞番)지금의 압록강 북쪽 파저강 지역은 치소를 삽현(霅縣)지금의 위치는 모름 으로 하였다. …

삼한(三韓)은 열수(洌水) 남쪽 땅이니 조선과 남북으로 접한 고대 진국(辰國)의 부락이다. 마한은 지금의 경기 이남으로 충청·전라도가 모두 그 지역이니 기준(箕準)이 위만에게 축출되어 남으로 마한을 공격하여 무너뜨려서 왕이 되니 지금으로부터 2,100년 전이다.

『대한신지지(건)』 권1, 제2편 인문지리 제1장 인종

대한(大韓)의 인종(人種)은 아시아의 황색인종이다. 상고(上古)에는 아홉 종족의 부락(部落)이 있었는데, 문화(文化)가 열리자 이를 따르면서 각지의 이주민이 섞이게 되었다. 대체로 구별하면 3족(族)이 있다. 첫째는 조선본족(朝鮮本族)으로 예로부터의 토착 민족이다. 서북으로부터 점차 동남으로 널리 퍼졌다. 둘째 한족(漢族)은 중국[支那]에서 이주한 자인데, 은·주(殷周) 교체기로부터 전국시대와 진·한(秦漢)시대에 이르기까지 지나에 큰일이 있을 때마다 그 인민이 우리나라에 이주한 자가 매우 많았다. 기자(箕子)가 거느린 5천 명이 동쪽으로 왔고, 연(燕)·제(齊)·조(趙) 백성으로는 진(秦)의 환란을 피해 수만 명이나 피난 왔으며, 위만도 수천 명을 거느리고 망명했다. 요동·북경[遼薊]과 하북 북부지역[幽燕], 제(齊)·노(魯)와 강소성·절강성 지역[江浙]의 주민이 바다와 육지로 왕래가 끊이지 않아 이른바 진·한(秦韓)의 명칭이 나왔다. 셋째 부여족(夫餘族)은 옛 예(濊)의 종족인데, 역시 단군이 남긴 후예이다. 단군의 후손이 북부여로 옮겼다. 북부여 왕 해부루(解夫婁)가 조선 동북쪽 해변으로 옮겨 동부여즉 불내예(不耐濊)가 되어 점점 번성하더니 후에 예군 남려(濊君南閭)가 28만 구(口)를 거느리고 한(漢)나라로 의탁했다. 고구려와 백제 역시 부여의 종족으로 조선과 마한의 땅에서 번성하다가 멸망함에 미쳤다.

『대한신지지(건)』 권1, 제2편 인문지리 제1장 풍속과 성질

우리나라의 풍습은 기자(箕子)가 중국[支那]의 문명(文明)을 수입하심으로 은(殷)나라의 유속(遺俗)이 매우 많았다. 옷은 흰 것을 숭상하고, 유생의 관변(冠弁)과 혼례에서 백마(白馬)를 쓰는 것이 모두 은나라의 옛 제도이다. 농업을 권면하고, 예의(禮義)를 숭상하며, 문학(文學)을 좋아하는 것도 기자의 덕화(德化)이다.

『대한신지지(건)』 권1, 제3편 각도 제1장 경기도 도회승지(都會勝地)

강화도(江華嶋)강도(江都)라고도 하고, 심부(沁府)라고도 한다.는 … 부(府) 남쪽에 있는 전등산(傳燈山)은 단군(檀君)의 삼랑성(三郞城)이니 …

『대한신지지(곤)』 권2, 제3편 각도 제4장 전라북도 도회승지(都會勝地)

익산군(益山郡)은 옛 마한국(馬韓國)의 도읍이니 전주(全州) 서북으로 30여 리 떨어진 곳이다. 군(郡)의 북쪽 미륵산(彌勒山)의 남쪽 용화산(龍華山) 위에는 기준고성(箕準古城)이 있고 …

『대한신지지(곤)』 권2, 제3편 각도 제9장 황해도의 산봉우리

구월산(九月山)일명 아사달(阿斯達), 궁홀(弓忽), 증산(甑山), 삼위(三危), 궐산(闕山)이라고도 한다. 은 황해도 서북쪽 구석에 우뚝 솟은 강성한 진(鎭)이다. 석봉(石峯)이 쭉 늘어서서 하늘을 떠받치고 있고 대단히 높고 크니, 단군(檀君)이 도읍을 옮긴 백악(白岳)이 바로 이곳이다. 그중 삼성사(三聖祠)환인(桓因)·환웅(桓雄)·단군(檀君)가 있고, 그 동쪽 장장평(莊莊坪)은 곧 당장경(唐莊京)이니 옛 궁궐터가 아직 남아 있으며 …

『대한신지지(곤)』 권2, 제3편 각도 제10장 평안남도 연혁

연혁 본도(本道)는 고조선의 땅이니 위만조선이 멸망한 후에 낙랑군(樂浪郡)이 되었다가 그 후에 고구려가 차지하게 되었고 …

『대한신지지(곤)』 권2, 제3편 각도 제10장 평안남도 산령(山嶺)

대박산(大朴山)에는 단군묘(檀君墓)서쪽으로 둘레 410척 가 있으며 …

『대한신지지(곤)』 권2, 제3편 각도 제10장 평안남도 도회승지(都會勝地)

숭인전(崇仁殿)은 기자(箕子)를 모시고 숭령전(崇靈殿)은 단군(檀君)과 동명왕(東明王)을 모시니 봄과 가을로 향폐(香幣)를 내리시고 …

평양(平壤)은 관서(關西)의 대도시라 … 기자의 고성(古城)일명 외성(外城)은 부(府) 서쪽 창광산(蒼光山)에 웅거하고 …

『중등교과 동국사략(中等敎科 東國史略)』

玄采(1856~1925)

　『중등교과 동국사략』은 1907년 현채가 저술한 역사서이다. 현채는 1906년 『동국사략』을 발행하였는데, 1907년에 2판을 발행하면서 책제목을 『중등교과 동국사략』으로 바꾸었다. 1908년 3판이 간행되었으며, 1909년 5월 5일 자로 통감부에 의해 발간이 금지되었다.

　현채는 조선 말기부터 일제강점기까지 활동한 관료이다. 대대로 역관을 배출한 천녕(川寧) 현씨 집안에서 태어나 그 역시 역관을 역임하였다. 또한 그는 역사 교육에도 관심을 가졌는데, 1899년 학부(學部) 편집국 의원으로 임명되어 외국 서적을 번역하고 학교 교과서를 편찬하는 일을 맡았다. 학부 시절의 경험을 바탕으로 현채는 많은 역사서를 간행했는데, 『중등교과 동국사략』을 비롯하여 『보통교과 동국역사(普通敎科東國歷史)』, 『만국사기(萬國史記)』, 『동서양역사(東西洋歷史)』, 『대한지지(大韓地誌)』 등이 있다. 그리고 장지연(張志淵) 등과 함께 시사총보사(時事叢報社)를 광문회(光文會)로 개칭하고 고서 출판사업으로 정약용의 『목민심서(牧民心書)』와 『흠흠신서(欽欽新書)』 등의 간행에도 참여하였다. 하지만 그는 1915년 『매일신보』에 임나일본부설, 신공황후(神功皇后) 신라 침공설 등에 기초하여 한일관계를 연재하면서 식민 지배를 합리화하는 글을 썼다. 1923~1924년에는 조선사편수회의 전신인 조선사편찬위원회에서 위원으로 활동하였다.

　『중등교과 동국사략』은 현채가 단독 저술한 것이 아니라 일본인 역사가 하야시 다이스케(林泰輔)의 『조선사(朝鮮史)』(1892)와 『조선근세사(朝鮮近世史)』(1901)를 역술한 것이다. 현채는 하야시 다이스케가 일본인이기는 하지만, 기존의 역사서술로는 국권을 상실한 현실을 극복하기 어렵다고 보았다. 일본의 실증사학적 방법론에 영향을 받았던 것으로 여겨진다.

책의 구성은 태고사·상고사·중고사·근세사로 되어 있다. 태고사는 단군에서 삼한까지, 상고사는 삼국에서 후삼국·발해 멸망의 시기, 중고사는 고려의 건국과 멸망, 근세사는 조선의 건국에서 한말 광무·융희 연간까지를 다루고 있다. 고조선과 관련해서는 단군의 건국과 영역 그리고 기자가 동래하여 왕이 된 후 이어진 가계를 전하고 있다. 또한 준왕의 남래를 다루고 있다. 한편 고구려와 관련하여 주몽의 건국과 생활사적 측면에서 고구려의 풍속에 대해 평가하고 있다.

『중등교사 동국사략』 권1, 태고사 단군조선

단군의 이름은 왕검(王儉)으로, 우리 동방에 처음으로 국가를 세운 왕(王)이다. 할아버지는 환인(桓因)이며, 아버지 환웅(桓雄)이 태백산(太白山)영변(寧邊) 묘향산(妙香山) 박달나무 밑에서 왕을 낳았는데 임금으로서의 덕(德)을 지니고 있어 나라 사람이 추대하여 왕으로 삼았으니 그때가 지금으로부터 4,239년 전1906년(광무 10년으로부터 헤아려 내려오면 이와 같다.이다.

국호를 제정하여 조선이라 한 것은 국경이 동방(東方)에 소재하여 아침 해가 뜨면 만물이 선명(鮮明)해짐을 의미한 것이다. 평양(平壤)에 도읍을 세우고 비서갑(非西岬)의 딸을 왕후로 삼았다. 나라의 경계를 정하니 동쪽으로는 큰 바다, 서쪽으로는 중국 성경성(盛京省)과 황해(黃海)와 연결되어 있고, 남쪽은 조령(鳥嶺), 북쪽은 지나(支那) 흑룡강성(黑龍江省)을 접하였다.

인민(人民)으로 하여금 머리카락을 묶어 머리를 덮게 하였으며, 강화(江華) 마니산(摩尼山)에 행차하여 하늘에게 제사를 올리고 왕자 3인에게 명령하여 성을 쌓았으니 이곳이 삼랑성(三郞城)이었다.

황해도 문화(文化) 구월산에 천도하고 태자(太子) 부루(扶婁)를 지나(支那) 하우씨(夏禹氏)의 도산회(塗山會)에 보내어 각국과 옥백(玉帛)을 예물로 교환하며 만나보았다.

그 후 자손이 1천여 년 동안 왕위를 전해 오다가 기자(箕子)가 동쪽으로 건너온 이후에는 왕위를 내놓고 부여(扶餘)로 천도하니 단군 능(檀君陵)이 현재 평안남도 강동군(江東郡)에 있다.

『중등교사 동국사략』 권1, 태고사 기왕역대(太古史 箕王歷代)

태조 문성왕의 성(姓)은 자(子)이며 이름은 서여(胥餘)니 지나(支那) 상(商)나라의 왕 주(紂)의 숙부(叔父)였다. 주가 무도(無道)하여 주(周)나라 무왕(武王)에게 멸망 당하게 되었는데, 그때 문성왕이 우리나라로 피난해 왔다. 문성왕을 따르는 자가 5천 명이었으며 시(詩)와 글(書)을 짓는 자, 예(禮)와 의술에 뛰어난 자, 무당과 음양(陰陽)의 이치에 능한 자, 점술가와 온갖 기예를 지닌 장인들이 다 따라왔다. 그래서 나라 사람이 문성왕을 왕으로 세웠으니 지금으로부터 3,028년 전(기원전 1122)이었다.

평양에 도읍을 정하고 팔조법을 반포하였다. 왕수긍(王受兢)을 사사(士師)에 임명하였다. 왕수긍은 덕행(德行)이 있는 사람이라 나라 사람들이 정치에 교화되어 풍속(風俗)이 매우 아름답게 되었다. 정전제(井田制)를 제정하였다. 왕이 재위 40년에 세상을 떠나니 나이가 93세였다.

그 후 장혜왕(莊惠王) 송(松)과 경로왕(敬老王) 순(洵)의 재위를 거쳐 공정왕(恭貞王) 백(伯)에 이르러서 관제를 개정하고 공복(公服)을 제정하였다. 문무왕(文武王) 춘(椿)은 법률과 도량형을 정하고 인월(寅月)을 한 해의 시작하는 달로 삼았다.

시위군을 두었으니 사졸(士卒)이 7천여 명이었다.

태원왕(太原王) 공(孔)과 경창왕(敬昌王) 장(莊)의 재위를 거쳐 흥평왕(興平王) 착(捉)은 자모전을 주조하였다. 철위왕(哲威王) 조(調)는 말을 많이 길렀으며, 선혜왕(宣惠王) 삭(索)은 직접 농사일을 권장하고 백성 사이에서 총명하고 준수한 인물을 선택하여 육예(六藝)를 익히게 하였으며, 직언경(直言磬)을 매달아 원통하고 억울한 일을 호소할 수 있도록 하였다.

의양왕(誼讓王) 사(師)는 토목 공사를 크게 일으켜 백성의 형편이 어렵고 고통스럽게 되었다. 문혜왕(文惠王) 염(炎), 성덕왕(盛德王) 월(越), 도회왕(悼懷王) 직(職), 문열왕(文烈王) 우(優), 창국왕(昌國王) 목(睦)의 재위를 거쳐, 무성왕(武成王) 평(平)은 나이가 어린 까닭에 태후(太后)가 정사를 처리하였으며, 수사를 설치하고 선박을 건조하였다.

정경왕(貞敬王) 궐(闕)은 상인들을 지나(支那)의 제나라, 노나라에 보내 물고기, 소금, 동(銅), 철(鐵)로 미곡(米穀)을 교역하였다. 낙성왕(樂成王) 회(懷)의 재위를 거쳐 효종왕(孝宗王) 존(存)은 선우익(鮮于益)을 제나라에 보내어, 환공(桓公) 강소백(姜小白)의 정치를 관찰하여 범장률(犯贓律)을 제정하였다. 제나라에서 보낸 사신 공손각(公孫恪)을 후하게 예우하였고, 선비(鮮卑)서백리(西伯里)의 추장, 길리도두(吉利都頭)에게 상을 주었다.

천로왕(天老王) 효(孝)는 방사 백일청(伯一清)에게 미혹되어 구선대(求仙臺)를 흘골산(紇骨山)성천(成川)에 세우고 영선악(迎仙樂)을 연주하였으며, 태청관(太淸觀)을 만들었다. 수도왕(修道王) 양(襄)은 왕의 잘못을 간한 신하 염서적(冉西赤)을 유배 보내고 신산(神山)을 건축하였으며, 큰 배 수십 척을 울릉도(鬱陵島)에 보내어 신선을 찾고자 하였다.

휘양왕(徽襄王) 하(遐)가 백일청을 사형에 처하니 백성이 서로 축하하였다. 봉일왕(奉日王) 참(參)이 나라를 다스릴 때 공손강(公孫康)이 왕의 유약(幼弱)한 점을 이용하여 왕의 숙부 정(靜)을 죽인 후 왕을 별궁(別宮)에 유폐하였는데, 왕이 근심과 울분 속에 세상을 떠났다. 하대부(下大夫) 남궁제성(南宮齊成)이 덕창왕(德昌王) 근(勤)을 옹립하여 공손강을 처형하고 현명하고 어진 인사를 관리로 등용하고 간사한 자를 쫓아내니 조정 내외에서 모두 그 덕을 칭송하였다.

수성왕(壽聖王) 삭(朔)의 재위 시 일본 에조섬(蝦夷島, 지금의 일본 홋카이도) 사람들이 공물을 바쳤다.

영걸왕(英傑王) 여(藜)는 탐욕스럽고 뇌물을 받는 수령을 끓는 물에 넣어 처벌하였으며, 지나(支那)의 서북 변경에 살던 동호의 침략을 받자 왕이 정예 군사 3천 명을 거느리고 토벌하여 1천여 명을 참수하고 1천 리(里)의 땅을 개척하였다.

일성왕(逸聖王) 강(岡)의 재위를 거쳐 제세왕(濟世王) 혼(混)은 인민이 몰래 상업하는 것을 금지하여 변경 지역의 분쟁이 발생하지 않았다.

정국왕(靖國王) 벽(璧)의 재위를 거쳐 도국왕(導國王) 징(澄)의 재위 시에는 우화충(宇和沖)이 반란을 일으켜 북도 소속 36군(郡)이 함락되었다. 왕이 강화로 피난하여 있다가 2년 후 서울을 수복하였다.

혁성왕(赫聖王) 즐(騭)은 각 주군(州郡)의 관리와 백성의 선악을 관찰하고 중국 연(燕)나라와 사신을 교환하며 우호 관계를 맺었다. 화라왕(和羅王) 습(謵)의 재위를 거쳐, 열문왕(說文王) 하(賀) 재위 시 연(燕)나라의 진개가 요서(遼西)당시 요서는 우리 강토(疆土)였다.에 침입하여 위문언(衛文言)으로 하여금 병사 3만 명을 매복시켜 연나라 군대를 크게 격파하였다.

경순왕(慶順王) 화(華) 재위 시 북호(北胡) 추장 액니거길(厄尼車吉)이 말 2백 필을 헌납하고 연나라를 정벌해 주기를 부탁하여 병사 1만 명을 보내 연나라의 상곡성(上谷城)을 공략하여 정복하였으나 이후 화친하였다.

가덕왕(嘉德王) 후(詡)는 연(燕)나라 왕 쾌(噲)의 무도(無道)함을 듣고 정벌하고자 하였으나 대부(大夫) 예(禮)의 간언에 따라 군대를 일으키지 않았다. 삼로왕(三老王) 욱(煜)은 왕림(王霖)을 주나라에 보냈는데 주나라 군신들과 행한 문답(問答)이 물 흐르듯 자연스러웠다. 현문왕(顯文王) 석(釋)은 현명하고 어진 선비 2백여 명을 뽑아 단군묘(檀君廟)에 제사하였다.

장평왕(章平王) 윤(潤)은 북호(北胡)가 신하를 보내 조하(朝賀)하지 않자 분노하여 친히 군대를 이끌고 정벌하고자 하였으나 크게 패하여, 북호에게 수모를 받았다. 종통왕(宗統王) 부(否)는 법률에 능통한 자를 등용하여 도적을 붙잡았다.

애왕(哀王) 준(準)은 역부(役夫)를 진(秦)나라에 보내 장성(長城)을 건축하였다. 이는 진나라가 강하면서 포악한 것을 두려워하였기 때문이다. 한(漢)나라 패공(沛公)의 사신이 와서 구원을 요청하였으므로, 병사 1만 명을 뽑아 보냈다. 그리고 연(燕)나라에서 항복한 위만에게 서도[西鄙]를 수비하도록 하였는데, 위만이 배반하여 서울을 습격하였다. 왕이 금마군(金馬郡)지금의 부여(扶餘)으로 달아나 국호(國號)를 바꿔 마한(馬韓)이라 하니 태조(太祖) 문성왕(文聖王)으로부터 41대 임금이고 건국한 지 929년으로, 지금으로부터 2,100년 전(기원전 194)이었다.

위만(衛滿)이 평양을 몰래 차지하고 부근의 작은 고을을 복속시키더니 그 손자인 우거(右渠) 대에 이르러 지나(支那) 한(漢) 무제(武帝) 유철(劉徹)에게 멸망하였으니,

87년 만이었다.

『중등교사 동국사략』 권1, 태고사 삼한의 건국(太古史 三韓의 建國)

마한은 … 현재의 경기, 충청, 전라 3도의 지역이다. 애왕(哀王) 준(準)이 수천 명을 거느리고 와서 자리를 잡았다. 그 아들 무강왕(武康王) 탁(卓)으로부터 왕위 계승이 이루어져 2백여 년이 되었다. 그동안 안왕(安王) 감(龕), 혜왕(惠王) 식(寔), 명왕(明王) 무(武), 효왕(孝王) 형(亨), 양왕(襄王) 섭(燮), 원왕(元王) 훈(勳), 계왕(稽王) 정(貞)의 재위를 거쳐 왕학(王學) 재위기에 이르러 백제(百濟)에 멸망당했다.

『중등교사 동국사략』 권1, 상고사 삼국의 분립(上古史 三國의 分立)

신라(新羅) 태조(太祖)가 즉위한 지 21년 기원전 37년 되는 해에 고구려 동명성왕 고주몽(高朱蒙)이 즉위하였다. 고구려는 고조선(古朝鮮)의 땅이다. 북쪽으로는 부여국(扶餘國)이 있으니 주몽은 부여 왕 금와(金蛙)의 아들이다. 골격과 외모가 기이하고 빼어났는데 여러 형이 주몽을 시기하여 죽이고자 하였다.

주몽(朱蒙)이 두려워하여 부여를 떠나 졸본부여(卒本扶餘)평안도 성천(成川)로 왔다. 비류강(沸流江) 상류에 도읍을 정하고 국호(國號)를 고구려(高句麗)라 하고 고(高)로써 성씨를 칭하니 지금으로부터 1,943년 전기원전 37년이다.

주몽이 나라를 세운 후에 사방에서 따르는 자가 많았으므로 군대를 일으켜 북옥저(北沃沮)를 멸망시켰다. 유리왕(琉璃王)은 선비(鮮卑)서백리(西伯里)를 항복시키고 한(漢)나라의 왕망(王莽)을 정벌하였다. 대무신왕(大武神王)은 부여 왕을 공격하여 죽이고 한나라의 낙랑(樂浪)을 획득하여 강역을 개척하니 위세가 더욱 강성하였다. …

백제의 왕 고온조(高溫祚)는 고구려(高句麗) 동명성왕(東明聖王) 고주몽(高朱蒙)의 아들이다. 처음에 주몽이 졸본부여(卒本扶餘)에 이르러 그곳 왕의 딸에게 장가들어 두 아들을 낳으니 큰아들은 비류(沸流)이고 둘째 아들은 온조이다. 그러나 주몽이 북부여에 있을 때 낳은 아들 유리(類利)를 태자로 삼자, 두 아들은 해를 당할까 두려워 오간(烏干)·마려(馬黎) 등 10명과 함께 남쪽으로 갔다.

비류(沸流)는 미추홀(彌鄒忽)지금의 인천(仁川)에 머물고, 온조는 하남(河南) 위례성충청도 직산(稷山) 또는 경기도 광주(廣州) 남한산성(南漢山城)에 머물러 국호(國號)를 십제(十濟)라 하니 마한(馬韓) 왕이 동북 1백 리 땅을 나누어 주었다.

후에 비류(沸流)가 죽고 신하들이 모두 위례(慰禮)로 왔으므로 국호(國號)를 백제(百濟)라 하였다. 그 계통이 고구려(高句麗)와 같고 부여(扶餘)에서 나왔으므로 성씨를 부여라 하고 왕위에 오르니, 고구려보다 20년 후이고 지금으로부터 1924년 전(기원전 18)이다.

『중등교사 동국사략』 권1, 상고사 풍속(上古史 風俗)

상세의 풍속은 삼국이 각기 같지 않은 점이 있었으나 대체로 지나를 모방한 것이 많았다. 그 풍속에 아들 된 자는 아버지의 명을 반드시 따를지라, 그러므로 고구려 유리왕이 태자 해명에게 검을 내려 자살케 함과 대무신왕의 태자 호동이 왕후에게 참소를 당하여 칼 위에 엎드려 죽었던 일이 있었고 또 형제 숙질간에 시기 질투하는 습관이 있어 시조 동명성왕이 부여를 떠날 때 형제간의 시기 질투를 받았기 때문이고 대무신왕은 그 종조와 조부 부여 왕 대소를 죽이고 차대왕은 그 형 태조왕의 선양을 받았으나 오히려 그 아들 막근과 막덕을 죽이고 서천왕은 그 동생 일우와 발소를 죽이고 봉상왕은 그 숙부 안국군을 죽이고 또 그 동생 돌고를 죽이니 이는 다 시기 질투의 소치이다. 또 연개소문의 아들 남생 남건 등 형제가 권력다툼을 하다가 남건이 그 형의 아들 헌충을 죽이니, 그 강상 윤리의 어그러짐이 극에 달했다.

<출처 국사편찬위원회>

『대한력ᄉ』

Homer Bezaleel Hulbert(1863~1949)

吳聖根(?~?)

『대한력ᄉ』는 1908년 오성근과 미국인 선교사 호머 헐버트가 간행한 교과서이다. 오성근이 쓴 서문에 따르면 헐버트가 자신에게 위임하여 7·8년 동안 저술했다고 한다. 실제 편찬은 거의 오성근이 했다고 볼 수 있다. 단군조선부터 고려시대까지를 다루었고 순 한글로 쓰여져 있다. 순 한글로만 서술한 이유는 헐버트가 국문 발달을 속히 이루고 남녀노소가 쉽게 배우기를 바라는 뜻에서라고 하였다.

호머 헐버트(1863~1949)는 1886년 정부에서 세운 육영공원(育英公院)에 초빙된 외국어 담당 교사이다. 1897년에는 한성사범학교 책임자가 되면서 대한제국 교육 고문을 맡았다. 1890년에 우리나라 최초의 순 한글 지리 교과서인『사민필지(士民必知)』를 출간한 바 있으며, 1896년에는 구전으로 전해 오던 노래 아리랑을 서양식으로 채보하여 논문으로 발표하였다. 1905년 을사늑약 체결 후 자주독립을 주장하여 고종의 밀서를 휴대하고 미국에 돌아가 대통령과 국무장관을 면담하려 했으나 실패했다. 1907년 고종에게 네덜란드에서 열리는 제2차 만국평화회의에 밀사를 보내도록 건의하고, 한국 대표단보다 먼저 헤이그에 도착해〈회의시보〉에 대표단의 호소문을 싣는 등 국권 회복 운동에 협력하였다.

이 교과서는 서술 방식을 비롯해 역년 표시에 왕의 재위연수와 나이, 중국·일본의 연기(年紀), 서력기원을 표기한 것, 그리고 그 내용 등에 있어 정교(鄭喬)가 쓴『대동역사』와 거의 같다. 기자조선의 세계(世系)를 밝힌 것도『대동역사』를 따르고 있다. 그러나 내용 서술은 더 상세하다. 단군조선-기자조선-마한으로 이어지는 정통론을 따르고 있는데, 기자조선에 대해서는 역대 왕의 계보와 각 왕의 집권 시기에 있었던 역사적 사실들이 구체적으로 묘사되어 있다. 그러나 이는 허구적인 것으로, 고대 사서들의 내용을 모방한 것 같은 기술이 다수 있다.

『대한역사』 제1, 단군조선기

단군의 이름은 왕검(王儉)인데, 혹은 왕험(王險)이라고도 한다. 동방이 처음에 군장이 없어서 백성이 풀을 옷으로 삼고, 나무를 먹을거리로 삼았다. 여름에는 초목에 의지하고, 겨울에는 동굴에 거처하였다. 이때 환인(桓因)이라 불리는 사람이 아들 웅(雄)을 낳았고, 웅이 태백산(太白山)영변부의 묘향산이다. 박달나무 아래에 집을 짓고 살면서 아들 왕검을 낳았다. 왕검은 자라서 성덕이 있어서 국민이 추존하여 왕으로 삼아 이름을 단군이라 하고, 나라 이름을 조선이라 하여 장안에 도읍하였다.지금의 평양이다.

【무진】원년당요 25년, 기원전 2333년 비서갑(非西岬)의 딸을 세워 왕후에 봉하였다. 국내에 산천을 정할 때, 동쪽으로는 대해를 접하고,지금 일본해이다.[20] 서쪽으로는 요하(遼河)를 연하고지금 청나라 성경성이다, 남쪽으로는 조령(鳥嶺)에까지 이르고지금 문경군 서쪽 27리이다, 북쪽으로는 흑룡강에 접하였다.지금 청나라 흑룡강 북쪽이다. 백성을 가르쳐서 머리를 땋고, 머리를 덮게 하니, 군신·남녀의 의례와 음식·거처의 제도가 비로소 갖추게 되었다.

【병인】59년당요 83년, 기원전 2265년 비로소 하늘에 제사할 때 혈구(穴口)지금 강화부이다. 마니산(摩尼山)에 제단을 쌓고 제사하였다. 삼랑성(三郞城)을 쌓았다. 강화부 전등산에 유적이 있으니, 왕자 3인을 보내어 쌓았기 때문에 삼랑성이라고 한다.

【갑술】127년우순(禹舜) 49년, 기원전 2207년 도읍을 백악(白岳)으로 옮겼다. 지금 문화군 구월산이다.

【병자】129년하우(夏禹) 원년, 기원전 2205년 태자 부루(扶婁)를 하우씨 도산회의(塗山會議)에 보냈다. 도산은 중국 임호부 종이현 서쪽에 있다고 한다. 하우씨의 성은 사(姒)씨인데,

---

20 동해를 가리킨다. '일본해'라는 표현은 국권을 상실해 가던 시대의 한계를 나타낸다

요(堯)임금이 그 아비 곤(鯀)을 숭백(崇伯)으로 봉하였다. 그때 홍수의 재앙이 있어서 곤으로 하여금 다스리라 하였는데, 9년이 지나도록 효과가 없어서 순(舜)이 섭정하여 곤을 죽이고 하우씨로 하여금 대신 하였더니 하우씨가 노심초사하며 밖에 거처한 지 8년에 치수(治水)에 성공하여 이를 고하였다. 그 후에 요가 순에게 전위하자, 순이 재위에 올라 중국 구주(九州)의 왕이 되었는데, 각국을 도산에 모을 때 금과 비단을 가지고 와서 조회하는 자가 10,000개의 나라였다.

【기묘】 1212년 주나라 무왕 13년, 기원전 1122년 나라를 부여(扶餘)로 옮겼다. 단군의 후손이 왕위를 기자(箕子)에게 양위하고 부여에 거처하니, 이것이 부여국이다.

[주] 단군이 재위한 것과 나이는 모르나, 그 능(陵)은 지금 강동군(江東郡) 서편 30리 되는 곳에 있는데, 주위가 410척이다. 또 연기(年紀)에 1,212년은 환씨(桓氏) 역세(歷世)의 햇수이고, 단군의 재위 연수는 아니다.

『대한력ᄉ』 제1, 기자조선기

조선 태조 문성왕왕의 성은 자씨이고, 휘는 서여이니, 상나라 무을의 두 번째 아들 리(理)의 아들이다. 상나라 왕 태을 17년에 탄생하였고, 병술에 기 땅에 봉해졌기 때문에 이름을 기자라 하였다. 기는 나라 이름이니, 중국 개봉부 성의 서편 90리이고, 자는 벼슬 이름이다.

【기묘】 원년 주나라 무왕 즉위 원년, 기원전 1122년 기자가 왕위에 올랐다. 처음에 왕이 상나라 임금 주(紂)의 태사가 되었다. 주의 성품이 사치하고 주색을 좋아하여 상아로 젓가락을 만들었다. 기자가 탄식하여 말하되, "이제 상아 젓가락을 만드니, 반드시 흙 그릇을 쓰지 아니할 것이다. 옥으로 잔을 만들게 하니, 어찌 천하를 보전하리오" 하였다. 하루는 주왕이 신하들과 함께 술자리를 벌여 밤새도록 놀다가 날짜를 잊어버렸다. 좌우에 물었는데, 다 알지 못하여서 기자에게 물으니 기자가 주위 사람들에게 말하되, "천하의 임금이 되어 신하와 더불어 날짜를 잊으니 천하가 위태로울진데, 나

라 사람들이 다 알지 못하는데도, 나 혼자 안다고 하면 나는 위태로워질 것이다" 하여 취한 척하여 알지 못한다고 대답하기를 사양하고 이어서 머리를 흩트러 미친 척하며 종이 되었다. 주왕이 또 한 번은 기자를 옥에 가두었더니, 옥에서 거문고를 타며 스스로 슬퍼하니 세상이 기자 곡조라 하였다. 이 해에 주나라 무왕이 은나라를 공격하여 이겨서 주왕이 스스로 몸을 불살라 죽으니 은나라는 망하게 되었다. 이제 주나라가 은나라를 대신하게 되었는데, 무왕은 소공 석에게 명하여 기자를 옥에서 풀어주었다. 무왕은 기자에게 도를 물으니, 기자가 이에 홍범구주를 설파하고 피신하여 조선으로 나왔다. 은나라 사람으로 기자를 쫓아서 조선에 나온 자가 5천이었다. 시서예악(詩書禮樂), 의무(醫巫), 음양(陰陽), 복서(卜筮)의 무리와 백공(百工)의 기예가 다 나왔다. 기자 일행이 이르렀을 때, 나라 사람들과 언어가 통하지 못하였지만, 기자가 성덕이 있음을 알고 추존하여 왕으로 삼았다. 이때에 왕이 유경(柳京)에 도읍하였는데, 백성의 성품이 억세고 악한 점을 보았다. 버들의 성품은 부드러우니 백성에게 집집마다 버들을 심어 부드러운 성품을 숭상하게 한 까닭에 도읍 이름을 유경이라 하였다.

[주] 『기자지(箕子志)』에 다음과 같은 이야기가 있다. 기자가 동방으로 나올 때 처음에 수원과 남양 사이에 도착하였기 때문에 강화에 홍범산(洪範山)의 이름이 있다고 한다. 그리고 물길을 인하여 황주 철도에 이르렀기 때문에 섬 가운데에 기자대와 기자정이 있다고도 한다. 또한 패수(浿水)를 건너 평양에 이르러 동방의 풍속이 강함을 근심하여 버들을 심어 성품을 유하게 하였기 때문에 평양을 유경이라 한 것이다.

팔조교(八條敎)를 반포하였다. 하나를 말하면 농업이오, 남자는 밭 갈고 여자는 베를 짠다 둘을 말하면 예절이요, 상례와 제례와 혼인이다 셋을 말하면 시서요시(詩)는 상(商)나라 노래이고, 서(書)는 우·하·상(禹夏商)나라의 역사서다, 넷을 말하면 의약이요신농씨(神農氏)의 방서(方書), 헌원씨의 내경(內經), 다섯은 공이요백공의 기예라, 여섯은 상업이요해가 낮에 져 잡음을 가로되 상이라 하고, 앉아서 파는 것을 고라 한다, 일곱을 말하자면 법률이요 다른 사람을 죽인 자는 죽음으로 갚게 하고, 서로 상하게 하면 곡식으로써 갚게 한다. 서로 도적질하면 남녀가 그 집에 몰입되어 그 집의 종이 되었다. 종이 된 후에 속량하고자 하면, 사람 하나에 50만을 내고, 비록 종을 면하게 될지라도 풍속이 오히려 이를 부끄러워하여 서로 혼인하기 어렵게 된다. 여덟을 말하자면 사(士)이니 병졸의 제도이고, 사어의 의례이다. 신과 의를 높이고, 경서의 술을 두터이 하여 겨우 한 해가 지나자 풍속이 크게 교화되었다. 이로 인해 백성이 마침내 도적질하는 폐해가 없어져서 밤이라도 문호를 닫지 않고, 부인이 정숙하여 음란치 아니하며, 밭과 들과 도읍이 열리고, 음식은 변두(籩豆)로써 하여 인현(仁賢)의 교화가 있었다. 싸움을 숭상치 않고, 덕에 힘쓰니, 강포한 이웃 나라가 다 그 의를 사모하여 돌아와 붙는 자가 많았다. 의관의 제도는 다 은나라 법도를 좇았다. 왕수긍(王受兢)으로써 사사(士師)를 삼았는데, 수긍이 덕행이 있어서 백성이 왕에게 천거하여 이에 곧바로 불러 쓰게 되었다. 정전(井田)을 구획할 때, 왕이 친히 정전을 구획하고 더욱 농상을 권하니 때가 화평하고 해가 풍성해졌다. 조야가 혼연일체하고 각각 그 직업을 편안히 해서 대동강 영명령(永明嶺)에서 노래를 지어 그 덕을 찬송하였다.

【임오】4년 주나라 무왕 4년, 기원전 1119년 왕이 선왕의 능을 찾을 때 왕이 백마가 끄는 흰 포장을 두른 수레를 타고 은나라 옛터를 지나게 되었다. 궁실의 퇴락함을 보고 슬픔을 이기지 못하여 맥수가(麥秀歌) 노래 이름를 부르니, 노랫말에 "보리 이삭이 촘촘히 피어서 기름졌구나. 저 사나운 아이여, 나를 좋아하지 아니하도다" 하였다. 이에 은나라 백성이 노래를 듣고 눈물을 흘리지 않는 자가 없었다.

【무오】40년 주나라 성왕(成王) 33년, 기원전 1083년 왕이 붕어하니 나이가 93세였다. 태자 송(松)이 즉위하였다. 태조 문성왕을 평양성 북쪽 왕행산(王荇山)에 장사지냈다. 왕행산은 속칭 토산(兎山)이다.

장혜왕(莊惠王)의 휘는 송(松)이니, 문성왕의 태자이다.
【기미】원년 주나라 성왕 34년, 기원전 1082년 비로소 태묘를 세우고, 성탕(成湯)에게 제사하였다. 장혜왕은 성탕의 17대손이다.

【계미】25년주나라 강왕(康王) 21년, 기원전 1058년 왕이 늙고 쇠하여 태자에게 전위하였다. 태자 순(洵)이 즉위하여 왕을 봉하여 상왕으로 삼고 별궁에 거처하게 하였다.

경효왕(敬孝王)의 휘는 순(洵)이니, 장혜왕(莊惠王)의 태자이다.
【갑진】원년주나라 강왕 22년, 기원전 1057년 왕이 상왕에게 조회하였다. 왕의 성품이 지극히 효성스러워 비록 혹독한 추위와 심한 더위에도 하루 세 번씩 조회하여 조금도 나태함이 없었으며, 상왕이 병이 있으면 왕이 반드시 친히 약성을 맛보기를 8년을 한결같이 하였다.

【신묘】8년주나라 소왕(昭王) 3년, 기원전 1050년 상왕이 붕어하니 왕의 애통이 과도하여 거의 실성함에 이르렀다.

【경술】27년주나라 소왕 22년, 기원전 1031년 왕이 붕어하고 아들 백(伯)이 즉위하였다.

공정왕(恭貞王)의 휘는 백(伯)이니, 경효왕(敬孝王)의 태자이다.
【신해】원년주나라 소왕 23년, 기원전 1030년 관제를 고치고 공복을 정할 때 백관을 나누어 15품으로 만들고 상주국(上柱國)과 상대부 및 하대부를 두었으며 관대와 의상의 제도를 정하니, 이에 문장(文章)의 풍치와 보불(黼黻)의 모양이 확실히 구비되었다.

【경진】30년주나라 목왕 원년, 기원전 1001년 왕이 붕어하고 아들 춘(椿)이 즉위하였다.

문무왕(文武王)의 휘는 춘(椿)이니, 공정왕(恭貞王)의 태자이다.
【신사】원년주나라 목왕 2년, 기원전 1000년 인월(寅月)로 세수(歲首)를 삼고 혼천의(渾天儀)를 지으며 법률과 저울과 되를 정하였다. 처음으로 시위군(侍衛軍) 6부(六部)와 19대(隊)를 두어 상중하 3개의 대부(大夫)로 각각 2부대(部隊)씩 거느리게 하였다. 각 대에 대장(隊長)이 있으니, 사졸이 7,375명이고, 정모절기는 다 푸른빛으로 숭상하였다.

【무신】 28년주나라 목왕 29년, 기원전 973년 왕이 붕어하고 아들 공(孔)이 즉위하였다.

태원왕(太源王)의 휘는 공(孔)이니, 문무왕(文武王)의 태자이다.
【임자】 4년주나라 목왕 33년, 기원전 969년에 왕이 붕어하였다. 태자가 없었기 때문에 종자(宗子) 요하백(遼河伯) 장(莊)이 즉위하였다.

경창왕(景昌王)의 휘는 장(莊)이니, 태원왕(太源王)의 종자이다.
【계축】 원년주나라 목왕 34년, 기원전 968년 존고 유주후 인(仁)을 추존하여 문숙왕(文肅王)으로 삼고, 아우 소(昭)를 상대부로 삼았다.

【계해】 11년주나라 목왕 44년, 기원전 958년 왕이 붕어하고, 아들 착(捉)이 즉위하였다.

홍평왕(興平王)의 휘는 착(捉)이니, 경창왕(景昌王)의 태자이다.
【갑자】 원년주나라 목왕 45년, 기원전 957년 겨울에 크게 우박이 많이 내려 소와 말이 많이 죽었다. 처음으로 자모전(子母錢)을 만들었다.

【정축】 14년주나라 공왕(共王) 3년, 기원전 944년에 왕이 붕어하고 아들 조(調)가 즉위했다.

철위왕(哲威王)의 휘는 조(調)이고, 홍평왕(興平王)의 태자이다.
【무인】 원년주나라 공왕 4년, 기원전 943년 봄에 왕이 북쪽 변방을 순행(巡幸)하였다. 왕이 말 사육하는 일이 잘 다스려지지 않자, 근심하여 영경보(英慶父)로 감독을 삼아 요하에 가서 말 사육하는 일을 다스리게 하였더니, 불과 몇 년이 지나지 않아서 말의 번식이 많이 이루어졌다.

【을미】 18년주나라 의왕(懿王) 9년, 기원전 926년에 왕이 붕어하고 아들 색(索)이 즉위하였다.

선혜왕(宣惠王)의 휘는 색(索)이오, 철위왕(哲威王)의 태자이다.

【병진】 원년주나라 의왕 10년, 기원전 925년 봄에 왕이 교야(郊野)에 나가 백성이 종자 심는 것을 보았다. 왕이 친히 양과 술을 가지고 사교(四郊)에서 심는 것을 보시며 농사일 힘쓰기를 권장하였다. 양현원(養賢院)을 만들고 민간에 총명한 자제를 택하여 육예(六藝)를 익히게 하였다. 직언경(直言磬)이란 종을 문우에 달고 백성 중에 원통한 일이 있는 자는 두드리게 하였다. 왕이 친히 재단하고, 만일 왕의 과실을 말하여 아뢰는 자가 있으면 곧 이를 좇아서 고치니 신민이 크게 기뻐하며 복종하였다.

【갑자】 29년주나라 효왕(孝王) 13년, 기원전 897년에 왕이 붕어하고 아들 사(師)가 즉위하였다.

의양왕(宜讓王)의 휘는 사(師)이니, 선혜왕(宣惠王)의 태자이다.

【을축】 원년주나라 효왕 14년, 기원전 896년에 왕이 크게 토목의 역사를 일으켜 청류각(淸流閣) 삼백 간을 후원에 짓고, 술과 음식을 갖추어 크게 잔치를 벌이시고, 여러 신하들에게 크게 연회를 베풀었다. 이때 역질이 대단하였기 때문에 왕이 친히 하늘에 역질이 그치기를 빌었다.

【정사】 53년주나라 여왕(厲王) 35년, 기원전 844년에 왕이 붕어하고 아들 염(炎)이 즉위하였다.

문혜왕(文惠王)의 휘는 염(炎)이니, 의양왕(宜讓王)의 태자이다.

【무오】 원년주나라 여왕 36년, 기원전 843년에 윤환법(輪環法)을 만들어 가난한 백성을 구제하였다. 윤환법은 곡식이 있으면 서로 돌려먹고 갚는 것이다. 가르치는 교장(校長) 다섯을 주군에 둘 때 선비와 백성 중에서 덕망이 있는 자를 뽑아서 오교(五校)의 교장으로 삼아 백성의 자제에게 군신의 의리, 부자의 친함, 형제의 우애, 부부의 분별, 벗의 신의 등 다섯 가지를 가르쳤다.

【정미】50년주나라 선왕(宣王) 34년, 기원전 794년에 왕이 붕어하고 아들 월(越)이 즉위하였다.

성덕왕(盛德王)의 휘는 월(越)이니, 문혜왕(文惠王)의 태자이다.
【무신】원년주나라 선왕 35년, 기원전 793년 여름 4월에 오래 가물어 왕이 친히 목욕재계하고 백악산(白岳山)에서 기도하시니, 하늘이 큰비를 내리셨다. 경성을 건축하였다. 음사(淫祀)를 금하며, 바닷가 마을에 사는 어리석은 백성이 조수와 악어에게 제사하는 것도 엄히 금하였다.

[쥬] 서양 옛 풍속에 그리스가 불에 제사하고, 이집트가 악어에게 제사함이 다 오랑캐의 어리석은 법이라 하였다. 이제 기자의 시대에 이르러서도 아직도 이러한 악습이 있었으니, 반드시 인현의 교화가 바닷가의 우둔한 백성에게 보급되지 못해서였기 때문이다. 이 왕이 엄히 금하여 그치게 하니, 가히 백성을 가르치는 방법을 안다고 할 것이다.

【임술】15년주나라 유왕(幽王) 3년, 기원전 779년에 왕이 붕어하고 아들 직(職)이 즉위하였다.

도회왕(悼懷王)의 휘는 직(職)이니, 성덕왕(盛德王)의 태자이다.
【갑자】2년주나라 유왕 5년, 기원전 777년에 왕이 붕어하였다. 태자가 없었기 때문에 군신이 왕의 종질 우(優)를 맞이하여 왕으로 삼았다.

문열왕(文烈王)의 휘는 우(優)이니, 도회왕(悼懷王)의 종질이다.
【을축】원년주나라 유왕 6년, 기원전 776년에 왕이 처사 감가찰(甘加察)을 불렀는데, 응하지 않았다. 감가찰은 장정(長靜) 지금 창성(昌城)의 옛 이름이다. 사람이다. 왕이 그 자가 덕이 있음을 듣고 사신을 보내어 상대부로 삼으셨는데, 고사하여 받지 않으니 왕이

빈례로 대접하고 득실의 도를 물었다. 그 후에 돌아가서 태백산(太白山)에 숨어 들어가니, 그 말년을 알지 못하게 되었다. 선대의 밀운백(密雲伯) 여(舍)를 추존하여 성강왕(成康王)으로 삼았다. 성강왕은 문혜왕(文惠王)의 손자이다.

【기묘】15년주나라 평왕(平王) 9년, 기원전 762년에 왕이 붕어하고 아들 목(睦)이 즉위하였다.

창국왕(昌國王)의 휘는 목(睦)이니, 문열왕(文烈王)의 태자이다.
【경진】원년주나라 평왕 10년, 기원전 761년 봄 정월에 태백성(太白星)이 하늘을 가로질렀다.

【임진】13년주나라 평왕 22년, 기원전 749년 왕이 붕어하고 아들 평(平)이 즉위하니, 이 때 평의 나이 28세였다. 왕후를 추존하여 왕태후라 하고, 왕태후가 조정의 일을 재가하였다.

무성왕(武成王)의 휘는 평이니, 창국왕(昌國王)의 태자이다.
【계사】원년주나라 평왕 23년, 기원전 748년에 처음으로 수군을 두고 배를 만들었다. 왕이 향로연을 베풀고 가라사대, "옛적에 주나라 문왕(文王)이 노인들 봉양하기를 좋아하여 백성이 진심으로 돌아왔다.'고 하였다. 대저 연로한 사람을 높이는 것을 나라에 큰 정사(政事)이다"라 하고, 이에 크게 잔치를 벌였다. 공경(公卿)과 사서(士庶) 중 70세 이상은 다 모여 100일이나 연일 마시고 희락을 마친 후 파하였다.

【무오】26년주나라 평왕 48년, 기원전 724년[21]에 대동강(大同江)의 물이 넘쳤다. 왕이 붕어하고, 아들 궐(闕)이 즉위하였다.

---

21 기원전 723년의 오류이다.

정경왕(貞敬王)의 휘는 궐(闕)이니, 무성왕(武成王)의 태자이다.

【기미】원년 주나라 평왕 49년, 기원전 722년 여름 5월 초하루에 일식(日蝕)이 일어나 낮이 어두운 까닭에 까마귀와 새가 울며 집으로 날아 들어왔다. 왕이 재앙을 막는 방법을 물으니 여러 신하들이 대답하여 말하기를, '덕정을 닦고, 형벌을 가볍게 하며, 세금을 가볍게 하소서' 하니, 왕이 이를 좇았다.

【신미】13년 주나라 환왕(桓王) 10년, 기원전 710년에 큰 흉년을 당하였다. 왕이 백성 중에서 제(齊)나라 말이 통하는 자 수십 인과 사공 천 명을 뽑아 물고기, 소금, 구리, 철을 배에 싣고 바다로 향하였다. 제(齊)나라와 노(魯)나라 국경에 이르러서 쌀 만여 석과 바꾸어 돌아온 후에 굶주린 백성을 구제하였다. 이 해에 백성이 크게 굶주린 까닭에 백관(百官)의 녹을 10분의 1을 감하였다.

【정축】19년 주나라 환왕 16년, 기원전 704년에 왕이 붕어하고 아들 회(懷)가 즉위하였다.

낙성왕(樂成王)의 휘는 회(懷)니, 정경왕(貞敬王)의 태자이다.

【무인】원년 주나라 환왕 17년, 기원전 703년 봄 3월에 왕이 군현에 순행하여 아전의 수탈과 백성의 고통을 살펴 선한 정치를 포상하고 탐학한 관리를 벌주며 가난한 백성을 진휼하고 곤궁한 백성을 건지시니, 나라 안이 화합하였다. 태묘에 악장을 정할 때 왕이 친히 도동가(道東歌) 15장을 지어 아악(雅樂)에 올렸다.

【병신】19년 주나라 장왕(莊王) 12년, 기원전 685년에 요망한 무당 영운(鈴雲)을 벌하였다. 영운은 팽원(彭原) 지금 안주군 무당이라 동해 용신의 딸이라 자칭하여 백성을 속이는 까닭에 왕이 노하여 벌하였다.

【을사】 18년[22] 주나라 혜왕(惠王) 원년, 기원전 676년에 왕이 붕어하고, 아들 존(存)이 즉위하였다.

효종왕(孝宗王)의 휘는 존(存)이니, 낙성왕(樂成王)의 태자이다.
【병오】 원년 주나라 혜왕 2년, 기원전 675년에 상대부(上大夫) 선우익(鮮于益)을 제(齊)나라에 보냈다. 제나라는 주나라 문왕(文王)의 정승 강태공망(姜太望公)을 봉한 나라이다. 그 후에 환공(桓公)이 정치를 맡아 중국 9주(州)의 으뜸이 되었다는 이야기를 듣고 이에 왕이 선우익을 보내었다. 선우익은 제나라 군신의 현명함을 살피고 이로 인하여 양국이 화목한 의를 맺고 돌아왔다. 이때 제양원(濟養院) 오백 간을 수축하고 백성 중에 홀아비와 과부 및 고아, 늙어서 자식이 없는 사람들과 가난한 자를 거두어 의식과 거처할 처소를 주어 여생을 마치게 하였다.

[주] 성왕(聖王)이 정사를 함에 백성을 위한 급선무로는 이 홀아비와 과부 및 고아, 늙어서 자식이 없는 사람들, 이렇게 네 궁핍한 백성을 건지는 데에 지나침이 없거늘, 이 제왕께서 이같이 좋은 정사를 베푸시니 진실로 후세 군왕의 백성 다스리는 표준이 되었다.

범장률 범장률은 백성에게 탐학하는 관리를 다스리는 법이다.을 세울 때, 관화(官貨) 1만 냥을 착복한 자와 백성의 재물 1만 5천 냥을 탈취한 자는 그 몸을 죽이고 그 집안을 변방에 옮기게 하였다.

【갑인】 9년 주나라 혜왕 10년, 기원전 667년에 박사관(博士官)을 두어 공경 중에 재주와 덕망을 겸비한 자를 뽑아서 박사관 내에 두고, 정사를 공론하게 하였다. 제(齊)나라가 대부 공손각(公孫恪)을 보내어 빙폐(聘幣)를 전하였다.

---

22 28년의 오류이다.

【정사】12년주나라 혜왕 13년, 기원전 664년 봄 3월에 감로가 후원에 내려 화초와 수목이 다 활짝 피어 번성한 까닭에 뭇 신하가 왕께 덕화(德化)를 찬송하여 드리니, 왕은 겸양하고 받지 않았다. 겨울 10월에 북흉노(北匈奴)의 추장(酋長) 길리도두(吉利都頭)가 와서 조회하니 왕이 상과 물품을 주어 보내었다. 북흉노는 서북쪽 경계 지역에 있으니, 곧 한(漢)나라 때 선비(鮮卑)로, 지금 러시아 소속의 시베리아이다.

【신유】16년주나라 혜왕 17년, 일본 진무(神武) 원년, 기원전 660년에 일본이 비로소 군왕을 세워 진무(神武)이 등극하였다.

【임술】17년주나라 혜왕 18년, 일본 진무 2년, 기원전 659년에 왕이 병이 있어서 주나라 사람 백일청(伯一淸)이 연단방(煉丹方)을 진봉하였으나, 왕이 물리치고 보지 않았다. 이때 주나라 사람 백일청이 중국 화산(華山) 화산은 중국 섬서성에 있다.에 들어가 황제헌원씨(皇帝軒轅氏)의 연단술 연단술(煉丹術)은 선약(仙藥)을 이름한 것이다. 을 배웠다. 동해 신산(神山)을 찾으려고 조선에 나올 때에 회생(回生)시키고 목숨을 늘리는 술법이 있다고 하였다. 여러 신하들이 크게 기뻐하여 임금의 병을 진찰하게 하였다. 왕이 말하되, "인명의 장단(長短)은 하늘에 달렸고, 또한 나의 나이 70을 넘겼으니, 어찌 요사한 술법을 쓰리오" 하시고 거절하였다. 왕이 붕어하고 태자 효(孝)가 즉위하였다.

천로왕(天老王)의 휘 효(孝)이니, 효종왕(孝宗王)의 태자이다.
【계해】원년주나라 혜왕 19년, 일본 진무 3년, 기원전 658년에 방사(方士) 백일청(伯一淸)을 국사로 삼았다. 처음에 왕이 태자로 계실 때에 백일청의 말에 혹하였다가 지금 와서 국사를 삼아 후하게 대접하니 뭇 신하 중 기뻐하지 않는 자가 많았다.

【경오】8년주나라 양왕(襄王) 원년, 일본 진무 10년, 기원전 651년에 구선대(九仙帶)를 흘골산(紇骨山)지금 성천군이다.에 건축하였다. 그 높이가 500장(丈)이고, 화문석으로 쌓으니 화려함이 동방에서 으뜸이었다.

【기묘】17년 주나라 양왕 10년, 일본 진무 19년, 기원전 642년에 제(齊)나라 환공(桓公)이 죽었으므로 사신을 보내어 조문하였다. 영선악(迎仙樂)을 비류강(沸流江) 지금 성천군 서편 위에 베풀 때 악공 수백 명이 영선악을 울리고 궁녀들이 영선무를 익혔다.

【병술】24년 주나라 양왕 17년, 일본 진무 26년, 기원전 635년에 태청도관(太淸道觀)을 다물군(多勿君)에 건축하였다. 다물군은 지금 성천이다. 왕이 태자 양(襄)에게 왕위를 전위하시고 자칭 천로왕이라 하니, 태자가 즉위하였다.

수도왕(修道王)의 휘는 양(襄)이니, 천로왕(天老王)의 아들이다.
【정해】원년 주나라 양왕 18년, 일본 진무 27년, 기원전 634년에 방사(方士) 백일청(伯一淸)을 봉하여 국태사(國太師) 진국후(鎭國侯)로 삼았다. 이에 백일청에 대한 총애가 날로 더해져서 망탄한 요언으로 왕상의 총명을 막으니, 뭇 신하가 그 세력을 두려워하여 감히 시비를 말하지 못하였다. 간신(諫臣) 염서적(冄西赤)을 전성(甎城) 지금 온성 으로 옮겼다. 이때 석주(石州) 사람 염서적의 인품이 강직하여 백일청이 정사를 마음대로 하는 것을 보고 조정 관료에게 말하되, '임금의 녹을 먹고 그 임금의 잘못된 것을 능히 간하지 못하다가 후일에 사직이 위태로우면 무슨 면목으로 지하에 돌아가 선왕의 모습을 뵈리오' 하고 궐문에 나가 백일청의 죄를 논박하며 머리를 부딪쳐 피가 땅에 흘렀으나 왕이 대노하여 전성에 정배(定配)하여 말 기르는 정사를 감독케 하였다.

【신묘】5년 주나라 양왕 22년, 일본 진무 31년, 기원전 630년 가을 9월에 일식이 있었다. 천로왕이 금단약(金丹藥)을 잡수시고 조울증을 이기지 못하여 붕어하셨다. 왕은 수도왕(修道王)이라 자칭하였다.

【정유】11년 주나라 양왕 28년, 일본 진무 37년, 기원전 624년에 도사관(道士館)을 두었다. 신산(神山)을 패강(浿江) 중류에 건축할 때, 그 누대(樓臺)의 구슬, 비취옥, 금, 옥돌이 사람의 눈을 놀라게 하였다.

【신축】15년주나라 양왕 32년, 일본 진무 41년, 기원전 620년 여름 5월에 흰 무지개가 해를 꿰뚫었다. 상주국 서문장수(西門長壽)를 죽였다. 이때 서문장수가 백일청 죽이기를 꾀하다가 비밀스럽게 하지 못하여 그 집안사람이 장수를 원망하는 자가 있어서 장수의 계교를 일청에게 고하였다. 일청이 왕께 장수가 모반하고자 한다고 하니, 왕이 대노하여 장수를 죽였다.

[주] 이때 정사의 문란함이 극심하여 황탄하고, 아첨하는 것을 믿고 따라서 서문장수 같은 충신이 사약을 당하였다. 위로 자세히 살피는 의론이 없고 아래로 잘못을 바로잡는 의론이 없었으나, 그 나라가 망하지 않음이 다행이었다.

【을사】19년주나라 경왕 3년, 일본 진무 45년, 기원전 616년에 방사(方士) 노룡(盧龍) 등을 동해에 보내어 선약(仙藥)을 구할 때, 왕이 친히 관인과 사공 수천에게 명하여 배 수십 척을 타고 동해로 보냈다. 죽도(竹島)지금 강원도 삼척군 울릉도에 이르렀을 때, 큰 풍파를 만나 배가 엎어져서 인명이 다 상하였으나 오직 노룡은 겨우 살아 돌아왔다. 하대부 공손강(公孫康)을 하옥하였다. 이때 공손강은 노룡이 임금을 속이고 사람들을 죽게 하였으며, 죄 없는 관민을 동해에 보내어 장사한 것과 아울러 백일청의 간악함을 도와 정사를 그르쳤다고 간하였더니, 왕이 대노하여 공손강을 하옥하였다. 왕이 붕어하고 태자 이(邇)가 즉위하였다.

휘양왕(徽襄王)의 휘는 이(邇)니, 수도왕(修道王)의 태자이다.
【병오】원년주나라 경왕 4년, 일본 진무 46년, 기원전 615년에 방사(方士) 백일청(伯一淸)과 노룡(盧龍) 등을 벌하니, 도성 사방이 다 아주 기뻐하여 서로 하례하였다. 이때 왕이 공손강을 노하상대부로 삼고 염서적에게 상주국을 추존하였다. 이때 염서적은 수년 전에 먼저 죽었기 때문에 왕이 매우 애석하게 여겨 이 벼슬로 추존하니, 백성이 그 성명하심을 찬송하였다.

【임술】 17년주나라 덕왕(德王) 8년, 일본 진무 62년, 기원전 599년에 처음으로 가옥세(家屋稅)를 설치하여 걷어 들였다. 이때 공손강이 나라의 재정이 곤란하다고 하여 인민에게 가옥세를 거두어 그 사욕을 채우려 하여 민심이 대단히 소란스러웠다.

【병인】 21년주나라 덕왕 12년, 일본 진무 50년[23], 기원전 595년에 왕이 붕어하고, 태자 삼(參)이 즉위하니, 나이가 5세였다.

봉일왕(奉日王)의 휘는 삼(參)이니, 휘양왕(徽襄王)의 태자이다.
【정묘】 원년주나라 정왕(定王) 13년, 일본 진무 67년, 기원전 594년에 숙부 정(靜)을 상주국으로 삼아 군국의 중대 사무를 맡겼다.

【임신】 6년주나라 정왕 18년, 일본 진무 72년, 기원전 595년[24]에 공손강이 상주국 정(靜)을 죽였다. 이때 공손강이 정의 정직함을 꺼려 정사를 간여하지 못함으로 자기의 후원에 잔치를 베풀어 정을 맞이하고 잔치하다가 자객으로써 정을 죽이며 거짓 놀라는 체하고 곧 노복에게 명하여 자객을 잡아 죽이고 왕궁에 들어가 정이 도적에게 피해를 입었다고 고하니, 왕이 의심하지 않았다.

【병자】 10년주나라 간왕(簡王) 원년, 일본 진무 76년, 기원전 585년에 공손강이 왕을 높여 봉일왕으로 삼고 스스로 섭정하여 작위를 올려 태백이 되며 왕례(王禮)를 함부로 사용하고 백관을 내쫓으며 교만하고 사치함이 날로 심하였다.

【임오】 16년주나라 간왕 7년, 일본 스제이(綏靖) 3년, 기원전 579년에 공손강이 왕의 연세가 많아지고, 지혜가 커가는 것을 보고 근심하여 왕을 별궁에 가두고 사람을 보내어

---

23 진무 66년의 오류이다.
24 기원전 589년의 오류이다.

태백 공손강의 공을 높이고 면복(冕服) 주기를 재촉하니, 왕이 대노하여 말하기를, '강의 마음은 길 가는 사람도 다 안다. 어찌 선위를 청하는가!' 하니, 강이 듣고 크게 두려워하여 왕을 죽이려는 마음이 더욱 심하였다.

　이때 왕이 더욱 분노하여 병이 나서 붕어하여 하대부 남궁제성(南宮齊成)이 본래 담대하고 언사에 능하며 사람을 알아보는데 뛰어났다. 일찍이 화의후 근(和義侯僅) 천로왕의 현손 이 나라를 태평하게 할 대왕의 상이 있음을 살폈다. 이에 맹세하여 말하여, '신하가 되어 능히 사직을 편안하게 하고 임금의 원수를 갚지 못하면 무슨 면목으로 천지간에 용납하리오' 하고 이에 공손강을 달래어 말하기를, '왕의 지친을 세우면 그대에게 화가 급하되 먼 친족을 세우면 그대의 덕을 잊지 아니하여 그대가 부귀를 누리리라. 내가 화의후 근의 사람됨을 보매 다만 착할 뿐이니, 그대는 깊이 헤아려라.' 하니, 강이 그 말을 좇아 근을 맞이하여 왕으로 봉하였다.

　덕창왕(德昌王)의 휘는 근(僅)이니, 천로왕(天老王)의 현손이다.
　【계미】원년 주나라 간왕 8년, 일본 스제이 4년, 기원전 578년에 하대부 남궁제성이 왕께 상소를 올려 말하였는데, 강이 왕의 동정을 살피니 왕은 강에게 공신의 호를 주어 그 마음을 위로하였다가, '차차 도모하소서' 하니, 왕이 그 말을 좇았다.

　【갑신】2년 주나라 간왕 9년, 일본 스제이 5년, 기원전 577년에 왕이 가만히 남궁제성과 더불어 의논하고 갑병(甲兵)을 대궐 각 처마 아래에 매복시켰다가 강을 잔치에 참여하라 명하였다. 그가 오니 군사를 호령하여 잡아 죽이고 그 족척(族戚)을 멸하였다. 이때 처음으로 아형부(阿衡府)를 설치하고 남궁제성을 부윤(府尹)으로 삼았더니, 제성의 정사함이 매우 공평하여 어진 사람이 나오고 간사한 자를 물리치니, 다스리는 것이 널리 미쳐 조정과 민간이 그 덕을 찬송하였다.

　【경자】18년 주나라 영왕(靈王) 11년, 일본 스제이 21년, 기원전 561년에 왕이 군현에 순행하였다. 왕이 요원(遼原) 지금 덕천(德川) 에서 붕어하니, 아들 삭(朔)이 즉위하였다.

수성왕(壽聖王)의 휘는 삭이니, 덕창왕(德昌王)의 태자이다.

【신축】원년주나라 영왕 12년, 일본 스제이 22년, 기원전 560년에 하이(蝦夷) 회마균후리(回麻均厚里)가 들어와 공세를 받쳤다. 하이는 지금 일본부 이소도(伊蘇島), 요회마균후리는 그 추장의 이름이다.

【갑진】4년주나라 영왕 15년, 일본 스제이 25년, 기원전 557년에 태아형 남궁제성이 죽으니, 왕이 친히 백관을 거느리고 상여를 교외에 보내어 예관으로 하여금 후히 장사하게 하고, 그 벼슬을 추봉하여 후(侯)라 하고 시호를 문충(文忠)이라 하였다.

【정묘】27년주나라 경왕(景王) 11년, 일본 안네이(安寧) 15년, 기원전 534년에 존현관(尊賢舘)을 설치하고 웅국진(熊國珍)으로 태사(太師)를 삼았다. 웅국진은 정양지금 곽산(郭山) 사람이다. 왕이 그 어짐을 듣고, 태사로 삼아 정사(政事)의 득실을 의론하였는데, 보좌하는 것이 많아서 백성이 노래를 지어 그 덕을 찬송하였다.

【신사】41년주나라 경왕 25년, 일본 안네이 29년, 기원전 520년에 왕이 붕어하고, 아들 여(黎)가 즉위하였다.

영걸왕(英傑王)의 휘는 여(黎)이니, 수성왕(壽聖王)의 태자이다.
【임오】원년주나라 경왕(敬王) 원년, 일본 안네이 30년, 기원전 519년에 왕이 연삭(連朔) 지금 태천(泰川) 태수(太守) 황이장(媓彝長)이 재물을 탐내고, 백성을 해롭게 한다는 소식을 듣고 황이장을 삶아 죽였다.

【병신】15년주나라 경왕 15년, 일본 이토쿠(懿德) 6년, 기원전 505년에 북쪽 오랑캐가 변방을 침노하니, 왕이 친히 3천 명의 군사를 거느리고 적을 쳐 1천여 인을 벌하여 땅 천여 리를 개척하였다. 북쪽 오랑캐라 하는 것은 서북쪽에 있으니, 즉 중국에서 말하는 동호(東胡)이다.

【정유】16년주나라 경왕 16년, 일본 이토쿠 7년, 기원전 504년에 왕이 태자 강(岡)에게 전위하니, 태자가 즉위하여 왕을 추존하여 상왕으로 봉하였다. 상왕이 사냥하기를 좋아하여 친히 날쌘 기병을 거느리고 북쪽 변방에 나아가 사냥하였다.

일성왕(逸聖王)의 휘는 강(岡)이니, 영걸왕(英傑王)의 태자이다.
【무술】원년주나라 경왕 17년, 일본 이토쿠 8년, 기원전 503년에 각 군(郡)에 향장(鄕長)을 두고 효제의 도리와 농업을 권하여 가르쳤다.

【경자】3년주나라 경왕 19년, 일본 이토쿠 10년, 기원전 501년에 상왕이 포주(抱州) 지금의 주군(義州軍) 행궁에서 붕어하였다.

【갑인】17년주나라 경왕 33년, 일본 이토쿠 10년[25], 기원전 487년 가을 8월에 크게 지진이 났다. 왕이 붕어하고 태자 혼(混)이 즉위하였다.

제세왕(濟世王)의 휘는 혼(混)이니, 일성왕(逸聖王)의 태자이다.
【갑자】10년주나라 경왕 43년, 일본 이토쿠 34년, 기원전 477년 겨울 11월 후원에 복숭아나무와 자두나무가 만발하였는데, 뭇 신하가 기뻐하여 왕께 하례하였다. 왕이 말하였는데, '때 아닌 봄빛을 위해서 덕을 하례함은 군신의 아첨이 아니냐' 하니, 모든 신하가 부끄러워하였다. 이때 제(齊)나라에 숨어 장사하는 상민이 있다는 얘기를 듣고 싸움을 일으킬까 염려하여 금하고 막았다.

【을해】21년주나라 정정왕 3년, 일본 고쇼(孝昭) 13년, 기원전 466년[26]에 왕이 붕어하고, 태자 벽(璧)이 즉위하였다.

---

25 이토쿠 24년의 오류이다.
26 기원전 464년의 오류이다.

정국왕(靖國王)의 휘는 벽(璧)이니, 제세왕(濟世王)의 태자이다.

【신묘】 16년주나라 정정왕 19년, 일본 고쇼 26년[27], 기원전 448년[28] 진언관(進言館)을 설치하였다. 신하들 가운데 정직한 자 10여 인을 택하여 임금의 그릇됨을 간하게 하였다. 이때 왕이 요련(遼連)요련은 지금 중국 구련성 처사 도긍유(堵ㅏ亘歃)가 부모 섬기는 효성이 지극하다는 말을 들었다. 이에 말하기를, '부모에게 효도하는 자가 어찌 임금에게 충성하지 않겠는가' 하고, 곧 불러 태아형(太阿衡)으로 삼았다.

[주] 대저 임금이 효로써 나라를 다스리면 한 나라가 흥하고, 사람이 효로써 그 어버이를 섬기면 한 집안이 흥하나니, 이제 도긍유 같은 이의 효를 높여 쓰니 진실로 충신을 효자의 문에 구하는 뜻이 이 나라에 있었구나.

【무신】 33년주나라 고왕(考王) 8년, 일본 고쇼 43년, 기원전 433년에 왕이 붕어하고 태자 증(澄)이 즉위하였다.

도국왕(導國王)의 휘는 증(澄)이니, 정국왕(靖國王)의 태자이다.

【을묘】 7년주나라 고왕 15년, 일본 고쇼 50년, 기원전 426년에 태안(太安)지금 자산(玆山)의 엽호 우화충(宇和冲)은 자신의 날래고 용감함을 믿고 자칭 헌천장군이라 하고 무리 수만 명을 모아 북쪽 변방 36군을 항복시켰다. 그 형세가 매우 창궐하여 겨울 10월에 경성을 에워싸 왕이 종묘와 사직을 받들고 바다에 떠서 혈구로 향하였다.

【정사】 9년주나라 위열왕(威烈王) 2년, 일본 고쇼 52년, 기원전 424년에 군사를 거느리고 경성을 회복하여 우화충(宇和冲)을 벌하니, 남은 잔당이 해산하였다. 이때 거가(車駕)임금이 타는 수레이다.가 경성에 돌아왔다.

---

27 고쇼 29년의 오류이다.
28 기원전 448년의 오류이다.

【정묘】19년주나라 위열왕 12년, 일본 고쇼 62년, 기원전 414년에 왕이 붕어하고 태자 즐(騭)이 즉위하였다.

혁성왕(赫聖王)의 휘는 즐(騭)이니, 도국왕(導國王)의 태자이다.
【임신】5년주나라 위열왕 17년, 일본 고쇼 67년, 기원전 409년에 감찰관을 군현에 보내어 아전과 백성의 선악을 살펴 어질고 능한 이를 상주고 탐하고 간악한 자를 벌주니, 백성이 크게 기뻐하였다.

【무인】11년주나라 위열왕 23년, 일본 고쇼 73년, 기원전 403년에 북쪽 오랑캐 추장 목수길강흑(穆修吉康黑)이 입조하여 공세를 바쳤다. 연(燕)나라가 사신을 보내어 폐백을 바쳤다. 연나라는 지금 중국 직예성이니, 주나라 종실 소공(昭公) 석(奭)이 봉해진 나라이다.

화라왕(和羅王)의 휘는 습(譄)이니, 혁성왕(赫聖王)의 태자이다.
【신축】6년주나라 안왕(安王) 22년, 일본 고안(孝安) 13년, 기원전 380년에 연(燕)나라가 변방을 침노하니, 만번한(滿蕃汗) 태수 묘춘장(苗春長)이 이를 쳐서 무찔렀다. 만번한은 지금 중국 성경성(盛京省)이다.

【신해】16년주나라 열왕(烈王)29 6년, 일본 고안 203년30, 기원전 370년에 왕이 붕어하고, 태자 하(賀)가 즉위하였다.

열문왕(說文王)의 휘는 하(賀)이니, 화라왕(和羅王)의 태자이다.
【임자】원년주나라 열왕 7년, 일본 고안 24년, 기원전 369년에 박문관(博文舘)을 설치하고, 지조와 덕이 겸비한 자 300인을 택하여 태자와 함께 문학에 힘쓰게 하였다.

---

29 '영왕'을 '열왕(烈王)'으로 고친다.
30 일본 고안 23년의 오류이다.

【병신】5년주나라 현왕(顯王) 4년, 일본 고안 28년, 기원전 365년에 연(燕)나라 장수 진개(秦開)가 군사 2만을 거느리고 요서(遼西)의 여러 군을 침범하였다. 모든 고을이 준비하지 않아서 지나는 곳마다 함락당하였다. 본국 상군 대부 위문언(衛文言)이 군사 3만을 거느리고 오도하(五道河) 지금 중국 요동 탕산성(湯山城) 북쪽 갈대숲에 매복하였다가, 연나라 군사가 반쯤 건넘을 기다려 쳐서 크게 파하였다. 연 환공(桓公) 때이다.

【정사】6년주나라 현왕 5년, 일본 고안 29년, 기원전 364년 진개(秦開)가 패잔병을 거느리고 연운도(連雲島)에 진 치고 배를 준비하여 바다 건너기를 꾀하였다. 이때 위문언이 그 뜻을 알고 쫓아가서 쳐 크게 파하고 드디어 진개를 쏘아 죽이니, 남은 군사는 다 도망하였다.

【기미】8년주나라 현왕 7년, 일본 고안 31년, 기원전 362년에 왕이 붕어하고 태자 화(華)가 즉위하였다.

경순왕(慶順王)의 휘는 화(華)이니, 열문왕(說文王)의 태자이다.
【갑자】5년주나라 현왕 12년, 일본 고안 36년, 기원전 357년 봄 정월에 지진이 일어났다.

【을해】16년주나라 현왕 23년, 일본 고안 47년, 기원전 346년에 북쪽 오랑캐 추장 액니거한길(厄尼車汗吉)이 와서 조회하고 말 2백 필을 바치며 군사를 빌어 연(燕)나라 치기를 청하였는데, 왕이 허락하였다. 이때 하군대부 신불사(申不死)로 하여금 군사 1만을 이끌고 가서 북쪽 오랑캐의 기병 1천 명과 함께 협력하여 연나라 상곡성(上谷城) 지금 중국 요동(遼東) 을 공격하게 하여 승리하였다. 연나라 문공(文公) 때이다.

【무인】19년주나라 현왕[31] 26년, 일본 고안 50년, 기원전 343년에 연(燕)나라가 사신을 보

---

31 현창을 '현왕(顯王)'으로 수정함.

내어 화친을 청하자 허락하였다. 상곡성(上谷城) 싸움으로부터 연나라와 매년 싸우더니, 지금에 이르러 연나라가 사신을 보내어 화친을 청하였다. 왕이 붕어하고 태자 후(謞)가 즉위하였다.

가덕왕(嘉德王)의 휘는 후(謞)이니, 경순왕(慶順王)의 태자이다.
【기묘】원년주나라 현왕 27년, 일본 고안 51년, 기원전 342년 여름에 대사면령을 내렸다. 이때 오래도록 가뭄이 든 까닭에 왕이 죄 없이 옥에 갇혀 있는 자들에게 크게 사면을 내려 너그러운 법을 보이고 드디어 친히 우제(雨祭)를 지냈다.

【계묘】25년주나라 신정왕(愼靚王) 3년, 일본 고안 75년, 기원전 318년에 왕이 연(燕)나라를 치려다 그만두었다. 왕이 연나라 왕 쾌(噲)의 무도함을 듣고 치려고 했다. 대부(大夫) 왕례(王禮)가 간하여 말하였는데, '연왕이 비록 무도하나 치지 아니하여도 장차 스스로 죽으리니, 어찌 정벌의 수고를 하겠습니까? 또 변방이 다행히 풍요로우니 가히 군사를 일으켜 백성을 곤란케 하겠습니까.'라고 하자, 왕이 그만두었다.

【을사】27년주나라 신정왕 5년, 일본 고안 77년, 기원전 316년 가을 9월에 해와 달이 수십일 동안 어두워 밝게 빛나지 않아서 점을 쳤더니, 임금의 상사(喪事)를 예견하였다. 왕이 붕어하고 태자 욱(煜)이 즉위하였다.

삼로왕(三老王)의 휘는 욱(煜)이니, 가덕왕(嘉德王)의 태자이다.
【병오】원년주나라 신정왕 6년, 일본 고안 78년, 기원전 315년에 상주국 왕림(王霖)을 주나라에 보냈다. 왕림이 주나라에 이르러 문답함이 유창하였기 때문에 군신이 다 그 위표와 웅변에 경탄하였다. 왕림은 례의 아들

【계해】18년주나라 난왕(赧王) 17년, 일본 고안 95년, 기원전 298년에 북쪽 오랑캐 니사(尼숨)가 풍류 일부를 드렸다. 뭇 신하가 간하여 말하기를, '음악이 선왕의 정음이 아니라

슬프고 원망하는 곡조가 많으니, 왕은 받지 마시옵소서'라고 하였다. 왕이 말하기를, '먼 지역 사람이 와서 준 것을 물리치는 것은 예가 아니다'라고 하고, 이에 그 풍류를 받고 후히 상을 내렸다.

【경오】25년주나라 난왕 24년, 일본 고안 102년, 기원전 291년에 왕이 태자 석(釋)에게 전위하고 자칭 삼로왕이라고 하니, 태자가 즉위하였다.

현문왕(顯文王)의 휘는 석(釋)이니, 삼로왕(三老王)의 태자이다.
【정미(丁未年)】원년주나라 난왕 25년, 일본 고레이(孝靈) 원년, 기원전 290년 봄 정월에 주군(州郡)에 명령하여 현량한 선비를 입궁하라 하니, 일시에 추천받은 자가 2백여 명이었다. 삼로왕이 붕어하였다.

【기묘】9년주나라 난왕 33년, 일본 고레이 9년, 기원전 282년에 왕이 친히 들에 밭갈이하였다. 이때 단군 사당을 백악(白岳)에 세우고 철마다 제사하였다.

【기유】39년 동주군(東周君) 4년, 일본 고레이 39년, 기원전 252년에 연(燕)나라 임금 희(喜)에게 사신을 보내어 빙폐(聘幣)하였다. 왕이 붕어하고 태자 윤(潤)이 즉위하였다.

장평왕(章平王)의 휘는 윤(潤)이니, 현문왕(顯文王)의 태자이다.
【계축】4년진(秦) 장양왕(莊襄王) 2년, 초(楚) 고열왕(考烈王) 15년, 연왕(燕王) 희(喜) 7년, 위(魏) 안리왕(安釐王) 29년, 조(趙) 효성왕(孝成王) 18년, 한 환혜왕(桓惠王) 25년, 제(齊) 왕건(王建) 17년, 일본 고레이 43년, 기원전 248년 겨울 10월에 일식이 있었기 때문에 왕이 재앙을 막기 위한 제사의 방법을 물었다. 일자(日者)이름은 뇌만성(雷萬生)가 아뢰기를, '대저 날[日]은 태양의 정(精)이고, 군왕의 형상입니다. 만일 제왕의 덕이 있으면 빛이 광명하고, 제왕의 허물이 있으면 일식이 있게 됩니다. 이제 일식이 이렇게 심하니 이는 제왕이 정성치 않기 때문입니다. 원컨대 왕은 덕정에 힘쓰고 신하를 골라 쓰소서.'라고 하니, 왕이 그

말에 따랐다. 이때 북쪽 오랑캐 추장 아리당부(阿里當夫)가 연나라 치기를 청하니, 왕이 듣지 않았다. 이때부터 북호가 조공하지 않았다.

【무진】 19년진 장양왕 14년, 일본 고레이 58년, 기원전 233년 왕이 북쪽 오랑캐가 오래도록 조공하지 않자, 노하여 친히 군사를 거느리고 공격하였는데, 크게 패하였다. 왕이 붕어하고 아들 부(否)가 즉위하였다.

종통왕(宗統王)의 휘는 부(否)이니, 장평왕(章平王)의 태자이다.
【기사】 원년진 장양왕 15년, 일본 고레이 59년, 기원전 232년에 백성이 크게 굶주렸다. 이때 왕이 제형서(諸瑩叙)를 사법으로 삼았다. 제형서가 군리가 되었을 때 법을 씀이 엄격하였기 때문에 왕이 들으시고 불러서 사법을 삼아 도적을 잡게 하였다.

【임신】 4년진 장양왕 18년, 일본 고레이 62년, 기원전 229년에 북쪽 오랑캐의 추장 산지객륭(山只客隆)이 변방을 침노하여 영주 군수(寧州郡守) 목원(穆遠)을 죽였다. 영주는 지금 중국 만주 노영성(魯寧城)이다.

【기묘】 11년진 장양왕 25년, 일본 고레이 69년, 기원전 222년에 왕이 붕어하고, 태자 준(準)이 즉위하였다.

애왕(哀王)의 휘는 준(準)이니, 종통왕(宗統王)의 태자이다.
【병술】 7년진 시황제 32년, 일본 고레이 76년, 기원전 215년 역부(役夫)를 징발하여 진나라에 보내어 장성을 쌓았다.

【기해】 20년한 태조 5년, 일본 고겐(孝元) 13년, 기원전 202년 한나라가 군사를 요청해 와서 왕은 군사를 보내서 한나라 군사와 더불어 초나라 군사를 해하(垓下)에서 패배시켰다. 해하는 중국 호주(亳州) 진원(眞源) 동쪽 10리에 있다. 처음에 패(沛) 땅 사람 유방(劉邦)

과 하상(下相) 사람 항적(項籍)이 서로 군사를 일으켜 진나라 함곡관(函谷關)에 들어가 진왕(秦王)을 항복시켰다. 그러고 나서 천하를 가지고 8년을 싸우다가 마침내 해하대전(垓下大戰)에 항적이 패배해서 스스로 목을 매었다. 이에 유방이 중국 9주(九州)를 통일하고 국호를 한(漢)이라 하여 드디어 황제가 되어 천하를 다스렸다.

【병오】 27년한 태조 12년, 일본 고겐 20년, 기원전 195년 봄 2월에 유성(流星)이 청구(靑邱)를 범하였다. 이때 연(燕)나라에서 항복한 사람 위만(衛滿)으로 박사(博士)를 삼았다. 처음에 연나라 사람 진개(秦開)가 변방을 침노할 때 서쪽 땅 이천여 리를 취하여 만(滿) 땅과 번(潘) 땅과 한(汗) 땅으로 경계를 삼았다가, 그 후에 진나라가 장성(長城)을 쌓아 요동에 이르러 만과 번과 한 세 땅이 공지(空地)가 되었다. 그 후에 한나라의 노관(盧綰)으로 연나라 왕으로 삼아 그 땅이 멀기 때문에 노관에게 맡기고 다스리지 않았다. 이에 노관이 연나라 땅에 웅거하여 한나라를 배반하였기에 한나라가 군사를 발하여 치자, 노관이 패잔병을 거느리고 흉노로 도망하였다. 이렇게 해서 그 신하 위만이 무리를 모아 오랑캐의 복색으로 고치고 머리를 묶고 지금의 상투 모양 동쪽으로 요하를 건너 조선에 항복하여 아첨하는 모양과 간사한 말로 왕의 뜻을 맞추니, 왕이 사랑하기를 매우 두터이 하였다. 하대부 단통(單通)이 간하여 말하였는데, '독한 풀 맛은 도리어 달다 하고, 적은 버러지의 구멍 냄을 해로운 것으로 여기지 아니하며, 위만의 사람됨이 공손함과 겸양함이 매우 지나치니 심중에 반드시 간험한 것입니다. 어찌 믿을 바 있겠습니까.'라고 하였다. 왕이 대노해서 말하였는데, '위만이 오래 궁핍하였고 형세가 외로워 진심으로 나를 섬기거늘 도리어 의심하면, 어찌 만물에 용납됨이 있으리오. 그대는 다시 염려치 말라.'고 하였다. 단통이 나와 탄식하여 말하기를, '2천년 신기(神器)가 반드시 망노(亡虜)에게 속하겠구나' 하였다. 위만이 이를 듣고 크게 두려워하여 왕을 달래어 말하기를, '신이 오래 연나라에 거하여 요북의 지리를 깊이 알고 있으니, 한 무리의 군사를 빌려주시면 최선을 다하여 변방을 지켜 북쪽 오랑캐를 막겠습니다'라고 하였다. 왕이 크게 기뻐하여 말하기를, '내가 항상 변방을 근심하였는데, 만일 경이 이 직임을 맡으면 내가 무슨 근심이 있으리오'라고 하고, 이에 박사

로 삼아 땅 백리를 봉하여 서쪽 변방을 지키게 하였다. 그랬더니 위만이 진나라 옛 공지(空地)에 웅거하여 상하장(障)을 통할하였다. 요동 낙랑군에 운장(雲障)이 있다.

[주] 대저 군주가 신하의 충성스러운 간언을 들으면 국가가 흥하고, 망령되고 아첨함을 믿으면 국가가 망한다. 이제 애왕이 단통의 충간을 듣지 아니하고 망노의 아첨에 기뻐하며 또한 변방을 지킨다는 계교에 빠져 선왕의 강토를 버려 호랑이에게 주어 그 씹히는 것을 알지 못하였다. 마침내 화를 당하여 몸이 남녘 황무지로 쫓겨났으니, 후세 어리석은 군주는 이것을 훌륭한 귀감으로 삼을 지니라.

【정미】 28년 한 혜제(惠帝) 원년, 일본 고겐 21년, 기원전 194년에 위만(衛滿)이 도망한 무리를 거두어 인원이 점점 많아지자, 이에 사람을 보내어 스스로 고하기를, '한나라 군사가 사면으로 이르렀으니 궁에 들어가 숙위하기를 원합니다'라고 하자, 왕이 들어오기를 허락하였다. 위만이 경성에 이르러 궁궐을 불 지르고 사면으로 치자, 왕이 싸워도 당하지 못할 줄을 알고 결국 좌우 궁인을 거느리고 바다를 건너 남으로 금마군(金馬郡)지금의 익산(益山)에 이르러 도읍을 정하였다. 왕이 붕어하고 아들 금마군 태수 탁(卓)이 즉위하였다. 나라 이름을 고쳐 마한(摩韓)이라 하였다.

[주] 『사기』에 기록되기를, 마한이란 뜻은 삼한을 무마하는 뜻이어서 중국의 사씨(史氏) 전에 잘못하여 마한(馬韓)이라 하였기 때문에 이에 옛 『사기』를 좇아 마한(摩韓)이라 하겠다.

이때 위만이 유경에 웅거하여 조선, 진(秦)나라, 만·번·한(滿潘汗), 북방 만이(蠻夷), 연나라의 도망한 자를 모았다. 사방이 수천 리가 되어 드디어 조선왕이라 칭하니, 조선 땅이 다 위만의 소유가 되었다. 기자조선은 41대에 총 929년이었다.

『대한역수』 제2, 마한기

무강왕(武康王)의 휘는 탁(卓)이니, 애왕(哀王)의 태자요, 재위 기간은 4년이다.

【무신】 원년 한나라 혜제 2년, 일본 고겐 22년, 기원전 193년에 54주를 두니 큰 것은 만여 가(家)이고, 적은 것은 수천 가이니, 도합 20여만 호(戶)이다. 북쪽으로 위만조선과 접하고 지금 개성부 예성강 천마산과 마천군 미두산과 평산군 저탄으로 경계하였다, 동쪽은 맥(貊)지금 지평군 미지산 불동산 원주군 정봉산 섬강 여주군 송산 음죽군 영악 백족산 연기군 동진 청안군 좌구산 괴산군 보광산으로 경계하였다.과 변한에 이르고 지금 청안군 구룡산 회인군 하마산 회덕군 계족산 옥천군 미성산 진잠군 산장산 연산군 황산 진산군 만홍산으로 경계하였다, 남쪽은 임나에 이르고 지금 광양군 섬강 광주부 무등산 나주군 영산강으로 경계하였다, 서로는 황해에 이르렀다. 지금 서해이다. 박사 악롱건(樂聾建)으로 진한의 일을 다스리게 하고, 좌대부 진원(秦琬)으로 변한의 일을 다스리게 하였다. 처음에 진(秦)나라 백성이 장성(長城)의 역사(役事)를 피하여 바다에 떠 동쪽으로 와서 성읍을 건축하고 거처하였는데, 언어가 국인(國人)과 같지 않았다. 호구가 6만이고, 그 토지가 기름져서 오곡을 심기에 적당하고 그 백성들이 잠상(蠶桑)과 직조(織造)를 잘하고 혼인을 예로써 하며, 남녀가 분별이 있어서 길에 다니다가 서로 만나면 피차 머물러 길을 사양하였다. 이때 그 땅의 경계를 살피건대, 북쪽으로 예(穢)와 접하고, 지금 청하군 개포 영천군 모자산으로 지계를 정하였다. 동쪽으로 바다를 격하고 지금 동해, 남쪽으로 바다에 이르고, 지금 동래부 남쪽 바다이다. 서쪽으로는 변한(弁韓)에 이르렀다. 지금 경상도 낙동강으로 지경을 정하였다. 변한은 토착민들이 스스로 모여 사는 곳인데, 그 의복·음식·거처와 언어 풍속과 호구는 진한과 다 같고, 그 땅은 북쪽으로 맥(貊)과 접하고, 지금 풍기군 죽령 문경군 조령으로 지경을 정하였다. 동쪽은 진한(辰韓)에 닿고, 남쪽은 바다를 격하여 있고, 지금 거제군 남변해이다. 서쪽은 마한을 접하였다. 이 두 나라는 본래 군장이 없는 까닭에 왕이 악롱건으로 진한의 장으로 삼아 그 땅을 12주로 나누어 다스리게 하고, 진원으로 변한의 장을 삼아 또한 그 땅을 12주에 나누어 다스리게 하였다. 두 나라에 각각 그 백성으로 하여금 나이 많고 덕이 있는 자를 택하여 주장(州長)과 촌장(村長)으로 삼아 민정(民政)을 도와 다스리게 하였다. 이로부터 이 두 나라는 다 마한에 복속해서 해마다

조공하고 나라 안의 정사를 마한 조정의 명에 따라 하게 되었다.

【경술】 3년 한나라 혜제 4년, 일본 고겐 24년, 기원전 191년 용화산성(龍華山城)을 건축하였다. 익산에 있다. 왕이 친히 군사를 거느리고 위만(衛滿)을 치다가 크게 패하였다. 이때 왕이 수군(水軍) 5천을 거느리고 해로로 위만을 치다가 여러 번 싸웠는데, 이기지 못하고 돌아왔다. 왕이 환궁하였다. 왕이 유경을 에워쌌을 때 화살을 맞아 병이 중해졌기 때문에 곧 군사를 돌리어 돌아왔다.

【신해】 4년 한나라 혜제 5년, 일본 고겐 25년, 기원전 190년에 왕이 붕어하고 태자 감(龕)이 즉위하였다. 이때 무강왕(武康王)을 금릉(金陵)에 장사하였다. 지금 익산군 서편이다.

안왕(安王)의 휘는 감(龕)이니, 무강왕(武康王)의 태자이고, 재위 기간은 32년이다.

【임자】 원년 한나라 혜제 6년, 일본 고겐 26년, 기원전 189년에 위만(衛滿)이 보낸 사신의 목을 베었다. 이때 위만이 사람으로 하여금 폐백을 갖추어 가지고 와서 조상하고 사죄하며 화친하기를 빌었다. 왕이 노하여 그 사신의 목을 베고 그를 따라온 무리에게 사신의 머리를 주어 돌려보냈다.

【갑자】 13년 한나라 문제(文帝) 3년, 일본 고겐 38년, 기원전 177년에 예맥(濊貊) 사람이 들어와 조공하였다. 예(濊)는 그 성품이 완악하고, 욕심이 적으며, 염치가 있고, 풍속에 산천을 중히 여긴다. 산천이 각각 주인이 있어 망령되이 서로 옮기지 못하며, 동성 간에 혼인하지 아니하며, 효후(曉侯)와 성숙(星宿)을 보아 그해 풍흉을 미리 안다. 촌락이 서로 다투면 소와 말의 이름으로써 벌주고 사람을 죽인 자는 죽음으로 갚게 하였다. 그 땅은 북쪽으로는 남옥저(南沃沮)에 접하고, 지금 회양군 열령 이천군 광박산으로 지경을 정하였다. 동쪽으로는 바다에 이르고, 지금 동해 남쪽으로는 진한(辰韓)에 접하고, 서쪽으로는 맥(貊)과 연해 있다. 지금 삼척군 백복령 강릉군 대관령 오대산 춘천부 소양강으로 지경을 정하였다. 그 수부(首部)는 임영(臨瀛) 지금 강릉이다. 맥(貊)은 법과 풍속이 예와

같고 그 땅은 동북쪽으로 예와 접하고, 지금 춘천부 소양강으로 경계하였다. 남쪽으로는 변한(弁韓)에 이르고, 서쪽으로는 마한(馬韓)에 연하니, 그 수부(首部)는 광해(光海) 지금 춘천부이다.이다. 이 두 나라 왕이 사신을 보내어 황금과 동물 가죽으로 조공하고 번신(蕃臣) 되기를 허락하였다.

【임신】21년한나라 문제 11년, 일본 고겐 46년, 기원전 169년에 처음으로 동전을 만들었다. 세법(稅法)을 삼등(三等)으로 정할 때, 토지의 비척함에 따라 상중하의 3등을 정하였다. 칠십에 하나를 세금으로 받는 법을 참작하였다.

【계미】32년한나라 무제 후원 6년, 일본 고겐 57년, 기원전 158년에 왕이 붕어하고 태자 식(寔)이 즉위하였다.

혜왕(惠王)의 휘는 식(寔)이니, 안왕(安王)의 태자로서 재위 기간은 13년이다.
【갑신】원년 한나라 문제 후원 7년, 일본 가이카(開化) 원년, 기원전 157년 봄 정월에 처음으로 남교(南郊)에 제사하였다. 임나(任那)가 들어와 조공하였다. 임나는 북쪽으로 마한을 접하고, 동쪽으로는 진한에 다다랐으며, 지금 광양군 섬강으로 지경을 정하였다. 남쪽으로 탐라(耽羅) 해협에 이르고, 탐라는 지금 제주이다. 서쪽으로는 바다[32]에 한정되니, 지금 진도군 서쪽 해변 그 수부(首部)는 이릉부리(爾陵夫里)이다. 지금 능주군이다.

【병신】13년한나라 경제(景帝) 중원 5년, 일본 가이카 13년, 기원전 145년에 사신을 예국(濊國)에 보내어 남려(南閭)를 제후왕(諸侯王)으로 삼았다. 왕이 붕어하고 태자 무(武)가 즉위하였다.

명왕(明王)의 휘는 무(武)이니, 혜왕(惠王)의 태자로 재위 31년이다.

---

32 '바라'를 '바다'로 수정함.

【정유】원년 한나라 경제 중원 6년, 일본 가이카 14년, 기원전 144년에 오교원(五敎院)을 설치하고, 백성에게 군신·부자·형제·부부·붕우의 도를 가르쳤다. 변한 사람에게 문신(文身)을 금하였다.

【계축】17년 한나라 무제(武帝) 원삭(元朔) 원년, 일본 가이카 30년, 기원전 128년에 예군 남려(濊郡南閭)가 반란을 일으켜서 한나라에 항복하였다. 이때 남려가 28만 인을 거느리고 요동에 나가 한나라에 항복하였다. 한나라는 이 땅에 창해군(滄海郡)을 두었다.

【을묘】19년 한나라 무제 원삭 3년, 일본 가이카 32년, 기원전 126년에 한나라가 창해군을 파하였다.

【정묘】31년 한나라 무제 원정(元鼎) 3년, 일본 가이카 44년, 기원전 114년에 왕이 붕어하고, 태자 형(亨)이 즉위하였다.

효왕(孝王)의 휘는 형(亨)이니, 명왕(明王)의 태자로 재위 40년이다.
【무진】원년 한나라 무제 왕정 4년, 일본 가이카 45년, 기원전 113년에 법률을 주군에 반포하였다.

【임신】5년 한나라 무제 원봉(元封) 2년, 일본 가이카 49년, 기원전 109년에 위우거(衛右渠)가 한나라 요동도위를 죽였다. 처음에 한나라 효혜제·고후(孝惠高后) 때에 요동태수로 하여금 위만과 구두로 약속하여 위만을 외신(外臣)으로 삼고, 변방 밖 모든 나라를 보전시켜 주고, 변방을 도적질하지 말게 하였으며, 만일 변방의 나라들이 들어와 조회하고자 하는 자가 있으면 금하지 말라 하였다. 이렇게 해서 위만이 병권과 재물을 얻어 그 이웃의 작은 나라를 쳐서 항복 받으니 진번(眞蕃)과 임둔(臨屯)이 와서 합해졌다. 이러한 까닭에 조선의 옛 땅을 회복해서 서쪽의 요양(遼陽)으로부터 동쪽으로는 바다 지역까지 수천 리가 되었다. 위만이 죽고 손자 우거(右渠)에 이르러 한나라 사

람으로 망명해 온 자가 점점 많아졌고, 한나라에 조회하지 않고 옆에 있는 작은 나라가 조회하고자 하면 막았다. 이 해에 한나라가 사신 섭하(涉何)를 보내어 효유하되, 마침내 조서를 받기를 즐겨하지 않았다. 섭하가 돌아가다가 패수(浿水)지금 중국 성경성에 이르러 그 호송하는 사신을 찔러 죽이고 한나라에 보고하니, 황제가 기쁘게 여겨서 섭하를 요동도위로 삼았다. 우거왕이 섭하를 원망해서 결국 군사를 발하여 섭하를 공격하여 죽였다.

    [주] 대저 패수(浿水)는 두 곳이 있다. 하나는 중국 성경성 서편 요하를 이른다. 다른 하나는 평양 대동강의 별칭인데, 지금 이 패수는 요하를 일컫는 것이다.

이때 한나라는 섭하(涉何)의 죽음을 듣고 군병을 발동하여 조선을 공격하였다. 누선장군(樓船將軍) 양복(楊僕)은 군사 5만을 거느려 제(齊) 땅으로부터 발해(渤海)를 건넜고, 좌장군 순체(荀彘)는 군사 3만을 거느리고 요동으로 나왔다. 우거왕도 군사를 발동하여 험지(險地)에 웅거하여 이를 막으니, 순체의 선봉이 패하여 돌아갔다. 양복 또한 제나라 군사 7천을 거느리고 먼저 유경에 이르자, 우거가 양복의 군사가 적음을 보고 또 급히 치니 양복이 또 패하여 달아났다. 군사가 많이 도망하였는데, 도망한 지 십여 일 만에 다시 모였다. 순체도 패수 서편을 쳐서 이기지 못하니, 한나라는 두 장수가 이롭지 못함을 보고 위산(衛山)으로 하여금 병위(兵威)로써 우거를 달래게 하였다. 우거가 사자(使者)를 보고 머리를 조아려 사례하며 말하되, '신이 항복하기를 원하나 두 장수가 사사로이 나를 죽일까 염려하였다. 이제 신절을 보고 항복하기를 원한다' 하고 그 태자를 보내어 들어가 사죄하며 말 5백 필과 군량, 그리고 군사 1만여 명을 거느리고 패수를 건너 항복하고자 하였다. 사자가 어떤 사태가 있을까 하여 병기를 버리도록 하니, 태자 또한 순체가 사사로이 자신을 죽일까 의심하여 휘하 장병들을 이끌고 돌아와 버렸다. 위산이 한나라에 돌아가 무제에게 보고하였다. 한나라 무제가 노하여 위산의 목을 베니, 순체가 드디어 패수 가에 주둔하고 있던 군사를 파하여, 군병을 이끌고 성 앞에 이르러 그 서북쪽을 에워쌌다. 양복 또한 성 남쪽에 진을 치니,

우거가 굳게 지킨 지 여러 달 동안 항복하지 않았다.

【계유】6년한나라 무제 원봉 3년, 일본 가이카 50년, 기원전 108년에 한나라 장수 순체(荀彘)와 양복(楊僕)을 위협하여 그들의 군사를 합쳐서 조선을 공격할 때, 조선 인민이 그 왕 우거를 죽이고 한나라에 항복하였다. 한나라가 그 땅에 낙랑(樂浪)·임둔(臨屯)·현도(玄菟)·진번(眞番)군 넷을 두었다. 순체의 사람됨이 귀인이오, 또 그가 거느린 장졸은 다 연·대(燕代)의 날랜 군사였던 까닭에 힘을 다하여 싸웠다. 양복은 일찍이 그 패망함을 부끄러워하며, 그 휘하에 거느린 제(齊)나라 군사는 싸우기를 겁내었던 까닭에 일찍이 우거를 에워쌌을 때도 항상 화친한다고 자칭하고 순체가 싸우기를 재촉하면 우거가 먼저 사람을 보내어 가만히 항복한다고 자칭하고 그 틈을 기다리니, 오랫동안 싸우지 못하였다. 한나라가 또한 이 일을 탐지하고 이에 제남(濟南) 태수 공손수(公孫遂)를 보내어 자유롭게 행사하게 하였더니, 공손수가 진중에 이르렀을 때, 순체가 공손수에게 고하니, 공손수가 곧 양복을 불러 그 군권을 빼앗고 양복을 결박하여 한나라에 보내어 버리게 하고 순체는 조선 치기를 더욱 급히 하였다. 이때 조선 정승 노인(路人)과 한음(韓陰)과 장군 왕협(王陜) 등이 도망하여 한나라에 항복하였고, 또 정승 니계(尼谿) 재상 참(參) 등이 사자를 보내어 우거를 죽이고 한나라에 항복하였다. 한나라가 이 땅에 사군(四郡)을 둘 때, 낙랑으로 유경을 다스려 25현을 통할케 하고, 임둔으로 동이현(東暆縣) 지금 강릉을 다스려 15현을 통할케 하고, 현도로 옥저현(沃沮縣) 지금 함흥 을 다스려 3현을 통할하게 하고, 진번으로 잡현(霅縣)을 다스려 15현을 통할케 하였다. 위씨(衛氏)는 국가를 세우고 3대에 87년을 지내고 망하게 되었다. 이에 하대부 진해(眞海)를 한나라에 보내어 소 3백 필로 한나라 군사를 위로하고 한나라가 우거를 멸망시킨 것을 하례하였다.

【갑오】27년한나라 무제 후원 2년, 일본 스진(崇神) 11년, 기원전 87년에 임나국(任那國)이 조공(朝貢)하였다. 이때에 임나국이 산호 10여 가지를 바치거늘, 왕이 태묘(太廟)에 드리고 경사로써 하였다.

【기해】 32년한나라 소제(昭帝) 시원 5년, 일본 스진 16년, 기원전 82년에 한나라가 사군(四郡)을 고쳐 평주(平州), 동부(東府) 두 도독부(都督府)를 둘 때, 진번군(眞番郡)과 현도군(玄菟郡)으로 평주를 삼아 대곡성(大谷城)지금 중국의 성경성을 다스리게 하고, 임둔군(臨屯郡)과 낙랑군(樂浪郡)으로 동부를 삼아 불내성(不耐城)지금 평안도을 다스리게 하니, 사군(四郡)을 설치한 지 27년에 고친 것이다.

【을사】 38년한나라 소제 원봉(元鳳) 5년, 일본 스진 22년, 기원전 76년에 한나라가 군사를 발동하여 요동에 진을 치고 예맥(濊貊)을 막게 하였다.

【정미】 40년한나라 소제 원평(元平) 원년, 일본 스진 24년, 기원전 74년에 왕이 붕어하고, 태자 섭(燮)이 즉위하였다.

양왕(襄王)의 휘는 섭(燮)이니, 효왕(孝王)의 태자요, 재위 기간은 15년이다.
【무신】 원년한나라 선제(宣帝) 본시(本始) 원년, 일본 스진 25년, 기원전 73년에 임나 대신 인화사돌(鱗和辭突)을 봉해 임나 임금으로 삼았다.

【임술】 15년한나라 선제 신작(神爵) 3년, 일본 스진 39년, 기원전 59년에 해 셋이 함께 나왔다. 왕이 죽고 태자 훈(勳)이 즉위하였다.

[주] 마한 개국 이래 무강왕 원년 무신년으로부터 원왕 원년까지 도합 137년은 마한기(馬韓紀)에 속하고, 원왕 2년부터 왕 학(學) 25년 기사년까지 도합 65년은 삼국기에 붙여 기록하노라.

『대한역수』 제3, 삼국기(三國紀) 부록, 마한·신라·고구려·백제

【갑신】 마한 원왕(元王) 22, 신라 혁거세 21년, 고구려 동명왕 원년, 한나라 원제(元帝) 건소(建昭) 2년, 일본 스진 61년, 기원전 37년 신라가 금성(金城)을 건축하였다. ○ 부여 사람 고주

몽(高朱蒙)이 졸본부여(卒本夫餘)에 웅거하여 고구려왕이라 칭하였다. 주몽은 고구려 시조인데, 재위 기간은 18년으로, 나이는 40세이다. 고주몽은 북부여(北扶餘) 동명성왕(東明聖王)의 아들이다. 얼굴이 웅장하고 위엄스러웠다. 나이 7세에 활과 화살을 스스로 만들었는데, 백발백중하므로 그 후에 배다른 형제 일곱 사람이 주몽의 재능을 꺼려 죽이고자 해서 주몽이 난을 피하여 졸본부여(卒本扶餘)졸본부여는 지금 영고탑 남쪽에 있다.에 이르렀다. 졸본부여 왕은 아들이 없어서 주몽이 재위를 이어 비로소 졸본에 도읍하고 아들 유리왕(琉璃王) 22년에 국내성(國內城)으로 도읍을 옮기고, 국내성은 초산군 격수처로, 압록강과 파저강 두 물줄기가 서로 합하지 않은 곳이다. 한나라의 고구려현(高句麗縣)을 습격하여 취하고 국호를 고구려라 하고, 고(高)를 성으로 삼고 나라 지경을 넓혀 개척해서 북쪽은 부여 땅과 진번현 옛 땅이고, 남쪽은 패수(浿水) 남쪽과 한수(漢水) 북쪽을 점령하였다. 산상왕(山上王) 13년에 환도성(丸都城)으로 옮겼다. 동천왕(東川王) 21년에 영양으로 옮겨 도읍하니, 그 땅은 오곡 심기에 합당하고 물과 수달피와 구슬을 산출하는 곳이었다. 그 지역 사람은 강하고 날래며 읍하고 겸양하는 예가 있으며 의복은 흰 빛을 숭상하였다.

『초등 대한력ᄉ』

趙鍾萬(?~?)

『초등 대한력ᄉ』는 1908년 조종만이 편찬한 초등용 교과서이다. 조종만은 농상공부(農商工部) 참서관(參書官), 성천군수, 중추원 의원을 지냈던 인물로, 한말에 기호흥학회(畿湖興學會)에 가담하여 활동하였고, 한양서관(漢陽書舘)을 운영하면서 애국계몽운동을 전개하였다. 교과서로 『초등 대한력ᄉ』뿐만 아니라 『대한초등지리』도 편찬하였다.

『초등 대한력ᄉ』는 유근(柳瑾)이 쓴 『초등 본국역사』(1908)를 순 한글로 풀어 쓴 것이다. 고유명사나 주요한 단어는 옆에 한자를 병기하였다. 총 4장으로 구성되었으며, 1장은 상고(上古), 2장은 중고(中古), 3장은 근고(近古), 4장은 본조(本朝)로 구성되었다. 삼한 이후를 봉건시대로 설정하여 서술하였다.

고조선은 제1장 상고 편에서 다루었는데, 단군조선, 기자조선, 위만조선으로 구분하여 서술하였다. 삼한전에도 고조선 준왕의 마한 건설을 다루었다. 부여는 제2장 중고 편에서 고구려, 백제 건립과 관련해서 언급되었다. 단군조선을 북부여를 거쳐 고구려로 이어진 것으로 보았으며, 고구려의 주몽을 단군의 후손으로 보았다.

『초등 대한력ᄉ』 제1장, 상고(上古) 제1절, 단군

대한제국 융희(隆熙) 원년 정미년(1907)으로부터 4,240년 전에 신성하신 사람이 태백산(太白山) 단목(檀木) 아래에 내려오셨다. 나라 사람이 세워 임금으로 삼으니, 이가 단군이시다. 원년 무진년에 나라 이름을 조선(朝鮮)이라 하고 백성을 가르쳐 머리카락을 엮게 하고 머리를 덮게 하였으며, 음식과 거처의 제도를 정하였다. 태자 부루(扶

婁)를 도산(塗山)에 보내 중국 하우씨 만국회(夏禹氏萬國會)에 참여케 하였다. 처음에는 평양에 도읍하였다가 후에 백악(白岳)문화 구월산으로 도읍을 옮겼다.

단군의 자손이 임금의 자리를 서로 전한 지 1,200여 년에 나라를 북부여로 옮겼다가 고구려에게 아우른 바가 되었다.

『초등 대한력ᄉᆞ』제2절, 기자

기자는 중국[支那] 은나라 왕 성탕(成湯)의 자손이다. 성은 자(子)이고 이름은 서여(胥餘)이다. 기(箕)에 자작(子爵)을 봉하였기 때문에 기자라 일컬어졌다. 주나라중국 무왕 희발(熙發)이 은나라를 멸하자 기자가 주나라를 피하여 오천 명을 거느리고 동쪽으로 오셨다. 시서예악(詩書禮樂), 백공기예(百工技藝)가 다 쫓아왔다. 나라 사람이 기자의 성스러운 덕을 사모하여 왕으로 삼으니 기자가 평양에 다시 도읍하였다. 8조의 가르침을 베푸니 인현(仁賢)의 교화가 크게 행해졌다.

기자의 41세손 기준(箕準)에 이르러 연중국나라 사람 위만이 그 무리 천여 명을 모아 상투를 틀고 오랑캐 복장을 하고 와서 항복하였다. 준이 박사(博士)를 제배하여 서쪽 변방을 지키게 하였더니, 위만이 병사를 끌고 평양을 가만히 음습하였다. 준이 피하여 남쪽으로 옮겼다.

『초등 대한력ᄉᆞ』제3절, 위만

위만이 기준을 쫓아내고 평양에 도읍하여 나라 이름을 조선이라 다시 칭하였다. 병권과 재력으로 수천 리 땅을 개척하였다. 손자 우거왕(右渠王)에 이르러 교만하고 거만함이 날마다 심하여 한(漢)나라중국의 사자를 죽였다. 한나라 무제 유철(劉徹)이 노하여 장수를 보내어 쳐서 취하였다. 그 땅에 4군을 두었더니 고구려에게 아우른 바 되었다. 단군조선과 기자조선과 위씨조선이 나라 이름을 다시 칭하였고, 그 성이 세 번 바뀌었던 까닭으로 후세 사람이 상고삼조선(上古三朝鮮)이라 일컬었다.

『초등 대한력ᄉ』 제4절, 삼한

한(韓)이라 칭함은 한강 남쪽에 한 대륙이 있는 까닭으로, 방언에 일[一]하나은 대[大] 한 라 하는 뜻을 번역한 것이다.

기준이 나라를 잃고 바다에 떠서 남쪽으로 금마군(金馬郡)익산에 이르러 나라를 세우고 마한이라 칭하였다. 변한과 진한을 통치하니 이를 삼한이라 이른다.

『초등 대한력ᄉ』 제2장, 중고 제4절, 고구려 일(1)

고주몽(高朱蒙)은 단군의 유종(遺種)이다. 구려산(句麗山) 아래에서 났으며, 나이 이십에 졸본부여(卒本扶餘)에 도읍하고 나라 이름을 고구려(高句麗)라 하였다. 이가 동명왕이다.

태조는 동명왕의 증손으로 이름은 궁(宮)이다. 날 때 능히 눈을 들어 보았고, 일곱 살에 왕위에 올랐다. 수명은 108세였다. 그 전성기에 강한 병사가 백만이었다. 서쪽으로 유연(幽燕)중국을 물리치고 남쪽으로 제·노(齊魯) 중국 를 흔들었다.

『초등 대한력ᄉ』 제6절, 백제

고구려 사람 부여온조(扶餘溫祚)가 그 신하 열 명과 함께 달아나서 하남(河南)직산 위례성(慰禮城)에 이르러 나라를 세웠다. 이름을 십제(十濟)라 하였는데 후에 백제(百濟)라 고쳐 일컫고, 한산(漢山)광주에 도읍을 옮기니 마한을 삼키고 동쪽으로 낙랑을 쫓아내고 신라와 고구려와 더불어 솥발같이 서니 이것이 삼국시대이다.

『초등 대한역사(初等 大韓歷史)』

鄭寅琥(1869~1945)

『초등 대한역사』는 1908년 정인호가 편찬한 교과서이다.

정인호는 흥인학교를 설립하고 보안회에 참여하는 등 애국 계몽 활동을 전개하였는데, 그 과정에서 교과서의 필요성을 느껴 1906년 옥호서림을 설립해서 초등·중등 교과서 간행에 힘썼다. 1919년 3·1 운동 이후 본격적으로 독립운동에 투신하였는데, 비밀결사 단체인 구국단의 단장, 대한민국임시정부의 군자금 모금원 등의 활동을 하였다. 저서에는 『초등 대한역사』를 비롯하여 『최신 초등소학(最新初等小學)』(1908), 『초등 동물학교과서(初等動物學敎科書)』(1908), 『초등 식물학(初等植物學)』(1908), 『최신 고등 대한지지(最新高等大韓地誌)』(1909) 등이 있다.

『초등 대한역사』는 옥호서림에서 편찬하였으며, 단군조선에서부터 대한제국 순종 황제 때까지의 역사를 다루었다. 4편으로 구성되어 있는데, 1편은 상고(上古), 2편은 중고(中古), 3편은 근고(近古), 4편은 현세(現世)로 구분하였다. 주제별 분류를 시도하여 서술하였고, 왕 중심의 서술에서 벗어나 여러 민족 영웅 서술에 많은 분량을 할애하였으며, 사회·경제·문화 관련 내용도 다루었다. 일제 침략에 항거한 민족운동에 대해서도 다루어 독립 정신 함양에도 기여하였는데, 이로 인해 1908년 통감부에 의해 학부불인가 교과용 도서, 검정 무효 및 검정불허가 교과서로 분류되었고, 이듬해에는 발매반포 금지 도서로 지정되었다.

『초등 대한역사』에는 고조선, 부여 관련 내용이 나온다. 여기서 단군조선과 기자조선의 역사를 몇 가지 주제로 구분하여 서술하였으며, 위만조선은 별도의 장으로 분류하지 않고 기자조선 항목에서 다루었다. 단군조선은 고구려에 멸망한 북부여에 연결하였으며, 기자조선은 백제에게 멸망한 마한에 연결하였다. 부여는 고구려 주몽과 백제 온조를 다루면서 언급하였는데, 주몽은 북부여의 왕해부루, 금와, 단군의 후손으로 표현하였으며 졸본부여 왕의 사위로 그 나라를 계승하여 고구려를 세운 것으로 서술하였다. 백제의 온조는 부여씨를 칭한 사실을 덧붙였다.

『초등 대한역사』 제1편 상고, 제1장 단군조선, 제1절 단군의 탄생

동방의 처음에 군장(君長)이 없어 사람들이 풀로 옷을 입고 나무 열매를 먹었으며 여름에는 소굴, 겨울에는 동굴에서 살았다. 환인(桓因)이라는 자가 있어 아들 웅(雄)을 낳으니, 웅이 태백산(大白山)지금의 영변 묘향산 단목(檀木) 아래에 집을 건설하고 왕검(王儉)을 탄생하였다.

『초등 대한역사』 제1편 상고, 제1장 단군조선, 제2절 단군의 개국

왕검(王儉)에게 성덕(聖德)이 있어 나라 사람들이 받들어 임금으로 삼으니, 이가 단군이 되셨다. 나라 이름을 조선(朝鮮)먼저 햇빛을 선명하게 받기 때문에 조선이라 일컫는다.이라 하니 원년은 당 중국 요임금 25년으로 융희 원년(1907) 이전 4,240년이다. 비로소 백성을 가르쳐 머리카락을 엮고 머리를 덥게 하고 군신과 남녀와 음식과 거처의 제도를 처음 마련하였다.

『초등 대한역사』 제1편 상고, 제1장 단군조선, 제3절 단군이 도읍을 정하다

태자 부루(扶婁)를 도산(塗山)에 보내 하나라중국 우씨(禹氏)의 만국회(萬國會)에 참여하게 하고, 세 왕자를 강화 전등산(傳燈山)에 보내 삼랑성(三郎城)을 쌓았다. 처음에 평양에 도읍하였다가 후에 백악(白岳)지금의 문화 구월산 으로 옮겼다. 팽오(彭吳)에게 명하여 국내 산천을 정하니 동쪽은 큰 바다 지금의 대서양에 미치고 서쪽은 요하지금의 중국 성경성(盛京省)에 속한다.에 잇닿았고 남쪽은 조령지금의 문경군에 이르고 북쪽은 흑룡강중국 흑룡강성 북쪽에 있다.에 접하였다.

『초등 대한역사』 제1편 상고, 제1장 단군조선, 제4절 기자에게 양위하다

단군(檀君)의 후손이 임금 자리를 서로 전한지 1212년에 기자에게 양위(讓位)하고 북부여로 옮겨갔다가 뒤에 고구려에 병합되었다. 부여는 지금 중국 길림 영고탑(寧古塔) 등지이다.

『초등 대한역사』 제1편 상고, 제2장 기자조선, 제1절 기자가 은에 있었다

기자(箕子)의 성은 자(子)요 이름은 서여(胥餘)이니, 자작(子爵)으로 기(箕)에 봉한 까닭으로 기자라 칭하였다. 은(殷)나라 중국 왕 성탕(成湯)의 후손이요 주(紂)의 제부(諸父)로 주의 태사(太師)가 되셨다.

『초등 대한역사』 제1편 상고, 제2장 기자조선, 제2절 기자가 동쪽으로 오다

주(紂)의 무도함을 보시고 머리를 풀어 헤쳐 미친 척하여 노(奴)가 되었는데, 주가 가두었다. 주(周)나라 중국 무왕(武王) 희발(姬發)이 주(紂)를 멸하고 갇힌 것을 풀어주며 도를 물었다. 기자가 홍범구주(洪範九疇)를 나열하시고 남녀 5천 명을 거느리고 주나라를 피하여 조선에 들어가셨다.

『초등 대한역사』 제1편 상고, 제2장 기자조선, 제3절 기자가 가르침을 베풀다

기자(箕子)가 시서(詩書), 예악(禮樂), 밭농사와 누에치기[田蠶], 길쌈[織作]으로 백성을 가르쳤다. 나라 사람들이 성덕을 사모하여 왕으로 삼았다. 평양에 다시 도읍하고 8조의 가르침을 베푸시니, 인현(仁賢)의 교화가 분명하게 나타났다.

『초등 대한역사』 제1편 상고, 제2장 기자조선, 제4절 기준이 남쪽으로 피하다

기자(箕子)의 41세손 준(準)에게 이르러 연(燕)나라 중국 사람 위만(衛滿)이 무리를 거느리고 상투에 오랑캐 복장을 하고 와서 항복하였는데, 박사(博士)를 제수하고 서쪽 변방을 지키게 하였다. 위만이 병사를 이끌고 평양을 습격하였다. 준이 병사를 피하여 남쪽으로 금마군(金馬郡) 지금의 익산군에 이르러 마한(馬韓)이라 칭하였다.

『초등 대한역사』 제1편 상고, 제2장 기자조선, 제5절 위만조선

위만(衛滿)이 평양에 도읍하고 나라 이름을 조선이라 칭하고 병권과 재력으로 수천 리의 땅을 개척하였다. 그 손자 우거(右渠)에 이르러서 한나라 중국의 사신을 죽이니 한 무제 유철(劉徹)이 누선장군(樓船將軍) 양복(楊僕)과 좌장군(左將軍) 순체(荀彘)와 공손수(公孫遂)를 보내 공격하여 깨뜨리고 4군을 설치하였다.

4군의 하나는 낙랑(樂浪)이니, 평양부와 춘천이요. 하나는 임둔(臨屯)이니, 경기 서쪽과 황해 동도(黃海東道)요. 하나는 현도(玄菟)이니, 함흥부요. 하나는 진번(眞蕃)이니, 요동이다.

『초등 대한역사』 제1편 상고, 제3장 삼한, 제1절 마한

마한왕(馬韓王) 기준(箕準)이 금마군(金馬郡)에 있으면서 한왕(韓王)이라 일컬었다. 그 백성은 씨를 뿌려 식물을 기르는 데 힘썼으며 누에와 뽕나무를 좋아하고 금과 은을 가볍게 여기고 구슬과 옥으로 머리를 장식하였다. 남자는 비단 도포를 옷으로 삼았으며 성품이 용맹하여 사나웠고 활과 방패, 창과 큰 방패를 잘 이용하였다.

『초등 대한역사』 제1편 상고, 제3장 삼한, 제2절 마한이 백제에 병합되었다

기준(箕準)의 후손이 마한(馬韓) 전체 왕[總王]으로 대대로 스스로 지키다가 백제왕 고온조(高溫祚)에게 멸망 당하였다. 기자 원년으로부터 이에 이르기까지의 세월이 모두 1131년이었다.

『초등 대한역사』 제2편 중고, 제2장 고구려, 제1절 동명왕

고구려 시조 고주몽(高朱蒙)은 북부여의 왕 해부루(解夫婁)의 손자이요 금와(金蛙)의 아들이니 곧 단군(檀君)의 후손이다. 기골이 두드려져 영걸스럽고 위대하였다. 나이 일곱 살에 활과 화살을 스스로 만들어 백발백중하니 형제 일곱 명이 그 능력을 시기하여 죽이고자 하였다.

『초등 대한역사』 제2편 중고, 제2장 고구려, 제2절 고주몽이 부여의 왕위를 계승하다

주몽이 어려움을 피해 도망하여 졸본부여(卒本扶餘)지금의 압록강 북쪽에 이르니 이때 나이가 20세였다. 부여 왕이 아들이 없어 주몽을 보고 딸을 아내로 주었다. 부여 왕이 홍서하여 주몽이 왕위를 계승하니 이가 동명왕(東明王)이다.

『초등 대한역사』 제2편 중고, 제2장 고구려, 제3절 유리왕이 처음으로 고구려라 칭하였다

왕의 아들 유리왕(琉璃王) 때에 한(漢)나라의 고구려현(高句麗縣)을 습격하여 취하고 나라 이름을 고구려(高句麗)라 하였다. 이로 인하여 고(高)를 성씨로 하였다. 국경을 넓게 개척하니 북쪽은 부여(扶餘)와 진번(眞蕃)과 현도(玄菟)이며, 남쪽은 패수 남쪽과 한수 북쪽을 차지하였다. 뒤에 평양으로 도읍을 옮겼다. 읍양하는 예의가 있으며 의관은 흰색을 숭상하였다.

『초등 대한역사』 제2편 중고, 제3장 백제, 제1절 온조왕

백제 시조 고온조(高溫祚)가 즉위하니 이가 온조왕(溫祚王)이다. 고구려 시조 동명왕(東明王)이 졸본부여(卒本扶餘)로 도망쳐서 부여 군주의 둘째 딸을 아내로 맞아 그 왕위를 계승하였다. 두 아들을 낳으니 첫째는 비류(沸流)이고 둘째는 온조이다.

『초등 대한역사』 제2편 중고, 제3장 백제, 제2절 비류 형제 남쪽으로 도망하다

이에 앞서 동명왕(東明王)이 동부여에 있을 때 예씨(禮氏)를 아내로 맞아 유리(類利)를 낳았더니 후에 유리가 졸본에 이르렀다. 왕이 크게 기뻐하고 태자를 삼았다. 비류 형제가 태자에게 용납되지 못할 것을 두려워하여 오간(烏干) 등 열 명을 데리고 남쪽으로 달아났다. 비류는 미추(彌鄒)지금의 인천에 거하고 온조는 위례성(慰禮城)지금의 직산(稷山) 을 도읍으로 정하였다.

『초등 대한역사』 제2편 중고, 제3장 백제, 제3절 십제에서 백제로 고쳐 불렀다

온조(溫祚)는 열 명의 신하가 나라를 보필하였으므로 나라 이름을 십제(十濟)라 하였다. 비류(沸流)는 미추의 토지가 습하고 물이 짜서 편히 머물지 못하고 위례(慰禮)로 왔는데, 도읍과 백성들이 안정되어 있음을 보고 울분을 토하고 죽었다. 그 신하와 백성들이 위례성으로 모두 돌아오니 나라 이름을 백제(百濟)로 고쳐 불렀다. 그 세계가 고구려와 더불어 부여에서 함께 나온 까닭으로 부여씨(扶餘氏)라 칭하였다.

『초등 본국역사(初等 本國歷史)』

柳瑾(1861~1921)

『초등 본국역사』는 유근이 편찬하여 1908년에 간행한 초등용 교과서이다.

유근은 1898년 장지연(張志淵), 남궁억(南宮檍) 등과 함께 황성신문(皇城新聞)을 창간하였고, 독립협회에서도 활동하였다. 1905년 을사늑약 이후에는 대한자강회(大韓自强會), 신민회(新民會) 등에 가입하여 애국계몽운동을 전개하였으며, 최남선(崔南善)이 주도하는 조선광문회(朝鮮光文會)에도 참여하였다. 1909년에는 나철(羅喆)·오기호(吳基鎬) 등이 창립한 단군교(檀君敎, 훗날의 大倧敎)에 가입하기도 하였다. 1919년 3·1 운동에 대종교계 대표로 참여하였고, 1920년 동아일보 창간 때 고문으로 추대되었다. 『초등 본국역사』 외에도 『신정 동국역사(新訂東國歷史)』, 『신찬 초등역사(新撰 初等歷史)』 등을 저술하였다. 모두 학부에서 인정한 교과서이다.

『초등 본국역사』는 국한문 혼용체로서, 연대순으로 기술되어 있다. 그리고 현채(玄采)의 『동국사략(東國史略)』을 모방하여 근대 역사학의 방법론을 채용하였다. 상고(上古), 중고(中古), 근고(近古), 국조(國朝) 등의 4장으로 서술하였고, 삼한 이후를 봉건시대로 설정하여 서술하였다.

고조선은 단군조선, 기자조선, 위만조선으로 구분하여 서술하였으며, 삼한전에 고조선 준왕의 마한 건설을 다루었다. 부여는 고구려, 백제 건립과 관련하여 언급되었다. 단군조선이 북부여를 거쳐 고구려로 이어진 것으로 보았으며, 고구려의 주몽을 단군의 후손으로 보았다.

『초등 본국역사』 제1장 상고, 제1절 단군

지금으로부터 4,240년 전융희 원년 정미년(1907)을 기준으로 함에 신성하신 사람이 태백산(太白山) 단목(檀木) 아래에 태어나셨다. 나라 사람이 세워 임금으로 삼으로 이가 단군이 되셨다. 원년 무진년에 나라 이름을 조선(朝鮮)이라 하였다. 백성을 가르쳐 머리카락을 엮고 머리를 덮게 하였으며 음식과 거처의 제도를 정하였다. 태자 부루(扶婁)를 도산(塗山)에 보내어 하(夏)나라 중국 우씨(禹氏)의 만국회(萬國會)에 참여하게 하였다. 처음에는 평양에 도읍하였다가 후에 백악(白岳)지금의 문화 구월산으로 도읍을 옮겼다.

단군의 자손이 임금의 자리를 서로 전한 지 1200여 년에 나라를 북부여(北扶餘)로 옮겼다가 고구려에 병합되었다.

『초등 본국역사』 제1장 상고, 제2절 기자

기자(箕子)는 은(殷)나라 중국 왕 성탕(成湯)의 자손이다. 성은 자(子)이고 이름은 서여(胥餘)이니, 기(箕)의 자작(子爵)에 봉해진 까닭으로 기자라 일컬었다.

주(周)나라 중국 무왕(武王) 희발(姬發)이 은나라를 멸하자 기자가 주나라를 피하여 오천 명을 거느리고 동쪽으로 오셨는데, 시서예악(詩書禮樂)과 백공기예(百工技藝)가 다 따랐다. 나라 사람이 기자의 성덕(聖德)을 흠모하여 왕으로 삼았다. 기자가 평양에 다시 도읍하시고 8조의 가르침을 베풀어 행하여 인현(仁賢)의 교화가 크게 행해졌다.

기자의 41세손 기준(箕準)에 이르러 연 중국나라 사람 위만(衛滿)이 그 무리 천여 명을 모아 상투에 오랑캐 복장을 하고 와서 항복하였다. 준(準)이 박사(博士)에 제수하고 서쪽 변방을 지키게 하였더니 위만이 군사를 이끌고 평양을 몰래 습격하였다. 준이 군사를 피해 남쪽으로 옮겼다.

『초등 본국역사』 제1장 상고, 제3절 위만

위만(衛滿)이 기준(箕準)을 쫓아내고 평양에 도읍하고 나라 이름을 조선이라 다시 칭하였다. 병력과 재력으로 수천 리의 땅을 개척하였다. 손자 우거왕(右渠王)에 이르러 교만 방자함이 날로 심하여 한(漢)나라 중국의 사자(使者)를 죽이니 한 무제(武帝) 유철(劉澈)이 노하여 장수를 보내 공격하여 취하였다. 그 땅에 4군을 두었더니 고구려에게 병합된 바 되었다. 단씨조선(檀氏朝鮮), 기자조선(箕子朝鮮) 위씨조선(衛氏朝鮮)이 나라 이름을 계속 전하였으나, 그 성씨는 세 번 바뀌었으므로 후세 사람이 상고 3조선(上古三朝鮮)이라고 일컬었다.

『초등 본국역사』 제1장 상고, 제4절 삼한

한(韓)이라 부름은 한강의 남쪽에 하나의 대륙이 있던 까닭이다. 방언에 일(一)은 '크다'라는 뜻을 번역한 것이다.

기준(箕準)이 나라를 잃고 바다를 거쳐 남쪽으로 금마군(金馬郡) 지금의 익산에 이르러 나라를 세우고 마한(馬韓)이라 일컬었다. 변한(弁韓)과 진한(辰韓)을 통치하니 이것을 삼한(三韓)이라 부른다.

『초등 본국역사』 제2장 중고, 제4절 고구려 1

고주몽(高朱蒙)은 단군의 후손이다. 구려산(句麗山) 아래에 태어나 나이 22살에 졸본부여(卒本扶餘)에 도읍하고 나라 이름을 고구려(高句麗)라고 하니 이가 동명성왕(東明聖王)이다.

『초등 본국역사』 제2장 중고, 제6절 백제

고구려 사람 부여온조(扶餘溫祚)가 그 신하 열 명과 더불어 도망하여 하남(河南) 지금의 직산(稷山) 위례성(慰禮城)에 이르러 나라를 세우고 이름을 십제(十濟)라 하였다. 후에 백제(百濟)로 고쳐 부르고 한산(漢山) 지금의 광주(廣州)으로 도읍하였다가 남쪽으로 마한(馬韓)을 병합하고 동쪽으로 낙랑(樂浪)을 쫓아내고 신라와 고구려와 정립[鼎峙]하니 이것이 삼국시대이다.

『초등 대동역사(初等 大東歷史)』

朴晶東(?~1919)

『초등 대동역사』는 1909년 홍사단(興士團) 편집부장으로 있던 박정동이 편찬한 교과서이다.

박정동은 계몽 운동가이자 종교인이다. 대한제국 시기에 공립소학교, 관립소학교, 한성사범학교, 융희학교 등의 교원이었고, 홍사단, 기호흥학회(畿湖興學會) 등에서 교과서 개발에도 참여하였다. 하지만 1910년 이후 친일 종교 단체인 시천교(侍天敎)에 입문하여 활동하다가 1919년에 사망하였다. 『초등 대동역사』 편찬뿐만 아니라 『초등 수신(初等修身)』(1909), 『초등 본국지리(初等本國地理)』(1909), 『개정 신찬 이화학(改定新撰理化學)』(1910) 등의 교과서 저술에도 관여하였다.

『초등 대동역사』는 사립학교용 역사 교과서로 편찬되었다. 국한문 혼용으로 총 82쪽이다. 「단군(檀君)」에서부터 「금상폐하즉위(今上陛下卽位)」까지 총 41개 항목으로 구성되어 있다. 학부(學部) 검정을 받은 교과서라는 점에서 항일 민족의식이 드러나 있지는 않다. 그러나 이민족과의 항쟁을 많이 다루고 있어 민족 자주성이 은연중에 포함되어 있다. 1909년 9월 홍사단에서 편찬한 『초등 본국약사(初等本國略史)』에 영향을 주었다.

고조선과 관련해서는 「단군(檀君)」, 「기자(箕子)」, 「애왕(哀王)의 남천(南遷)」 등 3편이 있다. 단군조선과 기자조선의 역사가 서술되었고, 단군과 기자에 의한 교화도 자세히 다루었다. 위만조선의 역사는 별도로 다루지 않은 대신 위만에 의해 준왕이 나라를 빼앗긴 내용만 적었다. 삼한을 고조선 준왕과 연결하여 서술하였고, 부여 관련 내용은 고구려 시조 주몽과 그 아들 유리의 부여 시절 이야기를 수록하였다.

『초등 대동역사』 제1, 단군

단군(檀君)은 우리 동방에 가장 먼저 나타나신 임금이다. 태백산(太白山)지금의 영변 묘향산 단목(檀木) 아래에서 태어나셨는데, 신성한 덕이 있어서 사람들이 높이 떠받들어 왕으로 삼으니, 때는 우리 대한(大韓)의 개국기원년(開國紀元年)[33] 전 3727년이었다.

왕이 평양에 도읍을 정하시고 나라 이름을 조선(朝鮮)이라 하셨으며, 백성을 가르쳐 머리카락을 엮고 머리를 덮게 하였으며, 임금과 신하의 구분과 남자와 여자의 구별을 정하였으며, 의복과 음식과 거처의 제도를 세우셨다.

마니산(摩尼山)지금 강화(江華)에 있다.에 단을 만드시고 상제(上帝)에게 제사 지냈다. 왕자 3인을 보내어 전등산(傳燈山)지금 강화에 있다.에 삼랑성(三郞城)을 쌓게 하였다.

도읍을 백악(白岳)지금의 문화(文化) 구월산(九月山)으로 옮겼으며 태자 부루(扶婁)를 중국[支那]에 보내어 하우씨(夏禹氏) 도산 만국회(塗山萬國會)에 참여하게 하였다. 신성하신 교화가 실로 동방 만년의 기초가 되어 자손이 천여 년을 이어 갔다.

『초등 대동역사』 제2, 기자

기자(箕子)는 곧 문성왕(文聖王)이다. 성은 자(子)요 이름은 서여(胥餘)이시니 중국 상(商)나라의 종실이다. 자작(子爵)으로 기(箕) 땅에 봉(封)해졌던 까닭으로 기자라 일컬었다. 상나라 왕 주(紂)가 무도하여 나라를 잃자 기자가 남녀 5천 명을 거느리고 조선에 들어와 살았다. 이때 단군의 후손은 영고탑(寧古塔)으로 옮겨 살아 왕의 자리가 비어 있었다. 나라 사람들이 기자에게 성덕(聖德)이 있음을 보고 높이 받들어 왕으로 삼았다. 나라 이름은 조선(朝鮮)이라 거듭 칭하고 평양을 도읍으로 삼으셨다.

8조의 가르침을 민간에 반포하였으며, 정전(井田)의 제도를 정하였고, 밭 갈고 길쌈하는 것을 가르쳤고, 학교를 세워 교육을 일으켰다.

---

[33] 조선이 건국한 1392년을 기준으로 한다.

『초등 대동역사』 제3, 애왕의 남천

애왕(哀王)은 이름이 준(準)이니 기자(箕子)의 41세손이었다. 중국[支那] 한(漢)나라가 사신을 보내어 군사를 청하였다. 보병 1만을 내어 한나라 군과 더불어 초(楚)나라 왕 항적(項籍)을 해하(垓下)로 진공(進攻)하여 크게 무찔렀다.

연(燕)나라 사람 위만(衛滿)이 그 나라의 난리를 만나 그 무리 천여 명을 거느리고 도망하여 와서 항복하니 왕이 총애하였다. 대부(大夫) 단통(單通)이 간하되, "위만의 공손하고 검소함이 크게 지나치니 반드시 간사하고 음흉한 사람입니다. 믿어 기용치 마십시오"라고 하였다. 왕이 듣지 아니하시고 박사(博士) 벼슬을 내리고 서쪽 지역을 지키게 하였더니 위만이 그 무리와 함께 반란을 일으켰다. 형세가 급하여 왕이 금마군(金馬郡)지금의 익산으로 파천하셨다.

『초등 대동역사』 제4, 마한의 시조 부(附). 진한과 변한

마한(馬韓) 시조 무경왕(武庚王)의 성은 기(箕)요 이름은 탁(卓)이니 애왕(哀王) 기준(箕準)의 아들이다. 처음 애왕이 위만(衛滿)의 난을 피하여 금마군(金馬郡)으로 옮겨 살다가 이 해에 붕어하시고, 왕이 즉위하여 나라 이름을 마한이라 고치고 금마군에 도읍하였다.

박사(博士) 악농건(樂壟建)에게 진한(辰韓)지금의 경주을 다스리게 하고 좌대부(左大夫) 진완(秦琓)에게 변한지금의 경상남도을 다스리게 하니, 이를 삼한(三韓)이라 칭하였다.

『초등 대동역사』 제6, 고구려의 시조 부(附). 유리

고구려 시조는 성이 고(高)요 이름이 주몽(朱蒙)이다. 아버지는 북부여(北扶餘) 왕 해모수(解慕漱)요 어머니는 하백(河伯)의 딸 유화(柳花)이다. 처음에 유화가 여러 아우와 함께 나가 놀다가 해모수를 사사로이 따랐다. 그 부모가 화를 내어 태백산(太白山)백두산의 다른 이름 남쪽 모퉁이 발해(渤海) 위로 추방하였더니 동부여(東扶餘) 왕 금와(金蛙)가 보고 거두어들였다. 그 몸에 햇빛과 같은 광채가 일어났다. 이미 몸이 있음을 알았더니 과연 고주몽이 태어났다.

　주몽이 일곱 살 때 활과 화살을 스스로 만들어 쏘는 것을 익혔는데 백발백중이었다. 장성하여 예씨(禮氏)를 아내로 맞아 유리(類利)를 임신하였다. 금와의 아들 일곱이 그 재주를 시기하여 살해하고자 하였다. 이에 오이(烏伊), 마리(摩離), 협보(挾父) 등과 함께 졸본부여(卒本扶餘)에 이르렀다. 때에 졸본의 왕은 아들이 없고 세 딸이 있었는데, 둘째 딸을 주몽의 아내로 삼았다. 왕이 훙서하니 주몽이 왕위를 계승하였다. 두 아들이 태어나니 첫째는 비류(沸流)이고 다음은 온조(溫祚)이다. 비류수(沸流水)지금의 성천(成川) 비류강 위에 도읍하고 나라 이름을 고구려(高句麗)라고 하였다.

　왕이 말갈(靺鞨)을 물리치고 백성을 평안하게 한 뒤에 비류수에 채소 잎이 흘러내리는 것을 보고 상류에 사람들의 거처가 있는지를 찾아 나섰다. 과연 나라가 있었는데, 이름이 비류였다. 그 나라의 왕 송양(松讓)이 왕에게 말하기를, "그대는 나에게 부속되는 것이 옳다"라고 하였다. 왕이 화를 내고 송양과 무예를 비교하니, 송양이 저항하지 못하고 그 모든 나라를 들어 항복하였다. 왕이 죽자 세자 유리가 왕위에 올랐다.

　유리는 주몽이 동부여를 떠난 후에 태어났다. 점점 자라나 돌 던지기를 좋아하였는데, 물 긷는 부인의 물동이를 잘못하여 맞추었다. 부인이 화를 내어 말하되, "이 아이는 아버지가 없어 이처럼 완악하다"라고 하였다. 유리가 돌아와 그 어머니에게 고하되, "나의 아버지는 어떤 사람입니까?"라고 하였다. 그 어머니가 대답하되, "네 아버지가 남쪽으로 도망갈 때 나에게 말하기를, '일곱 고개와 일곱 계곡의 돌 위의 소나무 아래에 물건을 숨겨놨으니 이를 얻는 자는 곧 내 아들이다'고 하였다"라고 하였다. 유리가 두루 찾아다녔으나 얻지 못하였는데, 하루는 주초석(柱礎石)이 일곱 모서리로 된 것을 보고 스스로 해석하되, "일곱 고개와 일곱 계곡은 일곱 모서리요 돌 위의 소나무는 기둥이다"라고 하였다. 기둥 아래를 찾아 끊어진 검을 얻었다. 이에 졸본에 이르러 왕을 알현하고 끊어진 검을 드렸다. 왕이 또한 끊어진 검을 꺼내 합쳐보고 크게 기뻐하고 후사로 삼았다.

『초등 본국약사(初等 本國略史)』

홍사단 편집부

　『초등 본국약사』는 1909년에 홍사단(興士團)에서 편찬한 교과서이다.
　홍사단은 1907년 김윤식(金允植) 등이 교육 진흥을 통해 민족의 실력을 양성하고자 조직한 단체이다. 1908년 한성에 융희학교(隆熙學校)를 설립해서 예비 교사 과정을 개설하였다. 참고로 안창호(安昌鎬)가 1913년 미국 샌프란시스코에서 설립한 홍사단과는 구분된다.
　『초등 본국약사』의 저술은 당시 홍사단 편집부장이었던 박정동(朴晶東)이 맡았다. 박정동은 대한제국 시기에 공립소학교, 관립소학교, 한성사범학교, 융희학교 등에서 교원으로 활동하였다. 그러나 1910년 이후 친일 종교 단체인 시천교(侍天敎)에 입문하여 활동하다가 1919년에 사망하였다. 『초등 대동역사(初等大同歷史)』, 『초등 수신(初等修身)』(1909), 『초등 본국지리(初等本國地理)』(1909), 『개정 신찬 이화학(改定新撰理化學)』(1910) 등을 편찬하였다.
　『초등 본국약사』는 1909년 8월에 발행된 『초등 대동역사(初等大同歷史)』와 내용과 체제가 같다. 『초등 대동역사』는 6월 10일에, 『초등 본국약사』는 6월 20일에 학부의 검정을 통과하였다. 차이가 있다면 『초등 대동역사』가 고려에 비중을 많이 두었다면, 『초등 본국약사』는 조선왕조의 비중을 늘렸다는 정도이다. 『초등 본국약사』는 편년체이면서도 사건과 인물 중심으로 서술하고 있다는 점이 특징이다. 총 2권으로, 1권은 단군조선에서 고려까지 서술하였으며, 2권은 조선왕조를 다루었다.
　고조선 관련 내용은 「단군(檀君)」, 「기자(箕子)」, 「애왕(哀王)의 벌초(伐楚)」, 「삼한(三韓)」 등에서 다루었다. 준왕 시기에 한(漢)을 도와 초(楚)의 항적(項籍)을 쳤다는 내용이 실려 있다. 부여와 관련해서는 고구려 시조 주몽이 북부여 왕의 아들이라는 내용이 있다. 단군조선과 부여를 연결하였다는 점과 위만조선을 별도로 다루고 있지 않았다는 특징도 보인다.

『초등 본국약사』 권1, 제1 단군

우리 태조(太祖) 고황제(高皇帝) 개국기원년(開國紀元年) 전 3724년에 단군이 나라를 세우시니, 단군은 우리나라에 처음 나타나신 임금이시다. 신령하신 덕이 하늘처럼 커서 그 빛나심은 아침의 고요함이 만물을 비추는 것과 같으셔서, 나라 이름을 조선이라 하였다.

『초등 본국약사』 권1, 제2 기자

개국 기원전 2513년에 기자(箕子)가 동쪽으로 오셨다. 기자는 중국[支那] 은(殷)나라의 왕족이다. 주(周)나라 왕 희발(姬發)에게 홍범(洪範)을 전한 후에 조선국의 좋음을 흠모하여 그 무리와 함께 돌아온즉, 때에 단군의 자손이 북쪽으로 토지를 부여(扶餘)지금 중국 성경성(盛京省) 개원(開原)로 넓히고 옮겨서 왕을 하였다. 나라 사람이 기자의 어진 덕을 보고 높여서 왕을 삼아 조선의 뒤를 잇게 하였고, 이로 인하여 평양지금 평안남도 평양군에 도읍하였다.

왕이 여덟 가지의 가르침을 베푸시며, 밭 갈고 베 짜는 법을 가르쳐 덕화가 크게 행해져 백성이 부강하고 그 생업이 편안하였다. 왕이 돌아가시매 시호를 문성(文聖)이라 하였다.

『초등 본국약사』 권1, 제3 애왕이 초나라를 치다

애왕(哀王)은 문성왕(文聖王)의 42세손이다. 이때에 나라 사람이 무예를 숭상하며 용맹을 좋아하여 매번 멀리 공격하는 것을 생각하였다.

기원전 1592년에 중국[支那]의 초(楚)나라 왕 항적(項籍)이 그 임금을 죽이니 한의 군주 유방(劉邦)이 군사를 일으켜 그 죄를 공격하면서 사신을 보내어 도와주기를 요청하였다. 왕이 이에 1만 군사를 내어 한나라 군사와 함께 해하(垓下)에 모여 항적을 크게 깨뜨렸다. 이로부터 우리나라의 위력 있는 명성이 천하에 들리게 되었다.

『초등 본국약사』 권1, 제4 삼한

무강왕(武康王)은 애왕(哀王)의 아들이다. 기원전 1583년에 연(燕)나라 사람 위만(衛滿)의 난(亂)으로 인해 도읍을 금마군(金馬郡)지금의 전라북도 익산군으로 옮기고 나라 이름을 고쳐 마한(馬韓)이라 하였다. 진한(辰韓)지금의 경상북도 경주군 과 변한(弁韓)지금의 경상남도 지역을 다스린 까닭에 삼한(三韓)이라 일컬었다. 한(韓)이라 함은 크다는 뜻이었다.

『초등 본국약사』 권1, 제6 고구려 시조

기원전 1428년에 고구려(高句麗) 시조가 나라를 세우시니 시조의 성은 고(高)이고 이름은 주몽(朱蒙)이다. 북부여 왕의 아들이다. 일곱 살에 스스로 활과 화살을 만들었으며 활쏘기를 잘하였다. 장성하자 그 무리를 거느리고 비류강(沸流江)평안남도 성천군 위에 이르러 나라를 세우고 고구려라 일컬었다.

『초등 본국역사(初等 本國歷史)』

安鍾和(1860~1924)

『초등 본국역사』는 안종화가 편찬한 사립학교 초등용 교과서이다. 1909년 10월 학부의 검정을 통과하였다.

안종화는 1894년의 마지막 과거에서 합격한 후 궁내부낭관, 법부참서, 세자시강원시독, 중추원의관 등을 역임하였다. 1905년 을사늑약 폐기를 주장하는 상소문을 올렸는데, 받아들여지지 않자 낙향하여 역사 연구에 전념하였다. 또한 대한자강회(大韓自强會)와 기호흥학회(畿湖興學會) 활동에 참여하였다. 저서로는 『동사취요(東史聚要)』(1878), 『동사절요(東史節要)』(1904), 『국조인물지(國朝人物誌)』(1907) 등이 있고, 『초등 본국역사』를 비롯하여 『초등 만국지리(初等萬國地理)』(1909), 『초등 대한지리(初等大韓地理)』(1910), 『초등 생리위생대요(初等生理衛生大要)』(1908), 『초등 위생학교과서(初等衛生學敎科書)』(1909) 등의 교과서도 편찬하였다.

『초등 본국역사』는 단군조선 시기부터 조선 말 고종 황제 때까지의 역사를 연대순으로 서술하였다. 4장으로 구분하였으며, 삼국 이전은 상고(上古), 삼국시대는 중고(中古), 고려는 근고(近古)로, 조선왕조는 국조(國朝)로 표현하였다. 『초등 본국역사』라는 동일한 제목을 가진 유근(柳瑾) 편찬 교과서(1908)와 체제가 같다. 다만 학부의 검정을 받았기 때문에 조선 침략 역사를 비롯하여 일본 측의 역사 이해가 많이 반영되었다는 한계가 있다.

고조선에 대해서는 제1장 상고 부분에서 다루었는데, 단군의 교화와 활동, 기자의 동래와 교화 및 준왕의 마한 이주, 위만조선의 성립과 한사군 설치 등을 간략히 서술하였다. 또한 고구려, 부여, 삼한의 풍속도 언급되었다.

『초등 본국역사』 제1장 상고, 제1절 단군

전하여 이르기를, "상고(上古)에 민족이 산과 계곡 사이에 흩어져 살았는데 동굴에 살며 질그릇으로 음식을 먹고 풀로 옷을 해 입고 나무 열매를 먹었다. 신성하신 사람이 태백산(太白山) 단목(檀木) 아래에 태어나시자 나라 사람이 세워 임금을 삼으니, 이가 단군이 되셨다. 원년 무진년에 나라 이름을 조선이라 하고 백성을 가르쳐 머리카락을 엮고 머리를 덮게 하였으며, 음식과 거처의 제도를 정하였다. 태자 부루(扶婁)를 도산(塗山)에 보내어 하(夏)나라중국 우씨(禹氏)의 도산회(塗山會)에 참석하게 하였다. 처음에는 평양에 도읍하였다가 후에 백악(白岳)지금 문화(文化) 구월산(九月山)으로 도읍을 옮겼다"라고 하였다.

단군의 자손이 임금의 자리를 서로 전한 것이 1,200여 년이었다고 한다.

『초등 본국역사』 제1장 상고, 제2절 기자

기자(箕子)는 은(殷)나라중국 왕 성탕(成湯)의 자손이다. 성은 자(子)이고 이름은 서여(胥餘)이니, 기(箕)의 자작(子爵)으로 봉한 까닭으로 기자라 일컫는다.

주(周)나라중국 무왕(武王) 희발(姬發)이 은나라를 멸하자 기자가 주나라를 피해 5천 명을 거느리고 동쪽으로 오셨는데, 시서예악(詩書禮樂)과 백공기예(百工技藝)가 다 따랐다. 나라 사람이 기자의 성덕을 흠모하여 왕으로 삼으니 기자가 평양에 다시 도읍하시고 8조의 가르침을 베풀어 인현(仁賢)의 교화가 크게 행해졌다.

기자의 41세손 기준(箕準)에 이르러 연(燕)나라중국 사람 위만(衛滿)이 그 무리 천여 명을 모아 상투와 오랑캐 복장을 하고 와서 항복하였다. 준이 박사에 제수하여 서쪽 변방을 지키게 하였더니 위만이 군사를 이끌고 평양을 몰래 습격하였다. 준이 군사를 피해 남쪽으로 옮겼다.

『초등 본국역사』 제1장 상고, 제3절 위만

위만(衛滿)이 기준(箕準)을 쫓아내고 평양에 도읍을 정하고 나라 이름을 조선이라고 다시 불렀다. 병권과 재력으로 수천 리의 땅을 개척하였다. 손자 우거왕(右渠王)에 이르러 교만과 오만함이 날로 심하여 한나라중국의 사자를 죽였다. 한 무제(武帝) 유철(劉徹)이 노하여 장수를 보내 공격하여 취하고 그 땅에 4군을 두니, 그 땅은 대개 지금의 청나라 만주 홍경(興京)지방으로부터 우리나라 한강에 이르기까지이다. 뒤에 다 고구려에 병합되었다. 단씨조선(檀氏朝鮮), 기자조선(箕子朝鮮), 위씨조선(衛氏朝鮮)이 나라 이름을 전하였으나, 그 성씨가 세 번 바뀐 까닭으로 후세 사람이 상고 3조선(上古三朝鮮)이라 일컬었다.

『초등 본국역사』 제1장 상고, 제4절 삼한

한강 이남 반도의 땅은 옛날 한족(韓族)이 할거하여 셋으로 나뉘어 있었는데, 마한(馬韓), 진한(辰韓), 변한(弁韓)이 이것이다. 이로 인하여 이를 삼한(三韓)이라 하였다.

마한은 서쪽에 있어 지금의 전라·충청의 4도 및 경기·강원도의 일부 54국이 나뉘어 있었으며 백제(百濟)옛 청호는 백제(伯濟)도 그 하나였다. 여러 나라가 서로 통제하는 바가 없었다. 기준이 나라를 잃고 바다로 해서 남쪽 마한에 들어와 나라를 세우고 백제의 금마군(金馬郡)은 지금의 익산군이다. 스스로 한왕(韓王)이 되었다. 후에 다 백제에게 병합되었다. …

『초등 본국역사』 제1장 상고, 제5절 부여

부여(扶餘)는 한사군(漢四郡)의 북쪽 경계지금의 청나라 성경성(盛京省) 개원(開元) 지방의 나라이다. 국왕의 시조 해부루(解夫婁)는 곧 단군의 아들이라 일컬어졌다. 그 별도의 부류가 동남쪽 졸본천변(卒本川邊)성경성 홍경(興京) 지방에 나라를 세우고 고구려(高句麗)라 일컬었다. 처음에는 한(漢)나라의 진번군에 속하였더니 후에 창성하여 부여를 병합하고 드디어 4군의 땅을 차츰차츰 차지하여 강국을 이루었다. 또 예맥은 4군의 동부에 나라를 세우니 함경북도의 북옥저, 함경남도의 동옥저, 강원도 춘천부의 맥국(貊國), 강릉부의 예국(濊國) 모두 부여와 같은 종족이다.

『초등 본국역사』 제1장 상고, 제6절 상고의 문화

기자가 백성을 다스리심에 예의를 숭상하게 하고 밭 갈고 누에 치는 것을 가르쳤다. 8조를 금하도록 하여 제도가 점차 갖추어졌으나 주변의 종족은 풍속이 달라 그 문화가 오히려 유치하였다. 여러 종족이 다 씨를 뿌려 경작하는 것과 누에치기를 잘 하였는데, 유독 고구려는 큰 산과 깊은 계곡이 많아 농업이 미약하여 힘써 일해도 자기 재물이 부족하였다. 그러나 부여의 종족은 대저 그 성질이 강하고 용맹하여 전투를 잘하였는데, 그 가운데 고구려가 가장 강하여 드디어 700여 년의 사직을 세웠다. 언어와 습속은 대개 예맥과 옥저는 고구려와 비슷하고 고구려는 부여와 서로 가까웠다. 진한과 변한은 서로 비슷하였으나 나란히 마한과는 서로 같지 않았다.

『초등 본국역사』 제2장 중고, 제4절 고구려 1

고구려 왕의 시조 고주몽(高朱蒙)은 부여 왕 금와(金蛙)의 양자이다. 어렸을 때 활쏘기를 잘하여 금와의 아들들이 이를 시기하여 죽이고자 하였다. 주몽이 어려움을 피하여 졸본부여(卒本扶餘)에 이르러 그 임금의 딸을 아내로 삼아 드디어 왕위를 이어받았다. 나라 이름을 고구려(高句麗)라고 하니 이가 동명성왕(東明聖王)이다. 다음 왕 유리(琉璃) 때에 도읍을 국내성(國內城) 압록강 상류이니 청나라 회인현(懷仁縣) 동쪽이다.으로 옮겼다.

『초등 본국역사』 제2장 중고, 제6절 백제

백제 왕의 시조 온조(溫祚)는 고구려 왕 주몽(朱蒙)의 사랑하는 아들이다. 그 세계가 부여에서 나왔으므로 부여로 성을 삼았다. 그 신하 열 명과 함께 도망하여 하남(河南) 지금의 직산(稷山) 위례성(慰禮城)에 이르러 나라를 세우고 이름을 백제라 하였다. 이 나라가 점차 융성하여 드디어 마한의 여러 나라를 병합하고 신라와 백제와 더불어 정립[鼎峙]하니 이것이 삼국시대이다.

『최신고등 대한지지(最新高等 大韓地誌)』

鄭寅琥(1869~1945)

『최신고등 대한지지』는 1909년에 정인호가 발행한 중등학교 지리교과서이다. 국한문 혼용의 1책으로 되어 있다.

정인호는 독립운동가이다. 1906년 옥호서림을 설립해서 초등·중등 교과서 간행에 힘썼다. 『최신고등 대한지지』를 비롯하여 『초등대한역사(初等大韓歷史)』, 『최신초등소학(最新初等小學)』 등을 출간하였다. 1919년 3·1운동 후에는 구국단(救國團)의 단장으로 활약하였다. 자신의 집에 활판 인쇄소를 설치해서 군자금을 모집하여 중국 상해의 대한민국임시정부로 송금하였는데, 1921년 일본 경찰에 붙잡혀 징역형을 받았다.

『최신고등 대한지지』의 제1편은 총론으로, 위치와 폭원(幅圓), 정도한양(定都漢陽), 한양의 산맥, 한양의 강류(江流), 전국의 산맥, 전국의 강류, 기후와 물산, 상고연혁(上古沿革), 중고연혁(中古沿革), 근고연혁(近古沿革), 종교와 정체(政體) 등이 기술되었고, 제2~14편까지는 각 도별로 수록되었다. 그리고 지도 23개, 삽화 44개가 실려 있다. 제1편 총론에 대한전도(大韓全圖)를 넣었는데, 동해(東海)를 조선해(朝鮮海)로 표기하였다. 경상북도 42개 군을 소개하면서 울릉도를 42번째 군으로 기록하였고, '경북은 동쪽으로 동해를 끼고 있다'라는 설명도 있다. 조선해, 동해 명칭 사용 등으로 인해, 『최신고등 대한지지』는 학부불인가 및 검정 불허가 도서가 되었다.

상고사 관련 내용 중 주목되는 바는 단군조선, 기자조선, 위만조선에 대한 간략한 지리 정보이다. 상고연혁 부분에서 단군조선과 기자조선 및 위만조선의 대략적인 강역을 기술하였고, 중고연혁 부분에는 고구려의 사방 강역에 대한 간략한 지리 정보를 담았다. 그리고 10편 '위치·경계와 지세와 연혁'에서는 평안남·

북도가 단군 때부터 조선 땅이라고 하였고, '평양·개시장'에서는 평양이 단군조선, 기자조선, 위만조선 및 고구려의 옛 도읍지였음을 기술하며 평양의 내부 구조를 설명하였다.

『최신고등 대한지지』 제1편 총론, 제8과 상고연혁

상고(上古) 시기의 연혁은 융희(隆熙) 원년(순종 1, 1907) 이전 4240년에 단군(檀君)이 평양(平壤)에 도읍하고, 나라 이름을 조선(朝鮮)이라 하고, 국내의 산천을 정하였다. 기자조선(箕子朝鮮) 때의 강역은 동남쪽으로 큰 바다에 이르고, 서쪽으로는 요동과 요서를 경계로 하고, 북쪽으로 숙신(肅愼)을 접하였다. 위만(衛滿)이 기씨(箕氏)를 대체하였다. 그 손자 우거왕(右渠王)이 한(漢)나라 무제(武帝) 유철(劉徹)에게 멸망 당하여 사군(四郡)이 설치되었다. 그 후에 이부(二府)로 합하였다.

『최신고등 대한지지』 제1편 총론, 제9과 중고연혁

고구려(高句麗)는 지금 평양(平壤)에 도읍하였는데, 서쪽으로는 대요하(大遼河)에 이르고, 북쪽으로는 북부여(北扶餘)지금의 개원(開原)와 말갈(靺鞨)의 여러 지역을 다스렸다.

『최신고등 대한지지』 제10편 평안남도, 제1과 위치·경계와 지세와 연혁

본도 남·북도의 연혁은 단군(檀君) 때부터 조선(朝鮮)의 땅이었다.

『최신고등 대한지지』 제10편 평안남도, 제3과 평양·개시장

평양(平壤)은 대동강변 언덕에 있었는데, 예전에 단군(檀君)과 기자(箕子) 및 위만(衛滿)과 고주몽(高朱蒙)의 옛 도읍지였다. 인가가 빽빽하고, 시가지가 번성하였으며, 중앙의 하나의 문은 대동문(大同門)으로 이 안쪽으로 여러 관아가 있었으며, 도시의 북쪽으로 토산(兎山)에 고목이 울창하고, 그 산 서남쪽 산 중턱에 기자릉(箕子陵)과 숭인전(崇仁殿)이 있다.

『신찬 초등역사(新撰 初等歷史)』

柳瑾(1861~1921)

『신찬 초등역사』는 유근이 편찬한 교과서로 1910년 학부 검정을 통과하였다. 유근은 1898년 장지연(張志淵), 남궁억(南宮檍) 등과 함께 『황성신문(皇城新聞)』을 창간하였고, 독립협회에서도 활동하였다. 1905년 을사늑약 이후에는 대한자강회(大韓自强會), 신민회(新民會) 등에 가입하여 애국계몽운동을 전개하였으며, 최남선(崔南善)이 주도하는 조선광문회(朝鮮光文會)에도 참여하였다. 1909년에는 나철(羅喆)·오기호(吳基鎬) 등이 창립한 단군교(檀君敎, 훗날의 大倧敎)에 가입하기도 하였다. 1919년 3·1 운동에 대종교계 대표로 참여하였고, 1920년 동아일보 창간 때 고문으로 추대되었다. 『신찬 초등역사』 외에도 『초등 본국역사(初等本國歷史)』, 『신정 동국역사(新訂東國歷史)』 등을 저술하였다. 모두 학부에서 인정한 교과서이다.

『신찬 초등역사』는 국한문 혼용체이고, 3권 3책으로 구성되어 있다. 편년체 형태로 단군조선에서부터 일제 통감부 설치 전까지의 역사를 다루었다. 임나일본부설을 수용하였고, 운요호 사건 등 일본 침략 과정 관련 서술에서 일본에 우호적으로 서술하였다. 학부의 검정으로 인한 한계라고 볼 수 있다.

고조선과 부여 관련 내용은 제1권에 나온다. 제1권은 단군조선기, 기자조선기, 삼한기, 삼국기로 구성되어 있다. 단군조선, 기자조선, 위만조선의 역사를 연대순으로 서술하였는데, 위만조선은 기자조선기에 부(附)로 해서 들어가 있다. 준왕이 마한을 세우고 용화산성에 도읍을 정한 내용도 포함하였다. 부여와 관련해서는 고구려 시조 동명왕 이야기와 고구려의 부여 복속 내용을 중심으로 다루었다. 북부여를 단군의 후손과 연결하였고, 삼국의 건국은 삼한기에 포함하여 삼한 정통론의 입장에서 서술하였다.

『신찬 초등역사』 권1, 단군조선기

제1과

조선(朝鮮)은 나라가 동방에 있으니 처음에 군장(君長)이 없어 사람들이 풀 옷을 입고 나무 열매를 먹었으며, 여름에는 소굴[巢]에 거하였고 겨울에는 동굴[穴]에 머물렀다.

제2과

융희 원년(1907) 이전 4240년에 신성하신 사람이 태백산(太白山) 단목(檀木) 아래에 탄생하셨다. 나라 사람들이 높여 임금으로 삼으니 단군(檀君)이시다.

제3과

단군의 이름은 왕검(王儉)이니 환웅(桓雄)이 아들이요 환인(桓因)의 손자이다. 원년 무진년에 나라 이름을 조선이라 하고 도읍을 평양에 정하였다가 그 후에 다시 백악(白岳)문화 구월산으로 옮겼다.

제4과

단군께서 국내의 산천을 다스리며 백성을 가르쳐 머리카락을 엮고 머리를 덮게 하였으며 음식과 거처하는 법을 정하고 군신과 남녀의 구별이 있게 하셨다.

제5과

단군께서 세 아들에게 명하여 강화 전등산(傳燈山)에 성을 쌓게 하고 이름을 삼랑성(三郞城)이라 하였으며, 태자 부루(扶婁)를 하(夏)나라 중국 우씨(禹氏)의 도산회(塗山會)에 보내어 회의에 참여하게 하셨다.

제6과

단군의 후손이 백악을 버리고 북부여로 옮기니, 나라는 기자(箕子)가 차지하게 되었다. 단군의 세계를 전한 역사 기록은 잃어버렸으나, 역년은 1212년이다.

『신찬 초등역사』 권1, 기자조선기

제7과

기자(箕子)는 은(殷)나라 중국 왕 성탕(成湯)의 후손이다. 성은 자(子)이고 이름은 서여(胥餘)이니 기(箕) 땅에 자작(子爵)으로 봉하였던 까닭으로 기자라 한다. 기자께서 은나라가 장차 멸망할 줄을 알고 머리카락을 풀어 헤치고 거짓 미친 척하였다.

제8과

주(周)나라^{중국} 무왕(武王)^{희발(姬發)}이 은나라를 멸망시키니 기자께서 은의 유민(遺民) 5천 명을 거느리고 조선으로 오셨다. 나라 사람이 그 덕을 사모하여 군주로 삼으니 평양에 도읍을 정하고 나라 이름을 또한 조선이라 하셨다.

제9과

기자께서 8조의 가르침을 행하여 오륜(五倫)을 밝히셨다. 사람을 죽인 자는 목숨으로 갚고 사람을 상하게 한 자는 곡식으로 갚고 사람의 물건을 도적질한 자는 그 집의 노비가 되게 하니 문명의 교화가 크게 행해졌다.

제10과

기자께서 은의 옛터를 지나시다가 궁궐이 다 보리밭이 된 것을 보시고 맥수가(麥秀歌)를 지으시니 은의 백성들이 듣고 눈물을 흘리며 울었다. 기자께서 자리에 계신지 40년에 돌아가시니 수명이 93세였다. 능을 토산(兎山)^{평양}에 정하였다.

제11과

기자의 후손 기준(箕準)이 즉위하니 연(燕)^{중국} 사람 위만(衛滿)이 망명하여 항복하였다. 준이 박사로 삼아 백 리의 땅을 봉하였다. 위만이 망명한 무리를 모아 준을 몰래 습격하였는데 준이 싸우다가 패하였다.

제12과

기준이 위만에게 패하니 그 좌우 신하 및 궁인과 백성으로서 따르기를 원하는 자가 수천 명이었다. 남쪽으로 바다로 해서 마한을 공격하여 취하고 금마저(金馬渚)^{지금의 익산군}에 이르러 스스로 한왕(韓王)이 되었다. 도읍을 용화산성(龍華山城)에 정하였다가 후에 마한 여러 나라들과 함께 백제에 병합되었다. 기자의 세대를 전하여 41세가 되었으며, 역년은 929년이다.

『신찬 초등역사』 권1, 기자조선기 부 위만조선기

제13과

위만(衛滿)이 기준(箕準)을 쫓아내고 스스로 왕이 되어 평양에 도읍하고 나라 이름을 또한 조선(朝鮮)이라 하였다. 그 곁에 있는 작은 고을들의 항복을 받으니 땅이 사방 수천 리가 되었다.

제14과

위만의 손자 우거(右渠)가 교만하여 한(漢)나라중국의 사자를 죽였는데, 한 무제(武帝) 유철(劉徹)가 노하여 우거를 쳐서 그 땅을 취해 4군(四郡)을 두었다. 그 후에 고구려에 패하니, 위씨(衛氏)의 세계를 전한 것이 3세이며, 역년은 80년이다.

『신찬 초등역사』 권1, 백제

제46과

백제 시조 온조(溫祚)는 북부여 왕의 아들이다. 그 신하 열 명과 더불어 남쪽으로 건너 하남(河南)지금의 직산(稷山) 위례성(慰禮城)에 이르러 나라를 세우고 이름을 백제라 하였다. 그 선조는 부여(扶餘)에서 나왔으므로 성을 부여라 하였다.

제53과

성왕(聖王)은 도읍을 사비지금의 부여군로 옮기고 나라 이름을 남부여라 하였다. 사신을 양(梁)나라중국에 보내어 후경(侯景)의 난을 조문하였다. 일본이 좋은 말, 전선(戰船), 맥종(麥種) 1천 곡(斛)을 보내니 금동불과 불경을 보냈다.

『신찬 초등역사』 권1, 고구려

제64과

고구려 시조 동명왕의 성은 고(高)요 이름은 주몽(朱蒙)이다. 부여 왕 해부루(解夫婁)의 손자이다. 부여는 북방의 옛 나라지금의 청나라 성경성(盛京省) 개원현(開原縣) 부근이다.이다. 그 남방에 있는 별도의 부족은 졸본부여(卒本夫餘)이다. 다 고구려의 옛 땅이다.

제65과

해부루가 곤연(鯤淵)에서 어린 아이 금와(金蛙)를 얻어 아들로 삼았다. 금와가 우발수(優渤水)지금 어디인지 알지 못한다.의 여자 유화(柳花)를 아내를 삼으니, 유화가 해 그림자에 감응하여 주몽을 낳았다. 열 살에 활과 화살을 만들어서 쏘니 잘하였고 용력(勇力)이 남보다 뛰어났다.

제66과

주몽의 형제 일곱 명이 주몽의 재능을 시기하여 죽이고자 하거늘, 주몽이 도망하여 졸본부여로 갔다. 졸본의 왕이 딸을 아내로 주었는데, 졸본의 왕이 죽자 주몽이 자리를 이어받았다. 비류수(沸流水) 위에 도읍을 정하고 나라 이름을 고구려라 하였다.

제67과

동명왕(東明王)이 부여에 있을 때 예씨(禮氏)를 아내로 맞아 임신을 하였다. 왕이 졸본으로 도망한 후에 유리(類利)를 낳았다. 장성하자 그 어머니에게 아버지가 간 곳을 물어 졸본으로 돌아왔다. 왕이 크게 기뻐하고 후사로 삼았다. 왕이 돌아가자 유리가 즉위하였다.

제70과

대무신왕(大武神王)이 부여왕 대소(帶素)금와의 아들를 공격하여 죽였다. 대소의 막내 아우가 백여 명을 거느리고 압록곡(鴨綠谷)으로 달아나 다시 나라를 세웠으나 마침내 거란에게 멸망하였다.

동북아역사 자료총서 55

한국고대사 자료집
고조선·부여 편 Ⅵ – 지리지·교과서류

초판 1쇄 발행 2023년 10월 30일

엮은이 동북아역사재단 한국고중세사연구소
옮긴이 박선미, 김남중, 오현수, 이명제, 조원진, 최진욱
펴낸이 이영호
펴낸곳 동북아역사재단

등 록 제312-2004-050호(2004년 10월 18일)
주 소 서울시 서대문구 통일로 81 NH농협생명빌딩
전 화 02-2012-6065
팩 스 02-2012-6189
홈페이지 www.nahf.or.kr
제작·인쇄 청아출판사

ISBN 979-11-7161-009-9   94910
       978-89-6187-516-5   (세트)

· 이 책은 저작권법으로 보호를 받는 저작물이므로 어떤 형태나 어떤 방법으로도 무단전재와 무단복제를 금합니다.
· 책값은 뒤표지에 있습니다. 잘못된 책은 바꾸어 드립니다.